Wissen aktuell

KUNST

Wann war? Was war? Wer war?

Norbert Wolf

Sonderausgabe

2003 Trautwein Lexikon-Edition
Genehmigte Sonderausgabe

Chefredaktion: Ilse Hell
Redaktion: Dr. Matthias Feldbaum
Redaktionsassistenz: Yasmin Obst

Produktion: Wolfram Friedrich
Abbildungen: Gruppo Editoriale Fabbri, Mailand; Lidman Production, Stockholm
Titelabbildungen: Gruppo Editoriale Fabbri, Mailand; Lidman Production, Stockholm
Umschlaggestaltung: Inga Koch

Besuchen Sie uns im Internet www.compactverlag.de

ISBN 3-8174-5545-3
5455451

INHALT

Vor rund dreieinhalbtausend Jahren unterwarfen indogermanische Völkerschaften die ägäische Urbevölkerung, übernahmen deren Kultur und ließen sich von Thessalien und Epirus bis zur Südküste der Peloponnes und auf den Ägäischen Inseln nieder. Zuerst zerstörten diese Ionier, Achäer und Dorer die minoische Kultur Kretas und machten anschließend der mykenischen Glanzzeit des Festlandes ein Ende. Ihre Nachfahren brachten im letzten vorchristlichen Jahrtausend jene kulturelle Blüte hervor, mit der die eigentliche europäische Geschichte beginnt. Auf allen Gebieten der Kultur, in Kunst, Literatur, Philosophie, Staatsführung usw. entstanden jene Leitbilder, Ideale und Denkweisen, die zum Teil noch heute das europäische bzw. westliche Selbstverständnis bestimmen. Vom 8. Jh. an kolonisierten die Hellenen – so bezeichneten sich mittlerweile die einzelnen Stämme als ethnische Gemeinschaft – die Küsten des Schwarzen Meers und des Mittelmeers und gründeten in Kleinasien, in Sizilien und Unteritalien zahlreiche Städte. Im Verlauf zweier Jahrhunderte hatten die kulturellen Errungenschaften der griechischen Antike fast die ganze mediterrane Welt erreicht. Im 4. Jh. dehnte Alexander der Große (356–323 v. Chr.) den griechischen Einfluss bis nach Asien und Ägypten aus. Die hellenistischen Nachfolgereiche verlagerten die politischen und kulturellen Zentren vom griechischen Festland an die Ränder des Mittelmeers. Als neue Macht trat dann im Westen Rom auf, das zuerst Großgriechenland (in Süditalien) und Sizilien unterwarf und Zug um Zug daranging, das einstige Weltreich Alexanders für sich zu gewinnen.

Geometrischer Stil (1050–700 v. Chr.)

Nachdem um 1200 v. Chr. die Dorer die kretisch-mykenische Herrschaft beseitigt hatten, zeichnete sich in der Keramik und Kleinplastik der „geometrische Stil" ab. Er erhielt seinen Namen nach der Ornamentik aus Linien, Kreisen, Punkten, Rechteck- und Zickzackformen. Der „protogeometrische Stil" (bis ins ausgehende 10. Jh. v. Chr.) knüpft mit seiner strengen

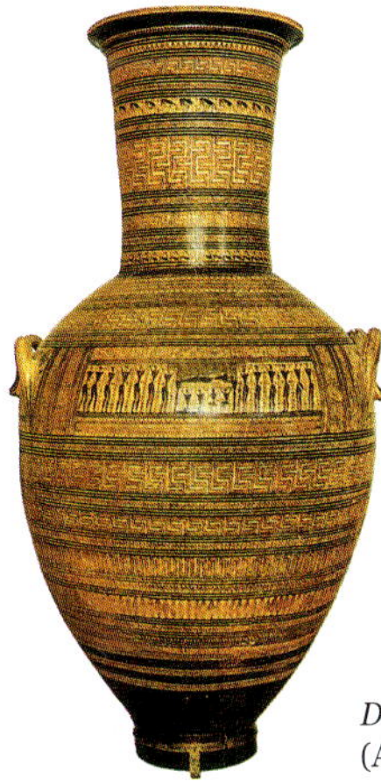

Diplyon-Vase, 8. Jh. v. Chr. (Athen, Nationalmuseum)

Tektonik noch an die Dekorationsformen der mykenischen Zeit an. Die körperlich aufgefassten Gefäßformen gliedern sich in Fuß, Bauch, Schulter und Hals. Das spannungsvolle Wechselverhältnis von plastischer Form und Schmuck der Oberfläche verstärkte sich im „frühgeometrischen Stil" (9.– 8. Jh. v. Chr.). Das abstrakte Dekorationssystem, das nun auch das so folgenreiche Motiv des Mäanders einführt, hebt sich präzise vom schwarzen Gefäßgrund ab. Typisch für den strenggeometrischen Stil des beginnenden 8. Jh. sind klar gegliederte Amphoren. In deren ornamentales Repertoire mengen sich jetzt stilisierte, in Profilansicht präsentierte Tierfriese. Amphoren und Kratere des seit der Mitte des 8. Jh. einsetzenden spätgeometrischen Stils, häufig im Grabkult verwendet, werden monumentaler und mit einer immensen Bilderfülle auf nunmehr wieder hellem Gefäßgrund geschmückt. Ein attischer Krater nach der Mitte des 8. Jh. (Athen, Nationalmuseum) zeigt das exemplarische Gestaltungsprinzip: Auf einem mit Reifen und Mäandern verzierten Fuß erhebt sich der mächtige Kessel mit seinen umlaufenden Bildfriesen (Krieger auf Kampfwagen, die den Grabhügel umfahren, die Aufbahrung des Verstorbenen, klagende Männer und Frauen). Schritt um Schritt weicht in der Folgezeit der klare Bildaufbau einer dichten, teppichartigen Bildtextur bzw. figürlichen Darstellungen, die wie schwebend vor dem Grund erscheinen und bereits orientalisierende Motive wie Antilopen und Löwen sowie erste Spuren mythologischer Szenerien aufnehmen. Vergleichbar geometrisch stilisiert – der Kopf als Punkt, der Oberkörper als Dreieck, Arme und Beine als winkelförmige Linien – sind die Kleinplastiken aus Ton, Elfenbein oder Bronze, die sich aus hochgeometrischer Zeit v. a. in Athen erhalten haben. In der letzten Phase des geometrischen Stils beginnt auch bei ihnen eine zunehmend intensivierte Lebensfülle das starre Gerüst aufzusprengen. In jener Epoche lassen sich die ersten, freilich noch relativ klein bemessenen Kultbauten nachweisen, Tempel, die noch an Wohnhäuser erinnern, aber auch schon Vorstufen des späteren Anten- und Ringhallentempels; nicht mehr ausschließlich in Holz, sondern auch in Stein errichtet. Die geometrische Kunst, die weitgehend auf Naturnachahmung verzichtet, ist eine ausgeprägt geistige Kunst, in der die von der Philosophie behauptete geometrisch-mathematische Ordnung des Kosmos mitschwingen mag. Doch je stärker der Wunsch in den Vordergrund drängte, die Gestalten der Mythologie und die Eigenheit der göttlichen und menschlichen Erscheinungen anschaulich zu machen, desto nachhaltiger musste man vom abstrakten, zeichenhaften Symbol abrücken. Als die griechische Kolonisation begann, als neue Wirklichkeiten und Anregungen seitens der orientalischen Bilderwelten ins Blickfeld traten, war der geometrische Stil an seine Grenzen gelangt. Seinen Sinn für formale Disziplin und gesetzmäßige Komposition aber vererbte er den späteren Stilen Griechenlands.

Archaischer Stil (um 700–500 v. Chr.)

Im Verlauf dieser Epoche ergriff die griechische Kolonisation neben Gebieten in Kleinasien Teile Ägyptens, die Küste Frankreichs (Marseille) und Spaniens. Sparta festigte in langwierigen Kämpfen seine Hegemonialstellung auf der Peloponnes und ganz Attika wuchs unter Führung Athens zu einem Einheitsstaat zusammen. 510 erhielt Athen die erste demokratische Verfassung. Mit dem *Heratempel in Olympia* (Ende des 7. Jh.), dem *Artemistempel in Korfu* (Kerkyra), dem *Apollontempel von Korinth* und dem *Aphaiatempel auf Ägina* hat die dorische Ordnung im 6. Jh. ihre grundlegende Gestalt gefunden. Die Architekturen und ihr bildhauerischer Schmuck, der nun an Metopen und Giebeln begegnet, waren bunt bemalt. Seit dem Ende des 7. Jh. tauchen an der kleinasiatischen Küste und auf ägäischen Inseln die ersten äolischen Kapitelle auf, die aus zwei großen Voluten bestehen. Im 6. Jh. entwickelte sich daraus das ionische Kapitell, das im Zusammenhang der entsprechenden Säulengliederung mit der dorischen Ordnung zu konkurrieren begann. Seit der Mitte des 7. Jh., mit dem sog. dädalischen Stil, wuchs die archaische Plastik in Marmor (der edelste kam aus Naxos oder Paros) und Kalkstein, in Bronze und Terrakotta zu imposanter Feierlichkeit heran. Zwei sitzende Göttinnen vom *Türsturz* des *Tempels in Prinias* (Kreta) aus dem mittleren 7. Jh. (Herakleion, Nationalmuseum), verkörpern in der tektonischen Verfestigung, dem Zusammenwirken senkrechter Unter- und horizontaler Oberschenkel sowie der vertikal gestreckten Oberkörper den additiven Aufbau der dädalischen Skulptur, wie ihn auch eine *Frauenstatuette aus Auxerre* (jetzt Paris, Louvre) zeigt. Mit der prachtvollen *bronzenen Jünglingsfigur* im Museum von Delphi tritt ein Mensch völlig nackt vor seinen Gott – ein Motiv, das der Orient ebenso wenig gewagt hatte wie das freie, stützenlose Dastehen der Figuren. Der *Jüngling von Delphi* leitet jene Entwicklung der archaischen Großplastik ein, die in Weihegeschenken nackter Jünglingsgestalten (Kuroi) und bekleideter weiblicher Figuren (Koren) gipfelte. Die frontale Haltung, der Schrittstand und die anliegenden Arme leiten sich von ägyptischen Vorbildern her, doch bald fügen griechische Bildhauer eine bislang unbekannte Beseelung und organisch verstandene Lebendigkeit hinzu. Unter den reichen Zeugnissen der archaischen Vasenmalerei ragte zunächst die sandgrundige, schwarz und rot bemalte Keramik aus Korinth heraus, ehe im 6. Jh. Attika mit schwarzfigurigen Vasen, die silhouettierten Figuren voller Symmetrie, Maß und Proportion, den Vorrang beanspruchte. Die menschliche Gestalt beherrschte jetzt die Szenerie, im Unterschied zu den dämonischen Tieren und Mischwesen der Frühzeit. Seit der Mitte des 5. Jh. erscheint auf den bemalten Gefäßen, etwa denen eines Exekias (tätig um 550–530 v. Chr.), zur gleichen Zeit, als man zur rotfigurigen Technik überging, das gerahmte Bildfeld, das der menschlichen Erscheinung ein neuartiges Eigengewicht verleiht. Kurz vor 500 wird auch die Verkürzung, also eine einfache Vorstufe der Perspektive eingeführt.

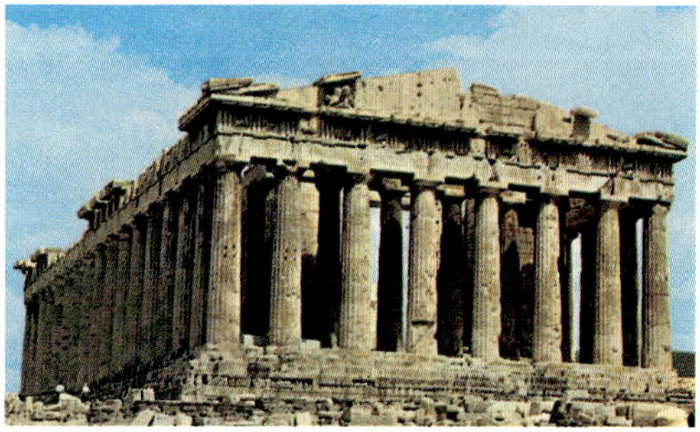

Parthenon, Athen, 447–432 v. Cr.

Klassischer Stil (um 500–300 v. Chr.)

Das 5. Jh. sah die Kämpfe der Griechen gegen die Großmächte des Ostens und Westens, die Perser und Karthager, und den Aufschwung Athens zur führenden politischen und militärischen, auf die demokratische Beteiligung der freien Bürger gestützten Macht. In Athen entwickelten sich die weitreichendsten künstlerischen Neuerungen, insbesondere die Verlebendigung der menschlichen Körperdarstellung. Damals entstanden die großen und berühmten Bildhauerschulen eines Polyklet (tätig um 450–410), Phidias (* um 490 v. Chr.) und Praxiteles (4. Jh. v. Chr.). In Athen begründeten am Fest der Großen Dionysien Äschylus, Sophokles oder Euripides mit ihren Stücken das europäische Theater. Sokrates eröffnete eine neue Epoche der Philosophie, die Platon und Aristoteles weiterverfolgten. Perikles, der Staatsmann und Mäzen der Klassik schlechthin, rief den Athenern ins Gedächtnis, „mit welcher Verfassung, durch welche Lebensform wir groß wurden“. Die unter seiner Ägide errichteten Bauten auf der Akropolis verherrlichten in unvergleichlicher Schönheit die Führungsrolle der Stadt. Grundsätzlich strebte die klassische Baukunst nach schlankeren und eleganteren Formen und Proportionen. Deshalb verlor die dorische Ordnung, wie sie der *Zeustempel in Olympia* (470–456), der *Parthenon auf der Akropolis* (447–432), der *Poseidontempel von Sunion* (2. Hälfte des 5. Jh.), der *Heratempel in Paestum* (Süditalien, um 450) u. a. aufweisen, an Bedeutung, um im 4. Jh. immer seltener zu werden. Die attische Klassik des 5. Jh. bevorzugte die üppig dekorierte attisch-ionische Kapitellform, wie sie etwa am *Erechtheion* und am *Niketempel der Akropolis* zu bewundern sind. Mit dem Beginn des 4. Jh. kündigt sich zusätzlich die korinthische Ordnung an, die schrittweise erst die Innenräume, dann den Außenbau erobert. Die als „strenger Stil“ bezeichnete Frühklassik des 5. Jh. erreichte auf dem Sektor der Bildhauerkunst eine innovative Beherrschung der menschlichen Anatomie, eine intensive Verlebendigung der Gestalten, die gleichzeitig von großer ethischer Idealität erfüllt sind. Die marmornen *Giebelskulpturen* vom *Aphaiatempel auf Ägina* (München, Glyptothek), die *Giebelskulpturen* und *Metopen* von *Olympia*, der bronzene *Wagenlenker von Delphi* (um 475; Delphi, Museum) und die im Meer bei *Kap Artemision* gefundene *Bronzestatue eines Gottes*, vielleicht des *Poseidon*

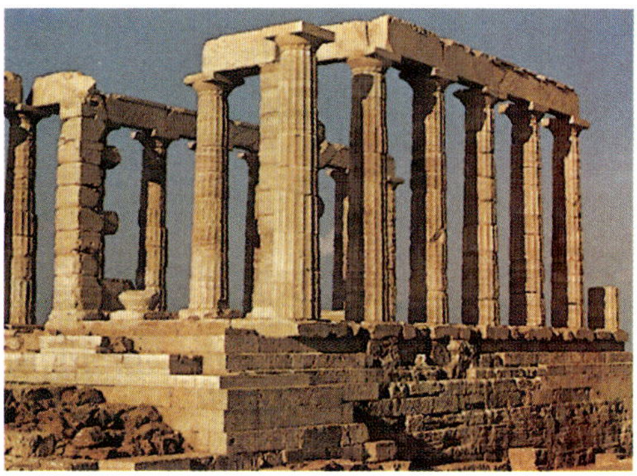

Poseidontempel, Kap Sunion, 2. Hälfte des 5. Jh. v. Chr.

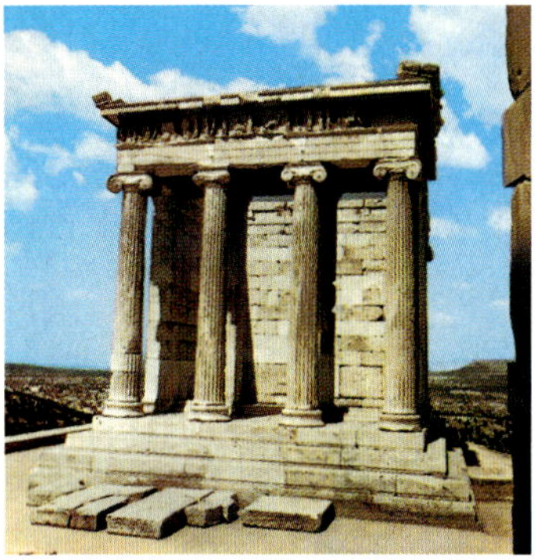

Niketempel, Athen, 5. Jh. v. Chr.

(Athen, Nationalmuseum), zählen zu den wenigen authentischen Werken der Frühklassik, im Unterschied zu den vielen Stücken, die nur als römische Marmorkopien (1. Jh. v. Chr.–3. Jh. n. Chr.) überliefert sind. Der Bildhauer Myron, von dem das berühmte, durch Kopien tradierte Motiv des *Diskuswerfers* stammt, leitete zur Hochklassik der 2. Hälfte des 5. Jh. über, in der mit der Vollendung des Kontraposts und mit der von Polyklet entwickelten Proportionslehre die harmonisch bewegte Körpergestaltung ihren strahlenden Höhepunkt erlebte und in der Phidias mit dem thronenden *Zeus in Olympia* sowie der stehenden *Athena Parthenos* in Athen Kolossalstatuen aus Gold und Elfenbein über Holzkern (beide verloren) schuf, die bis in die Spätantike hinein als eine Art „Weltwunder" galten. Unter des genialen Phidias Leitung entstanden ferner die *Skulpturen des Parthenon*. Und seine Bildhauerschule beherrschte den um 420 entstehenden „reichen Stil", der sich durch überreiche Faltengebung auszeichnete. Mit der Spätklassik des 4. Jh. machte sich schließlich ein starker Hang zum Naturalistischen bemerkbar. Die Malerei der 1. Hälfte des 5. Jh., v. a. die rotfigurige Vasenmalerei Attikas, entfaltete ein buntes Spektrum aus Schrägansichten und Verkürzungen und tendierte zum Malerisch-Räumlichen. Einen Nachhall der Monumentalmalerei des späten 4. Jh. vermittelt das *Alexandermosaik aus Pompeji* (Ende des 2. Jh. v. Chr.; Neapel, Nationalmuseum), das ein Gemälde nach 320 v. Chr. rekapituliert.

Hellenismus (um 300–1. Jh. v. Chr.)

Alexander der Große, der das Persische Reich eroberte und bis nach Ägypten und Indien vorstieß, schob die Grenzen griechischer Kultur und Kunst an die Ränder der damals bekannten Welt. Nach seinem Tod zerfiel das Riesenreich in viele Monarchien (Diadochenstaaten), aus denen sich Ägypten unter den Ptolemäern, Syrien unter den Seleukiden und Pergamon unter den Attaliden heraushoben. Doch schon 279 v. Chr. fallen keltische Stämme von Kleinasien her in Griechenland ein, im 2. Jh. wird Makedonien römische Provinz, 146 das übrige Griechenland. Als Rom 30 v. Chr. Ägypten als letztes Diadochenreich unterwirft, hat Griechenland politisch ausgespielt, wird aber sein kulturelles Erbe an die neuen Herren weitergeben. In der Tempelarchitektur des Hellenismus

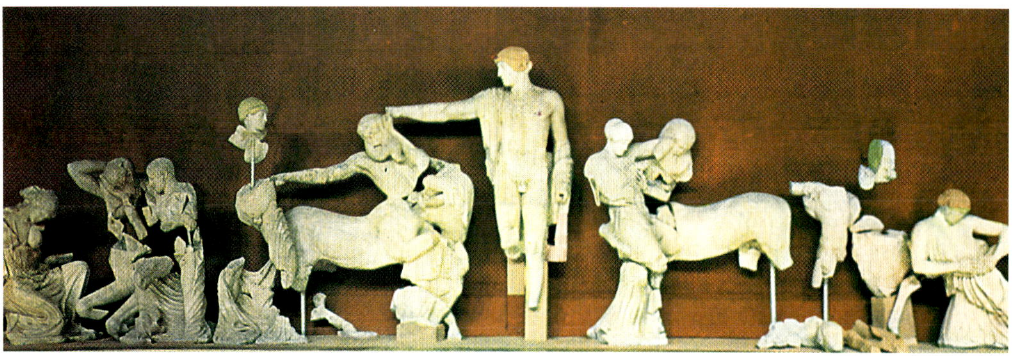

Kentauromachie, Ostgiebel des Zeustempels in Olympia, 5. Jh. v. Chr. (Olympia, Archäologisches Museum)

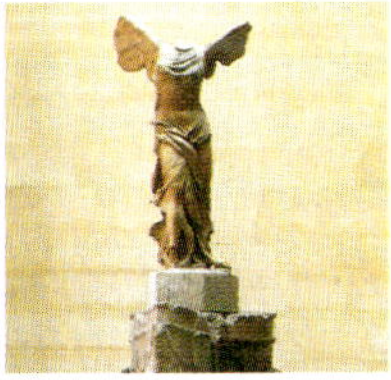

Nike von Samothrake, Anfang 2. Jh. v. Chr. (Paris, Louvre)

herrschte die ionische und korinthische Ordnung vor. In den großen Metropolen entstanden riesige, von Hallen, Tempeln und Rathäusern umbaute Marktplätze. Gymnasien, Wettkampfstätten und Badeanlagen erhielten monumentalen Zuschnitt und wurden prachtvoll mit Skulpturen, Mosaiken und Wandmalereien ausgestattet. Als neuer Bautypus kamen Bibliotheken hinzu. Die Bildhauerei stellte sich immer kolossaleren Aufgaben und Formaten, wandte sich andererseits schlankeren und eleganteren Proportionen, einer bewegteren Körperhaltung und fließender Gewandbildung zu. Naturalismus und Porträtähnlichkeit erfassten nicht zuletzt die Grab- und Weihereliefs, die das ganze 4. Jh. über v. a. in Athen und Attika Hochkonjunktur hatten. In zahlreichen Eros-Statuen wie auch an Grabstelen wurden erstmals Kinder in größerem Umfang darstellungswürdig. Mit der *Nike von Samothrake* (Anfang des 2. Jh.; Paris, Louvre), dem *Fries des Pergamonaltars* (zw. 164 u. 156 v. Chr.; Berlin, Pergamonmuseum), der *Venus von Milo* (Ende 2. Jh.; Louvre) u. a. entstanden in dieser Epoche einige der berühmtesten Kunstwerke der gesamten Antike. Die hellenistische Malerei ging im 4. Jh. von Apelles, dem Freund Alexanders des Großen, aus. Das Gros damaliger Bilder freilich, in denen das Zusammenspiel von Licht und Schatten, von Plastizität und Raum den Eindruck prägten, ist verloren. Eine Ahnung von der einstigen malerischen Schönheit können z. B. *Mosaiken und Wandmalereien in Boscoreale* geben, die wohl Werke aus dem 2. Drittel des 3. Jh. spiegeln. Aus dem 2. Jh. stammen Mosaiken aus Delos und Pompeji, die u. a. belegen, dass von nun an Genreszenen, Landschaften und Stilleben neben die Darstellung historischer, literarischer bzw. mythologischer Stoffe treten.

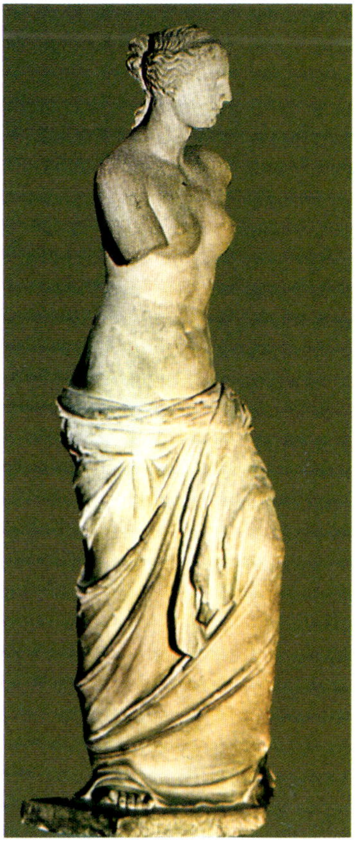

Venus von Milo, Ende 2. Jh. v. Chr. (Paris, Louvre)

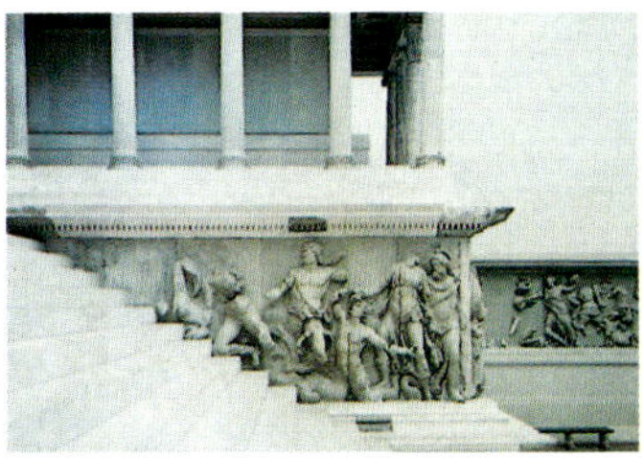

Pergamonaltar, zw. 164 und 156 v. Chr. (Berlin, Pergamonmuseum)

Etrurien

Einst war Hungersnot in Lydien, am Rande Kleinasiens. König Atys teilte sein Volk und ließ die Männer jeder Hälfte würfeln. Die Verlierer sammelten sich um Tyrsenos, den Sohn des Atys. Sie beluden ihre Schiffe und fuhren übers

Meer nach Westen. In Sizilien gingen die Auswanderer an Land, wurden aber von den Herren der griechischen Kolonie vertrieben. Deshalb segelten sie weiter nach Norden. An einem menschenleeren Strand legten sie an und bauten auf den Hügeln im Landesinneren Städte mit dicken Mauern und vielen Türmen (noch heute zeugt die *Porta Augusta in Perugia* vom etruskischen Wehrbau). So erzählt Herodot (um 484–nach 430 v. Chr.) von der Einwanderung jenes Volkes in Italien, das die Griechen „Tyrsenoi" und die Römer „Etrusci" nannten, und das seit der Mitte des 9. Jh. v. Chr. in das Land zwischen Arno und Tiber eindrang. Vieles ist bis heute rätselhaft geblieben an der Herkunft und der Kultur der Etrusker. Richtig am Bericht des griechischen Historikers ist jedenfalls die Tatsache, dass sie in mächtigen befestigten Städten wohnten. Sie gewannen Erz in großem Stil, kultivierten den Weinanbau, waren gewiefte Händler und Seefahrer – auch Seeräuber –, erweiterten seit dem 8. Jh. v. Chr. kontinuierlich ihren Herrschaftsbereich über die Toskana hinaus, ihre Könige regierten im 6. Jh. in Rom und die Priester übten einen enormen Einfluss aus, der sich wieder im späteren römischen Staatskult manifestierte. 509 v. Chr. wurden dann die etruskischen, die tarquinischen Könige aus Rom vertrieben. Im Laufe des 5. Jh. ging es abwärts mit der etruskischen Macht und Kultur, bis dann gegen 280 die endgültige Anerkennung der römischen Vorherrschaft erfolgte. Von den bedeutenden Römern etruskischer Abkunft hat sich nicht zuletzt Maecenas (um 70–8 v. Chr.) einen Namen gemacht – von dem sich die Bezeichnung für großzügige Kunstförderung (Mäzenatentum) herleitet. Jedes Ereignis im Leben der Etrusker war in ein festes Zeremoniell eingebunden. Die Stadtgründungen vollzogen sich nach genauem religiösem Ritual und führten zu symmetrischen Anlagen, die die rationale Stadtplanung des Griechen Hippodamos von Milet im Kern vorwegnahmen. Im Zentrum der Stadt bildeten die beiden Hauptstraßen einen Platz. Auf diesem Forum stand der Tempel. Für diesen waren die griechischen Tempel vorbildlich. Dennoch gab es Unterschiede: Die etruskischen Tempel (von denen keiner erhalten ist) verzichteten auf den Säulenumgang um die Cella und bildeten nur die Frontsäulen aus, woraus eine ausgesprochene Fassadenwirkung resultierte, die dann auch für die römische Baukunst bestimmend werden sollte. Plastische Figuren aus Ton standen nicht in den Giebelfeldern, sondern auf den Giebelschrägen. Auch auf vielen anderen Bereichen wirkte sich, neben dem Austausch mit orientalischen Kulturen, die griechische Kunst prägend in Etrurien aus. Etruskerfürsten beriefen griechische Künstler an ihre Höfe, es waren v. a. griechische Vasen, die als Grabbeigaben verwendet wurden – deshalb stammt ein Großteil der gut erhaltenen griechischen Keramik archaischer und klassischer Zeit aus etruskischen Nekropolen. Die etruskischen Städte der Lebenden erhielten ihr Gegenbild in den Totenstädten außerhalb der Mauern, die Grabkammern waren von mächtigen Erdhügeln (Tumuli) überhöht. Die meisten dieser Gräber hat man nicht mit Reliefs, sondern mit herrlichen Wandmalereien ausgeschmückt: fröhliche Tischgelage, wilde Tänze, Kampfspiele, aber auch grausame Kriegs- und Folterszenen – im Prinzip auch hierbei eine griechische Formensprache, aber drastischer, expressiver. Im Unterschied zu den Griechen existieren keine Marmor- sondern nur Ton-, Tuff- oder Kalksteinstatuen. V. a. aber haben die Etrusker auf dem Gebiet des Metallgusses und der Goldschmiedekunst stupende Werke hervorgebracht. Die wichtigste kunstgeschichtliche Bedeutung dieses Volkes liegt freilich darin, dass es die Römer für die Aufnahme der griechischen Formen vorbereitet hat.

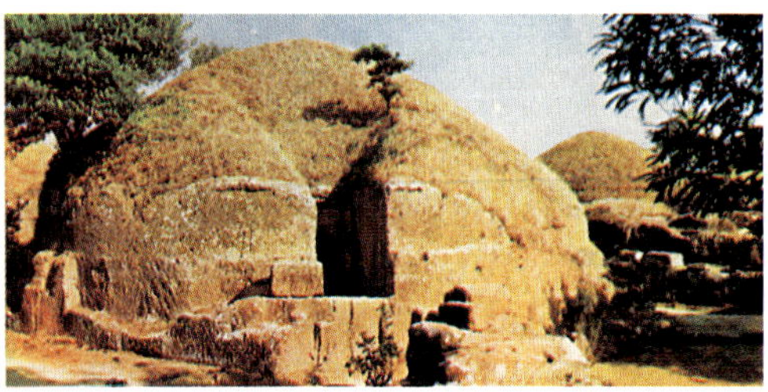

Archaischer Tumulus in der Nekropole von Banditaccia, Cerveteri

Was versteht man unter der schwarzfigurigen Vasenmalerei?

In der früharchaischen Vasenmalerei Griechenlands war es zunächst v. a. Korinth, das in der Zeit von etwa 690–640 figurenreiche mythologische Bilderfriese an den Gefäßwandungen anbrachte, die mit einem schwarzfigurigen Miniaturstil mit Umrissritzung ausgeführt waren. Seinen Höhepunkt erreichte der schwarzfigurige Stil freilich im mittlerweile marktbeherrschenden Athen des 6. Jh.: Die Silhouetten der Figuren sind einheitlich schwarz, die Binnenzeichnung erfolgt – erst nach dem Brand – durch Ritzung und gelegentlichen bzw. partiellen Farbauftrag in Rot.

Welcher Sarkophagtypus setzte sich in spätarchaischer Zeit in der etruskischen Kunst durch?

Die etruskischen Sarkophage, die in den Grabkammern standen, sind häufig aus Ton gebildet. In spätarchaischer Zeit setzte sich jener Typus durch, der den Verstorbenen mit seiner Frau auf der Kline (Liegemöbel, das auch als Speisesofa benutzt wurde) zum Mahle gelagert zeigt. Völlig ungriechisch ist die Sitte, dass Mann und Frau zugleich bei Tische liegen. Griechisch in der Form ist dagegen das Holzgestell der Kline, auf der das weiche Polster liegt, sind die mandelförmigen Augen und das spitze Lächeln der archaischen Gestalten. Im Lager selbst sind die Überreste des Toten bestattet. Ein schönes Beispiel bietet der gegen Ende des 6. Jh. v. Chr. entstandene *Sarkophag aus Cerveteri* (Rom, Villa Giulia).

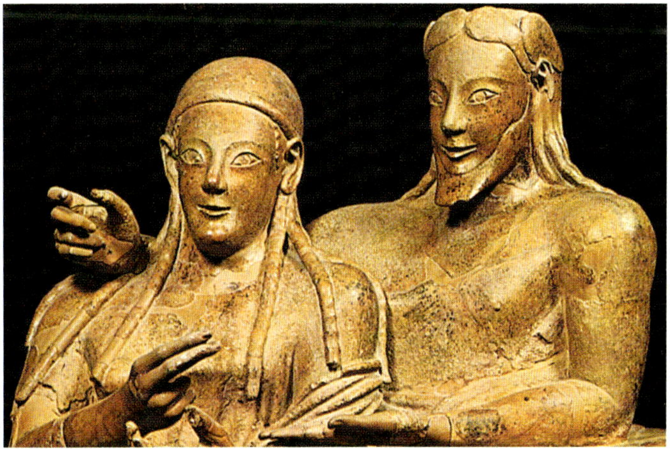

Sarkophag aus Cerveteri, um 520 v. Chr. (Rom, Villa Giulia)

Was verbarg sich unter dem „Perserschutt“?

Nach dem blutigen Untergang der Spartaner an den Thermophylen 480 v. Chr., in dessen Gefolge Xerxes Attika besetzen und Athen plündern ließ, und dann wieder vor der Schlacht bei Platää 479 v. Chr. haben die Perser zweimal Athen erobert und Stadt und Burg völlig zerstört. Aus dem sog. „Perserschutt“ stammen alle relativ intakt erhaltenen Werke der archaischen Epoche, da sie von den Athenern bei der Neuanlage der Akropolis dort „bestattet“ wurden und bis zu den Ausgrabungen im 19. Jh. unberührt liegen blieben.

Wer war Apelles?

Der in der 2. Hälfte des 4. Jh. v. Chr. tätige Apelles, der Sohn des Pytheas aus Kolophon in Lydien oder aus Kos, war der gefeiertste Maler Griechenlands, dessen Ruhm noch den eines Polygnot oder Zeuxis in den Schatten stellte. Dieser Ruf blieb auch im Mittelalter und der Renaissance gültig, obwohl kein einziges seiner Werke auf die Nachwelt gekommen ist. Apelles hatte seine Ausbildung in Ephesos erhalten, wo er später auch das Bürgerrecht bekam. Noch zu Philipps II. Lebzeiten (um 382–336 v. Chr.) ging er an den makedonischen Königshof und freundete sich mit Philipps Sohn Alexander an, der später den Beinamen „der Große“ erhalten sollte (356–

323 v. Chr.). Einem Bericht Plinius' d. Ä. (23 oder 24–79 n. Chr.) zufolge lag sein künstlerischer Höhepunkt in den Jahren um 332 v. Chr. Berühmt wurde der Maler ausschließlich durch Tafelgemälde, insbesondere seine *Aphrodite Anadyomene* und seine *Verleumdung* riefen Staunen unter den Zeitgenossen hervor. Die Beschreibung des letzteren Bildes aus der Feder Lukians (um 120–nach 180) regte später z. B. Sandro Botticelli (um 1445–1510) zu seinem Meisterwerk *Die Verleumdung des Apelles* an (Florenz, Uffizien). Apelles soll mit lasierenden Farben, und zwar hauptsächlich mit Rot, Gelb, Schwarz und Weiß gemalt haben.

Welches ist die berühmteste Darstellung einer „Alexanderschlacht" und was hat sie mit griechischer Kunst zu tun, obwohl sie in Italien gefunden wurde?

1831 hat man in Pompeji ein Fußboden-Mosaikbild aus dem ausgehenden 2. Jh. v. Chr. im Haus des Fauns aufgedeckt (5,12 x 2,77 m; Neapel, Museo Archeologico Nazionale), das als die leicht veränderte Kopie eines griechischen Tafelgemäldes aus dem Ende des 4. Jh. v. Chr., und zwar aus der Hand eines anonymen, jedenfalls aber eines der größten Künstler seiner Zeit zu gelten hat. Die Komposition zeigt auf hochdramatische Weise die in jeder Bewegung einfühlsame

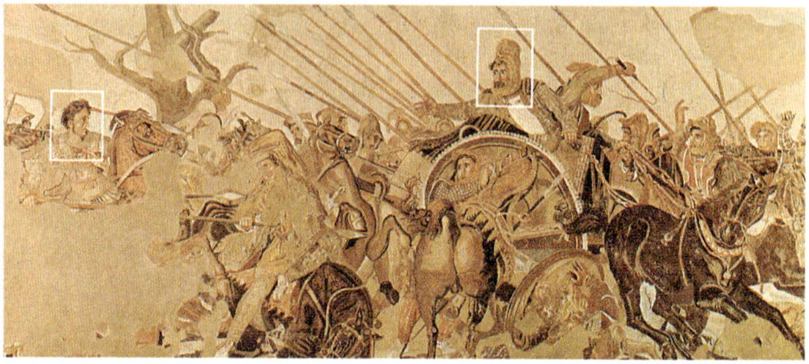

Alexandermosaik, Ende 2. Jh. v. Chr. (Neapel, Museo Archeologico Nazionale)

Darstellung der Schlacht bei Issos, in der 333 v. Chr. Alexander der Große über den Perserkönig Darius III. siegreich blieb. So dokumentiert das Mosaik nicht nur ein wichtiges historisches Ereignis der griechischen Geschichte, es ist vielmehr nach Größe, Figurenreichtum und gestalterischer Disposition auch der eindrucksvollste Beleg der griechischen Monumentalmalerei, von der praktisch keine Originale erhalten blieben. Das Werk lässt erahnen, welche Schätze insbesondere aus hellenistischer Zeit uns dadurch verlorengegangen sind.

Wo befinden sich die vermutlich bekanntesten plastischen Pferdedarstellungen der etruskischen Kunst?

In der etruskischen Nekropole (Totenstadt) des heutigen Tarquinia fand sich das berühmte Gespann zweier geflügelter *Terrakotta-Pferde* (Tarquinia, Palazzo Vitelleschi) aus der Wende vom 4. zum 3. Jh. v. Chr. Die 115 cm hohen, prächtig modellierten Tierkörper sind als Hochrelief einer Tafel appliziert, die einst die linke Seite des mittleren Dachbalkens des Tempels *Ara della Regina* zierte. Rechts befand sich ein Wagen mit einer Göttin, vermutlich der Patronin des Tempels.

Worin unterscheidet sich die rotfigurige Vasenmalerei (6. Jh. v. Chr.) von der schwarzfigurigen?

Um 530 v. Chr. wurde in Athen die rotfigurige Vasenmalerei entwickelt. Da hier die Figuren und Muster aus dem Malgrund, dem glänzend schwarz gefärbten Hintergrund ausgespart bleiben, können die nunmehr tongrundigen Figuren mit Hilfe linearer Binnenzeichnungen einen wesentlich größeren Grad an Detailgenauigkeit, an Plastizität, körperlicher Bewegtheit und reicher Faltengebung erhalten als die älteren schwarzfigurigen Gestaltungen. Dieser revolutionäre Wechsel scheint im Atelier des Töpfers Andokides (spätes 6. Jh. v. Chr.), vielleicht einem Schüler des Exekias, stattgefunden zu haben. Das ganze 5. Jh. hindurch blieb die rotfigurige Technik die tonangebende. Nach 400 v. Chr. stellte die rotfigurige attische Ware einen ausgesprochenen Exportschlager über die Grenzen Griechenlands hinaus dar.

Welche bedeutende etruskische Stadt war, wie sich zahlreichen Kunstwerken entnehmen lässt, sowohl Land- wie auch Seemacht sowie ein Zentrum der Bronzeindustrie?

Vulci liegt auf einem niederen Plateau im Fiora-Tal, etwa 12 km von der Mündung des Flusses ins Tyrrhenische Meer entfernt. Seit langem wird aus dem Gebiet der alten etruskischen Stadt, aus zahlreichen Gräbern, eine reiche „Ernte" an Funden eingebracht. Vulci war sowohl eine See- als auch eine Landmacht und es konnten Beweise für eine frühe Verbindung mit Sardinien gefunden werden. Aufgrund seiner Küstenlage geriet Vulci schon seit der Mitte des 8. Jh. v. Chr. unter griechischen und orientalischen Einfluss. Und es gehörte zu jenen Städten der etruskischen Kultur, die sehr früh das Alphabet aus einer nordsemitischen Quelle sowie durch Vermittlung der Griechen bezogen (das Etruskische kann heute entziffert werden, aber es gibt enorme Schwierigkeiten bei der Deutung der zahlreichen Texte). Besonders berühmt war die Bronzeindustrie der Stadt. Im 6. und 5. Jh. v. Chr. exportierte Vulci Votiv-

Welche griechischen Meisterwerke des 5. Jh. v. Chr. verstecken sich hinter der Bezeichnung „Elgin Marbles", die sich heute im British Museum in London befinden?

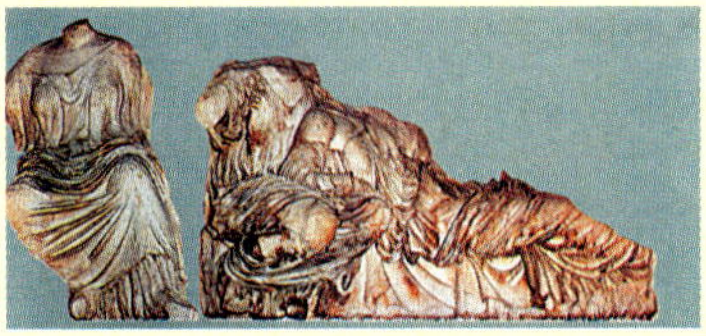

Phidias: *Hestia, Diana und Aphrodite*, Ostgiebel des Parthenon in Athen, 438–432 v. Chr. (London, British Museum)

Thomas Bruce, Earl of Elgin, war zu Beginn des 19. Jh. britischer Botschafter an der Hohen Pforte, zu einem Zeitpunkt also, als Athen zum Herrschaftsbereich des Osmanischen Reiches gehörte. Damals verfügte der *Parthenon auf der Akropolis* noch über die 92 skulptierten Metopenreliefs und den Skulpturenfries am oberen Teil der Cella-Außenwand, sowie über die rundplastischen Figuren der beiden Giebelfelder, die zwischen 438 und 432 v. Chr. entstanden sein müssen (die Mittelgruppe des Westgiebels war allerdings durch eine Pulverexplosion im *Parthenon* im Jahr 1687, die des Ostgiebels noch früher zerstört worden). Der Entwurf der plastischen Kunstwerke wird von Phidias (* um 490 v. Chr.) stammen, an der Ausführung waren aber sicher zahlreiche andere Bildhauer beteiligt. Die Themen der Giebelfiguren sind dem Sagenkreis um die Göttin Athena, der der Tempel geweiht war, entnommen. Besonders die weiblichen Figuren mit dem lockeren Faltenspiel der Gewänder, der organischen Wechselwirkung zwischen Körper und Gewand, ferner einige beeindruckende Pferdeköpfe zeugen von der überwältigenden künstlerischen Qualität dieser Bildhauerarbeiten, die zu den Höhepunkten der Weltkunst zu rechnen sind. Schon Lord Elgin hatte dafür einen Blick gehabt. 1801 erteilte er dem abenteuerlichen Möchtegern-Maler Don Giovanni Battista Lusieri und dem englischen Botschaftskaplan Philip Hunt den Auftrag, die Skulpturen der Parthenongiebel nicht nur abzuzeichnen, sondern sie gleich abzubauen und mitzunehmen. In wenigen Wochen waren sie herunter. Ein Teil des Tempels ging dabei in die Brüche. Der Abtransport dauerte länger. 1810 war der Großteil der Kunstwerke nach England weggebracht. 1816 kaufte der britische Staat die Marmorstücke offiziell auf und verbrachte sie unter der Bezeichnung „Elgin Marbles" ins British Museum in London. Viele Zeitgenossen waren beim Anblick des beraubten *Parthenon* entsetzt über diese Barbarei, auch wenn sie zugeben mussten, dass damals auch an anderen Orten viele Antiken aus Unverstand zerstört oder bruchstückweise als Souvenirs an durchreisende Touristen verkauft wurden.

bronzen, metallene Vasen, Kandelaber, Dreifüße und diverse Schmuckständer nicht nur in andere Teile Italiens, sondern auch nach Mitteleuropa und sogar nach Griechenland – in Olympia hat man einige solcher Exemplare gefunden.

Wie heißt das komplizierteste technische Verfahren, das die berühmten etruskischen Goldschmiede anwendeten?

Goldschmuck bot den Etruskern die Möglichkeit, ihr virtuoses handwerkliches Können und ihren Phantasiereichtum uneingeschränkt zu entfalten. Außer den Formen und Gießen wurden erhabene Muster gehämmert, wurde eingraviert, eingelegt oder mit Filigrantechnik gearbeitet. Das komplizierteste Verfahren jedoch, das die Etrusker verwendeten, war das „Granulieren". Dabei lötete man winzige Gold- oder Silberkügelchen auf einen Untergrund. Sie bedeckten diesen entweder ganz oder waren so angeordnet, dass sie ein Muster bildeten oder Tiergestalten nachahmten.

Welches Goldschmiedewerk verdeutlicht die etruskische Technik der Granulation besonders schön?

Eine *Goldbrosche* des 6. Jh. v. Chr. (Ferrara, Museo Archeologico) verdeutlicht die aufwendige Technik des Granulierens besonders instruktiv: Die beiden Gesichtshälften des Hermes sind von einem Granulationsband umrahmt, der äußere Kreis besteht aus kleinen und großen Tropfen. Ein wunderschöner goldener *Ohrring* des 4. Jh. v. Chr., vermutlich aus Vulci (London, British Museum), besitzt ein gewölbtes Mittelstück, das durchgehend mit Granulation verziert ist.

Welche dem Bildhauer Kritios zugeschriebene Statue fand sich im „Perserschutt"?

Zu den im sog. „Perserschutt" aufgefundenen Plastiken gehört beispielsweise eine *marmorne Jünglingsstatue*. Sie wird in die Zeit um 480 datiert und versuchsweise dem Bildhauer Kritios (tätig im frühen 5. Jh. v. Chr.) zugeschrieben (Athen, Akropolismuseum). Die Figur ist stilgeschichtlich enorm wichtig, da sie die beginnende Abkehr von der strengen archaischen Frontalität, einen klaren Kontrapost – also die deutliche Trennung in Stand- und Spielbein –, eine bereits beseelte Physiognomie, kurz: die Gestaltungsprinzipien des „strengen Stils" der frühklassischen Kunst (um 500–450) mit wünschenswerter Deutlichkeit vor Augen führt.

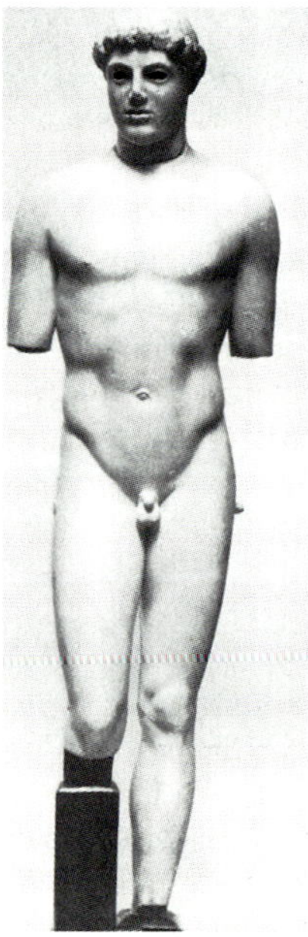

Kritios-Knabe, um 480 v. Chr. (Athen, Akropolismuseum)

Wann werden in Griechenland Steintempel zur Regel?

Steintempel begegneten relativ spät in der altgriechischen Baukunst. Erst im 6. Jh. v. Chr. werden sie allgemein zur Regel. Stilistisch hielt sich die früheste steinerne Tempelarchitektur zuerst noch eng an die hölzernen Vorbilder. Holzpfosten wurden zu Steinsäulen, Horizontalbalken und Bretter wurden sozusagen in Marmor übersetzt. Eine derartige Transformation zeigt sich noch deutlich im frühen dorischen Stil, wogegen sie an den ionischen Tempeln bereits weitgehend sublimiert ist.

Welcher Herrscher des 6. Jh. v. Chr. sorgte dafür, dass die schwarzfigurig bemalte attische Keramik in fast der ganzen damals bekannten Welt Verbreitung fand?

Der von 561 bis 527 in Athen regierende Tyrann Peisistratos sorgte dafür, dass scharzfigurige Vasen nicht nur in Griechenland, sondern auch in Ägypten, Etrurien und am Schwarzen Meer zum Exportschlager wurden. Da damals herausragende Maler ihre Werke auch zu signieren begannen, kennen wir Meisternamen wie Klitias (tätig um 580–560 v. Chr.), Exekias (tätig um 550–530 v. Chr.) und den Amasismaler (mittleres 6. Jh.), der in der schwarzfigurigen Technik häufig sorgfältig gezeichnete dionysische Motive gestaltete.

Welches Ornament wurde zum Erfolgsschlager nicht nur im alten Griechenland, sondern auch in späteren klassizistischen Stilen?

Das wahrscheinlich erfolgreichste Ornament des Altertums war der „Mäander". Die Grundform des Mäanderornamentes ist eine in regelmäßigen rechtwinkligen Brechungen verlaufende Linie, die als Band oder flächenfüllend auftritt. Als Sonderform gilt das fortlaufende Spiralmotiv bzw. Wellenband, der „laufende Hund", der im weiteren Sinne ebenfalls als Mäander bezeichnet wird. Der Name bezieht sich auf den vielfach gewundenen Lauf des Flusses Maiandros (heute: Menderes) in Westanatolien. Ein wesentliches Kriterium des Ornaments besteht darin, dass innerhalb der kontinuierlichen Gesamtbewegung ein Alternieren von vorwärts und rückwärts gerichteten Einzelbewegungen

Mäander

stattfindet. Die Verwendung des Mäanders zur Verzierung von Keramikgefäßen lässt sich bis in die Steinzeit zurückverfolgen. Seine klassische Ausprägung findet er indes in der geometrischen Kunst Griechenlands. Später beeinflusste der griechische Mäander die frühkeltische Kunst der Hallstattzeit und verbreitete sich im Gefolge des Hellenismus im gesamten Mittelmeerraum. Von hier konnte ihn auch die arabisch-islamische Ornamentik aufgreifen. Mittelalterliche Buch- und Wandmalereien sind häufig durch perspektivische Mäander gerahmt. Im Klassizismus seit dem ausgehenden 18. Jh. und im Empirestil um 1800 galt das Ornament als Markenzeichen der griechischen Antike schlechthin, man charakterisierte es als Muster „à la grecque", in Deutschland nannte man damalige Mäanderbordüren an Kleidern „Grek-Kante".

Welches erstaunliche Motiv rühmt Plinius an einer Darstellung Alexanders aus der Hand des Apelles?

Unter den Gemälden, die Apelles (tätig 2. Hälfte des 4. Jh. v. Chr.) berühmt machten, waren auch etliche *Porträts* seines Gönners *Alexanders des Großen*, von denen sich das bekannteste im *Artemistempel von Ephesos* befand. Es zeigte den vergöttlichten König mit dem Blitz in der Faust; die Betrachter staunten v. a. darüber, wie Plinius d. Ä. im 1. Jh. n. Chr. berichtet, dass „die Finger hervorzutreten schienen und dass der Blitz sich außerhalb der Tafel zu befinden schien."

Welcher nach der Mitte des 6. Jh. v. Chr. gebaute Tempel war der größte aus spätarchaischer Zeit?

Im üppigen, sinnenfrohen Klima und in der luxuriösen Kultur, die an den Höfen der ionischen Tyrannen, also an der Küste Kleinasiens, in archaischer Zeit herrschte, entstanden wahre Riesentempel. In der 1. Hälfte des 6. Jh. v. Chr. haben die Architekten Rhoikos und Theodoros in *Samos* an Stelle eines alten Vorgängers einen neuen *Heratempel* von 105 m Länge errichtet, der bald nach seiner Vollendung abbrannte, später aber wiederaufgebaut wurde. Eine doppelte Säulenhalle umgab die dreischiffige Cella mit tiefem Pronaos (Vorhalle). Wenig später, nach der Mitte des 6. Jh., entstand, erneut im ionischen Stil, das vermutlich prächtigste Bauwerk dieser Zeit: der erste *Tempel der Artemis in Ephesos*. Mit einer Fläche, die größer war als die des *Kölner Doms*, den 20 m hohen Säulen und einem dreifach gestuften „Architrav", einem waagrechten, von Säulen getragenen Steinbalken, der vermutlich 25 Tonnen wog, umfasste dieser Triumph der Architektur und Technik einen ungeheuren Raum. Die Cella, so lässt sich rekonstruieren, war als offener Hof gebildet, in dem ein „Naiskos“, ein kleines Tempelchen für das Kultbild, stand. Nicht das Tragen und Lasten wie beim dorischen Tempel sollte in dieser gigantischen Architektur zum Ausdruck kommen, sondern das pflanzenhafte, elegante und doch so riesenhafte Emporwachsen. Und statt dem allseits fast gleich ausgeformten dorischen Tempel ist in diesem ionischen Beispiel eindeutig eine Hauptansichtsseite betont.

Was ist mit dem „Atramentum“ gemeint, mit dem zum Schluss der berühmte griechische Maler Apelles seine Gemälde übergangen haben soll?

Zum Schluss überzog der geniale Maler Apelles (tätig 2. Hälfte des 4. Jh. v. Chr.), wie Plinius d. Ä. im 1. Jh. n. Chr. berichtet, seine Gemälde mit dem geheimnisvollen „atramentum“, einer Endlasur, in die verbranntes, fein pulverisiertes Elfenbein gemischt war, wodurch die Farbigkeit des Bildes gedämpft und gleichzeitig vereinheitlicht wurde.

Wo befindet sich ein besonders schönes Beispiel einer sog. Abschiedsstele?

Ein besonders schönes Beispiel einer Grabstele, die den Gedanken des letzten Abschieds thematisiert, liefert die um 380 v. Chr. entstandene marmorne *Grabstele der Mnesarete* (München, Glyptothek). Den Rahmen bilden zwei giebeltragende Pilaster, die die in verhaltenen Trauergesten einander zugewandten Gestalten einer Frau und eines Mädchens – der Tochter oder einer Dienerin – umgrenzen. Auf dem Geison (Kranzgesims) des Giebelfeldes steht der Name der Verstorbenen, der Architrav (waagrechter, von Säulen getragener Steinbalken) darunter enthält folgendes melancholisch-elegische Epigramm: „Sie ließ den Gatten zurück und die Brüder, der Mutter Leid und das Kind, und unvergänglichen Ruhm großer Tugend. Hier hält Persephones Gemach Mnesarete umfangen, die zum Ziel aller Tugenden gelangte.“

Wo befindet sich der berühmteste erhaltene Tholos?

Der Tholos, der Rundtempel, im Bezirk der Athena Pronaia im *Heiligtum von Delphi* wurde zu Beginn des 4. Jh. v. Chr. erbaut und gilt zu Recht als das schönste und instruktivste Beispiel dieser Architekturgattung. 20 schlanke dorische Säulen bilden die Peristasis (Säulenkranz) um die kreisrunde Cella, an deren Innenwand zehn korinthische Halbsäulen mathematisch mit dem Außenbau korrespondieren. Bis heute ist in der Forschung umstritten, welchem Zweck diese auffallende Bauform diente, man vermutet, dass sie v. a. der Heroenverehrung reserviert war. Jedenfalls wurde sie in dieser Funktion auch von den Römern übernommen und an die frühchristliche Zeit weitergereicht.

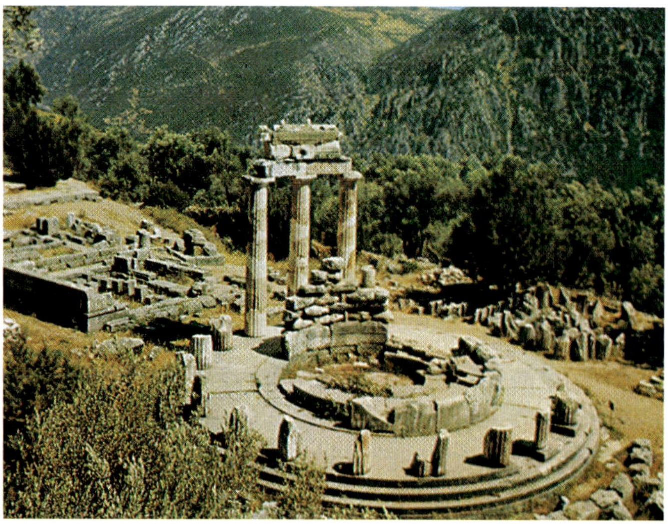

Tholos des Heiligtums der Athena Pronaia, Delphi, Anfang 4. Jh. v. Chr.

Wie heißt die dämonische Herrin des Lebens und der Totenwelt?

Nach Euripides (485/84 oder 480–406 v. Chr.) ist Gorgo eine Tochter der Gaia (Erde), die den Giganten im Kampf gegen die Götter beistand. Andere Autoren nennen sogar drei Gorgonen: Medusa, Stheno und Euryale, und zwar als Töchter der Meeresgottheiten Phorkys, eines Sohnes der Gaia, und seiner Schwester Keto. Es sind scheußliche, furchterregende Ungeheuer, die im fernsten Okzident, an den Grenzen zur Totenwelt hausten. Jeder, der in ihr Gesicht blickte, wurde in Stein verwandelt. Eine der Schwestern, Medusa, die einzige mit Schlangenhaaren, sei von Perseus, so der Mythos, durch eine List besiegt worden. Gorgonen gehörten zum beliebtesten Motivschatz griechischer Künstler, an Vasen, in Form von Bronzestatuetten, Terrakotten, Münzen und kleineren Elfenbeinreliefs. Im Lauf der Jahrhunderte verwandelte sich ihr Bild dabei vom rein Monströsen in eine zunehmend rätselhafte, „eiskalte" Schönheit. Die *Medusa Rondanini*, eine römische Kopie nach einem um 440 v. Chr. geschaffenen Original (München, Glyptothek), die auf Goethe tiefen Eindruck gemacht hat, beweist, dass der Hellenismus die seit archaischer Zeit kanonisch gewordene Frontalität bei den Gorgonen-Darstellungen aufzugeben begann.

Was versteht man unter einem Kontrapost?

Unter diesem Begriff fasst man angesichts der menschlichen Körperdarstellung, insbesondere in der statuarischen Plastik, den Ausgleich der tragenden und lastenden, der ruhenden und der bewegenden Kräfte. So ruht auf dem Standbein der Figur alle Last, während das Spielbein locker beweglich bleibt. Aus dieser Ponderation (Gewichtsverteilung) resultieren organische Verschiebungen – die Schrägstellung der Beckenpartie, die entgegengesetzte Schräge der Schultern und das leichte Anwinkeln des Kopfes. Der Kontrapost ist eine Erfindung der Griechen, wurde dann aber seit der Renaissance zum gängigen Mittel der europäischen Menschendarstellung.

In welcher etruskischen Stadt liegt das „Regolini-Galassi-Grab"?

Die etruskische *Nekropole von Cerveteri* liegt ungefähr 45 km nordwestlich von Rom, in der Nähe des Meeres. Während die Stadt selbst auf einer Hochebene angelegt wurde, befanden sich die etruskischen Begräbnisstätten (es gibt hier auch noch ältere) des 7.–5. Jh. v. Chr. auf den umliegenden Hügeln. Die meisten dieser Kammergräber waren mit einem Tumulus – mit einem aus Tuffstein herausgeschlagenen oder aufgemauerten Sockel und einer Erdaufschüttung – bedeckt. Später waren die Grabstellen rechteckig und wurden in regelmäßigen Abständen entlang einer „Begräbnisstraße" gruppiert. Die *Gräber von Cerveteri* sind von besonderem Interesse, da ihre Ausstattung den einstigen Reichtum der Stadt dokumentiert. So sind die Funde des *Regolini-Galassi-Grabes* (1836 von dem Erzpriester Regolini und dem General Galassi im Sorbo-Tumulus entdeckt) ein beeindruckendes Zeugnis für den Wohlstand der etruskischen Aristokratie im 7. Jh. v. Chr. Damals war der Einfluss des Orients besonders groß und man hat Luxuswaren aus Gold, Silber und Elfenbein aus dem östlichen Mittelmeerraum importiert oder von einheimischen bzw. zugewanderten Handwerkern herstellen lassen.

Was sind die „Trauben des Zeuxis"?

Plinius d. Ä. (23 oder 24–79 n. Chr.) zitiert in seiner 77 n. Chr. vollendeten „Naturalis historia" eine griechische Schriftquelle, derzufolge der Künstler Zeuxis eines Tages so täuschend echte Weintrauben gemalt habe, dass Sperlinge herbeigeflogen seien, um an den Früchten zu picken. Als er dies gesehen habe, habe der Maler Parrhasios Zeuxis mit in sein Atelier genommen und ihn gebeten, den reich verzierten Vorhang vor einem Gemälde, das ihn in Erstaunen versetzen werde, beiseite zu ziehen. Doch siehe da: Der Vorhang war ebenfalls gemalt. Zeuxis habe daraufhin seinem Konkurrenten den künstlerischen Vorrang zuerkannt, da dieser einen Menschen – und nicht nur Tiere – zu täuschen in der Lage gewesen sei. V. a. die italienische Renaissance hat solche Nachrichten begierig aufgegriffen, um den von ihr angestrebten Illusionismus in der Kunst zu rechtfertigen.

Auf welches geschichtliche Ereignis bezog sich die berühmte griechische „Tyrannenmörder-Gruppe"?

Im Konservatorenpalast in Rom befinden sich marmorne Kopffragmente, die zu Kopien einer verlorenen Bronzegruppe gehörten, die in die Frühgeschichte Athens zurückführen. 514 v. Chr. hatten zwei Aristokraten – Harmodios und Aristogeiton – den Hipparch, den Sohn des Peisistratos und Bruder des regierenden Tyrannen Hippias ermordet. Hippias rächte sich und ließ die beiden Attentäter hinrichten, die man freilich wenig später als Freiheitshelden feierte. Man errichtete ihnen um 510 v. Chr. ein Denkmal in Form zweier Statuen aus der Hand des Bildhauers Antenor – das erste Ehrenmal im Zentrum einer Stadt ohne religiösen Hintergrund. Die Perser raubten beide Statuen, Sinnbild der attischen Freiheit, und verschleppten sie nach Susa. 477/76 v. Chr. fertigten Kritios und Nesiotes zwei neue *Bronzestatuen der Tyrannenmörder*, die dann in römischer Zeit oft kopiert worden sind.

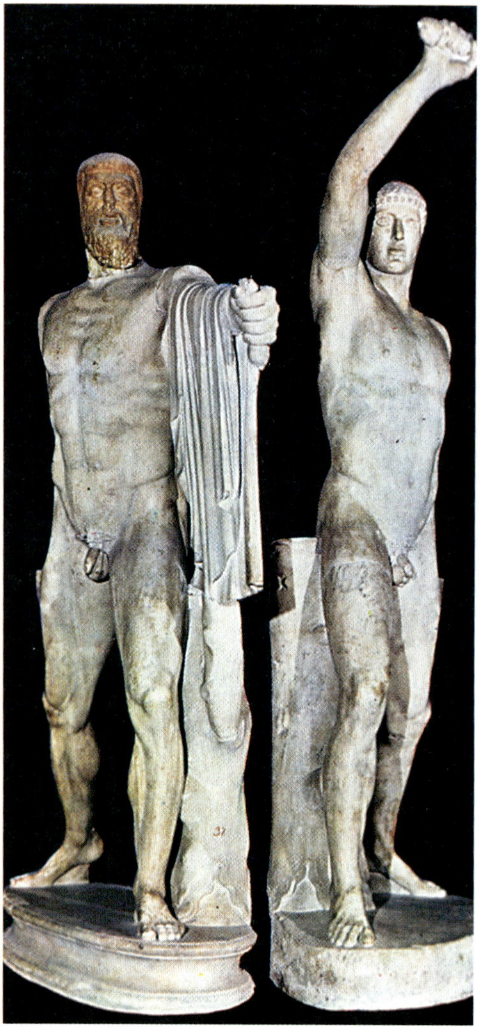

Kritios und Nesiotes: *Tyrannenmörder,* römische Kopie eines griechischen Originals von 477/76 v. Chr. (Neapel, Nationalmuseum)

Stellt der berühmte Bronzekopf im römischen Konservatorenpalast wirklich den Caesar-Mörder Junius Brutus dar?

Spätere Jahrhunderte sahen in dem herrlichen bronzegegossenen Kopf eines bärtigen Mannes, der sich im Konservatorenpalast zu Rom befindet, ein Porträt des Caesar-Mörders Junius Brutus. In Wirklichkeit ist der Kopf wesentlich älter und in den Übergang vom 4. zum 3. Jh. v. Chr. zu datieren. Es handelt sich um ein herausragendes Werk der etruskisch-italischen Bronzeplastik hellenistischer Zeit. In unerhörtem Realismus ist das unerbittlich strenge Naturell und tiefe Resignation in dieses kühle Gesicht mit den zusammengepressten Lippen und den tiefliegenden Augen eingraviert.

Wer war Polygnot(os) von Thasos?

Der griechische Maler aus Thasos, der Sohn eines gewissen Aglaophon, lebte hauptsächlich in Athen, wo er etwa um 480–440 v. Chr. nachzuweisen ist. Er gilt als einer der bedeutendsten griechischen Monumentalmaler, ja Theophrastos (um 371–um 287 v. Chr.) rühmt ihn als den eigentlichen Erfinder der Malerei, da er erstmals in großem Stil Perspektive und Schattierung angewandt habe. Andere Autoren heben an seinen Werken, an den Holztafeln aus der Zeit nach den Perserkriegen, von denen keine einzige erhalten blieb, die gestaffelte Anordnung der Figuren, die Erfassung individueller Züge und die lebensechte Lebendigkeit der Physiognomien hervor. Außerdem habe er die herkömmliche Farbskala aus Rot, Blau (Schwarz) und Weiß durch Ockergelb ergänzt. Pausanias (2. Jh. n. Chr.) berichtet in seinem etwa 173 verfassten Reisehandbuch über Griechenland ausführlich von Bilder Polygnots. Dazu gehörten der *Freiermord des Odysseus* im *Athenatempel von Plätää* (nach 478), *Das eroberte Troja* und wohl auch eine *Schlacht bei Marathon* in der *Stoa Poikile* (Bunte Halle) *an der Agora in Athen* (um 460) sowie eine Folge mit *Odysseus in der Unterwelt* und *Troja am Morgen nach der Zerstörung* (um 450) in der *Lesche* (Halle) *der Knidier in Delphi*. Dieser Künstler, über den auch Goethe eine bekannte Abhandlung unter dem Titel „Polygnots Gemälde" geschrieben hat, ist nicht zu verwechseln mit einem gleichnamigen Kollegen, der zwischen 440 und 420 v. Chr. als attischer Vasenmaler, als einer der führenden Meister auf diesem Gebiet tätig war, dem sich rund 60 erhaltene Werke zuschreiben lassen.

Welches Bauwerk vernichtete der berühmt-berüchtigte Herostrat im 4. Jh. v. Chr.?

Herostrat(os), ein maßlos ruhmsüchtiger Einwohner der kleinasiatischen Metropole *Ephesos*, setzte 356 v. Chr., und zwar der Überlieferung zufolge genau am Geburtstag Alexanders des Großen, den monumentalen *Artemistempel* in seiner Heimatstadt in Brand. Das Bauwerk fiel den Flammen vollkommen zum Opfer. Durch diese frevelhafte Aktion wollte Herostrat seinen Namen in die Geschichte eingehen lassen. Dies ist ihm gelungen. Eine hybride zerstörerische Handlung konnte seitdem als „herostratische Tat" bezeichnet werden.

Welchem Kunstensemble verdankt man die wertvollsten Aufschlüsse über Kultur und Gebräuche der Etrusker?

Die Blütezeit der etruskischen *Grabmalereien* lag etwa zwischen 520 und 460 v. Chr. und hatte ihren Mittelpunkt in den rund 150 bisher bekannten Kammergräbern der Nekropole von Tarquinia, die zumeist sehr gut erhalten sind. Die farbenfrohen Wandmalereien, die sich zum Teil noch an Ort und Stelle, zum Teil in den archäologischen Museen von Tarquinia (Palazzo Vitelleschi) und Florenz befinden, sind mit ihren Darstellungen von Tieren und Reitern, Totenehrungen, Tänzen, Gelagen, Kämpfen, Jagdszenen und ein paar mythischen Themen nicht nur von grundlegender Bedeutung für die Kenntnis der etruskischen Kunst, sie verschaffen uns vielmehr auch unschätzbare Einblicke in das Leben und die Religion dieses Volkes.

In welchem Stil betätigte sich der Vasenmaler Exekias als Hauptmeister?

Exekias (tätig um 550–530 v. Chr.) ist einer der bedeutendsten griechischen Vasenmaler. Er ist berühmt geworden

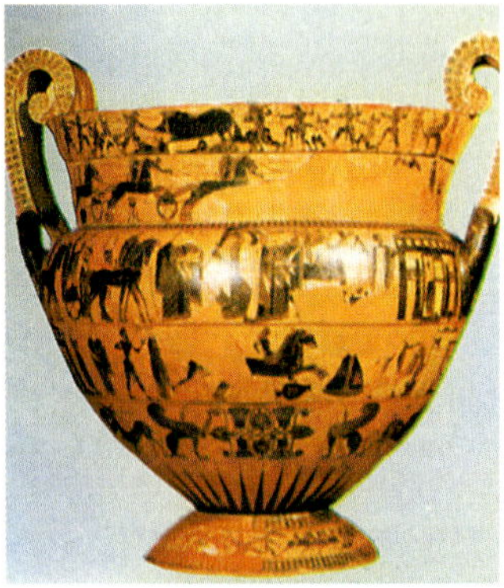

Exekias: *Françoisvase*, um 560 v. Chr. (Florenz, Archäologisches Museum)

durch die um 560 v. Chr. zu datierende *Françoisvase*, die 1844 in Chiusi aufgefunden wurde und später nach Florenz, ins Archäologische Museum kam. Dieses Hauptwerk hocharchaischer schwarzfiguriger Vasenmalerei schildert wie so viele vergleichbare Stücke Szenen der griechischen Mythologie. Exekias, der zumeist wenige Figuren im offenen Raum arrangierte, schuf u. a. eine *Schale mit der Meerfahrt des Dionysos* (München, Staatliche Antikensammlung) sowie die berühmte *Amphore mit den brettspielenden Helden des Trojanischen Krieges, Achill und Aias* (Rom, Vatikanische Sammlungen).

Was hat der „Koloss von Rhodos" mit der „Münchner Bavaria" zu tun?

Eines der berühmtesten Riesenstandbilder hellenistischer Zeit war der *Koloss von Rhodos*, der den Sonnengott Helios darstellte und nach Plinius d. Ä. (23 oder 24–79 n. Chr.) eine Höhe von 70 Ellen, also von mehr als 32 m erreichte. Er war zu Beginn des 3. Jh. v. Chr. von dem Lysipp-Schüler Chares von Lindos in Bronze gegossen und aus dem Erlös einer Kriegsbeute der Rhodier bezahlt worden. Die Kolossalfigur bewachte die Hafeneinfahrt, stürzte aber bereits um 225 v. Chr. infolge eines gewaltigen Erdbebens um. Doch selbst jetzt noch genoss sie staunende Bewunderung und galt den Zeitgenossen als eines der sieben Weltwunder der Antike. Im 7. Jh. n. Chr. wurden die Reste eingeschmolzen. 1837 wollte der bayerische König Ludwig I. vor der Ruhmeshalle auf der Münchner Theresienhöhe ein gewaltiges Denkmal errichten lassen, die fast 20 m hohe, nach dem Modell Ludwig von Schwanthalers in Bronze gegossene Gestalt der *Bavaria*. Neueren Forschungen zufolge steckt nun ein Bronzerest des altgriechischen Riesen im Leib der bajuwarischen Dame – und zwar dank einer Art Recycling-Verfahrens, in dem letzte Reste des antiken Metalls in die Türkei gekommen, dann in Form türkischer Kanonen auf dem Beuteweg nach München gelangt seien und hier in der Erzgießerei Ferdinand von Millers eingeschmolzen wurden. Als die *Bavaria* 1850 feierlich enthüllt wurde, hatte sie also, ohne dass dies den Zeitgenossen freilich bewusst war, in gewissem Sinne das Erbe des *rhodischen Kolosses* angetreten.

Wer war Lysipp?

Lysipp(os), der griechische Bronze- und Marmorbildner des 4. Jh. v. Chr., stammte aus Sikyon, einer wichtigen Stadt in der Nähe von Korinth. Die Daten seiner Geburt und seines Todes sind nicht bekannt. Aber er war jedenfalls der letzte große klassische Meister. Und er war der Hofbildhauer Alexanders des Großen. „Alexander wollte vorzugsweise von Apelles gemalt und von Lysipp in Stein gehauen werden", schrieb Cicero (106–43 v. Chr.). Auch andere Autoren berichten über dieses Privileg. Der Grund hierfür lag laut Plutarch (kurz vor 50–nach 120 n. Chr.) in der Tatsache, dass Lysipp die Züge des Herrschers so naturgetreu wiederzugeben wusste. Von seinen unzähligen, an den unterschiedlichsten Orten Griechenlands aufgestellten Werken ist keines im Original erhalten geblieben. Der *Farnesische Herkules* (Neapel, Museo Archeologico Nazionale) ist vermutlich die Kopie eines sich ausruhenden Herkules des Lysipp. In einer römischen Kopie der Kaiserzeit glaubt man einen recht genauen Nachhall des um 325–300 v. Chr. von dem griechischen Künstler geschaffenen *Apoxyomenos* erkennen zu dürfen (Rom, Vatikanische Sammlungen), also eine Replik der Bronze-Darstellung

Die altgriechische Baukunst kannte ein großes Spektrum an Tempelformen. Wie heißen die wichtigsten?

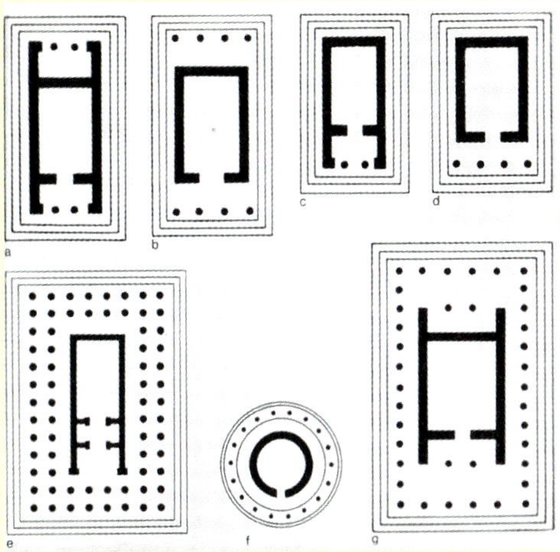

Griechische Tempelformen: a: Doppelantentempel; b: Amphiprostylos; c: Antentempel; d: Prostylos; e: Dipteros; f: Tholos; g: Peripteros

Der Tempel des Altertums ist die Wohnstätte von Gottheiten, die im Kultbild präsent sind. Der griechische Tempel entfaltet sich in dieser Eigenschaft gleichsam von innen nach außen, er gleicht einem monumentalen Schrein, in dessen Umgebung sich Altäre, untergeordnete Kultbilder und Weihegaben gruppieren. Es ist bis heute umstritten, ob der Grundriss des hellenischen Tempels mit seinen deutlichen Analogien zum alten „Megaron“, dem Rechteckbau mit offener Vorhalle und gedeckter Haupthalle, aus der mykenischen Palastarchitektur abzuleiten ist oder nicht. Die einfachste und älteste, in archaischer Zeit aus dem Holz- in den Steinbau übertragene Version war der „Antentempel“, ein rechteckiger Saal (Cella) mit einer zweisäuligen Vorhalle (Pronaos) zwischen vorgezogenen Seitenwänden (Anten). Die Ergänzung einer rückwärtigen Vorhalle (Opistodom) transformiert den Anten- in einen „Doppelantentempel“. Durch das Platzieren einer Säulenreihe vor der Front entstand der sog. „Prostylos“ bzw. der „Amphiprostylos“, sofern die Säulenreihe auch vor die Rückseite zu stehen kam. Auch die fensterlose Cella, in der das wichtigste Kultbild seinen Platz fand, erfuhr eine zunehmende Bereicherung, indem man sie beispielsweise durch Säulen in zwei, später auch in drei Schiffe unterteilte. Seit dem 6. Jh. v. Chr. entwickelte sich dann der „Peripteros“ zum maßgeblichen Tempeltypus. Bei ihm ist die Cella von einem Säulenkranz (Peristasis; in den diversen Säulenordnungen) umgeben, der sich auf einem dreistufigen Unterbau (Krepis) erhebt und das Dach trägt. Bekannte Beispiele hierfür sind etwa: der *Zeustempel in Olympia*, um 470–456 v. Chr., und das *Parthenon der Akropolis in Athen*, von Iktinos und Kallikrates 447–438 v. Chr. aus pentelischem Marmor errichtet. Die symmetrische Geschlossenheit sowie der Kontrast zwischen blockhafter Cella und offenem Säulenring tragen entscheidend zur suggestiven Wirkung eines Peripteros bei. In der östlichen Ägäis verliehen die Architekten einigen besonders monumentalen Tempeln (z. B. dem *Artemision in Ephesos*, und zwar dem Neubau nach der Brandstiftung des Herostratos 356 v. Chr.) einen doppelten Säulenkranz, bzw. Peristasis (Dipteros-Tempel). Dieser Grundriss wurde in der hellenistischen Phase durch den Verzicht auf die innere Säulenreihe zum „Pseudodipteros“ mit doppelt weitem Umgang verwandelt. Bei all diesen Tempelformen bildete ein flaches Satteldach, dessen Giebelfelder oft mit Skulpturen verziert waren, den oberen Abschluss. Weitere Bauplastik entfaltete sich an den Metopen oder den Gebälkfriesen (teilweise auch an der Cellawand). Das gleiche Verhältnis zwischen dem geschlossenen Mauerwerk der Cella und der „durchlässigen“ Hülle aus Stützen kennzeichnet auch den Rundtempel: Beim *Tholos im Bezirk der Athena Pronoia in Delphi* (um 370 v. Chr. vollendet) umgab eine Ringhalle von 20 Säulen die zylindrische, durch Halbsäulen gegliederte Cella.

eines sich vom Staub der Palästra säubernden Athleten und Olympiasiegers.

Welche Rolle spielte die 1506 in Rom entdeckte hellenistische „Laokoon-Gruppe" für die Entwicklung des Klassizismus?

Gipsabgüsse der *Laokoon-Gruppe* zählten im 18. Jh. zu den Schätzen der Kunstsammlungen in ganz Europa. Der deutsche Archäologe Johann Joachim Winckelmann (1717–68) erhob den Laokoon in seiner Programmschrift des Klassizismus („Gedanken über die Nachahmung der griechischen Werke in der Malerei und Bildhauerkunst", 1754) zum Paradebeispiel für sein ästhetisches Wunschziel der „edlen Einfalt und stillen Größe", Gotthold Ephraim Lessing (1729–81) wurde durch ihn zu der wichtigen ästhetischen Abhandlung „Laokoon oder Über die Grenzen der Malerei und Poesie" (1766) angeregt und Goethe (1749–1832) äußerte sich in seinem 1798 veröffentlichten Aufsatz „Über Laokoon" begeistert zu diesem Werk.

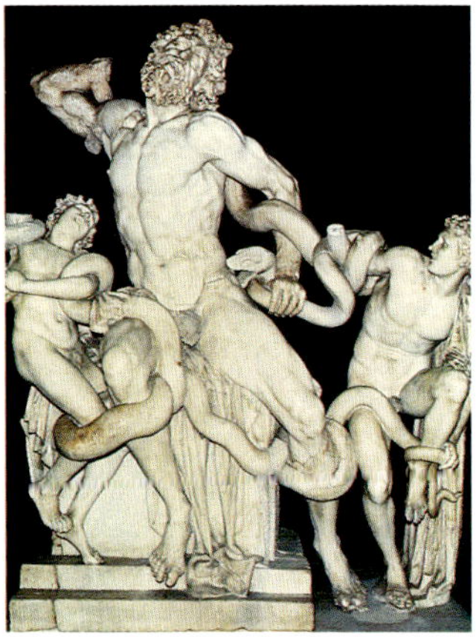

Laokoon, römische Kopie eines griechischen Originals des 2. oder 1. Jh. v. Chr. (Rom, Vatikanische Sammlungen)

Wie heißt die kühneste Statue, die Polyklet im späteren 5. Jh. v. Chr. geschaffen hat?

Die räumlich am stärksten ausgreifende Statue Polyklets war der *Diadumenos*, um 430 v. Chr. (römische Marmorkopien nach dem Bronzeoriginal z. B. in Athen, Nationalmuseum, Basel, Antikenmuseum und Madrid, Prado): Ein kraftvoller Athlet legt sich die Siegesbinde um. Das rechte Bein trägt die Körperlast, der linke Fuß ist entlastet zurückgesetzt und berührt nur mit Ballen und Zehenspitzen den Boden. Die Schulter über dem Standbein ist gesenkt, der Kopf zur Standbeinseite gewendet und leicht geneigt. Im Gegensatz dazu wird die linke Schulter gehoben. Dieser transversal zur Wirkung kommende Rhythmus bedeutet Ruhe und Bewegung zugleich. Entsprechend ist auch jeder Teil des muskulösen Körpers voller Spannung und doch wieder in der Schwebe gehalten. Trotz der räumlichen Entfaltung der Figur sind die abgewinkelten Arme in eine Ansichtsfläche gebreitet, trotz der Allansichtigkeit der Statue bleibt folglich eine Hauptansicht gewährleistet – auch hier der harmonische Ausgleich von Gegensätzen, von Gesetz und Freiheit im Sinne eines neuen, ebenso idealen wie individuellen Menschenbildes.

Was verrät das Auge der Dame Velia in einem etruskischen Grab?

Innerhalb der etruskischen Nekropole von Tarquinia diente das *Grab des Orkus* im ausgehenden 4 Jh. v. Chr. als Begräbnisstätte einer tarquinischen Aristokratenfamilie. Die Wandmalereien lassen die erschreckenden Dämonen der Unterwelt in Erscheinung treten, Entsetzen und Furcht vor dem Jenseits spiegeln sich in ihnen. Die vornehme, mit reichem Schmuck behangene etruskische Dame Velia blickt in ihrem Profilporträt ernst und würdevoll in die Dunkelheit. Die realistische Wiedergabe des Auges, das im Gegensatz zu früheren Perioden von der Seite und nicht (wie man das auch bei Profilbildnissen gehandhabt hatte) frontal dargestellt ist, verrät, dass der Künstler Kenntnis von griechischen Vorbildern hatte.

Welche dämonische Sagengestalt findet sich am „Artemistempel in Korfu"?

Bis gegen 600 v. Chr. existierte an griechischen Tempeln noch so gut wie kein Bauschmuck. Der um 600 schon völlig aus Stein gebaute gewaltige *Artemistempel in Korfu* ist einer der ersten, der in archaischer Epoche zwei skulptierte Giebel sowie Metopen mit

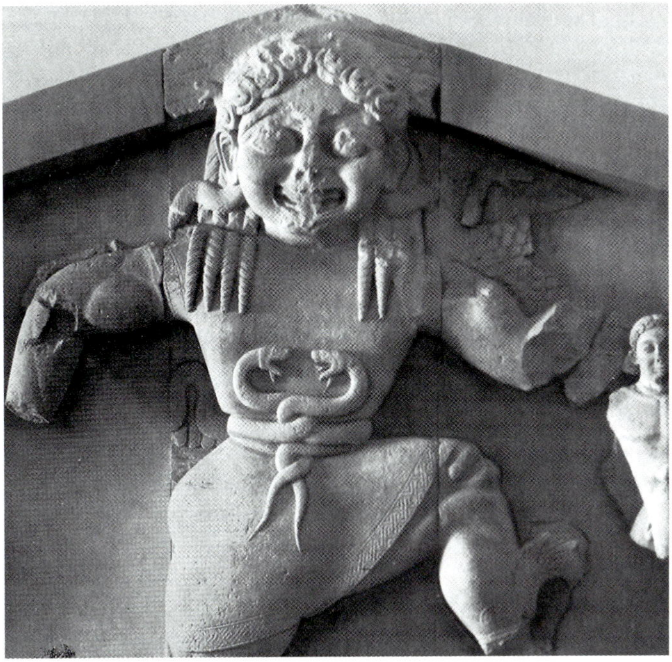

Gorgo, Ostgiebel des Artemistempels von Korfu, um 600 v. Chr.

Reliefs erhielt. Einer der Giebel präsentiert die Figuren im Hochrelief. Fast drei Meter hoch, Augen und Mund aufgerissen, mit bleckend heraushängender Zunge, Schlangen hinter den Ohren, ein Schlangengürtel um das Gewand, so erscheint die Gorgo im Westgiebel, jenes Ungeheuer, bei dessen Anblick jeder Mensch vor Grauen zu Stein erstarrte. Die Gorgo ist so riesig, dass ihr Kopf über das Giebelfeld hinausragt. Sie rennt nach rechts und sprengt das Bildfeld, da ihr Knie den Boden berührt. Wild greift sie in die Breite aus und ist doch in ihrem steifen Körperaufbau an die Mittelachse des Giebels gefesselt, das Schreckbild ist hineingezwungen in die geformte Ordnung. Seitlich sind Tiere dargestellt, ihre Kinder Chrysaor und Pegasus, das Flügelpferd. Noch stärker als in früheren Vasenmalereien ist sie die Herrin des Lebens und der Unterwelt. Vielleicht verbirgt sich in diesem Fall hinter Gorgo sogar Artemis, die göttliche Inhaberin des Tempels.

Welche Personen hatten Zutritt zum griechischen Tempel?

Anders als in den „Teleusterien", den für die Bedürfnisse des Eleusinischen Mysterienkults entwickelten Bauten, bei denen sehr viele Menschen im Kultraum anwesend waren, wurden die übrigen griechischen Tempel nur von den Priestern betreten. Die Teilnehmer der großen Prozessionen blieben im heiligen Bezirk (Temenos), wo vor dem Tempel der Opferaltar stand; hier konnten sie auch Unterkunft finden oder kurzfristig kleine Hütten und Zelte errichten.

Welche Aufgabe hatten die altgriechischen Schatzhäuser?

Die repräsentativen und nicht selten überaus kostbaren Weihegaben, die von einzelnen griechischen Stadtstaaten an die großen panhellenischen Heiligtümer gestiftet wurden, bedurften natürlich des Schutzes gegen Witterungseinflüsse und gegen mutwillige Beschädigungen. Zu diesem Zweck ließen die Stifter im heiligen Bezirk sog. Schatzhäuser errichten. Die Prozessionsstraße zum *Apollontempel in Delphi* beispielsweise ist gesäumt von derartigen Kleinbauten. Vergleichbare Schatzhäuser gab es auch in *Delos, Olympia* und im *Zeusheiligtum von Dodona*.

Wer war Polyklet?

Der „Kontrapost" hat seine erste markante Ausprägung im Werk Polyklets (tätig um 450–410 v. Chr.) erfahren, des bedeutendsten Bildhauers der hochklassischen Kunst, dessen vornehmlich in Bronze gegossene Standbilder durch zahlreiche römische Marmorko-

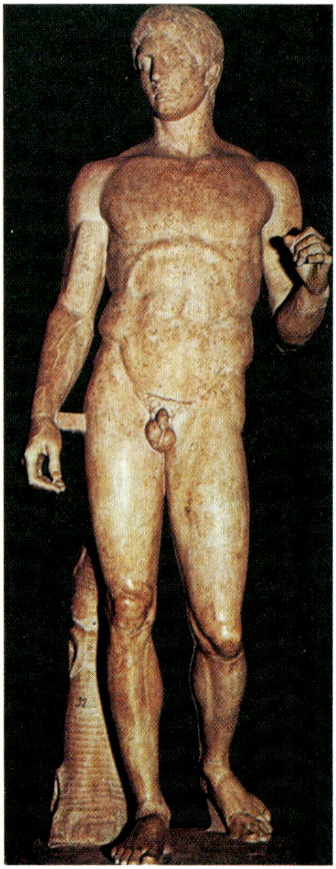

Polyklet: *Doryphoros*, römische Kopie eines griechischen Originals von ca. 440 v. Chr. (Neapel, Nationalmuseum)

pien tradiert sind. Sein *Doryphoros* („Speerträger", um 440 v. Chr.), mit dem vielleicht der Held Achilleus gemeint ist, verlagert die Last des Körpers überwiegend auf das durchgedrückte rechte Standbein und verlässt somit den achsensymmetrischen Aufbau, wie ihn die archaischen „Kuros-Statuen" des 6. Jh. v. Chr. besaßen. Die räumlich am stärksten ausgreifende Statue Polyklets war der *Diadumenos*, um 430 v. Chr. (römische Marmorkopien nach dem Bronzeoriginal z. B. in Athen, Nationalmuseum, Basel, Antikenmuseum und Madrid, Prado): Ein kraftvoller Athlet legt sich die Siegesbinde um.

Welche gesellschaftliche Funktion hatten in der griechischen Antike die Wagenrennen?

Zwar leiteten sich die Wagenrennen aus dem allgemein militärischen Bereich ab, sie entwickelten sich aber auch als besonders aufwändige Sportart zu einem Standesprivileg des Adels. Ein Pferde-Viergespann (Quadriga) zu lenken, war seit mykenischer Zeit ein Symbol des Herrschers und galt noch im antiken Rom als Zeichen des Triumphes. Bei den großen Sportwettkämpfen der Griechen bildeten die Wagenrennen aufgrund ihrer kostspieligen Ausstattung der Gespanne und der aufregenden Atmosphäre – blutige Unfälle waren nicht selten – den Höhepunkt und Abschluss der Veranstaltungen.

Auf welche historischen Vorkommnisse könnte sich der Name „Karyatide" beziehen?

Als „Karyatiden" bezeichnet man weibliche Gewandfiguren, die anstelle einer Säule, eines Pfeilers oder Pilasters als Gebälkstütze dienen. Vorstufen sind aus der altägyptischen und vorderasiatischen Kunst bekannt. Ihre schönste Ausprägung aber erfuhren sie in der griechischen Kunst, wo sie erstmals im 6. Jh. v. Chr. u. a. an den *Schatzhäusern der Siphnier und Knidier in Delphi* begegnen. Der römische Architekt und Architekturtheoretiker Vitruv (um 84–nach 27 v. Chr.) etablierte in der Literatur die Bezeichnung „Karyatiden" für weibliche Trägerfiguren, wogegen er die männlichen Pendants (Atlanten) „Perser" nannte und damit wohl die während der Perserkriege in Sparta gemachten Gefangenen meinte, die nun symbolisch zum immerwährenden Sklavendienst an der Architektur gezwungen waren. In vergleichbarem Zusammenhang könnte das Wort „Karyatide" identisch sein mit der Übertragung des Namens von Tänzerinnen der lakonischen Stadt Karyai bei Sparta auf in den Perserkriegen erbeutete Frauen, die nunmehr in permanenten „Dienst" genommen wurden.

Wie heißt eines der bekanntesten plastischen Kunstwerke des Hellenismus, das im 19. Jh. aus Rom nach München kam?

Fast wollüstig hingeräkelt präsentiert sich der nackte schlafende Satyr dem Blick, der unter dem Namen *Barberinischer Faun* bekannt geworden ist. Es handelt sich – keineswegs eine Selbstverständlichkeit angesichts der ansonsten defizitären Erhaltungssituation – um ein griechisches

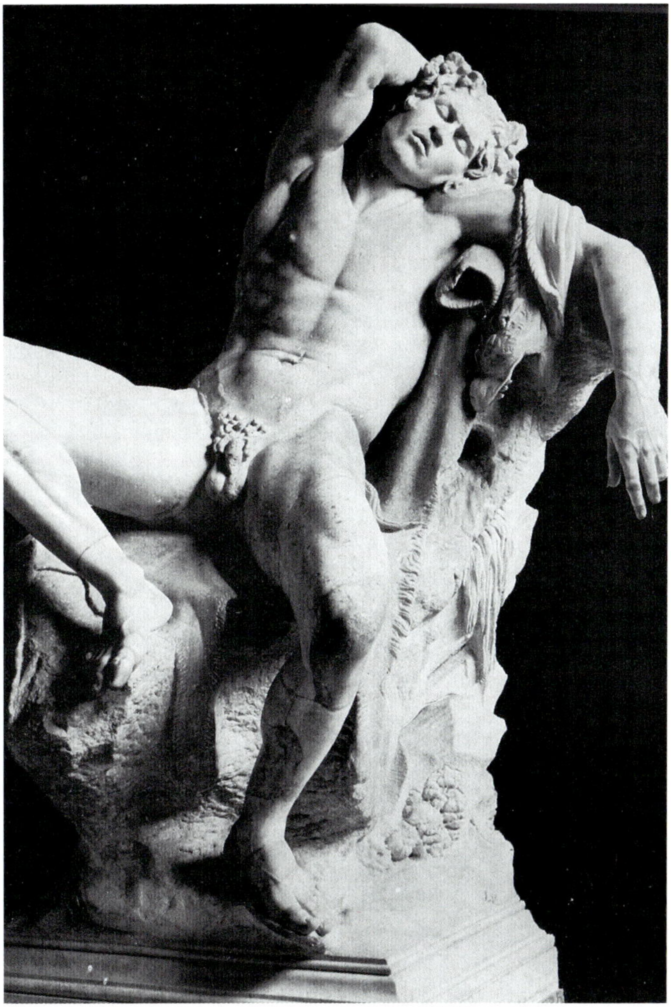

Barberinischer Faun, um 220 v. Chr. (München, Glyptothek)

Marmor-Original der Zeit um 220 v. Chr. In den 20er-Jahren des 17. Jh. war sie in Rom entdeckt und von Papst Urban VIII. zum unveräußerlichen Besitztum seiner Familie, der Barberini, erklärt worden. So stand der Faun über 250 Jahre als vielbewundertes Werk im Palazzo Barberini. Doch 1799 war die Barberini-Familie in größten finanziellen Verlegenheiten und verkaufte das kostbare Stück an einen Bildhauer, der es seinerseits weiterverkaufen wollte. Der Preis stieg und stieg. Nach unzähligen Verwicklungen und Rechtsstreitigkeiten gelang es dem Agenten des bayerischen Kronprinzen und späteren Königs Ludwig I., die Figur anzukaufen. Sie gelangte in die Münchner Glyptothek.

Wie hieß die berühmte (verlorene) Schrift des großen griechischen Bildhauers Polyklet?

Mit seinem ausgeprägten Kontrapost-Motiv und den damit einhergehenden Achsenverschiebungen fungierte die berühmte Statue des Polyklet, die als *Doryphoros* („Speerträger“) in die Kunstgeschichte eingegangen ist, auch als Musterbeispiel der vom gleichen Künstler (tätig um 450–410) in dessen (verlorenen) Schrift „Kanon“ aufgestellten Maß- und Proportionsverhältnisse des menschlichen Körpers.

Welches Schatzhaus erhielt einen besonders prominenten Standort in Delphi?

Der heilige Bezirk in Delphi war übersät von Schatzhäusern, in denen die kostbaren Weihegaben aufbewahrt wurden. Den mächtigen Athenern gelang es, für ihr Schatzhaus den optisch besonders günstigen Platz an einer Wegbiegung zu erhalten. Es stammt aus dem ausgehenden 6. Jh. v. Chr., ist im dorischen Stil erbaut und vertritt den althergebrachten Architekturtyp des Megaronhauses bzw. des Antentempels, der zu dieser Aufgabe sozusagen halb profaniert wurde.

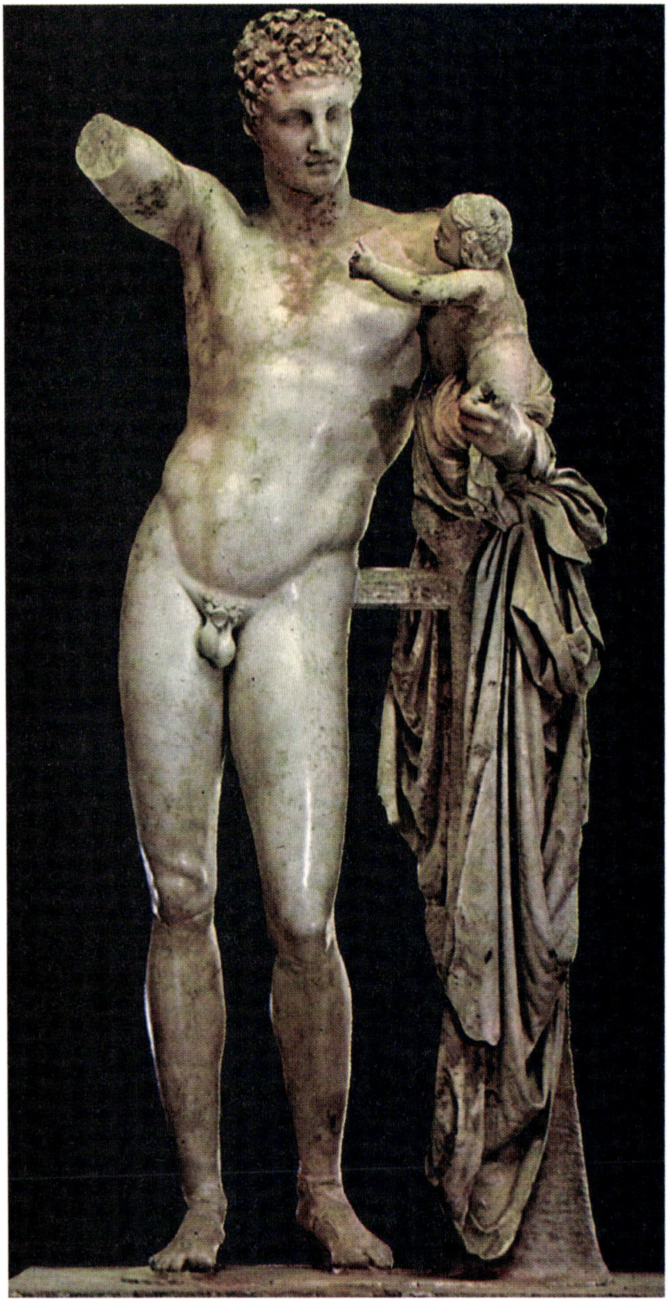

Praxiteles: *Hermes mit dem Dionysosknaben*, römische Kopie eines griechischen Originals aus dem 3. Viertel des 4. Jh. v. Chr. (Olympia, Archäologisches Museum)

Warum bedarf der „Dionysosknabe" bei Praxiteles einer Stütze?

Der *Hermes mit dem Dionysosknaben* – so zumindest die gängige Deutung dieser Skulptur – zählt zu den berühmtesten Leistungen des Praxiteles. Umstritten bleibt, ob die etwa 2,15 m hohe Figur im Museum von Olympia, die bei deutschen Grabungen des 19. Jh. im olympischen Hera-Tempel gefunden wurde, das Original des Praxiteles aus dem dritten Viertel des 4. Jh. v. Chr. darstellt oder eine Kopie. Gezeigt ist ein junger Mann mit einem kleinen Kind auf dem linken Arm. Die spätklassische Skulptur indiziert eine entscheidende Wandlung in der Beziehung des Kultbildes zum Betrachter. Dieser ist nicht mehr ehrfurchtgebietend der Gottheit konfrontiert, sondern beobachtet eine in sich ruhende, selbstgenügsame Welt des Göttlichen in vollendeter körperlicher Schönheit. Der episodische Inhalt bleibt dem untergeordnet. Im übrigen diente das Motiv des Kindes auch dazu, eine Stütze einzubringen (dem Blick des sich von rechts nähernden Betrachters durch ein herabfallendes Tuch verborgen), die durch die Achsenverschiebung des stark kontrapostisch gegebenen Hermes-Körpers und die daraus resultierende Verlagerung des Schwerpunktes aus statischen Gründen notwendig geworden war.

Welche kleineren Arbeiten komplettieren das umfangreiche Gesamtwerk des großen Bildhauers Phidias?

Zum Werk des Phidias zählen einige umstrittene kleinere Stücke, z. B. der sog. *Kasseler Apollo* um 450 v. Chr. (vermutlich eine verkleinerte Wiederholung einer Apollonstatue des Phidias; eine zugehörige Kopfreplik findet sich im Palazzo Vecchio in Florenz), sodann die *Athene Lemnia*, nach 450 v. Chr. (mit Kopien u. a. in Dresden, Skulpturensammlung, und Bologna, Museo Civico Archeologico), der *Anadumenos Farnese* (London, British Museum), die *Athena Medici* (um 420 v. Chr.; Paris, Louvre), der *Anakreon* (Kopenhagen, Ny Carlsberg Glyptotek), die *Amazone Mattei* (um 440 v. Chr.; Hadriansvilla bei Tivoli) sowie eine *Verwundete Amazone* (Rom, Museo Capitolino). Als ein Original des Phidias gilt ein *Glasschmelzrelief* mit dem *Profil des Kodros* (Heidelberg, Archäologisches Institut).

Was versteht man unter einer Grabstele?

Vertikal aufgerichtete Steinsetzungen fungierten in den Hochkulturen Mesopotamiens und Altägyptens als Urkundensteine und Grenzmarkierungen, als Weihegaben und Siegeszeichen. Die Grabstele schließlich entwickelte sich

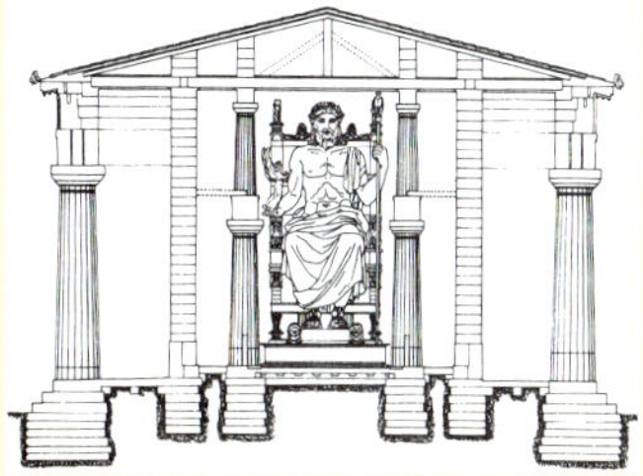

Olympia: Schnitt durch den *Zeustempel* mit dem Kultbild von Phidias von ca. 430 v. Chr.

Wer war Phidias?

Phidias war zweifellos der größte unter den altgriechischen Marmorbildhauern. Zusätzlich war er auch als Erzbildner und als Maler tätig. Um 490 v. Chr. kam er in Athen zur Welt. Er entwickelte sich zusammen mit dem etwas jüngeren Polyklet zum überragenden Initiator der hochklassischen attischen Kunst. Sein Wirken fällt in die Zeit der höchsten künstlerischen Blüte Athens, die nicht zuletzt sein Freund, der Staatsmann Perikles, mit dem Wiederaufbau der 480 v. Chr. von den Persern verwüsteten Anlagen auf dem Burgberg von Athen, also mit den Aufträgen für die Bauten und Bildhauerarbeiten auf der Akropolis herbeigeführt hatte. Inwieweit Phidias auf das Programm und die Gestaltung der *Parthenonskulpturen* (die sich heute unter der Bezeichnung „Elgin Marbles" größtenteils in London befinden) im Detail Einfluss genommen hat, ist umstritten. Den Hauptruhm unter seinen Zeitgenossen verschafften ihm indes zwei kolossale Bildwerke in Athen und Olympia, die beide später zerstört worden sind. Das erste war das 438 v. Chr. geweihte *Standbild der Athena* in der Cella des *Parthenon*. Nicht minder berühmt war die ungefähr 12,5 m hohe *Sitzstatue des Zeus*, die, wie beispielsweise auch der spätere *Koloss von Rhodos*, als eines der sieben Weltwunder des Altertums galt. Die wie die *Athena* goldelfenbeinerne (chryselephantine) *Zeusstatue*, die unter Mitarbeit von Panainos und Kolotes gegen 430 v. Chr. in Olympia entstand, ist durch Wiedergaben auf Münzen und spätere Teilrepliken einigermaßen rekonstruierbar. Um 100 n. Chr. sagte Dion Chrysostomos von der Figur: „Wenn man in den Tempel von Olympia eintrat, so glaubte man den Gottvater selbst zu sehen, wie ihn Homer geschildert hat: ruhig, mild, in erhabener Größe, der Betrachter fühlte sich in eine höhere Sphäre entrückt und mochte über den Anblick alle Sorgen und Mühen des Lebens vergessen." Um 432/31 wurde der geniale Künstler wegen angeblicher Unterschlagung von Elfenbein oder Gold für die *Athena Parthenos* und wegen Gotteslästerung von den Athenern angeklagt, die dadurch auch dem Ansehen seines Politikerfreundes Perikles schaden wollten. Phidias soll im Gefängnis gestorben oder aber nach Elis geflohen sein.

seit dem 6. Jh. v. Chr. zur einzigartigen griechischen Version des Grabsteins. Gelegentlich zeigt sie das Relief einer „Lekythos“, einer im Totenkult gebrauchten Vase. Der archaische Typus präsentiert jedoch zumeist die Profilansicht einer Einzelfigur, wie dies etwa auch die attische, vom Bildhauer Aristokles signierte *Aristionstele* aus der Zeit um 510 v. Chr. tut (Athen, Nationalmuseum): Auf ihr erscheint lebensgroß ein Hoplit, d. h. ein schwer bewaffneter Fußsoldat. Nachdem zu Anfang des 5. Jh. v. Chr. ein in Athen erlassenes Luxusverbot auch die weitere Entfaltung der Grabstelen in Attika unterbunden hatte, tauchte in der 2. Jahrhunderthälfte, in der Hochklassik, wieder ein buntes Spektrum von Motiven auf: spielende Kinder, eine Frau, die Körner auf einen Räucheraltar streut, ein Jäger in Begleitung seines Hundes usw. V. a. aber erscheinen nun Gruppenbilder, die Verstorbenen in Gemeinschaft mit ihren Angehörigen.

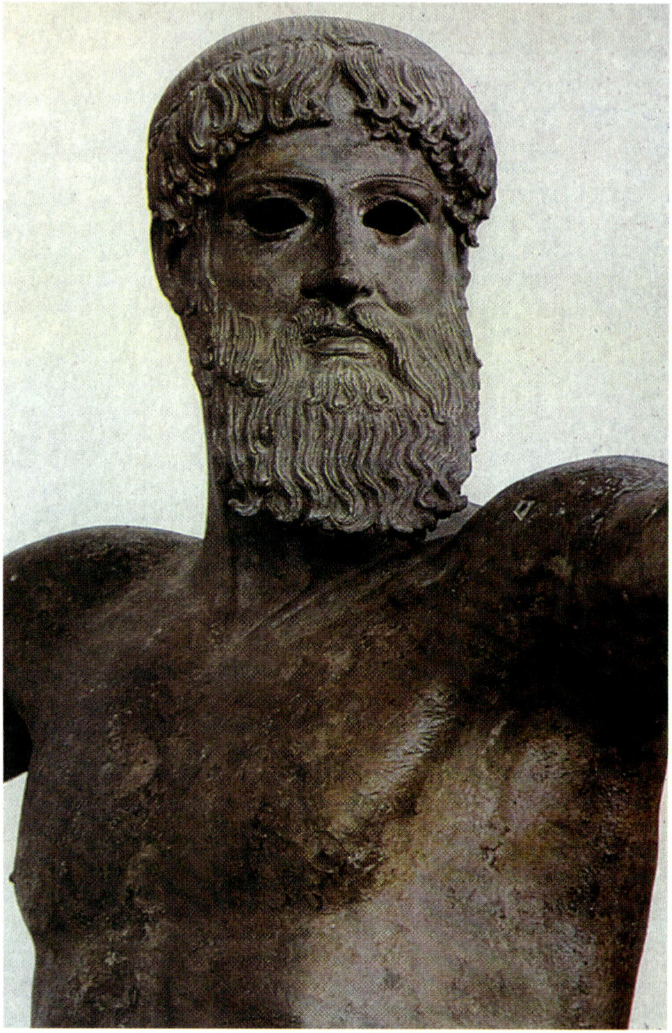

Bronzestatue aus Kap Artemision, um 460 v. Chr. (Athen, Nationalmuseum)

Wer schuf den bronzenen Gott, der zu den schönsten griechischen Bildwerken zählt?

1926 und 1928 fand man die überwältigende *Bronzestatue eines Gottes*, wahrscheinlich des *Poseidon*, im Meer bei Kap Artemision (Euboia). Die über 2 m hohe Statue des weit ausschreitenden Gottes ist ein Original der Zeit um 460 v. Chr. (Athen, Nationalmuseum). Im bärtigen Antlitz voll herber Strenge waren die Augen einst in farbigem Material eingelegt. Der Meister dieses Kunstwerkes ist nicht mit Sicherheit zu benennen, am ehesten kommen der Böotier Kalamis oder der Äginete Onatas in Betracht.

Welche Funktion besaß eine „Lekythos“ im griechischen Totenkult?

Die „Lekythos“ ist ein schlankes, langhalsiges Gefäß mit einem Henkel und überwiegend hellgrundig bemalt. Sie war bei den Griechen als Grabbeigabe besonders beliebt. Dieser Aufgabe entsprach auch meist das Thema der Malerei. Auf der Lekythos der hochklassischen Zeit um 440 v. Chr. beispielsweise (München, Staatliche Antikensammlung) sitzt der Psychopompos Hermes, der die Seelen in die Unterwelt geleitet, mit dem schlangenumwundenen Heroldsstab da, dem „Kerykeion", mit dem er die Menschen in Schlaf versetzen, aber auch erwecken kann. Werden Grabstelen mit den Salbölgefäßen der Lekythen im Relief verziert, so veranschaulicht das die rituelle Salbung des Verstorbenen, die sich bei bestimmten Anlässen symbolisch wiederholte, indem das Grabmal gesalbt wurde.

Worin liegt das künstlerisch Revolutionäre der Statue des „Apoxyomenos" aus der Hand des Lysipp?

Eine römische Marmorkopie der Kaiserzeit vermittelt einen Eindruck vom dem um 325–300 v. Chr. von Lysipp geschaffenen *Apoxyomenos* (Rom, Vatikanische Sammlungen), also jener Bronze-Darstellung eines sich vom Staub der Palästra säubernden Athleten und Olympiasiegers. Schon das Motiv ist für die spätklassisch-frühhellenistische Auffassung vom Siegerbild bezeichnend: Der Wettkämpfer ist nicht mehr in Aktion wiedergegeben (wie etwa der *Diskobol* des Myron) oder angesichts der Gottheit, die ihm den Sieg geschenkt hat, vielmehr nach dem Höhepunkt. Abgespannt und ermattet blicken die Augen im erschöpften Gesicht. Der linke Arm liegt quer vor dem Oberkörper, um mit dem Striegel (sichelförmiges Schabeisen) den Schmutz unter dem vorgestreckten rechten Arm abzukratzen. Die Ponderation (Gewichtsverteilung) ist labil, wie schwebend behandelt, dennoch zeigt sich der Körper voller abklingender Energie. Im kühnen Vorstoß des rechten Armes erobert die Skulptur gleichsam eine neue räumliche Dimension hinzu, den Umraum. Die Vorderansicht als Hauptansichtsseite reicht nicht mehr aus, die statuarische Komposition erschließt sich erst ganz beim Umschreiten der Figur. Ein Künstler solle nicht einen vorbildlichen Meister, sondern die Natur nachahmen – so umschrieb Lysipp selbst seine innovative realistische Auffassung vom Menschenbild, das die hellenistische Kunst vorbereitete.

Wo wurde die bekannteste Götterstatue der etruskischen Kunst gefunden?

Die sicherlich bekannteste Götterfigur der etruskischen Kunst ist die lebensgroße *Terrakottastatue des Apoll aus Veji.* Sie datiert ins späte 6. oder frühe 5. Jh. v. Chr. und stand auf dem Firstdach des *Tempels im Portonaccio-Heiligtum* dieser bedeutenden etruskischen Stadt. Der Überlieferung nach

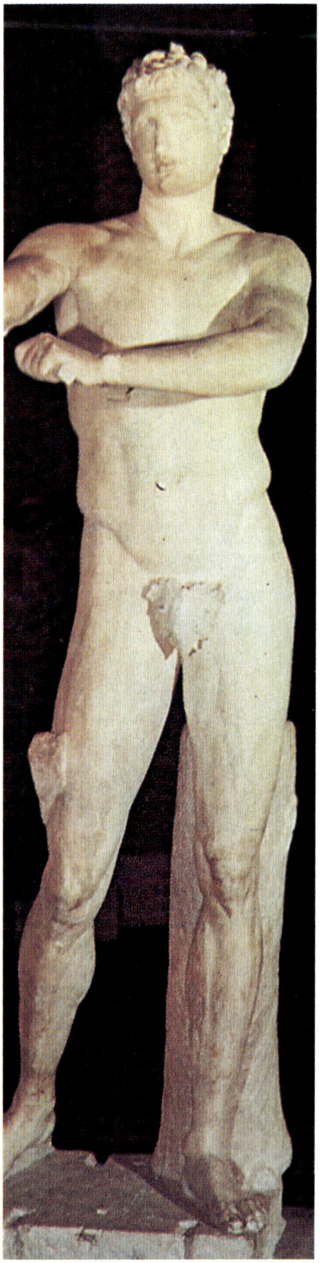

Lysipp: *Apoxyomenos*, römische Kopie eines griechischen Originals von ca. 325–300 v. Chr. (Rom, Vatikanische Sammlungen)

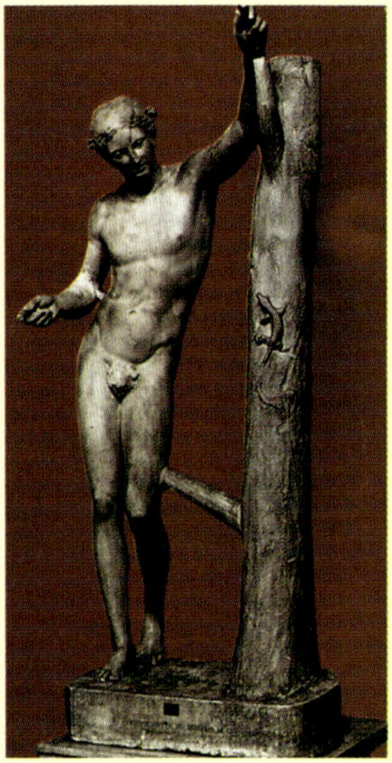

Praxiteles: *Apollon Sauroktonos,* römische Kopie eines griechischen Originals aus dem 4. Jh. v. Chr. (Rom, Vatikanische Sammlungen)

Wer war Praxiteles?

Der um 395 v. Chr. geborene attische Bildhauer Praxiteles revolutionierte die klassische Tradition. Laut Plinius d. Ä. (23 oder 24–79 n. Chr.) erlebte er den Höhepunkt seiner Karriere in der 104. Olympiade, also um das Jahr 375 v. Chr. Viele antike Textstellen künden von dem Ruf, dessen er sich erfreut haben muss. Dennoch sind aus seiner Biographie nur wenige Fakten bekannt. Er war Athener und scheint der Sohn des etablierten Bildhauers Kephisodot gewesen zu sein. Oft erzählte man, dass er Liebhaber der Kurtisane Phryne aus Thespiai in Böotien war. Über Todesdatum und Todesumstände des genialen Künstlers sind wir nicht informiert. Den Quellen ist zu entnehmen, dass Praxiteles wie viele andere renommierte Künstler auch an weit voneinander entfernten Orten gearbeitet hat, in Megara, Mantineia, Athen oder auf Knidos. Hinsichtlich seines umfangreichen Gesamtwerkes und einzelner Datierungen gibt es viele offene Fragen. Am Anfang scheint der *Apollon Sauroktonos* („der eine Eidechse tötende Apollon") zu stehen – das ehemalige Bronzeoriginal ist in über 20 römischen Repliken überliefert (die besten im Louvre und im Vatikan). Zu den berühmtesten Statuen des griechischen Altertums zählt seine *Knidische Aphrodite.* Nicht minder berühmt war und ist sein *Hermes und der Dionysosknabe* (Olympia, Museum), das einzige Werk das im Original und nicht nur als römische Kopie überliefert ist. Praxiteles, der am häufigsten jugendlich schöne Gestalten von Göttern und Göttinnen, von Erosknaben, aber auch von Satyrn, ferner berühmte Porträt- und Grabstatuen schuf, kultivierte eine schönlinige, rhythmisch geschwungene Kontur und die differenzierte Darstellung seelischer Empfindungen.

soll ein Bildhauer namens Vulco der Schöpfer gewesen sein. Heute befindet sich das Werk in der Villa Giulia, Rom.

Es ist berühmt wegen des „archaischen Lächelns", das ebenso wie die reiche Gewandfältelung abhängig ist von der archaischen Kunst des ionischen Griechenland, in der Ornamentalisierung einerseits und den scharf geschnittenen Gesichtszügen andererseits daneben aber typisch etruskische Merkmale zur Geltung bringt. Der beeindruckende schreitende *Apoll von Veji*, der 1916 zusammen mit anderen Terrakotta-Statuen und Tonfragmenten entdeckt worden ist, trug wesentlich zu einem neu erwachenden Interesse an der Kunst der Etrusker bei.

Welches ist das bekannteste Kunstwerk, das im Zusammenhang des altgriechischen Wagenrennens entstanden ist?

Obgleich zumeist nicht die Rennstallbesitzer selbst ihre Gespanne fuhren, galten sie gegebenenfalls als die Sieger, nicht die eigentlichen Lenker. Und sie stifteten für den Sieg eine kostbare Weihegabe in die Heiligtümer. Das bekannteste und künstlerisch beeindruckendste Beispiel dafür ist der herrliche bronzene *Wagenlenker* im Museum Delphi, der an einen 474 v. Chr. errungenen Sieg des Gespanns des Tyrannen von Gela (Sizilien) erinnerte. Der Meister dieses in seiner Verhaltenheit so unvergleichlichen Werkes der frühklassischen Kunst war vermutlich Pythagoras von Rhegion, der am Anfang des 5. Jh. v. Chr. von Samos auf das Festland emigrieren musste. Die Statue des Lenkers ist hohl gegossen und aus mehre-

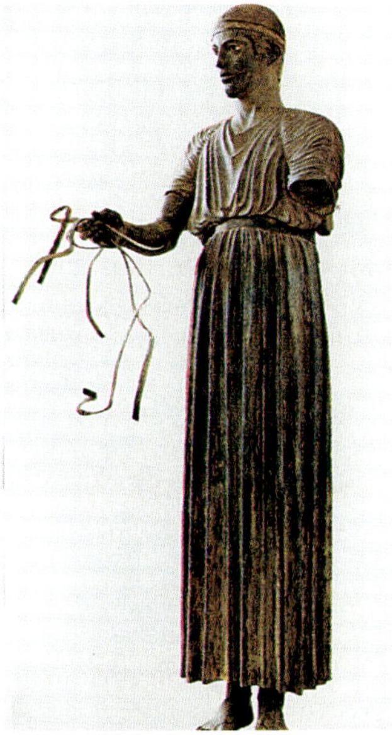

Wagenlenker von Delphi,
um 475 v. Chr. (Delphi, Museum)

ren Teilen zusammengesetzt. Aber auch bescheidenere Weihegaben sind von großem Reiz und künstlerischem Wert, wie etwa das kleine *Bronzepferd* von einem um 480/70 v. Chr. entstandenen Viergespann im Museum von Olympia beweist.

Welche Todesauffassung verbirgt sich hinter der Bezeichnung „Abschiedsstele"?

Da die Griechen keine wirklich positive Jenseitserwartung kannten, standen sie dem Tod meist resignativ, als dem Ende aller menschlichen und zwischenmenschlichen Freuden, gegenüber. Demgemäß kann der Name „Abschiedsstele", den ein einschlägiges Werk um 350 v. Chr. mit zwei sich an den Händen haltenden Frauen (Athen, Nationalmuseum) erhalten hat, im Grunde auf die Gestaltungsaufgabe insgesamt übertragen werden. So auch auf die eindrucksvolle, nach ihrem Fundort benannte *Stele von Ilissos* aus der Werkstatt des Skopas (4. Jh. v. Chr.) im Athener Nationalmuseum: Auf ihr betrachtet ein auf seinen Stab gestützter Greis gedankenverloren die prachtvolle Aktfigur eines verstorbenen Jünglings.

Woher erhielten die Mausoleen ihren Namen?

„Mausoleum" ist die Bezeichnung für eine besonders aufwändige und monumentale architektonische Form eines Grabmals. Die Bezeichnung leitet sich her von dem für König Mausolos bestimmten, später wohl bei einem Erdbeben zerstörten Monument in Halikarnassos. 367 v. Chr. hatte Mausolos den Architekten Pytheos und Satyros den Auftrag erteilt, sein Grabmal im Zentrum der neugestalteten kleinasiatischen Küstenstadt (beim heutigen Bodrum) zu errichten. Beim Tod seiner Gattin und Schwester Artemisia 351 v. Chr. war das berühmteste aller Mausoleen noch unvollendet.

Was hat nach griechischer Vorstellung der Kosmos mit der Schönheit zu tun?

In der ionischen Wissenschaftssprache des 6. Jh. v. Chr. erhielt ein bislang schon gebräuchliches Wort des Griechischen eine völlig neue Bedeutung: die Bezeichnung „kósmos" nämlich. Ursp. besagte es so viel wie „Schmuck", „schöne Anordnung" (damit hängt unser Fremdwort „Kosmetik" zusammen). Jetzt, in archaischer Zeit, erweitert sich die Bezeichnung auf die schöne Anordnung der mannigfaltigsten Erscheinungen der Welt überhaupt und auf diesem Wege wird das Wort „Kosmos" zur Bezeichnung für das Ganze der Welt, für das Universum. Diese schöne, diese harmonische und nach Gesetzen des Maßes und der Proportion geregelte Ordnung der Welt begegnet uns alltäglich auf elementare Weise, im Reich der Gestirne wie auf dem Lande und zu Wasser. Die Schönheit der Bauwerke und der Objekte, die wir heute als Kunstwerke titulieren, partizipiert also an der universalen Schönheit der Weltordnung – ein folgenschwerer Gedanke, den die Kunsttheorie des Mittelalters, v. a. aber der Renaissance wieder aufgreifen und weiter kultivieren sollte.

Wie hieß der griechische Erfinder der symmetrischen Stadtplanung?

Hippodamos von Milet (* um 500 v. Chr.), der Sohn des Euryphon, war als Architekt und Ingenieur der herausragendste Städtebaumeister der griechischen Antike. Der Philosoph Aristoteles (384– 322

v. Chr.) nannte ihn den Erfinder der symmetrischen Stadtplanung, die, im Unterschied zur alten regellosen Bauweise, das Rasterprinzip von parallel verlaufenden und sich rechtwinklig schneidenden Straßen anwendet. Auf seine Planungen gehen die 465 v. Chr. geschaffene Anlage der Hafenstadt Piräus bei Athen zurück (v. a. der Markt soll von Hippodamos geschaffen sein) und die Gründung der attischen Kolonie Thurioi (Süditalien) 445/44 v. Chr. Das „Hippodamische System" übte beträchtlichen städtebaulichen Einfluss auf spätere Stadtgründungen wie Alexandria in Nordägypten, die der Architekt Deinokrates leitete, oder auf das kleinasiatische Priene am Fluss Mäander, eine Neugründung des 4. Jh. v. Chr., aus. Das bewusst rational geplante Priene war durch parallele, den Hang entlanglaufende Straßen und rechtwinklig kreuzende Querstraßen (teilweise in Treppen) in „Insulae" gegliedert. Die zentralen „Inseln" nahmen die öffentlichen Bauten auf: Markt, Rathaus, Hallen, Tempel und Altäre. Das System des Hippodamos ist von der Renaissance wieder diskutiert und an die neuzeitliche Stadtplanung weitergegeben worden.

Wo befinden sich die berühmtesten Karyatiden des klassischen Altertums?

Die berühmtesten Karyatiden des Altertums sind zweifellos die der *Korenhalle des Erechtheion* auf der Athener Akropolis. Die etwa 2,30 m hohen Marmorfiguren entstanden um 420 v. Chr. im „reichen Stil" der Spätklassik. Das *Erechtheion* (421–406 v. Chr.) berücksichtigte in seiner baulichen Struktur die an Ort und Stelle existierenden Kultstätten der Athene, des Hephaistos, des Poseidon sowie der mythischen Könige Erechtheus und Kekrops. Dem *Kekropsgrab* ist die *Korenhalle*, d. h. der Anbau an der Südseite mit den ursprünglich sechs Frauenstatuen (eine von ihnen befindet sich jetzt im British Museum, London), zugeordnet. Die Karyatiden im Typus junger Mädchen (Koren) tragen einen gegürteten Peplos und hielten einst Opferschalen in ihren Händen. Durch das deutlich ausgeprägte Kontrapost-Motiv und die dünnen, das Leibliche eher unterstreichenden denn kaschierenden Gewanddraperien gewinnen die Gestalten ein außerordentliches Maß an organischer Körperlichkeit.

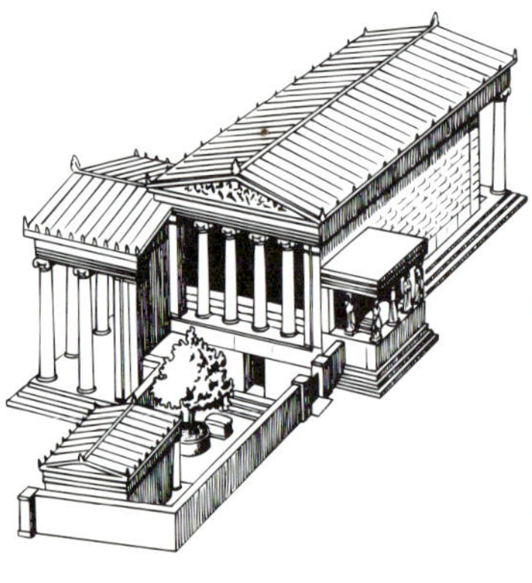

Erechteion, Athen, 421–406 v. Chr.

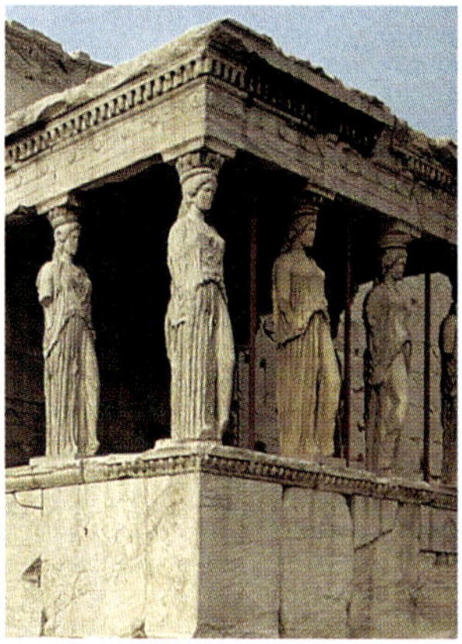

Korenhalle des Erechteion, Athen, um 420 v. Chr.

Welchen Stellenwert besaß für den Bildhauer Praxiteles die Malerei?

Plinius d. Ä. (23 oder 24–79 n. Chr.) schreibt über den um 395 v. Chr. geborenen Bildhauer Praxiteles: „Wenn man ihn fragte, welche seiner Marmorwerke er für die besten hielt, antwortete er: ‚Diejenigen, an die Nikias Hand angelegt hat', solch einen Wert maß er dessen Malerei bei." Nikias war einer der großen attischen Maler des 4. Jh. v. Chr., der offenbar etliche Skulpturen des Praxiteles bemalte, wahrscheinlich in der Technik der Enkaustik (Wachsmaltechnik), und ihnen dadurch zusätzlichen sinnlichen Reiz verlieh.

Wo befand sich das überragende kulturelle Zentrum des Hellenismus?

Im Unterschied zur *Akropolis* (Hoch-, Oberstadt) von *Athen*, die Perikles nach den Perserkriegen neu als Festplatz und Tempelbezirk anlegen ließ, umfasste die *Akropolis* des kleinasiatischen *Pergamon* (im westlichen Anatolien) neben Kultstätten auch profane Anlagen. Die zwischen ca. 197 und 159 unter Eumenes II. emporwachsende Gesamtarchitektur sollte das religiös legitimierte hellenistische Herrschaftsverständnis der noch jungen Attaliden-Dynastie, die sich seit der Mitte des 3. Jh. v. Chr. aus dem Diadochenreich der Seleukiden herauszulösen begann, zum Ausdruck bringen. Sie sollte zeigen, dass Pergamon mittlerweile zum kulturellen Mittelpunkt der hellenistischen Welt geworden war. Am Fuß des Burgberges lag ein Markt, darüber eine erste Terrasse mit drei Gymnasien sowie ein Heiligtum der Hera und Demeter. Auf dem Berg selbst befanden sich der obere Markt, die Terrasse des Zeus-Altars mit einer Freitreppe, ferner die Terrasse des Athenaheiligtums mit einer zweigeschossigen Eingangshalle im dorischen und ionischen Stil und eine Bibliothek. Der königliche Palast bildete den Abschluss. An den Westabhang lehnte sich das Theater mit einer Verbindung zum Dionysostempel. Nicht zu vergessen, dass in der Nähe Pergamons das *Heiligtum des Asklepios* angesiedelt war, ein Zentrum der Heilkunde in der damaligen Welt.

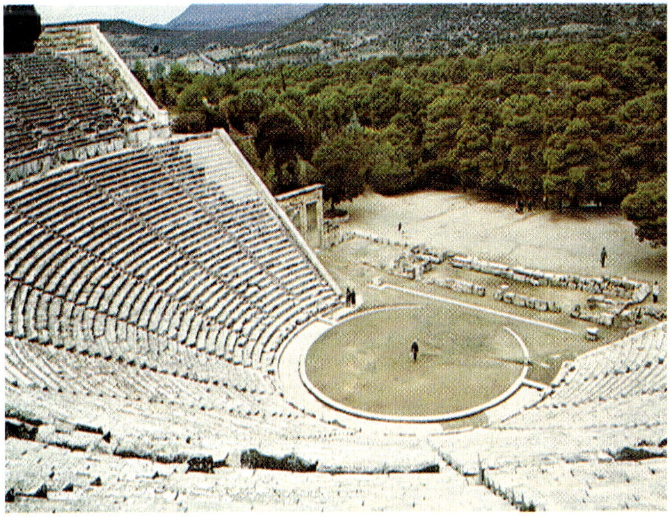

Theater, Epidauros, 3. Jh. v. Chr.

Wo befindet sich das besterhaltene griechische Theater?

Das im 3. Jh. v. Chr. erbaute *Theater in Epidauros*, einer peloponnesischen Hafenstadt, ist das besterhaltene (und heute durch seine Akustik berühmte) Bauwerk dieser Gattung in Griechenland. Es entstand im Zusammenhang mit einem Asklepiosheiligtum. Die runde „Orchestra" misst rund 10 m im Durchmesser, die Zuschauerränge gliedern sich in 24 Sitzreihen, die in 12 trapezförmige Sektionen unterteilt sind, und in weitere 20 Reihen in 22 Teilbereichen. Das Bühnengebäude bestand aus einer Halle mit ionischen Halbsäulen, zwischen denen gemalte Bühnenbilder (pinakes) angebracht waren.

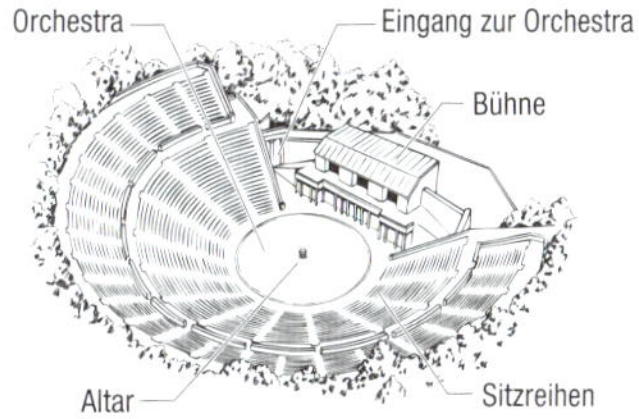

Theater, Epidauros (Rekonstruktion)

Welches hellenistische Bauwerk gab einen entscheidenden Anstoß für das Aufgreifen der korinthischen Säulenordnung durch die Römer?

Ein sowohl seiner Monumentalität nach als auch sein in seiner künstlerischen Qualität herausragendes Beispiel der korinthischen Ordnung ist das um 175 v. Chr. begonnene, aber erst 130 n. Chr. im Auftrag Kaiser Hadrians vollendete *Olympieion* des Zeus Olympios in Athen, von dessen 104 Säulen 15 erhalten blieben. 85 v. Chr. ließ Sulla zwei der Säulen am *Tempel des Jupiter Capitolinus* in Rom aufstellen, die dann einen wesentlichen Impuls für die Ausbreitung der korinthischen Ordnung im römischen Imperium vermittelten. Die römische Baukunst hat dabei das Gebälk mit Ornamenten überladen und unter dem Geison (Kranzgesims) eine Konsolenreihe eingeführt.

Wie heißt der berühmteste, in der Kunst dargestellte Priester der griechischen Antike?

Der Tod des trojanischen Priesters Laokoon und seiner Söhne findet in der antiken Überlieferung zwei Erklärungsmuster. Der eine Traditionsstrang behauptet, Laokoon sei zur Ehe- und Kinderlosigkeit verpflichtet gewesen, habe dieses Gebot jedoch verletzt und sei deswegen von Apollon mit dem Tod durch zwei Meeresungeheuer betraft worden. Wesentlich verbreiteter war die zweite, von Vergil (70–19 v. Chr.) in seiner „Aeneis" (II, 40–56) geschilderte Version: Laokoon warnte davor, so heißt es da, das „Trojanische Pferd" in die Stadt zu bringen. Um diese Kriegslist der Griechen nicht vereiteln zu lassen, schickte die Göttin Athena die Seeschlangen. Dem Untergang Trojas stand nach deren tödlichem Werk nichts mehr im Wege.

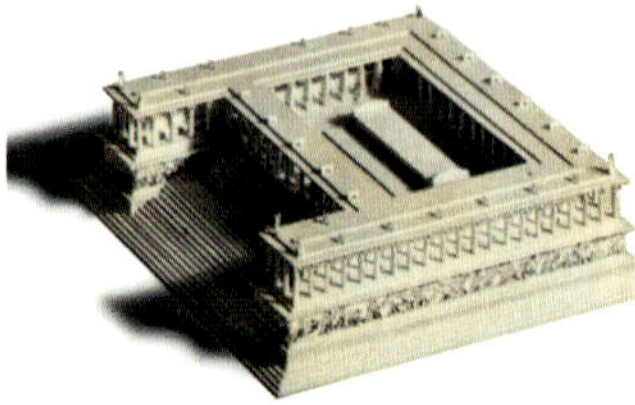

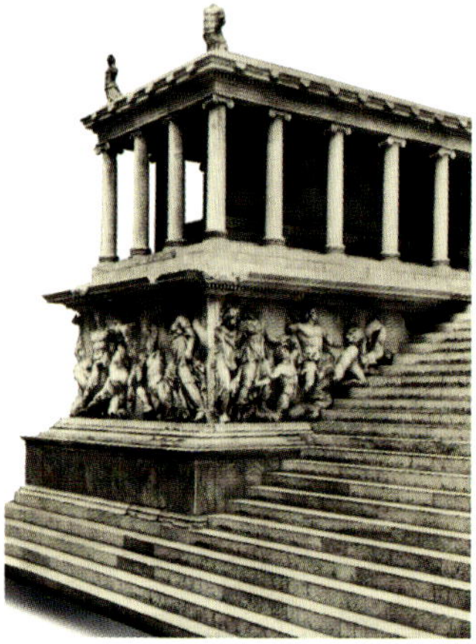

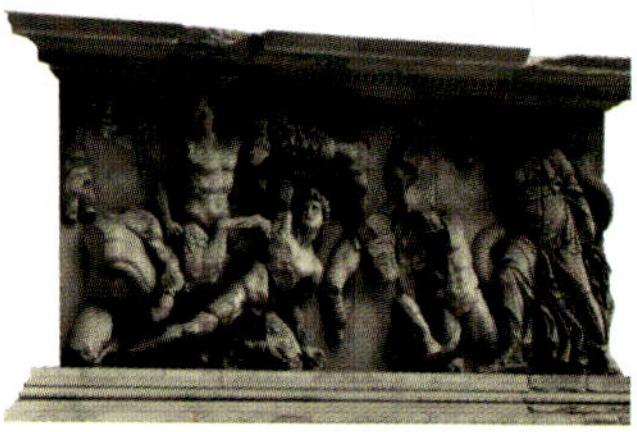

Pergamonaltar, Rekonstruktion, Teilansicht und Ausschnitt aus dem Großen Fries, ca. 180–160 v. Chr. (Berlin, Pergamonmuseum)

Welches ist der gewaltigste mit Friesen versehene Altar der Antike?

1878–86 wurden bei Ausgrabungen auf der Akropolis von Pergamon im Auftrag der Berliner Museen Reliefs und Bauteile eines monumentalen Altars geborgen und das ca. 34 x 36 m große Fundament der Anlage freigelegt. Diese umfasste ein Podium mit Säulenhallen rings um einen Innenhof mit Opferaltar. Den Zugang bildete die im Berliner Pergamonmuseum wieder aufgebaute Freitreppe, die zu den Säulenhallen und zum *Relieffries der Gigantomachie* führte, während der *Telephosfries* mit der Gründungssage Pergamons die Innenwände des Altarhofes schmückte. Den zwischen etwa 180 und 160 v. Chr. entstandenen *Pergamonaltar* meint vielleicht der Brief an die Gemeinde in Pergamon in der Offenbarung des Johannes 2,13; (um 95 n. Chr.): „Ich weiß, wo du wohnst; es ist dort, wo der Thron des Satan steht". Das annähernd quadratische Podium umgibt der 120 m lange Relieffries mit dem Kampf der von Gaia geborenen Giganten gegen die Olympier, ein Symbol der Auseinandersetzung zwischen Kultur und Chaos. Die einzelnen Kampfgruppen sind als Entfesselung elementarer, alles menschliche Maß übersteigenden Leidenschaften, in „barockem" Pathos gezeichnet. Ein Bewegungsrausch durchzieht das Ganze, plastische „Explosionen" von unerschöpflicher Fülle dominieren den Eindruck. Der *Pergamonaltar*, der monumentalste mit Friesen verzierte Altar der Antike, trug wesentlich zur Wiederentdeckung und positiven Neubewertung der hellenistischen Kunst bei.

Was versteht man unter „Weißtemplern" und „Bunttemplern" und was haben diese mit der Farbigkeit antiker Kunstwerke zu tun?

Die Klassizisten des ausgehenden 18. und frühen 19. Jh. ließen sich bei ihren historistischen Nachahmungen der klassischen griechischen Architektur zunächst von jener Überzeugung leiten, die der deutsche Archäologe Winckelmann in seinem Buch „Gedanken über die Nachahmung der griechischen Werke in der Malerei und Bildhauerkunst" (1754) in das Schlagwort von der „edlen Einfalt und stillen Größe" gekleidet hatte und die die Tempel in den strahlenden Glanz des weißen Marmors getaucht sah. Anderslautende archäologische Ergebnisse einer relativ bunten, sinnenfrohen Farbigkeit griechischer Kunstwerke und Tempel, die der schottische Architekt und Maler James Stuart (1713–88) 1762 nach einem mehrjährigen Griechenland-Aufenthalt publiziert hatte, überging man geflissentlich. Erst nach der Befreiung Griechenlands aus türkischer Herrschaft 1830 wurden die antiken Baudenkmale intensiv erforscht. In Deutschland führte dies zu der erbitterten Kontroverse zwischen den „Weißtemplern" und den „Bunttemplern", die letztere schließlich für sich entscheiden konnten. 1836 notierte der herausragende Berliner Architekt des Klassizismus, Karl Friedrich Schinkel (1781–1841): „Die großen Säulen sind jetzt mit großer Sicherheit rot koloriert gefunden worden." Die Erkenntnis von der farbigen Fassung der Bauglieder konnte bald auch auf die Reliefs und die rundplastischen Skulpturen ausgeweitet werden. Allerdings tendierte man nunmehr zu einem anderem Extrem, nämlich zur übertriebenen Auffassung von einer allzu bunten Erscheinungsweise altgriechischer Kunst.

Wann entstand der „Kuros von Kap Sunion"?

Eine der imposantesten archaischen Kuros-Figuren, der weit überlebensgroße, fast 3 m hohe marmorne Jüngling, der als Weihegeschenk für das *Poseidonheiligtum von Sunion* bestimmt war (Athen, Nationalmuseum), entstand um 600 v. Chr. In gewaltiger Monumentalität ist die Gestalt aufgerichtet, das linke Bein wie zum Schreiten vorgesetzt, die Arme herabhängend, die Hände zu Fäusten geballt und an den Oberschenkeln anliegend.

Was versteht man unter den „Ägineten"?

Als „Ägineten" bezeichnet man die 1811 auf der Insel Ägina vor Athen entdeckten Giebelfiguren des Aphaiatempels. In der Mitte beider Giebel erscheint die Göttin Athene, zu ihren Seiten entfaltet sich ein Kampf, Mann gegen Mann. Die Körper sind aus Marmor, Löcher in der Brust beweisen, dass hier einst Bronzepanzer befestigt waren. Jeder Kämpfer erscheint als isolierte Figur, es gibt noch keine in sich verknäuelten Kampfgruppen. In den Giebelschrägen, wo der Raum enger wird, liegen die Gefallenen. Der Westgiebel entstand um 500, der Ostgiebel um 480 v. Chr., als sich die archaische zur klassischen Kunst wandelte. Im Unterschied

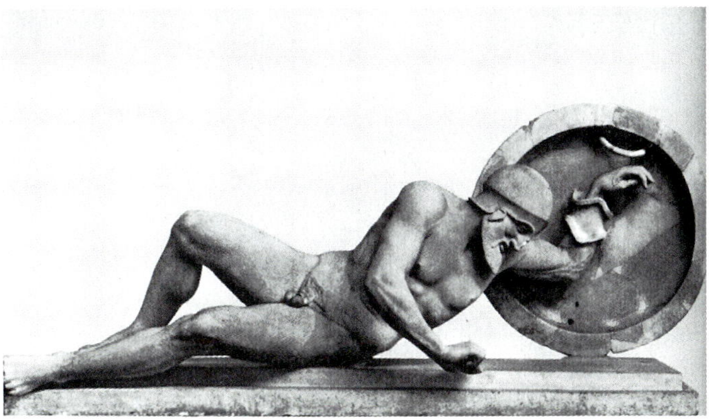

Krieger, Ostgiebel des Aphaiatempels von Ägina, um 480 v. Chr. (München, Glyptothek)

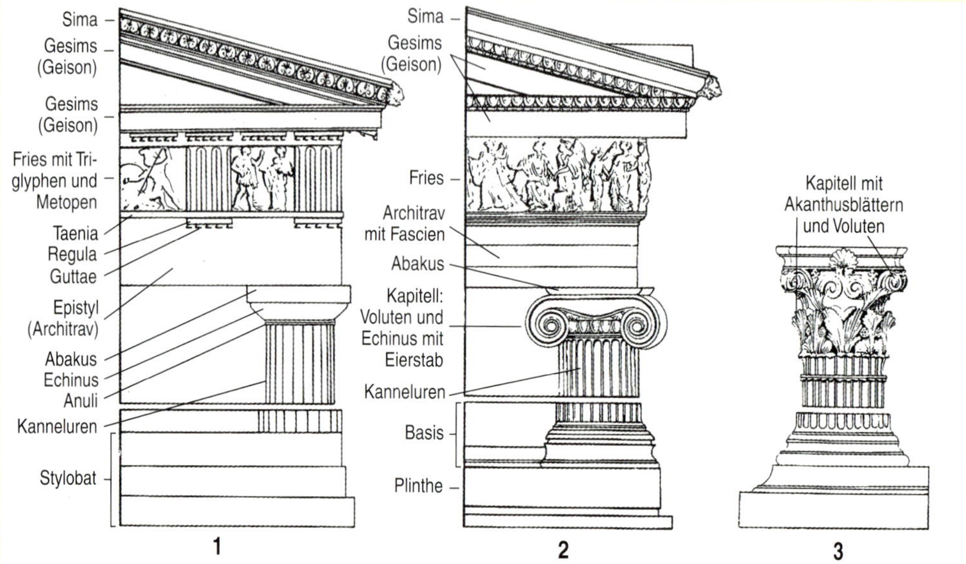

Griechische Säulenordnungen: 1) Dorische Ordnung, 2) Ionische Ordnung, 3) Korinthische Ordnung

Wie heißen die wichtigsten Säulenordnungen des griechischen Altertums?

In der antiken Baukunst entscheiden der Schaft und das Kapitell einer Säule darüber, welches als „Ordnung“ bezeichnete Proportionssystem den architektonischen Aufbau aus Stütze und Gebälk insgesamt beherrscht. Seit dem römischen Architekten und Architekturtheoretiker Vitruv (um 84–nach 27 v. Chr.) unterscheidet man drei Hauptordnungen mit einigen Nebenformen: die „dorische (Säulen)Ordnung“, die in der peloponnesischen Architektur entstand, die „ionische Ordnung“, die sich in der Baukunst des Insel- und kleinasiatischen Bereichs Griechenlands herauskristallisierte, und die „korinthische Ordnung“, die als Anreicherung der ionischen Säulenordnung in Gestalt eines üppigeren Blattkapitells seit dem Hellenismus begegnet. Die *dorische Ordnung*, die im 6. Jh. v. Chr. ihre endgültige Gestalt gefunden hat, hat verhältnismäßig gedrungene Säulen, die ohne Fuß (Basis) auf dem Unterbau (Stylobat) stehen. Der Schaft besitzt meist 16–20 Furchen (Kanneluren), die scharfgratig aneinander stoßen. Er verfügt über eine kräftige Schwellung mit Verjüngung nach oben hin (Entasis). Drei scharf eingeschnittene Ringe (Anuli) bereiten den Übergang zum Kapitell vor, das wie ein kissenförmiges Gebilde (Echinus) erscheint und eine quadratische Deckplatte (Abakus) trägt. Das dreiteilige Gebälk beginnt zuunterst mit dem glatten Architrav (Epistyl; waagrechter von Säulen getragener Steinbalken), der oben mit einer kantigen Leiste (Taenia) abgeschlossen ist, an der unter den Triglyphen (Platten mit „dreifachen Rillen“) die Tropfleisten (Regula und Guttae) hängen. Es folgt der Fries mit den Triglyphen (je eine über und zwischen den Säulen) und den oft mit Reliefs versehenen Metopen (Zwischenfelder). Das Gesims (Geison) ragt schräg vor, auf ihm ruht der Dachrand (Sima) auf. Die von den Etruskern übernommene und leicht umgeformte dorische Ordnung wurde von den Römern als „tuskanische Säulenordnung“ bezeichnet. Die im

Verlauf des 6. Jh. sich entwickelnde *ionische Ordnung* verfügt über schlankere Säulen und ein entsprechend schmaleres Gebälk als die dorische. Über einer Plinthe als Unterlage fungieren Hohlkehlen und Wülste als Basen der Säulenschäfte. Letztere besitzen eine nur geringfügige Entasis und 20–24 schmale Kanneluren (Furchen) zwischen Stegen. Das Kapitell setzt sich aus zweimal zwei schneckenförmig eingerollten Voluten und einem Eierstabornament als Echinus zusammen, das durch Palmetten ergänzt werden kann. Der Abakus ist sehr flach gehalten. Das Gebälk war ursprünglich zweiteilig strukturiert: Der Architrav (waagrechter, von Säulen getragener Steinbalken) gliedert sich in drei waagrecht abgetreppte Bänder (Fascien) und einen krönenden Eierstab. Darüber erstreckt sich ein fortlaufender, ornamental oder figürlich dekorierter Fries, der sich freilich auch auf ein schmales Zahnschnitt-Muster aus rechteckigen Vorsprüngen beschränken kann. Mit dem Beginn des 4. Jh. v. Chr. kündigt sich die *korinthische Ordnung* an. Sie führt zu einer weiteren Verschlankung der vertikalen und horizontalen Glieder, stimmt aber vielfach mit der ionischen Ordnung überein. Eigenständig aber ist das Kapitell mit seiner vegetabilen Ornamentik, in Gestalt eines korbähnlichen Blocks, den Kränze aus Akanthusblättern – einer mediterranen Distelart mit eingerollten Blattspitzen – umgeben. Über den Blättern sind die Voluten diagonal gestellt. In Rom hat man das korinthische Kapitell schließlich zum sog. Kompositkapitell weiterentwickelt, z. B. die Akanthusblattkränze mit Blüten, ja gelegentlich sogar mit figürlichen Darstellungen angereichert.

zu den etwas steifen Körpern, ihrer streng frontalen Ausrichtung und dem bekannten archaischen Lächeln des älteren Giebelschmucks sind die Körperumrisse im Ostgiebel flüssiger, die Haltungen organischer, erdenschwerer. So sind die *Ägineten*, die im 19. Jh. in die Glyptothek nach München kamen, auch ein Musterbeispiel für eine stilgeschichtlich entscheidende Phase der altgriechischen Skulptur.

Welches griechische Heiligtum übernahm gewisse Prinzipien des „Hippodamischen Systems“?

In hellenistischer Zeit unterwarf man nach dem rationalen Grundrisssystem, das Hippodamos von Milet (* um 500 v. Chr.) seinen Stadtplanungen zugrundegelegt hatte, bereits existierende Heiligtümer und veränderte sie in diesem Sinne. Bei der *Akropolis von Lindos* auf Rhodos z. B. führt durch eine lange, mit vorspringenden Flügeln versehene Halle eine breite Freitreppe auf die Front des Torbaus zu. Dahinter liegt der säulenumstandene Hof, in dessen einem Winkel der dorische *Athenatempel* steht. Anstelle des plastischen Wertes des Einzelbaus herrscht hier die wirkungsvoll geplante regelmäßige Abfolge und Steigerung der Gebäudeglieder.

Welche Farbskala dominierte die Polychromie griechischer Architektur und Bildhauerkunst?

Die, wie man spätestens seit dem 19. weiß, zweifellos vorhandene Polychromie (Vielfarbigkeit) altgriechischer Tempel, Statuen und Reliefs besaß ziemlich enge Grenzen, nämlich im antiken Farbsystem, das sich auf Weiß, Gelb oder Ocker sowie auf Schwarz konzentrierte, das gelegentlich durch Blau ersetzt wurde, ferner auf das Rot, dem der Philosoph Platon (428/27–348/47) den ästhetisch höchsten Rang zuerkannte.

Wer war Parrhasios?

Dieser im letzten Viertel des 5. Jh. tätige Maler stammte aus Ephesos, war der Sohn eines gewissen Euenor und arbeitete in Athen, in der Frühzeit angeblich sogar unter der Oberleitung des Phidias. Dass sein Name in der Anekdote von den „Trauben des Zeuxis“ auftaucht, beweist nicht nur sein Konkurrenzverhältnis gegenüber jenem großen Meister, sondern auch seinen enormen zeitgenössichen Ruhm. Xenophon (um 430– nach 355 v. Chr.) berichtet von einem Gespräch zwischen Parrhasios und Sokrates (um 470–399 v. Chr.), in dem der Philosoph behauptet, die unsichtbare Seele lasse sich in der Bildung der Augen zeigen und geistige Werte kämen in den Gesichtszügen, der Haltung und Bewegung eines Menschen zum Ausdruck. Zahlreichen antiken Autoren zufolge soll Parrhasios diese Maximen in seiner Kunst voll und ganz verwirklicht haben. Von all seinen in den Quellen genannten Bildern hat sich kein einziges erhalten.

Welches ist das wichtigste etruskische Grab, dessen Inhalt vollständig aufgefunden wurde, und wohin gelangten die Kunstwerke?

Das 1836 im *Sorbo-Tumulus von Cerveteri* aufgefundene und nach den Entdeckern benannte *Regolini-Galassi-Grab* gehört zu den wenigen etruskischen Gräbern, die mit einem mehr oder weniger vollständig erhalten gebliebenen Inhalt aufwarten konnten. Heute sind die Fundstücke des 7. Jh. v. Chr. in den Vatikanischen Museen zu Rom zu bewundern. In einer Seitenkammer hat man beispielsweise die Bruchstücke eines Kampfwagens (mittlerweile rekonstruiert) und die Überreste eines Kriegers gefunden, die beide verbrannt worden waren. Vermutlich war der originale Holzkern des Wagens über und über mit Bronzeplatten bedeckt. Einige der übrigen Objekte des *Regolini-Galassi-Grabes* waren für die dort beigesetzte vornehme Etruskerin Larthia bestimmt, darunter eine riesige, ungefähr 42 cm hohe Brustplatte aus Gold, die ursprünglich auf dem Gewand festgenäht war und die mit zahlreichen Friesen aus Palmetten, Steinböcken, Greifen und Chimären verziert ist.

Welcher Bildhauer schuf die archaische „Kuros-Statue des Kleobis"?

Um 600 v. Chr. kam die kraftstrotzende *Marmorstatue des Kleobis* als Weihegeschenk in das *Apollonheiligtum von Delphi* (Delphi, Museum). Die wuchtige Körperlichkeit, die Betonung der Gliedmaßen als Sitz aller Energien entsprechen dem dorischen Körperideal. Diesen herrlichen Kuros hat ein Bildhauer aus Argos namens Polymedes geschaffen.

Welcher Aufgabe konnten griechische anthropomorphe Gefäße dienen?

Die Antikensammlung im Alten Museum zu Berlin beherbergt eines der schönsten erhaltenen anthropomorphen Gefäße der altgriechischen, in diesem Falle der spätarchaischen Kunst. Es handelt sich um die 27 cm hohe attische Weinkanne des Töpfers Charinos, die um 500 v. Chr. in Ton geformt und bemalt worden ist. Das Gefäß besitzt das Aussehen eines Frauenkopfes. In der elegant und sinnlich wirkenden Dame, die diejenigen, der sie in die Hand nimmt, mit keckem Blick anschaut und deren Frisur mit den sorgfältig wiedergegeben Buckellocken über der Stirn hochmodisch erscheint, hat man, so darf man vermuten, das Bild einer Hetäre vor sich. Und dies wieder legt den Verwendungszweck der Kanne bei ausschweifenden Trinkgelagen nahe, bei denen dann „professionelle" Frauen das leibhaftige Pendant zu derartigen Gefäßen abgaben. Ein schmales Band mit einem Mäanderfries im Haar wird beim Berliner Stück von einer leicht gewölbten Platte überschnitten, die als Gefäßschulter zum Ausguss und Henkel überleitet. Sie ist mit einer Palmettenranke im rotfigurigen Stil geschmückt, der das Muster aus der schwarzen Glasur ausspart. In den Henkel hat der Töpfer seine Signatur eingeritzt. Der Fundort Vulci in Etrurien beweist, dass solche und vergleichbare attische Keramiken weithin exportiert wurden.

War bei den Etruskern die Homosexualität verpönt?

Das *Grab der Stiere* in der *Nekropole von Tarquinia* zeigt

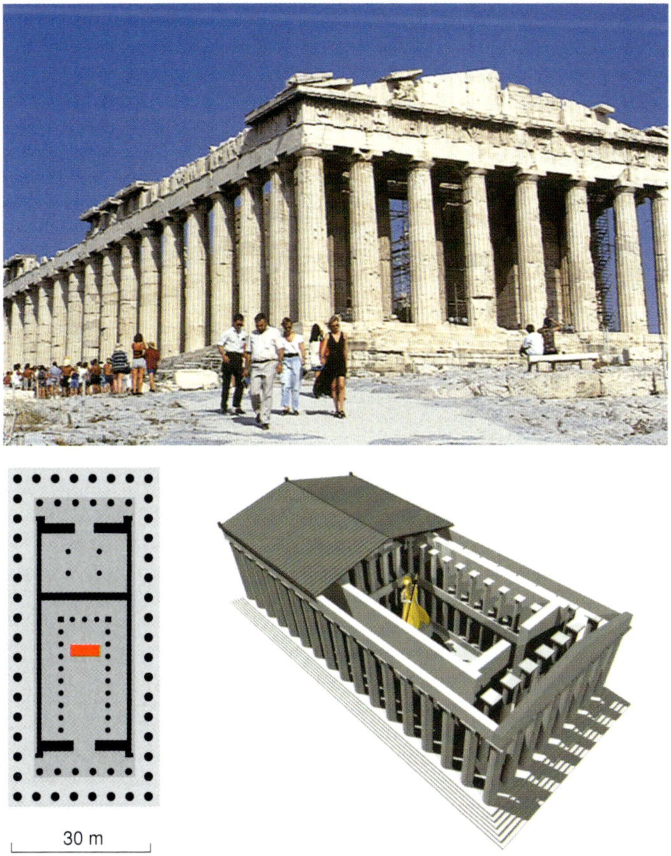

Parthenon, Athen, 447–432 v. Chr. (Außenansicht, Grundriss und räumliche Ansicht)

unter seinen *Wandmalereien* aus der 2. Hälfte des 6. Jh. v. Chr. eine möglicherweise zeitgleiche oder etwas jüngere Szene, in der ein Stier mit bärtigem Menschengesicht und erigiertem Phallus auf einen Mann mit blonder Perücke zustürmt, der gerade Geschlechtsverkehr mit einem Jüngling ausübt. Diese provokante Darstellung könnte im Zusammenhang mit einem Fruchtbarkeitskult stehen oder aber, wie man auch vermutet, eine Verdammung der Homosexualität bedeuten.

Welche spätetruskische Figur versteckt sich hinter der Bezeichnung „Aringatore"?

In der Mitte des 16. Jh. kam eine Reihe wichtiger etruskischer Bronzearbeiten ans Licht, darunter auch die *Chimäre aus Arezzo* und der berühmte lebensgroße *Aringatore* (oder „Orator" = Redner), der am Ufer des Trasimenischen Sees gefunden wurde (Florenz, Archäologisches Museum). Er entstand um 100 v. Chr. und stellt einen örtlichen Beamten namens Aulus Metellus dar. Sein Name erscheint in einer etruskischen Inschrift auf dem Saum der Toga.

Welcher Tempel gilt als der vollkommenste des antiken Griechenland?

Der 447–432 v. Chr. nach dem Entwurf der Architekten Iktinos und Kallikrates errichtete *Parthenon* ist zweifellos der vollkommenste griechische Tempel, mit dessen dorischem Stil ionische Elemente eine Symbiose eingegangen sind. Trotz gewaltiger Ausmaße (30,88 x 69,50 m), die noch die des *Zeustempels in Olympia* ein klein wenig übertreffen, wirkt das Bauwerk nicht schwer und massig, sondern relativ leicht und vollkommen harmonisch. Dem Peripteros im klassischen Verhältnis von 8 zu 17 Säulen ist die Cella ähnlich wie beim *Zeustempel in Olympia* eingebunden. Neuartig ist die Gestaltung des Cellainneren: keine Aufteilung in Schiffe, sondern die doppelgeschossigen Säulenreihen zum Umgang zusammengefügt. In dem so entstandenen Raum von 10,60 m lichter Weite war Platz für das kolossale, von Phidias ausgeführte Goldelfenbeinbild der Göttin Athene. Damit ist zum erstenmal in der griechischen Kunst ein im eigentlichen Sinne gestalteter Innenraum verwirklicht worden. Im westlichen Raum der Cella, der dem ganzen Bau den Namen *Parthenon* gegeben hat – denn hier saßen die jungfräulichen Dienerinnen der Göttin – trugen vier ionische Säulen die hölzerne Kassettendecke, auch dies eine geniale, einen hohen, lichten Raum schaffende Neuerung. Zu der in unglaublicher Feinheit und Präzision ausgeführten Architektur kam die herrliche Bauskulptur hinzu, die an den Namen des Phidias geknüpft ist und von der sich die meisten Zeugnisse seit dem 19. Jh. unter dem Namen *Elgin Marbles* in London finden.

Warum haben sich die bedeutendsten Goldschmiedewerke Altgriechenlands in Thrakien und Makedonien erhalten?

Das Musée Archéologique in Châtillon-sur-Seine besitzt einen herrlichen, aus Bronze gearbeiteten *Krater* ein mit Viergespannen und Kriegern plastisch dekoriertes Gefäß von über eineinhalb Meter Höhe. Die Datierung des spektakulären *Kraters* ins 6. Jh. v. Chr. ist umstritten. Die meisten Beispiele kostbarer Metall- und Goldschmiedewerke stammen jedoch aus dem 4. Jh. Unter ihnen ragt der 90 cm hohe *Krater von Derveni* in Makedonien heraus (vergoldete und versilberte Bronze; Thessaloniki, Archäologisches Museum), dessen Bauchreliefs Dionysos, Ariadne und einen Thiasos zeigen, während vier kleine rundplastische Figuren auf den Gefäßschultern sitzen. Unter anderen Beispielen dieses Jahrhunderts sei nur noch eine aus vergoldeter Bronze bestehende *Hydria aus Pharsalos* herausgegriffen, die auf der Gefäßwandung die Entführung der Oreithyia durch Boreas zeigt (Athen, Nationalmuseum). Die vielen herrlichen thrakischen und makedonischen Goldschmiedearbeiten aus klassischer Zeit legen zunächst einmal die Vermutung nahe, dass diese Gegenden Hauptproduktionsstätten jenes Kunstzweiges gewesen sind. Derartige Werke müssen einst jedoch überall hergestellt worden sein. Die Inventare der *Heiligtümer von Delos* belegen beispielsweise, dass dort goldenes Geschirr im Überfluss vorhanden war. Doch es wurde vorrangig in den Tempeln aufbewahrt, die später systematisch von Plünderern leergeräumt worden sind. In Thrakien und Makedonien hingegen dienten die kostbaren Gegenstände in erster Linie als Grabbeigaben. Sie waren somit besser geschützt als in den Tempeln und konnten sich in größerer Zahl erhalten. Zugleich zeugen sie in dieser Kunstlandschaft vom privaten Luxus einer Aristokratie, die sich im südlichen Griechenland in diesem Maße als soziale Schicht nicht hat ausbilden können.

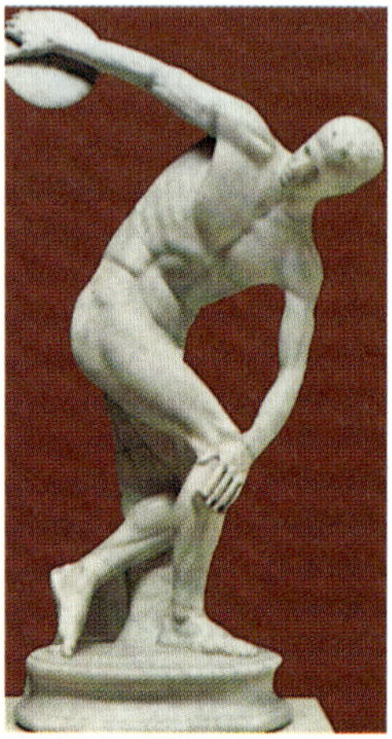

Myron: *Diskobol*, römische Kopie eines griechischen Originals von ca. 450 v. Chr. (Rom, Museo Nazionale Romano)

Wer war Myron?

Myron war ein zu seiner Zeit weithin bekannter und geschätzter Bildhauer der klassischen Epoche, von dem heute biografisch äußerst wenig bekannt ist. Er wurde, das zumindest steht fest, in Eleutherai, fast an der Grenze zwischen Böotien und Attika, geboren. Im Allgemeinen datieren die Spezialisten seine Hauptwerke in das 2. Drittel des 5. Jh. v. Chr. Er war Erzgießer und hat schriftlichen Nachrichten zufolge die in der Antike als „äginetische Bronze" bezeichnete Legierung verwendet. Eine ganz bestimmte Statue hat im Altertum seinen Ruhm begründet: „Seine in zahlreichen Versen gelobte Kuh hat ihn vor allem bekannt gemacht", erklärte Plinius d. Ä. (23 oder 24–79 n. Chr.). Bis heute blieben 37

Epigramme über diese „Kuh" erhalten. Das mag angesichts des Sujets erstaunen, findet seine Erklärung aber vielleicht darin, dass es im Griechenland der nacharchaischen Zeit nur sehr wenige Tierplastiken gab und dass eine solch seltene Darstellung demzufolge Aufmerksamkeit erregen musste. Der antiken Überlieferung zufolge lässt sich das Schaffen Myrons in zwei annähernd gleich große Gruppen einteilen. Da sind zum einen zehn Götter- und Heroenstatuen, zu denen die heute auseinandergerissene, um 440 v. Chr. entstandene Gruppe Athena und Marsyas zählte (Frankfurt am Main, Liebighaus, und Rom, Vatikanische Sammlungen). Da sind zum anderen sieben Athletenstatuen sowie sechs Bildnisse von Wettkampfsiegern. Hierher gehört die Statue, die heutigentags Myrons Ruhm ausmacht: der um 450 v. Chr. vollendete bronzene *Diskobol* („Diskuswerfer"), der in einigen Kopien wiedergegeben ist (z. B. eine Bronzestatuette in der Glyptothek zu München und eine Marmorkopie im Museo Nazionale Romano in Rom) – die indes alle zwar den in Aktion begriffenen Athleten, nicht aber die an Myron bewunderte Naturnähe der körperlichen Erscheinung vermitteln. Vermutlich hat dieser große Künstler auch an der skulpturalen Ausschmückung des *Pantheon* auf der Athener Akropolis mitgewirkt.

Wo befand sich die sog. Peplos-Kore?

Eine der schönsten Kore-Figuren ist die unterlebensgroße sog. *Peplos-Kore* aus Marmor, die um 530 v. Chr. von einem unbekannten Künstler für die Athener Akropolis geschaffen worden ist (Athen, Akropolismuseum). Wie bei den archaischen Koren existiert auch bei dieser mädchenhaften Frauengestalt eine Flächenbindung und absolute Frontalität, doch der unter dem Gewand angedeutete Körper ist nunmehr organischer erfasst.

Welche griechische Kultstätte lieferte den Menschen auch ein Zeitmaß?

Den höchsten Rang unter jenen Kultstätten des griechischen Mutterlandes, die panhellenische Bedeutung erhielten, hatte Olympia auf der Peloponnes inne. Hier wurden im Abstand von vier Jahren – eine Zeitspanne, die als Olympiade ein kalendarisches Zeitmaß bildete – die „Olympischen Spiele" gefeiert, die ab 776 v. Chr. durch Siegerlisten bezeugt sind. An- und Abreise der Wettkämpfer – zugelassen waren freie Männer der griechischen Stadtstaaten – und Zuschauer fand im Schutz einer allgemeinen Waffenruhe statt. Die Sieger erhielten als Preis einen Kranz aus Zweigen vom heiligen Ölbaum beim Zeustempel und wurden in ihrer Heimat durch Geschenke und Steuerfreiheit belohnt. Zwischen den Olympischen Spielen fanden die „Heräen" statt: Laufwettbewerbe für Mädchen zu Ehren Heras. Seit dem Ende des 4. Jh. v. Chr. verloren die Olympischen Spieler ihre symbolische Funktion als Ausdruck eines gesamtgriechischen Nationalbewusstseins. Solange sie diese aber besaßen, wurde der Ort und die Kultstätte mit herrlichsten Kunstwerken geschmückt.

Wer schuf die berühmteste „Athena-Statue", die jemals entstanden ist?

Von dem 438 v. Chr. geweihten, aus Gold und Elfenbein über einem Holzkern bestehenden Götterbild, der Standfigur der *Athena Parthenos* in der Cella des *Parthenon*, das samt dem Sockel etwa 12 m hoch war, existieren lediglich noch verkleinerte römische Marmornachbildungen, z. B. die sog. *Varvakionstatuette* im Nationalmuseum Athen und

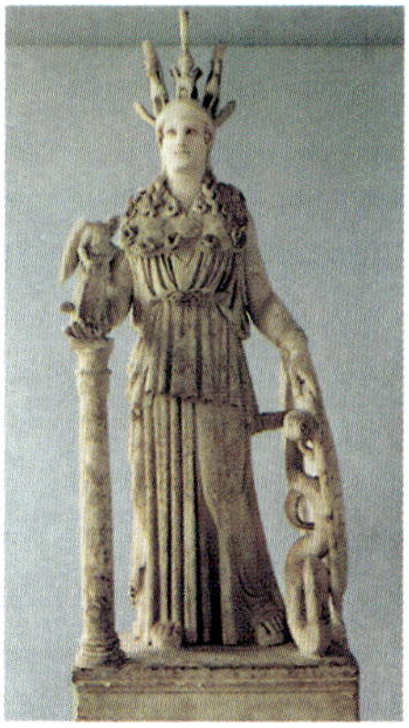

Athena Parthenos, Kopie aus dem 1. Jh. n. Chr. nach einem Original des Phidias (Athen, Nationalmuseum)

eine Replik des Kopfes in der Ny Carlsberg Glyptotek in Kopenhagen. Ihr Urheber war der wohl bedeutendste Bildhauer der Antike, Phidias. Der Schriftsteller Pausanias (2. Jh. n. Chr.) beschrieb die Kolossalfigur, die er noch an Ort und Stelle gesehen hatte, folgendermaßen: „Das Bild der Athena ist stehend dargestellt, mit zu den Füßen herabreichendem Chiton, auf der Brust ist das Haupt der Medusa aus Elfenbein angebracht. In der einen Hand hält Athena eine Nike (die Statuette einer geflügelten Siegesgöttin), in der anderen eine Lanze." Auf dem Haupt trug Athena den goldenen Helm, die Augen bestanden aus Edelsteinen. Ein flaches Wasserbecken vor der Göttin reflektierte den gedämpften Lichtschimmer im Tempel und umgab das Standbild mit einer geheimnisvollen Aura.

Wer war Zeuxis?

Zeuxis, ein Maler aus Herakleia in Lukanien oder möglicherweise auch aus Herakleia Pontike, war zwischen etwa 435 und 390 v. Chr. in Athen tätig. Er habe, so berichten zahlreiche literarische Texte, die im 5. Jh. v. Chr. von Apollodor von Athen angebahnte illusionistische Licht-Schatten-Modellierung perfektioniert. Eines seiner berühmtesten Gemälde schilderte die Idylle einer Kentaurenfamilie und, der Beschreibung Lukians (um 120–nach 180) zufolge, habe es dabei die Gegensätze von Wildheit und Sanftmut, Schreck und Scherz, Männlichkeit und Weiblichkeit usw. physiognomisch und psychologisch ausgelotet. Für eine Darstellung der Helena mussten dem Zeuxis mehrere Jungfrauen Modell stehen, von denen er jeweils das schönste Merkmal herausgriff und zu einem Idealbild weiblicher Schönheit vereinigte.

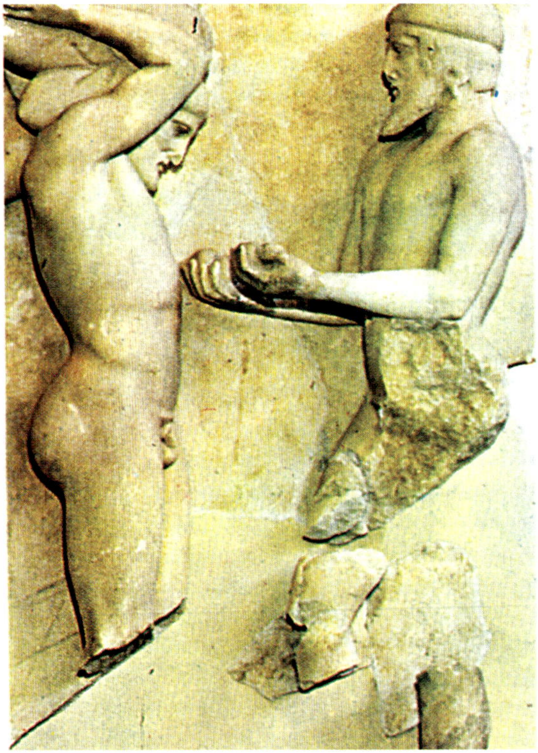

Herakles und Atlas, Metopenplatte der Außenwand des Zeustempels in Olympia, 5. Jh. v. Chr. (Olympia, Museum)

Welches Meisterwerk der Architektur schuf im 5. Jh. v. Chr. der Architekt Libon von Elis?

Seit mykenischer Zeit war Olympia dem Kult des *Zeus* geweiht. Ihm waren die Spiele gewidmet, und sein *Tempel* (um 470–456 v. Chr.) mit dem Weltwunder der von Phidias geschaffenen Statue genoss bis in römische Zeit hinein höchstes Ansehen. Von dem über einer Grundfläche von 64 x 27,5 m erbauten dorischen Peripteros-Tempel, für den der Architekt Libon von Elis verantwortlich war, ist der Großteil des bauplastischen Dekors erhalten geblieben (Olympia, Museum): die vollrunden Giebelskulpturen mit Zeus während der Wettfahrt von Oinomaos und Pelops sowie dem Kampf der Lapithen gegen die Kentauren, ferner die quadratischen Metopenplatten von der Außenwand der Cella, deren Reliefs die zwölf Taten des Herakles schildern – ebenso wie die Architektur Meisterwerke im strengen Stil der Frühklassik.

Was ist eine Chimäre – und in welchem berühmten etruskischen Kunstwerk ist dieses Wesen dargestellt?

Eine Chimäre ist ein feuerschnaubendes Monstrum der antiken Sagenwelt. Sie wurde vorne als Löwe, in der Mitte als Ziege, hinten als Schlange dargestellt. Lykien galt als die Heimat dieses Ungeheuers. Das berühmteste Kunstwerk dieses Themas ist die *Bronze-Chimäre*, die man im 16. Jh. in *Arezzo* gefunden hat, eine etruskische Arbeit des späten 5. Jh. v. Chr. (Florenz, Archäologisches Museum). Die unteren Teile der Vorder- und Hinterbeine der 80 cm hohen Figur wurden in der Renaissance, vermutlich von Benvenuto Cellini (1500–71), ergänzt, der Schwanz ist eine Nachbildung des 19. Jh.

Woher bezog das Pergament seinen Namen?

Der überragende kulturelle Rang, den Pergamon auch nach dem Ende der Attaliden-Dynastie besaß, als Rom 129 v. Chr. das pergamenische Erbe antrat und die Provinz Asia errichtete, basierte nicht zuletzt auf der berühmten Bibliothek der Stadt, die im 1. Jh. v. Chr. einen Bestand von rund 200.000 Schriftrollen (Rotuli) aufwies (die größte Bibliothek hellenistischer Zeit und des klassischen Altertums überhaupt, die in Alexandria, verfügte über ca. 800.000 Rotuli). Zur Zeit des Attaliden Eumenes II. (197–159 v. Chr.) soll auch ein neuartiger Beschreibstoff erfunden und nach dessen Residenzstadt benannt worden sein: das Pergament, das von nun an rasch den Papyrus ablöste. Zu seiner Herstellung wurden Tierhäute in einer Lösung aus Kalkwasser von allen groben Rückständen befreit. In große Rahmen gespannt, erfolgte die Weiterbearbeitung der Häute durch Glätten und Abreiben mit Bimsstein. Dann überzog man die Haut mit einem feinen Kreidegrund, um beim Beschreiben das Auslaufen der Tinten zu verhindern. Pergament war zwar nicht billiger als Papyrus, aber haltbarer, geschmeidiger und weniger brüchig. Während die Lebensdauer einer Papyrusrolle meist nur ein, zwei Jahrhunderte umfasste, überdauerte das Pergament problemlos die Zeiten – es sei denn, die Bibliotheken fielen dem Feuer zum Opfer. Ohne das Pergament wäre die großartige Blüte mittelalterlicher Buchmalerei undenkbar gewesen.

Aus welchem Anlass ist um 560 v. Chr. der „Reiter Rampin" im Louvre geschaffen worden?

Wie das Wagenrennen galt auch das Reiten als Lieblingssport junger Griechen aus wohlhabenden Kreisen. Fast lebensgroß und nackt saß jener Reiter zu Pferde, dessen Kopf im Louvre zu Paris, dessen Rumpf und Teile des Pferdes im Athener Akropolismuseum aufbewahrt werden. Fragmente beweisen, dass dieser *Reiter Rampin* zu einer Zweiergruppe gehört haben muss, die Sieger im Pferderennen darstellte. Das Ensemble ist um 560 v. Chr. entstanden und gibt möglicherweise die Söhne des seit 561/60 v. Chr. in Athen regierenden Tyrannen Peisistratos, Hippias und Hipparchos, wieder – im Jahr 527 sollte der Tyrann diesen die Macht abtreten. Überraschend für das mittlere 6. Jh. v. Chr. ist die Lösung vom frontalen Achsenschema – der Kopf der Pferdes war nach rechts, der des Reiters nach links gedreht –, doch wäre die Symmetrie in der Doppelgruppe wieder gewahrt gewesen.

Welches Gegenstück zu seiner berühmten „Athene-Figur" im „Parthenon" schuf Phidias?

Als Pendant zu der monumentalen, aus Gold und Elfenbein bestehenden *Athena-Statue im Parthenon* auf der Akropolis schuf Phidias die im Freien zwischen der Toranlage der *Propyläen* und dem *Parthenon* errichtete Bronzestatue der *Athena Promachos*, deren goldene Speerspitze den Seeleuten den Weg nach Athen wies.

Welche in Wandmalereien häufig dargestellte Tischsitte der Etrusker empörte die griechischen Gäste?

Zu den schönsten *Wandmalereien* der Kammergräber in Tarquinia zählen die im *Grab des Leoparden*. Sie datieren ins 5. Jh. v. Chr. Sie zeigen wie viele Gräber dieser Zeit Bankettszenen, die einen Teil der Bestattungszeremonien ausmachten. Männer und Frauen lagerten dabei gemeinsam um den Tisch – dass beide Geschlechter zusammen speisten, war ein etruskischer Brauch, den die Griechen geradezu empörend fanden. Er kennzeichnet freilich die Bedeutung, die die Etrusker der Frau im öffentlichen wir im privaten Leben zuerkannten. Während der Feste wurden die Gäste auch mit Musik unterhalten. Die rechte Wand des Grabes zeigt zwei Musiker, einen Lyraspieler und einen Flötenspieler mit der typischen Doppelflöte.

Wann entstand der „Laokoon"?

Am 14. Januar 1506 stieß man bei Erdarbeiten in Rom auf eine Statue, in der die eilig herbeiströmenden Künstler und Kenner, unter ihnen Michelangelo, sofort jene Marmorskulptur erkennen wollten, die Plinius d. Ä. (23 oder 24–79 n. Chr.) in höchsten Tönen gepriesen und als Arbeit der rhodischen Bildhauer Hagesandros, Polydoros und Athenadoros bezeichnet hatte. Diese drei bildeten um die Mitte des 1. Jh. n. Chr. eine Art Kopistenatelier in Rom. Demnach müsste es sich bei dem *Laokoon* um die im Auftrag des Kaisers Tiberius entstandene und später in der *Domus Aurea* des Kaisers Nero aufgestellte Kopie eines Mitte des 2. Jh. v. Chr. entstandenen Bronzeoriginals gehandelt haben. Diese Bronzegruppe sei, so lautet eine These, anlässlich des Empfangs einer römischen Delegation im pergamenischen Königreich geschaffen worden. Den eroberungssüchtigen Gästen hätte mit der Skulptur die gemeinsame trojanische Herkunft in Erinnerung gerufen werden sollen, wogegen man das eigene Volk mit ihrer Hilfe davor warnen wollte, den Römern irgendeinen Vorwand zum militärischen Eingreifen zu liefern. Die heutige Forschung ist sich nicht sicher, ob das in die Vatikanischen Museen in Rom gelangte Werk identisch ist mit dem von Plinius erwähnten, deshalb findet man auch Datierungen ins 1. Jh. v. Chr., ja sogar in die Zeit der genannten Gesandtschaft, um 156 v. Chr. Die Formensprache des „pergamenischen Barock", wie sie sich am *Pergamonaltar* (Berlin, Pergamonmuseum) zeigt, wirkte in dieser Gruppe zweifellos weiter, die bis in die Gegenwart zu den berühmtesten Antiken gehört und von der Plinius sagte, sie sei allen Werken der Plastik und Malerei vorzuziehen. Es ist in der Tat ein Werk von hinreissender Virtuosität und überwältigender Tragik. 1905 wurde der fehlende rechte Arm des *Laokoon* aufgefunden, die letzte Restaurierung 1957–60 hat ihn anstelle des bislang falsch ergänzten hochgereckten Armes angebracht.

Wann und wo entstand jenes Mausoleum, das als eines der sieben Weltwunder galt?

367 v. Chr. hatte König Mausolos den Architekten Pytheos und Satyros den Auftrag erteilt, sein Grabmal im kleinasiatischen Halikarnassos zu errichten. Beim Tod seiner

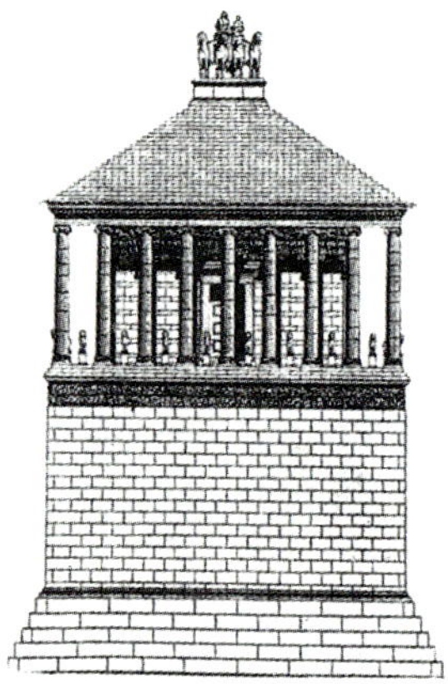

Mausoleum, Halikarnassos, 4. Jh. v. Chr. (Rekonstruktion von F. Krischen)

Gattin und Schwester Artemisia 351 v. Chr. war das berühmteste aller Mausoleen noch unvollendet. Die vier bekannten, am Bauschmuck beteiligten griechischen Bildhauer Skopas, Timotheos, Leochares und Bryaxis sollen daraufhin die Bildwerke, die den Wandel von der klassischen zur frühhellenistischen Formensprache veranschaulichen, bis gegen 340 v. Chr. zu ihrem eigenen Ruhm fertiggestellt haben. Eine englische Ausgrabung des 19. Jh., die einige dieser Skulpturen und Reliefs sichern konnte (London, British Museum), ermöglicht ebenso wie die Beschreibung des Bauwerks bei Plinius d. Ä. (23 oder 24–79 n. Chr.) eine einigermaßen zuverlässige Rekonstruktion. Danach erhob sich über einem gewaltigen Fundament von 33 x 39 m der weitgehend mit kleinasiatischem und parischem Marmor verkleidete Kernbau, ein ionischer Grabtempel mit 36 Säulen, zu einer Gesamthöhe von etwa 49 m. Das Ganze wurde zusätzlich bekrönt von einer 24-stufigen Pyramide mit einer Quadriga als oberem Abschluss. Die in London erhaltenen Marmorstatuen des Mausolos und der Artemisia, in mächtige Gewandmassen gehüllt, aus der Hand des Bildhauers Bryaxis, standen vermutlich einst in besagter Quadriga. Seit dem 3. Jh. v. Chr. galt das *Mausoleum von Halikarnassos* ebenso wie der *Zeus des Phidias* und der *Koloss von Rhodos* als eines der sieben Weltwunder des Altertums. Architekturgeschichtlich hat das Mausoleum v. a. im kaiserzeitlichen Rom Nachfolge gefunden, etwa im *Kaisergrabmal des Augustus* (28 n. Chr.) und dem des *Hadrian* (Engelsburg; 130–138).

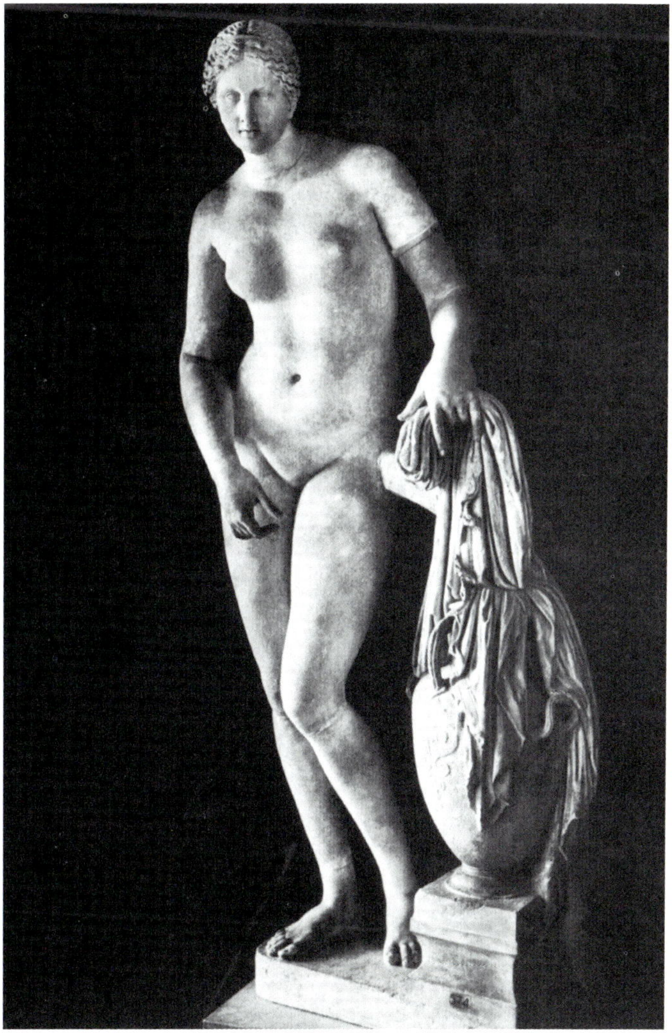

Praxiteles: *Knidische Aphrodite*, römische Kopie eines griechischen Originals aus dem letzten Drittel des 4. Jh. v. Chr. (Rom, Vatikanische Sammlungen)

Warum verletzte die „Knidische Aphrodite" des Praxiteles das Schamgefühl der Bewohner von Kos?

Die *Knidische Aphrodite* des Praxiteles war nicht nur eine der berühmtesten, sondern auch eine der berüchtigsten

Statuen des Altertums. Das Marmororiginal aus dem letzten Drittel des 4. Jh. v. Chr. ist in einer Kopie überliefert, die sich in den Vatikanischen Museen zu Rom befindet. Plinius schrieb zu ihr, dass sie „in solchem Maße den ersten Rang nicht nur unter den Werken des Praxiteles, sondern der Welt insgesamt einnimmt, dass viele nach Knidos gereist sind, um sie zu sehen“. Waren weibliche Körper bislang in lange Gewänder gehüllt, wenngleich man im ausgehenden 5. Jh. v. Ch. – etwa an der *Korenhalle des Erechtheion* in Athen – wie feucht am Leib klebende Gewänder erfand, die raffiniert-erotisch die Körperformen durchscheinen ließen, so führte Praxiteles vollkommen nackte Frauengestalten in die Monumentalskulptur ein. Die *Knidische Aphrodite*, die mit der linken Hand ihr Gewand auf eine zu ihren Füßen stehende Vase legt, soll das Schamgefühl der Bewohner von Kos aufs Heftigste verletzt haben, nicht zuletzt auch deshalb, weil man Phryne, jene in halb Griechenland bekannte Hetäre, mit der auch Praxiteles ein Verhältnis hatte, als Modell des Künstlers vermutete.

Können Säulenordnungen auch eine inhaltlich-symbolische Bedeutung besitzen?

Die wichtigsten Säulenordnungen wurden in der Antike häufig auch mit symbolischen Aussagen gleichgesetzt und diversen Gottheiten zugeordnet. Die dorische Ordnung galt als Synonym für das Raue und Männliche, etwa für den Kriegsgott Ares bzw. (im Römischen) Mars; die ionische Ordnung konnte für Seelenstärke und Mütterlichkeit und z. B. für Hera/Juno stehen, wogegen die korinthische Ordnung Jungfräulichkeit, Grazie, Eleganz und entsprechende Gottheiten oder Mächte zu symbolisieren vermochte.

Wie und wann kamen die „Ägineten“ nach München?

1810 beauftragte der bayerische Kronprinz und nachmalige König Ludwig I. ein kleines Team von Architekten, Archäologen und Malern, über Unteritalien nach Griechenland zu reisen. Ein Jahr später entschlossen sich einige von ihnen, zur Insel *Ägina* zu segeln, um dort den schon lange bekannten *Tempel der Aphaia* zu untersuchen. Sie engagierten Arbeiter und einen türkischen Gendarmen zum Schutz vor Räubern (Griechenland gehörte damals zum Osmanischen Reich). Bald war der Tempel vom Gestrüpp befreit und die ersten im Boden versunkenen Giebelfiguren kämpfender Krieger kamen zum Vorschein. Die Bedeutung des Fundes war sogleich klar. 1811 brachten die Freunde die „Ägineten“, in Säcke eingewickelt und in Körben auf Eseln transportiert, über den Landweg zum Golf von Korinth. 1812 kaufte Ludwig die Figuren für München an. Sie wurden zum Prunkstück der 1830 in München gegründeten Glyptothek.

Wann entstand die berühmteste Wölfin der Kunstgeschichte?

Die berühmte lebensgroße *Lupa*, die Bronzestatue der *Kapitolinischen Wölfin*, also die römische Wölfin (Rom, Konservatorenpalast), die immer schon als „mater Romanorum“, als „Mutter der Römer“ galt, das Symbol somit der Stadt Rom und auch des römischen Weltreichs, wurde um die Mitte des oder im frühen 5. Jh. v. Chr. von unbekannten etruskischen Künstlern gegossen. In der eindringlichen Erfassung der animalischen Natur, in der trotz des Festhaltens an kleinteiligen, ornamentalen Einzelheiten organischen Durchgestaltung des Körpers scheinen griechische Vorbilder nachzuwirken. Der heraldische Gesamteindruck des ruhig dastehenden Tieres jedoch dürfte etruskischem Ideal entsprechen. Die Zwillinge Romulus

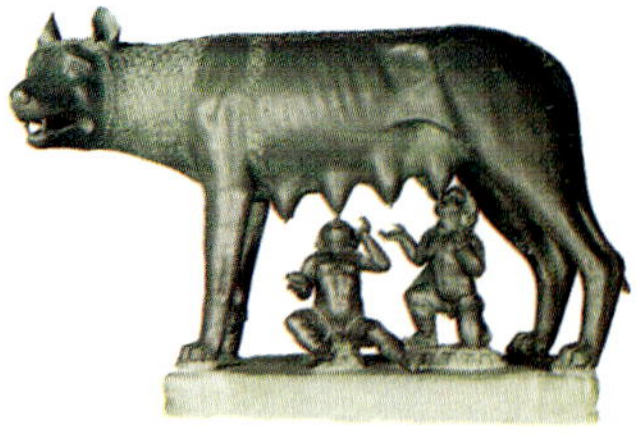

Kapitolinische Wölfin, Mitte oder frühes 5. Jh. v. Chr. (Rom, Konservatorenpalast)

und Remus, die mythischen Stadtgründer Roms, die die Wölfin säugt, sind in der Renaissance (15. oder 16. Jh.) hinzugefügt worden; aber die beiden Knäblein müssen von Anfang an vorhanden gewesen sein.

Wo fanden sich die meisten etruskischen Aschenurnen?

Der etruskischen Vorstellung zufolge wohnte der Verstorbene im Grab – in seiner Asche und in seinem Bild. Deshalb verschmolzen Urne und „Porträt" zu seltsamen Gebilden. Sie sind weder reines Gefäß noch reine Plastik, sondern ein eigenartiger Zwitter. Unzählige solcher Aschenurnen, sog. Kanopen, hat man gefunden, die meisten in der *Nekropole von Chiusi*. So auch eine dreiteilige tönerne Aschenurne aus nicht genau bestimmbarer Zeit, die sich heute im Archäologischen Museum zu Florenz befindet. Die Urne steht auf einem Postament, das ein wenig einem Thronsessel mit Sitzplatte und Lehne gleicht. Auf ihrer breiten Schulter sitzt abnehmbar ein Hals mit einem maskenhaft starren, schädelartigen Gesicht. In die Struktur des Behälters ist die Figur hineingebannt. Wo solche Kanopen in Reih und Glied aufgestellt waren, wirkten sie wie eine unheimliche, geisterhafte Bildnisgalerie.

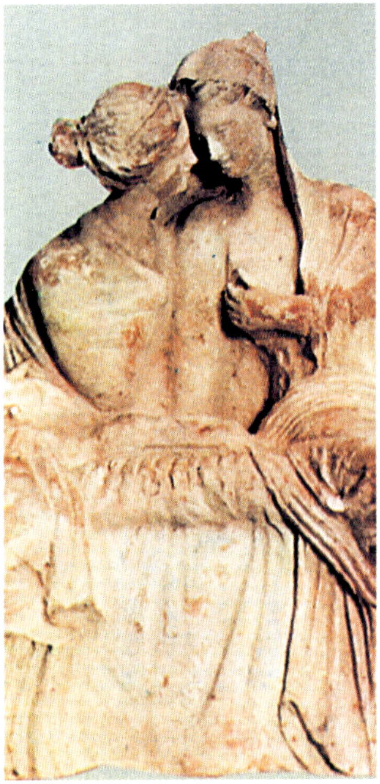

Tanagra-Figuren, 3.–2. Jh. v. Chr. (London, British Museum)

Was sind im Rahmen der hellenistischen Plastik Griechenlands die sog. Tanagra-Figürchen?

Seit dem 4. Jh. v. Chr. entstanden in einer Art Massenproduktion unzählige Terrakotta-Statuetten, meist Szenen des täglichen Lebens und Mädchengestalten, letztere in ein großes Umschlagtuch gehüllt, das sich in Diagonalen über den Körper spannt, der sich gelegentlich recht kokett darunter abzeichnet. Auf dem Kopf balancieren diese jungen Geschöpfe einen modisch-bizarren Hut. Solche „Tanagra-Figürchen", wie man sie nach ihrem hauptsächlichen Fundort, einer Stadt im östlichen Böotien, nennt, wurden in zwei Hohlformen aus Ton gepresst, dann gebrannt und bemalt. Die Herstellung dieser 5–30 cm großen Figürchen, die als Grabbeigaben dienten, erreichte im 3. Jh. v. Chr. ihren Höhepunkt.

Woher bezieht der „Apoll vom Belvedere" seinen Beinamen?

Leochares hieß der griechische Bildhauer, der im späten 4. Jh. v. Chr. eines der gefeiertsten Standbilder der Antike schuf, eine *Bronzestatue* des im Schreiten befindlichen und dabei bogenschießenden *Apoll*. Die entsprechende Marmorfigur in den Vatikanischen Sammlungen ist eine wohl römische Kopie. Ihren Beinamen trägt sie nach dem Hof des Belvedere im Vatikanpalast, in dem die Päpste seit der Renaissance die Prunkwerke aus ihren reichen Besitz antiker Skulptur aufzubewahren pflegten.

Wo wurde eine der berühmtesten Kuros-Statuen an der Wende zur Klassik gefunden?

Der sog. *Jüngling vom Piräus* ist um 520 v. Chr. in Bronze gegossen worden (Athen, Nationalmuseum). Man barg die leicht überlebensgroße Figur mit drei weiteren, jüngeren Bronzegüssen 1959 im Hafen von Piräus. In der linken Hand hielt der Jüngling (Apollon?), der bereits eine Andeutung des klassischen Kontrapost zeigt, ursprünglich eine Opferschale, in der rechten einen Bogen.

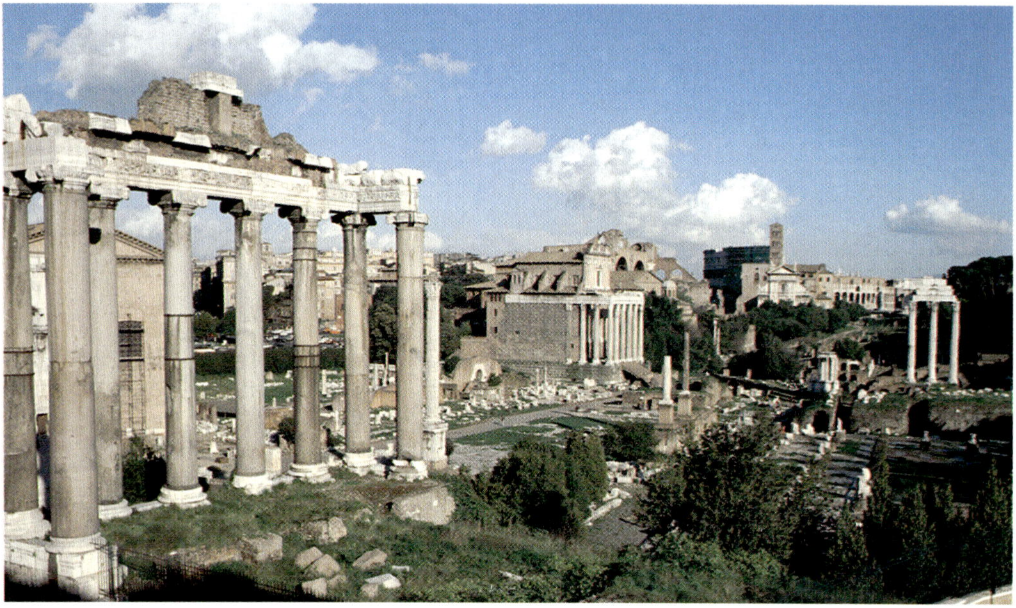

Blick auf das *Forum Romanum*

Roms Aufstieg und Fall haben die Welt nie aus ihrem Bann gelassen, allein deshalb nicht, weil die römische Kultur mit zu den wichtigsten Grundpfeilern späterer Abläufe in zahllosen Ländern zählt. Während im intellektuellen Bewusstsein der Griechen das „geistige Leben" im Vordergrund stand, galt den Römern die Pragmatik auf politischem Gebiet, auf dem der Verwaltung und des Rechtswesens als wichtiger und übte auf das Abendland einen mehr als 2000 Jahre dauernden Einfluss aus. Die paar tausend Bauern, die als erste die sieben Hügel am Tiber besiedelten, ließen indes noch nicht erahnen, zu welcher Größe Rom dereinst sich aufschwingen würde. 753 v. Chr. wird nach den Berechungen des römischen Gelehrten und Dichters Varro (116–27 v. Chr.) die Stadt Rom durch Romulus gegründet, ein Datum, das zwar nicht beweiskräftig ist, aber mit den archäologischen Bodenfunden auch nicht in Widerspruch steht. Nach Abschaffung des unter etruskischer Kuratel stehenden Königtums wurde 510 v. Chr. eine zunächst aristokratisch bestimmte, republikanisch orientierte Staatsordnung hergestellt. Die folgenden zwei Jahrhunderte sind ausgefüllt durch soziale Streitigkeiten. Das junge Rom war ringsum von Feinden umgeben. Doch um 250 v. Chr. beherrschten die Römer bereits ganz Italien, von der Po-Ebene bis zur Meerenge von Messina, und im Verlauf des nächsten Jahrhunderts hatten sie die gesamte Mittelmeerwelt unterjocht. Soziale Missstände führten zu Bürgerkriegen und zur Aushöhlung der demokratischen Ordnung. Das Kaisertum

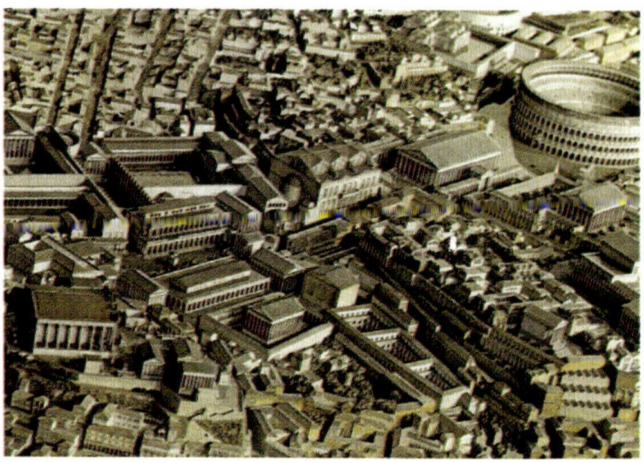

Modell des antiken Rom

trat an die Stelle der Republik. Seine größte Ausdehnung gewann das Imperium Romanum um die Mitte des 2. Jh. n. Chr. Doch wieder folgte eine Zeit der Wirren: Seuchen, ständige Kriege mit den von allen Seiten her gegen die Grenzen im Norden und Osten anbrandenden Feinde, unter denen sich die Germanen als die wirksamsten herauskristallisieren sollten. Aber die Schlagkraft Roms, die Kampfkraft der Legionäre, die sich weitgehend aus den Bewohnern der Provinzen rekrutierten, war so groß, dass das Imperium noch lange Bestand hatte. Erst 476 n. Chr. kam das Ende des weströmischen Reiches, doch schon im 4. Jh. n. Chr. hatte Kaiser Konstantin ein zweites Rom gegründet – Konstantinopel. Die künstlerischen Anfänge Roms ordneten sich weitgehend der etruskischen Kultur, seit dem späten 4. Jh. v. Chr. dem griechischen Hellenismus unter. Erst mit der Zeit der Republik findet die römische Kunst zu sich selbst. Deshalb gliedert man ihre Geschichte in die Phase der Republik (ab 510, Schwerpunkt jedoch seit dem 2./1. Jh.–31 v. Chr.) und in die der Kaiserzeit (31 v. Chr.–476 n. Chr.). Letztere wird nach den Herrscherhäusern unterteilt: die augusteische (31 v. Chr.–68 n. Chr.), die flavische (68–96), die trajanisch-hadrianische (98–138), die antoninisch-severische Kunst (138–235), dann die Kunst unter den Soldatenkaisern (235–284) und die der Spätantike (284–476). Seit Konstantin (reg. 306–337) steht die Reichskunst bereits vehement im Zeichen des Christentums.

Republikanische Kunst (2. Jh.–31 v. Chr.)

Waren im 2. Jh. v. Chr. die Römer noch weitgehend als Schüler der Griechen, partiell auch noch der Etrusker zu bezeichnen – um 140 v. Chr. wird in Rom der erste Marmortempel griechischen Stils durch Hermodoros errichtet –, so setzte sich im Laufe des 1. Jh. v. Chr. römischer Geschmack durch, unbeschadet der Tatsache, dass weiterhin zahlreiche griechische Künstler am Werk waren, dass man nach wie vor die Vorbildhaftigkeit griechischer Kunst anerkannte und in großer Zahl Meisterwerke der griechischen Plastik kopierte sowie einen schwunghaften Kunsthandel mit griechischen Originalen betrieb. Dennoch, nun entsteht eine typisch römische Kunst, die sich immer auch als Zweckform versteht, die – im Sinne des Dichters Horaz (65–8 v. Chr.) – sowohl erfreuen als auch nützen sollte. Ein drastischer Realitätssinn und eine soziale Differenzierung der Kunstsprache in „hoch" und „niedrig" machten sich breit. Dies zeigte sich v. a. im Porträt, das das Modell in krassem Realismus, in veristischer Naturtreue festhält, oder aber sich in einzelnen hochrangigen Fällen an klassizistischen

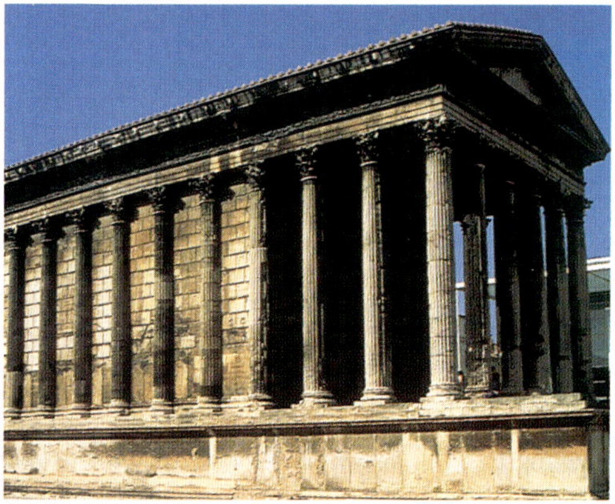

Maison Carrée, Nîmes, 1. Jh. v. Chr.

Idealen orientiert. Dabei diente das römische Bildnis in erster Linie der Erinnerung an die Vorfahren und wurde in der Ahnengalerie eines jeden vornehmeren Hauses aufbewahrt. Die andere von den Römern neu kreierte Gattung ist das „historische Relief", das aus jenen Bildern herrührt, die bei den Triumphzügen der siegreichen Feldherren mitgetragen wurden und jede einzelne Phase des Krieges festhielten. Der in republikanischer Zeit in den Vordergrund drängende römische Wirklichkeitssinn, der sich mit sachlicher Würde, strenger Feierlichkeit und üppigem Zeremoniell paaren konnte, erwies sich v. a. auch in der Architektur, die den Hang zur Repräsentation mit dem überragenden technischen Können der Römer verbindet. Der vorbildliche griechische Tempel wird entscheidend umgeprägt: Immer wird er auf ein hohes Podium gehoben, immer ist die Fassadenwirkung betont und immer liegt er in einer bestimmten, symbolisch bedeutsamen Achse des Heiligtums, die von den für die Vogelschau zuständigen Priestern (Auguren) festgelegt worden war. Eine äußerst zukunftsträchtige Entwicklung bestand darin, dass sich der im Grunde von den Etruskern abstammende, von der Wand, der Wölbung und der Mauermasse her konzipierte „Massenbau" mit dem griechischen, an der Dominanz der freistehenden Säulen orientierten „Gliederbau" vereinte. Die Säulen können als Halbsäulen gleichsam mit der Wand verschmelzen und die Bogenöffnungen, die Arkadenreihungen, werden in ein System vorgeblendeter Halbsäulen und Architrave eingespannt. Die abendländische Baukunst seit der Renaissance wäre ohne dieses System des Säulenordnungsreliefs nicht denkbar gewesen. Ebenso wenig, wie ohne die von den Römern zur Perfektion gebrachte Wölbungstechnik. Deshalb auch zählt die seit dem 4./3. Jh. v. Chr. von den Etruskern übernommene und ab spätrepublikanischer Zeit vervollkommnete Ingenieurbaukunst zu den großen Leistungen Roms. V. a. der römische Rundbogen, der Brücken, Aquädukte und Amphitheater charakterisierte, sowie die riesigen Kuppeln über hohen weiten Räumen setzten neuartiges Mörtelwerk und eine Vorform des Betons als Materialien voraus. In die Phase der späten Republik fallen auch bedeutende Wandmalereien, die sich besonders in den Vesuvstädten Pompeji und Herculaneum erhalten haben. Die großfigurigen Bildfriese (die sog. Megalographien), die hier begegnen, sind noch mehr oder weniger von hellenistischen Beispielen abhängig. Die illusionistische Auflösung der Wand durch das Aufmalen einer Scheinarchitektur erreichte gegen Ende der Republik, im 3. Viertel des 1. Jh. v. Chr. ihren Höhepunkt: Die Wände im Schlafzimmer der *Villa von Boscoreale* bei Pompeji sind von Architekturlandschaften und Ausblicken in imaginäre Gärten „geöffnet", die den realen Raum um eine gemalte Scheinwelt erweitern.

Frühe und mittlere Kaiserzeit (31–193)

Die hier zusammengefasste Periode umfasst die Zeit der größten Machtentfaltung Roms. Sie hebt an mit der Herrschaft des Augustus (31 v. Chr.–14 n. Chr.), der selbst als Friedensfürst und dessen Amtszeit mit dem Begriff der „Pax Romana" gefeiert wurde. Damals fanden die Künste zu einer kraftvollen eigenen Klassizität, das „augusteische Zeitalter" stellt zweifellos einen, wenn nicht den Höhepunkt römischer Kunst dar. Der griechische Klassizismus diente damals als die idealistische Grundlage, die mit dem Hang zur politisch-historischen Repräsentation und zur Wirklichkeitsdurchdringung eine perfekte Symbiose einging. Symptomatisch für all das ist die *Ara Pacis*, der „Friedensaltar", den man zwischen 13 und 9 v. Chr. auf dem stadtrömischen Marsfeld errichtete, um die Größe Roms und den Aufbau des römischen Staates zu verherrlichen. Seine feierlichen Figurenfriese dürfen als das römische Gegenstück zum *Panathenäenfries* des *Athener Parthenon* gelten. Die Wandmalerei der augusteischen Zeit drängt, wie sich erneut v. a. in Pom-

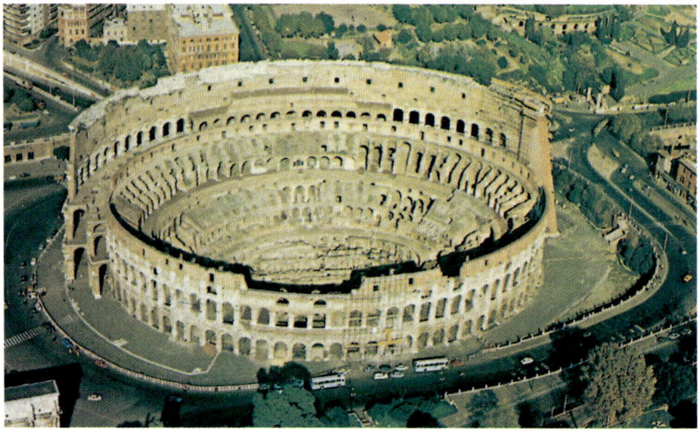

Kolosseum, Rom, 72–80

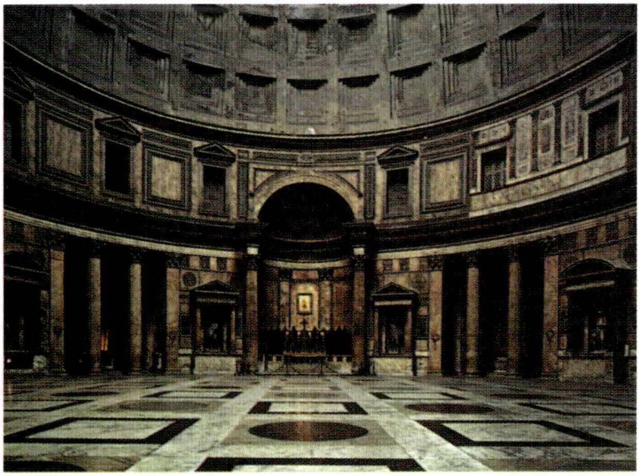

Pantheon, Rom, 118–128

peji nachvollziehen lässt, die malerische Auflösung, die in spätrepublikanischer Zeit üblich war, zurück zugunsten einer flächigeren Ausgestaltung der Wände. In das Dekorationssystem werden gleichzeitig immer phantastischere Elemente aufgenommen. Von jetzt an wird ein ständiger Wechsel zwischen eher malerisch-illusionistischen und eher dekorativ-flächengebundenen Malereistilen zu beobachten sein. Seit dem 2. Jh. konkurrierten zunehmend auch mehrfarbige Bodenmosaiken mit den Wanddekorationen. Neben rein ornamentalen Mustern wurden sie häufig mit figürlichen und landschaftlichen Motiven aus dem Bereich der Mythologie, des Sports, der Gladiatorenkämpfe usw., aber auch mit alltäglichen Genreszenen geschmückt. Zusätzlich zu den bisherigen klassizistischen bzw. wahlweise expressiv-überschwänglichen Richtungen der römischen Reliefkunst machte sich seit der Kaiserzeit eine populäre Strömung bemerkbar, die man als eine Art Volkskunst bezeichnen darf und die sich nicht zuletzt in den Provinzen des Reiches (provinzialrömische Kunst) verbreitete. In der frühen und mittleren Kaiserzeit hatte die Stadt Rom jenes Gesicht erhalten, das noch heute jedem Besucher aus den zahlreichen Ruinen entgegenblickt. Damals wurde beispielsweise das *Kolosseum* erbaut und damals legte Trajan das nach ihm benannte Forum mit gigantischen Bauwerken und Ehrenmalen an. Unter Hadrian schließlich nahm der Zustrom griechischer Formen wieder an Dichte zu. So entstand in klassizistischer Absicht ein neuer Statuentypus, der dem vergöttlichten Liebling des Kaisers, dem schönen Jüngling Antinous, gewidmet war: Der nach dem Vorbild des strengen Stils gebildete Körper verschmilzt mit einem sinnlichen, elegischen Ausdruck zu einer fast traumhaften Erscheinung dieses im Nil ertrunkenen Jünglings, der an praktisch allen Orten des Römischen Imperiums einen eigenen Kult besaß. Zur Zeit Hadrians entstand auch jenes Bauwerk, das nicht nur zu den großartigsten in der Stadt Rom, sondern zu den Wunderwerken der gesamten Antike und der Weltkunst zu rechnen ist: das *Pantheon*. Diese Behauptung gilt trotz weiterer großartiger Architekturen, die man damals errichtete: die *Engelsburg* in Rom und die *Hadriansvilla bei Tivoli*. Und zur Zeit Trajans erhob sich die nach ihm benannte und auf seinem Forum aufgestellte *Triumphsäule*, die in dem spiralig nach oben geführten Reliefband seine Siege in den Daker-

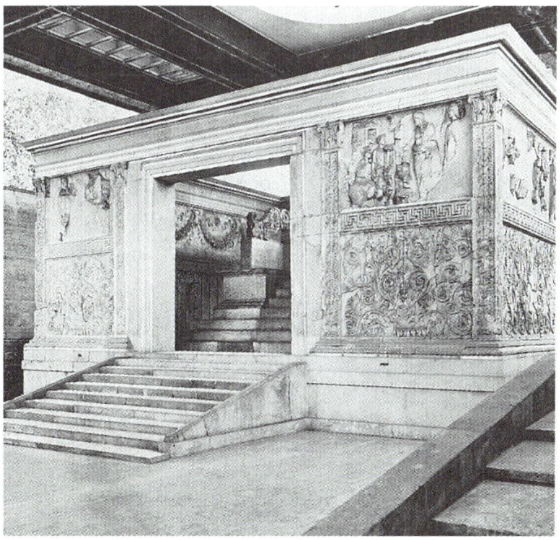

Ara Pacis, Rom, 13.–9. Jh. v. Chr.

kriegen veranschaulicht. Mit einer vergleichbaren Säule zog später Kaiser Mark Aurel nach. Ihn, den vergöttlichten Kaiser, den Herrscher über die Welt, feiert auch das berühmteste *Reiterstandbild*, das jemals entstanden ist und das seit 1538 den Mittelpunkt des von Michelangelo gestalteten Kapitolsplatzes in Rom bildet. Die aufs Grandiose abzielende, „barock" wirkende Tendenz der antoninischen Kunst, die für sich als Exemplum die hochhellenistische Kunst Pergamons wiederentdeckt hat, lebt noch in der Zeit des Septimius Severus und des Caracalla nach. Die kühne raumgestaltende, phantasievolle, manchmal auch manieriert wirkende Architektur jener Jahrzehnte artikuliert sich nicht zuletzt in den östlichen Reichsteilen des Imperiums, z. B. im *Rundtempelchen von Baalbek*, das in die Wende vom 2. zum 3. Jh. zu datieren ist. Die Thermenanlagen, die seinerzeit in Rom mit gewaltigen Bauvolumina emporwuchsen, scheinen nicht mehr für Menschenmaß bestimmt, sondern ins hybrid Gigantische hineingewachsen. Ein solcher Aufwand mag als Ausdruck einer immer oberflächlicher, materialistischer und dekadent gewordenen Welt erscheinen, die im Gegenzug zahlreiche Mysterien- und Jenseitsreligionen „verinnerlichte", unter denen das Christentum zunächst nur einen bescheidenen Platz einnahm. Fürs erste sind es andere neue Religionsgemeinschaften, v. a. die Mithrasanhänger, die auch neue Bautypen, wie die sog. „Mithräen", entwickelt.

Späte Kaiserzeit (3.–5. Jh.)

Nach den severischen Kaisern folgte die lange Reihe der Soldatenkaiser, unter denen Aurelianus (reg. 270–75) die Stadtmauern Roms errichten ließ. Die Gefährdung des Reichs durch innere und äußere Feinde nahm kontinuierlich zu, gleichzeitig gewann das Christentum immer mehr Anhänger. Die Weigerung der Christen, die Standbilder der vergöttlichten Kaiser kultisch zu verehren, führte zu vielen grausamen Verfolgungen. Mit Konstantin (reg. 306–337), bzw. dessen Anerkennung des Christentums als einer mit den bisherigen Kulten gleichberechtigten Religionsform (313) und seiner Verlegung der Residenz nach Konstantinopel (seit 330) beginnt eine neue Ära, die im Osten zur byzantinischen Kultur und Kunst führen wird. Doch im Westen stirbt deshalb die antike Kunst nicht ab, sie wirkt vielmehr in zahlreichen „Renaissancen" fort. Die körperlich-plastischen Werte an Architekturen, Bildwerken und Malereien verlieren immer stärker an Gewicht und werden in ontische Wirkungen „aufgelöst". Diese Behauptung behält ihre Gültigkeit auch angesichts der monumentalen Kunst zur Zeit des Diokletian und seiner Mitherrscher, der Tetrarchen, im frühen 4. Jh., etwa des *Kaiserpalastes in Spalato/Split* oder der zwischen 305 und 306 eingeweihten gigantischen *Diokletiansthermen in Rom*: Vergoldeter Stuck, kostbare Marmorverkleidungen und reiche Mosaiken haben die gewaltigen Mauermassen im Inneren mit einer irrealen Textur aus Farben und Lichteffekten verkleidet und zum kostbar phänomenalen „Bild" verwandelt. Die byzantinische Kunst wird später diese Eigenschaften übernehmen und ins noch stärker Spirituelle steigern.

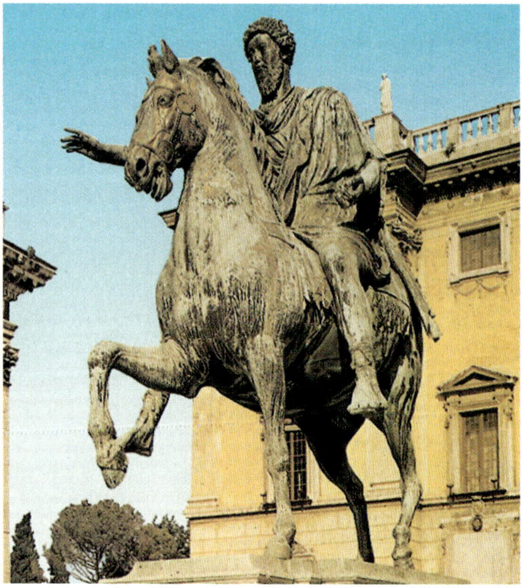

Reiterstandbild des Mark Aurel (vor der Restaurierung), Rom, Kapitolsplatz, 161–180

Welches Jahrhundert brachte die prunkvollsten römischen Sarkophage hervor?

Die herrlichsten und aufwändigsten römischen Sarkophage entstammen dem 3. Jh. n. Chr. Ein Paradebeispiel, und ein Höhepunkt der gesamten Sarkophagproduktion ist der *Ludovisische Schlachtsarkophag* um 260 (Rom, Museo Nazionale Romano). Er war vermutlich für einen Angehörigen der Aristokratie bestimmt, der im dicht gefüllten Figurenrelief als triumphierender Feldherr inmitten niedergemetzelter Barbaren zu sehen ist.

Wo wurde im 19. Jh. ein umfangreiches Prunkgeschirr römischer Zeit gefunden?

Die im 1. Jh. v. Chr. geschaffene sog. *Athenaschale* (Berlin, Antikensammlung), eine große vergoldete Silberschale, zeigt das herrliche Reliefbild der Göttin Minerva. Das Stück bezeugt die überragende Qualität des römischen Kunsthandwerks. Es wurde 1868 zusammen mit 70 weiteren Teilen eines Tafelgeschirrs in Hildesheim gefunden.

Wie heißt die berühmteste Statue, die Kaiser Augustus darstellt?

Auf das Vorbild der griechischen Klassik gehen die idealisierten Gesichtszüge jener im 1. Jh. n. Chr. entstandenen Statue zurück, die als *Augustus Primaporta* bekannt geworden ist (Marmorkopie – nach 14 n. Chr. – nach einer Bronzestatue aus der Zeit nach 17 v. Chr.; Rom, Vatikanische Sammlungen). Sie stammt aus der Villa Livias, der Frau des Augustus, bei Prima Porta. Das Relief des Rüstungspanzers, der den Leib des Kaisers umhüllt, verherrlichte dessen militärische Tugenden.

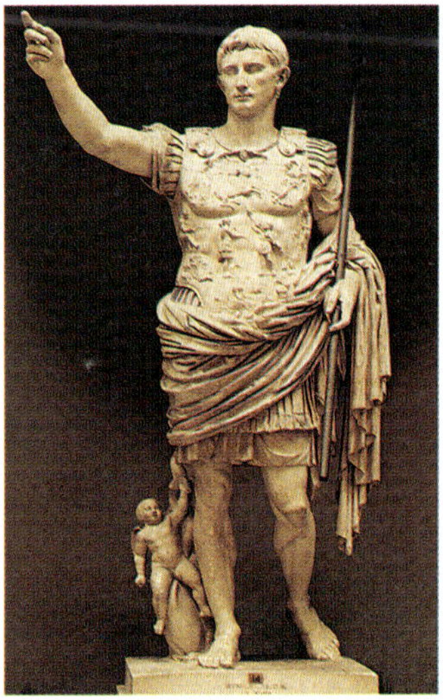

Augustus Primaporta, Marmorkopie einer nach 17 v. Chr. entstandenen Bronzestatue (Rom, Vatikanische Sammlungen)

Durch welche Art phantastischer Elemente zeichnet sich der „zweite“ Stil der römisch (pompejanischen) Malerei aus?

Aus einem unbekannten Haus in Pompeji stammt das ins 4. Viertel des 1. Jh. v. Chr. gehörige Wandbild im Museo Nazionale zu Neapel, das die für den „zweiten Stil“ typische Gliederung der bemalten Wand in eine Sockel-, Bild- und Attikazone exemplarisch vorführt. Den Anstoß zu diesem Stil schreibt Vitruv, ein römischer Architekt und Ingenieur des 1. Jh. v. Chr., dem Maler Apaturius aus Tralles zu, der eine entsprechende Bühnendekoration im *Theater von Alabanda* geschaffen habe. Als Neuheit dringt in diesen Stil eine phantastische Komponente ein, die sich gern in ein ägyptisierendes Gewand kleidet: Säulen werden zu Papyrusstauden usw.

In welcher Stadt ist das älteste erhaltene Amphitheater zu finden?

Im Jahre 105 v. Chr. gab der Senat von Rom die ehemals kultischen Schaukämpfe als allgemein zugängliche Publikumsveranstaltungen frei. Die ersten Schauplätze richtete man auf dem *Forum Romanum* als hölzerne Tribünen rings um eine runde bzw. ovale Arena ein. Während diese verloren sind, ist die älteste erhaltene Anlage eines *Amphitheaters* aus Stein in *Pompeji* zu sehen. Es wurde um 80/70 v. Chr. errichtet und fasste 2000 Zuschauer.

Wen stellt die Hauptfigur auf dem berühmten „Ludovisischen Schlachtensarkophag“ dar?

Der in poliertem Marmor und in äußerster Feinheit ausgeführte *Sarkophag Ludovisi*

(Rom, Museo Nazionale) ist brilliant und raffiniert gemeißelt. Die berittene Hauptfigur im Schlachtgetümmel zeigt eine kreuzförmige Narbe auf der Stirn, das Zeichen der in die Mysterien des Mithraskults Eingeweihten. Dieselbe Persönlichkeit verbirgt sich in einer *Büste* des Capitolinischen Museums in Rom, die als der junge *Sohn des Kaisers Gallienus* identifiziert wurde, der 251 n. Chr. gefallen ist.

Welche prachtvolle Dekorationsform verbirgt sich hinter dem Namen „opus sectile"?

Im 4. Jh. n. Chr. bürgerte sich der Brauch ein, besonders prächtige Räume nicht mit Malereien, vielmehr mit Intarsien aus farbigem Marmor zu schmücken. Ein Zentrum dieser Technik scheint im römischen Ägypten gelegen zu sein. Vermutlich haben ägyptische Werkstätten die Wandfelder mitunter so vorbereitet und als Exportware verschickt, dass sie nur noch an Ort und Stelle in die Wände eingelassen werden mussten. Man bezeichnete diese Stücke als „opus sectile" – „gesägte Arbeit".

Wie heißt das berühmteste an der Via Appia erhaltene Grabmal spätrepublikanischer Zeit?

Wie in den etruskischen, so durften auch in den römischen Städten die Toten nur außerhalb der Mauern beigesetzt werden. Wer Rom nach Süden über die schnurgerade *Via Appia* verließ, wurde kilometerlang von Grabmälern begleitet, die dicht an dicht diese verkehrsreichste Ausfallstraße säumten und im Aufwand dem Ansehen und Vermögen des Verstorbenen entsprachen. Das berühmteste erhaltene Monument ist das *Grabmal der Caecilia Metella* aus der Zeit um 40. v. Chr., ein runder Mauerkoloss von ca. 20 m Durchmesser. Der Zinnenkranz stammt aus dem Mittelalter.

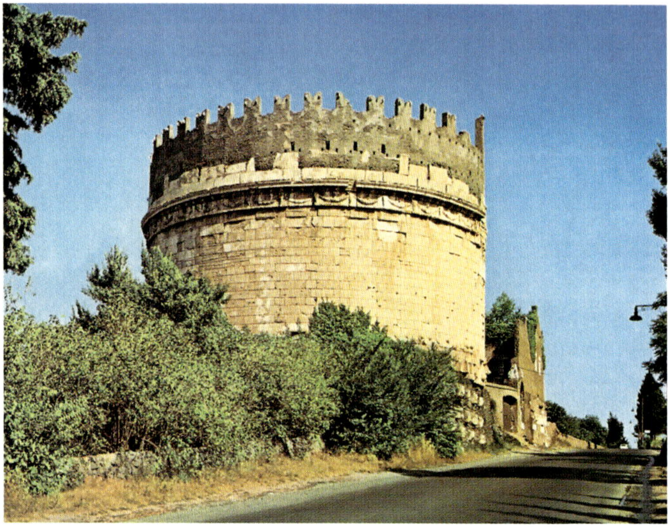

Grabmal der Caecilia Metella, Rom, um 40. v. Chr.

In welcher Tempelanlage befand sich das vermutlich früheste Fußbodenmosaik der römisch-republikanischen Kunst?

Um 80 v. Chr. siedelte Sulla seine Anhänger in Praeneste an, einer Provinzstadt etwa 45 km östlich von Rom, an der Südseite eines steilen Kalksteinhanges gelegen. Dort wurde die *Tempelanlage für die Fortuna Primigenia* errichtet, die heute unter der gesamten Altstadt liegt. Im II. Weltkrieg hat ein amerikanischer Luftangriff einen großen Teil des oberen Tempelbereichs freigelegt. Dort kam somit auch ein schönes, wenngleich nur noch teilweise originales *Mosaik* zum Vorschein, das eine Nilüberschwemmung darstellt. Es ist wahrscheinlich identisch mit jenem Mosaik, auf das Plinius d. Ä. (23 oder 24–79 n. Chr.) anspielte, als er sagte, dass Sulla das Fußbodenmosaik in Italien eingeführt habe und „in Praeneste eines aus kleinen ‚tesserae' (Würfelchen) herstellen ließ".

Welche Stile der pompejanischen Wandmalerei und Innendekoration lassen sich unterscheiden?

Der sog. „erste Stil“ setzte im 2. Jh. v. Chr. ein. Seine Dekoration der horinzontal in drei Register geteilten Wand bestand in der Hauptsache aus gemalten oder stuckierten Quadern, die die Verkleidung mit kostbaren Steinplatten nachahmten. Im frühen 1. Jh. v. Chr. begann der „zweite Stil“ bzw. „Architekturstil“, der die Wand in Art einer dreiteiligen Bühnenfassade mit Säulen dekorierte. In der Spätphase „öffneten sich“ die gemalten Türen in diesem Prospekt und gaben den Blick auf illusionistische Szenerien (mythologische Szenen in freier Natur, Gärten, Landschaften usw.) frei. Zusätzlich begegneten von Ädikulen gerahmte Bilder. Im „dritten Stil“ ab etwa 15 v. Chr. bis um 60 n. Chr. kehrten die Künstler wieder zu einer flächenbezogenen Dekorationsform zurück, die durch unplastische und zugleich phantastische Elemente strukturiert wurden. Im „vierten Stil“, der teilweise mit dem dritten parallel verlief und der bis zum Untergang Pompejis beim Vesuvausbruch 79 n. Chr. dauerte, griff man erneut die komplizierten und raffinierten bühnenartigen „Fassaden“, „Kulissen“ und Ausblicke des „zweiten Stils“ auf. Alle diese Stiltendenzen begegneten natürlich auch außerhalb Pompejis, wie Funde in Rom und anderwärts bezeugen.

Welche altrömischen Monumente dienten schon im Mittelalter gegen Geld als Aussichtspunkte für Touristen?

Die *Säulen des Trajan* und des *Mark Aurel* aus dem 2. Jh. n. Chr. stellten schon im Mittelalter eine lohnende Einnahmequelle dar. Der Äbtissin von *St. Ciriaco* gehörte das erste Monument, den Mönchen von *S. Silvestre in Capite* das zweite. Nachrichten belegen, dass die *Säule des Mark Aurel* und der einstige Tempel zu ihren Füßen den Meistbietenden zur Pacht zugeschlagen wurden, wahrscheinlich mit Jahresverträgen. Die glücklichen „Touristikunternehmer“ konnten dann Gebühren von den Reisenden und Pilgern einstreichen, die von der Säulenspitze aus einen wunderbaren Rundblick auf das ihnen zu Füßen liegende Rom genießen wollten.

In welcher Villa fand man einige der schönsten Wandmalereien der frühen Kaiserzeit?

In einer unterirdischen *Grottenkammer der Villa von Prima Porta*, nördlich von Rom, wurden herrliche, jeweils rund 3 m hohe *Wandmalereien* freigelegt, die aus der Zeit von etwa 30–25 v. Chr. stammen und ungefähr dem zweiten der pompejanischen Stile entsprechen. Der gesamte Raum ist als ein einziger Garten mit Bäumen hinter einer niedrigen Umzäunung ausgemalt. Rosenbüsche, Granatapfelbäume und Vögel unterbrechen und beleben das duftige Grün. Bewundernswert sind die räumliche Bildtiefe und die Detailfreude der Darstellungen.

Durch welche Naturkatastrophe wurden, so paradox es klingt, Hauptzeugnisse der antik-römischen Kunst gerettet?

Der 24. August 79 n. Chr. war ein Schicksalstag für die Menschen in der Bucht von Neapel. Es war der Tag, an dem der Vesuv ausbrach. Die Städte Pompeji, Herculaneum, Stabiae und Oplontis wurden völlig zerstört, entweder unter flüssiger Lava, oder unter dem Bimsstein- und Ascheregen begraben, der über ein weites Gebiet südlich des Vulkans niederging. Selbst in dem mehr als 15 km jenseits der Bucht gelegenen Misenum war der Mittagshimmel schwarz von Asche. Plinius d. J. (61/62–um 114) berichtet von seiner Flucht aus Pompeji: „Wir waren in Nacht eingehüllt [...] Es war die Dunkelheit eines verschlossenen Raumes, in den kein Lichtschimmer dringt. Nur die Schreie der Frauen, das Jammern der Kinder und die Rufe der Männer waren zu hören." Tausende starben einen schrecklichen Tod. Die zerstörten Städte aber und ihre Kunstwerke blieben unter den Stein- und Aschemassen konserviert. Im 18. Jh. begann die archäologische Erforschung, die zuerst das im 6. Jh. v. Chr. gegründete Pompeji wieder ans Licht brachte.

Warum verwendete der „Konstantinsbogen" in Rom bewusst ältere Reliefs?

Im Jahr 312 besiegte Konstantin (reg. 306–37) seinen Mitkaiser Maxentius an der Milvischen Brücke und zog als „Befreier" in Rom ein. Im folgenden Jahr gab der Senat den Befehl zur Errichtung eines gewaltigen dreitorigen Triumphbogens für Konstantin, in unmittelbarer Nähe zum *Kolosseum*. Das Bildprogramm bringt die Erneuerung der Reichseinheit zum Ausdruck, die sich mit Konstantin verwirklichte. Deshalb beinhaltete die demonstrative Wiederverwendung kaiserzeitlicher Reliefs des 2. Jh. n. Chr. auch einen symbolischen Akt – die Einbindung in die Kaiser- und Reichstradition.

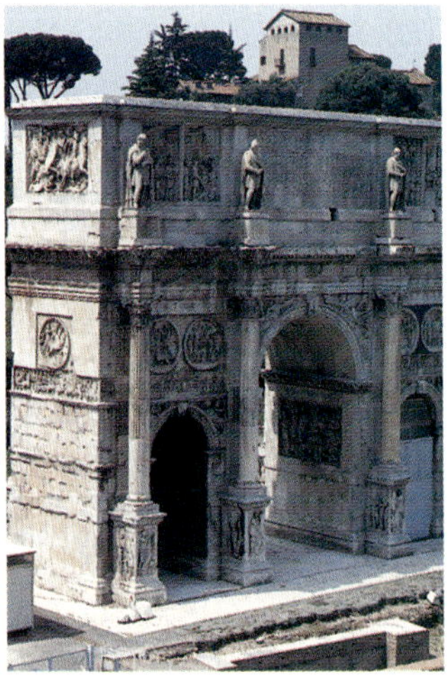

Konstantinsbogen, Rom, nach 313, mit Reliefs aus dem 2. Jh.

Aus welcher römischen Basilika stammen prächtige Beispiele des „opus sectile" (farbiger Mamorintarsien)?

Einige Fragmente der als „opus sectile" bezeichneten Form der seit dem 4. Jh. n. Chr. gebräuchlichen exklusiven Wanddekorationen haben sich erhalten (Florenz, Palazzo Vecchio, und Rom, Konservatorenpalast). Sie stammen aus einer von Junius Bassus erbauten Profanbasilika. Es handelt sich wohl um den Konsul des Jahres 331.

Wann entstand die einzigartige Statue eines Römers mit Ahnenporträts?

Im Konservatorenpalast zu Rom befindet sich eine etwa lebensgroße *Marmorfigur*, die im letzten Viertel des 1. Jh. v. Chr. entstanden ist. Der mit Tunika und Toga bekleidete Römer hält in der linken Hand den Porträtkopf eines Mannes, seine Rechte umfasst ein vergleichbares Bildnis, das auf dem Stumpf eines Palmstammes aufruht. Alle Gesichter sind hochgradig realistisch gebildet. Die einzigartige Statue stellt wohl einen „homo novus" dar, einen aus dem reichen Ritterstand stammenden Mann, der in den Senat aufgenommen wurde und durch die Erlangung des Konsulats den Adel seiner Familie begründet hat. Darauf deuten jedenfalls die Porträts der Vorfahren hin.

Seit wann ist in Rom eine „Ägyptenmode" zu verzeichnen?

Nachdem sich die Ptolemäer-Königin Kleopatra, die Geliebte Caesars und anschließend des Antonius, in den Jahren 46–44 v. Chr. in Rom aufgehalten und dort einen überwältigenden Prunk entfaltet hatte. Nach der Eroberung Ägyptens 30 v. Chr. fanden die Römer endgültig Geschmack daran, sich „ägyptisch" auszustatten (vergleichbar den Chinoiserien des 17. und 18. Jh.). V. a. der „zweite pompejanische Stil" der Wandmalerei verlieh dieser Mode Ausdruck.

Woran erkennt man, dass ein bekanntes Relief mit einer Schulszene in Gallien entstanden ist?

Im Rheinischen Landesmuseum in Trier befindet sich ein *Sandstein-Relief* aus der Zeit um 200 n. Chr. Es stammt aus *Neumagen* und stellt eine Schulszene dar: Zwei Knaben sitzen bereits zu Seiten des Lehrers beim Unterricht, ein dritter ist zu spät gekommen und entschuldigt sich. Lehrer und Schüler tragen warme Kleider und Lederschuhe, ein eindeutiger Hinweis darauf, dass die Szene im „rauen Norden", in diesem Fall in Gallien spielt. Das Relief verdeutlicht die künstlerisch nicht immer hochrangigen, stets aber anschaulichen und lebensnahen Leistungen der „provinzialrömischen Kunst" der späteren Kaiserzeit.

Welches ist der „größte Kopf" Roms?

Zu den Hauptsehenswürdigkeiten Roms zählt zweifellos der marmorne *Kolossalkopf Kaiser Konstantins* im Hof des Konservatorenpalastes (260 cm hoch). Ursprünglich gehörte er zu einer riesigen

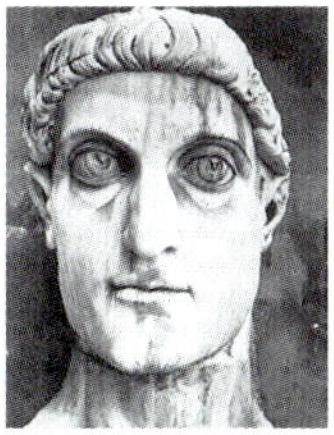

Konstantin der Große, nach 313 (Rom, Konservatorenpalast)

Sitzstatue in der 307 von Maxentius begonnenen und nach 313 von Konstantin vollendeten Basilika. Die weitgeöffneten Augen scheinen in eine jenseitige Ferne zu schauen, während die markanten Gesichtszüge irdisch-herrscherliche Tatkraft spiegeln. Die Figur Konstantins hielt ursprünglich in der Rechten das Labarum, das antike Feldzeichen, höchstwahrscheinlich schon mit Christusmonogramm und Kreuz versehen, umgeben vom Lorbeerkranz des Triumphes.

Welches kaiserzeitliche Bauwerk versteckt sich hinter der Bezeichnung „Engelsburg"?

Kaiser *Hadrian* ließ sich 130–138 ein gewaltiges *Mausoleum* am Tiberufer in Rom errichten. Seit dem 3. Jh. diente die monumentale Rotunde als Festung. Die Bezeichnung *Castel Sant' Angelo (Engelsburg)* geht auf eine Legende zurück: Während der Bittprozession anlässlich einer fürchterlichen Pestepidemie habe Papst Gregor I. im Jahr 590 die Erscheinung des Erzengels Michael auf dem Hadriansgrab erblickt; dieser habe sein blutiges Schwert in die Scheide gesteckt zum Zeichen für das Ende der Seuche. 1870 verstaatlicht, dient die *Engelsburg* heute als Museum.

Was besagt der Begriff „Kinderkaiser" in der römischen Bildhauerei des 3. nachchristlichen Jahrhunderts?

Mit den *Porträts Kaiser Caracallas* hatte in der römischen Bildhauerkunst eine neue Ära begonnen. Neben das höfische Repräsentationsporträt trat nun das Charakterporträt und – als dritter Typus des Kaiserbildnisses – der „Kinderkaiser", d. h. die Darstellung von Knaben, die damals auf den Thron gelangt waren. Einer von ihnen war *Elagabal*, der 218 als Vierzehnjähriger Caracallas Nachfolge antrat, aber bereits zwei Jahre später ermordet wurde. Eine schöne, um 217/18 geschaffene und in Istanbul aufgefundene *Bildnisbüste* kam in die Ny Carlsberg Glyptothek in Kopenhagen.

Was versteht man unter einem Atrium- und Peristylhaus?

Das Atrium- und Peristylhaus ist die Kombination altitalischer und hellenistischer Hausformen und wurde zum charakteristischen römischen Wohnhaus der Begüterten, dessen Typus auch überallhin in die Provinzen „exportiert" wurde. Es weist im Zentrum das rechteckige „Atrium" – eine Halle mit Dachöffnung und Becken (impluvium) für das Regenwasser – auf. Pfeiler oder Säulen stützen das nach innen geneigte Dach. Dem Atrium ist das „Peristyl", ein von Säulengängen umgebener Innenhof, vorgelagert. Das „tablinum", in dem sich die Familie versammelte, verbindet die beiden Bereiche.

Aus welchem römischen Bauwerk leitet sich die Bezeichnung „Groteske" ab?

In der Renaissance entwickelte sich im Kreis um Raffael ein zum Inbegriff römischer Dekorationskunst gewordenes Ornamentsystem aus filigranem Stab- und Rankenwerk, in das auf phantastisch-irreale Weise Stillebenmotive, Kandelaber, Mischwesen aus Pflanzen, Tieren, Monstren usw. eingefügt sind. Der Name „Grotesken", den solche Muster erhielten, leitet sich von den Grotten (ital.: „grotte") ab. Als solche erschienen die von Bauschutt überlagerten Räume der *Domus Aurea des Nero* (reg. 54–68), in denen um 1480 entsprechende Wanddekorationen entdeckt worden waren.

In welcher Adriastadt befand sich einer der größten Paläste der späteren Kaiserzeit?

Der riesige, um 300 n. Chr. errichtete *Palast des Kaisers Diokletian* lag jenseits der Adria, an der dalmatinischen Küste in Split (Spalato). Er bedeckte eine Fläche von ungefähr drei Hektar und stellte quasi eine eigene Stadt dar (zahlreiche Überreste sind noch erhalten). Die massiven Festungsmauern umschlossen ein Rechteck von 175 x 140 m mit 18 m hohen und 2 m dicken Mauern. Säulenstraßen gliederten die Palastfläche in ein Raster. Im Ostteil der Anlage befand sich das achteckige *Mausoleum* des Kaisers auf einem 3 m hohen Sockel.

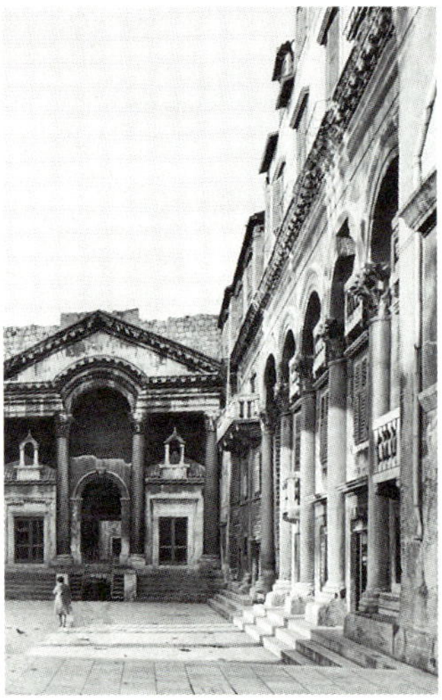

Diokletianspalast in Split (Spalato), frühes 4. Jh.

Welche Kaiserin „versteckte sich" in einer „Venus-Amor-Statue" des 2. Jh. n. Chr.?

Um die Zeitenwende schrieb Ovid (43 v. Chr.–17/18 n. Chr.) die klassische Liebeskunde der Antike: „Ars amatoria". Darin ist nicht mehr von Götterlieben, sondern vom sinnlichen Liebesglück der Menschen die Rede. In Entsprechung zu dem von ihm gerühmten Liebesgenuss entwickelte sich in der Kunst das erotische Rollenbildnis, das die Geliebte oder Gemahlin als Venus präsentiert. Die leicht überlebensgroße, einst bemalte und 160–165 entstandene Marmorstatue *Venus und Amor* in den Vatikanischen Museen zu Rom ist ein solches Rollenbildnis der Kaiserin Faustina d. J., der Gemahlin Mark Aurels.

Welches Kunstwerk vermittelt den wohl besten Einblick in die prachtvolle Ausstattung römischer Paläste?

Im *Haus der Skelette in Herculaneum* fand sich ein herrliches, bald vor 79 n. Chr. entstandenes *Wandbild* (Neapel, Museo Nazionale), das eine monumental in die Raumtiefe gestaffelte Scheinarchitektur vor Augen führt. Das Fresko gibt eine Vorstellung davon, wie die römischen Paläste – anscheinend oft auch in Analogie zu gemalten Bühnenarchitekturen – unmittelbar nach ihrer Vollendung ausdekoriert wurden: in glühenden roten und goldenen Farben und verschwenderisch mit Bronze- und Stuckornamenten bedeckt.

Welches ist das großartigste Charakterporträt, das je von einem Kaiser gemacht wurde?

Ein anonymer, aber herausragender Bildhauer severischer Zeit schuf um 215 eine marmorne *Bildnisbüste des Kaisers Caracalla* (reg. 212–217), die aus der Sammlung Farnese ins Museo Nazionale in Neapel gelangte. In jäher Bewegung wendet sich der Kopf zur Seite. Die Stirn ist über der Nase wie im Zorn stark zusammengezogen und wulstig vorgewölbt, sodass die Augen tief eingesunken scheinen. Ein brutaler Zug um den Mund beherrscht den imposanten Gesamtausdruck. Diese offizielle Schöpfung ist durch zahlreiche Kopien verbreitet worden, der Kaiser muss sie also gebilligt haben. Und gewiss zählt sie zu den grandiosesten Charakterporträts, die je von einem Herrscher angefertigt worden sind.

Wie heißt der künstlerisch alles überragende Tempel der römischen Architektur, der in der mittleren Kaiserzeit entstanden ist?

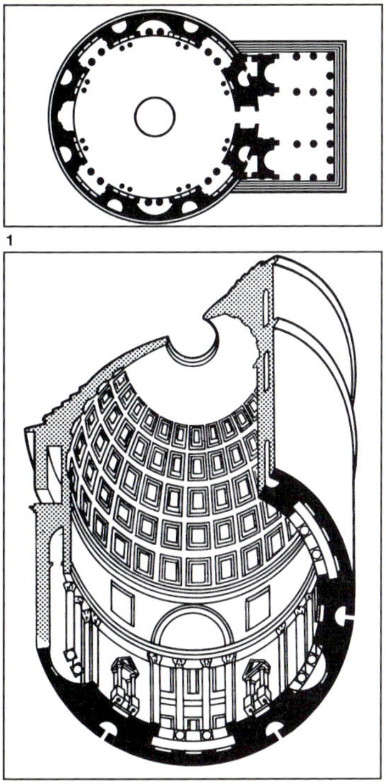

1

2

Pantheon, Rom, 118–128 (1: Grundriss; 2: Aufriss)

Das *Pantheon in Rom*, also der „allen Göttern" geweihte staatliche Sakralbau, der in seiner ursprünglichen Form völlig unversehrt erhalten blieb, ist eines der absoluten Meisterwerke menschlicher Baukunst. Er ist eine Stiftung des Kaisers Hadrian aus der Zeit zwischen 118/19 und 128 auf dem ehem. römischen Marsfeld, wo er einen Tempel zu Ehren des Julischen Geschlechts aus dem Jahre 25 v. Chr. (erneuert 80 n. Chr.) ersetzt hatte. Um 200 n. Chr. erhielt er seine Vorhalle und die von acht Säulen getragene Giebelfront. Die halbkugelförmige (außen wie eine Flachkuppel erscheinende), in Beton gegossene Kuppel mit der prachtvoll kassettierten Innenschale und der kreisrunden Öffnung im Scheitel – die einzige Öffnung, durch die Licht ins Innere fällt –, ruht auf einer zylindrischen Rotunde. In idealer Proportion besitzt deren Durchmesser dasselbe Maß wie die lichte Höhe der Kuppel (43,40 m). In das 6,20 m starke Mauerwerk der Rotunde sind der Eingang und sieben Nischen gehöhlt. Im Gegensatz zum griechischen Tempel ist das *Pantheon* ganz auf die Wirkung des Innenraums konzentriert, dessen harmonisch in sich ruhende Räumlichkeit, die auch als Symbol des kosmischen Runds zu verstehen ist, noch heute jeden Besucher in Bann zieht. Als erster heidnischer Tempel Roms war das *Pantheon* 607 in eine christliche Kirche (*S. Maria Rotonda*) umgewandelt worden.

Wie heißen die beiden in Rom erhaltenen Ehren- bzw. Triumphsäulen?

Die Vergöttlichung (Apotheose) des römischen Kaisers kam auch darin zum Ausdruck, dass entsprechende Bildnisstatuen als erhöhte Kultbilder auf Ehren- bzw. Triumphsäulen aufgerichtet wurden. Zwei monumentale Beispiele blieben in Rom erhalten: die *Trajanssäule* (113 n. Chr. geweiht) auf dem Trajansforum und die *Mark-Aurel-Säule* (Weihe postum 193 n. Chr.) auf der Piazza Colonna. Beide Ehrensäulen werden spiralförmig von einem Relieffries umwunden.

Mit welchen Worten bringt die Inschrift des 313 in Rom errichteten „Konstantinbogens" die kaiserliche Staatsideologie zum Ausdruck?

Ebenso wie das Bildprogramm formuliert auch die Inschrift über der mittleren Arkade des 313, nach Konstantins Sieg über seinen kaiserlichen Mitkonkurrenten Maxentius errichteten Triumphbogens die Ideologie der neu gewonnenen Reichseinheit. Sie lautet in Übersetzung: „Für Kaiser Flavius Constantinus, den größten, frommen und glückhaften Augustus, haben Senat und Volk von Rom, weil er auf Eingebung der Gottheit mit tiefer Einsicht zusammen mit seinem Heer das Gemeinwesen gleichzeitig sowohl von dem Tyrannen als auch von dessen gesamter Herrschaftsclique in einem gerechten Waffengang befreit hat, diesen Bogen, geschmückt mit Triumphdarstellungen, geweiht".

Welche Frauenstatue verkörpert besonders schön die im 2. Jh. n. Chr. beliebte, üppig drapierte Gewandfigur?

Aus den Jahren um 140 n. Chr. stammt die in Rom gefundene leicht überlebensgroße *Marmorstatue der Kaiserin Faustina* (Rom, Konservatorenpalast). Die Kaiserin ist im Typus der sog. „Großen Herculanenserin" wiedergegeben, einer griechischen Gewandstatue aus dem ausgehenden 4. Jh. v. Chr. Ihres strengen Aufbaus und überaus reich drapierten Gewandes wegen eignete sie sich besonders als Vorbild für die an einschlägigen Formidealen orientierten römischen Gewandfiguren des 2. Jh. n. Chr.

Wie hieß eine der größten profanen Versammlungsstätten im spätkaiserzeitlichen Rom?

Die Funktion von Basiliken, profanen Versammlungsstätten der römischen Antike, reichte von Gerichtsverhandlungen bis zu Märkten. Eine der größten war die um 307 von Kaiser Maxentius in Rom, am östlichen Ende des *Forum Romanum*, begonnene. Die überbaute Fläche umfasste 6000 m^2. Die Halle gliederte sich in einen Vorraum (Narthex), ein dreijochiges Mittelschiff mit Kreuzgewölben und je drei tonnengewölbte Nebenräume sowie in eine Apsis. Nach 313 vollendete Konstantin das Bauwerk. Das nördliche Seitenschiff der *Maxentius-Konstantins-Basilika* ist als Ruine erhalten geblieben.

Welches war das gewaltigste Amphitheater der römischen Geschichte?

Gewaltige Dimensionen erreichte das von Kaiser Titus mit hunderttägigen Spielen 80 n. Chr. eingeweihte *Amphitheatrum Flavium in Rom*, das *Kolosseum* (dieser Name leitet sich von einer einst in der Nähe stehenden Kolossalstatue Neros her). Dieses Meisterwerk der Architektur und des römischen Ingenieurbaus besitzt eine Arena von 50 x 80 m Durchmesser, die überbaute Fläche hat die Maße 155 x 187 m, die Außenmauern erreichen eine Höhe von 50 m. Das obere Stockwerk trug 240 Mastbäume für die Sonnensegel. 50.000 Zuschauer fanden Platz. Bis 405 fanden hier Gladiatorenkämpfe statt, bis ca. 526 die beliebten Tierhetzen.

Welches war der älteste römische Aquädukt?

Der erste römische Aquädukt, die *Aqua Appia*, wurde 312 v. Chr. von Appius Claudius Caecus errichtet. Er führte das Wasser auf einem knapp 17 km langen Weg von den Albaner Bergen in die Stadt Rom. Dabei hat man erstmals wasserdicht gemauerte Kanäle oberirdisch über Bögen aus Hausteinen und Ziegeln geführt.

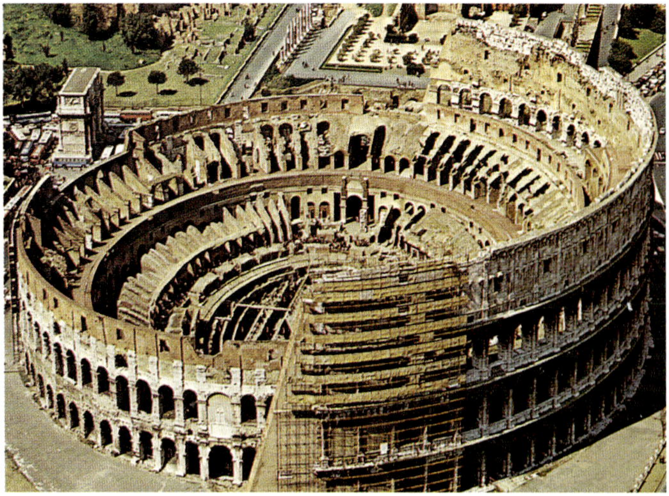

Kolosseum, Rom, 72–80

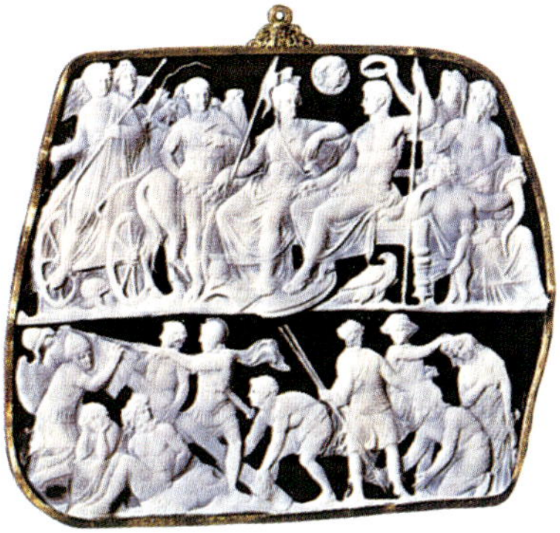

Gemma Augustea, nach 10 n. Chr. (Wien, Kunsthistorisches Museum)

Welches augusteische Stück gilt als der größte und bedeutendste Prunkkameo der Welt?

Die sog. *Gemma Augustea*, eine aus zweischichtigem Onyx geschnittene Kamee von 19 cm Höhe ist nach 10 n. Chr. gearbeitet worden (Wien, Kunsthistorisches Museum). Der Kameo zeigt im oberen Register den thronenden Augustus in der Tracht und Pose Jupiters, in den Händen das Szepter und den Augurenstab. Zur Rechten des Kaisers sitzt Roma, die Schutzherrin der Stadt. Zur Linken des Throns finden sich weitere allegorische Figuren, die die kaiserliche Weltherrschaft verdeutlichen, sowie Germanicus, der Großneffe des Augustus, und Tiberius, der Kronprinz. Im unteren Register wird gerade ein Siegesmal aufgerichtet, das sich auf die Niederschlagung des Dalmateraufstandes bezieht. Der Kameo ist der größte und künstlerisch sowie historisch bedeutendste aller erhaltenen Prunkkameen.

Wie hießen die nach den Amphitheatern und Sportstätten größten öffentlichen Bauwerke der römischen Architektur?

Die riesigen öffentlichen Bäder der Römer übertrafen an Größe und Pracht sogar die Tempel. Keine Stadt, die etwas auf sich hielt, blieb ohne ein solches öffentliches Bad (Thermenanlage). Gigantisch waren die 298–305/06 erbauten *Thermen des Diokletian* in Rom (reg. 284–305). Sie boten Raum für über 3000 Menschen – ein überaus geschätzter gesellschaftlicher Mittelpunkt also. Von der Haupthalle (tepidarium) mit flachen Warmwasserbecken führte ein gewaltiger Mittelgang zum „frigidarium", einem Freiluft-Schwimmbecken.

Haben die Römer den Thron erfunden?

Ein *Fresko* aus der *Villa in Boscoreale* bei Pompeji (jetzt New York, Metropolitan Museum of Art), das vor 79 n. Chr. entstanden ist, zeigt eine vornehme Dame, die die antike Leier, die Kithara, spielt. Der Stuhl, auf dem sie sitzt, besteht aus Bronze, hat niedrige Armlehnen und verzierte Beine. Bemerkenswert aber ist die hohe Rückenlehne, die lange Zeit als Symbol besonderer Würde galt und hohen Beamten oder vornehmen Damen vorbehalten war. So hat Rom zwar nicht den Thron als herrschaftliche Sitzgelegenheit erfunden, aber die Form des im Abendland fortlebenden Thronsessels.

Welcher Triumphbogen liefert die Bestätigung, dass auf diesen Monumenten einst Säulen aufgestellt waren?

Plinius d. Ä. (23 oder 24–79 n. Chr.) berichtet in seiner 77 n. Chr. vollendeten Schrift „Naturalis historia", dass Ehren- bzw. Triumphbögen dazu bestimmt gewesen waren, Statuen zu tragen. Der *Sergierbogen in Pola* aus dem 4. Viertel des 1. Jh. v. Chr., also aus frühaugusteischer Zeit, ist aus zwei Gründen hervorzuheben: Zum einen ist er eine private Stiftung einer Salvia Postuma für einige männliche Mitglieder ihrer Familie, zum anderen ist die Attika als dreifache Statuenbasis ausgebildet und bestätigt somit die Behauptung des Plinius.

Von welchen antiken Gestalten leiten sich seit der Renaissance die Putten her?

Eroten, geflügelte Eros-Knaben, gleichsam Vervielfältigungen des Liebesgottes, werden seit dem 5. Jh. v. Chr. in der griechischen Kunst als scharenweise Trabanten der

Liebesgöttin dargestellt. Ihre eigentliche Hochkonjunktur aber erleben sie im Hellenismus und v. a. in der römischen Kunst der Kaiserzeit, wo sie als Amoretten einen verspielten, niedlichen Charakter annehmen, auf den seit der Renaissance die Putten zurückgreifen sollten. Eine der bekanntesten einschlägigen Darstellungen präsentiert der gemalte *Erotenfries* rings um das Atrium im *Haus der Vettier in Pompeji* (vor 79 n. Chr.), wo sich die geflügelten nackten Knäblein mit menschlichen Tätigkeiten abgeben.

In welchem römischen Kunstwerk wird die Zerstörung des Tempels in Jerusalem veranschaulicht?

Auf der Südseite des Durchgangs in jenem *Triumphbogen*, der 81 n. Chr. dem *Kaiser Titus* in Rom, am Forum Romanum, errichtet wurde, ist in Reliefs aus pentelischem Marmor der Triumphzug des siegreichen Herrschers dargestellt. Dabei tragen Soldaten ein Schaugerüst, auf dem der siebenarmige Leuchter steht, der zu den Beutestücken aus dem 70 n. Chr. zerstörten Tempel des eroberten Jerusalem gehörte.

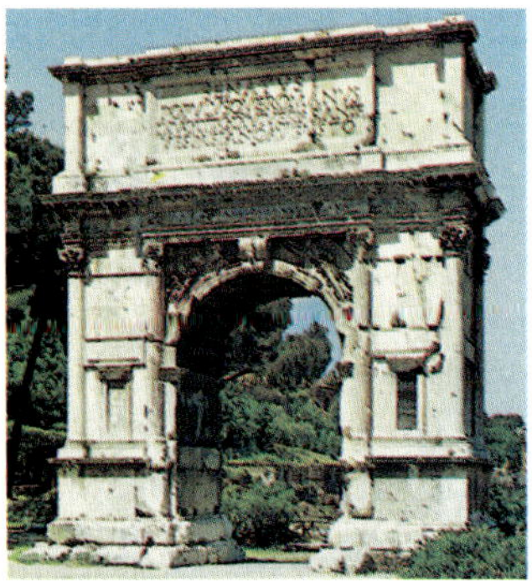

Titusbogen, Rom, 81 n. Chr.

Wie heißt das bekannteste Kunstwerk, das eine römische Hochzeit schildert?

Die Vatikanischen Sammlungen in Rom bewahren das Detail einer *Wandmalerei*, das im frühen 1. Jh. n. Chr. entstanden sein muss und eine Hochzeitsszene präsentiert. Es handelt sich um die berühmte sog. *Aldobrandinische Hochzeit*, die nicht nur die eigentlichen Feierlichkeiten, sondern auch die Vorbereitungen schildert. Realistische und mythologische Elemente vermischen sich. Aphrodite spricht der verschleierten Braut in Weiß Mut zu. In der Mitte lehnt eine junge Frau – vielleicht eine der Grazien – an einem Säulenstumpf und gießt parfümiertes Öl in eine Schale. Links prüft eine ältere Frau – eventuell die Brautmutter – mit der Hand die Temperatur des Wassers in einem Bronzebecken.

Ab wann wurde der Adler zum Machtsymbol Roms?

Eine wunderbare römische *Onyx-Kamee* des späten 1. Jh. v. Chr. (Wien, Kunsthistorisches Museum) zeigt das Relief eines Adlers, der mit ausgebreiteten Schwingen auf einem Palmzweig steht. Mit dem linken Fang fasst er einen Eichenkranz, die „corona civica" („Bürgerkrone"), die Kaiser Augustus am 16.1.27 v. Chr. zum Dank für die Rettung der Römer aus dem Chaos der Bürgerkriege erhalten hatte. „Von allen uns bekannten Vögeln", sagte Plinius d. Ä. (23 oder 24–79 n. Chr.), „ist der Adler der edelste und wegen seiner Kraft außergewöhnlichste". Als der Heerführer und Politiker Marius (156–86 v. Chr.) im Jahr 104 v. Chr. die Standarten der römischen Legionen mit silbernen Adlern bekrönen ließ, etablierte er diesen Vogel als Symbol der Macht Roms.

Auf welchen Wegen gelangte der römische „Adlerkameo" des Jahres 27 v. Chr. nach Wien?

Vermutlich unmittelbar für Kaiser Augustus bestimmt war die überaus kostbare aus Onyx geschnittene *Kamee*, die einen Adler zeigt und sich heute im Kunsthistorischen Museum Wien befindet. Sie diente ursprünglich als Staatskamee und war deshalb im Besitz der kaiserlichen Schatzkammer in Rom. Von dort gelangte sie wahrscheinlich im 5. Jh. n. Chr. durch Kunstraub nach Konstantinopel, wo sie 1204 bei der Plünderung der Stadt in die Hände von Kreuzfahrern geriet, die sie ins Abendland brachten. Vermutlich befand sich der

Welcher umfangreiche Relieffries gilt als Hauptwerk der augusteischen Zeit?

Im Jahre 13 v. Chr. gelobte der römische Senat, für die Heimkehr des Kaisers Augustus nach der Befriedung aller Provinzen, auf dem Marsfeld einen großen Altar errichten zu lassen, die sog. *Ara Pacis*. 9 v. Chr. ist das Datum seiner Weihe. Ausgrabungen 1903 und 1937/38 ermöglichten den Wiederaufbau mit Hilfe der 1568 und 1859 gefundenen, in Rom und Florenz aufbewahrten marmornen *Reliefplatten*, und zwar in der Nähe der Reste des *Augustusmausoleums*. Der Reliefzug mit dem Kaiser bewegt sich auf beiden Längsseiten der Umfassungsmauern des Altarbezirks gegen den Eingang hin, während der Zug mit den Vestalinnen, Opfertieren und Dienern auf den Innen- und Außenseiten der Altarwangen erscheint. Die sorgsame Komposition ist von Leben und Bewegung erfüllt, Stellungen und Gebärden sind abwechslungsreich, der Reliefgrund ist als Luftraum, wenn auch nicht als perspektivisch bewältigte Tiefe aufgefasst. Zu Recht gilt das Ensemble nicht nur als ein Hauptwerk der augusteischen „Klassik“, sondern als ein Glanzstück der gesamten römischen Kunst.

Adlerkameo anschließend im *Aachener Dom*. In Wien ist er erstmals 1750 nachzuweisen.

An welchem Fundort sind die sog. „Mumienbildnisse“ am häufigsten zutage gekommen?

Zu den herrlichsten gemalten Bildnissen römischer Zeit, die sich in mehreren europäischen und amerikanischen Museen finden, zählen die sog. Mumienporträts. Sie sind zumeist in Wachsmaltechnik (Enkaustik) oder Tempera ausgeführt und stammen aus dem römischen Ägypten. Dort hat man sie einem mumifizierten Toten vor das Gesicht gebunden. Sie fanden sich vorwiegend in der heutigen Oase Fayum in der Libyschen Wüste. Ihr Hauptkontingent stammt aus dem Zeitraum zwischen dem 2. und 4. nachchristlichen Jahrhundert.

Welches ist das berühmteste römische Stadttor, das in Deutschland erhalten blieb?

Die berühmte *Porta Nigra*, das Nordtor der wichtigsten Stadt der Treverer an der Mosel, dem heutigen Trier, wuchs wahrscheinlich im 4. Jh. n. Chr. empor, als die früheren Befestigungsanlagen der Stadt erweitert wurden. Seit 293 n. Chr. war Trier Hauptstadt der gallischen Provinz und Residenz des Caesars Konstantin geworden.

An welchem bedeutenden Tempel erscheint sehr im Rahmen der römischen Baukunst der korinthische Stil?

Der *Tempel der Sibylle in Tivoli* (häufig auch als *Tempel*

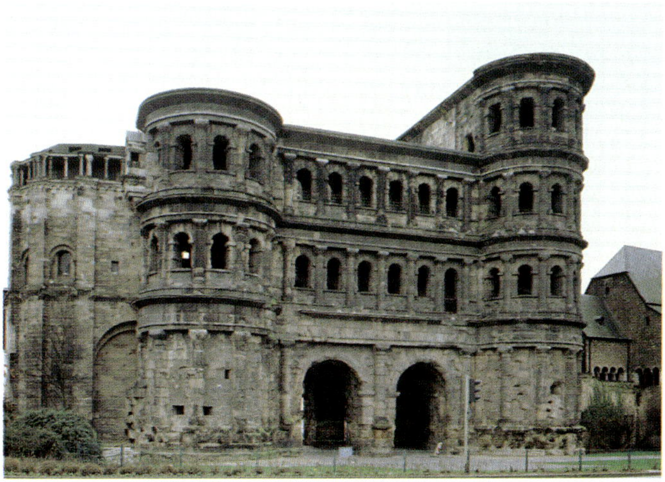

Porta Nigra, Trier, 4. Jh.

der Vesta bezeichnet) zeigt den frühen korinthischen Stil des 1. Jh. v. Chr. Sein hellenistischer Fries war mit Stierköpfen geschmückt, die durch Blumengewinde verbunden waren (also mit sog. Bukranien).

Welcher Aufgabe dienten die Aquädukte?

Aquädukte sind Steinbrücken, die in der Antike Wasserleitungen mit Hilfe von Bogenkonstruktionen über Täler hinwegführten. Um 110 n. Chr. existierten zehn römische Wasserleitungen von insgesamt 450 km Gesamtlänge, davon 50 km auf Arkaden. Reste altrömischer Aquädukte finden sich nicht nur in Italien, sondern auch in Spanien, Deutschland (Mainz), der Schweiz, in Nordafrika, Kleinasien und Griechenland. Eine der besterhaltensten Aquäduktbrücken ist der 275 m lange und 49 m hohe *Pont du Gard* aus der Zeit des Augustus (31 v. Chr.–14 n. Chr.), der das Tal zwischen Nîmes und Avignon überspannt.

Ist das Thema des bekannten „Elfenbeindiptychons aus Monza" noch heidnisch oder schon christlich?

Im Chaos der Barbareneinfälle schienen den Zeitgenossen die letzten Flammen der römischen Kultur zu erlöschen. Da und dort verherrlichten Männer wie der Historiker Ammianus Marcellinus (*um 330 n. Chr.) oder der Dichter Claudian (um 375–nach 404) weiterhin einen Lebensstil, der zum Sterben verurteil war. In dieser Umbruchszeit sind manche Kunstwerke nur schwer in ihrer Aussage festzumachen. Das schöne, um 500 entstandene *Elfenbeindiptychon* im Kirchenschatz von *Monza* z. B. wirft die Frage auf, ob sein Thema christlich oder heidnisch ist. Stellt die eine Tafel einen Philosophen oder Dichter dar oder vielleicht gar den berühmten Boethius (um 480–524), den der Ostgotenkönig Theoderich nach langer Haft hinrichten ließ – und steht ihm auf der anderen Tafel die Dame Philosophie gegenüber?

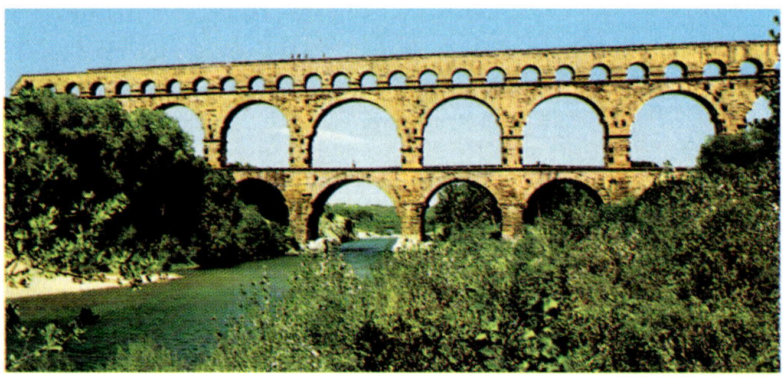

Pont du Gard, bei Nîmes, letztes Viertel 1. Jh. v. Chr.

Welcher Tempel im Osten des Imperium Romanum gehörte zu den größten jemals erbauten?

Auf der Zentralebene des Libanon lag die Sonnen- oder Baalsstadt – auf Syrisch „Baalbek", im Griechischen „Heliopolis" genannt –, von der noch heute gewaltige Überreste künden (z. B. der *Sonnen-* und der *Jupitertempel*). Der *Bacchustempel* ist im 1. Jh. n. Chr. begonnen und um 211–217 fertiggebaut worden. Er ist von glatten korinthischen Säulen umstellt und besitzt eine tiefe Vorhalle mit sechs kannelierten Säulen. Der umlaufende Portikus ist mit einer Tonne überdacht, die reichen Skulpturenschmuck aufweist – Büsten von Mars, Ganymed, Ceres, Vulkan und anderen römischen Gottheiten. Es war wahrscheinlich Kaiser Theodosius (reg. 379–395), der den Tempel in eine christliche Kirche umwandelte.

Welches ist das vermutlich eindringlichste Porträt Caesars?

Der *Bildniskopf Caesars*, der nicht allzu lange nach seinem Tod 44 v. Chr. gearbeitet worden sein dürfte (Rom, Museo Torlonia), legt eine große Traurigkeit und Schwermut in die markanten Gesichtszüge. Die Augen sind weit geöffnet und zugleich tief verschattet. Das ganze Schicksal dieses großen Lebens ist diesem lebensnahen Antlitz eingezeichnet. Die übersorgfältige Porträtkunst der späten Republik verbindet sich hier mit den idealisierenden Tendenzen der beginnenden augusteischen Klassik.

Was verstand die römische Antike unter einem „Opus"?

Mit dem Begriff „Opus" bezeichnete man im römischen Altertum bauhandwerkliche Arbeitstechniken. Durch das „Opus caementicium", d. h. die Technik des Gussmauerwerks, eines Gemisches aus Steinen, Sand, Kalk und Wasser, wurde die Anlage echter Kuppeln möglich. Eine der Hauptvarianten, das „Opus incertum", wurde für Außen- und Innenwände genutzt: Man goss dabei die noch feuchte Masse zwischen zwei abgestützte Lagen aus größeren Bruchsteinen. War diese fest geworden, verkleidete man das Ganze mit regelmäßigen Tuffsteinen („Opus reticulatum") und seit dem 1. Jh. n. Chr. mit Ziegeln.

Worin unterscheidet sich eine „Villa rustica" von einer „Villa suburbana"?

Die römische Villa war anfänglich das zu einem Landgut gehörende Wohnhaus, also eine „Villa rustica". Im 1. Jh. v. Chr. sonderte sich dann das Herrenhaus stärker aus dem landwirtschaftlichen Nutzbereich heraus und übernahm – z. B. mit Bibliothek, Badeanlage u. a. – Elemente des Stadthauses. Als „Villa suburbana" in Stadtnähe gelegen, gewann die Villa im späten Hellenismus und in der frühen römischen Kaiserzeit besondere Bedeutung als Sommerresidenz der vornehmen Gesellschaft. Bautypisch sind die monumentalen Villenbauten, die etwa Kaiser Tiberius (reg. 14–37) in Capri und Sperlonga, Hadrian (reg. 117–138) in Tivoli, Maximian (reg. 286–305) bei Piazza Armerina anlegen ließen, von Palästen nur schwer zu unterscheiden.

Welche römische Herkulesdarstellung gehört zu den berühmtesten der Kunstgeschichte?

In Rom fand sich die marmorne, über 3 m hohe *Statue eines Herkules*, die als Kopie eines vom griechischen Bildhauer Lysipp um 340–320 v. Chr. geschaffenen Urbildes gilt. Der Marmorkoloss gelangte in den Besitz der Farnese *(Herkules Farnese)* und von hier aus ins Museo Nazionale in Neapel. Herkules stützt sich müde, von seinen Taten ausruhend, auf die Keule, über die er das Löwenfell gehängt hat. Die mächtigen Körperformen und athletisch angeschwollenen Muskeln sind eindrucksvoll modelliert und haben die Bildhauer seit der Renaissance immer wieder zu Begeisterungsstürmen veranlaßt.

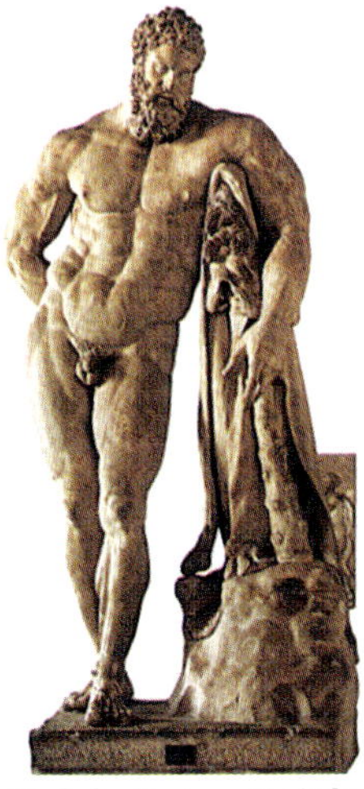

Herkules Farnese, römische Kopie eines griechischen Originals von ca. 340–320 v. Chr. (Neapel, Museo Nazionale)

An welchen Kunstwerken finden sich die meisten Schlachtendarstellungen der römischen Zeit?

Zu den häufigsten Darstellungen auf römischen Reliefs gehörten Schlachtszenen. Für diese griff man anfangs auf Vorbilder an etruskischen Urnen zurück, die ihrerseits altitalisches und hellenistisches Vokabular aufgegriffen hatten, sowie auf griechische und hellenistische Reliefs und Gemälde. Die meisten *Schlachtdarstellungen* finden sich im 3. Jh. n. Chr. auf *Sarkophagen* (*Schlachtensarkophage*), da für große Staatsreliefs an Altären, Triumphbögen usw. bei der kurzen Regierungszeit der Kaiser und angesichts der Tatsache, dass sie oft gar keine wirkliche Schlacht bestritten hatten, die Zeit nicht günstig war.

Seit wann löste der Codex den Rotulus ab?

Lateinische Ausdrücke wie „Volumen“ für den Buchband und „Explizit“ (= „es ist ausgerollt“) für das Ende eines schriftlichen Werkes erinnern noch an die vorherrschende Buchform in der Antike, nämlich die Buchrolle, den durchschnittlich etwa 9–10 m langen Rotulus. Seit dem 3. Jh. n. Chr. taucht der Pergamentcodex auf, der aus gefalteten und zusammengehefteten Blättern besteht und zum Schutz einen oft reich geschmückten Einband erhält. Seit dem 4. Jh. verdrängte diese wesentlich praktikablere Buchform zunehmend die Buchrolle.

Was hat ein Heiligenschein bei kaiserzeitlichen römischen Frauengestalten in Trier zu suchen?

Unter der *Nordbasilika der Trierer Kirchengruppe* wurden römische *Deckenmalereien* gefunden, die ins 2.–3. Jahrzehnt des 4. Jh. gehören. In Feldern, die durch grüne, rote und goldene Streifen getrennt sind, erscheinen abwechselnd spielende Eroten und Frauengestalten, die Nimben (Aureolen, „Heiligenscheine“) um die Gesichter herum besitzen. Eine der Frauen hebt gerade ihren Schleier, die andere hält eine Lyra, die dritte nimmt eine Kette aus einem Schmuckkästchen. Man hat in ihnen Porträts aus der kaiserlichen Familie sehen wollen, es handelt sich aber wohl um weibliche Personifikation. Die Nimben zeigen, dass das Christentum viele Elemente aus dem römischen Herrschaftsbereich in seine Kultformen und seine Heiligenbilder übernehmen konnte.

Welcher römische Kaiser ließ sich bevorzugt in der Attitüde des Herkules darstellen?

Die zeitgenössische *Büste des Kaisers Commodus* (reg. 180–192), heute im Konservatorenpalast zu Rom, hat die Realistik früherer römischer Porträtkunst weitgehend aufgegeben, scheint aber auch den klassischen Idealismus ins eher Karikierende zu überzeichnen. Übertrieben zierlich ist das gelockte Haupt- und Barthaar des lasterhaften Sohnes des großen Mark Aurel. Commodus ist in seine Lieblingsrolle geschlüpft, hat sich ins Fell des nemeischen Löwen gehüllt und „spielt“ Herkules, die Keule in der

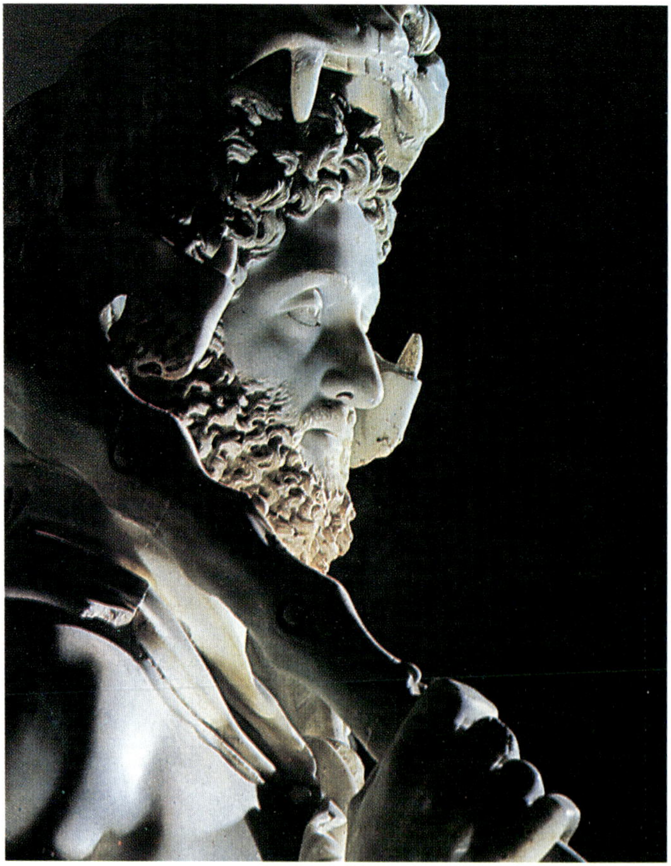

Commodus, Ende 2. Jh. (Rom, Konservatorenpalast)

Rechten, in der Linken die Äpfel der Hesperiden.

Wie heißt der bekannteste römische Tempel, der sich in Frankreich erhalten hat?

In *Nîmes* ist unter dem Namen *Maison Carrée* ein römischer Tempel anzutreffen, der im vorletzten Jahrzehnt des 1. Jh. v. Chr. erbaut wurde. Trotz griechischen Stils der Einzelformen (ionische Säulen mit korinthischen Kapitellen, ornamentverzierter Fries usw.) erscheint er vollkommen römisch, was die Richtungsbetonung und Fassadenwirkung, das hohe Podium, die tiefe Vorhalle und den Verzicht auf die separate Ringhalle betrifft, die vielmehr als Halbsäulenrelief mit der Cella verschmilzt.

Wo befindet sich der früheste erhaltene Kuppelbau der altrömischen Baukunst?

Der sog. *Merkurtempel in Baiae* datiert ins 1. Viertel des 1. Jh. n. Chr. Der kreisrunde Saalbau über einer Quelle, die sich im Inneren einer Thermenanlage befand, ist außen quadratisch begrenzt. Die Kuppel besteht aus radial angeordneten Tuffsteinen und Mörtelmauerwerk und besitzt eine runde Öffnung im Scheitel sowie vier rechteckige Fenster in der Kalotte. Sie macht den *Merkurtempel* zum frühesten erhaltenen Kuppelbau der gesamten genuin römischen Architektur.

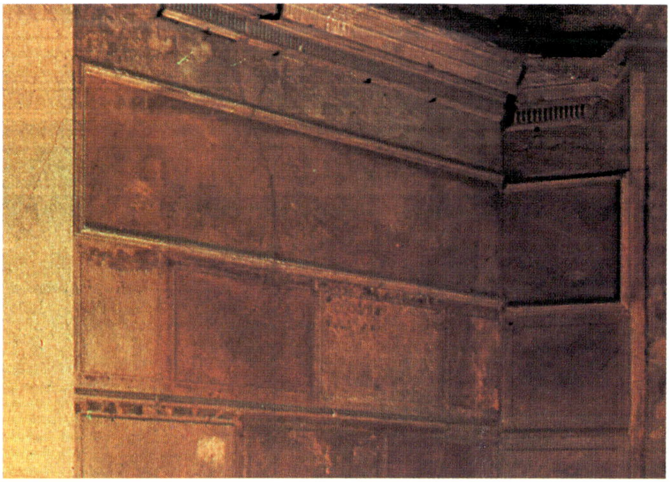

Wanddekoration in der *Casa di Sallustio,* Pompeji, vor 80 v. Chr.

Welches Werk gilt als Höhepunkt der illusionistischen Wandmalerei aus antik-römischer Zeit?

Die *Wandmalereien* aus dem Schlafzimmer der *Villa von Boscoreale* bei Pompeji, aus dem 3. Viertel des 1. Jh. v. Chr. (New York, Metropolitan Museum of Art) gelten unbestritten als Gipfelpunkt des Illusionismus in der altrömischen Malerei. Sie negieren die Substanz der Wand, indem sie diese durch perspektivische Durchbrüche visuell „sprengen" und mit Landschafts- und Architekturprospekten bedecken.

Welche Wandmalerei zählt zu den Paradebeispielen des „ersten" pompejanischen Stils?

Die *Wanddekoration* der *Casa di Sallustio* in *Pompeji* wurde vor 80 v. Chr. ausgeführt. Das Fresko ahmt eine Quadermauer nach, das vorspringende Stuckgesims trägt einen Zahnschnittfries als oberen Abschluss. Diese Art der Wandverkleidung dürfte von der Insel Delos nach Italien gekommen sein, wo sie im 2. Jh. v. Chr. – als sog. „erster (pompejanischer) Stil" – nahezu ausschließlich verwendet wurde.

Welches Relief eines Grabmals darf als ein Hauptzeugnis für die sog. römische Volkskunst stehen?

Gegen Ende des 1. Jh. n. Chr. sind die *Reliefs aus dem Grabmal der Haterier* gemeißelt worden (Rom, Lateranmuseum). In der malerisch betonten Manier der spätflavischen Zeit sind hier in recht naiver Weise ein Grabtempel mit reicher Verzierung, ein

An welchem Bauwerk Roms trat erstmals die enge Kombination von Bogenbau und Wandgliederung auf?

Das kunstgeschichtlich wichtigste Bauwerk republikanischer Zeit in Rom ist das *Tabularium*, dessen Fassade am Kapitolsabhang zum *Forum Romanum* weist. Laut Bauinschrift ist es 78 v. Chr. errichtet worden. Es handelt sich um einen Quaderbau auf mächtigem Postament, das erhaltene Stockwerk besitzt eine Front mit Bogenstellungen und dorischen Halbsäulen, der innen eine Galerie mit halbkreisförmigen Hausteinbögen entspricht. Innenräume und Treppen sind mit Tonnengewölben überspannt, die Wandflächen waren mit Stuck überzogen. Erstmals tritt hier an einem datierbaren Gebäude der Tiberstadt die Symbiose von Bogenbau und Säulenordnungsrelief auf, die in der Folgezeit zu einem der wichtigsten Anliegen der römischen Architektur – und seit der Renaissance der abendländischen Baukunst – werden sollte.

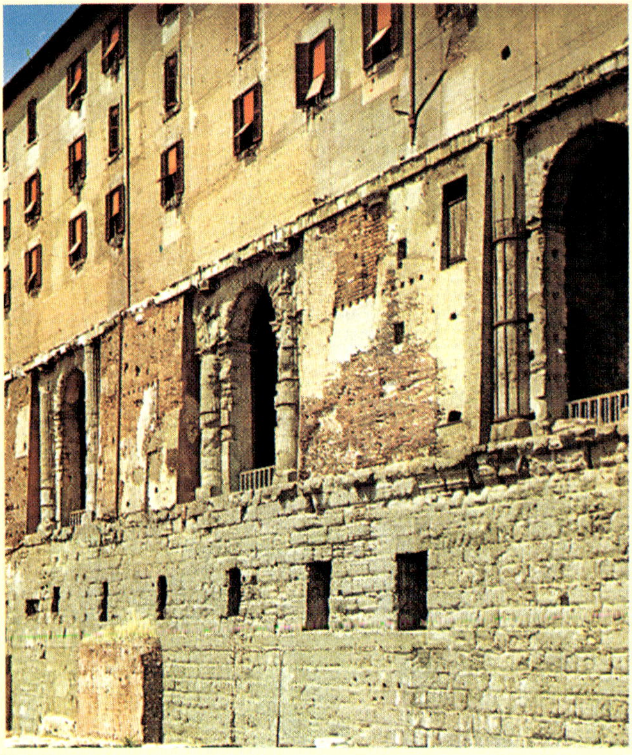

Tabularium, Rom, 78 v. Chr.

Baukran (wohl als Hinweis auf den Beruf des Grabinhabers) und, über dem Totentempel, die Tote auf der Kline (Liegemöbel, welches auch als Speisesofa genutzt wurde) wiedergegeben. Die liebevolle Versenkung ins Detail ist charakteristisch für dieses suggestive Beispiel der Volkskunst, nicht der Anspruch auf erhabenen Stil.

Auf welches Hauptvorbild greift das „Rundtempelchen in Baalbek" zurück?

Mit Hilfe seiner Bauornamentik lässt sich der kleine, extravagante, vielleicht der Tyche, also der Schicksalsgöttin (Fortuna) geweihte *Rundtempel in Baalbek* (Heliopolis; Libanon) an die Wende vom 2. zum 3. Jh. n. Chr. datieren. Die frei stehenden korinthischen Säulen sind mit dem gewaltigen vor- und zurückspringenden Gebälk der Kernrotunde verkröpft. Durch dieses kurvige Einschwingen sowohl des hohen Podiums als auch des Gebälks erhält das Gebäude eine barock wirkende Dynamik. Der anonyme Architekt greift mit dieser kühnen, raumgreifenden Bauweise auf Raumlösungen zurück, die im 1. Drittel des 2. Jh. in der *Hadriansvilla bei Tivoli* vorexerziert worden waren.

Welches waren die Haupttechniken der altrömischen Malerei?

Die Tafelbilder waren auf Holztafeln aus Buchsbaum,

Zypresse, Tanne, Linde, Eiche oder Lärche gemalt, und zwar mit Wasserfarben oder aber enkaustisch, d. h. mit Wachsfarben eingebrannt. Sie waren mit Holzrahmen und gelegentlich auch mit Flügeltüren zum Schutz gegen Witterungseinflüsse versehen. Die wurde mit Wasserfarben auf nassem Stuck ausgeführt. Als Bindemittel verwendeten die Künstler Leim, Milch, Ei und Gummi, als Farben Pigmente aus Mineralien und tierischen Ausscheidungen.

Welcher Triumphbogen außerhalb Roms zählt zu den schönsten seiner Gattung?

Der *Trajansbogen in Benevent* wurde 114 n. Chr. errichtet. Es handelt sich um einen eintorigen Typus von 14,35 m Höhe und 13,30 m Breite. Eine Inschrift auf beiden Seiten der Attika benennt den Senat der Stadt Rom als Stifter. 14 Reliefbilder und ein Fries verherrlichen die Taten Kaiser Trajans. Die mächtigen Ausmaße, die ausgewogenen Proportionen und die reiche dekorative Ausstattung machen dieses Monument zusammen mit dem *Titusbogen in Rom* (nach 81 n. Chr.), den er in seinen Proportionen und seiner Ornamentik fast wörtlich wiederholt und der als Frühwerk vielleicht vom selben unbekannten Künstler stammt, zu einem der künstlerisch schönsten Zeugnisse dieser Gattung.

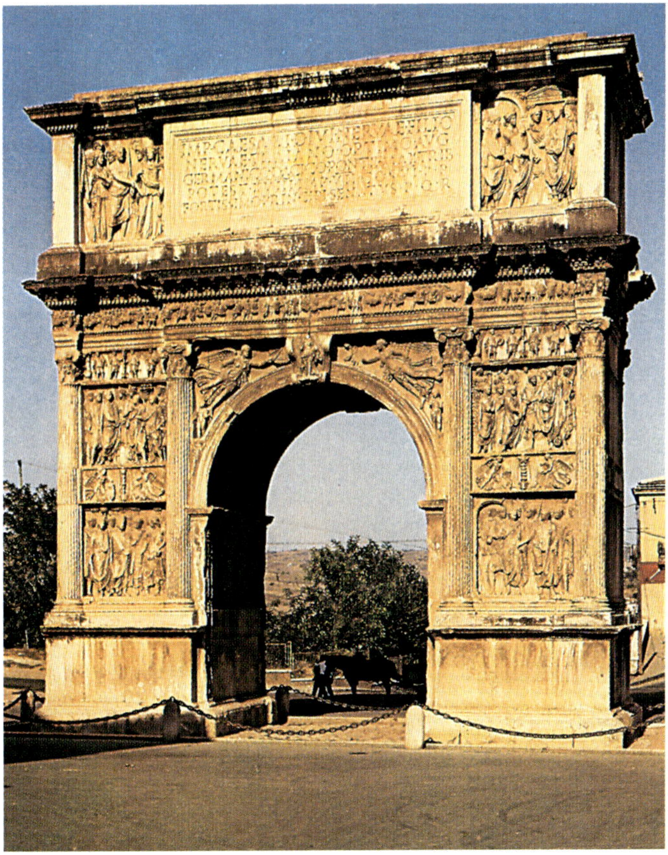

Trajansbogen, Benevent, 114

Wo findet sich eine der bekanntesten Piratendarstellungen des römischen Altertums?

Ein Haus im tunesischen *Dougga*, dessen Ausgestaltung vermutlich in die Zeit des Kaisers Gallienus, also in die Jahre um 250–265, oder wenig später datiert, besaß einen Innenhof mit Wasserbecken, die von *Bodenmosaiken* mit Meeres- und Fischereimotiven umgeben waren (heute Tunis, Bardo-Museum). Eine der schönsten mythologischen Szenen zeigt, wie der junge Dionysos (der Kopf ergänzt) eine Lanze gegen einen Piraten schwingt, der sich vom Schiff ins Meer stürzt und dessen Körper bereits teilweise in einen Delphin verwandelt ist, während sich in seine Beine ein Leopard verbeißt.

In welche Thermenanlage Roms hat Michelangelo eine Kirche gebaut?

Die *Thermen des Diokletian* in Rom wurden zwischen 205

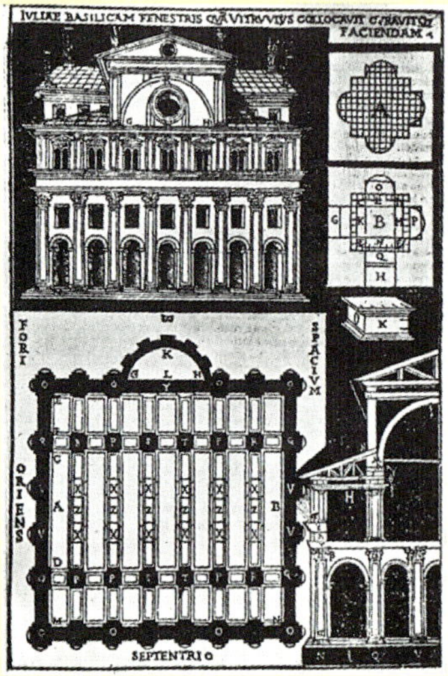

Vitruv: *Basilika in Fano*, Rekonstruktion von Cesare Cesariano, 16. Jh.

Wer war Vitruv?

Vitruv(ius), ein römischer Architekt, Militärtechniker, Ingenieur und Architekturtheoretiker, wurde wohl um 84 v. Chr. geboren und ist nach 27 v. Chr. gestorben. Seinen bis heute anhaltenden Ruhm verdankt er nicht irgendwelchen erhaltenen Bauwerken – seine *Basilika in Fano* hat in wenigen Überresten überdauert –, sondern seinen zehn Büchern über Architektur und Bautechnik („De architectura libri decem"), die er kurz vor seinem Tode abschloss. Sie sind das einzige aus dem Altertum überkommene architekturtheoretische Werk, das eine Proportionslehre enthält und nicht nur eine bedeutende Quelle für die Kenntnis antiker Baukunst darstellt, sondern darüber hinaus die Künstler und Architekten seit der Renaissance nachhaltig beeinflusst hat.

und 306 n. Chr. eingeweiht. Sie nehmen die riesige Fläche von 356 x 316 m ein. Die heutige Piazza dell' Esedra mit ihrem Durchmesser von 144 m ist nichts anderes als die ursprüngliche Exedra der Thermen für gymnastische Spiele. In das erhalten gebliebene Tepidarium der Thermen, das Bad mit lauem Wasser, hat in der Spätrenaissance Michelangelo (1475–1564) die *Kirche S. Maria degli Angeli* hineingebaut, eine alte Ziegelwand der Thermenanlage hat er für die schmucklose Kirchenfassade verwendet.

Welches waren die kostbarsten Gläser der Antike?

Im 4. Jh. n. Chr. wurde die virtuose Technik der geschnittenen Gläser entwickelt, bei denen die Wandung von einem mehrere Millimeter vor ihr schwebenden Glasnetz umhüllt zu sein scheint. Diese „*diatreta*" genannten Gläser (*Diatretgläser*) waren aufgrund ihrer Kostbarkeit berühmt. Wie andere Kunstzweige auch, nahm also die Glaskunst im 4. Jh. einen Luxuscharakter an, der für einen kleinen Kreis der obersten Gesellschaftsschicht bestimmt war.

Wo befindet sich das früheste erhaltene Beispiel einer antiken Basilika auf italischem Boden?

Um 120 v. Chr. errichtete man die *Basilika in Pompeji*. Sie ist unter den Aschenmassen des Vesuvausbruchs 79 n. Chr. „konserviert" worden. Vom „Chalcidicum" aus, einer offenen schmalen Halle mit Pfeilern gelangt man über vier Treppen mit vier ionischen Säulen in die Aula, deren Eingangswand fünf Durchgänge aufweist. Das Bauwerk ist das früheste bekannte und erhaltene Exemplum einer Basilika auf italischem Boden.

Wann wurde in Rom der erste antike Triumphbogen errichtet?

Ehren- bzw. Triumphbogen konnten zu verschiedenen Anlässen und an verschiedenen Stellen einer Stadt errichtet werden. Es entstanden gleichzeitig ein- oder dreitorige Anlagen. Sie trugen Statuen jener Feldherrn, Kaiser usw., denen sie gewidmet waren. Die frühesten Monumente dieser Art in Rom sind nicht erhalten. Der erste Triumphbogen ist vermutlich 196 v. Chr. erbaut worden. Einzig die literarische Hinterlassenschaft des Livius (59 v. Chr.–17 n. Chr.) oder Ciceros (106–43 v. Chr.) informiert darüber.

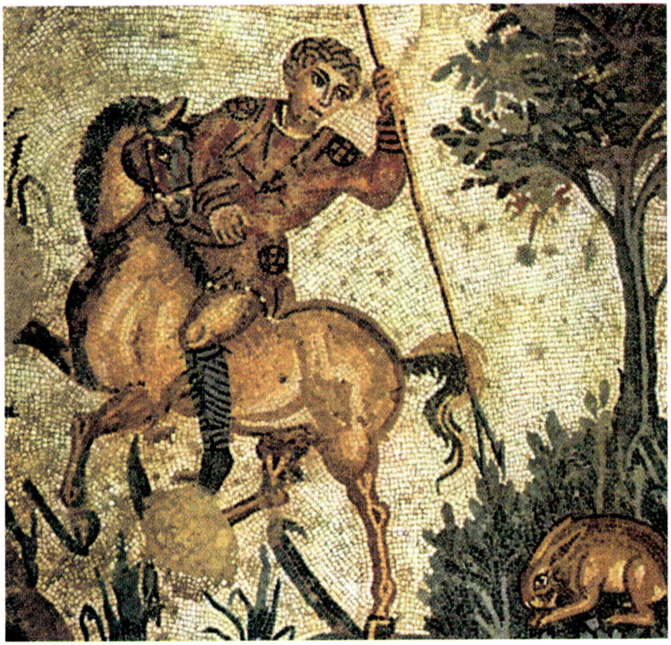

Fußbodenmosaik aus der *Villa Romana del casale* bei Piazza Armerina, 350–379

In welcher Villa fanden sich einige der schönsten Fußbodenmosaiken der späten Kaiserzeit?

Das um 350–379 n. Chr. geschaffene *Fußbodenmosaik* im Trikonchensaal der *Villa Romana del casale* bei Piazza Armerina (Sizilien) veranschaulicht die Taten des Herkules, ohne dass freilich der Heros selbst auftritt. Die Villa bedeckt eine Fläche von 3500 m^2. Ein Großteil davon ist mit *Fußbodenmosaiken*, die Wettkämpfe, Jagden, mythologische und Zirkusszenen thematisieren, geschmückt. Die Darstellungen, die hellenistische Mosaiken bzw. Gemälde nachahmen, gehören mit ihren malerischen Effekten zu den schönsten Zeugnissen dieser Gattung.

In welchem Kunstzweig erreichte die „Africa proconsularis" ihren Höhepunkt?

Die beiden nordafrikanischen Provinzen Roms, die als „Mauretania" und „Africa proconsularis" bezeichnet wurden, entsprechen einem Teil der heutigen Staaten Marokko, Algerien, Tunesien und Tripolitanien. Ihre höchste Originalität und künstlerische Höhe erreichten diese Regionen auf dem Gebiet der *Bodenmosaiken* des 3. und 4. Jh. n. Chr. Sie verdankten dies einer reifen musivischen Technik und einem ausgeprägten Farbsinn, dem im Marmor des Landes und in der heimischen Glasproduktion die nötigen handwerklichen Mittel zur Verfügung standen.

Wann entstand der noch heute partiell bestehende Mauerring um die Stadt Rom?

Die nur kurze Zeit lebenden und regierenden Kaiser des 3. Jh. n. Chr. konnten gar nicht daran denken, auf dem Gebiet umfangreicher Repräsentationsarchitektur tätig zu werden. Sie mussten vielmehr in erster Linie an die Sicherung des Imperiums denken. Deshalb sorgte Aurelian (reg. 270–275) dafür, die Stadt Rom mit einem riesigen, noch heute fragmentarisch erhaltenen Mauerring zu umgeben, einem Festungsgürtel von 17 m Höhe und 15 km Länge, mit 13 Toren, kubischen Verteidigungstürmen und mit Wehrgängen.

Was versteht man unter einer „damnatio memoriae"?

Auf einem im Rom gefundenen marmornen *Relieffragment* (Rom, Konservatorenpalast), das in die Jahre nach 177 n. Chr. zu datieren ist, ist ein Triumphzug des Kaisers Mark Aurel dargestellt. Dieser steht, begleitet von der ihn bekränzenden Siegesgöttin (Victoria), einem Liktor (Diener) und einem Trompeter auf dem Triumphwagen. Vor ihm war ursprünglich Commodus zu sehen, der am 23.12.176 den Triumph anlässlich des

Sieges über Germanen und Sarmaten mitfeierte. Nach dem Tod des Commodus 192 entfernte man die Figur, um so auch das Gedächtnis an den unwürdigen Potentaten zu tilgen. Einen solchen Akt, von dem es in der römischen Kunst noch andere vergleichbare Beispiele gibt, bezeichnet man als „damnatio memoriae".

Welchem Kult war möglicherweise das großartige „Wandgemälde in der Mysterienvilla in Pompeji" gewidmet?

Eine wunderbare *Wandmalerei aus der Mysterienvilla in Pompeji*, Teil eines der großartigsten Bilderzyklen der gesamten klassisch-antiken Malerei, stellt möglicherweise einen Teil des weit verbreiteten Dionysoskults dar: eine junge, halb entblößte Frau erwartet die Peitschenschläge der Einweihung – so glaubt man die Szene deuten zu dürfen –, daneben beginnt eine nackte Bacchantin zu tanzen.

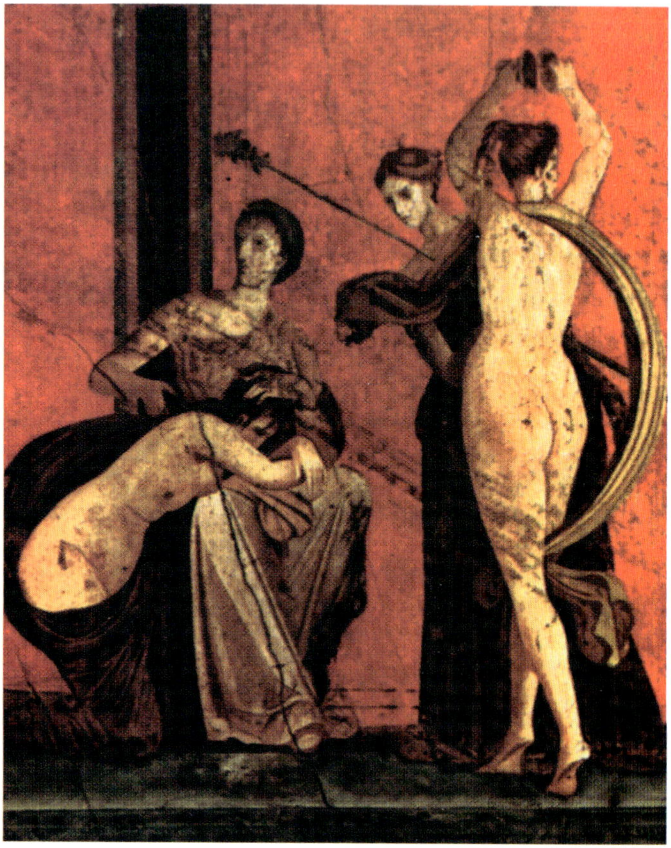

Geißelung und Tanz, Wandgemälde aus der Mysterienvilla, Pompeji, um 50 v. Chr.

Welches Stück zählt zu den schönsten römischen Landschaftsbildern?

Im Museo Nazionale zu Neapel befindet sich das Fragment eines um 60 n. Chr. entstandenen *Freskos mit einer Seelandschaft* (aus einem unbekannten Haus in *Pompeji*), die zu den mit Abstand schönsten Beispielen römischer Landschaftsmalerei zählt. Im Vordergrund erscheinen am Meeresstrand ein Tempelchen sowie ein heiliger Baum mit ummauertem Sockel, auf dem Bronzestatuen stehen. Auf einer Insel im Meer werden die duftigen Silhouetten eines Hallengebäudes sichtbar, jenseits, am anderen Ufer, erheben sich weitere Bauwerke am Fuße eines Berges. Das Ganze wirkt fast impressionistisch, mit zügigem Pinselstrich gemalt, wobei die Vordergrundfiguren als dunkle Silhouetten mit einem bläulich-rosa verschleierten atmosphärischen Hintergrund kontrastieren.

Welche Themen bevorzugten die nordafrikanischen Bodenmosaike aus der römischen Kaiserzeit?

Während des 3. und 4. Jh. n. Chr. erscheinen auf den herrlichen nordafrikanischen *Bodenmosaiken* mit Vorliebe Darstellungen von Villen. Von der perspektivischen Ansicht ummauerter Gärten und Anlagen einer am Meer gelegenen Villa geht die Entwicklung bis zur fast dokumentarischen Wiedergabe aristokratischen Lebens in den schlossartigen Villen und Landgütern der Spätantike. Herren, Damen, Bauern, Jäger, Fischer treten auf, Landarbeiten werden gezeigt und Szenen der Jagd, der Pferdezucht. Mythologische Sujets treten dagegen in den Hintergrund.

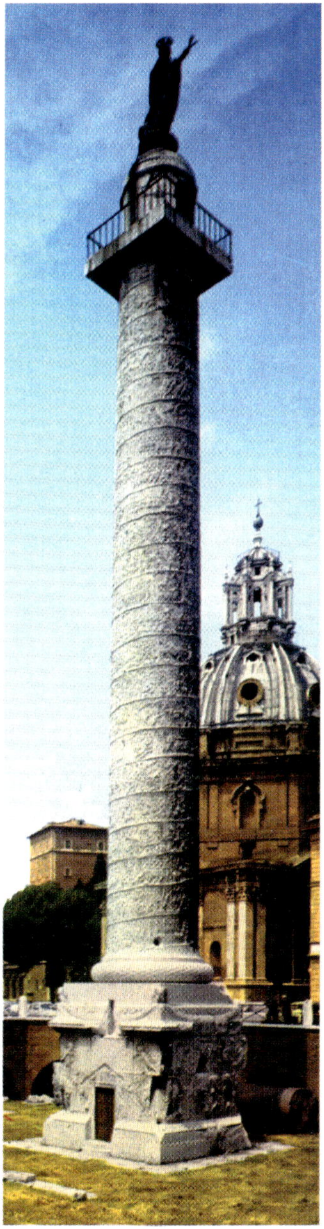

Trajanssäule, Rom, 113

Mit welchem Bestattungsbrauch brach die „Trajanssäule"?

Die 113 n. Chr. geweihte, 29,60 m hohe und aus Marmor gearbeitete *Trajanssäule* in Rom ist spiralförmig von einem insgesamt ca. 200 m langen Fries umwunden. Dessen rund 2500 Figuren schildern die beiden Kriege Trajans gegen die Daker im Gebiet des heutigen Rumänien (101/02 und 105/06), sie huldigen den politischen und militärischen Leistungen des Herrschers, dessen Standbild das Säulenmonument bekrönte (später von einer Statue des Apostels Petrus ersetzt). Im würfelförmigen Sockel der Säule befand sich die Grabkammer des Kaisers – ein unerhörtes Privileg, da ansonsten vom römischen Recht die Bestattung außerhalb der Stadtmauern vorgeschrieben war.

Welches Amphitheater außerhalb Italiens zählt zu den imposantesten aus römischer Zeit?

An der Stelle des heutigen El Djem in Tunesien entstand zur Zeit Caesars (100–44 v. Chr.) die römische Siedlung Thysdrus, die zwischen dem späten 1. und dem frühen 3. Jh. n. Chr. zu großem Wohlstand gelangte. Wahrscheinlich zur Zeit des Septimius Severus, zu Beginn des 3. Jh., entstand hier ein riesiges (nicht ganz vollendetes) *Amphitheater*, das 30.000–40.000 Zuschauern Platz bot und damit fast so groß war wie das *Kolosseum* in Rom (für 50.000 Besucher), dem es auch in der Bauweise ähnelt. Von den aus drei übereinander liegenden Bogengängen gebildeten Außenmauern stehen noch etwa zwei Drittel, bis zu einer Höhe von 36 m.

Wodurch unterscheidet sich der römische vom griechischen Theaterbau?

Die Römer schufen eine neue Art des Theaterbaus. Während die Griechen die Hänge eines Hügels abtrugen und hier dann die Zuschauerränge anlegten, errichteten die Römer die Sitzreihen unmittelbar vom Boden ansteigend. Und statt den Blick auf die freie Landschaft einzubeziehen, verwandelten die römischen Architekten ihre Theater in gedeckte Hallen: Die Bühne war überdacht, dahinter eine Mauer hochgezogen. Fassade und Bühnenwand schmückten die Römer mit prächtiger Architektur.

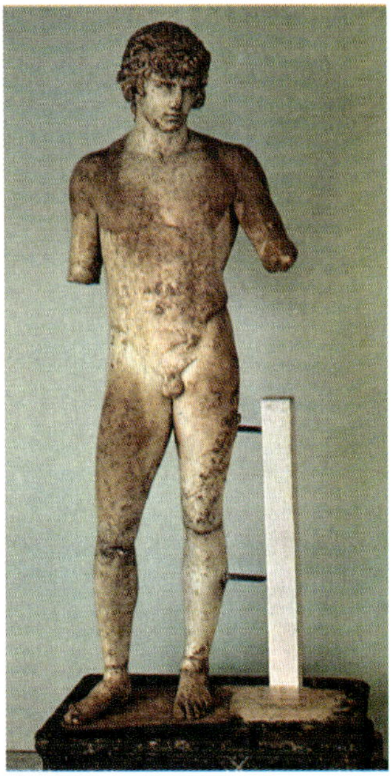

Antinous, 130–135 (Delphi, Museum)

Welches plastische Bildwerk gilt als eine der schönsten Antinous-Darstellungen?

Unter Hadrian (reg. 117–138) nahm der Zustrom griechischer Formen in die römische Bildhauerei wieder an Dichte zu. So entstand in klassizistischer Absicht ein neuer Statuentypus, der dem vergöttlichten Liebling des Kaisers, dem schönen *Jüngling Antinous*, gewidmet war. Eines der schönsten Beispiele aus den Jahren 130–135 hat man in *Delphi* gefunden (Delphi, Museum). Dieser und viele andere Fundorte beweisen, dass der Antinous-Kult praktisch in allen Provinzen des römischen Reiches verbreitet war.

Worin unterscheiden sich die beiden wichtigsten Mosaiktechniken altrömischer Zeit?

Im 3. Jh. n. Chr. kommen im Mosaik große Steinchen in den Farben Weiß, Grün, Rot und Schwarz in Mode, mit deren Hilfe man v. a. figürliche Darstellungen gestaltete. Wegen der Größe der Steinchen und der relativ eingeschränkten Koloristik wirken die Muster recht grob, sind aber der Aufgabe der Fußboden-Dekoration durchaus adäquat. Dagegen versuchten die vorhergehenden Mosaikbilder hellenistischer Abstammung mit gemalten Bildern in den Wettstreit zu treten, weswegen die Steinchen winzig und lückenlos aneinandergefügt waren.

Welche Glasarbeiten aus römischer Zeit waren charakteristisch für die Kölner Werkstätten?

Bezeichnend für die quantitativ und qualitativ besonders leistungsstarken Kölner Glaswerkstätten und ihre Produkte sind die sog. Schlangenfadengläser, bei denen Fäden aus verschiedenfarbiger Glaspaste auf die Gefäßwand aufgelegt wurden, sowie Gläser mit anderen Applikationen (z. B. die bekannten „Rüsselbecher“). Diese sehr aufwändigen Verzierungsarten setzten im 2. Jh. n. Chr. ein und kamen im 3. Jh. zu voller Entfaltung.

Welche Statue eines griechischen Bildhauers hat die größten Impulse auf die römisch-kaiserzeitliche Kunst ausgestrahlt?

Die *Panzerstatue des Augustus Primaporta* (Marmorkopie, nach 14 n. Chr., nach einer Bronzestatue aus der Zeit nach 17 v. Chr.; Rom, Vatikanische Sammlungen) bezieht sich kompositionell auf die berühmte, um 440 v. Chr. von Polyklet geschaffene Figur des *Doryphoros* („Speerträger“). Dieses griechische Exemplum wird auch weiterhin in der kaiserzeitlichen repräsentativen Skulptur ihre Spuren hinterlassen: u. a. etwa bei der *Bronzestatue des Kaisers Claudius*, die 48 n. Chr. in Herculaneum aufgestellt wurde (Neapel, Museo Nazionale) oder bei einer aus der Sammlung Farnese stammenden *Marmorfigur des Kaisers Severus Alexander*, die um 230–235 entstanden ist und sich heute im Museo Nazionale in Neapel befindet.

Welche Symbolik besaß der Porphyr?

In der Antike brach man den roten Porphyr 50 km vom heutigen Suezkanal entfernt am „Mons Porphyrites“, dem jetzigen Djebel Duchan bei Klysma am Roten Meer. Porphyr, ein überaus harter und annähernd purpurfarbener Stein, war zur Zeit der römischen Kaiser – worin man eine ptolemäische Tradition fortsetzte – allein für die dreidimensionale Darstellung der Götter und des vergöttlichten Kaisers reserviert sowie für den Bau und die Ausschmückung der kaiserlichen Paläste.

Was versteht man unter einer „Panzerstatue"?

Die „Panzerstatue", also die plastische Darstellung eines Mannes in der Rüstung, war als eine Version der Ehrenstatue jenen Persönlichkeiten vorbehalten, die sich militärische Verdienste erworben hatten. Aus Inschriften ergibt sich, dass zu Ehren desselben Mannes und zur gleichen Zeit sowohl Toga- wie auch Panzerstatuen aufgestellt werden konnten. Bei der Panzerstatue, deren bedeutendstes Beispiel der *Augustus Primaporta* ist, wechseln Form und Verzierung des Panzers sowie die Draperierung (dekorativer Faltenwurf) des Paludamentums, des Feldherrnmantels.

Welches als „Missorium" bezeichnete Stück gehört zu den herausragenden Zeugnissen spätrömischer Silberschmiedekunst?

Das sog. *Missorium* des Theodosius I. ist eine große Silberplatte von 74 cm Durchmesser (Madrid, Academia de la Historia), die in Treibarbeit Kaiser Theodosius I., mit Valentinian II. zu seiner Rechten, der einen Teil des Westens regierte, und mit seinem Sohn Arcadius zur Linken, der 395 der Nachfolger Theodosius' im Ostteil des Reiches werden sollte. Die Platte kommt aus Almendralejo in Spanien und war vermutlich ein Geschenk des in Spanien gebürtigen Kaisers an einen hohen Würdenträger des Landes anlässlich seines zehnjährigen Dienstjubiläums im Jahr 388, wie die Inschrift besagt. Die Platte zählt zu den schönsten Stücken spätkaiserzeitlicher Kunst.

Welches römische Bildnis wurde mit Kot beschmiert – und warum?

Aus Ägypten stammt das um 199 n. Chr. mit Tempera auf eine runde Holztafel gemalte *Familienbildnis des Kaisers Septimius Severus mit seiner Frau Julia Domna und den Kindern Caracalla und Geta* (Berlin, Staatl. Museen, Antikenabteilung). Caracalla, der auf dem Tondo als Knabe dargestellt ist, ermordete später seine Frau Plautilla und seinen Bruder Geta und ließ in einem Akt der „damnatio memoriae" überall deren Bilder und Namensinschriften ausmerzen. Auch auf der Berliner Tafel ist das Porträt Getas abgekratzt, die Stelle des Gesichts war mit Kot beschmiert worden. Nach anderer Meinung handelt es sich um das Bildnis Caracallas, das von alexandrinischen Bürgern als Racheakt für dessen Massaker in ihrer Stadt zerstört und verunehrt worden ist.

Wann erhielt Konstantinopel seine große Landmauer?

Bereits Kaiser Konstantin hatte dafür gesorgt, dass die nach ihm benannte und 330 n. Chr. eingeweihte Gründung Konstantinopel eine durchgehende Stadtmauer erhielt. Theodosius II. ließ 410–413 etwa 1,5 km vor dieser konstantinischen Mauer einen neuen grandiosen Steingürtel mit zahlreichen Wehrtürmen errichten. In kürzester Zeit mussten 550.000 Kubikmeter Baumaterial herangeschafft werden. Der etwa 5,7 km lange, durch 96 Türme verstärkte gewaltige Mauerzug mit vier kleineren und sieben größeren Toren blieb der endgültige und besteht partiell heute noch.

Welche symbolische Bedeutung besaßen Sarkophage in Wannenform?

Sarkophage des 3. Jh. n. Chr. in Wannenform, die Wände mit S-förmig geschwungenen parallelen Kanneluren besetzt und an der Vorderseite mit zwei Löwenköpfen verziert, symbolisieren die Form jener Wanne, in der man Trauben stampfte und Most reifen ließ und aus der dann durch Öffnungen in den Löwenköpfen der dem Dionysos heilige Wein ausfloss: eine eindeutige Anspielung auf die den Mysterienreligionen gemeinsame Auffassung vom besseren und reineren Leben nach dem Tode.

Was versteht man unter dem „Vergilius Romanus"?

Im späten 5. oder frühen 6. Jh. ist eine Handschrift entstanden, die die „Bucolica", „Georgica" und „Aeneis" des Vergil (70–19 v. Chr.) enthält (Rom, Biblioteca Apostolica Vaticana). Die Miniaturen stehen in der Tradition jener pastoralen Stimmung, die aus so vielen literarischen und bildlichen Werken der Antike bekannt ist. Anders als spätantike Darstellungen verzichten sie aber innerhalb ihres ansonsten kraftvollen Stils auf illusionistische Räumlichkeit. Man hat deshalb an eine provinzialrömische Werkstatt als Urheber gedacht, die um 500 entweder in Rom selbst, eher aber im östlichen Mittelmeerraum beheimatet war. Der *Vergilius Romanus* hat wesentlich stärker als sein ebenfalls in der Vatikanischen Bibliothek bewahrter Vorgänger, der *Vergilius Vaticanus*, die Grenze zwischen der spätantiken und der frühmittelalterlichen Welt überschritten.

Wo befand sich eines der bedeutendsten Zentren altrömischer Glasproduktion?

Herrliche Glasgefäße zählen zu den herausragenden Zeugnissen des raffinierten römischen Kunsthandwerks. Mit der Entdeckung, dass die Glasmasse variabel bearbeitet werden kann, wenn man durch ein Rohr Luft hineinbläst (Glasbläserei) – eine Erfindung, die wahrscheinlich am Ende des 1. Jh. v. Chr. in Phönikien gemacht wurde – gedieh die Glasherstellung zur Massenproduktion, die sich in Ägypten und Phönikien, in Italien (v. a. Aquileia), Gallien und Germanien ausbreitete. Eine besondere Entwicklung erlebte sie seit augusteischer Zeit in Köln und Umgebung. Dort wurden Platten, Tassen, Fläschchen, Amphoren usw. in gefärbtem oder naturfarbenem Glas in höchster Qualität produziert und häufig exportiert.

Welche in „Afrika proconsularis" (Nordafrika) entstandene Statue zählt zu den schönsten Zeugnissen provinzialrömischer Kunst dieser Region?

Die nordafrikanischen Provinzen „Mauretania" und „Africa procunsularis" entsprechen einem Teil der heutigen Staaten Marokko, Algerien, Tunesien und Tripolitanien. Ein bedeutendes plastisches Bildnis, in dem sich römische und hellenistische Elemente verbinden, ist die in die 2. Hälfte des 3. Jh. n. Chr. zu datierende marmorne *Grabstatue eines Mannes*, der wie Herkules ein Löwenfell umgehängt hat und als Zeichen des in die Mysterien Eingeweihten Mohnblumen in der Hand hält. Der Körper ist wie bei einer Stele in relativ flachem Relief ausgearbeitet, der beeindruckende Kopf dagegen vollplastisch (Tunis, Bardo-Museum).

Wo entstand die berühmte „Gruppe der Tetrarchen" an der Markuskirche in Venedig?

An der dem *Dogenpalast* gegenüber liegenden Ecke der *Markuskirche in Venedig* befindet sich eine berühmte *Vierfigurengruppe* aus Porphyr. Der an einer Statue fehlende Fuß ist in Istanbul aufgefunden worden, sodass über die Herkunft der Gruppe, die sich wahrscheinlich auf die erste Tetrarchie (Viererherrschaft), also auf Diokletian und Maximian als Augusti und Galerius und Constantius Clorus als Caesares und auf das Datum 303 n. Chr. bezieht, aus dem alten Konstantinopel kein Zweifel besteht. Doch ist sie auch hier entstanden? Sowohl die Verwendung von Porphyr als auch die blockhaft vereinfachte Körpergestaltung könnten auf das römische Ägypten als Ursprungsort verweisen.

Auf welche Vorbilder reichen die Miniaturen der „Ilias Ambrosiana" zurück?

In der Biblioteca Ambrosiana in Mailand finden sich Fragmente einer *Ilias-Handschrift*, die wahrscheinlich aus Konstantinopel stammt und im frühen 6. Jh. angefertigt wurde. Die Mehrzahl der erhaltenen Miniaturen stellen freilich Kopien nach älteren

Vorlagen dar, darunter auch solche aus der Mitte des 3. Jh. n. Chr., die vermutlich in Alexandria entstanden, d. h. in der Zeit, in der die Illustrierung von Pergamenthandschriften in Buchform (Codex) begann.

In welcher Stadt des römischen Imperiums, abgesehen von Rom, findet sich einer der monumentalsten Triumphbogen?

Überreste eines der größten Triumphbogen der Antike finden sich im nordgriechischen Thessaloniki: nämlich des vierfrontigen *Bogens des Galerius* (reg. 305–311), zu Ehren seiner Siege über die Perser in dieser Stadt errichtet, die er zu seiner Residenz gemacht hatte. Der außergewöhnlich monumentale Bau mit seinen weiten Arkaden wurde an der Via Egnatia, der die adriatische Küste mit dem Bosporus verbindenden Heerstraße, errichtet. Der zentrale Raum des Monuments war von einer Kuppel überdacht.

Welche Stadt gilt mittlerweile aufgrund ihrer Kunstwerke als eine der bekanntesten Garnisonsstädte des Imperium Romanum?

Seit 1927 waren Archäologen, zuletzt von der Yale University, am Werk, die in Syrien am Euphrat gelegene Stadt *Dura Europos* auszugraben. Die Stadt war zuerst eine griechische Kolonie hellenistischer Zeit, entwickelte sich dann zu einer wichtigen Festung und Karawanenstation der Parther, ehe sie Kaiser Trajan (reg. 98–117) eroberte. 165 wurde sie römische Grenzgarnison der Provinz Syrien und Ausgangspunkt für die Feldzüge gegen die Parther, um bald nach 256 von den persischen Sassaniden zerstört zu werden. Alle demnach vor diesem Zeitpunkt entstandenen Wandmalereien gehören stilistisch der römischen Kunst an, beziehen sich thematisch aber auch auf den jüdischen und frühchristlichen Kult und verdeutlichen damit den multikulturellen Charakter, der das Klima solcher Städte prägte.

Worin glich die Neugründung Konstantinopels der Stadt Rom, worin unterschied sie sich hauptsächlich?

Die Feierlichkeiten zur Gründung Konstantinopels 324 n. Chr. dauerten vierzig Tage. Am 11. Mai 330 wurde die Neugründung eingeweiht und feierlich zur Hauptstadt des Imperium Romanum erklärt. Wie Rom war die neue Kapitale in 14 Regionen eingeteilt. Aus allen Teilen des Reiches schaffte man Statuen zum Schmuck herbei, klassische Standbilder u. a. aus der Hand der berühmten griechischen Bildhauer Phidias und Lysipp flankierten die große Straße, das Forum, die Thermen, das Hippodrom. Das Forum freilich unterschied sich von dem Vorbild Roms, denn es erhielt, wie in manchen asiatischen Karawanenstädten, einen kreisförmigen Grundriss.

Existierte eine altrömische Tafelmalerei?

Den schriftlichen Quellen zufolge gab es seit dem 3. Jh. v. Chr. bemalte Holztafeln, auf denen einzelne kriegerische Ereignisse oder die Etappen ganzer Feldzüge veranschaulicht waren. Diese wurden bei Triumphzügen mitgeführt oder auf dem Forum zur Schau gestellt, um sich bildpropagandistisch an das breite Volk zu wenden. Livius (59 v. Chr.–17 n. Chr.) berichtet von einer solchen Tafel in Form der Insel Sardinien, auf der der sardische Feldzug des Tiberius Sempronius Gracchus dargestellt gewesen sei. Von solchen frühen Tafeln blieb keine erhalten. Erst aus dem Anfang des 3. Jh. n. Chr. ist ein *Rundbild mit der Familie des Septimius Severus* (Berlin, Staatl. Museen) überkommen. Ungefähr zur gleichen Zeit vermitteln die zwischen dem 2. und 4. nachchristlichen Jahrhundert geschaffenen sog. *Mumienportäts* einen Eindruck von einem, wenn auch begrenzten Sektor, der römischen Tafelmalerei.

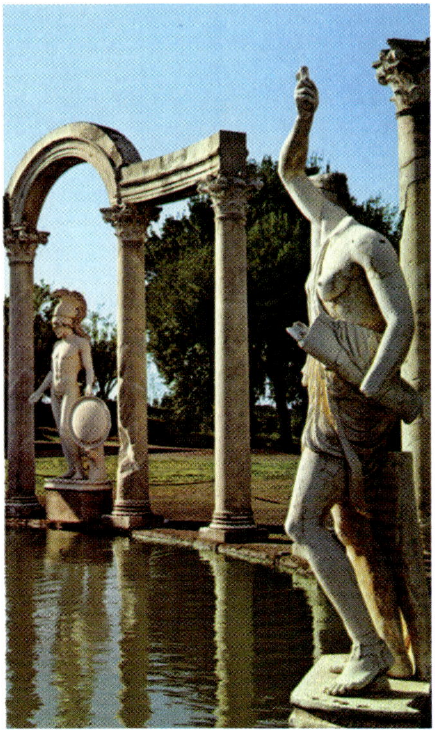

Teatro maritimo, Hadriansvilla bei Tivoli, um 120

Welches war der „romantischste" der repräsentativen kaiserzeitlichen Landsitze?

Zwischen 118 und 134 n. Chr. ließ Kaiser Hadrian einen herrlichen Landsitz (Villa) in Tivoli (Tibur) anlegen, der auch einem besonderen Naturempfinden Ausdruck gibt. Offen in die Landschaft eingebettet, liegen zahlreiche Baukomplexe in einer riesigen Parkanlage, die etwa 1,5 km² umfasst. Einige davon sind nach dem Vorbild architektonischer Ensembles in Griechenland, ja sogar in Ägypten gestaltet. Theater, Bibliotheken, Wandelhallen für alle Witterungen, Thermen usw. wechseln mit Empfangs- und Wohnräumen, mit zierlichen Pavillons über extravaganten Grundrissen ab. Eine Inselvilla diente als privater Rückzugsort des Kaisers, mit ästhetisch konzipierten Durch- und Ausblicken in den Park.

Wie heißt einer der ältesten erhaltenen illustrierten Codices?

Um 400 n. Chr. entstand der sog. *Vergilius Vaticanus* (Rom, Biblioteca Apostolica Vaticana), der Fragmente der „Georgica" und „Aeneis" von Vergil (70–19 v. Chr.) enthält. Das unvollständig überlieferte Pergament-Manuskript ist einer der ältesten erhaltenen illustrierten Codices, inhaltlich und formal das Produkt einer Art heidnischer Renaissance inmitten einer christlich gewordenen Umwelt. In der Renaissance sollte Raffael diese Bilder bewundern.

Wie kam der „Koloss" nach Barletta?

Im italienischen Barletta befindet sich die imposante, freilich etwas fragmentierte Bronzestatue, die aufgrund ihrer einstigen Höhe von über 5 m als *Koloss von Barletta* in die Kunstgeschichte eingegangen ist. Mit Sicherheit stellte sie einen Kaiser dar, dessen Identifizierung indes Probleme bereitet: Theodosius II. (408–450), Valentinian III. (425–455) oder – am wahrscheinlichsten – Marcian (450–457). Die Statue ist im 12. Jh. von den Venezianern aus einer nicht näher bestimmbaren Stadt der Levante entführt worden und versank bei einem Schiffbruch im Meer vor Barletta.

Welches spätkaiserzeitliche Kunstwerk blieb auf dem Gelände des ehem. Hippodroms in Konstantinopel erhalten?

Theodosius I. ließ im Jahre 390 als Monument für einen seiner Siege den aus dem ägyptischen Karnak herantransportierten Teil eines *Obelisken* in der Pferderennbahn (Hippodrom; in der Nähe der späteren Hagia Sophia) von *Konstantinopel* aufstellen. Der 19,6 m hohe Monolith ruht über vier Kupferklötzen auf zwei großen Marmorblöcken. Die (z. T. stark verwitterten) Reliefs des oberen Blocks zeigen den Kaiser samt Familie und Hofstaat. Die Reliefs des unteren Blocks präsentieren zusätzlich zur griechischen und lateinischen Weiheinschrift Wettkampfszenen und die Episode mit der Aufrichtung des Obelisken.

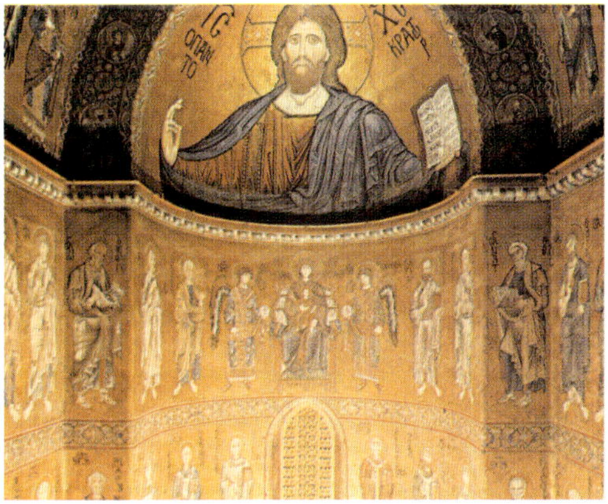

Christus Pantokrator, Muttergottes und Heilige, Mosaik in der Mittelapsis des *Domes von Monreale*, 1174–82

Die Entstehung einer christlichen Malerei und Skulptur war keineswegs eine historische Selbstverständlichkeit, wobei die oft als Grund angegebenen Christenverfolgungen allenfalls eine untergeordnete Rolle für den anfänglichen Bildverzicht spielten. Ausschlaggebender waren andere Punkte. „Du sollst dir kein Bildnis machen", dieses göttliche Bildverbot des Dekalogs hielt die frühen Christengemeinden in Bann. Außerdem herrschte im 1. und 2. Jh. vielfach noch die Naherwartung des Jüngsten Gerichtes (Parusie-Erwartung), Prophezeiungen der apokalyptischen Katastrophe geisterten durch die Lande und waren alles andere als ein günstiger Nährboden für eine auf Dauer angelegte Kunst. Solange sich die Christen fremd wussten in der Welt, hatten sie kein Bedürfnis, auf der Erde inmitten von Bildern und Bauwerken heimisch zu werden. Überdies waren die heidnischen Kaiserbilder und die staatliche Forderung, ihnen kniefällige Reverenz zu erweisen, allgegenwärtig – für die jungen Christengemeinden gewissermaßen der Beweis, dass Bilder generell den Ruch von „Götzenbildern" an sich tragen.

Der Einfluss Kaiser Konstantins

Mit dem 3. Jh. und vollends dann seit Kaiser Konstantins Mailänder Edikt von 313, das den Christen die gleiche gottesdienstliche Freiheit gestattete wie den etablierten Kulten, änderten sich die Dinge jedoch. Mehr und mehr wurde jetzt das Imperium zu einem christlichen Reich. Pagane Kultformen drangen in den christlichen Kultus ein. Da das Christentum über keine eigenständige künstlerische Tradition verfügte, abgesehen von einigen bildthematischen Besonderheiten, sorgte Konstantin dafür, dass es nun auf die spätantike Staats- und Kaiserkunst zurückgreifen konnte und durfte. Das Christentum des 4. Jh. nahm rasch seine Bauwerke und Kunstformen aus dem Formen- und Typenschatz der gesamten Mittelmeerwelt: Europa, Byzanz, Kleinasien, Syrien, Palästina, Ägypten, Nordafrika wurden Zentren einer christlichen Kunst, naturgemäß mit starken regionalen Gegensätzen.

Im 4. und 5. Jh. führte im Zuge der Völkerwanderung das Vordringen der Germanen zum Verlust der westlichen Provinzen und zum Ende des weströmischen Kaisertums (476). Die Stadt Rom behielt zunächst nur noch durch die Macht der Kirche abendländische Geltung. Nach Mailand avancierte Ravenna kurze Zeit zu einer glänzenden Hauptstadt des Westens, ehe es nach dem Tod des Ostgotenkönigs Theoderich 526 und zur Zeit der Regierung Justinians I. (527–565) an das Byzantinische Reich fiel. Dieser Vorgang ist symptomatisch, verweist er doch darauf, dass seit der Gründung Konstantinopels (324–330) diese östliche Metropole am Bosporus bald, besonders aber nach der Reichsteilung durch Theodosius 395, alle übrigen Städte überflügelte. Sie entwickelte sich als Zentrum des oströmischen, des sog. Byzantinischen Reiches zu einer Weltmacht auf politischem, wirtschaftlichem, geistigem und religiösem Gebiet, die für ein Jahrtausend auch das Abendland aufs stärkste befruchtete.

Die Entstehung einer neuen Stilepoche

Während die künstlerischen Prozesse in den östlichen Mittelmeerländern bis ins frühe 6. Jh. unter dem Vorzeichen der überkommenen Spätantike und nicht als wesentlich neue Stil-

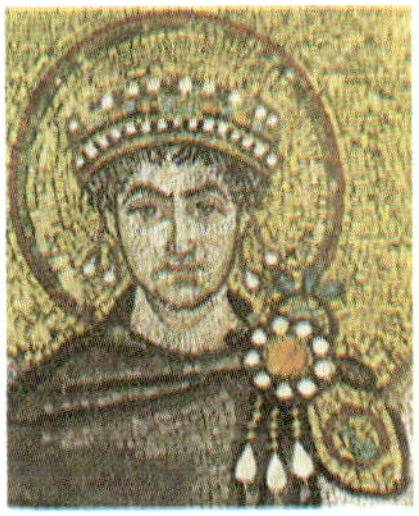

Justinian I., Mosaik im Presbyterium von *S. Vitale* in Ravenna, 525–547

epoche zu sehen sind, kristallisierte sich unter Justinian das heraus, was heute als spezifisch byzantinische Kunst gilt. Diese blühte auch in schwierigen Zeiten, auch während der Araberstürme des 7. Jh., ehe dann der sog. Bilderstreit (726–843) eine kunstfeindliche Zäsur mit sich brachte. Unter der seit 867 regierenden makedonischen Dynastie aber zeichnete sich auf allen Gebieten ein großartiger Aufschwung ab. Mit der Christianisierung der Slawen und Russen weitete sich bald der Einflussbereich des byzantinischen Staates erheblich aus. Das Schisma, d. h. die Trennung von der römisch-katholischen Kirche 1054, machte Konstantinopel und Byzanz für all diese Völker auch zum Mittelpunkt der Orthodoxie.

150 Jahre später ereignete sich die nächste Katastrophe in der so wechselreichen Geschichte dieses Staates. 1204 eroberten beutegierige Kreuzfahrer nicht das Heilige Land, sondern Konstantinopel und errichteten am Bosporus ein lateinisches Kaiserreich, das bis 1261 Bestand hatte. Danach gewannen die Byzantiner von ihrer Exilhauptstadt Nikaia (Nikäa) aus weite Teile ihres Reiches zurück, das freilich in den folgenden Jahrhunderten unter dem Ansturm der Serben und Bulgaren, v. a. aber der osmanischen Türken mehr und mehr schrumpfte. Am 29. Mai 1453 zog Sultan Mehmed II. in Konstantinopel ein, das von nun an Istanbul hieß. Byzanz war als Staat erloschen, sein Glaube, seine Kultur und Kunst aber lebten jahrhundertelang weiter, unter den Griechen, den Balkanslawen und v. a. im russischen Zarenreich.

Stationen der byzantinischen Kunst

Die Perioden der byzantinischen Kunstgeschichte folgen den großen Etappen der Geschichte: die frühbyzantinische Kunst seit Justinian bis zum Bilderstreit (6.–frühes 8. Jh.), die mittelbyzantinische Kunst (um 850–ca. 1200) mit der Makedonischen Renaissance (ca. 867–1056) und der Kunst unter der komnenischen Dynastie (ca. 1056–1204), schließlich die spätbyzantinische Kunst unter den Palaiologenkaisern (1259/61–1453). Im gesamten Verlauf der byzantinischen Kunstgeschichte spielten wohl aus religiösen Gründen Werke der Bildhauerei, abgesehen von der Bauornamentik, kaum eine Rolle; nur das kleinformatige Relief – Elfenbein- und Metallarbeiten – blieb als Hausaltärchen, Kästchen oder Altargerät in Gebrauch.

Früh- bzw. altchristliche Kunst

Die frühchristliche Kunst erlebte ihren ersten Höhepunkt mit dem ehrgeizigen Bauprogramm unter Kaiser Konstantin, das seit dessen Mailänder Edikt von 313 verwirklicht wurde. Auf der Basis der kaiserzeitlichen Profanbasilika entwickelte sich in Ost und West gleichermaßen der maßgebliche Typus des Kirchengebäudes, die christliche Basilika: ein längsgerichtetes, mehrschiffiges Bauwerk, mit oder ohne Querschiff, aber immer mit erhöhtem Mittelschiff, sodass dieses eine über die Dächer der Seitenschiffe erhöhte Fensterzone und damit eine eigene Beleuchtungsquelle erhält. Erste herrliche Bauten entstanden in Rom, Konstantinopel, Antiochia und Bethlehem. Neben diesen kaiserlichen Stiftungen existierten seit dem späteren 4. Jh. überall lokale Gründungen von oft recht unterschiedlichem Aussehen. Im Osten des Reiches, v. a. in Syrien und Armenien, kam es ab etwa 500 zu auch für den Westen zukunftsträchtigen Innovationen im Kirchenbau: Die bisher ungegliederten Längswände wurden durch Wandvorlagen in Joche gegliedert, Türme traten in einen festen Verbund mit den Fassaden (Turmfassaden) und Zentralbauten gewannen an Bedeutung, nicht zuletzt bei Taufkirchen (Baptisterien).

Zu den bekanntesten Denkmälern des Frühchristentums gehören die seit dem frühen 3. Jh. angelegten Katakomben und die dortigen, aus

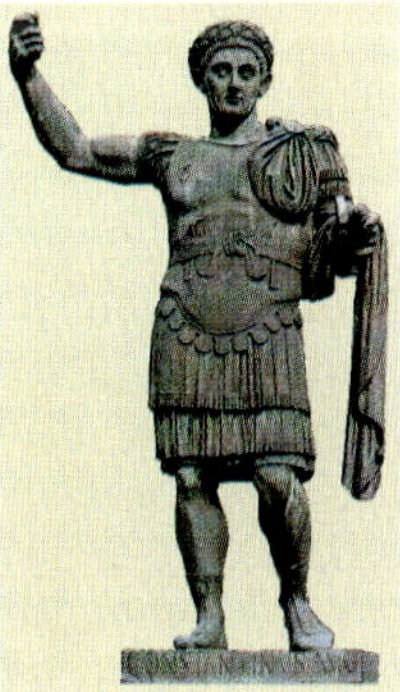

Konstantin I., Statue des Kaisers auf der Piazza San Lorenzo in Mailand (Original: Rom, Lateranmuseum)

dem 3./4. Jh. erhaltenen Wand- und Deckenmalereien, deren Themen oft verschlüsselt scheinen und deren Formensprache zeichenhaft knapp ist. Stilistisch stehen die Katakombenmalereien noch gänzlich in der Tradition der spätrömischen Wandmalerei. Es ist ein Trugschluss, dass die Katakomben in erster Linie als Geheimverstecke der Christen in Zeiten der Verfolgung zu verstehen seien. Sie dienten vielmehr einem spezifischen Begräbniskult und den Anfängen der Märtyrerverehrung. Das Terrain, auf dem sie sich befanden, war oft von heidnischen Immobilienmaklern verkauft worden und deshalb als Versteck ungeeignet. Trotz der zahlreichen Pogrome war das Frühchristentum keine „Underground-Religion", sondern ein integraler Bestandteil der spätantiken Welt.
Auch die Sarkophagproduktion, die nach 313 einen erheblichen Aufschwung nahm, wuchs nahtlos aus der paganen Bildhauerei heraus: Viele Werkstätten arbeiteten, wie sich nachweisen ließ, „Rohmodelle" aus, deren Reliefs dann nach Verkauf entweder heidnisch oder christlich spezifiziert wurden. Bodenmosaiken scheinen in Kirchen selten gewesen zu sein (*Doppelkirche in Aquileia*, zweites Jahrzehnt des 4. Jh.; *Hafenbasilika von Sabratha*, 6. Jh.), Wandmosaiken in Gotteshäusern sind seit dem frühen 5. Jh. überliefert. Aus dieser Zeit datieren auch die frühesten christlichen Kuppelmosaiken. Die ersten Belege einer hochkultivierten und von nun an zunehmend wichtigeren Buchmalerei bieten die Blätter der sog. *Itala-Handschrift* des 4. Jh. 1956 entdeckten die im Krieg gegen Ägypten vorrückenden israelischen Soldaten im *Katharinenkloster am Sinai* einen Schatz bemalter Tafeln. Die ältesten, darunter eine qualitativ überragende *Pantokrator*- und eine *Petrus-Ikone*, stammen aus dem 6. Jh. und belegen, wie auch einige zeitgleich entstandene Stücke in Rom, die frühe Blüte christlicher Tafelmalerei. Zu den oft qualitativ, auf jeden Fall aber quantitativ prominentesten Beispielen frühchristlicher Kunst zählen Werke der sakralen Schatzkunst: Elfenbeinarbeiten, Diptychen, Pyxiden, Reliquienkästchen usw.

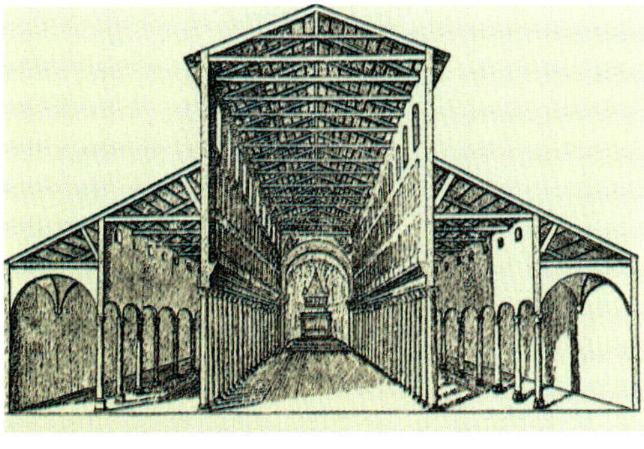

Frühchristliche Basilika: *Alt-St. Peter in Rom*, 319–329

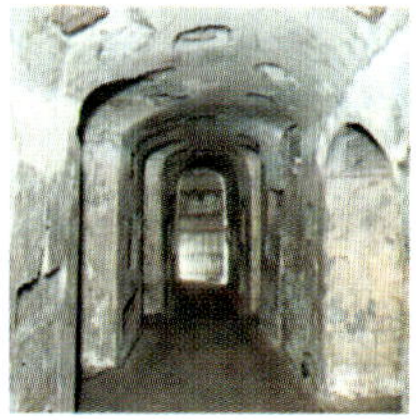

Domitillakatakombe, Rom

Frühbyzantinische Kunst (6.–frühes 8. Jh.)

Im Nikaia-Aufstand gingen 532, wie viele andere Monumente auch, die Hauptkirchen Konstantinopels zugrunde. An ihrer Stelle ließ Kaiser Justinian jene herrlichen Bauwerke errichten, die zum Inbegriff des Frühbyzantinischen wurden und der Weltkunstgeschichte unvergessliche Akzente hinzufügten: den Zentralbau der *Sergios- und Bakchoskirche* (zwischen 527 und 532) und v. a. den Kuppelbau der *Hagia Sophia* (532–537; nach Einsturz und verändertem Wiederaufbau der Kuppel zweite Weihe 562). Weit und schwerelos erscheint das Innere der riesigen *Hagia Sophia*, die vom Eroberer Mehmed zur Moschee umgewandelt wurde und heute als Museum fungiert, wie von überirdischem Licht durchtränkt wirkt die von 40 Fenstern an ihrem Fuß durchbrochene Kuppel.
Von hier nimmt u. a. eine Entwicklung ihren Ausgang, die zu der in der zweiten Hälfte des 9.

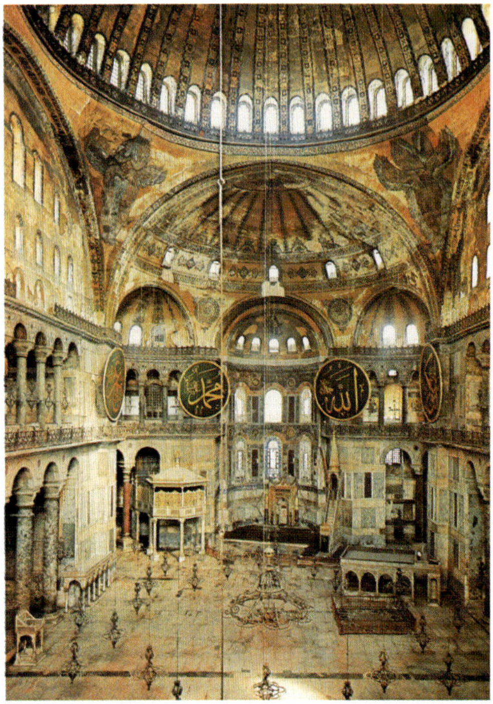

Hagia Sophia, Istanbul, 532–562

Jh. ausgebildeten typisch byzantinischen Kreuzkuppelkirche führen wird. Bei dieser wird der zentrale quadratische Hauptraum (Naos) beherrscht von einer kreuzförmigen Tonnenwölbung mit der Kuppel in der Mitte; dieser dominanten Raumeinheit sind die kleinen kreuz-, später auch kuppelgewölbten Räume zwischen den Kreuzarmen untergeordnet, desgleichen der Narthex (vorgelagerte Querhalle) im Westen und die drei Ost-Apsiden. Nach außen hin präsentieren sich die Kreuzkuppelkirchen als eine gestaffelte Ordnung aus Baukuben und Kalotten. Während die *Hagia Sophia* anfangs keine figürlichen, sondern ausschließlich Goldgrundmosaiken aufwies, demonstrieren mehrere Kirchen in Ravenna die überragende Schönheit der bildlichen Mosaikkunst zur Zeit Justinians, wobei sie sich auch auf spätrömische musivische Traditionen in dieser Stadt berufen konnten. Ravenna ist dadurch zu einem Tummelplatz der spätantik-frühchristlichen und frühbyzantinischen Mosaikkunst geworden – freilich nicht dem einzigen, denkt man an Thessaloniki und andere Stätten im Osten.

Mit der Ausbreitung der Araber gingen Syrien, Ägypten und Nordafrika verloren und die byzantinische Kunst, die sich nach dem Tod Justinians 565 und seit der Zeit des Kaisers Herakleios (610–661) weiter verfestigte und monumentalisierte, die ferner der Ikonenmalerei ein zunehmend wichtigeres Betätigungsfeld gab, musste sich auf die Hauptstadt Konstantinopel, Griechenland und auf Kleinasien beschränken.

Mittelbyzantinische Kunst (um 850–ca. 1200)

Nach dem 843 endgültig beigelegten Bilderstreit, in dem es um die theologische Rechtfertigung sakraler Bildwerke in den Kirchen ging, begann eine neue Hochblüte der Ikonenmalerei und der Buchminiaturen, die v. a. in der Makedonischen Renaissance zu wunderbaren Beispielen führte. Ihren Zenit erreichte sie im 10. Jh. Maßgebenden Anteil daran hatte der gelehrte Kaiser Konstantin VII. Porphyrogennetos (913–959), in dessen Skriptorien wissenschaftliche und literarische Werke der Antike samt ihren Bildern kopiert wurden. Klassische Themen und mit ihnen der hellenistische Stil der Vorlagen wurden so in viel höherem Maße als bisher in die Buchkunst, aber auch in die Elfenbeinschnitzerei eingeführt. Umfangreiche Bildzyklen, die sich zum Teil ihre Vorbilder in den frühchristlichen Anfängen suchten, illustrierten die Bücher des Alten und Neuen Testaments, aber auch Legenden, Heiligenkalender (Menologien) u. Ä. Die Leistungskraft und Bandbreite dieser Kunstgattungen sollte sich fortan immer aufs Neue zeigen und ein erstaunliches Repertoire an Szenen entfalten, auf das die übrigen Figurenkünste stets und gerne zurückzugreifen vermochten.

Mosaiken sind aus dieser Epoche nur relativ spärlich erhalten. Unter ihnen ragen z. B. die musivischen Arbeiten in *Daphni* bei Athen (um 1100) und im griechischen *Hosios Lukas* (um 1050) heraus. Handwerker, die hier

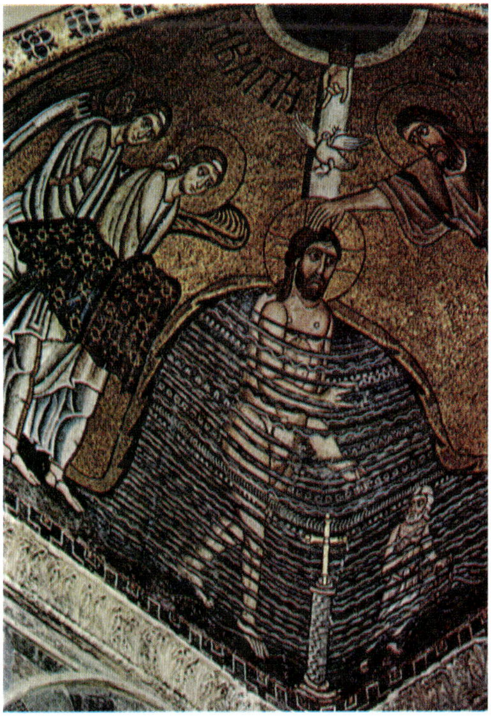

Taufe Christi, Hosios Lukas, um 1000

tätig waren, gründeten eine eigene Schule, von der sich Arbeiten im Sizilien des 12. Jh. nachweisen lassen. Den einstigen Reichtum der Monumentalmalerei dokumentieren nur noch wenige erhaltene Werke, aus denen sich z. B. die *Fresken in der Sophienkirche in Ohrid* (Serbien) herausheben. Diese ganze reife Phase byzantinischer Kunst endete mit der von den Kreuzfahrern herbeigeführten Katastrophe 1204.

Spätbyzantinische Kunst (Palaiologische Renaissance; 1259/61–1453)

Trotz des kontinuierlichen Machtverfalls und eines ständigen territorialen Schrumpfungsprozesses des Byzantinischen Reiches erklomm die Kunst unter den Palaiologen erneut einen Gipfelpunkt. Während die Grundrisstypen der Kirchen verhältnismäßig standardisiert blieben, wurde der Außenbau durch innovative farbige Akzente bereichert. Seit dem 11. Jh., v. a. aber jetzt in den spätbyzantinischen Jahrhunderten, wurden die Wände durch eine plastische und farbige Dekoration rhythmisiert. Lisenen, Nischen, Blendbögen, Gesimse und rahmende Arkaden erzeugten ein vielschichtiges Wandrelief, dessen malerische Wirkung durch verschiedenfarbige Ziegel-, Stein- und Mörtelschichten, später auch durch bunte Keramik gesteigert wurde.

Die Mosaiken erfuhren eine Verfeinerung ins Elegante, manchmal sogar ins Manierierte. Die Buchmalerei brachte einige ihrer schönsten Werke hervor. In den Kirchen entwickelte sich die große Bilderwand (Ikonostase), die den Altar- vom Gemeinderaum trennt. Besonders in Russland erreichte sie gewaltige Ausmaße mit bis zu fünf übereinander liegenden Bilderreihen. In Griechenland, in Mistra bei Sparta, entstand Ende des 13. und im 14. Jh. eine beeindruckende Kirchenarchitektur und Wandmalerei. Stilistisch entsprechen die dortigen Fresken in etwa denen der Malerschule König Stephan Uros II. Milutins im südlichen Serbien.

Die Eroberung Konstantinopels durch die Türken 1453 zwang die byzantinische Kunst gleichsam zur Emigration, ihr Strahlungsbereich richtete sich nun auf den Balkan, nach Griechenland und Russland, wo sich ihre Erfolgsgeschichte, allerdings unter neuen Vorzeichen, fortsetzte.

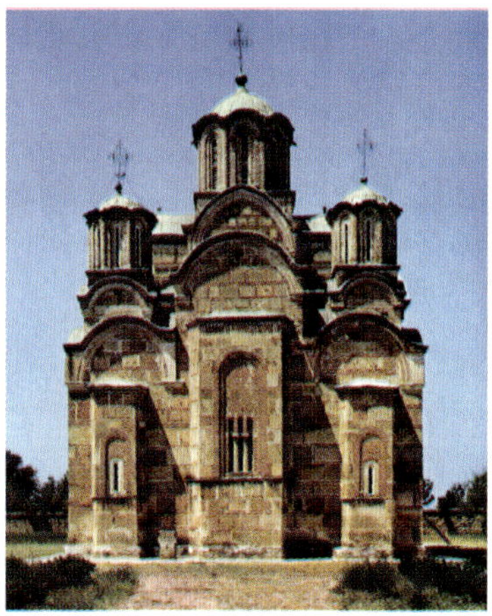

Verkündigungskirche, Gracanica, um 1320

Durch welche Stilmittel zeichnet sich die mittelbyzantinische Buchmalerei aus?

Die Miniaturen dieser Periode bevorzugen die üppige Anwendung von Gold für Hintergründe und zur Akzentuierung der Glanzlichter auf den Gewändern. Besonders gerne werden Juwelen imitiert. Die Farben sind intensiv leuchtend, oft kühn, immer effektvoll eingesetzt. Reiche Umrahmungen umfassen Bilder, die nur geringen Wert auf Naturalismus legen.

Wo findet sich in Rom die älteste figürliche Darstellung in einem Gotteshaus?

Um 390 wurde in Rom eine profane Halle in die *Kirche S. Pudenziana* umgewandelt. Im Laufe der folgenden 15 Jahre erhielt das Apsisgewölbe die älteste figürliche Darstellung, die in einem römischen Gotteshaus erhalten geblieben ist, ein Meisterwerk der Mosaikkunst, das trotz vieler Restaurierungen seine spätantike Klassizität und Monumentalität bewahrt hat. Es zeigt Christus inmitten der Apostel vor einer herrlichen Architektur und zuoberst ein prächtiges Gemmenkreuz („crux gemmata"), umringt von den Evangelistensymbolen.

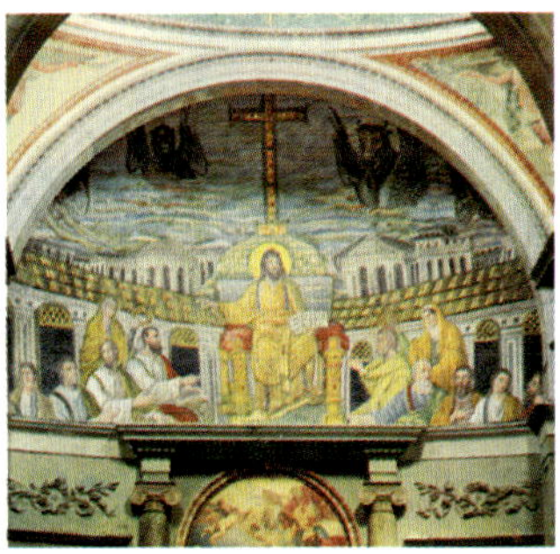

Christus umgeben von den Aposteln vor dem Himmlischen Jerusalem, Apsismosaik, 407–417 (Rom, S. Pudenziana)

Von welchem nicht erhaltenen kostbaren Kreuz geben schriftliche Quellen Nachricht?

Kaiser Konstantin ließ am Grabe Petri in der alten *Peterskirche* in Rom ein Kreuz aus reinstem Gold mit einem Gewicht von 150 Pfund errichten. Wie der „Liber pontificalis", ein seit dem 4. Jh. angelegtes Register der Päpste, ihrer Dekrete und Bauten, berichtet, lautete eine Inschrift: „Weil unter deiner Führung die Welt sich triumphierend zum Himmel erhob, hat der Sieger Konstantin dir diesen Prunksaal gegründet." Das Werk zählte zu den ältesten Monumentalkreuzen überhaupt.

Was versteht man unter dem „tropaion Petri"?

Petrus starb 64 oder 67/68 in Rom. Er wurde gekreuzigt, auf eigenen Wunsch mit dem Kopf nach unten. Das Martyrium fand im Circus des Nero nahe dem Vatikanischen Hügel statt, der Leichnam wurde am Rand einer heidnischen Nekropole bestattet. Immer aufwendiger gestaltete Mausoleen drohten bald das schlichte Erdgrab des Apostelfürsten zu verdrängen. Um dies zu verhindern, errichtete die Christengemeinde um 160 über der letzten Ruhestätte Petri eine mit Giebel und Säulen gerahmte Nische, die spätere Quellen als „Siegesmal" (Tropaion) verzeichnen.

Welchen Madonnentypus stellt die „Hodegetria" dar?

„Hodegetria" heißt „Wegführerin". Der Name geht auf ein Marienbild in einer gleichnamigen Konstantinopler Kirche zurück. Bei diesem Ikonentypus zeigt Maria immer mit der Hand auf das göttliche Kind: „Was er euch sagen wird, das tuet".

Welches Elfenbein dokumentiert einen Akt heidnischer Opposition gegen das frühe Christentum?

Obwohl der heidnische Kult im Römischen Reich seit 391 durch kaiserliches Edikt verboten war, sind auf dem *Diptychon des Symmachi und Nicomachi* (London, Victoria and Albert Museum; Paris, Musée de Cluny) zwei Priesterinnen bei der Opferfeier dargestellt. Die zweiflügelige Elfenbeintafel wurde 391 oder 402 anlässlich einer Heirat zwischen beiden Familien geschnitzt.

Auf welches wunderbare Ereignis bezieht sich die „crux gemmata"?

Das die Mosaikkomposition in der römischen Kirche *S.*

Pudenziana um 400 beherrschende *Gemmenkreuz* („crux gemmata“) hatte zwei historische Parallelen: das Monumentalkreuz, das Kaiser Theodosius I. (reg. 379–395) als Siegeszeichen Christi Ende des 4. Jh. in Konstantinopel aufstellen ließ, und die kostbare „crux gemmata“, mit der Theodosius II. (reg. 408–450) den Golgathahügel in Jerusalem überhöhte. Diese gewaltigen Kreuze antworteten ihrerseits auf die Kreuzverehrung Kaiser Konstantins und seiner Mutter Helena, die der Legende nach im frühen 4. Jh. das lange Zeit verschüttete Marterinstrument Christi aufgefunden hatten.

Welche Bautypen vereinigt die „Hagia Sophia“ in sich?

Die Haupt- und Staatskirche Konstantinopels, die *Hagia Sophia* (griech.: „heilige Weisheit“), besitzt mit der einem quadratischen Grundriss einbeschriebenen Hauptkuppel (Durchmesser 34 m, Scheitelhöhe 52,6 m) und der annähernd quadratischen Ummantelung des Hauptraums durch Nebenräume den Charakter eines Zentralbaus. Der Aspekt eines Richtungs- bzw. Longitudinalbaus ergibt sich aus der Ergänzung der Hauptkuppel durch zwei Halbkuppeln entlang jener Achse, die von der äußeren Vorhalle (Exonarthex) und der inneren Vorhalle (Esonarthex) über eine Länge von 80,9 m zur entgegengesetzten Apsis führt. Die Gesamtbreite der Kirche beträgt 67,7 m.

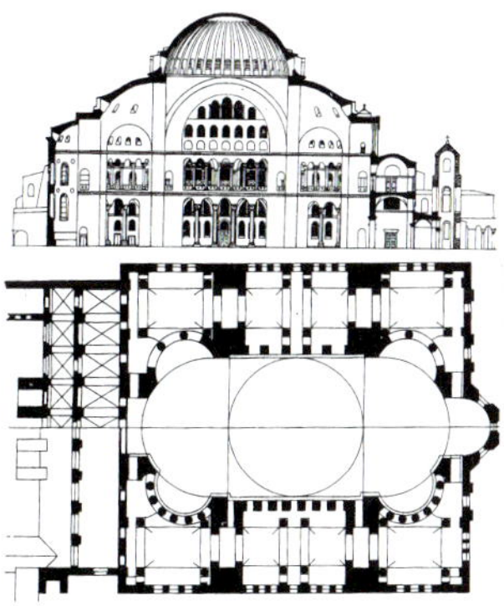

Hagia Sophia, Istanbul, 532–562 (Längsschnitt und Grundriss)

Wo befindet sich eine der ältesten und schönsten Christus-Ikonen?

Aus der ersten Hälfte des 6. Jh. datiert eine in Enkaustik auf Holz gemalte *Christus-Ikone im Katharinenkloster am Sinai*. Sie ist eines der ältesten und dabei gewiss das qualitätsvollste dieser Werke. Der wohl in Konstantinopel tätige Maler hat es verstanden, das lebensgroße Brustbild als beseeltes Menschen- und gleichzeitig als erhabenes Gottesbild auszuformen. Sowohl technisch als auch in der Suggestivität der Augen und des Blickes verweist das Werk auf die Tradition der spätrömischen Mumienbildnisse des Fayum.

Welche Apsisdekoration zeigt erstmals die Gestalt eines Märtyrers?

Nähert man sich durch das breite, helle Mittelschiff der 549 von Bischof Maximian geweihten Säulenbasilika *S. Apollinare in Classe* bei Ravenna dem Apsismosaik, trifft man auf ein Novum: Erstmals schmückt das Zentrum einer Apsisdekoration nicht die bis dahin obligatorische Gestalt Christi, sondern die eines Märtyrers, des Titelheiligen. In bischöflichem Gewand hat der hl. Apollinaris die Hände zum Gebet erhoben, hochaufgerichtet inmitten der Wölbungsfläche.

Was ist ein „Éndyma“?

Die byzantinische Kunst umhüllt in einer besonders verehrungswürdigen Ikone das Antlitz oder die Gestalt gerne mit einer Metallfolie aus Silber bzw. Gold. Diese Praxis lässt sich urkundlich bis in die mittelbyzantinische Epoche zurückverfolgen, die ältesten erhaltenen Ikonenbeschläge stammen jedoch erst aus dem 14. Jh. Sämtliche wundertätigen Tafelbilder tragen dann ein solches Kleid aus Edelmetall, das sog. Éndyma (von griech. „endýo“, einhüllen). In Russland wird der kostbare Beschlag „Risa“ genannt.

Welches Münchner Elfenbein frühchristlicher Zeit wurde im Mittelalter kopiert?

Das unter der Bezeichnung *Reider'scheTafel* bekannt gewordene, um 400 entstandene Elfenbein mit der *Himmelfahrt Christi und den Frauen am Grabe* (München, Bayerisches Nationalmuseum) war das Mittelstück eines fünfteiligen Diptychons. Es war im Mittelalter so bekannt und geschätzt, dass Teile von ihm durch einen Künstler des 9. Jh. detailgetreu kopiert wurden.

Wie heißt das kostbarste byzantinische „Menologion"?

„Menologien" berichten von den Taten der Heiligen nach der Ordnung des östlichen Kirchenkalenders. Die kostbarste dieser Handschriften ist die *Basileios' II.* (976–1025) in Rom (Biblioteca Apostolica Vaticana). Sie wurde von acht Künstlern mit 430 Miniaturen geschmückt.

An welchem symbolträchtigen Ort entstand die „Peterskirche in Rom"?

Nach 313 plante Kaiser Konstantin einen Kranz herrlicher Kirchen in Rom. Er begann mit der bischöflichen Residenzkirche auf dem Lateranhügel und einem Kultbau für den hl. Petrus. Das „*tropaion Petri*", das von den frühen Christen über dem Grab des Apostelfürsten errichtete Siegesmal, diente als materieller und ideeller Ausgangspunkt. Zwischen 319 und 322 begonnen und 329 vollendet, erhob sich die allererste *Petersbasilika* auf einer weiten Terrasse, dem Resultat der Aufschüttung des heidnischen Friedhofs und des neronischen Circus.

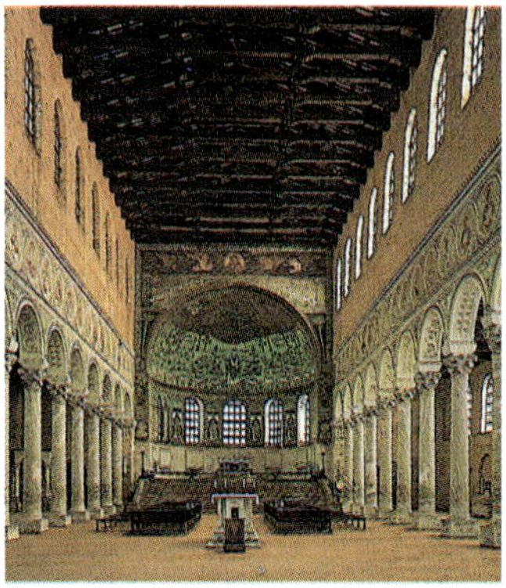

S. Appolinare in Classe, Ravenna, 535–549

Wie heißen die beiden Hauptkirchen justinianischer Zeit in Ravenna?

Ein Jahr nach Theoderichs Tod 526 bestieg Justinian den Kaiserthron in Konstantinopel. Seine Feldherren vernichteten in jahrzehntelangen Kämpfen die Ostgoten und gliederten Ravenna dem Byzantinischen Reich ein. In der Stadt übernahm der Münzmeister Julianus Argentarius die Geschäfte für den Kaiser und ließ mit *S. Vitale* sowie *S. Apollinare in Classe* die beiden kirchlichen Hauptwerke der justinianischen Epoche beginnen.

Welcher Lichteffekt ist in der syrischen „Klosterkirche in Qal'at Sim'an" zu bewundern?

Die um 480 vollendete Kirche bestand aus einem achteckigen Zentrum und vier basilikalen Kreuzarmen (imposante Ruinen sind erhalten geblieben). Der längste Arm weicht ein wenig von der West-Ost-Achse ab. Offenbar wollte man so den Lichteinfall durch die Mittelapsis mit dem Schatten koordinieren, den die als Reliquie verehrte Säule des hl. Symeon wirft. An dessen Todestag, dem 26. oder 27. Juli, trifft der Schatten bei Sonnenuntergang auf die Südecke der Mittelapsis. Dann durchwandert er in östlicher Richtung die Mittelapsis und trifft am 2. September, einem weiteren Gedenktag des Heiligen, deren Nordecke.

Welche Wirkung ruft das Goldmosaik im Inneren der „Hagia Sophia" hervor?

In seiner Lobrede auf die *Hagia Sophia* sagte Paulos Silentarios 563: „Goldüberzogene Steinchen sind über die Decken ausgegossen, und ihre funkelnden Strahlen erscheinen dem menschlichen Auge unerträglich." Die Anbringung der Mosaiksteinchen basierte auf optischen Kenntnissen der Spätantike – selbst auf planen Oberflächen ist das Mosaikbett wellenförmig angelegt, um die Lichtstrahlen zu modulieren. Dadurch strahlen die Wände mit jeder Veränderung des Blickpunktes einen kaleidoskopartigen Glanz aus. Die Gesamtheit der Glaswürfelchen mit Einlagen aus Blattgold erzeugt einen irrealen Effekt: Raum, Licht und Gott – Christus als das „wahre Licht", die „wahre Sonne" – scheinen eins.

Was versteht man unter koptischer Kunst?

Der Begriff „Kopte" tritt zum ersten Mal nach der islamischen Invasion in Ägypten 640 auf und bezeichnet die Bewohner des christlichen Ägypten. Heute neigt man dazu, den Beginn des Koptischen mit dem Neuerwachen des ägyptischen nationalen Selbstbewusstseins zu Beginn des 4. Jh. gleichzusetzen – mit jener Zeit also, in der auch die koptische Sprache geboren wurde (eine Wiedergeburt des Altägyptischen), das christliche Mönchswesen in Nordägypten entstand, die Bibel aus dem Griechischen ins Koptische übersetzt wurde und sich auch in der bildenden Kunst charakteristische Züge abzuzeichnen begannen.

Welche russischen Wandmalereien lassen sich mit den berühmten Beispielen in „Nerezi" (Makedonien) vergleichen?

Die 1194 in der russischen *Demetrioskirche in Vladimir* ausgeführten *Wandmalereien* zeigen den gleichen, tief anrührenden menschlichen Ton wie die berühmten Bilder im makedonischen *Nerezi*. Ihr Meister, ein byzantinischer Künstler, muss in der gleichen Schule ausgebildet worden sein, denn er bedient sich identischer stilistischer Mittel, zu denen v. a. die spezifische Anwendung heller Glanzlichter gehört.

In welchen byzantinischen Bildern „malt" der Evangelist Lukas die Madonna?

Anders als im Westen sind in Byzanz Darstellungen des hl. Lukas, der die Madonna malt, eher selten, da sie offenbar aufgrund ihrer genrehaften Züge dem Ideal einer erhaben-distanzierten Ikone widersprachen. Allerdings sind im Osten in zwei Miniaturen des 13. Jh. die ältesten Beispiele des Sujets überliefert. Aus dem frühen 15. Jh. datiert die kleine wunderschöne Tafel *Der hl. Lukas malt die Ikone der Muttergottes Hodegetria* im Recklinghäuser Ikonen-Museum.

Welches sind die berühmtesten Holztüren des Frühchristentums?

Die beiden aus Zypressenholz gearbeiteten *Türflügel des Hauptportals der Kirche S. Sabina* (erbaut 422–432) auf dem Aventin in Rom haben sich als einzigartige Kostbarkeit erhalten. Von den 28 in Relief geschnitzten Tafeln mit alt- und neutestamentlichen Szenen sind allerdings zehn verloren gegangen. Wahrscheinlich waren die Reliefs, die verschiedenen Künstlern bzw. Werkstätten zu verdanken sind, bemalt.

Was bedeutet der Begriff „Chrysografie"?

Entmaterialisiert, im Zustand der Verklärung erscheinen die Gestalten auf den Ikonen nach dem byzantinischen Bilderstreit. Die Heiligen sind in die irreale Fläche der Darstellung eingebunden. Eine wichtige Funktion haben dabei die goldenen Linienstege in der Kleidung, die für die byzantinische Malerei und Musivik so charakteristischen Goldschraffuren des Gewandes (Chrysografie). Sie ebnen alles Körperliche ein und zeigen es durchdrungen vom himmlischen Licht und Glanz.

Woher stammt der Ausdruck „pausenloses Lichtfest" für das einstige Innere der „Hagia Sophia"?

Die 562 in ihrer heutigen Gestalt vollendete *Kuppel der Hagia Sophia* wurde von Zeitgenossen als „goldene Kugel" gefeiert, die vom Himmel herabzuhängen oder auf dem Lichtkranz aus Fenstern zu schweben scheine. Vom Kuppelgesims hingen Ketten mit durchbrochenen Silberscheiben und kreuzförmigen Gebilden am Ende herab. In den Öffnungen dieser insgesamt 80 Scheiben und Kreuze befanden sich Glasgefäße für Öl. Der große Lichtring umschloss einen kleineren aus 20 Lampen. An den Säulenbasen und -kapitellen gab es Lampenträger, an den Säulen selbst waren an Ketten silber-

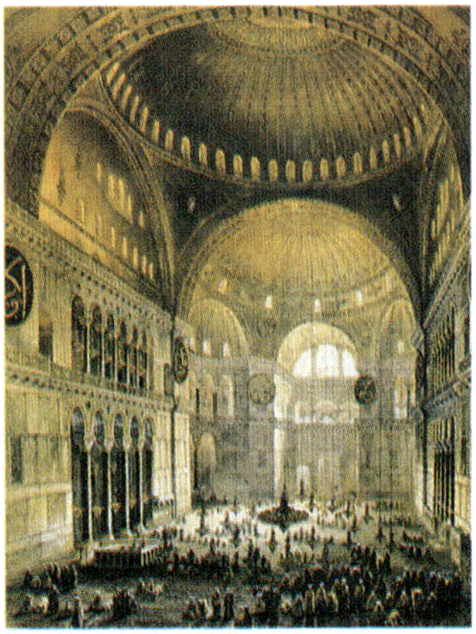

Hagia Sophia, Istanbul, 532–562

ne Schalen mit Öllämpchen angebracht. Am Tag wie in der Nacht waren die Lichteffekte in der *Hagia Sophia* überaus eindrucksvoll, Quellen sprechen von einem „pausenlosen Lichtfest“.

Welche Mosaikenfolge des frühen 11. Jh. zählt zu den herausragenden Kunstwerken Griechenlands?

Die *Mosaiken* in der griechischen *Klosterkirche Hosios Lukas* nahe Delphi datieren aus dem frühen 11. Jh. Sie zeigten ursprünglich einen neutestamentlichen Zyklus, der nur in Fragmenten erhalten geblieben ist. Trotz einiger Provinzialismen sind die Bilder von schöner Farbigkeit und ikonografisch interessant.

Wo begegnet man dem Höhepunkt der frühchristlichen Sakralkunst Griechenlands?

Thessaloniki spielte in der Geschichte des spätantiken Griechenland als Hauptstadt Makedoniens seit römischer Zeit eine herausragende Rolle. Um 300, während der sog. Tetrarchie (griech.: „Viererherrschaft“), war es sogar eine der vier Kaiserresidenzen. So erstaunt es nicht, dass die Stadt auch die Glanzleistungen Griechenlands in der frühchristlichen Architektur und Ausstattung in ihren Mauern birgt.

Womit begann der Bildersturm (Ikonoklasmus) im byzantinischen Bilderstreit?

Kaiser Léon III. erließ 726 (nach neueren Forschungen möglicherweise aber auch erst 730) ein radikales Bildverbot. Er unterstrich seine Absichten, indem er ein ehrwürdiges Christusbild über dem Bronzetor des Großen Palastes in Konstantinopel entfernen, vermutlich vernichten und durch ein schlichtes Kreuz ersetzen ließ. Gott, das Heilige an sich, ist nicht abbildbar, sondern nur zeichenhaft zu umschreiben, so die Botschaft dieser Aktion.

Wo befindet sich das „Weiße Kloster“?

Bei dem „*Weißen Kloster*“ in der Nähe von Suhāg handelt es sich heute nur noch um die Kirche eines Klosterkomplexes, dessen übrige Bauwerke zerstört sind. Es ist, wie der Name andeutet, aus hellen Sandsteinquadern errichtet und gilt als der bedeutendste Kirchenbau Ägyptens. Schenute von Athribis († 466) gab es in Auftrag, nachdem er zuvor den heidnischen Tempel seiner Vaterstadt hatte abreißen lassen. Außen gleicht die Kirche einem pharaonischen Tempel, innen aber entspricht sie voll und ganz dem Bautypus der christlichen Basilika.

Wo befindet sich eines der schönsten Elfenbeinreliefs frühbyzantinischer Zeit?

Das sog. *Barberinische Elfenbein* aus der ersten Hälfte des 6. Jh. ist die nahezu vollständig erhaltene Tafel eines Kaiserdiptychons. Die Identität des siegreichen Imperators, der aus der Mitteltafel hoch zu Ross hervorsprengt, ist ebenso wenig gesichert wie die des Feldherrn zur Linken, der eine Victoria-Statuette heranträgt. Das herrliche Stück verwahrt heute der Louvre in Paris.

Welcher Psalter steht für den Höhepunkt mittelbyzantinischer Buchmalerei zur Zeit der Makedonischen Renaissance?

Nach dem Ende des Bilderstreits setzten die bildenden Künste mit neuer Macht ein und erhoben sich zu besonders monumentalen, an antiken Vorbildern geschulten Gestaltungen. Im 10. Jh. erschienen die wichtigsten und schönsten bebilderten Handschriften der mittelbyzantinischen Periode. Eines der herausragenden Beispiele ist der um 975 in Konstantinopel hergestellte *Pariser Psalter* (Paris, Bibliothèque Nationale), das Hauptwerk der sog. aristokratischen Psalter.

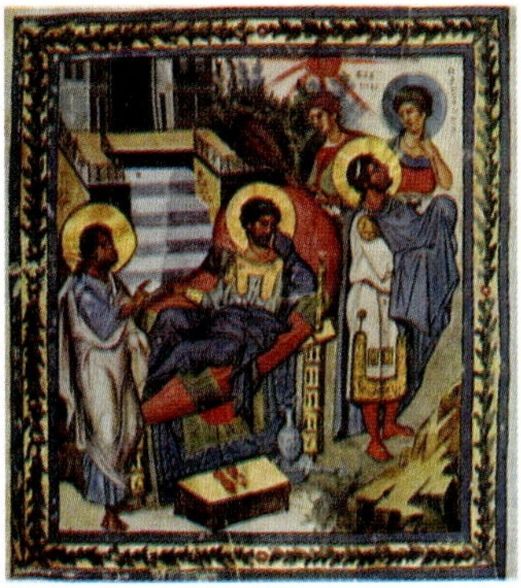

Hiskia, der König von Juda, auf dem Krankenlager, Miniatur aus dem *Pariser Psalter*, um 975 (Paris, Bibliothèque Nationale)

Wer war Isidoros von Milet?

Isidoros von Milet war ein byzantinischer Gelehrter und Architekt, der 532 zusammen mit Anthemios von Tralleis mit dem Neubau der *Hagia Sophia* betraut wurde. Sein Neffe Isidoros d. J. stellte die 558 durch ein Erdbeben eingestürzte Kuppel bis 563 wieder her.

Welches ist der bedeutendste Kirchenbau des 5. Jh. in Rom?

Die unter Papst Simplicius I. errichtete *Kirche S. Stefano Rotondo* ist die wohl bedeutendste des 5. Jh. in Rom. Ein runder Zentralbau mit doppeltem Umgang und eine kreuzförmige Anlage durchdringen sich – eine Bauidee, die möglicherweise auf östliche Vorbilder zurückgeht. Die ursprüngliche Marmorinkrustation und der Mosaikschmuck im Inneren sind verloren.

Seit wann gibt es die Ikonostase?

Die geschlossen hochgetürmte Wand, die heute in byzantinischen Kirchen anzutreffen ist, entstand im 15. Jh., wohl erst am Ende des Byzantinischen Reiches, vielleicht sogar erst in Russland. Auch die Bezeichnung „Ikonostase" ist späteren Datums. Anfänglich standen an der Stelle der Ikonostase niedrigere Altarschranken, die zusammen mit den hier friesartig gereihten Ikonen „Templon" genannt wurden.

Was geschah in frühchristlicher Zeit mit der Werkstatt des Phidias in Olympia?

Die Werkstatt des großen Bildhauers der griechischen Klassik, in der im 5. Jh. v. Chr. die als Weltwunder geltende *Statue des Zeus* für den Haupttempel in Olympia entstanden war, hatte die gleiche Breite wie die Cella dieses Tempels. Nach der Christianisierung – 393 wurden die Olympischen Spiele verboten – wurde das Gebäude im 5./6. Jh. in eine Kirche verwandelt, von der stattliche Reste erhalten blieben.

Welche Funktion hatten die sog. Kalender-Ikonen?

In der Basilika des *Katharinenklosters am Sinai* hängen zwölf *Ikonen* aus dem 12. Jh., fast einen Meter hoch und gut einen halben Meter breit. Sie stehen für eine Gattung liturgischer Ikonen, die einen Katalog aller Heiligen präsentiert, die im Laufe des Kirchenjahres verehrt werden. Manche fassen die Heiligen eines einzigen Monats zusammen, manche die mehrerer Monate oder gar eines halben Jahres. Sie werden daher als Kalender-Ikonen bezeichnet.

Wer förderte die byzantinische Ikonenverehrung?

Das wundersüchtige Volk von Byzanz verlangte besonders nach Ikonen, nach heiligen Bildern, die Christus, Maria, Engel und die Heiligen darstellten. Die Mönche blieben nicht hinter dem Volk zurück und förderten die Ikonenverehrung fast fanatisch: Im Jahre 536 gab es in Konstantinopel bereits 76 Klöster.

Welche Mosaiken in Ravenna stellen Kaiser Justinian und seine Gemahlin dar?

Kurz vor 547 entstand in der Apsis des Presbyteriums von *S. Vitale in Ravenna* ein Mosaik, das *Kaiser Justinian mit Klerus und Gefolge* präsentiert. Die zwölf Figuren erscheinen in monumentaler

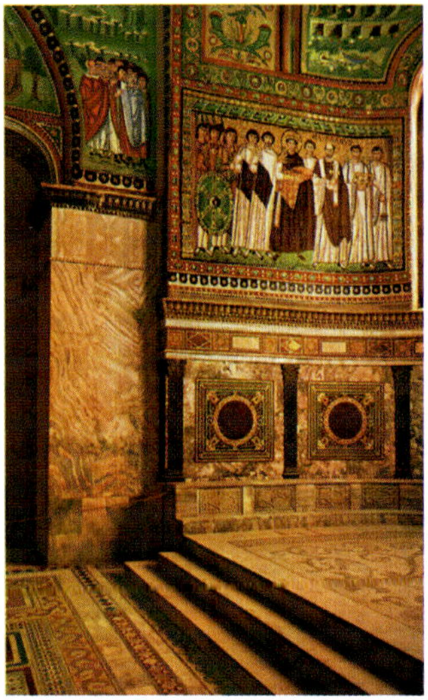

Justinian mit Klerus und Gefolge, vor 547 (Ravenna, S. Vitale)

Flächigkeit und frontal gereiht. Überschneidungen spiegeln die zeremonielle Reihenfolge dieser Prozession, die von Justinian und Erzbischof Maximian angeführt wird. Die gegenüberliegende Wand zeigt korrespondierend Kaiserin Theodora, vordem in Konstantinopel eine stadtbekannte Hetäre, mit ihrem Gefolge.

Welchen überraschenden Effekt bietet das „Laurentius-Mosaik im Mausoleum der Galla Placidia" in Ravenna?

Die älteste datierbare Darstellung des hl. Laurentius (um 424–450) findet sich in der Mosaik-Lünette des südlichen Kreuzarms im *Mausoleum der Galla Placidia* in Ravenna. Der Heilige betritt von rechts die Bildbühne, ein Buch in der Hand und das Kreuz auf der Schulter. Er scheint martyriumssüchtig dem Feuerrost entgegenzueilen, auf dem er gebraten werden wird. Die reale Fensteröffnung genau über dem Marterinstrument und das Licht, das durch sie einfällt, erhöhen die gemalten irdischen Reinigungsflammen zum Himmelslicht.

Welche Mailänder Kirche besaß eine figürlich geschnitzte Holztür aus frühchristlicher Zeit?

Vom Ende des 4. Jh. stammt das Fragment einer *Holztür aus S. Ambrogio* in Mailand (S. Ambrogio, Museum), das mit Szenen aus dem Leben Davids beschnitzt ist. Die Aufteilung in Felder und rahmende Ornamentleisten entspricht jener der berühmten Türen von *S. Sabina in Rom.*

Welches Elfenbein zählt zu den schönsten justinianischer Zeit?

Die monumental wirkenden Tafeln des *Hl. Diptychons* (Berlin, Staatliche Museen) mit dem thronenden Christus zwischen Petrus und Paulus auf der einen und der Gottesmutter zwischen zwei Engeln auf der anderen Seite zählen zu den herausragenden Beispielen justinianischer Elfenbeinschnitzerei. Sie wurden möglicherweise von Erzbischof Maximian aus Ravenna Mitte des 6. Jh. in Konstantinopel in Auftrag gegeben.

Was versteht man unter einer „Platytera"?

Der Begriff bezeichnet einen byzantinischen Madonnentypus, bei dem eine „Maria orans" (mit betend erhobenen Händen) einen sog. Clipeus, eine Art Rundschild, vor dem Körper trägt, auf dem das Brustbild ihres Kindes dargestellt ist.

In welcher Katakombe außerhalb Roms wurden Bischöfe bestattet und dargestellt?

Als Bischofskrypta wird einer der größeren Räume in der *Katakombe S. Gennaro in Neapel* bezeichnet, in dem im 5. Jh. ausschließlich Neapler Bischöfe beigesetzt wurden. Ihre Bildnisse erscheinen in den Mosaiken der über den Gräbern eingetieften Bögen. Eines der eindrucksvollsten ist das Porträt eines Afrikaners, des vom Vandalenkönig Geiserich aus Karthago vertriebenen Bischofs Quodvultdeus, der um die Mitte des 5. Jh. in Neapel Zuflucht fand.

Woher hat der „Brüder-Sarkophag" seinen Namen?

Einer der berühmtesten frühchristlichen Marmorsarkophage ist der um die Mitte des 4. Jh. entstandene sog. *Brüder-Sarkophag* (Rom, Museo Pio Cristiano). Die ein Bruderpaar darstellenden Bildnisbüsten in der Mitte, die ihm den Namen gaben, sind möglicherweise modern überarbeitet. Umgeben sind sie von christlichen Themen in zum Teil ungewöhnlicher inhaltlicher Formulierung. Die eleganten, in klassischer Ponderation gehaltenen Figuren könnten auf die Konstantinopler Kunst als Vorbild hinweisen.

Welche Wandmalereien Makedoniens zählen zum Schönsten, was die byzantinische Kunst hervorgebracht hat?

Die *Wandmalereien* in der kleinen *Kirche von Nerezi* in Makedonien repräsentieren die sog. Zweite Byzantinische Renaissance des 12. Jh. In Auftrag gegeben wurden die Bilder von einem Angehörigen der Komnenendynastie, vollendet wurden sie 1164 von einem Künstler, der in engstem Kontakt mit Konstantinopel stand. Die Darstellungen zeichnen sich bei aller spirituellen Feierlichkeit, stilisierter Linienführung und Flächenbindung durch einen tief menschlichen Ton aus, wie ihn etwa das trauervolle Gesicht der Gottesmutter bei der Beweinung Christi zeigt.

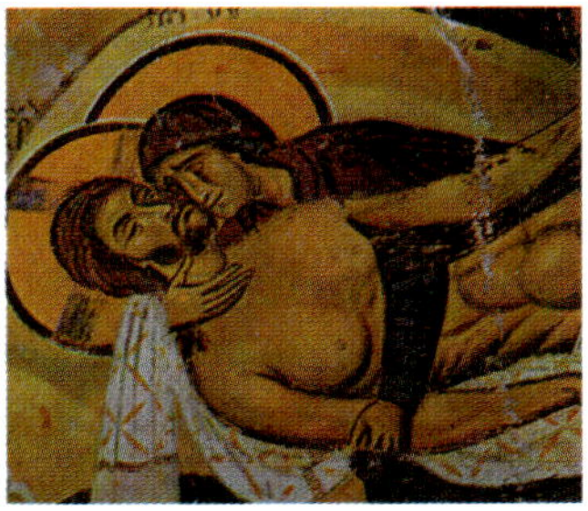

Grablegung Christi, 1164 (Nerezi, Kirche)

Welche Kirche in Mailand reicht in frühchristliche Zeit zurück?

Trotz späterer Umbauten zeigt sich *S. Lorenzo in Mailand* (drittes Viertel des 4. Jh.) als ein typischer Zentralbau frühchristlicher Zeit mit westlich vorgelagertem Portikus und anschließendem großem Atrium.

Wie hieß das neben dem Heiligtum des hl. Symeon zweite große Wallfahrtszentrum Syriens?

Die wichtige Stellung des syrischen Wallfahrtszentrums *Rusafa*, mitten in der Wüste, 27 km vom Euphrat entfernt, resultierte daraus, dass hier die Reliquien des in Syrien am höchsten verehrten Heiligen, des hl. Sergius, verwahrt wurden. Das Kloster glich einer befestigten Stadt, umgeben von einer prächtigen Quadermauer mit 51 Türmen und vier stark befestigten Toren. In diesem Areal befanden sich vier in der zweiten Hälfte des 6. Jh. erbaute Kirchen, von denen drei überaus imposant waren.

Warum hat die „Wundertätige Gottesmutter Tricheroûsa" drei Hände?

Das *Serbenkloster Chilandári* beherbergt eine der bedeutendsten Ikonen des Heiligen Berges Athos, die Mitte des 14. Jh. gemalte *Wundertätige Gottesmutter Tricheroûsa*. Im 8. Jh. gelangte sie der Legende nach in den Besitz des Theologen Johannes Damaszenus (um 670–um 750), dem die Hand abgehackt wurde, damit er keine bilderfreundlichen Schriften mehr verfasse. Doch die von ihm versteckte Marien-Ikone bewirkte, dass ihm die Hand wieder anwuchs. Zum Dank ließ er dem Marienbild eine dritte, eine Silberhand anfügen.

Worin unterscheiden sich die Madonnentypen „Dexiokratusa" und „Hodegetria"?

Wie beim byzantinischen Madonnentypus der „Hodegetria", einem der meistverehrten, trägt auch bei der wohl von diesem Bildformular abstammenden „Dexiokratusa" Maria das Kind auf dem Arm, in diesem Fall aber auf dem rechten.

Wie heißt einer der berühmtesten Ikonenmaler, mit dem die altrussische Malerei ihren Höhepunkt erreichte?

Das Schaffen des um 1360 geborenen und 1430 in Moskau verstorbenen Mönches Andrej Rubljow (bzw. Rublew) vereinigt in sich eine tiefinnerliche, vergeistigte Frömmigkeit mit Elementen eines frühen Realismus. Von Rubljow stammen u. a. die *Ikonostase* der Verkündigungskathedrale im Moskauer Kreml (1405), die *Ikonostase* der Uspenskij-Kathedrale in Wladimir (1408)

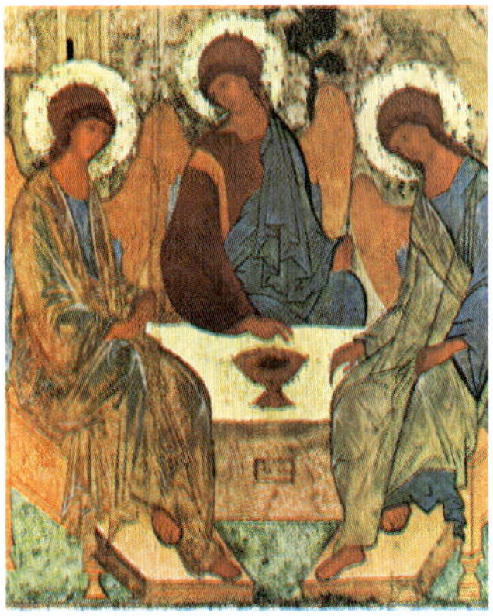

Andrej Rubljow: *Dreifaltigkeits-Ikone*, 1411 oder 1425–27 (Moskau, Tretjakow Galerie)

sowie die berühmte *Dreifaltigkeits-Ikone* (1411 oder 1425–27; Moskau, Tretjakow-Galerie).

Welches sind die technischen Hauptkennzeichen der byzantinischen Ikonenmalerei?

Auf die Holzplatte wurde eine Leinwand gespannt und diese mit dem eigentlichen Malgrund aus Gips, Kreide und Leim bestrichen. Das Auftragen erfolgte in mehreren Schichten. Nach dem Trocknen wurde die Fläche poliert. Darauf legten die Maler mit einer feinen Ritznadel die Zeichnung an, die in aller Regel mit den Anweisungen in den alten Ikonenhandbüchern übereinstimmte. Anschließend trugen sie an den vorgesehenen Flächen das Blattgold auf, dann die Farbschichten – für die Gesichter und unbedeckten Körperteile zuletzt. Zum Schluss wurde das Bild gefirnisst.

Wann entstand die bedeutendste Kirche Thessalonikis?

Um 300 existierte in Thessaloniki ein vielleicht zum Palastbezirk gehöriger runder Zentralbau, möglicherweise ein Mausoleum für Kaiser Galerius. Um 500 wurde dieses Bauwerk vergrößert und in eine Kirche umgebaut, die den Namen *Hagios Georgios* erhielt. Die Kuppel und die Tonnengewölbe über den Nischen erhielten reichen musivischen Schmuck.

Was ist eine „Blacherniotissa"?

Hinter dieser Bezeichnung verbirgt sich ein byzantinischer Madonnentypus: Maria stehend oder halbfigurig bzw. als Brustbild, ihre Arme in symmetrischer Haltung zum Gebet erhoben („Maria orans"), ohne Kind. Das früheste dokumentarisch bekannte Beispiel datiert aus dem 9. Jh. Von dieser Zeit an findet sich die „Blacherniotissa" v. a. in den Apsiden zahlreicher Kirchen.

Wo findet sich die älteste erhaltene christliche Malerei Roms?

Die älteste überkommene eindeutig christliche Malerei Roms findet sich in den Fresken der Katakomben, etwa in der *Lucina-Gruft der Callixtuskatakombe* (Mitte des 3. Jh.). Durch einfache Linien werden in dieser Frühzeit geometrische Felder erzeugt, in die Figuren, kleine Szenen und Ornamente eingesetzt werden – in duftiger Malweise und die Gestalten in antiker Körperhaftigkeit vorgetragen.

Welche Taufkirche (Baptisterium) ist die älteste, die mitsamt ihrem Mosaikschmuck erhalten geblieben ist?

Nach der Überlieferung wurde das älteste mit seinem Mosaikschmuck erhaltene Baptisterium von Bischof Severus um 400 gestiftet, und zwar in Neapel. Seine Kuppel sowie die oktogonale Tambourzone und die Trompen, also die gesamte Wölbungszone, sind, wie bei spätantik-frühchristlichen Bauten üblich, lückenlos mit Mosaiken überzogen.

Welche Funktion hatten die sog. Monza-Ampullen?

Im Schatz der *Basilika von S. Giovanni in Monza* (Lombardei) finden sich etliche Fläschchen, die als Reliquiare für Öl aus dem Heiligen Land dienten. Eine der schönsten stammt aus dem 6. Jh. und besitzt Silberreliefs auf beiden Seiten. Eine Inschrift benennt den Inhalt: „Öl vom Holze des Lebens, von den Heiligen Stätten Christi".

Was hat der Madonnentypus der „Hodegetria" mit dem hl. Lukas zu tun?

Der Legende nach hat Lukas die erste Ikone der Gottesmutter gemalt. Das Resultat, die Ikone mit der halbfigurigen Gestalt Mariens, das Kind auf dem linken Arm, die rechte Hand auf den kleinen Heiland weisend, habe Kaiserin Eudokia, die Gemahlin Theodosius' II., 453 ihrer Schwägerin und Thronnachfolgerin Pulcheria nach Konstantinopel geschickt. Dieses „Porträt", nach dem seit dem 11. Jahrhundert der Madonnentypus der „Hodegetria" („Wegführerin") benannt ist, gilt seit der Eroberung Konstantinopels durch die Osmanen 1453 als verschollen.

Was macht den kunstgeschichtlichen Rang eines Wohnhauses in Dura-Europos aus?

Das in der syrisch-römischen Garnisonsstadt Dura-Europos ausgegrabene *Haus der Christen* (New Haven/Conn., Yale University Art Gallery) entspricht im Typus den anderen Häusern der Stadt. Allerdings wurde um 230 durch das Herausbrechen einer Zwischenwand und den Bau einer kleinen Plattform an der östlichen Schmalseite der Wohn- zum Versammlungsraum transformiert. Außerdem wurde ein Taufraum mit einer Ritualwanne eingerichtet. Im Tympanon darüber erscheint der Gute Hirte mit seiner Herde, an den Wänden sind die Wundertaten Jesu sowie andere neu- und alttestamentlichen Szenen dargestellt. Die Wandbilder, die stilistisch mit denen der ältesten römischen Katakomben verwandt sind, zählen zu den ersten Dokumenten frühchristlicher Malerei.

Wo fanden sich die ältesten Reste der ersten abendländischen Bibelversion?

Auf abenteuerliche Weise haben sich die ältesten Fragmente der ersten abendländischen Bibelübersetzung ins Lateinische, der sog. *Itala*, in unsere Zeit herübergerettet (Berlin, Staatsbibliothek). 1865 wurden in Quedlinburg in den Buchdeckelverkleidungen einiger barocker Rechnungsbücher vier einschlägige antike Pergamentblätter gefunden, die wohl ins 4. Jh. gehören. Die delikat farbigen Illustrationen erinnern in manchem sogar noch an die pompejanischen Wandmalereien des 1. Jh.

Welchen Inhalt hat die berühmteste Buchrolle byzantinischer Zeit?

Im 4. Jh. hatte der Codex die Buchrolle, den Rotulus, bereits fast vollständig abgelöst, nur noch in einigen wenigen Fällen lebte der Rotulus fort. Zu ihnen gehört auch die sog. *Josua-Rolle*, die im frühen 17. Jh. aus Heidelberg in die Biblioteca Vaticana nach Rom gelangte. Sie behandelt in Text und Bild das biblische Buch Josua und entstand zwischen 913 und 950 in Konstantinopel, also während der

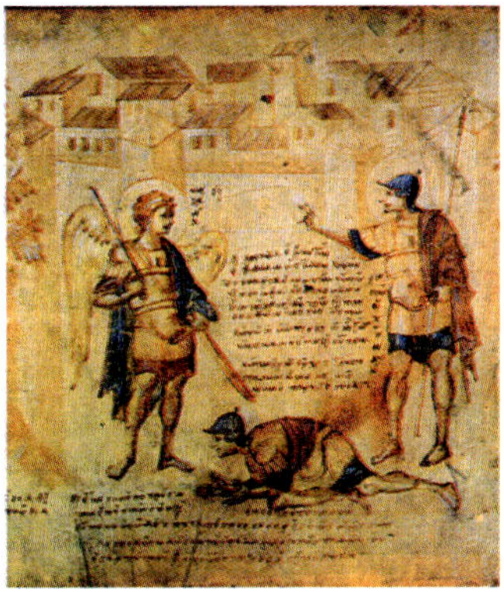

Josua und der Engel, Ausschnitt aus der *Josua-Rolle*, 913–950 (Rom, Vatikanische Sammlungen)

Makedonischen Renaissance. Die antikisierenden Bilder sind in transparenter Ton-in-Ton-Malerei vorgetragen und erinnern an die Friesspiralen an den römischen Triumphsäulen.

Welche „Wunder-Ikone" befindet sich in Aachen?

Eine kleine, stark restaurierte Nikolaus-Darstellung des 12. und 13. Jh. findet sich auf einer Mosaik-Ikone in Aachen-Burtscheid, die aus dem Osten importiert und mit einem gotischen Metallrahmen versehen wurde. Caesarius von Heisterbach berichtet in seinem 1219–23 verfassten „Mirakelbuch" von den Wundern, die die Ikone hauptsächlich an Gebärenden bewirkt haben soll. Ein griechischer Königssohn habe sie nach Aachen gebracht, und das „Bildnis von wunderbarer Arbeit soll nach dem Leben gemalt sein".

Was ist eine „Nikopoia“?

Unter einer „Nikopoia“ versteht man in der byzantinischen Kunst die Darstellung einer stehenden Madonna, die das segnende und eine Schriftrolle haltende Jesuskind trägt. Dabei berührt sie das Kind nur leicht an Bein und Schulter.

Wo befindet sich der umfangreichste aus frühchristlicher Zeit erhaltene Mosaikzyklus?

Theoderich herrschte bis zu seinem Tode 526 von Ravenna aus. Unter seiner Regentschaft entstand dort um 500 u. a. die *Kirche S. Apollinare Nuovo* mit einem herrlichen *Mosaikzyklus*, der erhalten geblieben ist, obwohl die Apsis bei einer Erneuerung ihr Dekor verlor. Die Wände des Mittelschiffs zeigen die Heiligen Drei Könige, Märtyrerinnen und Märtyrer, Apostel und Heilige mit Büchern, die zwischen Engeln thronende Gottesmutter sowie Christus und seine Wundertaten.

Wo entstand eine der frühesten Martyriumsdarstellungen der frühchristlichen Kunst?

Unter der um 410 errichteten römischen *Basilika SS. Giovanni e Paolo* befinden sich Häuser des 3. Jh. mit christlichen Kultstätten. Im späteren 4. Jh. wurde zwischen zweien dieser Gebäude eine Märtyrergedenkstätte eingerichtet und mit Fresken geschmückt, darunter eine der ältesten Martyriumsdarstellungen der frühchristlichen Kunst. Sie zeigt die Enthauptung dreier, nicht näher zu bestimmender Heiliger.

Wer war Anthemios von Tralleis?

Anthemios von Tralleis, von dem biografisch kaum etwas bekannt ist, wurde 532 zusammen mit Isidoros von Milet mit dem Neubau der *Hagia Sophia* in Konstantinopel beauftragt, deren Planung hauptsächlich ihm zugeschrieben wird.

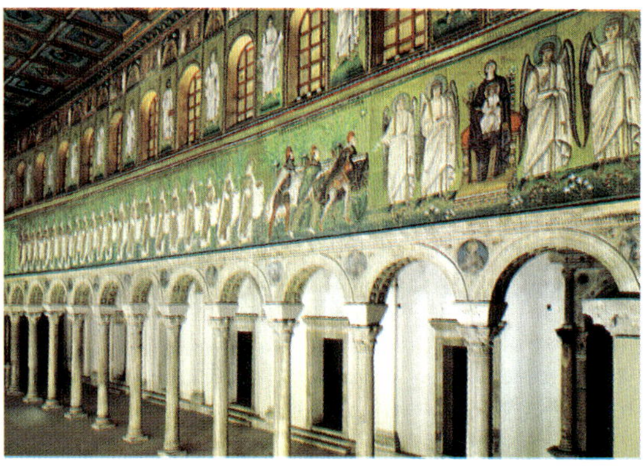

S. Apollinare Nuovo, Ravenna um 500

Welcher byzantinische Seidenstoff ist unter dem Namen „Elefantenstoff“ in die Kunstgeschichte eingegangen?

Im Reliquienschrein Karls des Großen fand sich ein im zweiten Viertel des 10. Jh. in Konstantinopel verfertigtes Seidengewebe (Aachen, Domschatz), das ursprünglich für ein Prunkgewand am byzantinischen Kaiserhof bestimmt war. Auf Purpurgrund sind Elefanten in Medaillons einander zugewandt, jedes Tier vor einem Lebensbaum stehend.

Welche Mosaiken in Griechenland zählen zu den schönsten Zeugnissen der frühbyzantinischen Kunst?

Nachdem um 500 in Thessaloniki aus einem Vorgängerbau die *Kirche Hagios Georgios* entstanden war, wurden die Wände mit Marmor inkrustiert und die Gewölbe mosaiziert. Zu den herrlichen Mosaiken, die vom Anfang des 6. Jh. datieren, gehört auch ein Engelskopf in der Kuppel, eines der frühesten Beispiele des byzantinischen Typus des jünglingshaften „schönen Engels“.

Wann treten in der byzantinischen Tafelmalerei erstmals Szenen auf?

Mit dem 13. Jh. scheint die sakrale Tafelmalerei in der gesamten orthodoxen Christenheit an Bedeutung gewonnen zu haben. Während sich die

Wo befindet sich das im späten 5. Jh. entstandene größte Kloster- und Kirchenareal Syriens?

Der hl. Symeon, einer der berühmten Säulensteher, war 415 nach Syrien gekommen. Nach seinem Tode 459 wurde sein Leichnam nach Antiochia gebracht. 600 Soldaten mussten das Raubunternehmen gegen die Einheimischen schützen, die die Reliquien nicht in die Landeshauptstadt entführen lassen wollten. Im Gegenzug errichteten die Ortsansässigen in Qal'at Sim'an ein riesiges Kloster, das mit ca. 12.000 m^2 ungefähr der Fläche des Louvre in Paris entspricht. Die um 480 vollendete Kirche bestand aus einem Oktogon im Zentrum, in dem sich die 20 m hohe Säule des Symeon erhob. Das Oktogon öffnete sich in den vier Hauptrichtungen auf gewaltige basilikale Kreuzarme – der nach Osten gerichtete war mit 100 m der längste und erhielt einen Drei-Apsiden-Schluss.

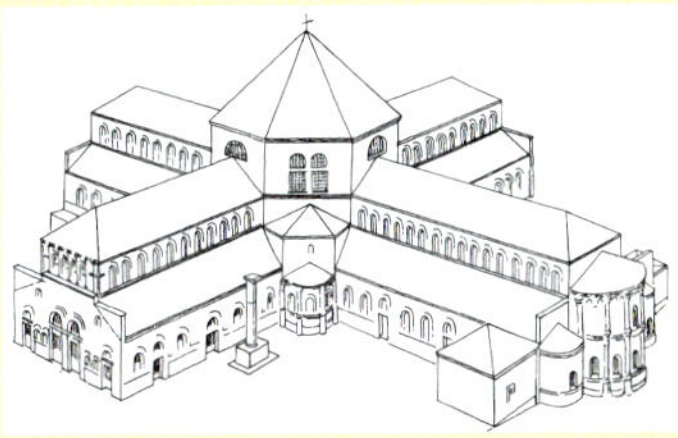

Symeonheiligtum in Qal'at Sim'an (Rekonstruktion), vor 480

Ikonen zuvor für gewöhnlich auf einzelne Gestalten beschränkt hatten, wurden seit dem 13. Jh. auch vielfigurige und aktionsreiche Szenen wiedergegeben.

Wie hieß der Schatzmeister, der eine bekannte byzantinische Bibel anfertigen ließ?

Nach dem Bildersturm (Ikonoklasmus) des 8. und frühen 9. Jh. entfaltete die byzantinische Buchmalerei in zahlreichen Prunkhandschriften, v. a. in Psalterien wie dem sog. *Pariser Psalter*, einen unerhörten Glanz. Der antike Einfluss führte zu einem starken Illusionismus in den Miniaturen. Dieser kennzeichnet auch die Bibel, die der byzantinische Schatzmeister Patricius Leo um 925–950 in einem Konstantinopler Hofatelier anfertigen ließ. Zugleich kommen in den Miniaturen aber auch ausgeprägte Naturalismen ins Spiel.

Wo findet sich der umfangreichste erhaltene Mosaikschmuck einer frühchristlichen Kirche Roms?

Die unter Papst Sixtus III. 432–440 entstandenen bzw. vollendeten *Mosaiken von S. Maria Maggiore* sind der größte Zyklus dieser Gattung der sich in Rom erhalten hat. Das Mosaik der Apsis und einige Bilder des Langhauses sind allerdings ebenso verloren wie das Mosaik der Eingangswand mit der Gründungsinschrift, derzufolge die Kirche zum Gedenken an das Konzil von Ephesos (431) errichtet wurde.

Welches ist der am besten erhaltene Großkomplex byzantinischer Kunst?

Um 1249 gründeten die Franken in Mistra auf dem Peloponnes ein Kastell, das 1262 in byzantinischen Besitz kam. Anschließend entstand unterhalb der Burg eine Stadt mit zahlreichen Kirchen, einer großen Klosteranlage, Palästen und Befestigungen, die zur Hauptstadt der Provinz Morea und zum Sitz eines Erzbischofs wurde. Seit 1308 schenkten die Palaiologenkaiser Mistra besondere Aufmerksamkeit. Die in dieser Zeit geschaffenen Denkmäler – v. a. Kirchen und Wandmalereien – spiegeln die letzte große Blüte der byzantinischen Kunst wider. 1460 nahmen die Türken die Stadt ein, später die Venezianer, 1715 erneut die Türken. Seit der zweiten Hälfte des 18. Jh. verödete Mistra.

Was ist ein „Narthex"?

Unter einem „Narthex" versteht man die quergelagerte Vorhalle frühchristlicher und byzantinischer Kirchen. Im Unterschied zu dem nach außen geöffneten Portikus ist der Narthex dem Kircheninnenraum zugeordnet. Als Vorbereich des Kultraums nahm er u. a. Sünder auf, die eine schwere Kirchenbuße zu absolvieren hatten, oder noch nicht Getaufte, die von hier aus am Gottesdienst teilnehmen konnten, aber im Kultraum nicht zugelassen waren.

Wann wurde das berühmte „Apsismosaik in der Kirche Hosios David" in Thessaloniki entdeckt?

Aus der Zeit um 500 ist ein vorzügliches Mosaik in der Mittelapsis der *Kirche Hosios David* in Thessaloniki erhalten geblieben. Es wurde 1921 unter einer dicken Putzschicht entdeckt, unter der es nach der Umwandlung der Kirche in eine Moschee versteckt worden war.

Was stellt das „Apsismosaik in S. Apollinare in Classe" bei Ravenna dar?

Von jeder Seite schreiten dem hl. Apollinaris sechs Lämmer entgegen (bei Restaurierungsarbeiten wurde festgestellt, dass ursprünglich Pfauen vorgesehen waren), wohl Sinnbilder der zwölf Apostel. Über ihm erscheint im blauen und von 99 Sternen übersäten Kreis ein Kreuz, die edelsteinbesetzte „crux gemmata", im Schnittpunkt der Arme und in einem Perlenkranz das bärtige Gesicht des Heilands, in den Wolkenstreifen neben dem Kreuz sind Moses und Elias zu sehen. Die drei Lämmer dieser Zone stehen für Petrus, Paulus und Johannes, die der Verklärung Christi auf dem Berge Tabor beiwohnten.

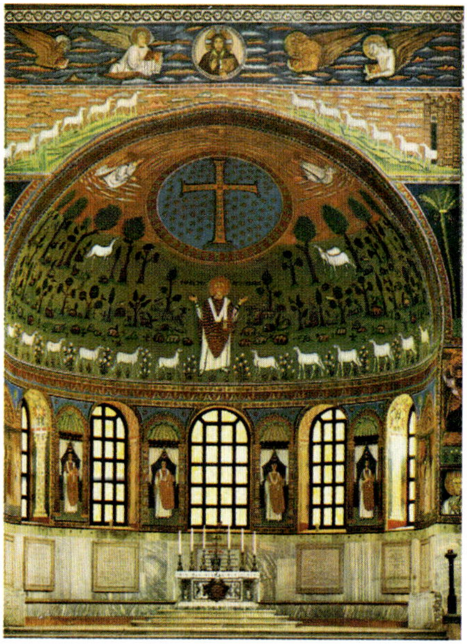

Hl. Apollinaris, Apsismosaik, vor 549 (Ravenna, S. Appolinare in Classe)

Welche Einflüsse verrät eine nachträglich eingeklebte „Miniatur im Simon-Psalter"?

Kurz vor 1300 entstand in *Nowgorod*, für das dortige *Jurew-Kloster*, ein Buch mit den 150 Psalmen und einschlägigen Illustrationen (Moskau, Historisches Museum). Auftraggeber war ein „Vater Simon", wohl ein Mönch dieses Klosters. Das erste Blatt mit Christus, Maria und Martha wurde allerdings nachträglich eingeklebt und wohl erst zu Beginn des 14. Jh. illuminiert. Das Antlitz Christi erinnert an ein zeitgleich entstandenes byzantinisches Fresko in der *Karije Djami* in Konstantinopel/Istanbul, die elegante Linienführung und die souveräne Lichtbehandlung lassen überhaupt an die palaiologische Kunst denken.

Welche serbischen Wandbilder des 13. Jh. ragen qualitativ heraus?

Die byzantinische *Wandmalerei* Serbiens erlebte im 13. Jh. in der *Klosterkirche Sopoĉani* einen Höhepunkt, v. a. in den frühesten Arbeiten, die wie die Kirche selbst um 1260 entstanden. Wenn die Kompositionen auch manchmal überladen scheinen, sind die Details doch herrlich gezeichnet, die Farben subtil und die huschenden Glanzlichter effektvoll gesetzt. Auch spätere Jahrhunderte haben in dieser Kirche Malereien, freilich nicht mehr in dieser Qualität, hinterlassen.

Was versteht man unter einer „Deesis"?

Als „Deesis" wird die Darstellung des thronenden Christus zwischen Maria und Johannes dem Täufer als den Fürbittern beim Jüngsten Gericht bezeichnet. Das Motiv, das gelegentlich um einige Figuren vermehrt werden kann, ist wohl in Byzanz entstanden und hat sich von hier aus im 10. und 11. Jh. auch im Abendland verbreitet.

Welches ist die einzige erhaltene Email-Ikone des 12. Jh. aus Konstantinopel, die den leidenden Heiland zeigt?

Die mehrfach überarbeitete Ikone des *Königs der Herrlichkeit* (Jerusalem, Schatz des Griechischen Patriarchats) präsentiert im Zentrum die bisher einzige erhaltene Email-Darstellung des leidenden Heilands. Das Werk wurde im 12. Jh. in der byzantinischen Hauptstadt angefertigt.

Aus welchem Grund ist in den „Mosaiken der Hagia Sophia" ein gewisser Methodios dargestellt?

In einem Raum über dem Südportal der *Hagia Sophia* befinden sich Mosaiken, die eine Deesis, Apostel, Heilige und Patriarchen zeigen. Zu letzteren zählt auch Methodios, der Leiter jenes Konzils, das nach dem Ikonoklasmus die Wiedereinführung figürlicher Bilder sanktionierte. Begleitet wird er von drei anderen Patriarchen, die sich ebenfalls für die Bildverehrung engagierten. Vermutlich entstanden die Mosaiken bereits um 843, das Jahr der Aufhebung des Bildverbots.

In welchem Jahr erhielt das „Dom-Baptisterium in Ravenna" seine Kuppelmosaiken?

Das gegen Ende des 4. Jh. unter Bischof Ursus errichtete *Baptisterium des Doms in Ravenna* erhielt um 458 durch Bischof Neon eine Kuppel, die mit reichem Mosaikschmuck ausgekleidet wurde. Das zentrale Medaillon zeigt die Taufe Christi in Gegenwart des Flussgottes Jordan, in der anschließenden Mittelzone schreiten zwischen Pflanzenkandelabern die in goldene Gewänder gehüllten Apostel heran. Die Darstellungen sind der Kunst Konstantinopels verpflichtet.

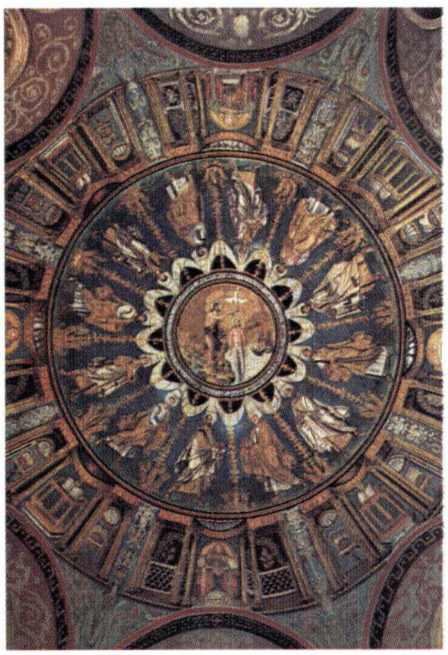

Kuppelmosaik des *Dom-Baptisteriums in Ravenna*, um 458

Welche Kirche ist die vielleicht bedeutendste des 7. Jh. in Spanien?

S. Pedro de la Nave (Ende des 7. Jh.) zählt zu den Gotteshäusern jenes Gebietes nördlich des Duero, das die spanischen Christen sehr früh den maurischen Eroberern entreißen konnten. Die Kirche über kreuzförmigem Grundriss, aus hervorragend präzise geschnittenen und ohne Mörtel geschichteten Quadern aufgebaut, wurde 1930 wegen der Anlage eines Staubeckens in das 3 km entfernte Dorf El Campillo versetzt.

Welche Motive bevorzugt die frühchristliche Katakombenmalerei?

Katakombenmalereien finden sich seit dem 3. Jh. und erlebten ihren Höhepunkt im 4. Jh. Anfangs knüpften sie an ein in der Spätantike vorhandenes Motivrepertoire an: Mahlszenen, idyllische Hirtenmotive, der Gute Hirte, Orpheus, Oranten (Beter mit erhobenen Händen). Dann erweitert sich der Motivschatz um verkürzt wiedergegebene Episoden aus dem Alten Testament (Daniel in der Löwengrube, Noah in der Arche, Drei Männer im feurigen

Ofen, Jona und der Walfisch, Susanna-Szenen), um schließlich auch spezifisch christliche Symbole aufzunehmen.

Welches frühchristliche Manuskript gehört zu den am reichsten ausgestatteten?

Das *Rab(b)ula-Evangeliar* (Florenz, Biblioteca Medicea Laurenziana) ist nach einem mesopotamischen Mönch benannt, der den Codex im ausgehenden 6. Jh. schrieb. Das Manuskript gehört zu den am reichsten geschmückten Handschriften seiner Zeit. Fein abgestufte Farbwerte, eine Art Luftperspektive und atmosphärische Stimmungen lassen an die Landschaftshintergründe hellenistischer Malereien denken. Die großzügige Figurenauffassung wiederum ruft den monumentalen Stil spätrömischer Mosaikkunst in Erinnerung.

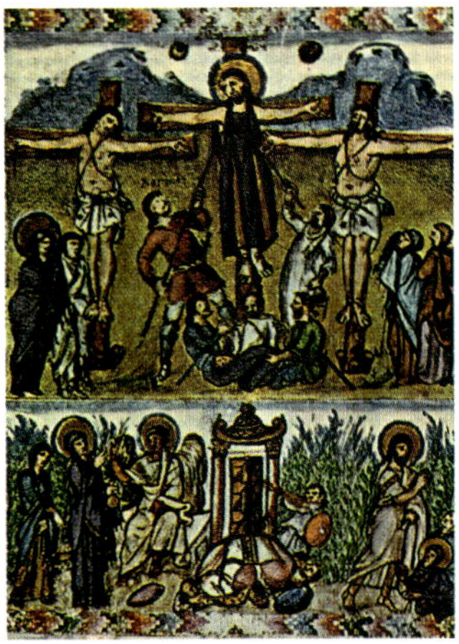

Kreuzigung Christi (oben); Noli me tangere, Grab Christi mit fliehenden Wächtern, Frauen am Grabe, Miniatur aus dem *Rab(b)ula-Evangeliar,* um 586 (Florenz, Biblioteca Medicea Laurenziana)

Welcher Sarkophag zeigt als einer der frühesten eine typisch christliche Bildwelt?

Ein frühes Beispiel für eine unzweifelhaft christliche Dekoration bietet der wohl in den 40er-Jahren des 3. Jh. geschaffene, marmorne *Wannensarkophag in S. Maria Antiqua in Rom.* Er zeigt eine Darstellung des nach drei Tagen vom Walfisch ausgespieenen Jonas, eine alttestamentliche Szene, die als Hinweis auf die Auferstehung Christi nach dreitägiger Grabesruhe gedeutet wurde.

Wen stellt eines der schönsten Porträts der byzantinischen Buchmalerei des 14. Jh. dar?

Die Illustrationen in byzantinischen Handschriften des 14. Jh. wenden sich gerne dem Porträt zu, das zunehmend naturalistischere Züge erhält. Eines der interessantesten Werke ist das *Bildnis des Großadmirals Apokaukos* in einem um 1342 vollendeten Hippokrates-Manuskript (Paris, Bibliothèque Nationale).

Welche symbolische Bedeutung hatten die Adlerfibeln für die Goten?

Eine der schönsten erhaltenen Adlerfibeln datiert aus dem 5. Jh. und befindet sich in Bukarest (Nationalmuseum für Geschichte). Den Goten galt der Adler als Sinnbild für die Auferstehung Christi. Zugleich knüpften sie mit solchen Darstellungen an die Imperialsymbolik der Römer an, deren Herrschaft sie unter Theoderich in Italien und Ravenna fortzuführen suchten.

Welches Wandbild gilt als das schönste des 15. Jh. in Mistra?

In der *Pantanassa-Kirche von Mistra* in Griechenland sind einige Wandbilder aus der Zeit um 1428 erhalten. Dazu zählt eine Darstellung mit der Erweckung des Lazarus, die zu Recht ihrem künstlerischen Wert nach nicht nur als ein herausragendes Werk in Mistra, sondern als eines der eindrucksvollsten Bilder der gesamten byzantinischen Kunst gilt.

Seit wann wurde die „Traditio legis" dargestellt?

In den um 400 entstandenen *Mosaiken* des frühchristlichen *Baptisteriums von Neapel* ist u. a. Christus als Lehrer und gleichzeitig Weltenherrscher dargestellt, der dem in ehrfurchtsvoller Haltung heranschreitenden Petrus eine Buchrolle mit dem Text „dominum legem dat" überreicht. Diese bedeutungsschwangere „Traditio legis" („Gesetzesübergabe") war seit theodosianischer Zeit, d. h. seit dem letzten Drittel des 4. Jh., beliebt.

Welches Mosaik gehört zu den bedeutendsten auf Zypern?

Zu den ältesten Teilen der *Angeloktistos-Kirche in Kiti* auf Zypern gehört das *Sanktuarium*, in dessen Apsis ein bemerkenswertes, technisch meisterhaftes Mosaik erhalten geblieben ist. Vor Goldgrund erscheint Maria mit dem Jesuskind, flankiert von den prächtig gewandeten Erzengeln Gabriel und Michael, deren Flügel aus smaragdgrün bis bläulich schimmernden Pfauenfedern bestehen. Das aus der ersten Hälfte des 7. Jh. datierende Mosaik belegt, zu welcher bewundernswerten Höhe die byzantinische Kunst der vorikonoklastischen Zeit (vor dem Bilderstreit) gelangte.

Gab es in der byzantinischen Kunst monumentale dreidimensionale Bildwerke?

Die Ostkirche verzichtete weitgehend auf vollplastische Darstellungen in den Gotteshäusern. Nur in späterer Zeit entstanden einige solche Werke, darunter die von Wassili Jermolin im 15. Jh. geschaffenen *Vollfiguren des hl. Georg* (ein Fragment des Kopfes in der Moskauer Tretjakow-Galerie) und des *hl. Demetrius von Saloniki* für das *Erlösertor des Moskauer Kreml*. Im Ganzen aber spielte das dreidimensionale Bildnis im Osten keine nennenswerte Rolle.

Wie kam die „Limburger Staurothek" an ihren heutigen Aufbewahrungsort?

Spätestens 985 befand sich das kostbare Reliquiar für einen Partikel des Hl. Kreuzes (Staurothek) in der kaiserlichen Schatzkammer in Konstantinopel. 1207 brachte der Ritter Heinrich von Ulmen das Stück aus dem vierten Kreuzzug mit, der sich gegen die byzantinische Metropole gerichtet hatte, und übergab es 1208 einem Kloster in Stuben an der Mosel, in dem seine Schwester Äbtissin war. 1788 wurde das Reliquiar nach Trier verbracht, von wo aus es 1827 nach Limburg an der Lahn kam.

Wie heißt die bekannteste Privatkatakombe Roms?

Die *Katakombe an der Via Dino Compagni* (Via Latina) ist eine kleine, regelmäßig angelegte Privatkatakombe, die im Unterschied zu den Gemeinde-Coemeterien (Friedhöfen) viele reich ausgestattete Grabkammern aufweist. Die Malereien aus dem dritten Viertel des 4. Jh. zeigen zahlreiche, sonst unbekannte biblische Szenen.

Welches Kunstwerk markiert den Höhepunkt frühchristlicher Elfenbeinschnitzerei?

Das glanzvollste und vermutlich zugleich älteste Stück

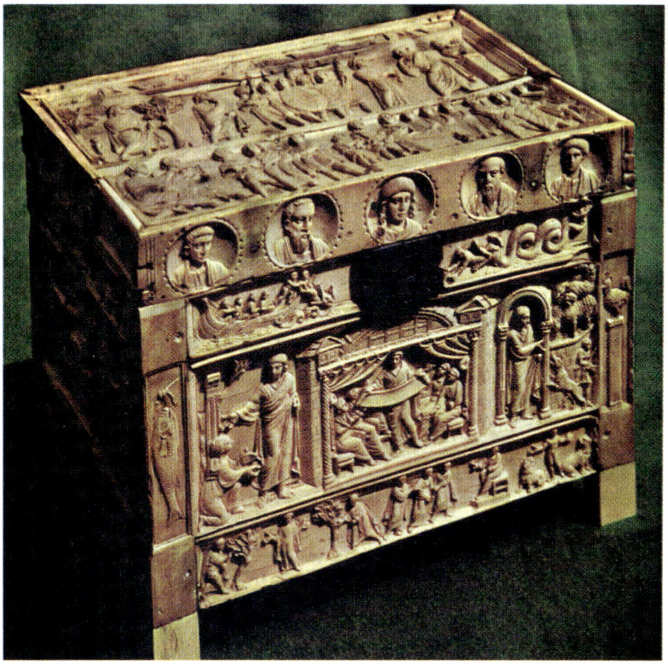

Reliquienkästchen (sog. Lipsanothek), 2. Hälfte 4. Jh. (Brescia, Museo Civico dell'Età Cristiana)

Wie sah die alte „Peterskirche in Rom" in den Grundzügen aus?

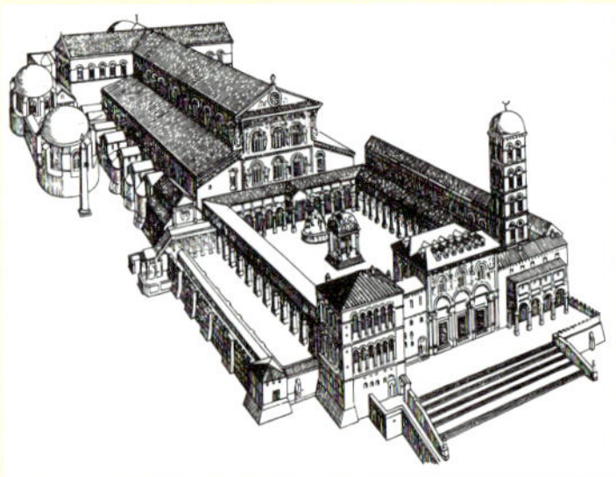

Alt-St. Peter in Rom, 319–329 (Rekonstruktion nach P. Toesca)

Über dem Grab des Apostels Petrus ließ Kaiser Konstantin seit 324 eine fünfschiffige Prachtbasilika errichten, die rasch zum Hauptheiligtum der abendländischen Christenheit aufstieg. Die Anlage war einfach und klar, zugleich riesig in den Ausmaßen und unerhört prunkvoll in der Ausstattung. Eine Freitreppe führte zum Portal des Atriums empor, von dem aus man erst den Narthex, dann das eigentliche, 120 m lange Kirchengebäude betrat. Wie eine antike Säulenstraße, hinterlegt von der dämmrigen Zone der Seitenschiffe, führte das Mittelschiff zum Altar inmitten des Querschiffs. Große Glasstein-Mosaiken tauchten Fassade, Hochschiffwände und Apsis in geheimnisvolles Licht. Seit 1506 wurde die alte *Peterskirche* für den Neubau der Renaissance abgerissen.

frühchristlicher Elfenbeinschnitzerei (4./5. Jh.) ist das *Reliquienkästchen* (Lipsanothek) *aus S. Giulia* in Brescia (Brescia, Museo Civico dell'Età Cristiana). Die Reliefs zeigen Szenen aus dem Leben Christi und dem Alten Testament sowie christliche Symbole. Erinnerungen an weströmische Sarkophage und die Katakombenmalerei sind verarbeitet.

Welche Kunstschätze beherbergt das berühmte byzantinische „Kloster am Sinai"?

Das wohl seit dem 3./4. Jh. bestehende griechisch-orthodoxe Kloster am Fuß des Djebel Musa auf der Sinai-Halbinsel ist seit 869 als Bischofssitz bezeugt und fungierte seit 1575 als selbstständiges Erzbistum. Seit dem 14. Jh. ist das Kloster nachweislich der hl. Katharina geweiht. Die Klosterkirche des 6. Jh. ist eine dreischiffige Arkadenbasilika. Das Apsismosaik stellt die Verklärung Christi dar, außerdem sind Fresken des 6. oder 7. Jh. zu bewundern. Im Klosterbesitz befinden sich neben wertvollen Handschriften rund 2000 Ikonen des 8.–15. Jh. sowie sehr frühe Tafelbilder (5./6. Jh.) in enkaustischer Technik.

Worin unterscheidet sich funktional der frühchristliche Zentralbau vom Longitudinalbau?

Ein Kirchenraum, der sich allseits auf eine Mitte hin orientiert (v. a. der Rundbau, der Polygonal-, Oktogonalbau u. Ä.) entspricht weniger dem richtungsbezogenen Gottesdienst, wie er sich in der längsorientierten Basilika entfalten kann. Nach dem Vorbild römischer Grabbauten und Thermensäle diente der frühchristliche Zentralbau hauptsächlich für Grabkirchen (Mausoleen), Gedenkkirchen (Martyrien) und Taufkirchen (Baptisterien). In der byzantinischen Architektur wurde der überwölbte Zentralraum als dominierendes Motiv in die Längsrichtung einbezogen (Kreuzkuppelkirchen).

Welche Stadt in Griechenland wird aufgrund ihrer Wandmalereien gerne als das „byzantinische Pompeji" bezeichnet?

In Mistra auf der Peloponnes traten in sämtlichen nach 1308 entstandenen Klöstern und Wandmalereien die Merkmale der hauptstädtischen, d. h. der Konstantinopler Kunst deutlich hervor. Die umfangreichen Reste der Wandbilder bilden gewissermaßen ein Kompendium der byzantinischen Malerei vom 14. Jh. bis zur Eroberung Konstantinopels durch die Türken 1453. Aufgrund dieser „Überblickssituation“ wird Mistra in Analogie auch das „byzantinische Pompeji“ genannt.

Welche Import-Ikone ist die kostbarste in der Markuskirche in Venedig?

Nahe dem nördlichen Westportal ist im Inneren der Markuskirche die sog. *Madonna delle Grazie (Gnaden-Madonna)* als besonders wertvolle Ikone ausgezeichnet. Sie ist ein Importstück aus Byzanz, das hier in die Wand eingelassen und vollständig vergoldet wurde.

Wie heißt die in Wien aufbewahrte Purpur-Handschrift, die zu den kostbarsten Manuskripten des Frühchristentums zählt?

Die Texte der sog. *Wiener Genesis* (Wien, Österreichische Nationalbibliothek) sind in Silbertinte auf purpurrot gefärbtes Pergament geschrieben. Das Werk zählt zu den wenigen erhaltenen Purpur-Codices der Spätantike. Vermutlich entstand es im syrisch-palästinensischen Raum, und zwar im 6. Jh. V. a. die Regierungszeit Justinians I. (527–565) kommt hier infrage, zumal in dieser Zeit Purpurfarbe nicht nur Zeichen des höchsten Luxus, sondern auch kaiserliches Hoheitssymbol war und deshalb auf den mächtigen oströmischen Imperator als Auftraggeber der Bilderbibel hinweisen könnte. Wann die Handschrift, deren Miniaturen einzigartige Rückschlüsse auf die ansonsten weitgehend verlorene hellenistisch-jüdische Bildtradition erlauben, in den Westen gelangte, ist unbekannt. Möglicherweise haben Kreuzfahrer sie als begehrtes Beutegut nach Venedig gebracht.

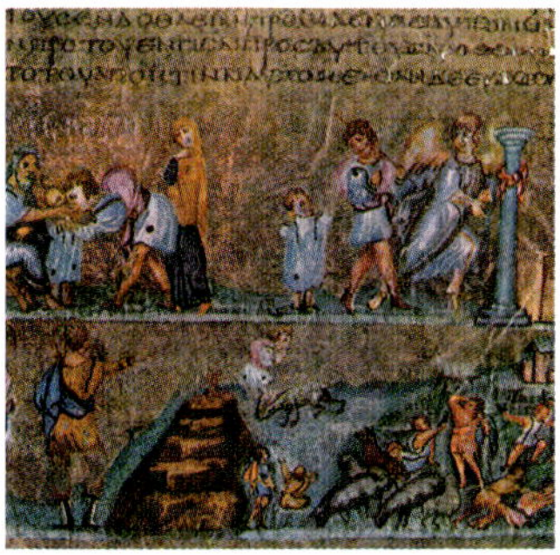

Szenen aus dem Alten Testament, Miniatur aus der *Wiener Genesis,* 6. Jh. (Wien, Österreichische Nationalbibliothek)

Wie heißt die älteste Katakombe Roms?

Das regelmäßige, netzförmige Gangsystem, das Papst Callistus kurz nach 200 anlegen ließ, darf als das älteste Gemeinde-Coemeterium (Friedhof) und als Urzelle der römischen Katakomben bezeichnet werden. Im Laufe des 3. und v. a. des 4. Jh. wurde die *Callistus-Katakombe* systematisch erweitert.

Was ist ein „Proskynetarion“?

Ikonen wurden im ostkirchlichen Gottesdienst beweihräuchert und mit Hymnen bedacht. Die „Proskyneseis“ oder „Tages-Ikonen“ wurden auf einem Bildständer, dem „Proskynetarion“, zur Tagesverehrung und zum Kniefall dargeboten.

Welche frühchristlichen Mosaiken Roms zählen zu den schönsten Werken dieser Art?

Über dem schweren, auf den Säulen ruhenden Architrav des Mittelschiffs von *S. Maria Maggiore* ziehen sich zu beiden Seiten des Mittelschiffs 36 (urspr. 40) bildliche Mosaikfelder aus der Zeit um 440 hin, die sowohl technisch als auch künstlerisch zum Besten zählen, was von der Mosaikkunst frühchristlicher Zeit auf uns gekommen ist. Auch am Triumphbogen zwischen Langhaus und Apsis sind wertvolle Mosaiken des 5. Jh. erhalten.

Welches war die erste Basilika, die Konstantin stiftete?

Der Gründungsbau der christlichen Basilika ist *S. Giovanni in Laterano*, fünfschiffig und 75 m lang, von Kaiser Konstantin 313 für den Bischof von Rom und seine Nachfolger, die Päpste, gestiftet. Die Legende erklärt diese Stiftung, die der Anerkennung des Christentums gleichkommt, mit der Bekehrung des Kaisers, der seinen Sieg über Maxentius ein Jahr zuvor dem Christengott zu verdanken glaubte. Die Entscheidung für den basilikalen, d. h. für einen offiziellen Bautypus der spätantiken Architektur zeugt auch von der neuen Auffassung der Kirche als einer Reichsinstitution.

Für welches östliche Kirchenfest steht das Motiv der „Anastasis"?

Das sieghafte Hinabsteigen Christi in die Vorhölle, die „Anastasis", ist das höchste Osterwunder der Ostkirche, das in unzähligen byzantinischen Ikonen gezeigt wird. Die eigentliche Auferstehung dagegen – als ein Mysterium, das dem menschlichen Auge nicht zugänglich sei – kommt in der Ikonografie der „Altgläubigen" nicht vor.

Wo befindet sich die „Madonna del Rosario"?

Die bei der letzten Restaurierung unter vielen Übermalungen zum Vorschein gekommene Wachsfarbenmalerei einer kleinen Holztafel zeigt eines der ältesten christlichen Tafelbilder Roms: Maria wendet sich mit beiden Händen aus dem Bild heraus und blickt gleichzeitig den Betrachter an, für den sie bei ihrem Sohn Fürbitte leistet. Über das Alter des Bildes, das im *Kloster S. Maria del Rosario* aufbewahrt wird, gehen die Meinungen auseinander. Am wahrscheinlichsten scheint das 6. Jh.

Welches sind die bedeutendsten frühchristlichen Fresken Spaniens?

Der *Mosaikschmuck*, mit dem um die Mitte des 4. Jh. die Kuppel des *Mausoleums in Centcelles* bei Tarragona ausgestattet wurde, zählt nicht nur in Spanien zu den wichtigsten Belegen dieser Gattung aus frühchristlicher Zeit, sondern auch in der gesamten christlichen Ökumene. Die Mosaiken sind in drei Zonen gegliedert. Die unterste ist der Jagd gewidmet, die mittlere zeigt alt- und neutestamentliche Szenen, oben sind nackte Jünglingsgestalten zu sehen, die die Jahreszeiten symbolisieren.

Welcher Sarkophag zählt zu den eindrucksvollsten aus frühchristlicher Zeit?

Eines der schönsten frühchristlichen Werke der Sepulkralkunst ist der sog. *Junius-Bassus-Sarkophag* eines 359 verstorbenen römischen Stadtpräfekten (Rom, Grotten der Peterskirche). Die Schauseite gliedert sich in zwei Reihen mit je fünf rundplastischen Figurengruppen, in Nischen zwischen Säulen platziert. Der Sarkophag wurde im 16. Jh. unter dem Fußboden der alten Peterskirche, in der Nähe des Petrusgrabes, gefunden.

Was symbolisiert der Pfau in Bildwerken der frühchristlichen Kunst?

Der Pfau gilt im Christentum als Symbol der Auferstehung, nicht zuletzt aufgrund einer, ihrerseits auf ältere einschlägige Auffassungen zurückgehenden Äußerung des Kirchenvaters Augustinus (354–430), wonach Pfauenfleisch unverweslich sei.

Welcher Konstantinopler Sarkophag zeigt besonders schön, dass die Kaisersymbolik in die christliche Kunst Eingang gefunden hatte?

Ein Ende des 5. oder Anfang des 6. Jh. geschaffener Marmorsarkophag, der sog. *Prinzensarkophag* (Istanbul, Archäologisches Museum), war möglicherweise für ein jüngeres Mitglied der kaiserlichen Familie bestimmt. Er

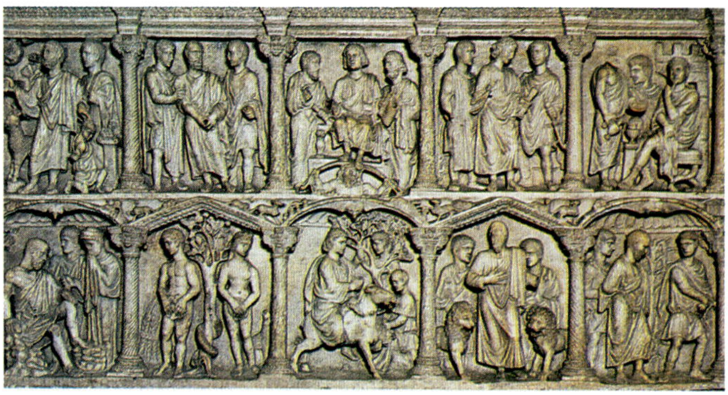

Junius-Bassus-Sarkophag, 359 (Rom, Grotten der Peterskirche)

Gab es in Konstantinopel eine justinianische figürliche Mosaikkunst?

Sämtliche figürlichen Mosaiken justinianischer Zeit, des 6. Jh., sind aus Konstantinopel verschwunden. Es muss sie einst in überwältigender Pracht gegeben haben, wie ein zeitgenössischer Bericht über das Kuppeldekor des kaiserlichen Palastportals verdeutlicht: „Auf beiden Seiten sieht man Krieg und Kämpfe und viele Städte, die erobert werden, einige in Italien und einige in Libyen, sieht, wie der Kaiser Justinian durch seinen General Belisarius Siege davonträgt ... Im Mittelpunkt stehen der Kaiser und die Kaiserin Theodora, die sich beide zu freuen scheinen ob der Siege über den König der Vandalen und den König der Goten ... Rings um sie her steht der römische Senat festlich gestimmt; dies ist durch die Steinchen des Mosaiks zum Ausdruck gebracht, die mit ihren Farben die freudige Erregung der Gesichter verraten." Nichts davon ist erhalten, nur ein Blick nach Ravenna lässt erahnen, was einst in der Hauptstadt die Menschen in Bann geschlagen haben muss.

präsentiert auf allen vier Seiten Reliefs – an den Langseiten jeweils zwei Engel, die fliegend einen Lorbeerkranz mit dem Christusmonogramm tragen, auf den Schmalseiten je zwei Apostelfiguren zu beiden Seiten eines Kreuzes. Die Engelsdarstellungen umfassen Elemente der imperialen Triumph-Ikonografie, die nun christlich ausgedeutet sind.

Auf welchen Inseln vor Venedig finden sich wichtige byzantinische Mosaiken?

Künstlerisch wesentlich bedeutender als die *Mosaiken von S. Marco in Venedig* sind jene auf zwei nahen Inseln, v. a. die auf Torcello im gleichnamigen Ort. Sie entstanden in der Zeit vom frühen 12. bis zum 13. Jh. Am schönsten sind die von byzantinischen Künstlern ausgeführten Werke des 12. Jh. in der Apsis, mit der hohen Gestalt Mariens vor dem feierlich mattgoldenen Grund. Eine vergleichbare Maria aus dem 13. Jh. schmückt die Apsis *in S. Maria e Donato auf Murano.*

Aus welcher Schule stammen die Mosaiken in der „Sophienkathedrale in Kiew"?

Die umfangreichen *Mosaiken* in der *Kiewer Sophienkathedrale* wurden zwischen 1037 und 1061 angebracht. Obwohl sie ein wenig provinziell erscheinen, wurden sie doch nicht von russischen Künstlern, sondern von einer byzantinisch-griechischen Werkstatt ausgeführt.

Welche in Moskau aufbewahrte Psalter-Handschrift setzt byzantinische Traditionen ikonoklastischer Zeit fort?

Als Gegenentwurf zu den sog. höfischen Psaltern des späten 9. und des 10. Jh. mit ihren ganzseitigen Miniaturen gilt eine Gruppe von byzantinischen Psaltern, die lediglich über Randzeichnungen verfügen und so Traditionen ikonoklastischer Zeit fortführen. Der *Chludow-Psalter* aus dem 9. Jh. (Moskau, Historisches Museum) ist der wichtigste unter ihnen.

Wie ist Christus auf den meisten byzantinischen Ikonen gewandet?

Es ist ein orthodoxer Gedanke, dass, wer Christus in seinen Ikonen nicht wiedererkannt und verehrt hat, ihn auch bei seiner Wiederkehr am Jüngsten Tag nicht erkennen wird. Meist trägt Christus auf den Ikonen das purpurne Kleid der Göttlichkeit und als Oberkleid den blauen oder grünen Mantel der Menschlichkeit – seine Göttlichkeit verbirgt sich unter der Menschwerdung.

Wann wurde Maria in der frühchristlichen Kunst darstellungswürdig?

Im 4. Jh. waren im Christentum heftige theologische Dispute über die menschliche und göttliche Natur Christi entbrannt, die auch die Position Mariens betrafen. Seit der Mitte des 4. Jh. scheint für sie der Titel „Gottesgebärerin" („theotokos") gebräuchlich gewesen zu sein, doch erst mit dem Konzil von Ephesos 431 erhielt Maria diese Benennung feierlich und offiziell. Im Volk löste das eine Woge der Begeisterung aus und überall bekam die Marienverehrung gewaltigen Auftrieb. Auch in der bildenden Kunst erlebte das Marienbild, das zuvor nur eine marginale Rolle gespielt hatte, nun eine Hochkonjunktur. Die *Mosaiken auf dem Triumphbogen von S. Maria Maggiore in Rom* (um 440) und eine *Freskenschicht in S. Maria Antiqua in Rom* aus dem 5. Jh. zeigen Maria bereits als „Königin des Himmels" und „Königin der Engel".

In welcher Kirche Thessalonikis sind die wohl wichtigsten byzantinischen figürlichen Mosaiken zu bewundern?

Um 635 entstanden die künstlerisch herausragenden *Mosaikflächen* in der Basilika *Hagios*

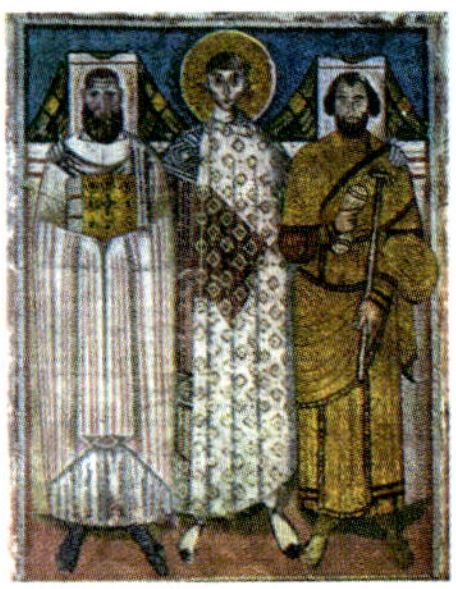

Der Hl. Demetrios zwischen zwei Stiftern, um 635 (Thessaloniki, Hagios Demetrios)

Demetrios in Thessaloniki. Die Szene, die am bekanntesten geworden ist, zeigt den Titularheiligen zwischen den Stiftern der Kirche und befindet sich am Südpfeiler der Apsis.

In welcher Schatzkammer findet sich die reichste Sammlung byzantinischer Email-Arbeiten?

Die Schatzkammer der *Markuskirche in Venedig* beherbergt die weitaus reichste Sammlung byzantinischer Emails. Dort finden sich die künstlerisch wertvollsten Objekte unterschiedlichster Größe und Entstehungszeit zwischen dem 9. und dem 13. Jh. Das vielleicht großartigste Stück ist eine *Kreuzigung*, die als Teil eines Buchdeckels diente.

Warum hat Maria auf einer Ikone im römischen „Pantheon" eine goldene Hand?

Auf einem der ältesten Tafelbilder, die sich in Rom und im Westen erhalten haben, auf der im Jahre 609 gemalten *Ikone des Pantheon*, ist eine Hand der Gottesmutter vergoldet. Es ist jene Hand, mit der Maria für den Beter Fürsprache einlegt.

Sind die „Mosaiken in der Markuskirche in Venedig" zur byzantinischen Kunst zu zählen?

Die vermutlich frühesten *Mosaiken in der Markuskirche* – die *Himmelfahrt* in der Hauptkuppel und einige Szenen im nördlichen Kreuzarm – entstammen dem späten 11. Jh. Seit dem 12. Jh. fügte jede Epoche ihren Beitrag hinzu. Einige Arbeiten des 12. und 13. Jh. sind beachtlich und deutlich erkennbar vom Besten byzantinischer Kunst beeinflusst.

Welche Kirche in Kroatien zählt v. a. mit ihrer Mosaikausstattung zu den besten Schöpfungen frühchristlicher Kunst?

Die *Basilika des Euphrasius* in der kroatischen Hafenstadt Poreč erhebt sich seit der Mitte des 6. Jh. an der Stelle einiger Vorgängerbauten. Das dreischiffige Gotteshaus endet im Osten in drei Apsiden. Nördlich des Atriums liegt die Bischofsresidenz. Von der Ausstattung der Kirche sind v. a. die hervorragenden Mosaiken zu nennen, die stilistisch, inhaltlich und technisch, aber auch im künstlerischen Rang den Mosaiken in *S. Vitale* und *S. Apollinare Nuovo in Ravenna* nahe stehen.

Wie wurde in den „Mosaiken von S. Maria Maggiore in Rom" der kirchliche Universalitätsanspruch formuliert?

In einem Mosaik der rechten Langhauswand von *S. Maria Maggiore* in Rom (erstes Drittel des 5. Jh.) sind das Entstehen, Zusammenwachsen und der Sieg des Volkes

Israel thematisiert. Die alttestamentliche Geschichte leitet zum neutestamentlichen Geschehen im Programm des Triumphbogens weiter. So repräsentiert das Volk Gottes, aus Juden und Heiden zur Ganzheit vereint, den Universalitätsanspruch der römischen Kirche in Analogie zum weltumspannenden Herrschaftsanspruch der römischen Kaiser.

Wo findet sich eine der berühmtesten Darstellungen des Guten Hirten?

Im sog. *Cubiculum der Velatio* in der stadtrömischen *Priscilla-Katakombe*, wurde im letzten Viertel des 3. Jh. die Gestalt des Guten Hirten an die Decke freskiert. Der Lammträger erschien damals noch auf heidnischen Münzen oder Grabsteinen, konnte aber auch christlich interpretiert und mit dem Guten Hirten Jesus gleichgesetzt werden.

Welcher Freskenrest aus dem 5. Jh. ist in „S. Maria Antiqua in Rom" zu bewundern?

In der Apsis der Kirche haben sich die Reste von fünf Freskenschichten aus unterschiedlichen Jahrhunderten erhalten. Darunter befindet sich das Fragment einer meisterhaft gemalten Madonna mit dem Jesuskind zwischen zwei Engeln aus dem späten 5. Jh. Es handelt sich um eine der ältesten Mariendarstellungen der Kunstgeschichte. Die Gottesmutter ist als „Regina", als Himmelskönigin, veranschaulicht.

Welches Gotteshaus vermittelt einen gültigen Eindruck von der Raumgestalt frühchristlicher Kirchen Roms?

Die zwischen 422 und 432 erbaute *Kirche S. Sabina* zeigt am besten die räumliche Anlage frühchristlicher Kirchen Roms. Sie vertritt in Grund- und Aufriss den etwa seit der Mitte des 4. Jh. in der gesamten Ökumene verbreiteten Typus der dreischiffigen Basilika mit hellem, weitem Mittelschiff und wesentlich schmaleren, spärlich beleuchteten Seitenschiffen.

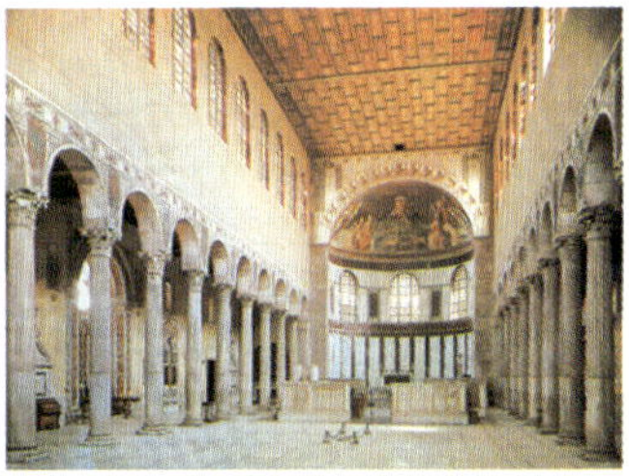

S. Sabina, Rom, 422–432

Welches Marienbild trug den Titel „Salus Populi Romani"?

Die *Kirche S. Maria Maggiore* in Rom besitzt eine auf Zypressenholz gemalte Marien-Ikone, die im Kern, unter vielen Übermalungen, möglicherweise ins 6. Jh. zurückreicht. Sie galt als echtes Porträt von der Hand des hl. Lukas und trägt seit dem 19. Jh. den offiziellen Titel „Salus Populi Romani", „Heil des Römischen Volkes".

Welches ist eine der frühesten und schönsten koptischen Ikonen?

Die Staatlichen Museen in Berlin besitzen eine der ältesten koptischen Ikonen, die *Tafel des Bischofs Abraham* aus Bawit in Ägypten. Allerdings ist nicht ganz sicher, ob es sich wirklich um eine Sakral-Ikone handelt. Der Rundnimbus scheint zwar auf einen Heiligen zu verweisen, die Inschrift „Unser Vater Abraham, der Bischof" spricht aber für das Gedächtnisbild eines lokalen Abtes.

Wo besaßen die Goten ihr Kultzentrum in Ravenna?

Die arianische Bischofskirche (heute *S. Spirito*) und das zugehörige Baptisterium der Arianer waren das Kultzentrum der Goten zur Zeit Theoderichs. Nach dem Vorbild des *Dom-Baptisteriums* (*Baptisterium der Orthodoxen*) trägt auch in ihrer Taufkirche die Kuppel das Mosaik mit der Taufe Christi und darunter einen Zug der Apostel, die ihre Gaben zum Thron mit den Insignien Jesu tragen.

Welches Apsismosaik in Rom erreichte besondere Monumentalität?

Zwischen 526 und 530 entstand in der römischen *Kirche SS. Cosma e Damiano* ein *Ap-*

sismosaik, das sich auf wenige Figuren beschränkt und dadurch kompositionell eine beeindruckende Monumentalität gewinnt. Im Zentrum steht der apokalyptische Christus auf Wolken, dem die Apostelfürsten die hl. Ärzte Cosmas und Damian zuführen. Am Rande sind noch der hl. Theodor und der päpstliche Stifter Felix IV. zu sehen.

Wo befindet sich eines der wertvollsten Reliquiare der byzantinischen Kunst?

Zum Kirchenschatz des *Domes St. Georg in Limburg* an der Lahn gehört ein Tafelreliquiar für Kreuzpartikel, Reliquien des Herrn, der Jungfrau Maria und Johannes des Täufers (*Limburger Staurothek*), das in zwei Phasen, 920/21 und 948–955, in Konstantinopel hergestellt wurde. Gold, Silber, Juwelen und herrlich Emaillierte Heiligendarstellungen machen das Werk zu einem Glanzstück der byzantinischen Schatzkunst. Die Kreuzinschrift besagt, dass zwei Kaiser – entweder Romanos I. Lakapenos und sein Schwager Konstantin VII. oder Konstantin VII. und sein Schwager Romanos II. – die Hauptreliquie, einen Splitter vom Kreuz, schmücken ließen.

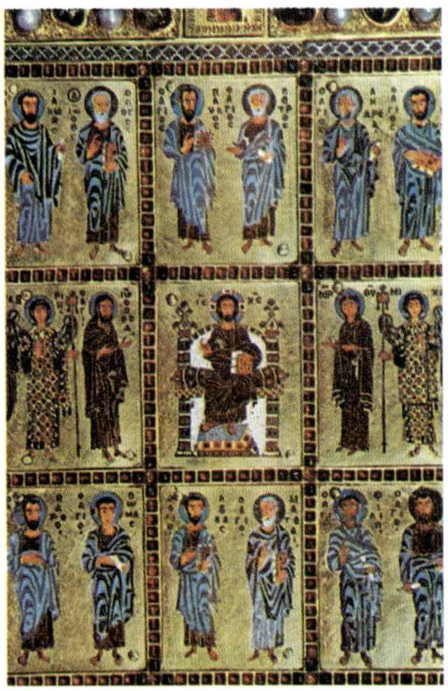

Limburger Staurothek (Ausschnitt), 920/21 und 948–955 (Limburg, Kirchenschatz des Domes St. Georg)

Welche Kirche auf Chios besitzt künstlerisch wichtige Mosaiken aus mittelbyzantinischer Zeit?

Leider nur fragmentarisch erhalten ist der *Mosaikenschmuck im Kloster Nea Moni* auf der griechischen Insel Chios. Die kostbaren Arbeiten, die stilistisch ein wenig den Werken von *Hosios Lukas* ähneln, entstanden in den Jahren zwischen 1042 und 1056.

Warum finden sich in den Katakomben auch Darstellungen der Jahreszeiten?

In der römischen *Katakombe SS. Marcellino e Pietro* finden sich unter den Wandmalereien auch Personifikationen der Jahreszeiten: mit breitem Pinsel gezeichnete Figuren und die zeittypischen fleckenhaften Schattenkonturen. Darstellungen der Jahreszeiten bilden im Frühchristentum eine Komponente der traditionellen Glücks- und Paradies-Symbolik.

Steht Orpheus in der frühchristlichen Kunst für Christus?

Das Bild des mythischen Sängers und Musikanten Orpheus, der mit seiner Kunst die belebte wie die unbelebte Natur, ja sogar die Unterwelt zu bezaubern wusste, war in der spätantiken Kunst äußerst beliebt. Im kirchlichen und sepulkralen Umfeld galt Orpheus auch als Symbol christlichen Friedens. Allerdings scheint der Sänger nicht, wie häufig angenommen wird, mit Christus selbst identifiziert worden zu sein.

An welchem römischen Sarkophag haben sich Spuren der authentischen Bemalung erhalten?

Die römische *Kirche S. Sebastiano* besitzt einen um die Mitte des 4. Jh. entstandenen großen *Friessarkophag* mit zweizonigem Relief und dem Bildnis des Toten in der Mitte. Die Reliefs, die die Ablösung des expressiven Stils des ersten Jahrhundertdrittels durch ein stärker klassizierendes Formenideal belegen, waren farbig gefasst. Spuren davon blieben – ein seltener Glücksumstand – erhalten: Die Farben akzentuierten Schmuckstücke und die Ornamente auf Gewändern sowie die Konturen der Haare und Hände, von Mund, Augen usw. Neben Rot, Blau, Violett, Gelb, Braun und Grün fanden sich auch Reste von Vergoldung.

Wie heißt der nach der „Hagia Sophia" berühmteste kirchliche Zentralbau Konstantinopels?

Unmittelbar nach dem Regierungsantritt Kaiser Justinians wurde zwischen 527 und 536 in der Residenzstadt ein den Heiligen Sergios und Bakchos geweihter Zentralbau errichtet. Innen sind zwischen acht Pfeilern halbrunde bzw. rechteckige Nischen angeordnet, darüber erhebt sich eine – außen sehr flach wirkende – Kuppel. Das durch relativ kleine Bogenfenster belichtete innere Oktogon wird auf drei Seiten von zweigeschossigen Umgängen begleitet.

Waren in der „Capella Palatina in Palermo" byzantinische Künstler am Werk?

Die Wände der *Capella Palatina* im Königlichen Palast zu Palermo auf Sizilien sind vollständig mit zeitlich unterschiedlichen Mosaikzyklen zum Alten und Neuen Testament bedeckt. Die besten Werke im östlichen Teil der Kapelle werden byzantinischen Künstlern um 1143 zugeschrieben, die ihr Können für die übrigen Arbeiten an heimische Kräfte weitergaben.

Welcher frühchristliche Kirchenbau des Ostens blieb fast vollständig erhalten?

Die *Marienkirche des Katharinenklosters am Sinai* zählt zu den wenigen frühchristlichen Bauwerken des Ostens, die bis zum Dachstuhl hinauf nahezu original erhalten geblieben sind. Der zwischen 548 und 560/65 von einem Architekten aus Eilat errichtete Bau erhebt sich an der Stelle, an der sich Gott im brennenden Dornbusch Moses offenbarte.

Wie heißt die bedeutendste, in frühchristlicher Zeit entstandene Marienkirche in Rom?

Der heutige Bau von *S. Maria Maggiore*, der größten unter den zahlreichen Marienkirchen Roms, wurde in den 20er-Jahren des 5. Jh. begonnen und unter Papst Sixtus III. (432–440) vollendet. Obwohl es in späteren Jahrhunderten zu zahlreichen Veränderungen kam, hat der dreischiffige, ursprünglich querschifflose Innenraum der Basilika sein altehrwürdiges, an Basiliken konstantinischer Zeit erinnerndes Aussehen behalten. Die drei Längsschiffe werden durch 40 sehr eng gestellte ionische Säulen voneinander getrennt.

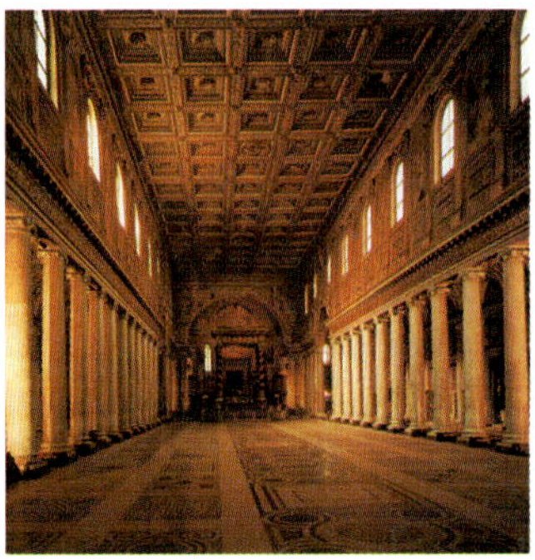

S. Maria Maggiore, Rom, um 420–440

Wo findet sich die erste Darstellung, die Christus am Kreuz als Mensch zeigt?

An den Reliefs der berühmten *Holztür von S. Sabina in Rom*, um 430 hergestellt, findet sich die erste Darstellung der Kunstgeschichte, die Christus am Kreuz in seiner menschlichen Natur zeigt, flankiert von den Schächern.

Welche von Kaiser Konstantin in Konstantinopel zusammengetragenen Kunstwerke sind erhalten geblieben?

Der nach der Zerstörung des griechischen Byzantion durch Septimius Severus und seinen Sohn Caracalla im Jahre 196 betriebene Wiederaufbau der Stadt war in den ersten Jahrzehnten des 3. Jh. ins Stocken geraten. Konstantin setzte hier an und erweiterte die Anlage, die von nun an „Konstantinopel" hieß, bis 330 auf etwa das Fünffache (ca. 6 km^2). Aus dem gesamten Reichsgebiet ließ er zur Ausschmückung der neuen Residenzstadt prächtige Kunstwerke zusammentragen. Gegen Ende des Jahrhunderts schrieb der hl. Hieronymus, dass Konstantinopel eingeweiht worden sei, nachdem man zuvor den ganzen Erdkreis seiner Schätze beraubt habe. Von ihnen allen sind lediglich die beschädigte

Schlangensäule sowie die Porphyrtrommeln der Konstantinssäule erhalten geblieben.

Welche byzantinische Ikone zählt zu den kostbarsten Schätzen der Markuskirche in Venedig?

Im Zuge der maßgeblich von den Venezianern initiierten Eroberung Konstantinopels durch die Kreuzfahrer 1204 gelangten unzählige Kostbarkeiten in die Lagunenstadt, darunter die antiken *Bronzepferde*, die an der *Fassade von S. Marco* aufgestellt wurden, sowie eine Ikone mit dem *Erzengel Michael* (Museo della Basilica di S. Marco). Diese stammt aus dem 10. oder 11. Jh. Prächtige Email- und Edelsteineinlagen, die feine Punzierung und das Goldrelief von Kopf und Händen unterstreichen die Kostbarkeit der Ikone und den spirituellen Rang des Themas.

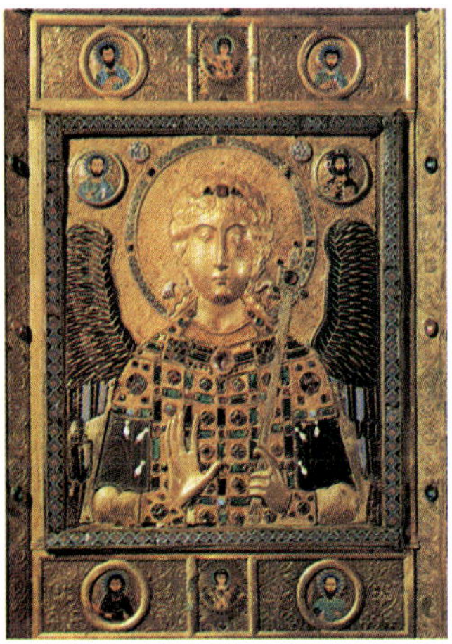

Erzengel Michael, 10./11. Jh. (Venedig, Museo della Basilica di S. Marco)

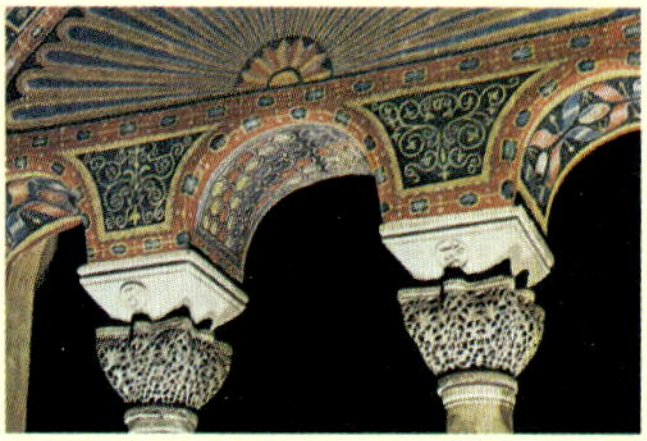

Byzantinische Kapitelle, 522–547 (Ravenna, S. Vitale)

Wie sah die typisch byzantinische Kapitellform aus?

Mit der zunehmenden Ablösung des klassischen Architravs durch die Arkade in frühchristlicher Zeit veränderte sich auch die Kapitellart. Die Marmorplatte eines Architravs hatte als Stütze zwischen sich und dem Kapitell nur einer relativ kleinen Fläche bedurft, ein Bogen dagegen erforderte eine breitere Basis. Diese wurde durch die Verwendung eines Kämpfers oder eines zweiten größeren Kapitells über dem ersten geschaffen. Seit dem 5. und 6. Jh. war der Kämpfer (in Form einer umgekehrten stumpfen Pyramide) über dem Kapitell in byzantinischen Kirchen üblich („Kämpferkapitell").

Wann entstanden die Mosaiken der Martorana?

Der wunderbare Mosaikenschmuck der in ihrer ganzen Anlage sehr byzantinisch wirkenden *Kirche S. Maria dell' Amiraglio* (Martorana) *in Palermo* auf Sizilien entstand einheitlich um 1151, wahrscheinlich unter der Leitung byzantinischer Werkstätten, nachdem diese die *Apsismosaiken in Cefalù* beendet hatten.

Wo befindet sich das wichtigste Beispiel für antikchristliche Malerei in Kleinasien?

1967 fanden Archäologen in Nikaia/Nikäa (Iznik) südöstlich von Istanbul eine unterirdische Grabkammer, die vollständig mit Fresken geschmückt ist: zu beiden Seiten der Tür je ein Rad schlagender Pfau, gegenüber weitere Pfauen in einer Art Paradieslandschaft, Christogramme und anderes mehr; im Kassettengewölbe Blüten als Füllmotive. Die Deckenmalerei datiert etwa aus der Mitte des 4. Jh., die Wandbilder könnten später, um 500, entstanden sein. Auf jeden Fall aber zählen die Fresken zu den bedeutendsten erhaltenen Zeugnissen spätantik-frühchristlicher Malerei in Kleinasien.

Welches Bild zählt zu den schönsten und frühesten Werken frühchristlicher Tafelmalerei?

Wie die enkaustische *Christus-Ikone* im *Katharinenkloster am Sinai* datiert auch ein am gleichen Ort aufbewahrtes Tafelbild mit dem Kopf des hl. Petrus wohl aus dem 6. Jh.

Insbesondere das naturalistisch-suggestive Gesicht zeichnet sich durch reich nuancierte Farbgebung und Zeichnung aus.

Wie entsteht die geheimnisvolle Wirkung des Innenraums von „S. Vitale in Ravenna"?

Die frühbyzantinische Kirche zeigt ein Äußeres von größter Schlichtheit, alle Wirkung konzentriert sich auf das Innere. Ein Musterbeispiel hierfür ist das Gotteshaus *S. Vitale in Ravenna*, das 522 unter dem Ostgoten Theoderich begonnen, dann von Kaiser Justinian übernommen, ausgestaltet und 547 geweiht wurde. Es handelt sich um ein Martyrion, eine Gedenkkirche für einen Märtyrer. Ein hoher achteckiger Zentralraum schwebt in der Kuppel nach oben und dehnt sich in sieben Nischen sowie der Apsis nach außen. Zwischen dünnen Säulenpaaren hindurch geht der Blick auf einen Umgang. Der Innenraum scheint keine festen Grenzen zu besitzen, alle Kanten sind rund verschliffen, die Mauer verschwindet hinter dem Glanz der Mosaiken, die Säulenkapitelle sind wie in ein feines Spitzengewebe aufgelöst.

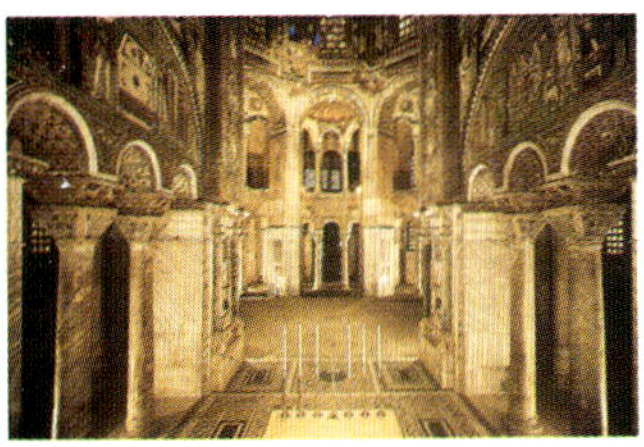

S. Vitale, Ravenna, 522–547

Besitzt die Darstellung von Hirschen in der frühchristlichen Kunst einen tieferen Sinn?

Zwei Hirsche, die in der Kunst dieser Epoche (Mosaiken, Fresken usw.) häufig in einer paradiesischen Landschaft um einen Kantharos (Brunnenschale) gruppiert sind, sollen wohl an den 42. Psalm erinnern: „Wie der Hirsch schreit nach Wasser, so schreit meine Seele, Gott, zu dir."

Welche Kirchenbauten Konstantins im Heiligen Land sind bekannt?

Konstantin gab nach 313 den Befehl, über dem Ort des Grabes und der Auferstehung Christi in Jerusalem eine prächtige Gedächtniskirche zu bauen, die der Biograf des Kaisers, Bischof Eusebius, als das „neue Jerusalem" rühmte. Außerdem ließen Konstantin und seine Mutter Helena über der Geburtsgrotte in Bethlehem und der Grotte der Himmelfahrt auf dem Ölberg vor den Mauern Jerusalems gewaltige Sakralbauten errichten. Zuletzt entstand auch in Mamre, vier Kilometer nördlich von Hebron, wo Abraham geopfert hatte, eine konstantinische Kirche. Von all diesen Stiftungen ist nur die *Grabeskirche* erhalten, und auch sie nur fragmentarisch. Von der *Geburtskirche* ist wenigstens der Grundriss unter dem Neubau der Zeit um 500 bekannt.

Wann entstand die große „Kathedrale von Edschmiadsin" (Armenien)?

Die archäologischen Befunde deuten darauf hin, dass die heutige *Kathedrale von Edschmiadsin* im Wesentlichen dem Bau entspricht, den Wahan Mamikonian um 484 anstelle einer älteren, vermutlich dreischiffigen Basilika des frühen 4. Jh. errichten ließ. Nur einige Teile kamen später hinzu.

Welches sind die frühesten Zeugnisse christlicher Kunst auf der Iberischen Halbinsel?

Christliche Denkmäler des 3. Jh. sind aus Spanien bisher nicht bekannt. Die ältesten überlieferten Zeugnisse sind die mehr als 40 in Rom gearbeiteten und nach Spanien exportierten Sarkophage aus dem 4. Jh., die v. a. in Orten der Ostküste sowie am Ebro und am Guadalquivir zu finden sind. Auf den Flüssen wurden sie transportiert.

Wo befand sich die „Memorialkirche zu Ehren der Thebäischen Legion"?

Die Zerstörungen des II. Weltkriegs ließen unter den mittelalterlichen Umbauten von *St. Gereon in Köln* umfangreiche Reste einer frühchristlichen Anlage aus dem 4. Jh. zutage kommen. Es handelte sich offenbar um die

Gedächtniskirche zu Ehren der Thebäischen Legion, die angeblich kollektiv das Martyrium auf sich nahm. Gregor von Tours erwähnte um 590 als Erster den eigenartig geformten Bau, ein von halbkreisförmigen Apsiden umstandenes Oval.

Was versteht man unter „Acheiropoieta"?

„Acheiropoieta" heißen im Glauben und in der Kunst der Ostkirche die ohne menschliches Zutun, also durch ein Wunder entstandenen Bilder Christi, Mariens, gelegentlich auch von Heiligen. Diese Ikonen besaßen charismatische Eigenschaften. Gott und die Heiligen nahmen in ihnen Sitz und verliehen ihnen Stimmen. Die Gnadenbilder stimulierten Visionen und wirkten Wunder, sie bluteten, Heilöl trat aus ihnen aus. Da sie wie Menschen sprachen und sich auf übernatürliche Weise über Land und Meer fortbewegten, wallfahrteten die orthodoxen Gläubigen zu den heiligen Stätten, wo sich die Ikonen niedergelassen hatten. Der Heilige Berg Athos z. B. besitzt mehrere wundertätige Bilder, fast ausschließlich solche der Muttergottes, die dieser Stätte in der Orthodoxie einen hohen Stellenwert verleihen.

Aus welchem Jahrhundert datieren die „Wandmalereien im italienischen Castelseprio"?

Nordwestlich von Mailand, in der Provinz Varese, liegt Castiglione d'Olona, ein mittelalterliches Städtchen, das durch seine Renaissancewerke bekannt geworden ist. In der Nähe, in der *Kirche S. Maria Foris Portas in Castelseprio*, befindet sich einer der qualitätsvollsten, freilich auch problematischsten Freskenzyklen byzantinischer Prägung im Westen. Die Datierungsvorschläge reichen vom 7. bis zum 10. Jh. Doch wann immer die Wandbilder entstanden sein mögen, sie repräsentieren die Leistungskraft der Malerei Konstantinopels vor oder unmittelbar nach dem Bilderstreit.

Warum waren die Klöster auf dem Berg Athos auch nach dem späteren 15. Jh. bevorzugte Orte der Monumentalmalerei?

Die Produktion einer monumentalen Wandmalerei setzte viele große Wandflächen und verhältnismäßig begüterte Bauherren voraus. Beides war im Klosterstaat des Athos gegeben wie fast nirgendwo sonst im Osten, der noch an den Verwüstungen durch die türkische Eroberung laborierte. Die Mönche blieben relativ unbehelligt von den osmanischen Herren und die Klöster behielten ihre ausgedehnten Güter. So konnte sich jedes Kloster auch umfangreiche Bilderzyklen leisten.

Welches in konstantinischer Zeit errichtete Mausoleum wurde das bekannteste in Rom?

Um die Mitte des 4. Jh. wurde in Rom *S. Costanza*, das Mausoleum Constantinas, der Tochter Kaiser Konstantins, erbaut: ein runder, kuppelüberwölbter Zentralraum mit Umgang innen, dem ursprünglich außen ein offener Säulenportikus entsprach. Die plastische Gliederung des Außenbaus verdankt sich noch der Tradition antiker Baukunst – frühchristliche Bauten weisen meist ein kaum gegliedertes Äußeres auf. Sämtliche Wände innen waren mit Marmorinkrustationen und die Wölbezonen mit herrlichen Mosaiken verkleidet, die nur noch partiell erhalten sind.

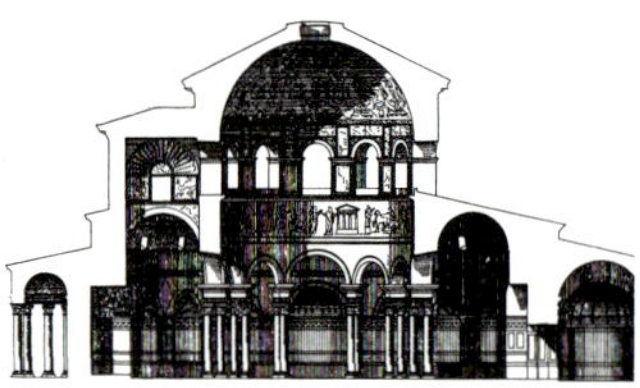

S. Costanza, Rom, Mitte 4. Jh.

Welche Handschrift zeigt das älteste erhaltene Stifterbild?

Der sog. *Wiener Dioskurides* (Wien, Österreichische Nationalbibliothek) ragt aufgrund der Qualität und Anzahl seiner Illustrationen sowie wegen seiner kultur- und wissenschaftsgeschichtlichen Bedeutung unter den spätantiken Handschriften hervor. Der auf Pergament geschriebene Codex entstand um 512 in Konstantinopel. Sein Stifterbild, das älteste in der Buchmalerei bekannte, zeigt die Kaisertochter Anicia Juliana, gerahmt von den Personifikationen der Hochherzigkeit und Einsicht. Ein Putto, vermutlich Pothos, der Gott des Verlangens, fungiert in diesem Falle als Sinnbild für Baulust und Kunststreben.

In welcher Konstantinopler Kirche wurde erstmals die Kuppel mit dem basilikalen Schema kombiniert?

Die vielleicht wichtigste Entwicklung erlebte die Kuppel in der Spätantike durch die Verbindung mit dem basilikalen Plan, die vermutlich in Kleinasien aufkam. Die erste wirklich bedeutende Kuppelkirche wurde jedoch in Konstantinopel realisiert: die *Hagia Eirene* (532) mit zwei hintereinander angeordneten Kuppeln im sehr breiten Mittelschiff der dreischiffigen Anlage.

Wo befindet sich die „Madonna della Clemenza"?

Die Marien-Ikone in der römischen *Kirche S. Maria in Trastevere* zählt zu den ältesten Tafelbildern des Westens. Das im 13. Jh. übermalte Bild, das später den Namen *Madonna della Clemenza* erhielt, geht in den ältesten Schichten auf die Zeit zwischen 705 und 707 zurück. Die monumental wirkende Darstellung der frontal thronenden Madonna unterscheidet sich von damaligen Gepflogenheiten. Möglicherweise handelte es sich um eine Ikone im byzantinischen Kaiserpalast, die der Papst in Rom wiederholen ließ.

Was ist die „Pala d'Oro"?

Im *Markusdom zu Venedig* bilden zahlreiche byzantinische Emailbilder aus verschiedenen Zeiten, insgesamt 86 Einzeltafeln von unterschiedlicher Größe und Qualität, die als *Pala d'Oro* bekannte Tafel auf dem Hochaltar. Diese wurde 976 für den Dogen Orseoli angefertigt und zwischen 1102 und 1107 restauriert, wobei einige weitere Emailtafeln hinzukamen. Eine erneute Restaurierung erfolgte 1345.

Welches Mosaik gilt als eines der schönsten in der „Hagia Sophia"?

Ein in seiner Qualität überragendes Mosaik mit dem Motiv einer Deesis findet sich an ei-

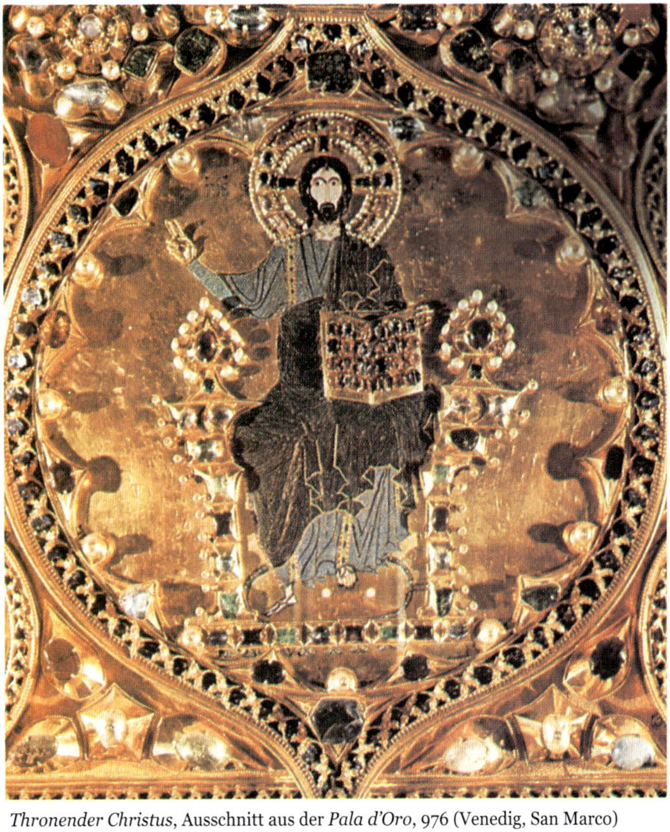

Thronender Christus, Ausschnitt aus der *Pala d'Oro*, 976 (Venedig, San Marco)

ner Wand der Südgalerie der *Hagia Sophia* in Istanbul. Verschiedene, teilweise stark divergierende Datierungsvorschläge wurden gemacht, am wahrscheinlichsten ist eine Entstehung in der zweiten Hälfte des 12. Jh.

Welche Bedeutung hatte die Insel Marmara für die byzantinische Kunst?

Auf der Schwarzmeerinsel Marmara, auf der es große Steinbrüche gab, befand sich eines der wichtigsten Produktionszentren für byzantinische Kapitelle. Die von dort versandten Werke wurden oft an den entferntesten Orten kopiert. In *S. Vitale in Ravenna* z. B. stammen die Kapitelle von der Insel Marmara, die Kämpfer darauf wurden hingegen von einheimischen Bildhauern ausgearbeitet.

Wann wurden die ersten Mosaik-Ikonen hergestellt?

Miniaturmosaiken zählen zum Schönsten, was die byzantinische Kunst zu bieten hat. Die Steinchen sind hier so winzig und der Wachsgrund, in den sie gesetzt sind, ist so anfällig, dass nur wenige Beispiele erhalten geblieben sind. Die ersten dieser Mosaik-Ikonen entstanden vermutlich im 11. Jh., im 12. Jh. waren sie bereits überaus beliebt, galten aber auch schon als seltene Kostbarkeit. Ein schöner *Christus*, im 12. Jh. in dieser Technik ausgeführt, findet sich z. B. im Museo Nazionale in Florenz, eine herrliche *Kreuzigung* des 13. Jh. im Berliner Antikenmuseum.

Welches ist die älteste erhaltene und illustrierte Reisebeschreibung des Kosmas Indikopleustes?

Von den Reisebeschreibungen des Kosmas Indikopleustes, die erstmals im 6. Jh. in Ägypten aufgezeichnet wurden, findet sich das älteste erhaltene und zugleich schön illustrierte Buchexemplar in Rom (Biblioteca Apostolica Vaticana). Es entstand im byzantinischen Raum, wohl im 9. Jh.

Welcher Technik bediente sich die byzantinische Wandmalerei bevorzugt?

In den seltensten Fällen handelt es sich bei den byzantinischen Wandbildern um echte Fresken, bei denen die Farbe auf den feuchten Mörtel aufgetragen wird, ihn durchdringt und sich mit ihm untrennbar verbindet. Stattdessen haben die Maler meist Öl- und Temperafarben auf den trockenen Verputz aufgebracht, dessen Zusammensetzung von Gegend zu Gegend wechselte.

Welche Mosaikenfolge in Griechenland zählt zu den eindrucksvollsten Werken dieser Art in der gesamten byzantinischen Kunst?

Die musivischen Figuren und Szenen in der *Klosterkirche von Daphni* bei Athen bieten, obwohl vielfach restauriert, noch heute einen wahrhaft überwältigenden Anblick. Sei es das Kuppelmosaik mit dem übermächtigen *Christus Pantokrator*, sei es die *Kreuzigung*, sie alle tauchen die antikische Grundhaltung in einen expressiven Stil voller spiritueller Bildmacht.

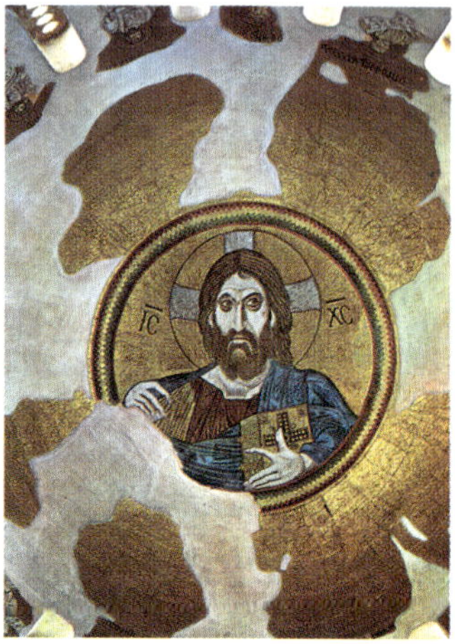

Christus Pantokrator, um 1100 (Daphni, Klosterkirche)

Welche ikonografische Besonderheit zeichnet den Christus in „S. Maria Antiqua in Rom" aus?

Das bekannte, 705–708 entstandene Wandbild mit der *Kreuzigung in S. Maria Antiqua* folgt ikonografisch einem syrischen Typus, wie ihn schon das *Rab(b)ula-Evangeliar* (Florenz, Biblioteca Medicea Laurenziana) des ausgehenden 6. Jh. repräsentierte. Deutlich wird das nicht zuletzt dadurch, dass Christus ein langes Gewand anstelle des im

Welche Fragen wirft das Theoderich-Mausoleum auf?

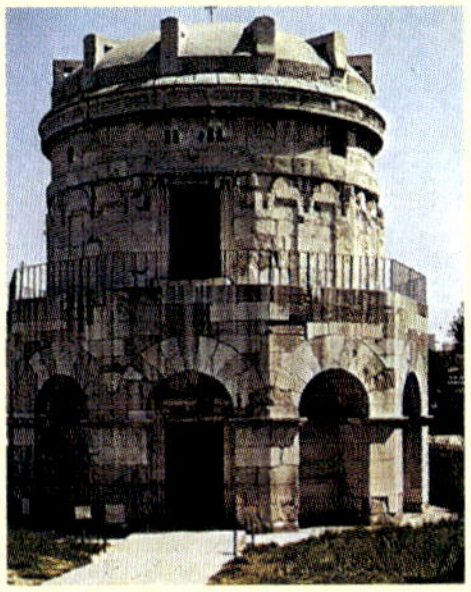

Mausoleum des Theoderich in Ravenna, vor 526

Das einzigartige Baudenkmal im Norden Ravennas wurde zu Lebzeiten Theoderichs errichtet und diente nach dessen Tod 526 als seine erste Ruhestätte. Das Mauseoleum besteht aus großen Quadersteinen (eine für Ravenna ungewöhnliche Technik) und ist mit einem gigantischen Felsmonolithen von 10,9 m Durchmesser und 300 t Gewicht überdeckt. Das Untergeschoss ist im Inneren kreuzförmig gewölbt, das zurückspringende Obergeschoss enthält eine kolossale Porphyrwanne, wohl Theoderichs Sarkophag. Unterhalb des Decksteins sitzen zwölf henkelartige Gebilde, die jeweils einen Apostelnamen tragen. Welche Funktion besaßen sie? Welche Baumeister waren am Werk? Ist es sicher, dass das Bauwerk als Mausoleum konzipiert war? All diese Fragen sind bis heute nicht wirklich beantwortet.

Westen üblichen Lendenschurzes trägt. Stilistisch kommen römische und byzantinische Züge hinzu.

Welchen Beitrag liefern die Klöster Kappadokiens zur byzantinischen Kunst?

Die Wandmalereien in den Klöstern Kappadokiens (in der heutigen Türkei), die alle zwischen dem 9. und 11. Jh. entstanden, sind ein wichtiger Beleg für die byzantinische Kunstsprache während des Bilderstreits und unmittelbar danach. Beachtlich viele sind in Höhlenkirchen und abgelegenen Gegenden erhalten geblieben. Die rein ornamentalen Dekorationen in *Tokale Kilise* oder *Göreme*, beide aus dem 8./9. Jh., folgen noch den Dekreten des Ikonoklasmus, doch bald entfaltete sich wieder eine kraftvolle figürliche Mönchskunst.

Welcher Künstler zählt zu den wichtigsten byzantinischen Malern?

Noch Ende des 14. Jh. waren etliche byzantinische – im Sprachgebrauch der Zeit: griechische – Künstler in Russland tätig. Unter ihnen ragte Theophanes der Grieche heraus, der mit Wandmalereien in Nowgorod (1378) und Moskau (1405) in Verbindung gebracht wird. Außerdem werden ihm mehrere Ikonen im Moskauer Tretjakow-Museum zugeschrieben.

Welche serbischen Wandmalereien zählen zu den Höhepunkten der mittelbyzantinischen Kunst?

Die kurz vor 1056 entstandene Ausmalung der *Sophienkirche in Ohrid* (Serbien) zeigt zahlreiche Szenen zum Alten und Neuen Testament. Große Darstellungen des Marientodes (Koimesis) und der Himmelfahrt Mariens an der Westwand sind die schönsten Bilder. Die gesamte Dekoration, die sich einem genialen anonymen Maler und seiner Werkstatt verdankt, der in enger Verbindung mit Konstantinopel gestanden haben muss, gehört zum Qualitätsvollsten, was die mittelbyzantinische Monumentalmalerei zu bieten hat.

Was ist eine „Glykophilusa" bzw. „Eleusa"?

Beide Begriffe bezeichnen einen der wichtigsten byzantinischen Madonnentypen, der eine große ikonografische Vielfalt aufweist, aber immer eines zeigt: Das Kind wendet sich der Mutter zu, um seine Wange zärtlich an die ihre zu schmiegen.

Welches Elfenbein gibt Auskunft über das byzantinische Krönungszeremoniell?

Das um 945 in Konstantinopel entstandene Elfenbeinrelief *Christus segnet Romanos II. und Eudokia* (Paris, Bibliothèque Nationale, Cabinet des Médailles) ist nicht nur ein

Hauptwerk der frühen Makedonischen Renaissance, es vermittelt auch eine genaue Anschauung von den bei den kaiserlichen Krönungsfeierlichkeiten getragenen Prunkgewändern.

Wo finden sich die schönsten byzantinischen Wandmalereien Bulgariens?

In Bulgarien kommen die Leistungen der mittelbyzantinischen Monumentalmalerei nicht im selben Maße zur Geltung wie anderswo, mit einer Ausnahme: der *Kirche Bojana bei Sofia*. Die dortigen ausdrucksstarken Wandmalereien von 1259 sind von erstrangiger Bedeutung.

Welches Werk der byzantinischen Buchmalerei zählt zu den wichtigsten des 14. Jh.?

Die für Kaiser Johannes VI. Kantakuzenos (1347–54) angefertigte Handschrift (Paris, Bibliothèque Nationale) ragt aus der byzantinischen Buchmalerei des 14. Jh. heraus. Besonders die Miniatur mit der *Verklärung Christi auf dem Berg Tabor* beeindruckt durch ihre visionäre Expressivität.

Wo finden sich die bedeutendsten byzantinischen Bronzetüren?

Bei etlichen in Italien erhaltenen Bronzetüren des Mittelalters wurde ein Teil an Ort und Stelle hergestellt, ein anderer aus dem byzantinischen Reichsgebiet importiert. Das war auch der Fall bei der in tauschierter Bronze gearbeiteten *Türe des Santuario di S. Michele* im apulischen Monte Sant'Angelo, die 1076 in Konstantinopel vollendet wurde.

Wie heißt die bekannteste frühchristliche Elfenbeinarbeit?

Im Erzbischöflichen Museum in Ravenna findet sich ein herrlicher *Elfenbeinthron*, der offenbar für Maximian geschaffen wurde, 545–556 Erzbischof von Ravenna. Durch die Verschiedenartigkeit seiner Teile, an deren Herstellung mehrere Werkstätten beteiligt waren, ist das repräsentative Möbel kunstlandschaftlich nur schwer einzuordnen.

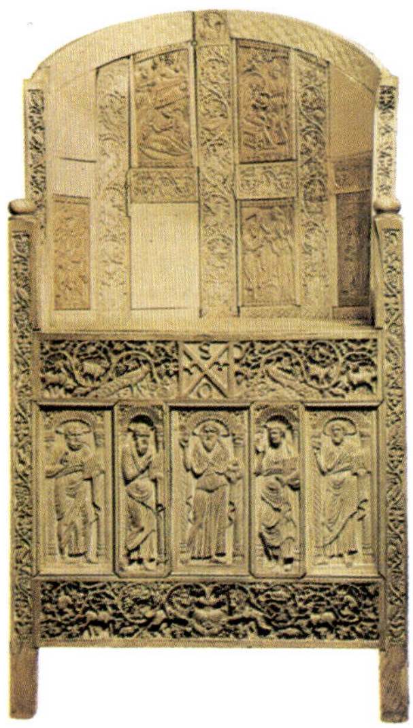

Elfenbeinthron des Maximianus, Mitte 6. Jh. (Ravenna, Erzbischöfliches Museum)

Wurde es in Ravenna oder in der byzantinischen Hauptstadt hergestellt? Die meisten Forscher glauben an Werkstätten aus Konstantinopel, die von Alexandria her beeinflusst waren oder ägyptische Künstler beschäftigten.

Worin unterscheidet sich die byzantinische Ikonenmalerei von der westlichen Tafelmalerei seit der Renaissance?

Die Ikonenmalerei schenkt der Perspektive und der Anatomie keine wirkliche Beachtung. Wo der westliche Künstler schattiert, setzt der Ikonenmaler Glanzlichter. Nie macht dieser den Versuch eines modellierenden Helldunkels, immer sind seine Farben Elemente einer symbolischen Komposition. Stets sind seine Gestalten in einer transzendenten Sphäre beheimatet, richten sich weniger an das ästhetische, vielmehr an das religiöse Gefühl. In Analogie zur Liturgie wiederholt deshalb die Ikone altehrwürdige Formen und Formeln. In diesem Akt der Wiederholung liegt ihre tiefste Qualität, nicht in Originalität und Innovation.

Welches in Italien entstandene Elfenbein des 10. Jh. imitiert ein früheres Konstantinopler Stück?

Ein 972 oder 982/83 hergestelltes *Elfenbeinrelief*, das Kaiser Otto II. und seine byzantinische Gemahlin Theophanu zeigt (Paris, Musée de Cluny), bezieht sich in seiner ganzen Komposition bewusst auf das um 945 in Konstantinopel entstandene Elfenbeinrelief *Christus segnet Romanos II. und Eudokia* (Paris, Bibliothèque Nationale, Cabinet des Médailles). Vermutlich wurde die künstlerisch etwas schwächere Schnitzerei im byzantinischen Kontaktbereich Italiens geschaffen worden.

Wo befindet sich das älteste erhaltene Bodenmosaik einer Kirche?

Ein *Bodenmosaik in der Südkirche von Aquileia* wurde laut Inschrift von Bischof Theodorus gestiftet, der bis 319 im Amt war. Damit ist es das älteste erhaltene Bodenmosaik einer Kirche überhaupt. Es zeigt in einer idyllischen „Meereslandschaft" den Meerwurf des Propheten Jona, seine Ausspeiung durch den Walfisch und die anschließende Ruhe als Sinnbild des von Christus gespendeten Friedens.

Was hat der „Quadrigastoff" in Aachen mit Byzanz zu tun?

Seit uralter Zeit befindet sich im Besitz des Aachener Münsters ein kostbarer Seidenstoff in dunkelblauem Purpur mit roten Mustern und im Kreismedaillon mit Darstellungen des Siegers mit dem Viergespann. Es handelt sich um eine im 6. Jh. in Byzanz hergestellte Textilie. Zahlreiche solcher kostbaren byzantinischen Gewebe sind ins Abendland gekommen, wo sie z. B. als Reliquienhüllen oder wertvolle Geschenke dienten. Das Aachener Stück dürfte um 800 ein Geschenk an Karl den Großen gewesen sein.

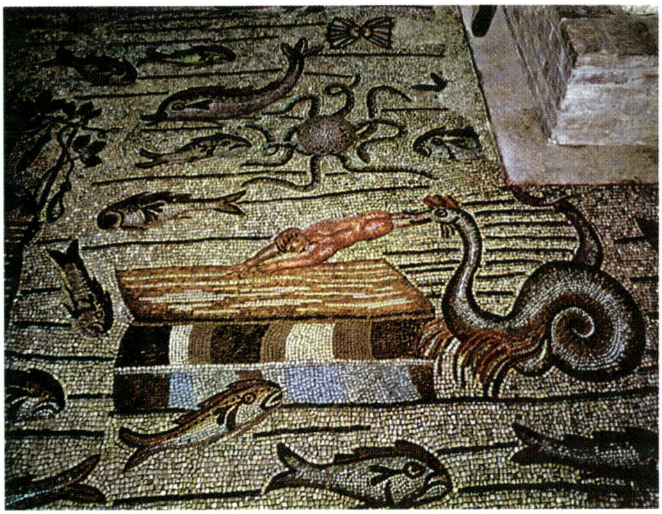

Jonas wird vom Walfisch an Land gespien, Fußbodenmosaik, 4. Jh. (Aquileia, Südkirche)

Auf dem Einband welcher mittelalterlicher Handschrift findet sich eines der wertvollsten byzantinischen Elfenbeinreliefs?

Der vordere Buchdeckel des Ende des 10. Jh. entstandenen *Evangeliars Ottos III.* (München, Bayerische Staatsbibliothek) enthält ein byzantinisches Elfenbein mit der Darstellung des Marientodes (Koimesis), eine wunderbare Arbeit des 10. Jh., die zur sog. malerischen Gruppe gehört.

Wie heißt eine der berühmtesten Marien-Ikonen der byzantinischen Kunst, die sich heute in Russland befindet?

Die russische Kirche kennt mehr als 200 verschiedene Muttergottes-Ikonen, denen Wunder zugeschrieben wurden. Eine der berühmtesten ist die im byzantinischen Raum im 11./12. Jh. entstandene *Gottesmutter von Wladimir*, die zum „Palladium", zum Schutzbild Russlands, erhoben wurde. Der Legende nach wurde das Urbild vom Apostel Lukas gemalt. Im 12. Jh. gelangte das Bild als Geschenk von Konstantinopel nach Kiew, wo es sofort begann, Wunder zu wirken. Als der Mongole Tamerlan 1395 gegen Moskau zog, wurde die Ikone zum Schutz der Stadt dorthin gebracht. Bis zur Oktoberrevolution 1917 verblieb sie in der *Tespenokij-Kathedrale im Moskauer Kreml*, heute befindet sie sich in der Tretjakow-Galerie.

Welche Kirche (bzw. Moschee) in Istanbul besitzt das herrlichste byzantinische Bildprogramm des 14. Jh.?

Das zweifellos alles überragende Zeugnis spätbyzantinischer Mosaikkunst und Wandmalerei findet sich in der *Chora-Kirche* (Kahrije-Cami) *in Istanbul*. Die Mosaiken stammen aus den ersten beiden Jahrzehnten des 14. Jh., die Wandmalereien entstanden vermutlich direkt im Anschluss daran. Alle Werke haben somit etwa die gleiche Entstehungszeit wie im Westen Giottos berühmte Fresken in der *Arena-Kapelle in Padua* und sind für den ostkirchlichen Bereich ebenso bedeutend und innovativ wie diese.

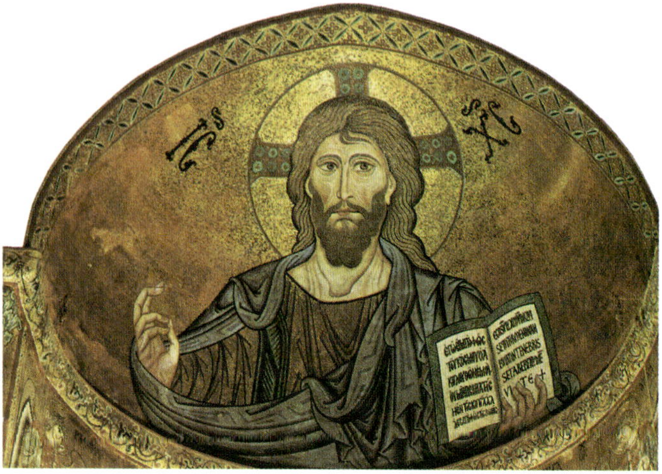

Christus Pantokrator, um 1148 (Cefalù, Dom)

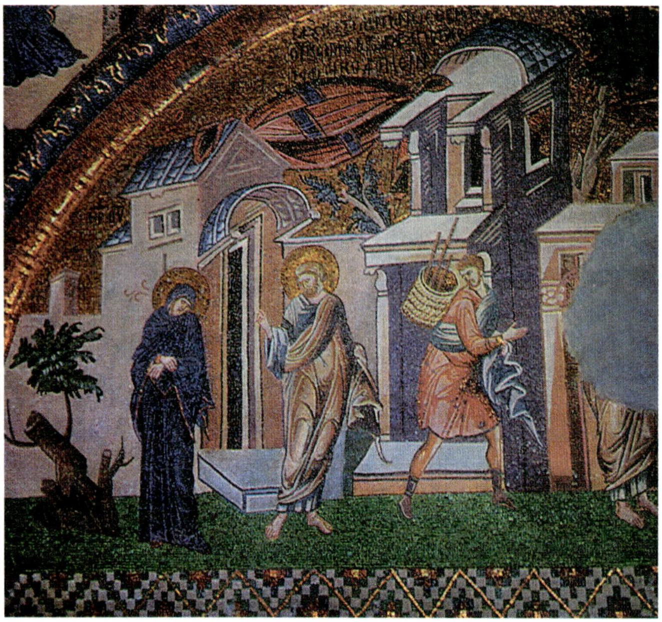

Joseph wirft Maria ihre Schwangerschaft vor, um 1320 (Istanbul, Kahrije-Cami)

Wo finden sich die vielleicht bedeutendsten byzantinischen Mosaiken auf Sizilien?

Von höchster Qualität über riesige Wandflächen hinweg sind die byzantinischen Mosaiken, die im 12. Jh. in Kirchen Siziliens entstanden. Die künstlerisch wichtigsten sind wohl die im *Dom von Cefalù*. Da dieser keine Kuppel besitzt, ist das Bild des Pantokrators in die Apsiskalotte versetzt, mit der Gestalt Mariens darunter. Die Apsisdekoration dürfte um 1148 entstanden sein, die Dekorationen an den Wänden des Presbyteriums wurden vermutlich um 1175 vollendet, diejenigen im Gewölbe des Presbyteriums zwischen 1150 und 1160. Die späteren Werke wurden von heimischen Künstlern, die früheren von Griechen geschaffen, welche die normannischen Herrscher aus Byzanz hatten kommen lassen.

Was versteht man unter einer „Pelagonitissa“?

Dieser Begriff bezeichnet einen byzantinischen Madonnentypus, der seit dem 13. Jh. belegbar ist: Maria halbfigurig, den Kopf leicht geneigt, das Kind rittlings auf ihrem Arm sitzend, wie spielend, den Kopf nach rechts zurückgeworfen, sodass man sein an das Kinn der Mutter geschmiegtes Gesicht sieht; die linke Hand hebt es an die rechte Wange Mariens.

Wie alt ist die „Marien-Ikone aus S. Maria Antiqua in Rom“?

Die römische *Kirche S. Francesca Romana* besitzt eines der ältesten im Westen bekannten christlichen Tafelbilder, eine *Marien-Ikone aus S. Maria Antiqua*. Im 9. Jh. wurde dieses Gotteshaus aufgegeben und sein Name auf eine Kirche übertragen, die zuerst *S. Maria Nova*, später *S. Francesca Romana* hieß. Unter der Fassung des 19. Jh. kamen auf der Ikone Reste der originalen Wachsmalerei auf Leinwand zum Vorschein, die möglicherweise ins 7. Jh. zurückreichen.

Welches ist die erste datierte byzantinische Handschrift, die nach dem Bilderstreit entstand?

Im Bilderstreit waren ganzseitige Illustrationen in liturgischen Büchern verboten worden. Im März 843 erklärte jedoch eine Synode den Streit endgültig für beendet und proklamierte die feierliche Wiederherstellung der Bildverehrung. So entstanden bald wieder prächtig geschmückte Handschriften. Die erste von ihnen, die sich datieren lässt, ist eine Sammelhandschrift mit den *Homilien (Predigten) des Gregor von Nazianz*. Sie wurde zwischen 880 und 883 geschrieben und reich illuminiert (Paris, Bibliothèque Nationale).

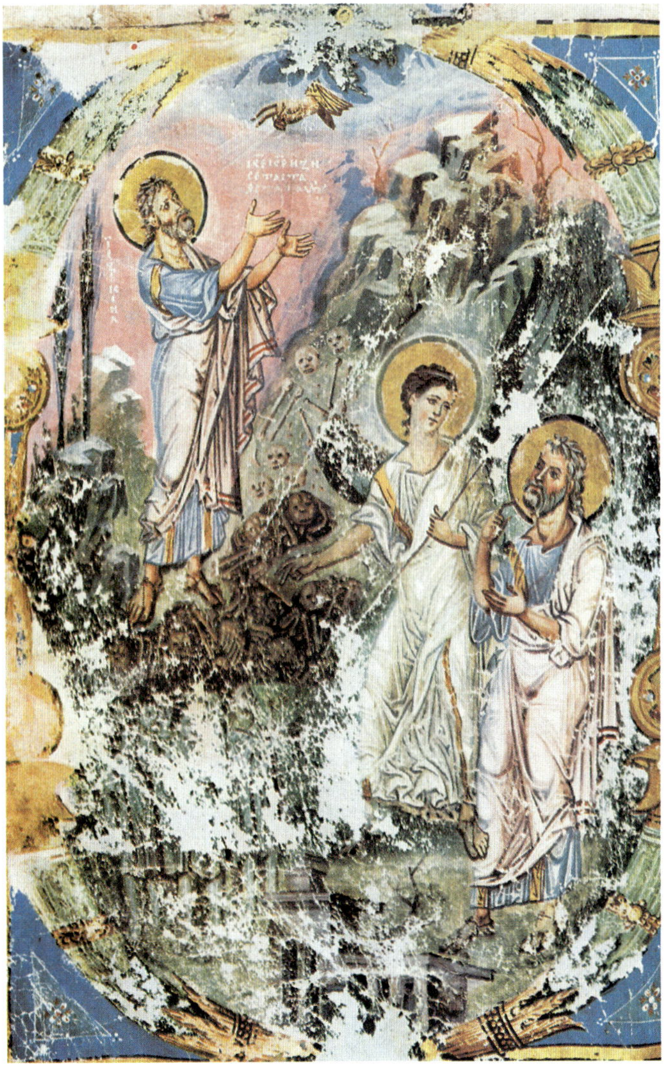

Vision des Ezechiel, Miniatur aus den *Homilien des Gregor von Nazianz*, 880–883 (Paris, Bibliothèque Nationale)

Seit den Statements der Kunsttheoretiker der Renaissance, z. B. eines Giorgio Vasari im 16. Jh., galt das Mittelalter (lat. „Medium aevum" = „mittleres Zeitalter", „Zwischenzeitalter") als eine zwischen der Hochblüte der Antike und deren „Wiedergeburt" in der Renaissance liegende Epoche, in der die Künste eine Art Verfall erlebt hätten. Diese Einstellung hielt sich lange. Erst im ausgehenden 18. Jh. (z. B. mit Goethes Aufsatz „Von deutscher Baukunst", 1772) und mit der europäischen Romantik ab ca. 1800 verwandelte sie sich in eine zum Teil nostalgische Verklärung des Mittelalters, die v. a. die Gotik betraf. Den Beginn des abendländischen Mittelalters als kunstgeschichtlicher Periode kann man am sinnvollsten vielleicht in die frühkarolingische Zeit legen; damit kommt man auch in eine Zeitspanne, in der die insulare Kunst Irlands und Englands einen wichtigen Brückenschlag zwischen der Spätantike, der keltisch-germanischen Kunst und der Festlandkultur herstellte. Hinsichtlich des ausklingenden Mittelalters bleiben die Grenzlinien ebenfalls unklar, da die Entwicklungen in den einzelnen Kunstlandschaften höchst divergent verliefen. Als im 15. Jh. in Italien längst die Renaissance etabliert war, produzierte man nördlich der Alpen zumeist noch eine dem Mittelalterlichen verhaftete Kunst. Allerdings dokumentiert die sog. altniederländische Malerei des 15. und frühen 16. Jh., dass sich auch hier in einzelnen künstlerisch führenden Regionen kühne Neuerungen im Gewand des Alten verbergen konnten. In Italien selbst haben stellenweise bereits die Kunst und das Denken des Trecento (14. Jh.) das Mittelalter hinter sich gelassen und sind in Neuland vorgestoßen, das unmittelbar zur Renaissance hinführte. Kaisertum und Papsttum, Heiliges Römisches Reich und moderne Nationalstaaten, der feudalistische Adel und das selbstbewusste Bürgertum der Städte, der traditionelle Klerus und die neuen Bettelorden des 13. Jh., Ritter, Kreuzfahrer, diesseitsorientierte Händler und Bankiers, ökonomischer, technologischer und wissenschaftlicher Aufschwung auf der einen, Aberglaube, Inquisition, fürchterliche Pestepidemien auf der anderen Seite – das sind nur wenige Stichworte für das bunte und kontroverse Spektrum, das diese Epoche charakterisierte und das auf die Kunst einwirkte. Das Mittelalter war nicht nur „finster", es war auch aufgeklärt, tolerant und innovativ – nicht umsonst wachsen aus ihm im 15. Jh. die Entdeckungsreisen und die Gestalt eines Kolumbus, aber auch der Buchdruck eines Gutenberg heraus, Personen und Phänomene, mit denen die Historiker die Neuzeit beginnen lassen. Und auch zur Reformation eines Martin Luther, die zu den entscheidenden Kriterien der Neuzeit zählt, hat das Mittelalter die Vorbedingungen geschaffen.

Frühmittelalter (8.–11. Jh.)

Die vage klingende Klassifikation „Frühmittelalter" bzw. „frühmittelalterliche Kunst" bezieht ihre Berechtigung daraus, dass die beiden oft an ihrer Stelle genannten Stile des Karolingischen und des Ottonischen rein an den dynastischen Verhältnissen und an den Phänomenen im Heiligen Römischen Reich orientiert sind und deshalb wichtigen Kunstäußerungen in anderen Gegenden des Abendlandes nicht gerecht werden. Zu letzteren gehört z. B. die irisch-angelsächsische (insulare) Kunst, die von der Bevölkerung Englands, Schottlands und Irlands seit der Christianisierung (5.–7. Jh.) getragen wurde. Hier wurden v. a. auf dem Sektor der Schmuck- und Ornamentkunst auch keltische und germanische Anregungen der Völkerwanderungszeit aufgegriffen und mit spätantiken und kontinentalen Einflüssen verbunden. Herausragende Kunstleistungen sind die ab etwa

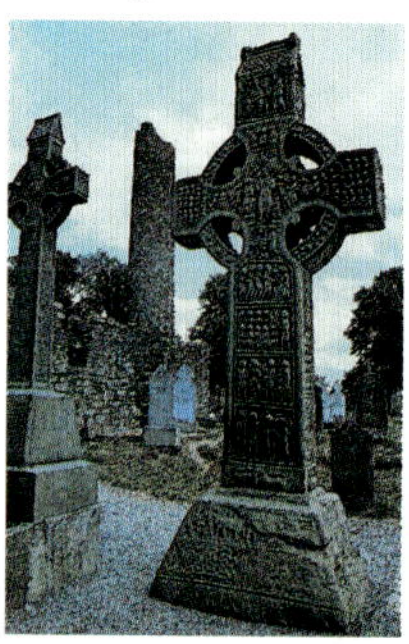

Irisches Hochkreuz, nach 600

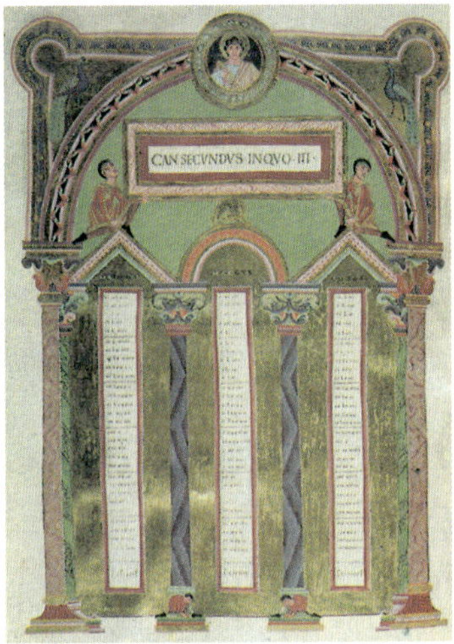

Codex Aureus, um 870 (München, Bayerische Staatsbibliothek)

600 entstandenen, mit Reliefs geschmückten sog. Hochkreuze, insbesondere aber die berühmten Werke der Buchmalerei (z. B. das *Book of Kells*), deren bedeutendste Schöpfungen vom späten 7. Jh. bis in die Jahre um 800 reichen. Auch in Spanien blühte ein ganz eigener, unverwechselbarer Stil, der mozarabische, der eine maurisch geprägte christliche Kunst und Architektur im 10. und 11. Jh. in den ehemals arabisch besetzten Gebieten dominierte; auch er bekundete sich v. a. in Ornamentformen und in der Buchmalerei (v. a. in den *Beatus-Apokalypsen*). Die karolingische Kunst konzentriert sich auf die Kunst des fränkischen Reiches (also die Kernlande des späteren Frankreich und des Heiligen Römischen Reiches) während der Regierungszeit der Karolinger. D. h. sie begann um die Mitte des 8. Jh. und endete im ostfränkischen Reichsteil im frühen 9. Jh., im westfränkischen erst im ausgehenden 10 Jh. Das kulturelle Leben der karolingischen Zeit war geprägt durch den von Karl dem Großen (742–814) in Konkurrenz gegen Byzanz entwickelten Anspruch der „renovatio" („Erneuerung") des römischen Imperiums, der in der sog. „karolingischen Renaissance" Ausdruck fand, in dem Bemühen, Anschluss an die repräsentative spätantike und frühchristliche Kunst Italiens zu finden. Zugleich band die christliche Kirche das Abendland universal zusammen. Sie erzeugte eine abendländische Kulturgemeinschaft, in der ein reger Gedanken- und Formenaustausch zu einer kaum überschaubaren Vielgestaltigkeit führte. Nirgends zeigt sich dies wohl deutlicher als in der herrlichen karolingischen Buchmalerei und Elfenbeinschnitzerei. Die Miniaturenkunst kulminierte in der Hof- und Palastschule und Werken wie z. B. dem *Wiener Krönungsevangeliar* um 800. Andererseits erhärtet die sog. Reimser Schule (*Utrecht-Psalter*, um 830, *Ebo-Evangeliar*, vor 835) das Gewicht westlicher Reichszentren, wo noch um 870 die Hofschule Karls des Kahlen exorbitante Zeugnisse (*Codex Aureus von St. Emmeram*) hervorbrachte. Einige erhaltene Wandmalereien, Mosaiken, Fragmente von Glasmalereien sowie wunderbare Zeugnisse der Goldschmiede- und kirchlichen Schatzkunst fügen sich zu einem bunten und kostbaren Gesamtbild damaliger Kunst – auch

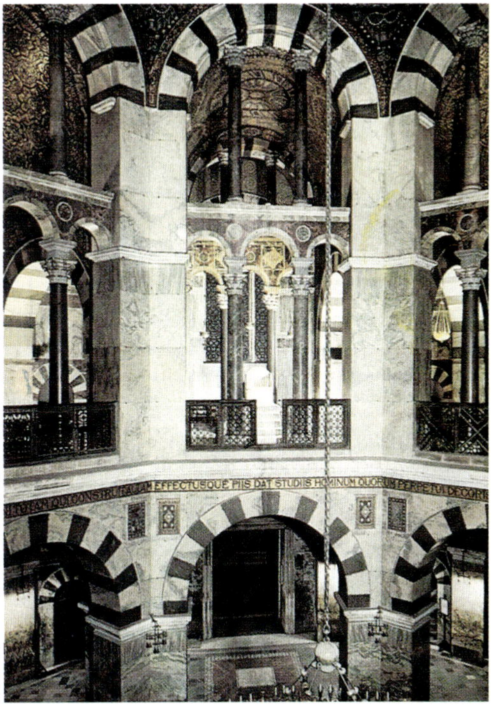

Pfalzkapelle, Aachen, um 800

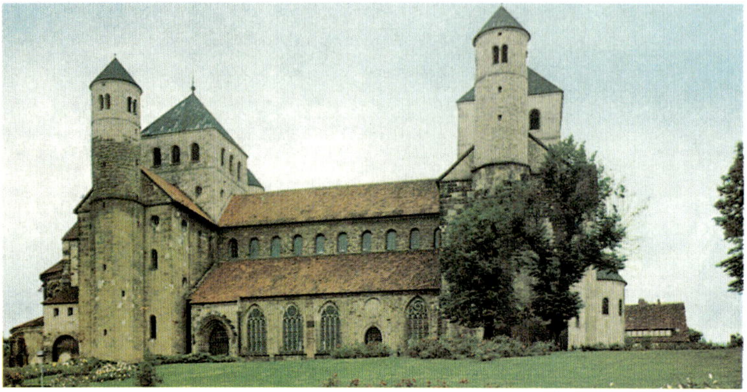

St. Michael,
Hildesheim, 1010–33

wenn man berücksichtigen muss, dass diese auf Klöster und einige urbane Zentren in einem ansonsten von Wildnis und von einem heidnischen Umfeld beherrschten Europa beschränkt blieb. In der Kirchenarchitektur wurde der Typus der frühchristlichen Basilika maßgebend, wenn auch um doppelchörige Anlagen und Westwerke bereichert (*Centula, Corvey* usw.); zusätzlich spielte der Zentralbau eine Rolle. Letzterer ist u. a. vertreten durch das herrlichste, in vielem noch original erhaltene Bauwerk karolingischer Zeit, die *Aachener Pfalzkapelle* (um 800 geweiht). Ihre *Bronzetüren* und *Emporengitter* dokumentieren im übrigen, dass man damals auch auf dem Feld der Gusstechnik wieder an das Knowhow der Antike anzuknüpfen suchte. Die Zeit der politischen Reorganisation des Reiches unter den sächsischen Herrschern im Heiligen Römischen Reich bezeichnet man als „Ottonik" (919–1024), gelegentlich klassifiziert man auch die unter den ersten salischen Herrschern bis gegen 1056 entstandenen Werke als „spätottonisch". In anderen Regionen Europas entspricht die Phase ab ca. 1000 der Frühromanik. In der Ottonik lag das kulturelle Schwergewicht auf dem kaiserlichen Stammland Sachsen, etwa in Magdeburg oder Hildesheim (unter Bischof Bernward im frühen 11. Jh.). Aber auch Köln, Essen, Fulda, Trier, Regensburg, Salzburg, die Reichenau u. a. Produktionszentren spielten eine herausragende Rolle. In ihnen allen machte sich, nicht zuletzt nach der Heirat Ottos II. mit der byzantinischen Prinzessin Theophanu, ein byzantinischer Einfluss bemerkbar. Zu Meisterleistungen der Kirchenarchitektur (*St. Michael in Hildesheim, St. Pantaleon in Köln* usw.) kam eine Bildhauerkunst hinzu, die die ersten selbständigen Kultbilder (*Essener Madonna, Gero-Kreuz in Köln* u. a.) und mit der *Hildesheimer Tür* ein Meisterwerk des Bronzegusses hervorbrachte. Elfenbeinschnitzereien, Reliquiare, Buchdeckel, Antependien usw. und nicht zuletzt die deutsche *Reichskrone* belegen das künstlerische Vermögen dieser Zeit. Der wichtigste Zweig der ottonischen Kunst aber war zweifellos die *Buchmalerei*, vertreten insbesondere durch die exorbitanten, auf der *Reichenau* entstandenen liturgischen Handschriften um 1000. Ein bedeutendes Zeugnis der ottonischen

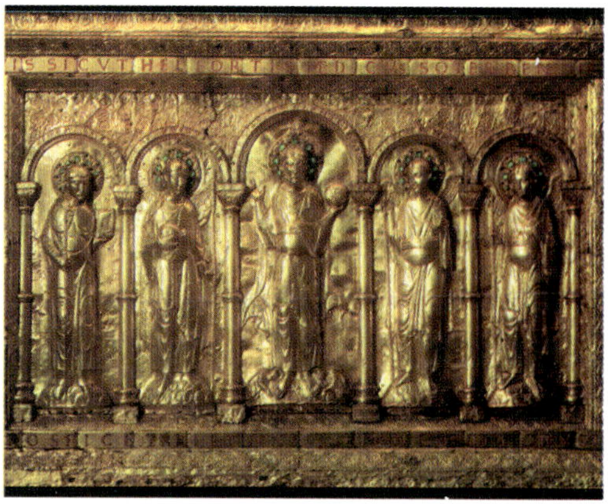

Baseler Antependium, um 1020 (Paris, Musée de Cluny)

Wandmalerei findet sich (fragmentiert) gleichfalls auf der Reichenau, in *St. Georg in Oberzell.*

Romanik (um 1000–um 1200)

Der Begriff „Romanik“ wurde im 19. Jh. auf eine Epoche abendländischer Kunst angewandt, deren Anfänge etwa in den Jahrzehnten um 1000 liegen und die später von der Gotik abgelöst werden wird: in Frankreich, was die Skulptur und Architektur betrifft, bereits um 1140/45, in Deutschland z. B. erst in einer Übergangsphase des frühen 13. Jh. Hier war die Romanik auf die ottonische Kunst gefolgt und hatte mit der Herrschaft der Salier (ab 1024; „salische Kunst“) eingesetzt (z. B. der *Dom von Speyer*). Die Romanik bedeutete eine Synthese und einen Neubeginn zugleich. Sie fasste die diversen Strömungen des Frühmittelalters zusammen und verarbeitete sie zu einer eigenen, oft auch monumentalen Sprache, die freilich in viele „Dialekte“ gegliedert war, entsprechend den nationalen Besonderheiten, die sich nun

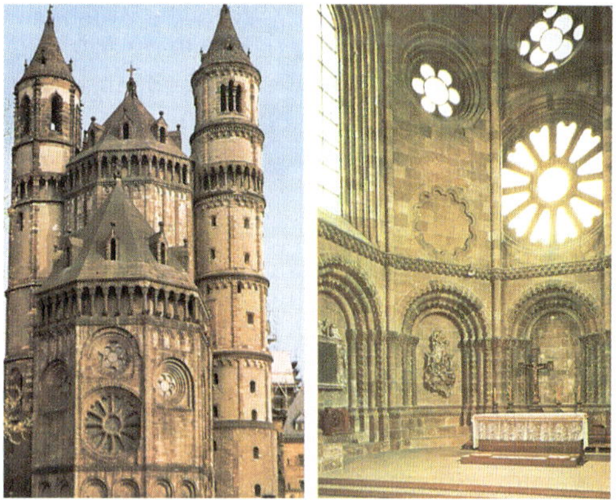

Westbau des *Wormser Doms*, Außen- und Innenansicht, Ende 12. Jh.–Anfang 13. Jh.

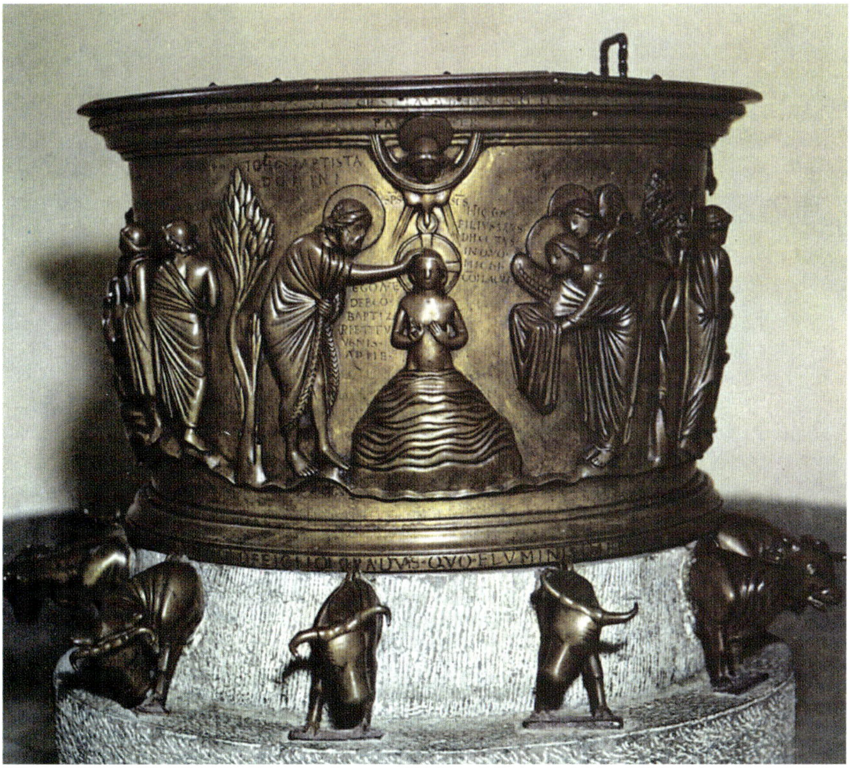

Reiner von Huy: *Taufbecken*, 1107–18 (Lüttich, St.-Bathélemy)

vermehrt herauszukristallisieren begannen. Die klösterlichen Reformbewegungen, die großen Pilgerfahrten und Kreuzzüge, die machtpolitische, aber auch geistig-ideologische Auseinandersetzung zwischen Papsttum und Kaisergewalt – all das stand für die leidenschaftliche religiöse Aktivität, die in unerhörter Intensität alle sozialen Schichten erfasste. Deshalb war das Sakralgebäude das absolute Hauptanliegen der Epoche. Seine Monumentalisierung betraf die Zunahme der Mauerstärke, die wuchtiger werdende Gliederung des Außenbaus, seine Aufgipfelung in Vierungstürmen, die Doppelturmfassaden (z. B. *Caen, St.-Étienne*) – im Inneren die Einwölbung hoher, weit gespannter Räume mit Kreuzgrat- und Kreuzrippengewölben (v. a. auch in der anglonormannischen Baukunst), die auf mächtigen Pfeilern und Säulen aufruhen. Die plastische Durchformung aller Bauglieder erstreckte sich auf Portale und Kapitelle. In Italien war eine stärkere Bindung an die Spätantike (toskanische „Protorenaissance“, Florentiner Inkrustationsstil) und an byzantinische Einflüsse (wie in *S. Marco in Venedig*, 11. Jh.) vorrangig. Die romanische Bauplastik leistete mit der Kapitellskulptur und v. a. den Tympanonreliefs über den Portalen ihr Bestes und fand nicht zuletzt entlang der Pilgerstraßen von Frankreich ins nordwestspanische Santiago de Compostela ein unerschöpfliches Betätigungsfeld. Die Ausstattung der Kirchen reicherte sich um unzählige Objekte an, besonders die Goldschmiede- und Metallkunst entfaltete in liturgischem Gerät und Reliquiaren (z. B. der *Kölner Dreikönigsschrein*), mit *Taufbecken* (das bekannteste in *Lüttich*, frühes 12. Jh.) ein Höchstmaß luxuriöser und künstlerischer Leistungskraft. Ein neues Verständnis für die Plastizität des Körperlichen, die sich auch in diesem Metier zunehmend erweist, führte in der Freiskulptur zum ersten profanen freistehenden Monumentaldenkmal der Kunstgeschichte, zum *Braunschweiger Löwen*, 1166. In der romanischen Malerei war in allen Ländern die monumentale Wandmalerei vorherrschend (in Italien hielt man stattdessen vielerorts am Mosaik fest), Tafelmalerei in Form von Antependien und Retabeln ist erst aus dem 12. Jh. erhalten. Die Buchmalerei blühte weiter, figürlich geschmückte Wandteppiche (*Teppich von Bayeux*, um 1070) erhielten zum Teil riesiges Format und auch die Glasmalerei eroberte immer größere Dimensionen (*Augsburger Prophetenfenster*, um 1130).

Gotik (um 1140/45–um 1500)

Als Ursprungsland des gotischen Stils gilt das französische Kronland, die Île-de-France. Im Lauf der Jahrhunderte und von Land zu Land schälten sich schließlich derart viele stilistische Unterschiede heraus, dass letztlich nur noch eine Form als übergreifende Stilkategorie übrigzubleiben scheint, der „Spitzbogen“: das Resultat einer innovativen Baukonstruktion, die keinerlei Gemeinsamkeiten mehr mit irgendwelchen antiken Vorbildern oder Regeln besitzt (weshalb die „Gotik“ für italienische Renaissancetheoretiker auch der „antiklassische“ Stil schlechthin war). Aus dem Spitzbogen wachsen

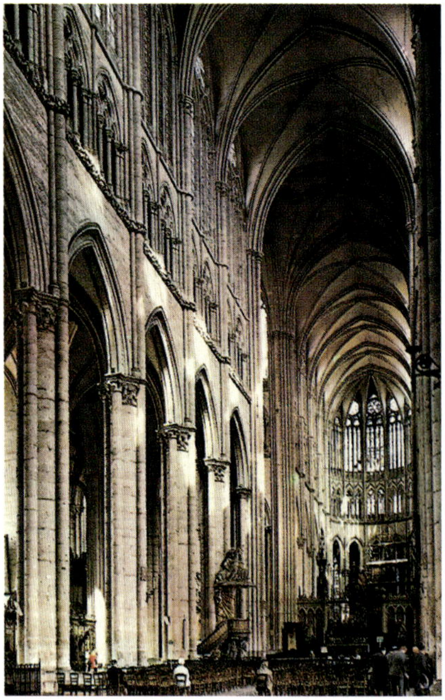

Mittelschiff der *Kathedrale von Amiens*, 1220–70

noch die kompliziertesten Gewölbe und Maßwerkformen des 15. Jh. hervor und er beherrscht als ornamentales und gliederndes Prinzip auch die gotisch-lineare Formensprache anderer Kunstzweige. In der von Frankreich, schon im späteren 12. Jh. aber auch von England ausgehenden gotischen Architektur wurde der Raum nicht mehr, wie in der Romanik, als eine Summe von Einzelräumen, sondern als homogene Einheit begriffen. Die spezifische Technik, die einen Großteil der statischen Elemente als Strebewerk nach außen verlagerte und im Inneren zu einer Skelettbauweise (das Kreuzrippengewölbe durch Dienste und Pfeiler abgestützt, die Wände dazwischen als nichttragende „Füllwände") führte, ermöglichte eine „Lichtarchitektur", in der die farbigen Glasfenster eine überragende Rolle spielen. Deutschland und Italien nahmen die Gotik nur zögernd und verspätet auf. Bei der Übernahme spielten die religiösen Orden, v. a. die Zisterzienser und die Bettelorden (Franziskaner, Dominikaner) eine große Rolle, seit etwa 1250 gingen in Deutschland wichtige Impulse auch von den Stifts- und Pfarrkirchen aus, in deren Rahmen sich im Verlauf des 14. Jh. die Hallenkirchen zum bevorzugten Raumtypus entwickelten. Zum Höhepunkt der deutschen Spätgotik gehörten jene Bauten, die unter der Leitung der Parler (bedeutende Baumeister- und Steinmetzsippe) entstanden (*Veitsdom in Prag* usw.). Im nördlichen (Lübeck, Stralsund u. a.), aber auch im südlichen Deutschland (Landshut, München u. a.) blühte die Backsteingotik – die v. a. auch den Profanbau (Rathäuser usw.) prägte. Eine spanische Besonderheit war der sog. „Mudéjarstil", der in den vereinigten Königreichen Kastilien und Léon die um 1230 aus Frankreich übernommene gotische Baukunst beeinflusste. Die Plastik blieb in der Gotik nach wie vor meist mit der Architektur verbunden und entfaltete sich an Portalen usw. zu teilweise riesigen Programmen, wie Frankreich vorexerzierte. Italien verzichtete auf das Figurenportal. Stattdessen traten hier Grabmäler, Kanzeldekor und im Süden des Landes – zur Zeit des Staufers Friedrich II. (1194–1250) – eine verblüffend an der Antike orientierte Skulptur in den Vordergrund. Deutschland bot herausragende Beispiele der hochgotischen Plastik (Straßburg, Magdeburg, Bamberg, Naumburg usw.), aber auch solche der Spätgotik (Schöne Madonnen, der geschnitzte Flügelaltar des 15. und frühen 16. Jh.). In jenen Regionen, die das französische Architektursystem bevorzugten, hatte die Malerei zunächst ihr wichtigstes Betätigungsfeld zweifellos auf dem Sektor der Glasmalerei. Doch auch die Buchmalerei erhob sich zu neuer Blüte. Die *Manessische Liederhandschrift* belegt, dass mit dem 14. Jh. die profanen Auftraggeber immer wichtiger wurden, eine Tendenz, die in den Stundenbüchern des 15. Jh. neue Schwerpunkte in Burgund und den Niederlanden schuf. Seit der 2. Hälfte des 14. Jh. nahm nördlich der Alpen auch die Tafelmalerei einen stets gewichtigeren Raum ein. In den deutschsprachigen Regionen z. B. wird sie mit Lukas Moser, Konrad Witz, Stefan Lochner, Michael Pacher, Martin Schongauer u. a. Künstlern des 15. Jh. zur Dürer-Zeit und zur Renaissance hinführen. Und Deutschland war es auch, das im 15. Jh. die Druckgrafik auf ihren Erfolgsweg schickte. Die neuen künstlerischen Zentren, die um 1400 an den Höfen entstanden waren (Paris, Bourges, Dijon, Prag, Mailand usw.) brachten mit ihrer Luxuskunst und ihren verfeinerten Formen nochmals eine einheitliche europäische Formensprache hervor, die der sog. Internationalen Gotik, die sogar Impulse auf die um 1420 in Italien mit Macht einsetzende Frührenaissance abzustrahlen vermochte.

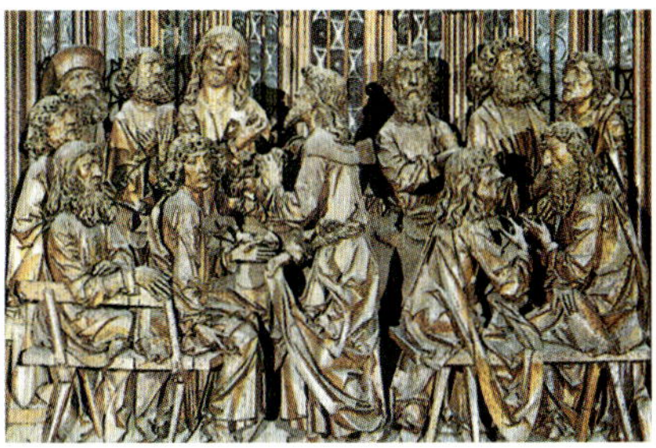

Tilman Riemenschneider: *Abendmahl, Heiligblutaltar,* 1499–1505 (St. Jakob, Rothenburg o. d. Tauber)

Zwei Sonderfälle: Das Trecento und die altniederländische Malerei

Die italienische Trecentokunst (14. Jh.) versteht man heute zumeist als ein Vorspiel der Renaissance des 15. Jh. Die Architektur verblieb meist in konsequent gotischer Orientierung, wenn auch in einer bezeichnend italienischen Version, die nicht wie in Frankreich oder Deutschland zur hochgradigen Wandauflösung tendiert, sondern reichlichst Mauerflächen als Tummelplatz ausgedehnter Wandmalereien beibehält. Die Bildhauerei allerdings beschritt v. a. mit den Arbeiten eines Giovanni Pisano ein Terrain, das entscheidende Merkmale der Renaissanceskulptur vorbereitete. Die Malerei entwickelte seit Giotto und in dessen Nachfolge eine den Horizont der kommenden Jahrhunderte programmierende Bildsprache, mit der nicht umsonst die heutige Kunstwissenschaft die Geschichte der neuzeitlichen Malerei und die „Erfindung" des autonomen, des eigengesetzlichen Bildes beginnen lässt. Etwa gleichzeitig, als in Italien zu Beginn des 15. Jh. der Grundstein für die Renaissance gelegt wurde, bildete sich in den südlichen Niederlanden das andere große Zentrum neuzeitlicher Kunst in Europa heraus. Bewunderndes Staunen riefen schon bei Zeitgenossen des In- und Auslandes die niederländischen Gemälde, Altäre und Buchmalereien des 15. Jh. hervor. Eine Revolution der Wahrnehmung verband sich in ihnen mit einer außerhalb Italiens und seiner Trecentotradition bisher noch unbekannten Aufwertung der Malerei als eines autonomen, selbstbewussten künstlerischen Mediums; feierlichste Stimmungen und ein die Sinne überwältigender Farbluxus ginge mit faszinierendem Detailrealismus und moderner empirischer Naturbeobachtung eine perfekte Synthese ein, die diese Kunstproduktion aus dem Gros des gotischen Stils als etwas ganz Besonderes heraushebt.

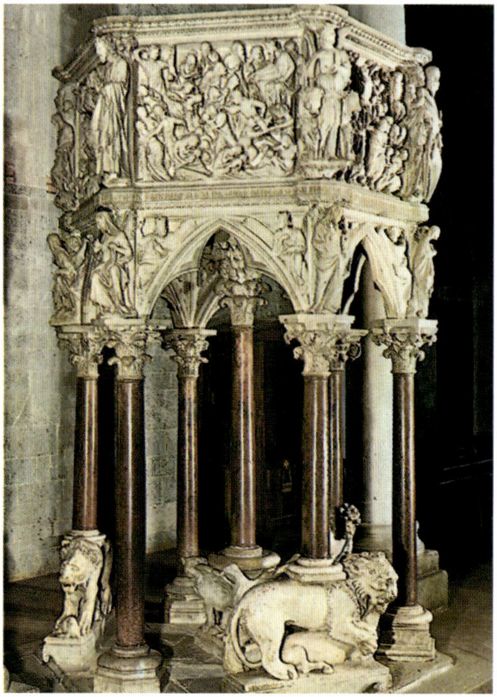

Giovanni Pisano: *Kanzel*, 1300–01 (Pistoia, Dom)

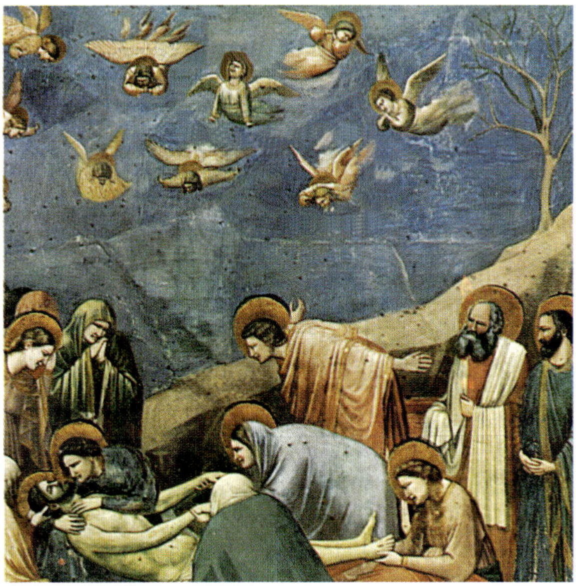

Giotto: *Grablegung*, um 1305 (Padua, Arenakapelle)

Welcher Bildschnitzer schuf den figürlichen Schmuck an einem der berühmtesten Chorgestühle des Spätmittelalters?

Der offenbar von dem Niederländer Nicolaus Gerhaerts van Leyden (um 1430–73) beeinflusste Jörg Syrlin d. Ä. (um 1425–91) ist seit 1449 in Ulm nachzuweisen. Dort schuf er u. a. für das Münster den *Dreisitz* (1468) und das mit 89 Sitzen versehene *Chorgestühl* (1469–74), das mit seinem Aufbau und schnitzerischen Dekor das bedeutendste erhaltene Chorgestühl der Spätgotik ist.

Welcher Sieneser Künstler malte eines der berühmtesten Retabel des Trecento?

In Siena war es Duccio di Buoninsegna (um 1260–um 1318), der das Erbe byzantinischer Malerei in eine veränderte Zeit einbrachte und mit gotischem, linienbetonten Formempfinden, mit kalligrafischer Raffinesse durchsetzte. Die *Maestà*, das einstige Hochaltarbild des *Sieneser Doms*, 1308 in Auftrag gegeben und 1311 vollendet, wurde sein bewundertes Hauptwerk (Siena, Museo dell'Opera del Duomo).

Welcher Codex ist das älteste, im Ganzen erhaltene Zeugnis der insularen Buchkunst?

Als Entstehungsort des gegen 675 geschriebenen und prächtig geschmückten *Book of Durrow* (Dublin, Trinity College Library), einer Evangelienhandschrift, gilt zumeist das 553 vom hl. Columban im Norden Englands gegründete *Kloster Durrow*. In keinem anderen Land und in keiner anderen Epoche europäischer Kunst hat man der Ausgestaltung der Schrift eine derartige Aufmerksamkeit geschenkt wie in der irischen Buchausstattung des 7. bis 9. Jh., die einen Grad der Vollkommenheit erreichte, der sich mit islamischer und chinesischer Kalligrafie vergleichen lässt. Die Schmuckornamente verflechten tierähnliche Wesen zu einem phantastischen Geschlinge, das an zeitgenössische Goldschmiedearbeiten und ihre keltischen Spiral- und Trompetenornamente erinnert.

Wie heißt der erste namentlich überlieferte Künstler der englischen Kunstgeschichte?

In dem vor 698 geschriebenen und prächtig illuminierten

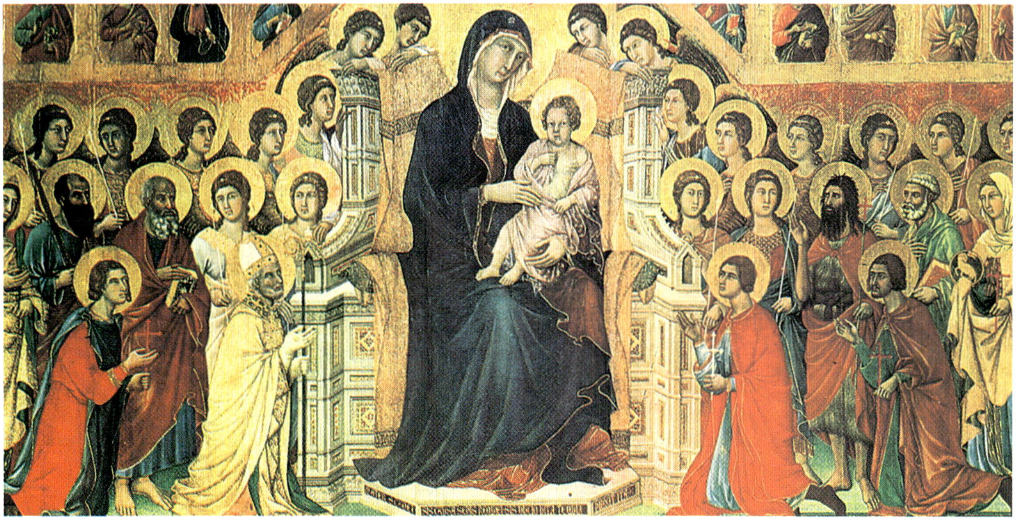

Duccio: *Thronende Muttergottes mit Kind, umgeben von Engeln und Heiligen,* Ausschnitt der Vorderseite der *Maesta*, 1308–11 (Siena, Museo dell'Opera del Duomo)

Worin bestand das Hauptanliegen der altniederländischen Malerei des 15. Jh.?

Das Hauptinteresse der altniederländischen Malerei richtete sich auf die Analyse der farblichen Oberflächenreize der Dinge. Exemplarisch verdeutlicht das das *Stifterbild des Kanonikus Georg van der Paele* (Brügge, Groeningemuseum), das Jan van Eyck (um 1390–1441) 1434–36 gemalt hat. Das Licht veranschaulicht hier die unterschiedlichsten Materialien – Leinen, Seide, Wolle, Brokat, Haar, Pelz, Glas, Holz, Marmor usw. –, indem es auf deren Qualität unterschiedlich – reflektiert, leuchtend, matt gedämpft usw. – reagiert. Wie einen feinstofflichen Äther durchdringt das gemalte Licht auch die Schattenpartien und konstituiert so einen Luftraum zwischen den Körpern. Das Glitzern der Juwelen an dem Gewand Mariens, der steife Brokat des hl. Donatus, der Glanz der Ritterrüstung St. Georgs, der wollige Teppich, die Butzenscheiben und die glänzenden Marmorsäulen werden in den Eigenheiten ihrer Oberflächen in schier unbegreiflicher Perfektion vor uns ausgebreitet. Bei allem Reiz der Oberfläche behält das gotische Gerüst der Linien nach wie vor seine kompositionelle Kraft im Großen und ergreift im Kleinen jede Einzelheit mit sorgfältigstem zeichnerischen Duktus.

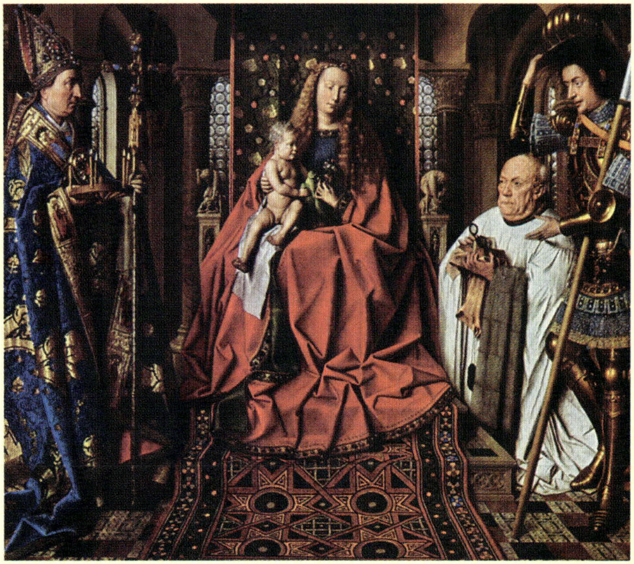

Jan van Eyck: *Stifterbild des Kanonikus Georg van der Paele,* 1434–36 (Brügge, Groeningenmuseum)

Book of Lindisfarne (London, British Library) steht eine Passage, derzufolge der Codex vom Mönch Eadfrith, seit 698 Bischof von Lindisfarne, sowohl geschrieben wie auch mit Bildern ausgestattet worden sei. Eadfrith ist somit der erste namentlich überlieferte Künstler der britischen Kunstgeschichte. Seinen figürlichen Miniaturen liegen italienische oder italo-byzantinische Malereien des 6. Jh. zugrunde; Einzelheiten bezog er jedoch auch aus anderweitigen Quellen.

Worin besteht eine der größten Neuerungen des vor 698 entstandenen „Book of Lindisfarne"?

Eine Neuerung von größter Tragweite im Vergleich mit früheren Handschriften sind die ganzfigurigen Evangelistenbilder, die das *Book of Lindisfarne* offeriert. Abgestuft ist der jeweilige Evangelistenname in monumentalen pseudo-griechischen Buchstaben und in griechischen Worten dazugestellt, wogegen das Symbolwesen mit kleineren lateinischen Schriftzeichen tituliert wird. In Etappen gleitet das Auge, wie bei einem modernen Plakat, vom Bild zum Symbol und vom Symbol zur Schrift.

Wie sieht die Grundform des gotischen Maßwerks aus?

Die Grundform des in der gotischen Architektur entwickelten Maßwerks besteht in radial angeordneten Dreiviertelkreisen, die den Leerraum zwischen zwei paarigen Spitzbögen und einem übergreifenden Bogen füllen. Je nach Anzahl der Kreise (bzw. Pässe) wird dieses geometrische Füllwerk als Vier-, Fünf, Sechs- oder Vielpaß bezeichnet. Im Laufe der Jahrhunderte hat das Maßwerk unterschiedlichste und komplizierteste Formen angenommen.

Welchen Aufwand erforderte die Herstellung einer frühmittelalterlichen Handschrift?

Bei der Herstellung des *Book of Kells* um 800 z. B. brauchte man für das Pergament die Haut von rund 150 Kälbern. Eine besondere Kostbarkeit stellte der blaue Farbstoff dar: Zumeist rührte er aus der orientalischen Indigopflanze her oder aus dem nordeuropäischen Färberwaid – die Künstler des *Book of Kells* bedienten sich jedoch verschwenderisch des Lapislazulis, eines im Mittelalter dem Gold gleichgeschätzten Steins, dem man über Fernhandelskaufleute aus den Bergwerken Afghanistans bezog.

Wie heißt der bedeutendste schwäbische Bildhauer und Maler der realistischen Phase der Spätgotik?

Der um 1400 in Reichenhofen geborene und 1467 in Ulm verstorbene Hans Multscher war sowohl als Bildhauer und -schnitzer wie auch als Maler tätig und initiierte mit höchst qualitätsvollen Werken (u. a. *Schmerzensmann* am Westportal des *Ulmer Münsters*, um 1429; *Karg-Nische des Ulmer Münsters*, 1433; *Wurzacher Altar*, 1437; *Sterzinger Altar*, 1456–59) die realistische Phase der Spätgotik in Schwaben.

Welche Handschrift bildet den Höhepunkt der insularen Buchmalerei?

Die schönste unter allen insularen Prunkhandschriften, ist das um 800 angefertigte *Book of Kells* (Dublin, Trinity College Library). Was die Evangelienhandschrift an Schönheit und Erfindungsreichtum auf fast 340 Blättern ausbreitet, war keiner späteren Steigerung mehr fähig. Die Textseiten, schwelgend in kalligrafischer Eleganz, sind durchsetzt von ornamentalen Einschüben, von farbig gefüllten Buchstabenkörpern, von einer bunten Tier- und Pflanzenwelt, die sich in den Schriftzügen einnistet.

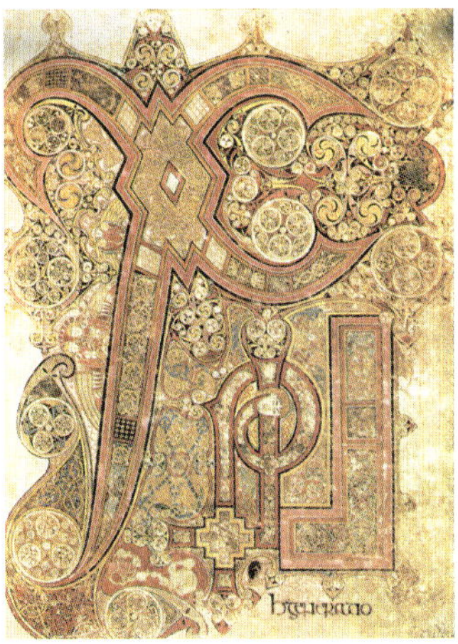

Initialseite aus dem *Book of Kells*, um 800 (Dublin, Trinity College Library)

Wer war Nikolaus von Verdun?

Der lothringische Goldschmied und Emailleur Nikolaus, nachweisbar zwischen 1181 und 1205, war einer der wichtigsten Repräsentanten der Kunst an der Wende von der Romanik zur Frühgotik. In Werken wie den emaillierten *Kupfertafeln des Klosterneuburger Altars* (1181), dem *Marienschrein* in der *Kathedrale von Tournai* (vollendet 1205), dem *Kölner Dreikönigenschrein* (1181–1230) und vermutlich dem *Annoschrein in Siegburg* (um 1183) verband er antikisierende und byzantinische Formen mit genauer Naturbeobachtung.

Welche Domkirche war der erste monumentale Wölbungsbau des deutschen Hochmittelalters?

Der um 1030–61 und dann um 1080–1106 hochgeführte salische *Kaiserdom in Speyer* ist architekturgeschichtlich von enormer Bedeutung, nicht zuletzt deshalb, weil Kaiser Heinrich IV. das Bauwerk, das zudem als kaiserliche Grablege diente, in der zweiten Bauphase in allen Teilen wölben und zusätzlich mit einer Vierungskuppel bekrönen ließ, um in dieser gesteigerten Monumentalität ein Zeichen gegen das mit dem Papst verbündete französische *Kloster Cluny* und dessen Wölbungskunst zu setzen. *Speyer* wurde dadurch zum frühesten monumentalen Wölbungsbau im Heiligen Römischen Reich.

Welche Kirche verfügt noch heute über den größten originalen Bestand gotischer Glasmalerei?

In der nach einem Brand 1194 wieder aufgebauten *Kathedrale von Chartres* schufen Glasmaler Wunderwerke – die nicht nur in ihrer überwältigenden Wirkung, sondern auch in ihren Ausmaßen als gewaltigste Manifestation gotischer Glasmalerei gelten. Die Bauarbeiten an der Kathedrale waren um 1240 vollendet. 164 großteils noch erhaltene Fenster mit insgesamt 2500 m² Fläche präsentieren in unerreichter Farbenglut 4000 Gestalten aus der Bibel, Sagenwelt und Geschichte.

Welche Malereien des 14. Jh. gehören zu den bedeutendsten dieser Zeit in Deutschland?

Die Malereien aus den Jahren um 1330–35, die sich an den Innenseiten der Chorschrankenwände des *Kölner Doms* befinden, oberhalb des Chorgestühls, mit der Darstellung römischer Kaiser und Kölner Erzbischöfe, gehören aufgrund ihrer Naturbeobachtung und ihrer Lichtmodellierung zu den fortschrittlichsten, vermutlich auch von England her beeinflussten Bildern ihrer Zeit.

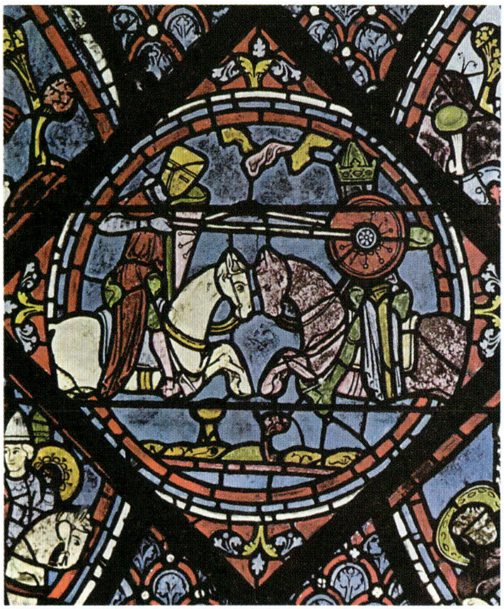

Zweikampf eines christlichen und eines sarazenischen Ritters, Glasfenster mit Szenen aus der Geschichte Karls des Großen, um 1200–20, Chorumgang der *Kathedrale von Chartres*

Welche Kirche gilt als einer der Höhepunkte ottonischer Architektur?

Die *Benediktinerklosterkirche St. Michael,* die Bischof Bernward auch als eigene *Grabeskirche in Hildesheim* errichten ließ (begonnen 1010, geweiht 1022, vollendet 1033), stellt zweifellos einen Höhepunkt ottonischer Kunst dar. Die dreischiffige Basilika besitzt zwei gleich große Querschiffe und zwei Chöre. Die harmonischen Proportionen des Inneren, die enorme Weite der Schiffe, die hohen Wände des Mittelschiffs, die nur ganz oben von relativ niedrigen Fenstern durchbrochen werden und vielleicht als Träger von Wandmalereien gedacht waren, erzeugen eine unerhörte Feierlichkeit des Raumeindrucks.

Wie heißt der Autor des berühmtesten „Bauhüttenbuchs" der Gotik und des gesamten Mittelalters?

Um 1230–35 schuf der französische Architekt Villard de Honnecourt ein *Bauhüttenbuch* (Paris, Bibliothèque nationale), von dessen ursprünglich 65 Pergamentblättern 33 erhalten blieben. Sie zeigen in 325 Federzeichnungen Details, Konstruktionselemente, Schmuckformen, geometrisch-mathematische Regeln usw., die in einer gotischen Bauhütte gebraucht und an den Nachwuchs weitergegeben wurden.

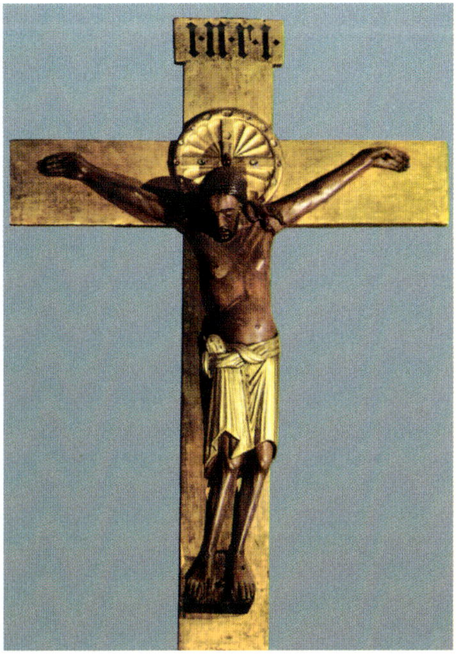

Kruzifix des Erzbischofs Gero, um 975 (Köln, Dom)

Wo befindet sich der älteste etwa lebensgroße Kruzifixus, der sich aus dem Mittelalter erhalten hat?

Der aus Holz geschnitzte, farbig gefasste ottonische *Kruzifixus des Erzbischofs Gero* im *Kölner Dom*, um 975 entstanden, ist der älteste monumentale Gekreuzigte, der sich aus so früher Zeit erhalten hat. Zudem ist er der erste im Westen, der nicht den Christkönig, sondern den sterbenden Christus am Kreuz zeigt. Das exorbitante Stück, das ursprünglich im Zusammenhang mit dem Grab Geros angebracht war, bezeugt auch, dass mit der Ottonik der Hang zur monumentalen Bildnerei einsetzte.

Wo kann man die zweitgrößte mittelalterliche Kirche Deutschlands bewundern?

Das spätgotische *Ulmer Münster* ist die größte Kirche Deutschlands neben dem *Kölner Dom*. Der Bau wurde 1377 begonnen, 1529 eingestellt, 1844 wieder aufgenommen und 1890 mit der Vollendung des Hauptturms (mit 162 m der höchste Kirchturm der Welt) fertiggestellt.

Welcher Aufgabe diente das „Wiener Krönungs-Evangeliar"?

Als Kaiser Otto III. im Jahre 1000 das *Grab Karls des Großen* in der *Aachener Pfalzkapelle* öffnen ließ, soll er auf dessen Knien ein kostbares *Evangeliar* gefunden haben. Mindestens seit dem 13. Jh. wurde dieses Buch (Wien, Kunsthistorisches Museum, Schatzkammer) unter die Reichskleinodien aufgenommen. Bei den Königskrönungen in Aachen legte der Erwählte auf dieses *Evangeliar* den Eid ab. Die Miniaturen dieser kurz vor 800 für den Gebrauch in der *Aachener Pfalzkapelle* entstandenen Handschrift kamen wahrscheinlich aus dem byzantinischen Raum und waren – auch maltechnisch – in der Tradition spätantiker Buchmalerei geschult.

Welches ist der schönste deutsche Klosterraum der Hochgotik?

Das um 1220/40 im *Zisterzienserkloster Maulbronn* angelegte *Herrenrefektorium* übertrifft sowohl an Raumhöhe wie an ornamentalem Reichtum der Gliederung alle anderen deutschen Klosterräume jener Zeit.

Welches herausragende Werk der ottonischen Elfenbeinschnitzerei stellt Papst Gregor den Großen dar?

Eine Ende des 10. Jh. vermutlich in Trier entstandene, herrlich geschnitzte *Elfenbeinplatte* (Wien, Kunsthistorisches Museum) diente ursprünglich als Buchdeckel eines Sakramentars. Das ergibt sich aus der Darstellung des

Papstes Gregor des Großen, des Verfassers des „Sacramentarium Gregorianum“. Zu seinen Füßen ist eine Gruppe von drei Schreibern hinzugefügt. Ein Rahmen aus antikisierenden Akanthusblättern fasst die Komposition zusammen.

Welcher Wandaufriss ist typisch für die frühgotische Kathedralkunst?

Kennzeichnend für die Frühgotik der Île-de-France ist eine vierteilige Wandgliederung in eine untere Arkadenzone, darüber eine Empore und ein Triforium (bzw. ein Register aus Rundfenstern) und die große Fensterzone (Obergaden).

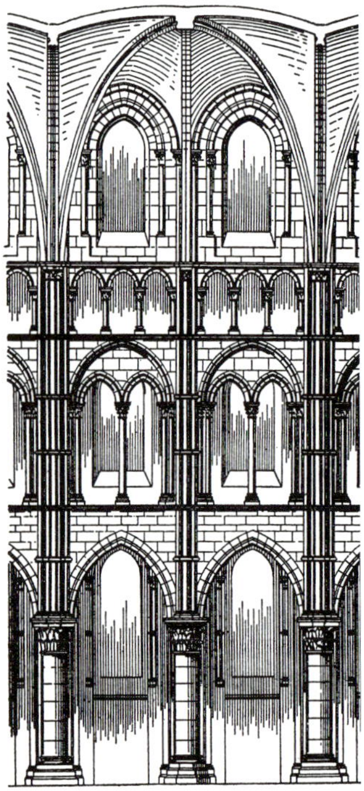

Frühgotischer Wandaufbau: Aufriss der Kathedrale von *Laon*

Welche kunsthistorische Bedeutung hat der „Schatz von Sutton Hoo“?

1939 entdeckte man ein Schiffsgrab in Sutton Hoo (County Suffolk), dessen reiche Funde – Schmuck, Münzen, Textilien, Waffen, Trinkhörner usw. (die meisten in London, British Museum) – bezeugen, dass sich im Britannien des 6. und 7. Jh. heimische, irische, skandinavische, mediterrane und insgesamt unterschiedlichste Einflüsse der Völkerwanderungszeit zu einer außerordentlichen ornamentalen Phantasie verbanden. Die die gesamte Fläche eines Schmuckträgers ausfüllende Ornamentik sollte wenig später auch die irisch-angelsächsiche Buchmalerei bestimmen.

Was haben die Hunde in einem Trecento-Fresko in „S. Maria Novella“ zu Florenz zu suchen?

Im Kapitelsaal der *Dominikanerkirche S. Maria Novella* zu Florenz, in der sog. *Spanischen Kapelle*, entstand eine riesige Freskenfolge, die die Institution „Kirche“ und insbesondere den Dominikanerorden verherrlicht, darunter der *Triumph der Kirche*, von Andrea da Firenze – mit Mitarbeitern – um 1367 gemalt. Berühmt wurde das Fresko v. a. durch die genaue Darstellung des *Florentiner Doms*. Davor haben sich links unten die kirchlichen Statthalter Christi auf Erden versammelt, in ihrer Mitte thront wie ein erhabenes Kultbild der Papst. Die Hunde zu dessen Füßen assoziieren den Namen und die Rolle des Ordens bei der Ketzerverfolgung: „domini canes“ – „Hunde des Herrn“, nannte man die Dominikaner.

Wo findet sich das größte, mit Reliefs geschmückte, erhaltene Tympanon der Romanik in Frankreich?

Die *Abtei Ste.-Foy in Conques* war durch den Besitz der Reliquien der hl. Fides ein prominentes Pilgerzentrum und lag zudem an einer der Hauptpilgerstraßen nach Santiago de Compostela. Das berühmte *Tympanon* mit dem *Jüngsten Gericht* entstand um 1135. Mit 124 Figuren ist es das größte erhaltene Bogenfeld der Romanik.

Wer ist der einzige deutsche Glasmaler des Frühmittelalters, dessen Namen man kennt?

Aus dem *Prämonstratenserkloster Arnstein* an der Lahn stammen drei wunderbare farbige *Glasscheiben*, die Szenen aus dem Leben Mose darstellen (Münster, Westfälisches Landesmuseum). Sie sind in romanischer Zeit, wohl gegen 1160/70 entstanden. Der Maler hat signiert, indem er sich nach Art eines Stifters in einer im unteren Teil des Bildes mit dem „Brennenden Dornbusch" ausgesparten Nische beim Malvorgang wiedergeben und seinen Namen „Gerlachus" verewigt hat.

Welches war das größte Bauwerk des abendländischen Mittelalters?

Der burgundische Reformorden der Cluniazenser erlebte im 11. Jh. seine höchste Blüte. Selbst die Papstwahlen wurden von hier aus bestimmt. 1088 legte man den Grundstein für einen Neubau der Klosterkirche, 1130 erfolgte die Weihe der Kirche, die zur burgundischen Bauschule rechnet, durch Papst Innozenz II.: ein fünfschiffiges Langhaus, zwei Querschiffe mit Apsiden, eine dreischiffige Vorkirche. Die Pfeilerbasilika war in allen Teilen gewölbt. Die Maße des Bauwerks waren gewaltig, die Gesamtlänge betrug 187 m. Es war der größte Bau der abendländischen Christenheit. Erst durch den Neubau der *Peterskirche in Rom* wurde *Cluny* noch übertroffen. Die Französische Revolution und die folgenden Jahrzehnte haben alles bis auf den Südflügel niedergerissen.

Wo und wann findet sich in der englischen Spätgotik das erste Fächergewölbe?

Der um 1370 begonnene *Kreuzgang* der *Kathedrale von Gloucester* zeigt das früheste Beispiel eines vollständig ausgebildeten Fächergewölbes, das von nun an zu einem bestimmenden Merkmal englischer Architektur werden sollte.

Wo befindet sich der umfangreichste Altar der altniederländischen Malerei?

Eine der faszinierendsten Erscheinungen der altniederländischen Malerei ist der in Gent tätige Hugo van der Goes (um 1440–82). Er zeigte ein neues Bewusstsein von der physischen Präsenz der dargestellten Personen und erprobte seinen Blick an der Realistik auch des Armseligen und Niedrigen. Sein weltberühmter *Portinari-Altar* von ca. 1475 (Florenz, Uffizien), ursprünglich für das Spital von *S. Maria Nuova in Florenz* von Tommaso Portinari gestiftet, ist der umfangreichste gemalte niederländische Altar überhaupt. Er erreicht eine innere, vielleicht nicht ohne Kenntnis italienischer Renaissance zu denkende Monumentalität, die bei keinem anderen altniederländischen Gemälde anzutreffen ist.

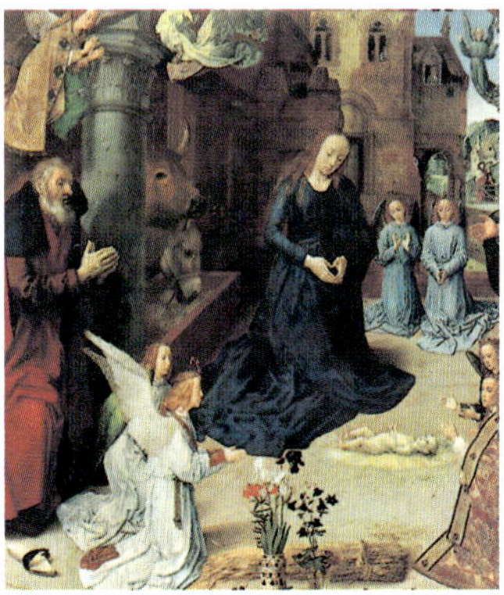

Hugo van der Goes: *Portinari-Altar* (Mitteltafel, Ausschnitt), um 1475 (Florenz, Uffizien)

Worin liegt die Besonderheit des „Utrecht-Psalters" im Rahmen der karolingischen Buchmalerei?

Die einzigartige Erscheinung des der sog. Reimser Schule der karolingischen Buchmalerei zuzurechnenden *Utrecht-Psalters* (Utrecht, Bibliothek der Rijksuniversität) aus der Zeit um 830 beruht auf dem völligen Fehlen von Farbe. Stattdessen sind die Texte mit dunkelbrauner Tinte illustriert Alle Federzeichnungen sind von höchster Lebendigkeit und ekstatischer, fast impressionistisch wirkender Nervosität der Linienführung. Der Hauptmeister gehört zu den bedeutendsten Zeichnern der gesamten abendländischen Kunstgeschichte.

Welche romanische Kirche in Deutschland „imitiert" die karolingische „Pfalzkapelle in Aachen"?

Der zwischen 1039 und 1058 unter der Äbtissin Theophanu errichtete Westbau des *Essener Münsters*, einer Damenstiftskirche, ahmt aus symbolischen Gründen in seinen drei Polygonseiten genau den Aufriss des *Aachener Münsters* nach.

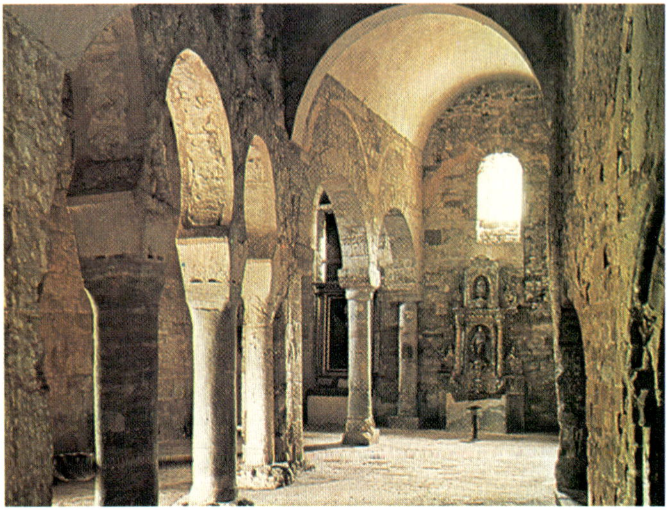

Mozarabischer Stil: Klosterkirche *San Millán de la Cogolla*, 9.–10. Jh.

Was versteht man unter dem „mozarabischen Stil"?

Zur unverwechselbaren Erscheinung der frühmittelalterlichen Kunst Spaniens hat v. a. die islamische Eroberung des Landes beigetragen, die im 8. Jahrhundert die hochentwickelte arabische Kultur über mehr als die Hälfte der Iberischen Halbinsel verbreitete und in Kontakt mit den heimischen, den westgotischen und frühchristlichen Elementen den eigenartigen Mischstil des Mozarabischen heranwachsen ließ.

Welche Philosophie steht hinter der gotischen Glaskunst?

Die neuplatonische Philosophie und Theologie des Pseudo-Dionysius Areopagita (5. Jh.) schreibt dem Licht einen göttlichen Ursprung und die Veranschaulichungskraft des Transzendenten zu. Die Farbenpracht der gotischen Glasfenster, die mystisch aus sich selbst heraus zu leuchten scheinen, sucht dem Ausdruck zu geben. Abt Suger, dessen *Neubau der Abteikirche St.-Denis* bei Paris (1140–44) als Initialwerk der gotischen Architektur gilt, brachte die Lichtmetaphysik des Areopagiten, den man fälschlich mit dem französischen Nationalheiligen Dionysius identifizierte, auf folgende Formel: „Per lumina vera ad verum lumen" – „Von den wirklichen Lichtern zum wahren Licht".

Welches Buch zählt zu den Hauptwerken der westfränkischen Hofschule Karls des Kahlen in spätkarolingischer Zeit?

Der sog. *Codex Aureus* entstand um 870 (München, Bayerische Staatsbibliothek). 855 waren die Normannen brandschatzend die Loire aufwärts gezogen und hatten Tours und die dortige erste Hofwerkstatt Karls des Kahlen zerstört. An seine Stelle trat dann das *Kloster St.-Denis* bei Paris. Das dort geschaffene Glanzstück, der *Codex Aureus*, bietet jenes Höchstmaß an Ausstattungsluxus, welches man der repräsentativen Kunst der damaligen Zeit so gerne angedeihen ließ. Regensburger Quellen des 11. Jh. zufolge wurde das »Goldene Buch« von Kaiser Arnulf 893 oder wenig später an das *Kloster St. Emmeram* in Regensburg geschenkt.

Welche Figuren der Reimser Bildhauerkunst dokumentieren aufs Schönste den Einfluss der Antike?

Am Westportal der *Kathedrale von Reims* finden sich unter vielen berühmten Statuen die beiden Figuren der Heimsuchung, die um 1235 entstanden sein dürften. Maria ist herantretend, Elisabeth wartend und grüßend dargestellt. Eine erstaunliche Vielzahl von Achsenverschiebungen erschließt die Bewegung. Die Figuren scheinen sich schon vom tragenden Säulenschaft zu lösen und andeutungsweise zur Freiskulptur hin zu entwickeln. Die üppige Zeichnung des Gewandes im sog. Muldenfaltenstil trägt dazu bei, dass diese beiden Gestalten zu den reichsten Werken antikisierender Formensprache der Reimser Hochgotik wurden.

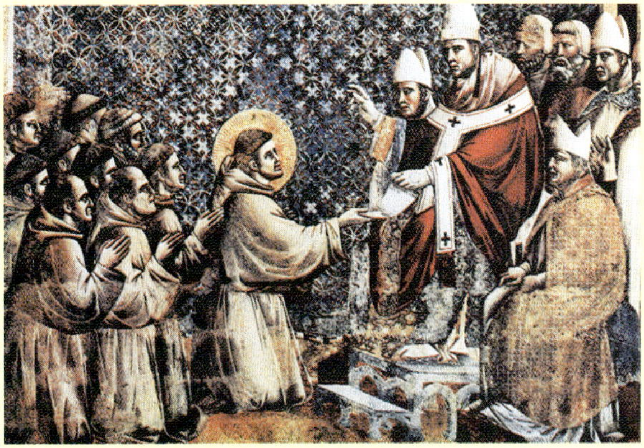

Giotto: *Die Bestätigung der franziskanischen Regel durch Papst Innozenz III.*, um 1296–1304 (Assisi, S. Francesco)

Worin liegt die kunstgeschichtlich überragende Bedeutung Giottos?

Die revolutionäre Leistung Giottos (um 1267–1337) erkannte als Erster der Zeitgenosse Dante in seiner „Göttlichen Komödie": War Cimabue der größte Maler der älteren Generation, so heißt es hier sinngemäß, so ist es nun Giotto, der die Ruhmespalme trägt. Um die Mitte des 14. Jh. schreibt Boccaccio in seinem „Decamerone": „Giotto war ein so hervorragend schöpferischer Geist, dass die Natur [...] nichts entstehen lässt, welches er nicht so gut abmalen konnte, dass es nicht nur ähnlich, sondern gar dasselbe zu sein schien [...] Und da er nun jene Kunst wieder ans Licht heraufgeführt hatte, die viele Jahrhunderte lang begraben gewesen war [...], darf er mit vollem Recht unter die Sterne am Himmel des Florentiner Ruhms gezählt werden." Zwar habe, so wurde von Theoretikern der Renaissance gesagt, schon Cimabue seine byzantinisch geschulten Lehrmeister mit größerer Lebendigkeit übertroffen. Doch erst Giotto habe eine wirklich neue, direkt zur Renaissance hinführende Naturlebendigkeit entwickelt. Seine Figuren haben – so Vasari im 16. Jh. – die Vorherrschaft der Profilansicht gebrochen, was ihre räumlich freiere Stellung ermöglichte, Giotto habe die Schattenlosigkeit beseitigt (in mittelalterlichen Sakralbildern werfen die Gestalten keine Schlagschatten, da sie in einer immateriellen, transzendenten Welt angesiedelt sind), Giotto habe etwas von der Verkürzung der Figuren im Raum entdeckt, er habe die Gemütsbewegungen eingeführt und seine Bildpersonen situationsgerecht handeln lassen. Giotto begnügte sich, so sieht man es auch heute, nicht mit Bildern, die den Gläubigen zur Belehrung und Erbauung dienen sollten, vielmehr stellte er ein kunstvoll geformtes, rhythmisiertes Ganzes vor Augen, das die Ästhetik eines in sich geschlossenen Kunstwerkes vermittelt. Zwar ist bei Giotto und seinen Zeitgenossen, die er alle mehr oder weniger stark beeinflusste, die Zentralperspektive noch nicht verwirklicht. Zweifellos aber besteht die Suggestion eines Durchblicks in den Raum und zweifellos enthält auch diese Vorstufe perspektivischen Sehens revolutionäre Ansätze zu einem systematisierten Raumbild.

Wann blühte die Hirsauer Bauschule?

Die Hirsauer Bauschule bildet eine Sonderform innerhalb der deutschen Romanik. Sie ging von *St. Peter und Paul in Hirsau* (1082–91) aus und suchte den liturgischen Bedürfnissen und dem Bescheidenheitsideal des Hirsauer Reformordens gerecht zu werden: mit flach gedeckten Säulenbasiliken, dem Verzicht auf eine Krypta, der Abtrennung der Vierung (chorus maior) und des ersten Vorchorjochs (chorus minor) als Aufenthaltsraum für Mönche und Laienbrüder u. a. Bekannte Beispiele dieser Bauschule sind die 1125 vollendete *Klosterkirche von Alpirsbach* und die *Jakobskirche* in Regensburg (1150–84).

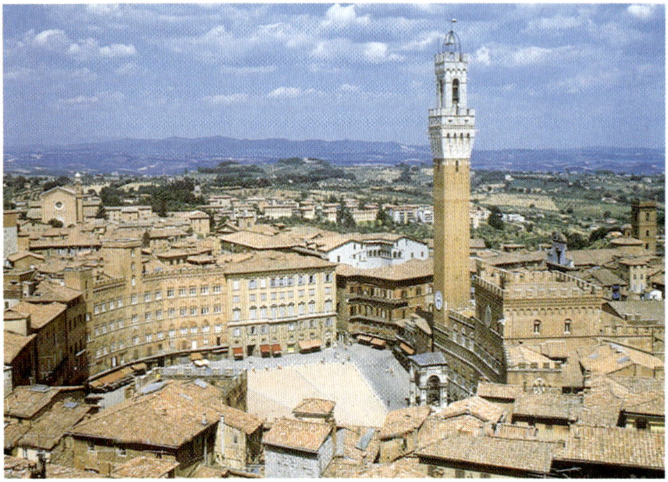

Piazza del Campo mit *Palazzo Pubblico* und *Torre del Mangia, Siena*

Welches Hauptwerk der italienischen Backsteingotik befindet sich in Siena?

Der *Palazzo Pubblico* (Rathaus) *in Siena*, dessen Schauseite an der berühmten halbkreisförmigen Piazza del Campo liegt, besitzt ein Erdgeschoss aus Travertin und zwei, im Mittelblock drei Obergeschosse aus Backstein. Er wurde von 1297 bis 1307 errichtet. Sein 1325–44 hochgeführter *Glockenturm* (Torre del Mangia) kehrt die Verhältnisse um: Den Backsteinturm bekrönt ein aus Travertin bestehendes, zinnenbekränztes Glockengeschoss.

Wo befindet sich der gewaltigste spätgotische Schnitzaltar?

Veit Stoß (um 1448–1533), einer der eindrucksvollsten Bildschnitzer der deutschen Spätgotik, der einzige, den auch Vasari im 16. Jh. lobend erwähnte, schuf 1477–89 sein erstes gesichertes Werk, das farbig gefasste *Hochaltarretabel der Marienkirche in Krakau*. Mit 13 m Höhe und 11 m Breite ist es der größte spätgotische Schnitzaltar. Im Schrein gestaltet er den Marientod wie ein gewaltiges szenisches Bühnenereignis.

Welche Fenster repräsentieren das Hauptwerk der französischen Glasmalerei zur Zeit der Romanik?

Die drei westlichen Glasfenster der *Kathedrale von Chartres* gelten zu Recht als das Hauptwerk der französischen Glasmalerei des 12. Jh. Sie müssen um 1145–50/55 entstanden sein. In strahlender Lichtfülle stellen sie die Passion, die Kindheit Christi und die Wurzel Jesse dar.

Wo finden sich die beeindruckendsten spanischen Wandmalereien des Hochmittelalters?

Die 1187/88 ausgeführten Wandmalereien im *Pantheon de los Reyes* in San Isidoro, León, gehören zum Kostbarsten der spanischen Malerei der Romanik. Sie zeigen den für dieses Land damals typischen expressiven Figurenstil. Im Deckengemälde bringt die Szene mit der *Hirtenverkündigung* auch einen damals ungewöhnlichen Blick auf Alltägliches in die Grablege der Könige von León hinein.

Wie heißt der Kapitelltypus, der in romanischer Zeit maßgeblich wurde?

Die Vermittlung zwischen dem runden Stützglied einer Säule und der quadratischen Auflagefläche eines Bogens vermittelt in tektonisch klarster Form das „Würfelkapitell“, das sich aus der Durchdringung von quadratischem Kubus und Halbkugel ergibt. Es wurde zum bevorzugten Typus der ottonischen und romanischen Baukunst.

Welche spätkarolingischen Werke in München zählen zu den größten Kostbarkeiten mittelalterlicher Kunst?

Zu den Schätzen, an die der spätkarolingische Kaiser Arnulf vielleicht in Form von Geschenken der westfränkischen Herrscher gelangt war und die er nach Regensburg weitergab, gehörte das berühmte *Metallziborium*, ein Reisealtärchen (heute in der Schatzkammer der Münchner Residenz). Diese Treibarbeit ist ebenso wie der in Gold getriebene *Buchdeckel des Codex Aureus* (München, Bayerische Staatbibliothek) in der Palastschule Karls des Kahlen um 870 entstanden. Die original erhaltene Vorderseite des Buchdeckels, eine der größten Kostbarkeiten mittelalterlicher Kunst, zeigt den thronenden Christus, auf der Weltkugel balancierend.

Welches sind die wichtigsten Baudaten des „Florentiner Doms" vor der Renaissance?

1294 beschlossen die Florentiner, einen Vorgängerbau durch eine moderne Kathedrale zu ersetzen. Sie engagierten Arnolfo di Cambio, um Florenz mit der „schönsten und edelsten Kirche der ganzen Toskana" zu schmücken. Dieser entwickelte den Plan zu einer Fassade, die in heimischer Tradition mit breiten horizontalen Bandinkrustationen und mit Statuennischen operiert hätte. Doch sein plötzlicher Tod 1302 führte zu langfristigen Pausen und zu wiederholten Abänderungen des ursprünglichen Entwurfs. 1318–23 baute man ein wenig an der Fassade weiter, 1331–33 entschloss man sich zur Errichtung eines *Campaniles*, eines Glockenturmes, mit dem man Giotto betraute. Nachdem dieser Turm 1355 vollendet war, wandte man sich unter der Leitung Francesco Talentis (um 1300–69) wieder dem Hauptbau zu.

Welches Evangeliar zeigt die Reichenauer Schule auf dem Höhepunkt ihrer Leistungskraft?

Das *Evangeliar Ottos III.* repräsentiert kurz nach 997 die Leistungskraft der Reichenauer Schule auf ihrem Höhepunkt (München, Bayerische Staatsbibliothek). Es ist eines der größten Manuskripte ottonischer Zeit, nicht nur, was seinen Umfang, sondern hauptsächlich, was die Opulenz und den Kunstrang seines christologischen Bilderzyklus betrifft. Die fulminanten Bilder der ihres spirituell-expressiven Stils wegen so benannten »visionären« Evan-

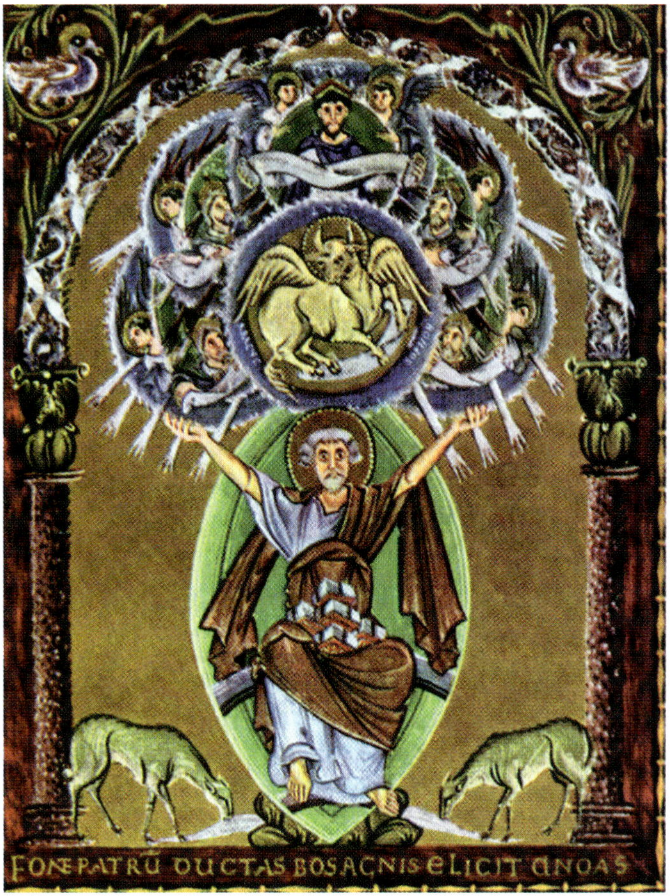

Hl. Lukas, Illustration aus dem *Evangeliar Ottos III.*, um 1000 (München, Bayerische Staatsbibliothek)

gelisten gehören zu den eindrucksvollsten Schöpfungen ottonischer Kunst. Der Goldgrund, als immaterielle Lichtwand hinter den Figuren gebreitet, hebt alle Diesseitigkeit von Raum und Zeit auf. Der ottonische Stil hat sich jetzt von allen älteren Quellen emanzipiert und zu faszinierender Eigenständigkeit gefunden.

Wer schuf die erste „Tür am Florentiner Baptisterium"?

1330 erhielt Andrea Pisano (um 1290–1348/49) den Auftrag für das bronzene *Südportal des Baptisteriums in Florenz*. Die feierliche Einsetzung der partiell vergoldeten *Portaltüren* erfolgte am 20. Juni 1336. Auf den beiden Flügeln finden sich 28 *Bildreliefs*, Darstellungen aus dem Leben Johannes des Täufers und Tugenden. Jede Szene ist in einen vierpassförmigen Rahmen einbeschrieben, wie er an Relieffeldern hochgotischer französischer Kathedralen begegnet. Auch die rhythmische Eleganz ist von Frankreich, wohl von Miniaturen und Elfenbeinen, übernommen, ein linearer Fluss der Konturen und Binnenzeichnungen, den Andrea harmonisch mit der neuen körperlichen Präsenz der italienischen Trecentokunst verbindet.

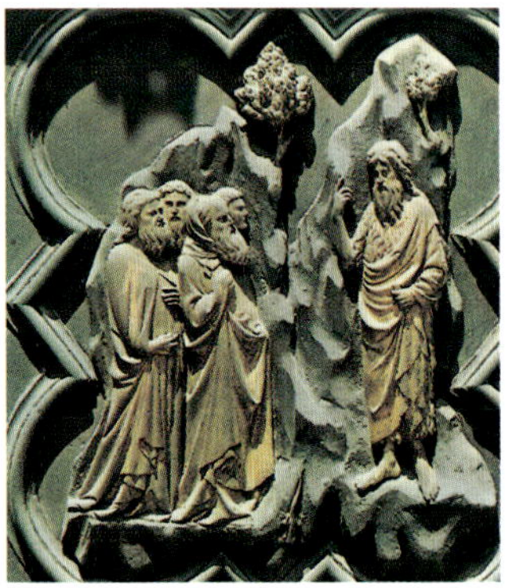

Andrea Pisano: *Predigt Johannes des Täufers*, 1330–36 (Südportal des Baptisteriums in Florenz)

Welche Christusfigur ragt künstlerisch aus dem Portalprogramm der „Kathedrale von Amiens" heraus?

Der Türsturzpfeiler (Trumeau) des mittleren Westportals der *Kathedrale Notre-Dame in Amiens* ist mit einer *Christusfigur* besetzt, die in der Neuzeit den Namen *Beau Dieu* erhalten hat. Dieser „schöne Gott" ist zwischen 1220 und 1230 vermutlich von einem Pariser Atelier geschaffen worden. Mit makellosem idealisierten Antlitz steht diese edle Gestalt, eine der schönsten der französischen Kathedralplastik, da, der Mantel legt sich in scharfe knittrige Falten, die schon ein Volumen um die Figur herum erschaffen.

Wer malte eines der frühesten überzeugenden Porträts des niederländischen 15. Jh.?

Der radikale Naturalismus, mit dem die altniederländische Malerei auftrat, wurde besonders auch in der Porträtkunst manifest. Robert Campin (um 1375/78–1444) hatte einen sehr frühen Versuch in dieser Hinsicht unternommen mit dem sog. *Bildnis eines fetten Mannes*, vor 1430 (Madrid, Museum Thyssen-Bornemisza; eine zweite Fassung in Berlin, Gemäldegalerie). Der alte Profiltypus ist hier aufgegeben, das Gesicht des vielleicht mit dem burgundischen Hofbeamten Robert de Masmines zu identifizierenden Mannes wird in bewusster Schrägansicht aufgenommen und gewinnt so eine physische Präsenz, die in ihrer direkten Hinwendung an den Betrachter bislang nur Heiligen vorbehalten war. Der Verismus dieses porengenau wiedergegebenen Gesichts schreckt, um ein bestimmtes Individuum zu charakterisieren, auch vor dem Hässlichen nicht zurück.

Warum wurde Tilman Riemenschneider gefoltert?

Tilman Riemenschneider (um 1460–1531), einer der bedeutendsten und populärsten deutschen Bildschnitzer und Bildhauer der Spätgotik, ist seit 1479 in Würzburg nachzuweisen. Dort rückte er bald zu den prominenten Bürgern der Stadt auf, 1520/21 amtierte er beispielsweise als Bürgermeister. Doch wegen seiner Parteinahme für die Aufständischen des Bauernkrieges folterte man ihn 1525 und beraubte ihn nach einer Kerkerhaft seiner Ämter und Würden und Teile seines Vermögens.

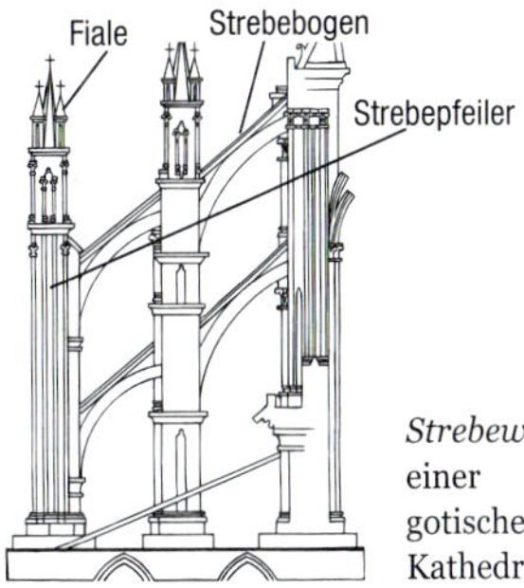

Strebewerk einer gotischen Kathedrale

Was ist das „gotische Strebewerk"?

Die weitgehende Wandauflösung im Inneren einer gotischen Kathedrale hatte zur Folge, dass die in dieser Architektur von innen mitwirkenden Schubkräfte und der von außen ansetzende Winddruck durch Stützpfeiler entlang der Außenwände statisch abgefangen werden mussten. Hinzukamen die schräg abfallenden Strebebögen, die den Gewölbeschub auf die Strebepfeiler ableiten. Diese Gesamtkonstruktion, die man als „Strebewerk" bezeichnet, wurde durch schlanke Türmchen (Fialen), durch eine filigrane Auflockerung und durch die Besetzung mit Bauplastik auch zu einer ästhetischen Bauhülle gemacht.

Welche berühmten „Bronzetüren" schuf Bonanus im Italien der Romanik?

Der namentlich bekannte Bronzegießer Bonanus von Pisa schuf u. a. um 1180 die *Porta di San Ranieri* am *Dom zu Pisa* (20 Bronzetafeln mit alt- und neutestamentlichen Szenen) sowie 1186 das *Westportal des Doms von Monreale* auf Sizilien (zwei Flügel mit zusammen 42 Bronzetafeln biblischer Thematik).

Was sind die „Beatus-Apokalypsen"?

Um 776 verfasste im spanischen Asturien der Mönch Beatus von Liébana einen Apokalypsenkommentar. Seine Heimat war damals das mächtigste Bollwerk des christlichen Spanien gegen den Islam. Vor diesem Hintergrund wurde auch sein Kommentar zur Apokalypse zu einem politischen Buch, da seine endzeitlichen Inhalte direkt auf das zeitgenössische Anliegen des Kampfes gegen Araber umgemünzt werden konnten. Die reich bebilderten Codices, von denen zwischen dem 10. und dem 13. Jh. mehr als 20 erhalten blieben, formulieren demnach eine zugleich nationale und heilsgeschichtliche Ideologie.

Welche Charakteristika weisen die sog. „Schönen Madonnen" um 1400 auf?

Zu den herausragenden Werken der Internationalen Gotik um 1400 gehören die v. a. in Süddeutschland, Österreich und Böhmen verbreiteten sog. *Schönen Madonnen* aus Stein oder Holz, die die Merkmale des „Weichen Stils" exemplarisch vorführen: starke Plastizität, üppige Faltenkaskaden, weitausladende und fließende Konturen und Draperien, Neigung zu lockerem Formaufbau und ausgeprägtem Kontrapost, Lieblichkeit der Darstellung und idealisierter Gesichtstypus.

Was beherbergt der größte Reliquienschrein des Mittelalters?

Nach der Eroberung Mailands 1162 überführte im Auftrag Friedrichs I. Barbarossa der Kölner Erzbischof und Kanzler Rainald von Dassel die Gebeine der Heiligen Drei Könige aus Italien in den *Kölner Dom*. Ab 1181, an der Wende von der Romanik zur Gotik, begann einer der berühmtesten Goldschmiede des Mittelalters, Nikolaus von Verdun, mit dem *Dreikönigsschrein*. Dieses Wunderwerk aus vergoldetem Silber und Kupfer in Treibarbeit, aus Edelsteinen und Perlen wurde um 1230 vollendet. Der kostbare Inhalt, der auch im Sinne der Reichssymbolik ausgedeutet wurde und die Stadt Köln als eine der wichtigsten Reichsstädte deklarierte, führte dazu, dass der *Kölner Dreikönigsschrein* zum größten und kostbarsten des Mittelalters wurde.

Welche Eigenschaften zeichnen die Fresken Giottos in der „Arenakapelle" aus?

Der Formenkanon, der in den um 1305 vollendeten Fresken der *Paduaner Arenakapelle* (Cappella degli Scrovegni) souverän entfaltet wird, bildete die Grundlage für den Typenschatz der Giotto-Schule. Hier hat Giotto als Erster die gesamte malerische Dekoration eines Raumes auf einen einzigen zentralen Blickpunkt hin geordnet: Bei allen Kompositionen rechts von der Mittelachse einer der beiden Längswände ist nämlich der perspektivische Blick leicht nach links verschoben, auf der linken Hälfte nach rechts. Darüber hinaus bezieht Giotto den Lichteinfall auf die natürliche Beleuchtungsquelle des großen dreiteiligen Fensters in der Westwand.

Wie heißt die bedeutendste illuminierte Handschrift Frankreichs an der Wende von der Romanik zur Gotik?

Der um 1195 hergestellte *Ingeborg-Psalter* (Chantilly, Musée Condé) ist die bedeutendste der erhaltenen illuminierten Handschriften Frankreichs an der Wende zum 13. Jh. Der für den privaten Gebrauch der dänischen Prinzessin Ingeborg, der Gemahlin Philipps II. Auguste (reg. 1180–1223) von Frankreich, konzipierte Prachtpsalter entstand in einer Zeit, in der französische Kultur und Kunst sich zu höchster Blüte entfaltete. Um 1200 war der Skulpturenzyklus der *Kathedrale von Chartres* weit fortgeschritten. Und in den Miniaturen des Psalters drängen ein tiefes Blau, ein leuchtendes Karminrot in den Vordergrund, die wie die in geheimnisvoller Glut aufleuchtenden Partien gotischer Glasfenster anmuten.

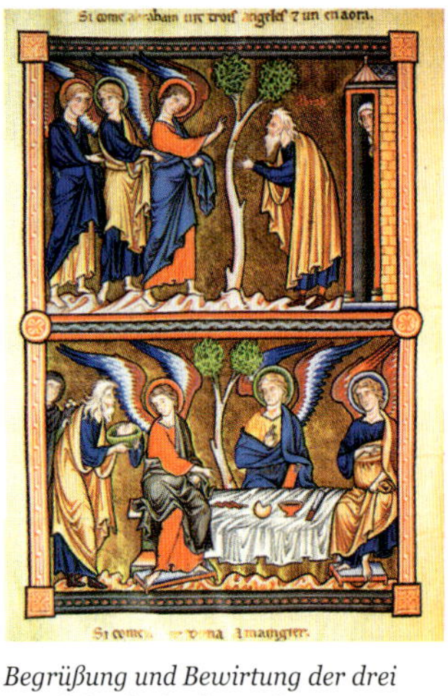

Begrüßung und Bewirtung der drei Engel durch Abraham, Illustration aus dem *Ingeborg-Psalter*, um 1195 (Chantilly, Musée Condé)

Welche Handschrift gilt als die schönste „Beatus-Apokalypse"?

Als die bedeutendste unter allen erhaltenen spanischen *Beatus-Kommentaren* gilt die im Jahre 975 im Auftrage eines Abtes Dominicus geschriebene und illustrierte *Apokalypse von Gerona* (Gerona, Kathedral-Archiv). Vermutlich war der Entstehungsort das *Doppelkloster Tábara bei Zamora*. Die ausdrucksvolle, ungeheure visionäre Sprache der Miniaturen beruht auf ihrer ornamentalen Gebundenheit, der fast schon surreal anmutenden Stilisierung des Gegenständlichen und der ungebrochenen Leuchtkraft des Kolorits.

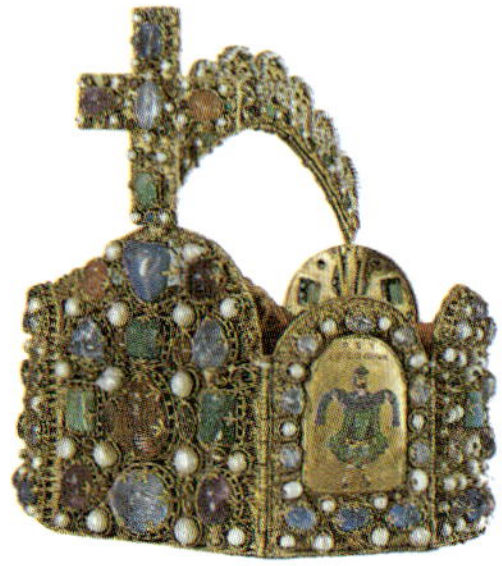

Deutsche Reichskrone, 10./11. Jh. (Wien, Weltliche Schatzkammer)

Welche Sakralsymbolik verknüpft die „Reichskrone" mit dem Amt des Kaisers?

Die *Bügelkrone*, die der Kaiser des Heiligen Römischen Reiches trug (Wien, Weltliche Schatzkammer), wurde im wesentlichen im späten 10. und frühen 11. Jh., also in ottonischer Zeit geschaffen. Ihre achteckige Grundgestalt setzt sich aus acht durch Scharniere verbundene Platten zusammen. In kreuzförmiger Anordnung entsprechen sich die mit Edelsteinen und Perlen besetzten Stirn- und Nackenplatten sowie die beiden Schläfenplatten, die ursprünglich ein Gehänge (Pendilien) aufwiesen. Die kleineren Platten dazwischen tragen figürliche Emaildarstellungen. Inschriften zufolge verkörpert König David die Gerechtigkeit, König Salomo die Weisheit und König Hiskia das Gottvertrauen. Christus und zwei Seraphim auf der vierten Zwischenplatte repräsentieren die göttliche Trinität, als deren Stellvertreter auf Erden der Kaiser galt.

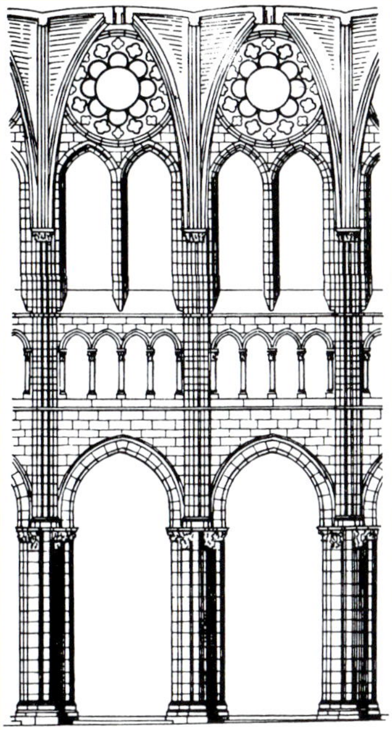

Welche Wandgliederung ist kennzeichnend für die Hochgotik?

Der charakteristische hochgotische Wandaufriss in den Kathedralen und sonstigen großen Kirchen der Île-de-France (z. B. in *Reims* oder in *Amiens*) ist im Unterschied zum frühgotischen dreiteilig, d. h. er verzichtet auf die Emporen und besteht nur noch aus Arkadenzone, Triforium und Obergaden (Fensterzone).

Hochgotischer Wandaufbau: Aufriss der Kathedrale von *Chartres*

Warum waren die „Säulen im Aachener Münster" für Napoleon so interessant?

Die Säulen aus Granit, Marmor und Porphyr, die im karolingischen *Aachener Münster* jeweils paarweise in die Arkaden des oberen Stockwerks eingestellt sind, stammen aus Ravenna und Rom. Ihr Symbolgehalt als Spolien brachte die Übertragung der antiken Herrschergewalt auf das Frankenreich zum Ausdruck. Diese Symbolik veranlasste Napoleon I., die Säulen, die keinerlei statische Funktion besitzen, 1794/95 nach Paris bringen zu lassen. 1843–47 wurden sie wieder am alten Platz eingebaut.

Welche Buchmalerei-Schule trug zu den Höhepunkten ottonischer Kunst bei?

Die Schule der Buchmalerei, die sich in dem *Bodensee-Kloster Reichenau* zu einem herausragenden kulturellen Zentrum entwickelt hatte, hat um 1000 mehrfach für die Kaiser aus dem ottonisch-sächsischen Hause gearbeitet. Ihr bis heute andauernder Ruf gründet auf einer Schaffensphase von erstaunlich wenigen Jahren an der Wende vom 10. zum 11. Jh. Weltberühmt gewordene Zeugnisse sind u. a. das *Evangeliar Ottos III.*, *die Bamberger Apokalypse* sowie das *Perikopenbuch Heinrichs II.*

Wo finden sich die Fresken, auf denen die ersten echten Landschaften der neuzeitlichen Malerei begegnen?

Im *Palazzo Pubblico zu Siena* malte Simone Martini (um 1284–1344) 1328 das *Fresko* mit der *Eroberung des Kastells von Montemassi durch den Feldherrn Guido Riccio da Folignano*. Die sachgetreue Wiedergabe ist ihm so gut gelungen, dass sich die örtlichen Verhältnisse noch heute identifizieren lassen. Am gleichen Ort entstanden 1338/40 Fresken Ambrogio Lorenzettis (nachweisbar 1319–47), darunter die *Gute Regierung* der Republik Siena. Lorenzetti entfaltet eine panoramaartige Überschau über Stadt und Land, ungefähr vom Turm des *Palazzo Pubblico* aus aufgenommen in einem Blickwinkel von fast 300 Grad. Abgesehen von der eindringlichen Schilderung des Alltagslebens sind es der Raum in seiner natürlichen Ausdehnung und die Integration von Mensch und Objekt in diesen Raum, die Lorenzettis zukunftsweisende Leistung hinsichtlich der Landschaftsmalerei ausmachen.

Wo befindet sich das älteste erhaltene Glasfensterprogramm des Mittelalters?

Die vier wunderbaren *Ganzfigurenfenster* mit den Prophetengestalten Daniel, Hosea, David und Jonas aus der Zeit um 1100 oder 1130, in der südlichen Hochwand des *Augsburger Doms*, beweisen, dass bereits in frühromanischer Zeit, zu Beginn des 12. Jh., die Glasmalerei voll und ganz zu einer monumentalen Kunstform herangereift war.

Wen stellt der „Bamberger Reiter" dar?

Am Nordwestpfeiler des Georgenchors im *Bamberger Dom* steht eines der bekanntesten Reiterbilder der Kunstgeschichte und eines der schönsten Bildwerke der deutschen Hochgotik: die vor 1237 gemeißelte und ursprünglich bemalte *Sandsteinskulptur des Reiters*, dessen edle Erscheinung zum Inbegriff des „ritterlichen" Mittelalters avancierte. Bis heute ist umstritten, wen dieses von der Kathedralplastik

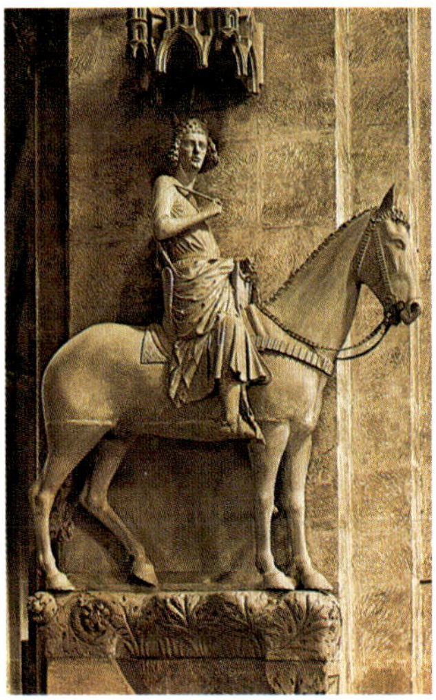

Bamberger Reiter, vor 1237 (Bamberg, Dom)

in Reims beeinflusste meisterhafte Werk darstellt. Die Deutungen reichen vom spätrömischen Kaiser Konstantin über mehrere deutsche Könige bis zum Ungarnkönig Stephan I., der 995 Gisela, die Schwester des Bamberger Domgründers, des Kaisers Heinrich II., geheiratet hatte.

Welche Kirche östlich des Rheins folgte als erste dem Vorbild der französischen Gotik?

Die erste Kirche östlich des Rheins, die durch und durch dem Vorbild der französischen Hochgotik folgt, ist die *Elisabethkirche in Marburg*. Sie wurde 1235 begonnen und 1283 geweiht. Die Chorpartie ist als sog. Dreikonchenanlage, d. h. in Form eines regelmäßigen Kleeblatts ausgebildet. Dies und das polygonale Ausschwingen der Querarme begegnet kurz vorher in der Champagne. Das Marburger Langhaus hat man wohl nach einem Planwechsel als Halle errichtet.

Was versteht man unter einer „Christus-Johannes-Gruppe"?

Im *Frauenkloster Katharinental bei Diessenhofen* im Thurgau wurde 1305 ein Altar des Evangelisten Johannes geweiht, für den man ein *Schnitzbild* anfertigte (vermutlich identisch mit der *Christus-Johannes-Gruppe* im Museum Mayer van den Bergh zu Antwerpen). Johannes, so besagt die Klosterchronik, ruht „an unseres Herren Herzen", im Moment der Gottesminne. Über 20 vergleichbare Exemplare haben sich aus alemannischen Frauenklöstern, einem Zentrum der mystischen Bewegung um 1300, erhalten. Die Beterinnen, deren Ideal die geistliche Brautmystik war, konnten sich mit Johannes identifizieren und sich vom Ineinanderlegen der rechten Hände, den Körpergesten und Gewandlinien, die das Liebesmotiv zwischen Christus und Johannes so subtil ausdrücken, in die Hingabe an die Liebe Gottes entführen lassen.

Welche romanischen Fresken stellen den umfangreichsten Zyklus in Frankreich dar?

Zu den künstlerisch bedeutendsten und ausgedehntesten Zyklen der romanischen Wandmalerei Frankreichs zählen die an der Wende vom 11. zum 12. Jh. von verschiedenen Werkstätten ausgeführten *Fresken* der Westempore, der Krypta und Vorhalle sowie des riesigen Tonnengewölbes im Hauptschiff der *Abteikirche von St.-Savin-sur-Gartempe*.

Welche Apokalypse-Handschrift wurde zur bekanntesten der Ottonik?

Die sog. *Bamberger Apokalypse* (Bamberg, Staatliche Bibliothek) ist um 1000–vor

1020 auf der Reichenau geschaffen worden, und zwar, so vermutet man, für Otto III. (reg. 983–1002). Erst nach dessen Tod unter Heinrich II. (reg. 1002–1024) wurde sie vollendet. Die Bilder lassen in ihrer reinen Spiritualität dem visionären Inhalt eine kongeniale Ausdeutung zuteil werden. Antike, byzantinische und heimische Traditionen verschmelzen zu Neuem und gewinnen so eine unvergleichliche Ausdruckskraft.

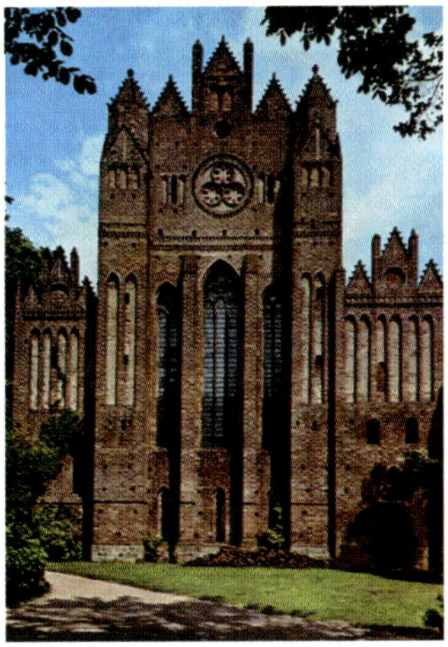

Westfassade der Zisterzienserkirche in *Chorin*, um 1300

Welches sind Hauptbeispiele der deutschen Backsteingotik?

V. a. in Norddeutschland hat die mit Backstein-Mauerwerk operierende Architektur das Material und die Materialsichtigkeit bewusst in ihr ästhetisches Kalkül einbezogen. Der spätgotische Backsteinbau steht dabei in enger Beziehung mit den Sakral- und Profanaufgaben in den Hansestädten, von Lübeck über Rostock bis Danzig (*Marienkirche*, 1343–1502), ferner mit dem Klosterbau der Zisterzienser (*Klosterkirche in Chorin*, 1273–1334, oder *Doberan*, um 1295–1368) und mit dem Deutschen Orden (*Marienburg*, ab 1309 Hauptsitz des Ritterordens). Auch Süddeutschland kennt den monumentalen Backsteinbau (*Münchner Frauenkirche*, 1468–94; die Türme und ihre „welschen Hauben" im 16. Jh. vollendet).

Wann entstanden die ersten Rad- bzw. Rosenfenster?

Den erhaltenen Denkmälern zufolge entstanden die ersten großen Rundfenster um 1130/40. Die monumentale *Fensterrose* im Westbau von *St.-Denis*, dem Initialwerk gotischer Architektur, die damals geschaffen wurde, ist in ihrer authentischen Erscheinung nur noch partiell überkommen. Doch von hier nahmen jedenfalls alle Rosenfenster an den Fassaden gotischer Kathedralen ihren Ausgang.

Welche ottonische „Perikopen-Handschrift" zählt zu den Höhepunkten mittelalterlicher Buchkunst?

Das 1007, spätestens 1012 auf der Reichenau hergestellte *Perikopenbuch*, das König bzw. Kaiser Heinrich II. (reg. 1002–1024), der einzige Herrscher an der Spitze des Heiligen Römischen Reiches, der jemals heiliggesprochen wurde, dem Bamberger Domkapitel schenkte, ist eine Prachthandschrift der Reichenauer Malerschule, ein Höhepunkt ottonischer Kunst, ja der gesamten mittelalterlichen Buchkunst (München, Bayerische Staatsbibliothek).

Wo befinden sich die ersten „Bronzetüren" nördlich der Alpen?

Die jeweils in einem Stück von einer Aachener Werkstatt gegossenen Flügel der *Wolfstür* am Westeingang des karolingischen Zentralbaus des *Aachener Münsters* sowie zwei weitere Türen des *Aachener Münsters* stellen die ersten Bronzetüren nördlich der Alpen dar. Der einzige Schmuck der *Wolfstür* (4,3 Tonnen Gewicht) besteht aus je einem applizierten Löwenkopf als Türgriff.

Welches neue Kompositionsprinzip vervollkommnet das ottonische „Perikopenbuch Heinrichs II."?

Dass in der Buchmalerei eine einzige Bildkomposition über zwei ganze Buchseiten ausgebreitet wird, hatte bislang lediglich ein Künstler gewagt, nämlich der Maler des *Evangeliars Ottos III.* kurz nach 997; freilich auch er nur einmal, auf der Titelseite mit den dem Kaiser huldigenden Provinzen. Der Perikopenbuchmeister erhebt dieses Gestaltungsprinzip dagegen bald nach 1000 zur Regel.

Wer hielt die berühmteste Schimpfrede gegen den Kunstluxus in den Klosterkirchen und Kreuzgängen romanischer Zeit?

Welchen Aufwand an Kunstwerken die alten Klöster, in Frankreich v. a. die der Cluniazenser, trieben, belegt die berühmte Scheltrede, die der hl. Bernhard, der wichtigste Repräsentant des neuen Zisterzienserordens und Abt des von ihm gegründeten *Klosters Clairvaux* 1115 hielt. Darin heißt es u. a.: „Überall erscheint eine ebenso bunte wie erstaunliche Fülle verschiedenartigster Formen, dass man lieber im Marmor als in den Büchern liest und betrachtet. Den ganzen Tag ist man damit beschäftigt, die Einzelheiten der Werke zu bewundern, statt über das Gesetz Gottes nachzusinnen. Mein Gott! Wenn man sich schon nicht der Unschicklichkeit schämt, warum scheut man nicht den Aufwand?"

Welche Frauengestalt in Straßburg zählt zu den berühmtesten Bildwerken der Hochgotik?

Die edle Gestalt der *Synagoge* vom Südquerhaus des *Straßburger Münsters* ist um 1235 gemeißelt worden. Wie stets erscheint die *Synagoge* mit einer Binde vor den Augen, da sie, als Vertreterin des Judentums und des Alten Testaments, die Offenbarung Christi noch nicht erkannt hat. Sie ist mit zerbrochenem Stab dargestellt, die mosaischen Gesetzestafeln scheinen ihrer Hand zu entgleiten. Dass gerade die Straßburger „Gegenspielerin" der christlichen Kirche zu einer Zeit, als die Judenfeindlichkeit stark verbreitet war, in solch vollendeter Schönheit erscheint, die sie zu den meistbewundertsen Kunstwerken des Mittelalters macht, geht auf einen Vers im Hohe Lied zurück: „Du bist schön meine Freundin ...".

In welchem karolingischen Bauwerk kommen die Reminiszenzen an die Antike am deutlichsten zum Tragen?

Die wohl vor 875 entstandene, früher oft auch ins ausgehende 8. Jh. datierte Torhalle des *Klosters Lorsch* – einziger Überrest der karolingischen Reichsabtei – erinnert an eine dreitorige Triumphbogenarchitektur, zu deren Fassadendekoration auch antike Formelemente, Pilaster-Kapitelle usw. verarbeitet wurden. Deshalb erscheint sie dem Betrachter als das „römischste" aller karolingischen Bauwerke.

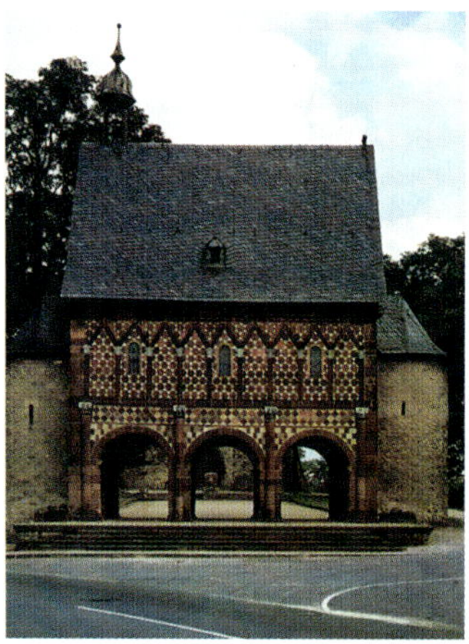

Torhalle des Klosters *Lorsch*, um 875

Welchen Stellenwert besitzt die Landschaft in der altniederländischen Malerei?

Die altniederländische Malerei ist eine der frühesten künstlerischen Strömungen, die den Dingen der Natur nicht nur durchgreifendes Sachinteresse entgegenbrachte, sondern eine bestimmte Naturszenerie nicht mehr ausschließlich als Konglomerat einzelner Elemente, vielmehr als Blickerlebnis erfuhr, welches ein Stück Land als organischen Teil eines unendlich großen Ganzen verstand, welches demnach als Ausschnitt über sich hinauswies und die Phantasie anregte, über die Grenzen des Sichtbaren hinauszuschweifen. Zunehmend wurde mit licht- und luftperspektivischen Mitteln der Versuch unternommen, grenzenlose Weite vor Augen zu führen. Dieses Bedürfnis koppelte sich zunächst noch – in einer Art Kompromiss – an hochgelegte Horizonte, die einen Großteil der Bildfläche für die Darstellung liebevoll beobachteter Einzelheiten reservierten.

Welche gotische Kathedrale Frankreichs hat mit ihrer Turmbildung den größten Einfluss ausgelöst?

Der Architekt Villard de Honnecourt beschreibt in seinem *Bauhüttenbuch* um 1230–35 einen *Turm* der Westfassade der *Kathedrale von Laon*: „Ich bin in vielen Ländern gewesen, wie ihr aus diesem Buche ersehen könnt, [aber] an keinem Ort habe ich jemals einen solchen Turm erblickt, wie der von Laon einer ist." In der deutschen Baukunst des 13. Jh. bezeugen z. B. die *Domtürme in Bamberg und Naumburg*, dass Villard mit dieser Bewunderung nicht allein stand.

Welche hochgotische Skulptur ist nach dem „Reiter" die wohl bekannteste im „Bamberger Dom"?

Die leicht überlebensgroße (beschädigte) *Figur der hl. Elisabeth*, die mit einer Maria eine Heimsuchungsgruppe bildet, ist aufgrund der veristischen Gesichtsdarstellung, die schonungslos und zugleich voller Würde das Alter der Frau charakterisiert, berühmt geworden.

Was versteht man unter dem „Perpendicular Style"?

Die Bezeichnung umfasst die späte Bauphase der englischen Gotik, die von etwa 1350 bis gegen 1520 reicht, gelegentlich aber noch im 17. Jh. begegnet. Sie zeichnet sich

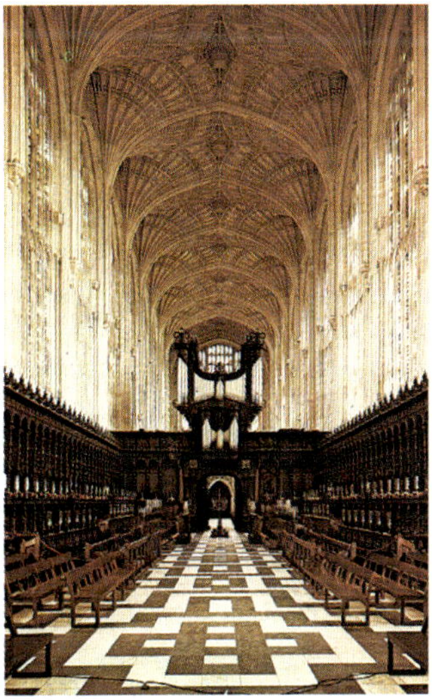

King's College Chapel in *Cambridge*, 1446–1515

durch Betonung der Vertikale, gitterartiges Stabwerksystem der Fenster und entsprechende Wandgliederung aus. An Gewölbeformen werden Netz-, Stern- und v. a. Fächergewölbe bevorzugt. Der Stil findet sich z. B. in den *Kathedralen von Gloucester* (1351ff.) und *Winchester* (1394ff.), der *King's College Chapel in Cambridge* (1446–1515) und der *Kapelle Heinrichs VII.* in der *Westminster Abbey* (1503–12).

Wann entwickelte sich der Typus der „Bible moralisée"?

Die *Bible moralisée* ist ein 1220–30 im Auftrag des französischen Königshofes in Paris entstandener Bibel-Typus, der mit Hilfe zusammenkomponierter Bildmedaillons (je acht pro Seite) und nebenstehenden Texten den Inhalt interpretiert.

Wo befindet sich das einzige erhaltene Profandenkmal der deutschen Romanik?

Im ehemaligen Burgbezirk der Stadt Braunschweig, gegenüber der *Stiftskirche St. Blasius*, dem sog. Dom, erhebt sich seit 1166 die monumentale *Bronzefigur eines Löwen* auf gewaltigem Steinsockel. Diese erste frei im Raum stehende Großplastik des Mittelalters ist Ausdruck herrscherlicher Selbstdarstellung. Sie ist ein Denkmal des Welfengeschlechts, das den Löwen als Wappentier führte, und sie wurde in einer Zeit harter Kämpfe Heinrichs des Löwen mit sächsischen Gegnern errichtet.

Woher stammt das älteste erhaltene Fragment eines Figurenfensters?

Das Straßburger Frauenhausmuseum besitzt das Fragment eines bemalten *Figurenfensters*, das ein intaktes Gesicht, einen *Christuskopf*, präsentiert. Es entstand in frühromanischer Zeit, vermutlich in der 2. Hälfte des 11. Jh., wohl für die *Abteikirche in Weißenburg* (Wissembourg) im Elsass.

Wer gab die kostbarste unter den erhaltenen romanischen Handschriften in Auftrag?

Heinrich der Löwe, Herzog von Sachsen und Bayern (reg.

1142–1180), und seine Gemahlin Mathilde, Tochter König Heinrichs II. von England, gaben jenes kostbare *Evangeliar* in Auftrag, welches 1983 bei Sotheby's für eine schwindelerregende Summe ersteigert wurde (Wolfenbüttel, Herzog-August-Bibliothek und München, Bayerische Staatsbibliothek). Wahrscheinlich gehörte die Handschrift zur Ausstattung des 1188 im *Braunschweiger Dom* gestifteten *Marienaltars*. Die prunkvolle Ausführung des Codex ist singulär in seiner Zeit und Kunstlandschaft. Das Format der Handschrift ist ungewöhnlich groß, die Ausmalung von überbordendem Reichtum, die Farben – darunter viel Purpur und Gold – vereinigen sich zu einer luxuriösen Sinfonie, das einleitende Widmungsgedicht ist in Goldtinte geschrieben, auch der einstige Einband bestand aus Gold.

Welcher Künstler malte einige der bedeutendsten „Fresken im Campo Santo zu Pisa"?

Zwischen 1330 und 1345 malte Bonamico Buffalmacco den *Triumph des Todes* (den man lange Zeit dem Francesco Traini zugeschrieben hat) und die *Thebais* im *Campo Santo von Pisa*. Letzteres ist ein Bild der Thebaischen Wüste in Ägypten, in der im Frühchristentum Eremiten ihr asketisches Leben geführt hatten. Direkt unter dem Fresko wurde das Grab des Eremiten Beato Giovanni Cini angelegt, der sich zur Buße in einer Zelle an der Friedhofsmauer eingeschlossen hatte.

Welchem Vorbild folgt die ottonische „Bernwardsäule"?

Bischof Bernward von Hildesheim hielt sich um die Jahrtausendwende in Rom auf, wo er die beiden antiken *Triumphsäulen*, die des *Mark Aurel* und die des *Trajan*, sah. Ihrem Vorbild folgt der spiralförmig um die Christussäule (*Bernwardsäule*) in *St. Michael zu Hildesheim* gelegte *Bilderfries* aus 24 christologischen Szenen. Die um 1022 vollendete, fast 4 m hohe Bronzesäule ist aus einem Stück gegossen und so auch technisch eine Meisterleistung.

Wo befindet sich eines der bekanntesten deutschen Grabdenkmäler der Hochgotik?

Das skulptierte *Grabmal Heinrichs des Löwen und seiner Gemahlin Mathilde* im *Braunschweiger Dom* entstand postum, um 1230/40. Das Herrscherpaar ist in der Blüte des Lebens festgehalten, eingehüllt in eine üppige Draperie. Die technische Bravour und die Schönheit der leicht überlebensgroßen Gestalten machen das *Grabmal* zu einem Glanzstück hochgotischer Bildhauerkunst in Deutschland.

Wie heißt die größte erhaltene Textilie des Mittelalters?

Der gut 68 m lange und bis zu 53,6 cm breite *Teppich von Bayeux* (Bayeux, Musée de la Tapisserie) wurde vermutlich um 1070 in Cambridge hergestellt, wohl als Palastausstattung für Bischof Odo von Bayeux. Dieser war der Halbbruder des Normannenherzogs Wilhelm, der 1066 durch den Sieg bei Hastings als Wilhelm I., der „Eroberer", englischer König wurde. In 58 Szenen und mit insgesamt 623 Personen zeigt der Bildteppich sachkundlich aufschlussreich die damaligen Ereignisse. Die flächig-malerische Gestaltungsweise der Stickerei in acht Farben entspricht dem Stilisierungswillen der frühromanischen Kunst.

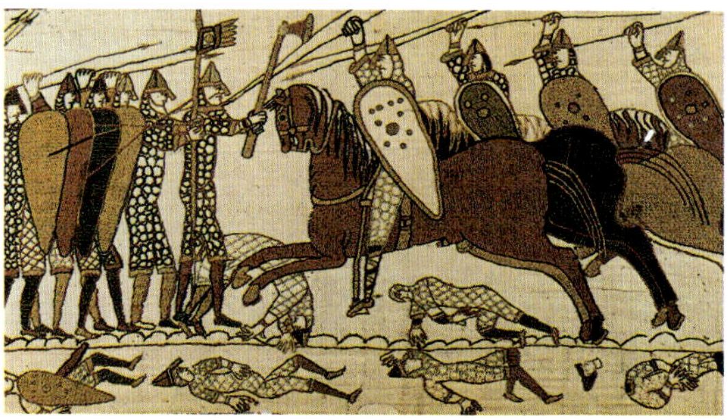

Teppich von Bayeux, um 1070 (Bayeux, Musée de la Tapisserie)

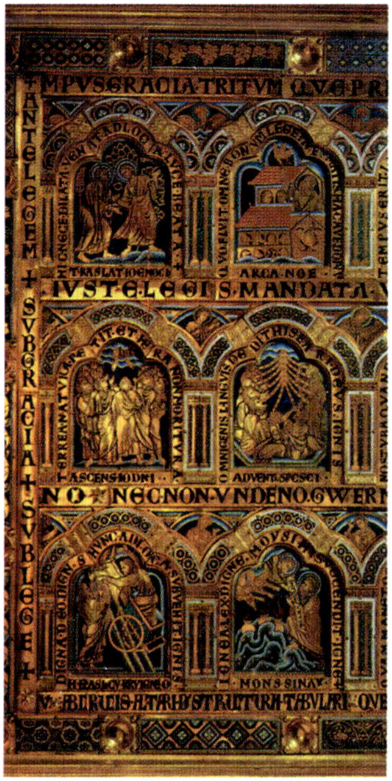

Nikolaus von Verdun: *Klosterneuburger Altar*, erste drei Bildreihen des rechten Flügels, vor 1181 (Klosterneuburg, Stiftskirche)

War der „Klosterneuburger Altar" immer schon ein Altar?

Eines der berühmtesten Werke der hochmittelalterlichen Schatzkunst ist der in der *Leopoldi-Kapelle* des österreichischen *Chorherrenstiftes Klosterneuburg* aufbewahrte *Klosterneuburger Altar*. Der geniale Goldschmied Nikolaus von Verdun hatte 1181 die Verkleidung eines Ambos (einer Art Kanzel) mit 45 Emailplatten vollendet. Erst 1331 hat man dieses Ensemble zu einem Flügelaltar umgearbeitet und um sechs weitere Platten ergänzt. Das Bildprogramm der Emails ist ein Paradebeispiel für die damals gebräuchliche typologische Gegenüberstellung von Szenen des Alten mit solchen des Neuen Testaments.

Welcher Trecento-Maler war der herausragende Schüler Giottos?

Der 1330–66 in Florenz nachweisbare Taddeo Gaddi, der lange Zeit in der Werkstatt Giottos tätig war, darf als dessen bedeutendster Schüler gelten. In seinem Hauptwerk, den Wandmalereien der *Baroncelli-Kapelle von Santa Croce* in Florenz, hat er mit der *Hirtenverkündigung* erstmals in der Kunstgeschichte eine nächtliche Szenerie wirklich überzeugend eingefangen und der *Tempelgang Mariä* wurde zur vielleicht meist kopierten Komposition des Trecento. Taddeo Gaddi war der bedeutendste Exponent der giottesken Strömung, die er mit erzählerischem Reichtum, kompliziertem räumlichen Aufbau und stupenden Lichteffekten ergänzte. Gegen Ende des 14. Jh. erhielt seine Kunst eine neue Aktualität, die in die Frührenaissance weiterleitete.

Welche Vorteile besitzt das in der Früh- und Hochgotik übliche „Kreuzrippengewölbe"?

Das gotische Gewölbe ist ein „Kreuzrippengewölbe". Sein Vorzug gegenüber anderen Gewölbeformen besteht darin, dass es sich hervorragend den in der Mauermasse wirkenden Schub- und Druckkräften anpasst. Die diagonal sich kreuzenden, gemauerten Rippenbögen bilden mit den Gurt- und Scheidbögen das tragende Gerüst. Zwischen den Rippen und Gurten können relativ dünne Gewölbekappen ausgespannt werden. Verteilung und Sammeln der Druckkräfte des Gewölbes auf einzelne Punkte und Linien entsprechen der Zerlegung der Wand in tragende und füllende Teile.

Wo findet sich in Deutschland die nach Aachen und Hildesheim drittälteste erhaltene „Bronzetür" des Mittelalters?

Das sog. *Brautportal* am südlichen Querhaus des *Augsburger Doms* entstand um 1020–50. Es besteht aus zwei Flügeln mit 35 Bronzetafeln, in Leisten mit Kopfmasken, und umfasst Themen des Alten und Neuen Testaments sowie Allegorien.

Wo findet sich die berühmteste Darstellung des göttlichen Schöpfers als Architekt?

Das beeindruckendste Bild in einer um 1220/30 in Frankreich geschaffenen hochgotischen *Bible moralisée* (Wien, Österreichische Nationalbibliothek) ist die weltberühmt gewordene Darstellung Gottes als Weltenschöpfer. Wie der Architekt einer der gotischen Kathedralen beugt sich der Schöpfer mit dem Zirkel über die Erdscheibe, die von Gestirnen, den Elementen, einem stilisierten Wolkensaum umkreist ist. Und er verleiht dem Universum durch diese baumeisterliche Tat eine Schönheit, die auf den Gesetzen von Maß und Ordnung beruht. Noch die Ästhetik der Renaissance wird sich auf solche, letztlich aus der Antike herrührenden Vorstellungen berufen.

Welche Bautengruppe ist die wohl imposanteste der Romanik in Italien?

1062 hatten die Pisaner mit der Eroberung des Hafens von Palermo einen entscheidenden Sieg über die Sarazenen errungen. Ein Jahr später begannen sie unter der Leitung des Architekten Busketos (Buschetus) mit dem Bau einer neuen Kathedrale, der in der 2. Hälfte des 13. Jh. vollendet war. Zusammen mit dem 1173 begonnenen *Campanile* (Glockenturm; „Schiefer Turm von Pisa"), dem 1152 in Angriff genommenen *Baptisterium* und dem *Campo Santo* (Friedhof) des 13. Jh. war eine der eindrucksvollsten Bautengruppen der Romanik herangewachsen.

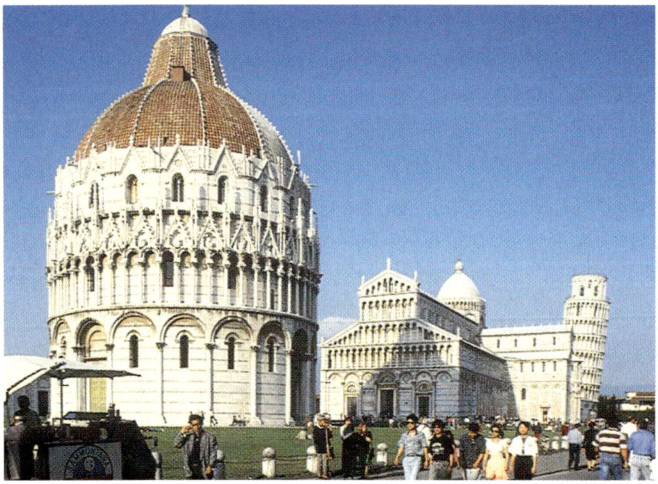

Baptisterium (ab 1152), *Dom* (ab 1063) und *Schiefer Turm* (ab 1173) von *Pisa*

Wer ist der „Mohr" im „Magdeburger Dom"?

Unter den berühmten gotischen Skulpturen des *Magdeburger Doms* springt dem heutigen Besucher eine besonders ins Auge, der 110 cm hohe *Sandsteintorso des hl. Mauritius* aus dem mittleren 13. Jh. Von der bemerkenswert schönen farbigen Fassung sind noch Spuren zu sehen. Das Verblüffendste an der Skulptur ist die eindringliche Wiedergabe des Gesichtes, sind die genau charakterisierten negroiden Merkmale – ein Schwarzer, ein Mohr, im Habitus des abendländischen Ritters. Dies ist das Signet dafür, dass Mauritius der Legende nach aus Afrika stammte.

Welche Büste stellt das bekannteste Künstlerselbstporträt des 14. Jh. dar?

In der Triforiumszone des *Prager Veitsdomes* sind 21 *Bildnisbüsten* Kaiser Karls IV. und seiner Familie, der drei ersten Erzbischöfe von Prag, der Verwalter des Dombaus und der beiden ersten Baumeister angebracht, darunter Peter Parlers, in dessen Werkstatt sie gegen 1380 gemeißelt worden sind. 1356 war Peter von Karl IV. persönlich nach Prag berufen worden. Die *Triforiumsbüsten*, v. a. das vermutliche Selbstbildnis Peters, vermitteln in der prallen Körperlichkeit und der lebensnahen Schilderung der Physiognomie den Hang dieser Epoche, die individuelle Persönlichkeit einzufangen.

Wann und wo entwickelte sich der erste „Chorumgang"?

Die Pilgerrouten des Mittelalters hatten Kultstätten mit reichem Reliquienschatz zum Ziel. Deshalb legte man in den entsprechenden Kirchen ein „Deambulatorium" an, einen Prozessionsweg, der um den im Chorraum über einem Heiligengrab errichteten Altar herumführte. Der sich daraus architektonisch entwickelnde sog. Chorumgang begegnete

Welche Rolle spielt „S. Francesco in Assisi“ für die Herausbildung der neuzeitlichen Malerei?

Die Ausfreskierung der Mutterkirche der Franziskaner, der seit 1228 begonnenen, aus einer Unter- und einer Oberkirche bestehenden gotischen Anlage *S. Francesco in Assisi*, revolutionierte die Geschichte der europäischen Malerei. Seit dem Ende der 70er-Jahre haben Cimabue und seine Werkstatt mit *Fresken* im Chor und Querhaus der Oberkirche begonnen. Der formale Aufbau der Bilder ist von beeindruckender Klarheit und Größe. Kräftig modellierte Figuren mit ausdrucksstarken Köpfen und reicher Gewanddraperie sind in ein Ambiente gesetzt, das oft schon durch starken räumlichen Gehalt besticht. An den Wänden und in den Gewölben des Langhauses setzten unterschiedliche Künstler das Programm fort. Stilistisch erinnert vieles davon an die Mosaiken eines Jacopo Torriti (tätig um 1285–1300) und eines Filippo Rusuti (tätig um 1297–1317) in römischen Kirchen, in denen der Versuch einer antikisierenden Formensprache zu erkennen ist. An der Franziskuslegende der unteren Wandzone war auch der junge Giotto im letzten Jahrzehnt des 13. Jh. am Werk. Vom „Sammelstil“ Assisis ging dieses Genie aus und beschritt mit Arbeiten in Rom, Padua, Florenz, vielleicht auch in Rimini, und in – nicht mehr erhaltenen – Schöpfungen in Neapel und Mailand jenen Weg, der die Malerei revolutionierte.

erstmals in der *Kirche St.-Martin in Tours* (1003–15).

Welches ist die prunkvollste englische Apokalypse-Handschrift an der Wende von der Romanik zur Gotik?

Die sog. *Trinity-Apokalypse* entstand vermutlich um 1255–60, entweder in Nordfrankreich oder England (Cambridge, Trinity College Library). Mit ihren zahlreichen Miniaturen, ihrem leuchtenden Kolorit und ihrer verschwenderischen Verwendung von poliertem Gold ist sie die prunkvollste aller englischen Apokalypse-Handschriften des 13. Jh. Die Miniaturen sind von vier Buchmalern geschaffen. Zwei von ihnen waren noch der englischen, d. h. der spätromanischen Tradition verhaftet, wogegen die beiden anderen den von der Gotik geprägten, aus Frankreich um die Jahrhundertmitte nach England einströmenden Illuminationsstil repräsentieren.

Wer malte die bedeutendsten Miniaturen im „Stundenbuch der Jeanne d’Évreux“?

Um 1325–28 wurde das *Stundenbuch der Jeanne d’Evreux* (New York, The Metropolitan Museum of Art) in Paris vollendet, als Geschenk König Karls IV. von Frankreich (reg. 1322–1328) an seine Gemahlin Jeanne d’Évreux anlässlich der Hochzeit oder Krönung. Es bezeichnet den Höhepunkt der hochgotischen Pariser Hofmalerei. Das Vorherrschen der „Grisaille“ (franz.: „gris“= grau; Grau-in-Grau-Malerei) in Miniaturen und in den grotesken und lustigen Randdrolerien (scherzhafte Darstellung von Drachen und Fabelwesen) verdankt sich einer Raffinesse, die trotz Monochromie malerische Qualitäten ins Spiel zu bringen versteht. Die subtilen Bilder mit den ihren Körper in typisch gotischem S-Schwung biegenden Gestalten, mit ihrer zeremoniösen Gebärdensprache, stammen aus der Werkstatt des berühmten Jean Pucelle.

Wer war Jean Pucelle?

Der Name Pucelles (tätig um 1319–34) steht für einen Stil, der die damalige Pariser Kunst bahnbrechend veränderte, indem er die Errungenschaften der italienischen Trecentomalerei, insbesondere der Kunst des Sienesen Duccio, mit heimischen Traditionen verknüpfte: Daraus entstand jene Bildräumlichkeit, die die kastenförmige Architekturbühne der Italiener in die Kunst nördlich der Alpen einbrachte.

Wer war der Meister von Flémalle?

Gleich zu Beginn der altniederländischen Malerei begegnet mit Robert Campin (um

1375/78–1444) aus Tournai (lange hat man ihn nach drei, angeblich aus dem *Kloster Flémalle* bei Lüttich stammenden Tafeln, die sich heute im Frankfurter Städel-Museum befinden, mit dem Notnamen „Meister von Flémalle" bedacht – freilich ist die Identifikation mit Robert Campin bis heute umstritten) eine kraftvolle künstlerische Persönlichkeit, dessen zentrales Anliegen die Gestaltung raumkörperlicher Werte war.

Wo befindet sich eines der eindrucksvollsten Weltgerichts-Tympana der französischen Romanik?

Das majestätische Tympanon des für die Laien bestimmten Südportals der *Benediktinerabtei-Kirche von Moissac* dürfte um 1120 anzusetzen sein. Es gehört zu den Meisterwerken romanischer Skulptur. Seine Ikonographie ist

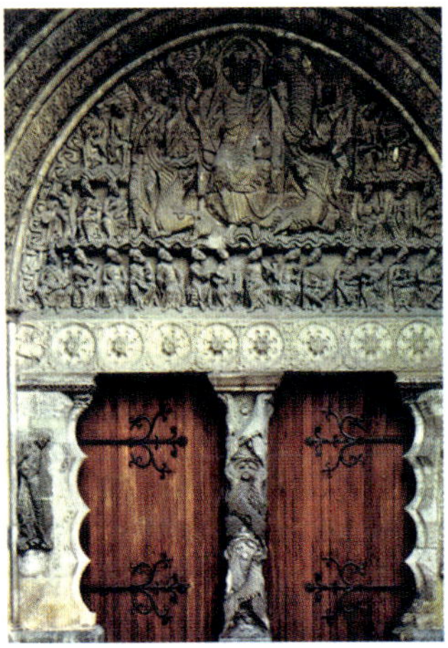

Südportal der Abteikirche *St.-Pierre in Moissac*, ab ca. 1120

von den Buchmalereien der spanischen *Beatus-Apokalypsen* angeregt.

Wann und wo entstand das erste echte Fenstermaßwerk?

Jean d'Orbais, seit 1211 der entwerfende Architekt der *Kathedrale von Reims*, schuf das erste wirkliche Maßwerkfenster, das innerhalb der Maueröffnung aus selbständig gemauerten Pfosten und Stegen gefügt ist und deshalb die völlige Ausschaltung der Mauerfläche ermöglicht. In Reims verschmelzen so in der Maßwerkform zwei Spitzbogen mit Sechspassrose zu einem gitterartigen Ganzen.

Dank welcher Umstände wurde Florenz zur wichtigsten Metropole der Trecentokunst?

Im Verlauf des 13. Jh. stieg Florenz dank seiner Wirtschaftskraft immer selbstbewusster empor. Bankenwesen, Textilmanufakturen, Veredelungsindustrie, Kürschnerei, Goldschmiedekunst und Fernhandel waren die Quellen eines enormen Reichtums. 1300, im ersten „heiligen Jahr" der Christenheit, hatte Papst Bonifaz VIII. den berühmten Satz formuliert, die Florentiner bildeten gleichsam das fünfte Element der Schöpfung; denn neben Feuer, Wasser, Luft und Erde seien ihre Händler und Agenten überall zu finden.

Wie hieß einer der größten französischen Kunstsammler der Internationalen Gotik?

Einer der größten Sammler von Schätzen und Kunstwerken an der Wende vom 14. zum 15. Jh. war der Herzog von Berry (1340–1416), einer der vier Söhne Johanns II. des Guten, des Königs von Frankreich, die alle die Künste mit einer geradezu extravaganten Leidenschaft förderten. Der Herzog von Berry orientierte seine Kollektionen mit Vorliebe am französischen Geschmack. Während von seinen 17 Schlössern lediglich wenige Ruinen erhalten sind, während seine Juwelen fast alle verschwanden und die teuren Objekte aus Gold und Silber von den Nachkommen eingeschmolzen wurden, existieren von seinen einst wahrscheinlich 18 Stundenbüchern heute nur noch 6.

Wie kam der größte „Flügelaltar" Hans Memlings nach Danzig?

Hans Memling ist um 1433 in Seligenstadt am Main geboren. Vermutlich wurde er dann Schüler des Rogier van der Weyden (um 1399/1400–64). In Brügge, wo er ab 1466 nachweisbar ist, stieg er rasch zum führenden Meister auf. 1494 ist er gestorben. In seinem umfangreichsten Altarwerk, dem *Jüngsten Gericht*, das 1473 nach Italien verschifft werden sollte, aber von den Danzigern gekapert und in ihre *Marienkirche* gebracht wurde, erstaunt die Charakterisierung und Differenzierung der durch Ängste, Schrecken und Schmerzen verzerrten Gesichter der Verdammten und die elegante Zeichnung der durchweg schmächtigen Akte.

Welche Kostbarkeit beherbergte die „Ste.-Chapelle in Paris"?

1239 erwarb der französische König Ludwig IX., der Heilige, die angebliche Dornenkrone Christi. Nur der herrlichste architektonische Schrein war denkbar als würdiges Am-

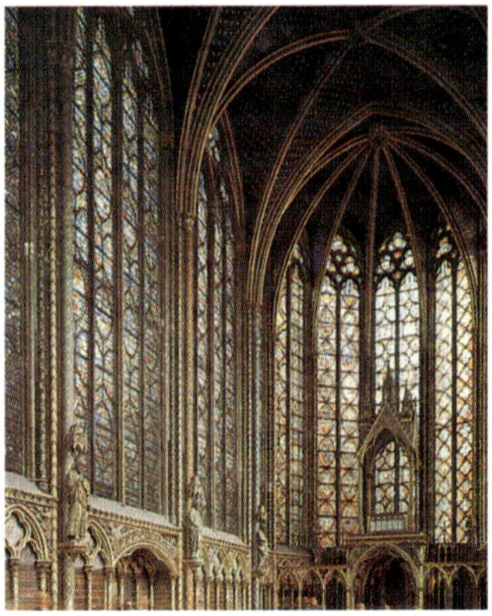

Ste.-Chapelle, Paris, 1241/42–48

biente für diese und anderen Herrenreliquien. So ließ Ludwig inmitten des Königspalastes in Paris für die ungeheure Summe von 40.000 Pfund eine prächtige zweigeschossige Kapelle bauen, die *Ste.-Chapelle* (1241/42–48). Die Oberkapelle ist fast vollständig durchfenstert, das „Gesamtkunstwerk" aus Architektur, Skulptur, Glasmalerei und liturgischer Ausstattung bietet mit das Schönste, das die Hochgotik aufzuweisen hat.

Wie heißen die beiden gotischen Bettelordenskirchen Venedigs?

In Italien waren es v. a. die Bettelorden, die gotische Formelemente in die Architektur einbrachten. So etwa die seit 1340 im Westteil Venedigs emporwachsende *Franziskanerkirche S. Maria dei Frari* oder die 1390 im Osten der Lagunenstadt begonnne *Dominikanerkirche S. Giovanni e Paolo.*

Welchem Heiligen ist die berühmteste mittelalterliche „Bronzetür" Polens gewidmet?

Das Südportal des *Doms von Gnesen* (Gniezno), um 1170 in hochromanischer Formensprache gehalten, besteht aus zwei Flügeln in massivem Bronzeguss und zeigt in 18 Szenen die Legende des hl. Adalbert, der 997 während einer Missionsreise zu den heidnischen Preußen bei Königsberg erschlagen wurde. Im Jahre 1000 unternahm Kaiser Otto III. eine Wallfahrt zu seinem Grab in Gnesen.

Wann und wo findet sich die erste Winterlandschaft der Kunstgeschichte?

Mit ihrer genauen Naturbeobachtung dürfen die Gebrüder Limburg als geniale Vorläufer eines Malers wie Jan van Eyck gelten. Auf Schritt und Tritt gelingt ihnen in den *Très Riches Heures* (Chantilly, Musée Condé, Bibliothèque) 1410–16 der große Wurf; so auch, wenn sie in der Februar-Miniatur die erste überzeugende Winterlandschaft der abendländischen Kunstgeschichte zu Pergament bringen.

Durch welches mittelalterliche Relief wurde Dante vermutlich zu einem seiner Höllenmotive angeregt?

An der *Bronzetür* des Westportals von *San Zeno in Verona* ist um 1140 die Höllenfahrt Christi dargestellt worden. Am unteren Reliefrand sieht man aus einer Öffnung die Beine eines Verurteilten herausragen. Dante, der sich nachweislich mindestens einmal, 1320, in Verona aufgehalten hat, hat sich in seiner „Göttlichen Komödie" vielleicht von dieser Figur zur Beschreibung eines Sünders im achten Höllenkreis anregen lassen: „Aus jeder Öffnung hat herausgestreckt/ Ein Sünder seine Füße und die Beine/ Bis hin zum Schenkel; sonst war er versteckt."

Was versteht man unter einem „gebundenem System" und einer „ausgeschiedenen Vierung"?

Die ottonische, 1010 begonnene *St. Michaelskirche in Hildesheim* demonstriert erstmals

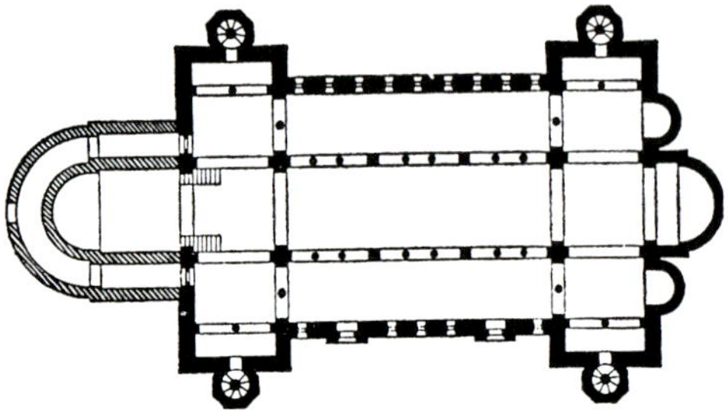

St. Michael, Hildesheim, 1010–33

auf monumentale Weise die „ausgeschiedene Vierung“: Dabei wird der Raumteil, der aus der Durchdringung von Mittelschiff und Querschiff resultiert (Vierung), durch vier gleichartige Bögen auf Eckpfeilern klar ab- und ausgegrenzt. Das Grundrissquadrat der Vierung dient als elementare Maßeinheit für den Grundriss und die Jocheinteilung des Mittelschiffes (gebundenes System). In *St. Michael* macht dies auch der sächsische Stützenwechsel deutlich: Die Eckpunkte eines jeden Quadrats sind durch Pfeiler besetzt, zwischen diesen erheben sich Säulen. Durch die Flachdecke fehlt in Hildesheim allerdings noch die auch in der Wölbung sichtbare Jochbildung. Das erste „echte“ gebundene System findet sich später im gewölbten zweiten Bau des Speyerer Doms.

Wer schuf die ersten „Grisaille-Malereien“?

Die ersten illusionistischen Grisaille-Figuren der abendländischen Malerei schuf Giotto 1303–05 in der sog. *Arenakapelle in Padua*. Je sieben grau-in-grau gemalte Tugend- und Laster- Personifikationen „tragen“ in der Sockelzone die farbigen Szenerien der Heilsgeschichte darüber. Sie sind nicht völlig monochrom, sondern besitzen leicht eingefärbtes Inkarnat und dunkle, von einem helleren Randstreifen umgebene Hintergründe.

Welchem Großstil ordnet sich die sog. „burgundische Bauschule“ ein?

Mit diesem Namen belegt man die romanische Kirchenarchitektur Burgunds im späten 11. und im 12. Jh., die, ausgehend vom dritten Bau der riesigen *Abteikirche Cluny,* Elemente wie spitzbogige Arkaden auf kreuzförmigen Pfeilern, Horizontalgesimse, die mit Gewölbediensten rechteckige Wandfelder erzeugen, antikisierende Formen wie kanellierte Pilaster, Chöre mit Umgang und Kapellenkranz sowie besonders reiche Bauplastik bervorzugten.

Woher stammt das älteste bekannte selbständige Porträt der deutschen Malerei?

Im Wiener Dom- und Diözesanmuseum befindet sich das um 1365 auf Pergament über Holz gemalte *Bildnis Herzog Rudolfs IV.* von Österreich. Ursprünglich hing es über seinem Grab im *Stephansdom*. Die Krone, mit der Rudolf wiedergegeben ist, ist eine Geschichtsfälschung, um seinen Anspruch auf den Erzherzogstitel zu veranschaulichen. Das Bild gilt als das älteste eigenständige Porträt der deutschen Kunstgeschichte.

Welche Residenz in Südfrankreich trug zur Verbreitung der italienischen Renaissancemalerei bei?

In Frankreich war Avignon seit 1309, seit der Übersiedlung des Papstes dorthin, ein Einfallstor des italienischen Trecento-Stils. Denn viele Künstler der Apenninenhalbinsel waren mit den Kardinälen und ihrem Hofstaat mitgezogen. Im *Papstpalast*, der damals prächtigsten Residenz Europas, entstanden herrliche *Wandbilder*, vielfach auch solche weltlichen Inhalts, die zum Teil noch erhalten sind und die Kooperation italienischer und französischer Freskanten belegen. Von Avignon aus wirkte die schönlinige Malerei der Sienesen, vor allem eines Simone Martini (um 1284–1344), mit ihren kräftigen und delikaten Farben nicht nur hinauf an den Pariser, den künstlerisch verwöhntesten Hof des damaligen Europa, sondern auch über die Pyrenäen ins nahe spanische Aragón.

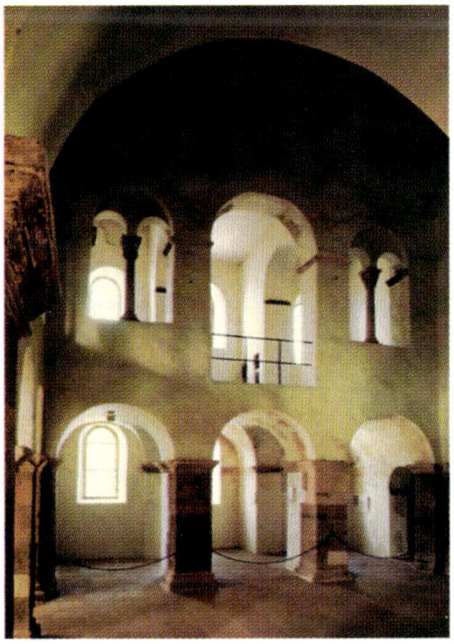

Westwerk der Klosterkirche in *Corvey*, 873–85

Welches sind die bekanntesten Beispiele für ein Westwerk?

Unter Westwerk versteht man den seit karolingischer Zeit an manchen Bischofs- und Klosterkirchen anzutreffenden monumentalen Querbau im Westen des Kirchenschiffs, mit einem eigenen Altarraum, der über einer Durchgangshalle zur Kirche liegt. Über dem Hauptraum erhebt sich ein Turmaufbau, flankiert von zwei Treppentürmen. Das früheste bekannte Beispiel bietet die Kirche des *Kloster Centula/St.-Riquier* in Frankreich (790–799), das besterhaltene Exemplum stellt das Westwerk der deutschen *Klosterkirche in Corvey* (873–885) dar. Aber auch später baute man noch Westwerke, ein bekannter Fall aus ottonischer Zeit ist die Kirche der 953 von Erzbischof Bruno, dem Bruder Kaiser Ottos I., gegründeten *Benediktinerabtei St. Pantaleon in Köln.*

Ab wann sind Kupferstiche erhalten?

Die Technik des Kupferstichs wurde von Goldschmieden entwickelt, die auf diese Art unterschiedliche Metallgegenstände verzierten. Die frühesten erhaltenen Kupferstiche datieren in die Mitte des 15. Jh. Sie fanden v. a. in der Buchillustration Anwendung.

Welche fränkische Kirche besitzt einen der schönsten spätgotischen Hallenchöre?

1439 begann Conrad Heinzelmann mit dem *Chor-Neubau der St. Lorenz-Kirche in Nürnberg*. Nach seinem Tod führte Conrad Roritzer das Vorhaben fort, 1477 war der Chor vollendet, einer der schönsten spätgotischen Hallenchöre, der sich samt seinem kraftvollen Netzgewölbe markant gegen das ältere basilikale Langhaus absetzt.

Wo befindet sich eine der großartigsten und besterhaltenen Burgen des Mittelalters?

Die in der gleichnamigen, ostpreußischen Stadt gelegene *Marienburg* (poln.: Malbork), die um 1280 bis gegen Ende des 14. Jh. als Sitz des Deutschen Ordens errichtet wurde, stellt eine der großartigsten Burgen des Mittelalters dar, die sich zudem relativ authentisch erhalten hat.

Wie heißt der Künstler, der im Mittelalter das „Apsismosaik" in der frühchristlichen Kirche „S. Maria Maggiore in Rom" schuf?

Der alten *Basilika S. Maria Maggiore in Rom* hatte man im 13. Jh. ein schmales Querhaus und eine Apsis angefügt. Den herrlichen, goldglänzenden, gotisch und byzantinisch beeinflussten Mosaikschmuck der Apsis, eine Marienkrönung mit Engeln und Heiligen, schuf Jacopo Torriti, der am unteren Rand über dem Wölbungsansatz seine Signatur anbrachte.

Seit wann gibt es „Doppelchoranlagen"?

Unter einer „Doppelchoranlage" versteht man eine Kirche, die sowohl im Osten wie auch im Westen eine eigenständige Choranlage besitzt. Ihre Entwicklung beginnt mit dem 8. Jh., als man einigen nach Osten ausgerichteten Kirchen ein zusätzliches Westquerhaus mit Westchor anfügte.

Welche romanischen Skulpturen Südfrankreichs beinhalten Erinnerungen an spätrömische Kunst?

Der um 1170 entstandene Figurenschmuck des *Portals von St.-Trophime in Arles* verbleibt generell noch in der Formensprache der ausklingenden Romanik, wobei diese neben einigen wenigen Einflüssen frühgotischer Skulptur der Île-de-France italienische und v. a. antik-spätrömische Anregungen verarbeitet.

Wie hoch waren einige der wichtigsten gotischen Kathedralen Frankreichs im Inneren?

Seit den frühgotischen Kathedralen nahmen die Höhenmaße vom Fußboden bis zu den Gewölbeschlusssteinen kontinuierlich zu. Für Paris und Laon betragen sie 24 m. Dann steigen sie in Chartres auf 36,5 m, in Reims auf 38 m und in Amiens auf 42,3 m.

Wie heißt der Initialbau der Gotik?

Kaum ein zweites Bauwerk der europäischen Kunstgeschichte verkörpert so viele Innovationen wie die ehem. *Abteikirche St.-Denis*, deren Fassade und Chor Abt Suger zwischen 1130/35 und 1144 erneuern ließ. V. a. der Chor, dessen alte Partien aufgrund eines Umbaus im 13. Jh. nur im Umgang und Kapellenkranz erhalten blieben, erweist sich als Gründungswerk der Gotik: die Aufteilung der Mauer in ein tragendes Skelett und Füllwände dazwischen, die konsequente Verwendung des Kreuzrippengewölbes und eine unerhörte Lichtfülle der großen farbigen Fensterscheiben.

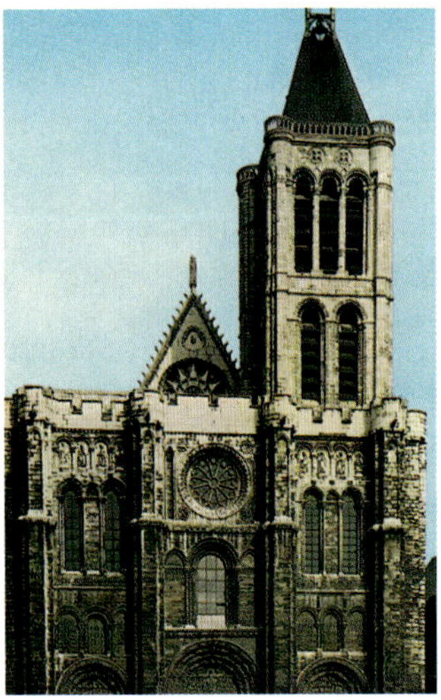

Fassade der ehem. Abteikirche von *St.-Denis*, 1130/35–1144

Welches Werk der Buchmalerei zählt zu den schönsten Beispielen hochmittelalterlicher Minne-Kunst?

Der um 1310–30 entstandene *Codex Manesse*, auch *Große Heidelberger Liederhandschrift* genannt (Heidelberg, Universitätsbibliothek), verbindet vielfach das fiktive „Autorenporträt“ der Minnedichter mit einer Minneszene (die Umarmung Wange an Wange, der morgendliche Abschied von der Geliebten usw.). Diese Miniaturen zählen zu den schönsten profanen Werken an der Wende von der Hoch- zur Spätgotik.

Welches ist das erste Hauptwerk der gotischen Baukunst in England?

Das früheste Hauptbeispiel der gotischen Architektur in England ist die 1175 von Wilhelm von Sens begonnene *Kathedrale von Canterbury*. Sie zeigt einerseits große Verwandtschaft zu französischen Vorbildern, dokumentiert mit dem Profilreichtum des Wandaufrisses aber auch schon eine typisch englische Eigenschaft.

Welcher niederländische Bildhauer ist der bedeutendste der Spätgotik?

Nicolaus Gerhaerts van Leyden (um 1430–73) ist der wichtigste spätgotische Bildhauer der Niederlande, dessen Rang nicht zuletzt daraus resultiert, dass er die reife Bildsprache eines Rogier van der Weyden aus der Malerei in die Skulptur übersetzte. Mit lebensechten Büsten und Grabmälern (in Trier und aus Straßburg), dem 1465–66 vollendeten, später zerstörten *Schnitzretabel* für den *Hochaltar des Konstanzer Münsters*, dem *Steinkruzifix in Baden-Baden* (1467) und dem *Kaisergrabmal im Wiener Stephansdom* (1469–73) beeinflusste er maßgeblich die deutsche Bildhauerei der 2. Jahrhunderthälfte.

Wie heißt das älteste erhaltene dreidimensionale „Marien-Kultbild“ des europäischen Mittelalters?

Die 74 cm hohe, wohl um 980 vollendete *Goldene Madonna in Essen* (Domschatzkammer)

Wann entstand das schönste und bekannteste „Stundenbuch" des Spätmittelalters?

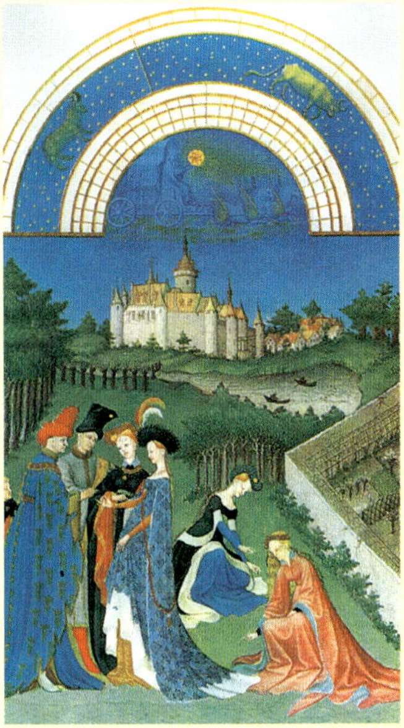

Brüder Limburg: *Der Monat April*, Miniatur aus dem Stundenbuch *Très Riches Heures* des Herzogs von Berry, 1410–16 (Chantilly, Musée Condé)

Die *Très Riches Heures* (Chantilly, Musée Condé, Bibliothèque) sind eine der meistbewunderten illuminierten Handschriften. Mit der Handschrift wurde im Auftrag des Herzogs von Berry (1340–1416) etwa 1410 begonnen, als die Gebrüder Jean, Paul und Hermann von Limburg zu den führenden Malern am Hof des Herzogs avancierten. Doch 1416 erlagen die Miniatoren einer Epidemie, und auch der Duc de Berry verstarb. Die in überwältigender Pracht konzipierte Handschrift war noch unvollendet. Deshalb beauftragte um 1485 Karl I. von Savoyen Jean Colombe, den letzten großen Buchmaler Frankreichs, die Ausschmückung zu beenden. Die Gebrüder Limburg formten in ihren Kalenderbildern ganzseitige Darstellungen mit typischen Tätigkeiten vor herrlichen Hintergrundslandschaften, in denen jeweils eines jener berühmten Schlösser, die dem Duc de Berry oder dem französischen König gehörten. In dem das Rechteck der Bilder überhöhenden Halbrund erblickt man die den Monat beherrschende Planetengottheit und das einschlägige Sternzeichen. Der blaue Fond dieser Lünetten mit ihren astronomisch-astrologischen Hinweisen ist wie das in den Bildern selbst so häufig begegnende Blau mit kostbarstem Lapislazuli gemalt. Sogar dort, wo die Monatsarbeiten in bäuerlichen Tätigkeiten aufgehen, bleibt das höfische Stilideal, bleibt extrem verfeinerter Geschmack prägend. Wie in einem graziösen Ballett gehen die Menschen ihrem harten Alltag nach, feingliedrige Körper bewegen sich in perspektivisch überzeugenden Räumen. Alles ist genau beobachtet, mit jedem Detail registriert – und doch von der Idealität einer überirdischen Feiertagsstimmung erfüllt.

gilt als die älteste Statue der thronenden Madonna in der mittelalterlichen Kunst. Der mit Goldblech überzogene Holzkern ist mit vergoldetem Kupfer, Edelsteineinlagen und Email verziert. Die stilisierten Formen und die magisch wirkenden, weit geöffneten Augen sind typisch für die ottonische Kunst.

Wo befindet sich das größte Radfenster der Welt?

Das Rad- bzw. Rosenfenster ist eine Erfindung der frühgotischen Architektur. Seine perfekteste und anspruchsvollste Ausformung erhielt es seit der Hochgotik, seit dem 13. Jh. Das weltweit größte *Radfenster* entstand im frühen 14. Jh. und sitzt über dem Portalgeschoß des *Straßburger Münsters*. Es besteht aus 16 radial angeordneten Lanzettfenstern, deren Spitzbögen mit Fünfpassmaßwerk gefüllt sind.

In welcher französischen Kirche befindet sich eines der wenigen erhaltenen Mosaiken karolingischer Zeit?

In der Apsis der *Kirche von Germigny-des-Prés*, eines ehem. Oratoriums, das der Kleriker Theodulf von Orleans bei seiner Villa hatte errichten lassen, findet sich ein *Mosaik* aus der Zeit um 806 (Bundeslade mit Cherubim), das trotz Zerstörungen und Restaurierungen noch die hohe Qualität karolingischer Mosaikkunst im höfischen Umfeld erkennen lässt.

Welche Kirche gehört zu den frühesten Wölbungsbauten Frankreichs?

St.-Sernin in Toulouse wurde um 1080 als einer der frühesten großen Wölbungsbauten der französischen Romanik begonnen. Zwischen den Wänden des Mittelschiffs spannt sich ein durch Gurtbögen versteiftes durchlaufendes Tonnengewölbe.

Wo findet sich der höchste Backsteinturm der Welt?

Etwa ab 1389 begann man in *Landshut* mit dem Bau der gewaltigen *Pfarrkirche St. Martin*. Erster Baumeister war Hans von Burghausen. Er konzipierte ein Meisterwerk der süddeutschen Backsteingotik, eine beeindruckende Hallenkirche, die mit dem allerdings erst um 1500 vollendeten Turm von 130,6 m Höhe auch den höchsten Backsteinturm der Welt erhielt.

Für welches Bauwerk gab die „Loggia dei Lanzi in Florenz" das Vorbild ab?

Neben dem *Palazzo Vecchio* in Florenz wurde ab 1367 der später unter dem Namen *Loggia dei Lanzi* bekannt gewordene Bau nach den Plänen von Benci di Cione und Francesco Talenti – beide auch Architekten am Dom – ausgeführt. Die drei hohen Rundbogenarkaden der Loggia bringen mit ihrer dekorativen Wirkung eine neue Note von Eleganz in die Florentiner Baukunst des Trecento ein – und im 19. Jh. wird die Loggia das Vorbild abgeben für die *Feldherrnhalle in München*.

Warum nennt man das Portal in Freiberg die „Goldene Pforte"?

Das um 1230 entstandene heutige Südportal des *Doms in Freiberg* (Sachsen) gehört architektonisch zum Typus des seit dem *Speyrer Dom* bekannten romanischen Stufenportals. Doch seine Dekoration mit Bauskulptur entspricht dem aus Nordfrankreich eingeführten gotischen Figurenportal. Ursprünglich muss sich das Portal in einer heute kaum mehr vorstellbaren Farbenpracht präsentiert haben. Rot und Gold dominierten. Doch die alte Bezeichnung „Goldene Pforte" wird sich nicht nur auf diese Farbgebung bezogen haben, sondern auch auf die theologische Symbolik, die die im Tympanon dargestellte Maria als „Porta Aurea", als „goldene Pforte" verherrlicht.

Was ist ein „Einblattholzschnitt"?

„Einblattholzschnitte" sind Werke aus der Frühzeit des Bilddrucks, die vielleicht schon im späten 14. Jh., sicher aber um 1400 entstanden, und zwar nicht als Text- oder Buchillustration, sondern als nur einseitig bedruckte Einzelblätter.

Welches sind die wichtigsten englischen Kathedralen des „Early English", d. h. der frühgotischen Architektur?

Das „Early English" reicht von etwa 1175 bis gegen 1250. In diesen Zeitraum fiel die Grundsteinlegung so wichtiger Bauwerke wie der *Kathedrale*

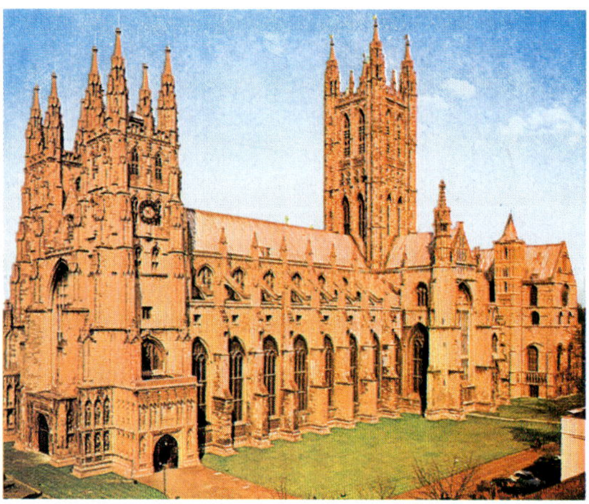

Kathedrale von *Canterbury*, ab 1175

von Canterbury (um 1175 begonnen), der *Kathedralen von Wells* (um 1180ff.), *Lincoln* (1192ff.) und *Salisbury* (1220ff.). Sie betonten zumeist stärker die Horizontalgliederung und verzichteten gerne auf den Kapellenkranz.

Wer war Benedetto Antelami?

Der italienische Bildhauer Antelami (um 1150–um 1220) ist einer der wenigen namentlich bekannten Künstler der Romanik. 1178 signierte er ein Kreuzabnahmerelief für den

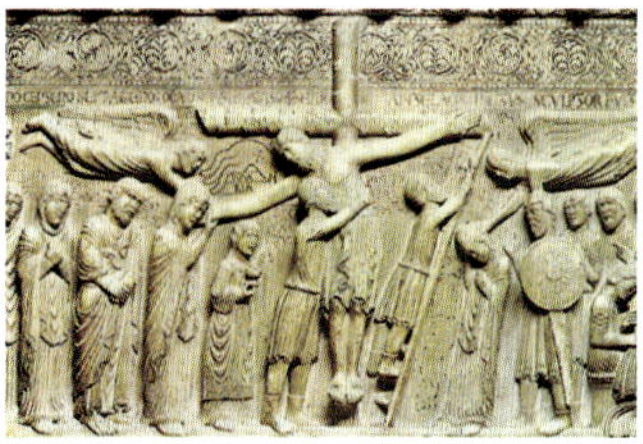

Benedetto Antelami, *Kreuzabnahme*, 1178 (Kanzellettner des Doms in Parma)

Kanzellettner des *Doms in Parma*, knapp 20 Jahre später schuf er Skulpturen am *Dombaptisterium in Parma*. Antelami, der zu den wichtigsten und progressivsten Bildhauern im damaligen Italien zählt, muss u. a. die südfranzösische romanische Plastik in *Arles* und *St.-Gilles* gekannt haben.

Welche Torarchitektur zählt zu den bekanntesten Profanbauten der deutschen Spätgotik?

Das bekannte *Lübecker Holstentor* sicherte die Ausfallstraße nach Holstein und Hamburg. Der Ratsbaumeister Hinrich Helmstede hat es 1477/78 vollendet und sich dabei am Vorbild flandrischer Brückentore orientiert. Dem Anreisenden präsentiert sich das wuchtige Bauwerk als eine Front aus Torhaus mit Durchgang und Treppengiebel, flankiert von zwei Rundtürmen. Das *Holstentor* ist auch ein wichtiges Beispiel der norddeutschen Backsteingotik.

Welchen Notnamen trägt einer der bekanntesten Kupferstecher der Spätgotik?

Zwischen 1450 und 1467 war vermutlich im oberrheinisch-alemannischen Raum ein Grafiker tätig, der mit den Buchstaben E. S. signierte. Dieser Meister E. S. war von größter Bedeutung für die Entwicklung des erst kurz zuvor erfundenen Kupferstichs.

Welche Kirche birgt das umfangreichste erhaltene Freskenprogramm der ottonischen Kunst?

In *St. Georg zu Oberzell* auf der Reichenau sind an den Mittelschiffwänden (die Apsis und der Triumphbogen haben ihre Dekoration verloren) umfangreiche und monumentale *Wandbilder* erhalten (wenn auch an der Oberfläche stark abgerieben). Der Vergleich mit der *Reichenauer Buchmalerei* ermöglicht eine Datierung der qualitätvollen Fresken ins Ende des 10. Jh.

Was ist der „St. Galler Klosterplan"?

529 hatte Benedikt von Nursia in Montecassino den Benediktinerorden als die erste der großen abendländischen Mönchsgemeinschaften gegründet. Bereits für die karolingische Zeit ist dann jenes bauliche Klosterschema nachzuweisen, das später, in Abwandlungen, für die meisten Orden verbindlich blieb. Der um 830 entstandene *St. Galler Klosterplan* zeigt nämlich den ältesten erhaltenen kompletten Grundriss einer solchen Klosteranlage: im Zentrum die Abteikirche, südlich davon die Mönchsklausur mit dem Kreuzgang, dem Schlaf- und Speisesaal usw., im Norden die Gebäude des Abtes und der vornehmen Gäste.

Welches Mosaik zählt zu den schönsten im Rom der karolingischen Zeit?

817–824 ließ Papst Paschalis I. u. a. die *Kirche S. Prassede* und die zugehörige *Kapelle des hl. Zeno* mit *Mosaiken* ausstatten, die zum Besten damaliger Zeit gehören, wobei sie sich stilistisch auf die frühchristliche Kunst zurückbeziehen.

Wo befindet sich das älteste dreidimensionale Reiterbildnis nördlich der Alpen?

Die *Karl den Großen* zu Pferde darstellende *Bronzestatuette* des 9. Jh. besteht aus drei alten, erst in neuerer Zeit ergänzten Teilen. Die Einheitlichkeit und präzise Datierung des berühmten Stückes sind heftig umstritten. Unbestritten aber ist, dass sich die Statuette einst in der *Kathedrale von Metz* befand, von wo sie in den *Pariser Louvre* gelangte. Und ohne Zweifel deutet sich in ihr erstmals wieder seit der Antike die Vorstellung von Porträt und Denkmal an.

Wer waren die Parler?

Die Parler waren eine der bedeutendsten Baumeister- und Steinmetzsippen an der Wende zur Spätgotik. Das berühmteste Mitglied war Peter Parler, der seit 1353 den Bau des *Prager Veitsdomes* leitete, ab 1357 die *Karlsbrücke* in Prag baute usw. Mitglieder der Parler-Familie waren u. a. beteiligt an Großbauten in Schwäbisch-Gmünd, Regensburg, Ulm, Nürnberg, Freiburg im Breisgau, Straßburg, vermutlich in Wien, im böhmischen Kuttenberg usw. Zu ihrem architektonischen Anliegen zählte die Raumvereinheitlichung und die Anwendung dekorativer Netzgewölbe.

Durch welche Schrift wurde Roger von Helmarshausen bekannt?

Roger von Helmarshausen war ein um 1100 tätiger Goldschmied, ein Mönch, der hauptsächlich im nordhessischen *Kloster Helmarshausen* lebte und arbeitete. Unter einer Reihe von romanischen Werken ist ihm als bekanntestes der *Abdinghofer Tragaltar* (vor 1100; Paderborn, Diözesanmuseum) zuzuschreiben. Höchstwahrscheinlich war er identisch mit einem gewissen Theophilus Presbyter, der mit seiner Schrift „Schedula diversarum artium“ (um 1122/23) bekannt geworden ist, einem der bedeutendsten technologischen Lehrbücher des Mittelalters.

Von wem stammt die „Kanzel im Dom zu Pisa“?

Das geniale Werk Giovanni Pisanos (um 1250–nach 1314), basiert auf der Kenntnis gotischer Skulpturenkunst an französischen Kathedralen ebenso wie auf dem Wissen um antike Reliefarbeiten. Die mehr als 4 m hohe, skulpturengeschmückte *Marmorkanzel* im *Dom zu Pisa* (um 1302–11) ist die reifste der Kanzeln, die Giovanni schuf

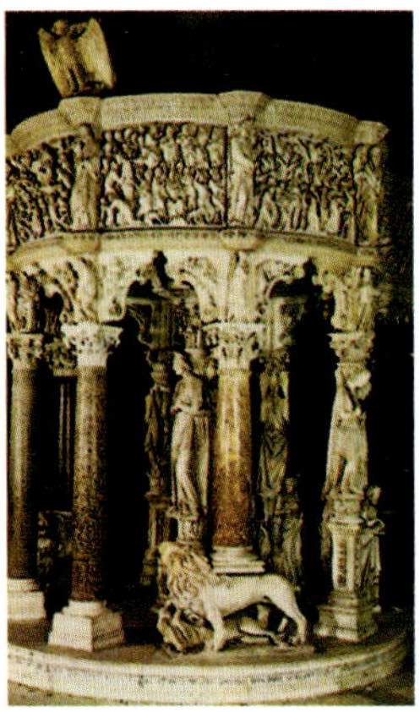

Giovanni Pisano: *Kanzel*, um 1302–11 (Pisa, Dom)

(Beteiligung an der *Kanzel im Dom von Siena, Kanzel in Pistoia*). Alles Figürliche ist von plastisch-dynamischer Kraft erfüllt, alle Formen sind in einem dramatischen Licht-Schatten-Geflecht verbunden, und die auf den neun Reliefs der Brüstung in substanzieller Dichte abrollende Handlung zeigt einen überquellenden Gestaltungsreichtum. Kühne perspektivische Verkürzungen strukturieren die in mehreren Schichten gestaffelten Kompositionen.

Wer gab eine der schönsten italienischen Wandmalereien frühromanischer Zeit in Auftrag?

Von einer monumentalen frühromanischen Ausmalung der Apsis der *Basilika S. Vincenzo in Galliano* bei Cantù sind noch Christus mit Jeremias, Ezechiel und zwei Erzengeln erhalten. Die Fresken wurden vom späteren Erzbischof Aribertus von Mailand anlässlich einer vor 1007 durchgeführten Renovierung der Kirche vollendet.

Wer war der früheste deutsche Kupferstecher?

Um 1440 war in Südwestdeutschland der sog. Spielkartenmeister als der früheste deutsche Kupferstecher tätig. Seinen Notnamen erhielt er nach einer Reihe von Spielkarten, mit denen sich weitere frühe Stiche in Verbindung bringen lassen.

Welches karolingische Wandbild stellt einen Stifter dar?

Im 9. Jh. wurde in *St. Benedikt in Mals* eine Reihe karolingischer *Wandbilder* ausgeführt, die stilistisch mit denen in *St. Johann in Müstair* verwandt sind. An der Stirnwand der drei Apsiden ist das Bildnis eines vornehmen fränkischen Laien und eines Geistlichen mit Kirchenmodell wiedergegeben. Letzterer wird durch einen viereckigen Nimbus als noch lebend, wohl als der Stifter der Kirche gekennzeichnet.

Wo arbeitete Wiligelmus?

Wiligelmus hieß der Bildhauer, der im frühen 12. Jh. das *Portal* mit Vorbau an der Westfassade des *Domes von Modena* und die vier seitlichen *Reliefplatten* mit Szenen aus der Genesis schuf, die frühesten großfigurigen erzählenden Reliefs in Oberitalien. Der kraftvolle frühromanische Stil des Wiligelmus kombiniert antike und südwestfranzösisch-romanische Einflüsse mit der Kenntnis apulischer Werke und ottonischer Elfenbeine. Die Werkstatt dieses großen Künstlers war auch am *Dom in Cremona* tätig.

Welches ottonische „Antependium" ist das berühmteste und kostbarste seiner Gattung?

Ein „Antependium" ist die den Altarunterbau schmückende Verkleidung. Seit dem 9. Jh. wurden kostbare metallene Vorsatztafeln an der Frontseite des Altars üblich. Ein berühmtes ottonisches Beispiel ist das von Kaiser Heinrich II. um 1020 gestiftete *Baseler Antependium* (Paris, Musée de Cluny). Das mit einer Höhe von 1,20 m ungewöhnlich hohe Stück zeigt in getriebenem Goldblech Christus, umgeben von Erzengeln, sowie Benedikt von Nursia, der 529 den Benediktinerorden gegründet hatte.

Wo befindet sich die größte mittelalterliche Taufkirche Europas?

San Giovanni, das Baptisterium in *Florenz*, das man um 1060 über einem Vorgängerbau begonnen hat, ist wesentlich größer als alle anderen mittelalterlichen Taufkirchen Europas. Als achteckiger Zentralbau besitzt es einen traditionellen, aus der frühchristlichen Kunst stammenden Grundriss, der wahrscheinlich durch die mittelalterliche Zahlensymbolik (die Acht als Hinweis auf die Erlösung) und durch die Assoziation an das *Hl. Grab in Jerusalem* bedingt ist. Unvergleichlich ist seine Inkrustationstechnik mit verschiedenfarbigen Marmorplatten und die klassische Harmonie dieser Felderung, weshalb das Bauwerk, das in der Renaissance z. B. Filippo Brunelleschi bewunderte, im 14. und 15. Jh. als Werk der Antike galt. Heute bezeichnet man seinen romanischen Stil gerne als „Protorenaissance".

In welchem Bauwerk lässt sich erstmals ein Kreuzrippengewölbe nachweisen?

Die der anglonormannischen Kunst zugehörige *Kathedrale von Durham* (1093–1133) ist das älteste bekannte, vollständig mit einem Kreuzrippengewölbe überspannte Bauwerk. Diese Gewölbeform sollte bald in der gotischen Kirchenarchitektur zum maßgeblichen werden.

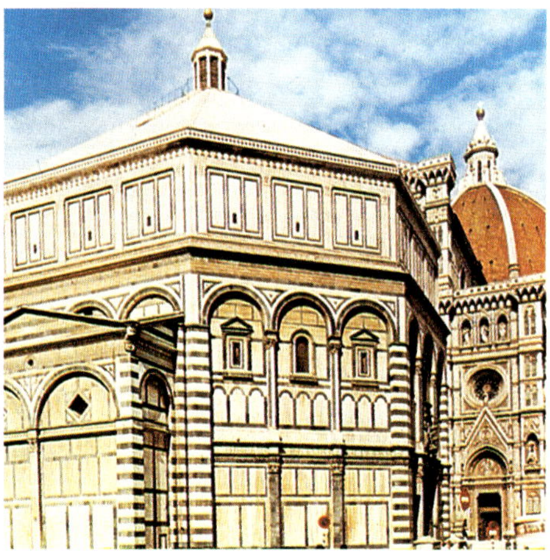

Baptisterium, Florenz, ab 1060

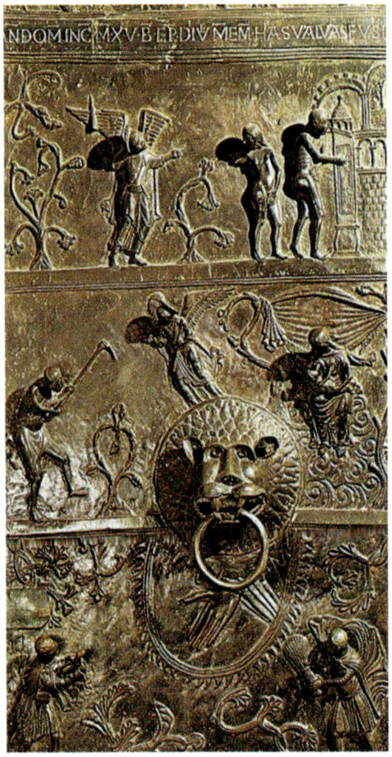

Bronzetür des *Hildesheimer Doms*, vor 1015

Welches ist die älteste erhaltene, figürlich geschmückte „Bronzetür" des Mittelalters?

Bischof Bernward von Hildesheim, einer der großen Kirchenfürsten der Ottonik, Lehrer und Freund von Kaisern, hatte auf seinen vielen Reisen ein offenes Auge für Kunstwerke, nicht zuletzt für solche, in denen ihm die Erinnerung an die Antike greifbar schien. 1015 ließ er wahrscheinlich im Westen des *Hildesheimer Doms* zwei *bronzene Türflügel* anbringen, die ältesten mit Reliefs geschmückten, die sich erhalten haben, und vermutlich einer der frühesten nachantiken plastischen Bilderzyklen nördlich der Alpen. Die um 430 entstandenen *Holztüren* von *S. Sabina in Rom* dürften formale Impulse gegeben haben. Die fast 5 m hohen und gut 1 m breiten Hildesheimer Türfelder sind aus einem Stück gegossen, eine für damalige Zeit unerhörte technische Kühnheit.

Was versteht man unter dem in der ottonischen Baukunst entwickelten Stützenwechsel?

Im Langhaus ottonischer und romanischer Kirchen verwandte man gerne den rhythmischen Wechsel von Pfeiler (a) und Säule (b) in der Abfolge a-b-a-b (Rheinischer Stützenwechsel) oder a-b-b-a (Sächsischer Stützenwechsel).

Wie heißen die drei „klassischen" Kathedralen der französischen Hochgotik?

Der erste Bau im hochgotischen Stil ist die *Kathedrale von Chartres* (nach 1194 begonnen, 1260 geweiht). Ihr folgten als „klassische Lösungen" die *Kathedrale von Reims* (1211ff.) und *Amiens* (1221ff.).

Welche Kirche beherbergt den gewaltigsten Zyklus mittelalterlicher Wandmalerei in Italien?

Die Ausmalung der 1072 an Montecassino gekommenen *Kirche S. Angelo in Formis* bei Capua zog sich von diesem Datum bis gegen 1087 hin. Ihr Urheber war Abt Desiderius von Montecassino, der in der Hauptapsis als Stifter mit dem Kirchenmodell zu sehen ist. Mit ca. 60 Szenen und den Apsis-Bildern stellt die romanische Bilderfolge, die heimische Traditionen mit byzantinischen verbindet, die umfangreichste im mittelalterlichen Italien dar.

Welcher Münsterturm der ausgehenden Hochgotik ist der berühmteste und bedeutendste in Deutschland?

Von herausragendem künstlerischem Rang ist der nach 1301 entstandene *Oktogonteil* des Westturms des *Freiburger Münsters*, der an konstruktiver Kühnheit und Eleganz der Formen alle vergleichbaren Bauten übertrifft und vielen späteren Türmen als Muster diente.

Welches sind die künstlerisch bedeutendsten Beispiele des gotischen Baustils in Portugal?

Der Gründungsbau der Gotik in Portugal ist die 1178 begonnene *Zisterzienserabtei von Alcobaça*. Ihren Höhepunkt erreichte die Gotik in diesem Land mit der *Kirche des Dominikanerklosters von Batalha*, 1388ff.

Welcher Maler der sog. „Böhmischen Schule" ist namentlich bekannt?

Als „Böhmische Malerschule" bezeichnet man die unter Kaiser Karl IV. und König Wenzel IV. in der 2. Hälfte des 14. Jh. in Prag tätige Gruppe von Malern, die Einflüsse aus Paris und der in Avignon (dem damaligen Sitz des Papsttums) angesiedelten italienischen Trecentomalerei sowie unmittelbar italienische Tendenzen zu einem ausgesprochen höfischen Stil kombinierten. Zu den Hauptwerken gehören die *Altartafeln* des Meisters von Hohenfurth um 1350 und des Meisters von Wittingau um 1380 sowie *Wandmalereien* und *Tafelbilder in Burg Karlstein*. Bei letzteren war Meister Theoderich von Prag beteiligt, der als einziger dieses Künstlerkreises historisch genauer fassbar wird.

Was ist eine „Zwerggalerie"?

Als „Zwerggalerie" bezeichnet man einen am Außenbau romanischer Kirchen – besonders der Rheinlande und der Lombardei – verlaufenden Arkadengang, der zumeist dicht unter dem Dachansatz verläuft. Bevorzugter Ort ist die Apsis (etwa am *Dom in Speyer*, bald nach 1080 – wo das Motiv vielleicht erfunden wurde), die Zwerggalerie kann aber auch den gesamten Bau umziehen (z. B. beim *Dom in Modena*). Sie kann begehbar sein oder rein als gliederndes Schmuckelement dienen.

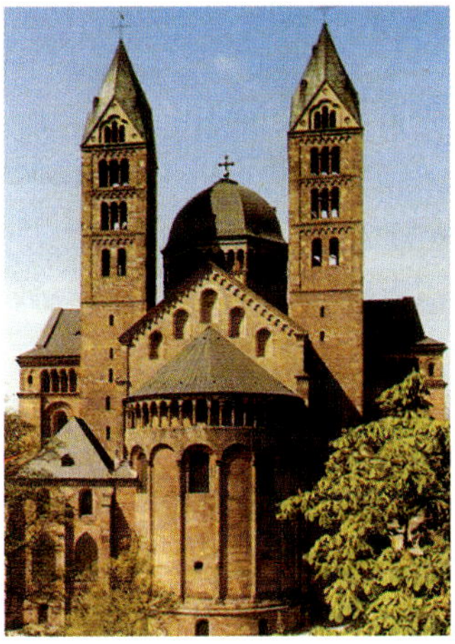

Dom zu Speyer von Osten, 1030–1106

Welche gotische Kathedrale war ihrer übertriebenen Höhe wegen eingestürzt?

Mit dem 13. Jh. wuchsen die gotischen Kathedralen Frankreichs zu immer riesigeren Höhen empor. Dort, wo man den Bogen im wahrsten Wortsinne überspannte, kam es zur Katastrophe. So stürzten 1284 die Mittelschiffsgewölbe und Teile der Fensterwand im Chor der (nie geweihten) *Kathedrale von Beauvais* ein. Als Hauptursache gilt heute eine Fehlkonstruktion der Strebepfeiler, die dem Winddruck in jener enormen Höhe zu wenig Widerstand leisten konnten.

Wo befindet sich die wohl bekannteste Eva der Romanik?

Im 12. Jh. machten Steinreliefs die Kapitelle und Portale der Kirchen und Klöster zum Tummelplatz bildnerischer Phantasie. Besonders Frankreich und hier wieder Burgund taten sich darin qualitativ hervor. In Autun wirkte um 1130 ein Künstler, der sich inschriftlich verewigte: Meister Gislebertus. Dessen Kunst verdankt man auch die ungewöhnliche Figur der nackten Eva zwischen üppigen Pflanzen – ein *Türsturzfragment* vom Nordportal von *St.-Lazare in Autun* (Autun, Musée Rolin).

Hatte Karl der Große wirklich seinen Thron auf der Empore der „Aachener Pfalzkapelle"?

Noch heute steht auf der Empore der *Aachener Pfalzkapelle* ein *Steinthron*, von dem aus angeblich Karl der Große dem Gottesdienst beigewohnt habe. Diese oft geäußerte Behauptung scheint falsch. Zum einen ist der Thron auf der Empore erst seit 936 belegt. Zum anderen berichtet ein zeitgenössischer Geistlicher, die Kleriker hätten „im Angesicht des allerstrengsten Königs" Angst gehabt, Fehler während der Messfeier zu begehen, und Karl sei ihnen so nahe gewesen, dass er eine Spinne auf einem Geistlichen gesehen habe – der Kaiser muss also der Eucharistiefeier unmittelbar im Chor beigewohnt haben.

In welchem Zeitraum ist der sog. „anglonormannische Baustil" angesiedelt?

Als König Edward der Bekenner, der als Flüchtling in der Normandie gelebt hatte, für den Neubau der *Westminster Abbey* (um 1050–65) Baufor-

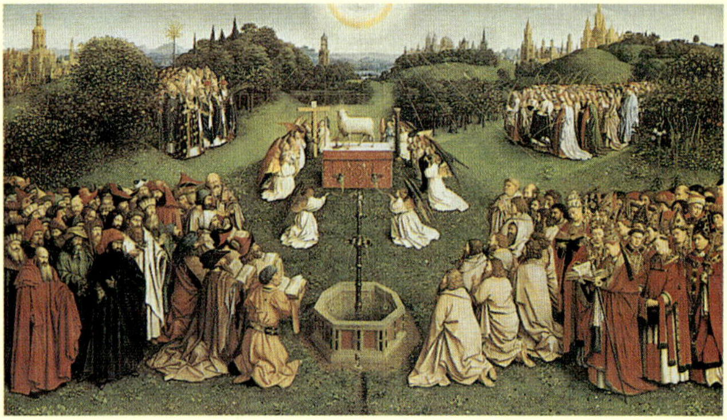

Jan und Hubert van Eyck: *Die Anbetung des hl. Lammes*, Mitteltafel des *Genter Altars*, vor 1432 (Gent, St. Bavo)

Welches ist das berühmteste Werk der altniederländischen Malerei?

Das berühmteste Werk der altniederländischen Malerei ist der 1432 vollendete *Genter Altar* in der heutigen *Kathedrale von Gent, St. Bavo* (*St. Baafskathedrale*). Die Widmungsinschrift preist ein Malerpaar als die Schöpfer des monumentalen Retabels. Hubert van Eyck, der ältere Bruder, sei unübertroffen in seiner Kunst, an zweiter Stelle stehe sein Bruder Jan, heißt es da. Im geöffneten Zustand präsentiert der Flügelaltar die erste große Landschaft altniederländischer Kunst, für die er auf fünf einzelnen Tafeln eine durchgängige Raumeinheit herstellt. Zusätzlich trumpft er hier mit den frühesten, und gleich mit lebensgroßen, zweifellos vor der Natur studierten Aktfiguren der Kunstgeschichte auf. Im geschlossenen Zustand begegnen zwei Porträts von unerhörter Suggestion, daneben illusionieren in einer bisher ebenfalls noch unbekannten Genauigkeit Grisaillebilder zwei steinerne Heiligenfiguren. Die Verkündigung darüber experimentiert mit der Gattung des Interieurs, das hier in ganzer Breite die geschlossenen Tafeln durchläuft. Der *Genter Altar* ist ein Kompendium der ganzen damals denkbaren altniederländischen Malkunst, das alles auf höchstem Niveau vorführt, was das Medium seinerzeit zu leisten imstande war. Dennoch unterliegt das Ensemble dem Eindruck des Zusammengestückten. Denn schon früh hat es seine originale obere Rahmung verloren und steht deshalb als eine Art Torso vor uns. Ferner ist es offensichtlich das Produkt einer langen und widersprüchlichen Planung.

men vom Festland wählte, begann der sog. „anglonormannische Stil“, der mit der normannischen Eroberung nach der Schlacht von Hastings (1066) und dem Anschluss Englands an die kontinentale Baukunst der Romanik weitere Impulse – etwa hinsichtlich einer zweischaligen Wand mit Emporen auf mächtigen Rundpfeilern – erhielt. Mit dem Beginn der englischen Frühgotik (Early English) 1175 endete der anglonormannische Stil.

Wer war Reiner von Huy?

Reiner war ein Goldschmied und Bronzegießer aus dem wallonischen Huy, tätig im 1. Viertel des 12. Jh. Sein Meisterwerk ist das zwischen 1107 und 1118 für die Kirche *Notre-Dame-aux-Fonts* in *Lüttich* geschaffene, ca. 60 cm hohe zylindrische *Taufbecken* aus Bronze, das sich seit 1803 in *St.-Barthélemy in Lüttich* befindet. Es stellt den Höhepunkt der romanischen Maaskunst dar: Die Figuren der *Reliefs* sind fast vollplastisch gearbeitet und verraten die Kenntnis antiker Kompositionen; die Darstellungen stecken voller Kühnheiten – eine der Gestalten kehrt dem Betrachter sogar den nackten Rücken zu.

Wie heißen die wichtigsten frühgotischen Kathedralen und Großkirchen Frankreichs?

Die bedeutendsten Bauten der französischen Frühgotik sind

die unter Abt Suger begonnene *Abteikirche St.-Denis* (1140–44), ferner die *Kathedralen von Sens* (1130ff.), *Noyon* (um 1150ff.), *Senlis* (1155ff.), *Laon* (um 1160ff.) und *Paris* (Notre-Dame, 1163ff.).

Wer malte die erste topografisch genau bestimmbare Landschaft der Kunstgeschichte?

Konrad Witz, ein bedeutender, zwischen 1400 und 1410 in Rottweil geborener deutscher Maler der Spätgotik, malte 1444 die zum Petrusaltar bzw. *Genfer Altar* (Genf, Musée d'Art et d'Histoire) gehörige Tafel *Der wunderbare Fischzug*. Sie zeigt die erste bekannte Darstellung einer topografisch genau bestimmbaren Landschaft: das Ufer des Genfer Sees mit den umgebenden Bergen.

Wo findet sich die früheste monumentale Darstellung der Dornenkrönung Christi?

1241/42–48 hatte der französische König Ludwig IX. der Heilige für die Dornenkrone und andere Passionsreliquien die herrliche *Ste.-Chapelle in Paris* errichten lassen. Im Mittelfenster der Oberkapelle, dort, wo die Dornenkrone während gelegentlicher Reliquienweisungen gezeigt wurde, ist erstmals in der Kunstgeschichte die Dornenkrönung auf monumentale Weise dargestellt.

Welches Glasbild zählt zu den bedeutendsten Werken mittelalterlicher religiöser Kunst?

Die *Kathedrale von Chartres* besitzt außer dem Jesse-, dem Kindheit-Jesu- und dem Passionsfenster noch ein weiteres überwältigendes Zeugnis der Glasmalerei des 12. Jh.: die *Notre Dame de la Belle Verrière* im südlichen Chorseitenschiff, vielleicht schon um 1150, eher aber um 1180 geschaffen. Die feierlich thronende Madonna mit Kind und die mystische Farbenpracht erheben dieses Glasbild zu einem der unvergesslichen Werke mittelalterlicher Sakralkunst.

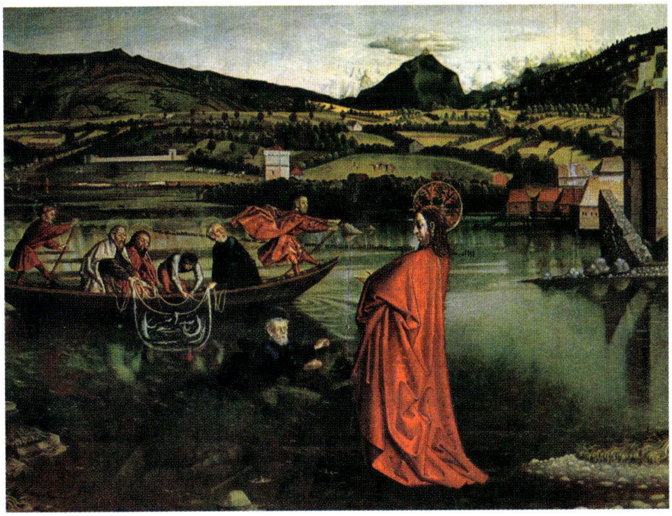

Konrad Witz: *Der wunderbare Fischzug*, 1444 (Genf, Musée d'Art et d'Histoire)

Wann florierte der „Decorated Style"?

Als „Decorated Style" bezeichnet man die mittlere Stilphase der englischen gotischen Architektur, die 1250–1350 blühte. Das wichtigste Stilcharakteristikum ist die Bereicherung der dekorativen Formen (Netz- und Sterngewölbe, kurviges Maßwerk). Ausgangspunkt war die Kirche der *Westminster Abbey* in London, es folgten Langhaus und Chor der *Kathedrale von Exeter* (1275ff.), der *Chor in Wells* (1329 begonnen) und *Ely* (*Lady Chapel*, 1321ff.).

Auf welchem Buchdeckel findet sich eines der schönsten Elfenbeine der karolingischen Kunst?

Im Vorderdeckel des *Perikopenbuches Heinrichs II.* (München, Bayerische Staatsbibliothek) ist ein wunderbares *Elfenbeinrelief* mit der Kreuzigung und den Auswirkungen der Erlösertat Christi eingelassen. Es schließt sich eng an die

Zeichnungen des *Utrecht-Psalters* an und war vielleicht um 870 auf dem Rückdeckel des in der Hofwerkstatt Karls des Kahlen hergestellten *Codex Aureus aus St. Emmeram* angebracht.

Wie heißt das berühmteste Schloss des Stauferkaisers Friedrich II.?

Der Staufer Friedrich II. (1194–1250) kehrte nach seiner Kaiserkrönung 1220 zu seinen süditalienischen Besitzungen zurück, wo er eine einzigartige Kunst initierte, die zu einer der Wurzeln der spä-

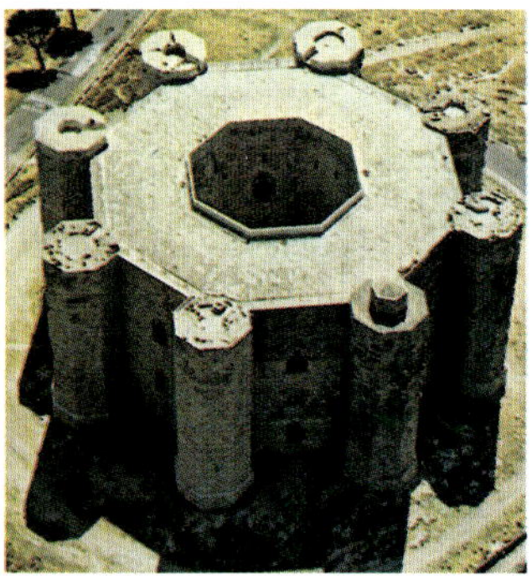

Castel del Monte, 1240/50

teren Renaissance zählt. Als bekanntestes Beispiel dieses Aufschwungs fungiert der um 1240/50 in Apulien errichtete achteckige Wehrbau, das *Castel del Monte*. Das Bauwerk vereinigt antike, byzantinische, orientalische und normannisch-gotische Anregungen mit solchen der zisterziensischen Frühgotik. Ungewiss ist, ob seine Grundform auch an die deutsche *Kaiserkrone* erinnern sollte.

In welchem romanischen Tympanon Burgunds tummeln sich abstruse Phantasiewesen?

Über dem Hauptportal zwischen Vorkirche und Mittelschiff von *St. Madeleine in Vézelay* ist im herrlichen Tympanon (um 1130) die Aussendung der Apostel durch Christus thematisiert. Auf dem Außenrand des Bogenfelds und auf dem Türsturz erscheinen die Völker der Erde, von denen die damalige Reiseliteratur fabulierte: Pygmäen, die Leitern brauchen, um ihre Pferde zu besteigen, Skythen mit Segelohren und andere phantastische Erdrandbewohner, denen allen das Evangelium gepredigt werden sollte.

Nach wem ist der „Mudéjarstil" benannt?

Dieser in Spanien vom Ende des 12. bis zum 16. Jh. existierende Bau- und Dekorationsstil bezog seinen Namen nach den Mudejaren, arabischen Künstlern und Handwerkern. Stilistisch kombinierte er maurische und gotische Elemente. Beliebt waren hufeisenförmige Bögen, üppiger ornamentaler Schmuck aus Stuck, Holz und Majolika usw.

Welche grafische Technik fand am frühesten in der Kunst Anwendung?

Der Holzschnitt gehört zu den ältesten grafischen Techniken. Zwei Hauptgründe führten zu seiner Entstehung: In der 2. Hälfte des 14. Jh. wurde die Papierfabrikation in Europa eingeführt und im Rahmen der wachsenden Privatandacht wuchs auch das Bedürfnis nach massenhaften Heiligendarstellungen. Diesen waren die *Einblattholzschnitte* gewidmet, die vermutlich schon im späten 14. Jh. entstanden. Der *illustrierende Holzschnitt* fand ab etwa 1430 Anwendung, zunächst in Deutschland.

Wer war der bedeutendste deutsche Maler und Kupferstecher in den Jahren vor Albrecht Dürer?

Der in Colmar geborene Martin Schongauer (1425/30–91) war als Maler v. a. von der flämischen Schule, von Rogier van der Weyden (1399 oder 1400–64) beeinflusst. Zu seinen großen Leistungen zählt es, die Technik und Ausdrucksmöglichkeit des Kupferstichs meisterhaft verfeinert und im Sinne der spätgotischen expressiven Linearität entscheidend akzentuiert zu haben.

Wann entstand die erste echte Hallenkirche Deutschlands?

Als erste echte, d. h. über die Tradition von Krypten hinausgehende Hallenkirche, in der alle Schiffe von gleicher Höhe und von einem gemeinsamen Dach überdeckt sind, hat sich in Deutschland mit der *Bartholomäuskapelle am Paderborner Dom* erhalten. Ursprünglich war sie wohl die Kapelle der spätottonischen *Königspfalz*. Laut Inschrift wurde sie 1017 durch byzantinische Werkleute gebaut.

Welche Madonnentafel Cimabues ist seine berühmteste?

Cimabues (nachweisbar 1272–1303) als Retabel fungierende monumentale *Maestà-Tafel* (Florenz, Uffizien) stammt aus der Florentiner *Kirche S. Trinità*. Der Künstler stellt die thronende Madonna mit ihrem Kind vor Goldgrund dar; acht Engel umstehen und berühren die goldfarbenen Thronwangen. Einzelne Motive verraten byzantinische Vorbilder, so die Madonna selbst mit der stilisierten Gesichtsform, sodann die pretiöse Ornamentierung des Thrones, sowie das in irrealen Lichtstegen aufschimmernde Gewand Mariens. Hinzu kommt aber eine merkliche Tendenz zu plastischer, raumfüllender Kraft. All das kennzeichnet die stilistische Situation an der Grenze zwischen mittelalterlicher Tradition des 13. Jh. (maniera byzantina) und den Innovationen, die das Trecento mit sich bringt. Der Vergleich von Cimabues *Maestà* mit Giottos *Ognissanti-Madonna* (um 1305–10; Uffizien) verdeutlich das: Der Thron besitzt jetzt eine tiefenräumliche Gestalt, die Gewänder eine naturalistische Stofflichkeit, die Gestalten eine massive Körperlichkeit.

Was versteht man unter dem „Flamboyant-Stil"?

Als „Flamboyant" (franz.: „geflammt") bezeichnet man die letzte dekorative Stilstufe der französischen spätgotischen Architektur. Dabei sind die an eine Fischblase erinnernden Formen (Schneußformen) des Maßwerks derart in die Länge gezogen, dass sie als Flammen gedeutet werden können.

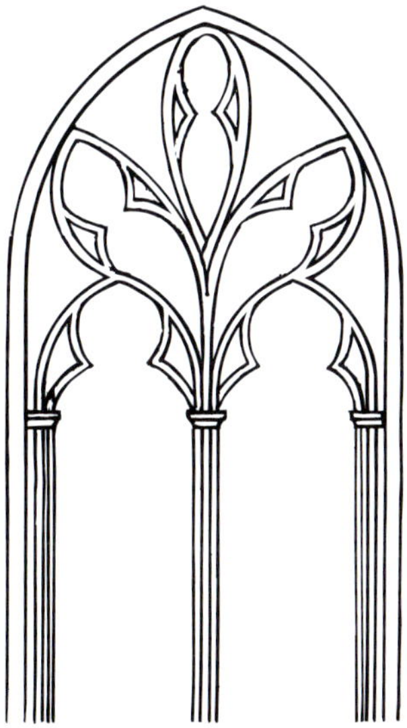

Fenster im Flamboyant-Stil

Wo entstand der „Tassilo-Kelch"?

Die Schatzkammer des österreichischen *Benediktinerstiftes Kremsmünster* verwahrt eines der berühmtesten Goldschmiedewerke des Frühmittelalters, den nach seinem Stifter, dem Bayernherzog Tassilo III., benannten *Tassilo-Kelch*, der als Messkelch gedient hat. Auf die Wandung der Becherschale sind fünf ovale Bildfelder aus Silberplatten aufgesetzt, die die Brustbilder Christi und der vier Evangelisten darstellen. Der Fuß trägt vier Brustbilder von Heiligen. Die Ornamentik erinnert an die irisch-angelsächsische Kunst. Der Kelch ist aber sicher auf dem Festland, vielleicht in Salzburg oder in der Herzogsresidenz Regensburg entstanden, wohl um 777, jedenfalls vor 788, als Tassilo von Karl dem Großen abgesetzt wurde.

Wo begegnet erstmals in einem Tympanon das Thema der Marienkrönung?

Die Westfassade der kleinen *Kathedrale Notre-Dame in Senlis* besitzt nur ein großes Figurenportal. V. a. das um 1170 entstandene *Tympanonrelief* war Epoche machend, denn es zeigt erstmals in großem Maßstab das Thema der Marienkrönung im Himmel, das von nun an zu einer der beliebtesten Marienszenen des Mittelalters werden sollte.

Welches ist der älteste nachantike monumentale Zentralbau nördlich der Alpen?

Die um 800 unter Karl dem Großen geweihte *Kapelle* der *Aachener Pfalz* ist der älteste monumentale Zentralbau nachantiker Zeit nördlich der Alpen. Durch eine Art Westwerk betrat man das zentrale Oktogon (Achteck), das in seinem unteren Teil von einem nach außen hin schmucklosen, zweigeschossigen Sechzehneck umgeben wird. Die Kirche *S. Vitale in Ravenna*, byzantinische Kirchen in Konstantinopel, teilweise auch das *Mausoleum des Theoderich* in Ravenna galten in der Forschung als Vorbilder, doch im Grunde steht die herausragende *Aachener Pfalzkapelle* als singuläres Werk da.

In welchem Kirchenschatz befindet sich eines der berühmtesten frühmittelalterlichen Kultbilder Frankreichs?

Alle Kirchenschätze Frankreichs gingen in der Französischen Revolution zugrunde – bis auf den der *Abteikirche von Conques*, der inzwischen zum Weltkulturerbe erklärt ist. Den strahlenden Mittelpunkt bildet die Hausheilige des Klosters: *Fides (St. Foy)*. In starrer Frontalität thront sie da. Samt blutgetränkter Stoffreste barg man die Schädelknochen der frühchristlichen Märtyrerin im späteren 9. Jh. im Kopf der Statuette. Dieser selbst ist wohl eine „Maske“ aus spätantiker Zeit. Die weit geöffneten Augen sind aus Glas. Nach 985, als die *Fides-Figur* durch eine Blindenheilung internationalen Ruhm erlangte, renovierte man ihr *Goldmetallkleid* über

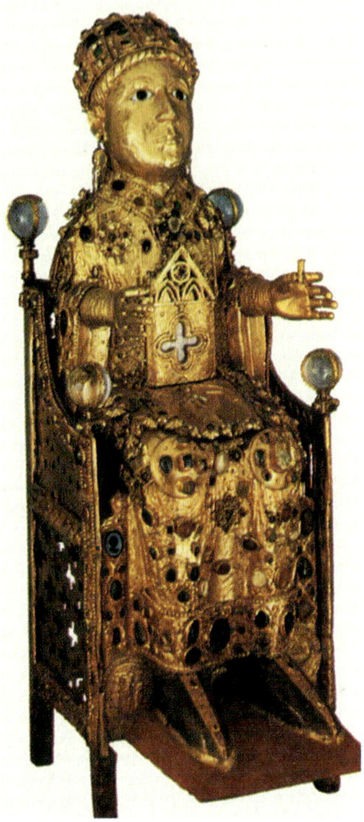

Hl. Fides (St-Foy), 9. Jh. (Conques, Abteikirche)

dem Holzkern. Im 12. und 13. Jh. wurde diese kostbare Hülle noch um Email, Perlen, Edel- und Halbedelsteine bereichert, als die *Fides* zum Anziehungspunkt für zahllose Wallfahrer auf dem Weg nach Santiago de Compostela und für Kreuzritter wurde, die zum Maurenkampf nach Spanien zogen.

Wo und wann war der Bildhauer Gislebertus am Werk?

Gislebertus war einer der bedeutendsten Bildhauer der französischen, speziell der burgundischen Romanik, aus der 1. Hälfte des 12. Jh. Seinen Namen hinterließ er in Form einer Signatur im Tympanon der Westfassade der *Kathedrale St.-Lazare in Autun* – eine Kirche, für die er zwischen 1125 und 1135 fast alle Skulpturen und Reliefs, darunter auch die berühmte *Eva von Autun*, schuf.

Was ist der „Lorscher Kopf“?

1933 wurden bei Ausgrabungen in der *Abtei Lorsch* (Hessen) insgesamt 114 Splitter der einstigen Farbverglasung gefunden, von denen sich 42 zur Ansicht eines Kopfes zusammenfügten (Darmstadt, Hessisches Landesmuseum). Die Deutung dieser Kopf- und auch etlicher Gewandfragmente ist ungewiss, ebenso die Datierung: karolingische oder ottonische Zeit, Ende 9. oder 10. Jh.?

Wo befinden sich die großformatigsten gotischen Glasfenster Frankreichs?

1248 hatte die *Ste.-Chapelle in Paris* unter König Ludwig IX., „dem Heiligen“, ihre großen Fenster der Oberkapelle erhalten, die überhaupt größten, die oft auch als die schönsten der hochgotischen Epoche bezeichnet werden.

Was hat ein Gnadenbild in Lucca mit der hl. Kümmernis zu tun?

Das *Gnadenbild des Volto Santo* im *Dom S. Martino von*

Lucca ist dort seit etwa 1100 nachzuweisen. Es ist der Legende nach von Nikodemus aus einer Zeder des Libanon geschnitzt. Der heutige romanische *Kruzifixus* aus schön bemaltem Holz, der das ältere Kultbild rekapituliert, ist in den ersten Jahren des 13. Jh. entstanden. Später verstand man offenbar den uralten Typus des mit Tunika Gekreuzigten nicht mehr und „erfand" die Legende der hl. Kümmernis, der Christus einen Bart wachsen ließ, damit der auserwählte heidnische Bräutigam auf die Ehe verzichte. Daraufhin sei die junge Frau wie Christus gekreuzigt worden.

Welches Bauwerk verkörpert zusätzlich zum „Baptisterium in Florenz" die „Protorenaissance"?

S. Miniato al Monte in Florenz war einst Kirche einer Benediktinerabtei und wurde seit 1014 an der Stelle einer frühchristlichen Kirche errichtet. Das Untergeschoss der Fassade entstand gegen 1090, das Fassadenobergeschoss zwischen 1128 und 1150, um 1200 kam der bekrönende Giebel hinzu. So war durch einen Großteil der Romanik hindurch das vielleicht reifste Werk Florentiner Inkrustationsarchitektur und der „toskanischen Protorenaissance" hochgewachsen.

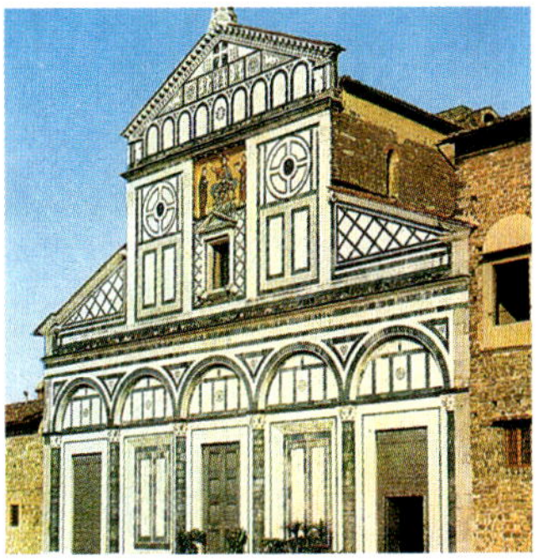

S. Miniato al Monte, Florenz, ab 1090

Welcher Aufgabe diente ein „Stundenbuch"?

Stundenbücher (franz.: „livres d'heures") waren spätmittelalterliche Andachtsbücher, Gebetbücher für Laien und somit ein Gegenstück zum „Brevier", das den Klerikern vorbehalten war. Ihren Höhepunkt erlebten die luxuriös ausgestatteten „Stundenbücher" (es gab auch einfachere für weniger betuchte Auftraggeber) in der 1. Hälfte des 15. Jh. an den Höfen des französischen Königs und seiner Brüder Ludwig von Anjou, Jean de Berry und Philipp des Kühnen von Burgund, und dann wieder zwischen 1470 und 1520, als sich flämische Ateliers in Brüssel, Gent, Brügge usw. auf diese Handschriften spezialisierten und zu einem Exportschlager machten.

Wo findet sich der umfangreichste Wandmalereizyklus aus karolingischer Zeit?

Die karolingischen *Wandbilder* im Langhaus von *St. Johann in Müstair* werden zeitlich zumeist mit der Gründung des 805 erstmals als Stiftung Karls des Großen urkundlich erwähnten Klosters zusammengenommen. Die 82 Felder des Langhauses, die in einer Mischung aus Tempera- und Freskotechnik gemalt sind, bieten den umfangreichsten erhaltenen Gemäldezyklus karolingischer Zeit.

Welche frühromanischen Fresken sind fast unberührt erhalten geblieben?

In der einsam gelegenen, von felsiger Wildnis umschlossenen *Kirche S. Pietro al monte* bei Civate, oberhalb Leccos am Comer See, ist einer der schönsten Zyklen romanischer *Wandmalerei* (zusätzlich zu Stuckarbeiten) fast intakt erhalten geblieben. Es handelt sich um apokalyptische Darstellungen, unter denen der große Kampf der Engel mit dem Endzeitdrachen in der Vorhalle herausragt. Im starkfarbigen expressiven Stil dieser Bilder sind auch byzantinische Vorbilder verarbeitet. Die Fresken werden unterschiedlich datiert, am sinnvollsten scheint ein zeitlicher Ansatz um 1100.

Wie heißt eines der bekanntesten und instruktivsten „Hochkreuze" der irisch-angelsächsischen Kunst?

Meisterwerke frühmittelalterlicher Bildhauerkunst bilden jene hohen freistehenden Steinkreuze auf dem Boden der britischen Inseln. Die meisten dieser sog. Hochkreuze tragen beidseitig eine Serie von Relieffeldern mit vegetabilen und abstrakten Gebilden, mit Tieren oder religiösen Figuren. Das fast 5 m hohe *Hochkreuz* im südenglischen *Ruthwell* mit den Reliefdarstellungen Christi, einiger Heiliger und einem von Vögeln belebten Weinranken-Ornament offeriert im späten 7. oder frühen 8. Jh. einen Naturalismus, eine Plastizität und eine Qualität, die zu dieser Zeit kaum eine Parallele auf dem Kontinent findet.

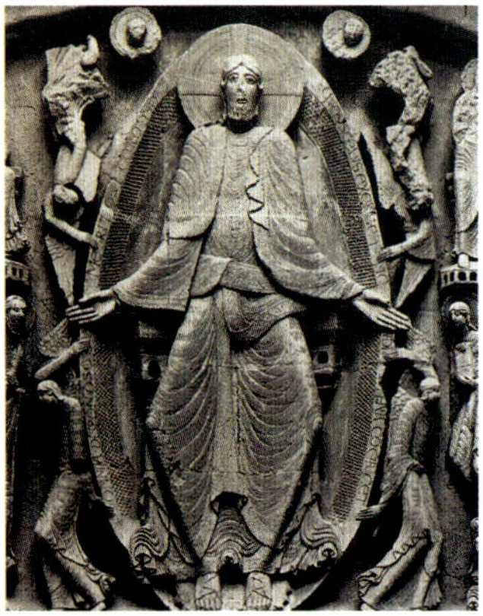

Gislebertus: *Christus als Weltenrichter*, Tympanon des Westportals von *St.-Lazare* in *Autun*, 1125–35

Welches burgundische Tympanon zählt zu den bedeutendsten Kunstwerken der europäischen Romanik?

Um 1130 skulptierte und signierte Meister Gislebertus das *Westportal-Tympanon* der *Kathedrale von Autun*. Es stellt das *Jüngste Gericht* dar, beherrscht von der visionären übergroßen Gestalt Christi. Die Folterungen der Verdammten weisen mit den insektenhaften Körpern und den Teufelsfratzen eine Phantastik auf, die bis zu Hieronymus Bosch im frühen 16. Jh. einmalig bleiben sollte. Das Tympanon zählt zweifellos zu den Meisterleistungen der romanischen Formensprache und Ausdruckskraft.

Welche monumentalen Bildwerke in Italien zählen zu den rätselhaftesten des Frühmittelalters?

In Cividale im italienischen Friaul, an der inneren Westwand der *Kirche S. Maria della Valle*, findet sich eine Prozession heiliger Frauen, jede aus Stuck gearbeitet und über 2,30 m hoch. Diese berühmten Figuren wirken völlig singulär in der abendländischen Kunst, während die Ornamentik an germanisch-langobardische Kunst erinnert. Man vermutet, dass die Gestalten in der Kirche, die wohl zu einer langobardischen Residenz gehörte, vor der Eroberung des Langobardenreiches 774 durch Karl den Großen vollendet waren.

Wie heißt der Architekt der „Kathedrale von Amiens"?

Die *Kathedrale von Amiens* ist die größte der gewaltigen Bischofskirchen Frankreichs, sie entfaltet ein beeindruckendes Gleichmaß in Anordnung und Abfolge aller Raumteile. Robert de Luzarches hat 1220 die Kirche mit dem Langhaus begonnen.

Welches ist das kostbarste Goldkreuz der ottonischen Kaiser?

Das aus Gold über Holzkern, aus Edel- und Halbedelsteinen, einem Onyxcameo, einem Bergkristallintaglio und Perlen bestehende, 50 cm hohe sog. *Lotharkreuz*, das in ottonischer Zeit, um 1000, in Köln gearbeitet wurde (Aachen, Domschatz). Es ist das wohl kostbarste und sicher künstlerisch vollendetste der Goldkreuze ottonischer Kaiser.

Welche Werke gehören zu den frühesten Beispielen größerformatiger Bauplastik in Deutschland?

Über dem Nischenportal der Vorhalle von *St. Emmeram in Regensburg* sind die *Kalksteinfiguren* eines thronenden Christus und der beiden stehenden Heiligen Dionysius und Emmeram eingelassen, die um 1064 entstanden sein dürften und zu den frühesten Beispielen anspruchsvoller Bauplastik im deutschsprachigen Raum zählen.

Welche romanische Front wurde bahnbrechend auch für die frühgotische Architektur?

Der um 1065–81 ausgeführte Westbau von *St.-Étienne in Caen* (Normandie), dreigeschossig, mit drei Portalen und vier der basilikalen Teilung der Schiffe folgenden Strebepfeilern, ist als ein zukunftsweisender Markstein in der Geschichte der Zweiturmfassade anzusehen.

Wer war Meister Erwin?

Meister Erwin, gestorben 1318 in Straßburg, später auch Erwin von Steinbach genannt, spielt seit Goethe eine große, oft mythisierte Rolle in der Geschichte der wiederentdeckten gotischen Baukunst. Ihm sind v. a. Teile der Westfront des *Straßburger Münsters* zu verdanken.

Wo findet sich das grandioseste Figurenprogramm an einer spanischen Kathedrale?

Vor dem Westeingang der *Kathedrale von Santiago de Compostela* findet sich der *Pórtico de la Gloria*, dessen Skulpturenprogramm 1168–88 ein gewisser Meister Mateo realisierte. Alle drei Portale zum Langhaus sind mit dem grandiosesten Skulpturenprogramm überzogen, das Spanien aus der Epoche der Romanik aufzuweisen hat. Meister Mateo war einer der ganz Großen seines Faches. Seine Leistung, mit der er die figürliche Thematik dieser Dreiportalanlage künstlerisch bewältigte und einer geradezu klassischen Idealität zuführte, war bahnbrechend, nicht nur für Santiago de Compostela, sondern auch weit darüber hinaus.

Wodurch zeichnet sich die Portallösung der „Kathedrale von Amiens" besonders aus?

Zusammen mit dem Langhaus der *Kathedrale von Amiens* war die Westfassade bis zum Abschlussgesims des Rosengeschosses 1236 vollendet. Mit den Portalen nimmt *Amiens* ein Thema der *Kathedrale von Laon* auf und intensiviert es. Wie dort ziehen sich die Portalgewände bis zu den Stirnseiten der Strebepfeiler, sodass tiefe schattige Buchten entstehen, und da jetzt auch die Fronten dieser Pfeiler mit Reliefs und Statuen besetzt sind, ist die Portalzone zu einer durchgehenden Einheit verschmolzen.

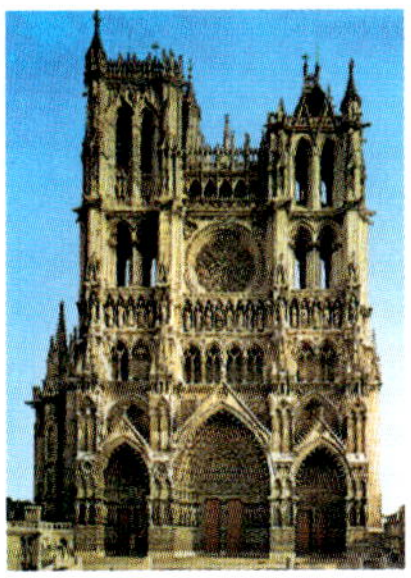

Westfassade der Kathedrale von *Amiens*, 13. Jh.

Aus welcher Kirche stammen die vielleicht bedeutendsten romanischen Wandmalereien, die Spanien aufzuweisen hat?

Die 1123 geweihte *Kirche San Celemente de Tahull* war mit einem Freskenzyklus ausgeschmückt, dessen Entstehungszeit ungefähr mit dem Weihedatum des Gotteshauses zusammenfällt (die Reste der Bilder befinden sich heute in Barcelona, Museo de Arte de Cataluña). Der Maler der Hauptapsis, der „Meister von Tahull", ist einer der führenden Künstler der so expressiv abstrahierenden katalonischen Wandmalerei der Romanik.

Wie heißt das berühmteste Werk Stefan Lochners?

Um 1440 stellte der große, niederländisch geschulte, am Bodensee geborene und in Köln arbeitende Maler Stefan Lochner (um 1400–1450/51) den *Dreikönigs-Altar* (*Die Anbetung der Heiligen Drei Könige*) fertig, der sich heute im Dom befindet, ursprünglich aber für die Ratskapelle beim Rathaus bestimmt war, wo ihn Albrecht Dürer bei seiner Reise in die Niederlande 1520 gesehen hat. Das Werk von höchster repräsentativer Feierlichkeit darf man als glanzvollen Endpunkt der Internationalen Gotik in Deutschland bezeichnen.

Wann wurde „Notre-Dame" in Paris begonnen?

Vier zeitgenössische Chronisten – Robert d'Auxerre, Robert de Torigny, Caesarius von Heisterbach und ein Anonymus von Anchin – berichten, dass Maurice de Sully, 1160–96 Bischof von Paris, die *Kathedrale Notre-Dame* begonnen habe. Die Nachricht, dass Papst Alexander III. 1163 den Grundstein gelegt habe, entstammt zwar erst dem 14. Jh., könnte aber chronologisch richtig sein.

Welches ist die bekannteste gotische Domkirche Deutschlands?

1248 legte Erzbischof Konrad von Hochstaden den Grundstein des *Kölner Doms*. Spätestens 1304 waren Chor und Ostmauern des Querhauses fertiggestellt. 1322 fand die feierliche Weihe der gesamten bisherigen Bauabschnitte statt. Um diese Zeit hatte man auch schon den Westbau begonnen. Das Nordseitenschiff entstand freilich erst im 15. Jh., 1560 musste man den Bau einstellen. Die Vollendung der nach dem Vorbild von *Amiens* begonnenen Kathedrale, der bekanntesten auf deutschem Boden, darunter v. a. der Bau der Türme, erfolgte 1842–80.

Welchen seltsamen Aufgaben konnten spätgotische „Andachtsbilder" zur Zeit der Mystik dienen?

Der Umgang mit sog. „Andachtsbildern" nahm zur Zeit der Mystik oft genug skurrile Züge an. Im 14. Jh. erzählt die Nonne Margarethe Ebner, wie sie das Bild des Christuskindes aus der Wiege nimmt, weil es in der Nacht „nicht züchtig" ist und sie nicht schlafen lässt, es auf ihren Schoß setzt und mit ihm spricht, es an die entblößte Brust legt, um es zu säugen, und erschrickt, als sie dabei „ein menschliches Berühren seines Mundes" fühlt. Und vollends ins Erotisch-Pathologische geht dieses Spiel, wenn sie nachts einen lebensgroßen Holz-Kruzifixus ins Bett nimmt und auf ihren Leib legt.

Durch welche Inschrift hat der altdeutsche Maler Lucas Moser im 20. Jh. eine heftige Kontroverse ausgelöst?

Das Hauptwerk des biografisch nicht weiter eruierbaren Malers Lukas Moser ist der 1432 datierte *Magdalenen-Altar* in der *Pfarrkirche von Tiefenbronn* bei Pforzheim, der ihn als einen bedeutenden Vertreter seines Faches in der Spätgotik ausweist. Auf den vertikalen Leisten der beiden Mittelflügel findet sich folgende Inschrift: „Schri. kunst. schri. vnd. klag. dich. sehr. din. begert. jecz. niemen. mer. so. o. we. 1432. In der neueren Forschung ist sowohl die Authentizität dieser Klage als auch ihr Sinn heftig umstritten.

Welcher spätgotische Schnitzaltar in Österreich zählt zu den schönsten und populärsten seiner Gattung?

Michael Pacher, Südtiroler Maler und Bildschnitzer (um 1435–98), zu dessen stilistischer Ausbildung die oberitalienische Kunst viel beigetragen hat, war einer der größten Künstler der Spätgotik im deutschsprachigen Raum. Sein 1481 vollendeter *Schnitzaltar* in der *Pfarrkirche St. Wolfgang* in *St. Wolfgang* am Abersee mit der Marienkrönung im Mittelschrein ist zweifellos eines der qualitätvollsten und populärsten Retabel der Spätgotik im deutschsprachigen Gebiet. Es beeindruckt durch die szenische Gestaltung, die Körperlichkeit der Figuren und durch die verschwenderische Vergoldung.

Welches Skulpturenprogramm steht für den Höhepunkt der staufischen Kunst auf deutschem Boden?

Das Werk des anonymen Naumburger Meisters, der im französischen Kronland gelernt hatte und über Metz und Mainz seinen Weg nach Naumburg fand, markiert den Höhepunkt hochgotisch-staufischer Bildhauerkunst in Deutschland. Der geniale Meister und seine Werkstatt schufen um 1250 im Westchor des *Naumburger Domes* zwölf Statuen, die die Stifter und Wohltäter aus der Frühzeit des Bistums verkörpern, sowie die Kreuzigungsgruppe und die Reliefs des Westlettners. Die Lebensnähe des Figürlichen, die sich bis zum Pathos und zur Psychologisierung steigern kann, die Räumlichkeit und Plastizität im Verein mit einer monumentalen Grundhaltung erheben diese, bis heute noch

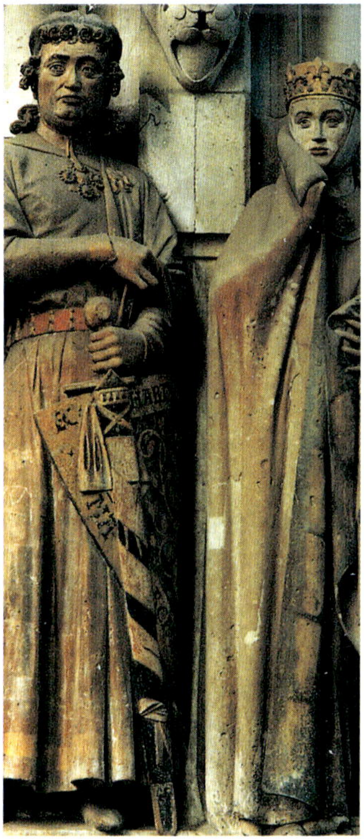

Naumburger Meister: *Ekkehard II. und Uta* aus dem Westchor des *Naumburger Doms*, um 1250

nicht endgültig gedeuteten Bildwerke mit zum Schönsten, was die Gotik aufzuweisen hat.

Welchen volkstümlichen Namen trägt eines der kostbarsten Werke spätmittelalterlicher Schatzkunst in Altötting?

Zu Neujahr 1404 schenkte Isabeau de Bavière ihrem Gemahl, dem geisteskranken König Karl VI. von Frankreich, ein goldenes Pferdchen, eines der kostbarsten und künstlerisch überwältigendsten Goldschmiede- und Emailwerke des Mittelalters, ein Erzeugnis der Pariser Hofwerkstatt, das auch als Votivgabe zur Heilung des Königs gedacht war. Durch Isabeaus Bruder kam das 62 cm hohe Stück schon bald nach Ingolstadt, später gelangte es in die Schatzkammer der *Gnadenkapelle in Altötting*, wo es als *Goldenes Rössl* bezeichnet wurde und noch heute wird.

Welche Rolle spielte der Franziskanerorden im Naturalismus der Trecentokunst?

Seit dem 13. Jh. widmete der Franziskanerorden den publizistischen Verwendungsmöglichkeiten von Bildern besondere Aufmerksamkeit. Zunächst entwickelte er in der Toskana eine Version des Heiligenretabels, das unter der zusammenfassenden Giebelgestalt des Altaraufsatzes das große Bild des Ordensgründers mit vielen kleinteiligen Szenen seiner Vita zu kombinieren erlaubt, das demnach die repräsentative Form mit dem erzählerischen, „volkstümlich“, manchmal schon genrehaft schildernden Szenario vereint.

Wer waren die „Cosmaten“?

„Cosmaten“ ist die Sammelbezeichnung für italienische Künstlerfamilien, in denen über Generationen der Name „Cosmas“, „Cosmatus“ auffallend häufig begegnet. Ihre Werke, die sie oft voller Stolz signierten, finden sich v. a. in Rom und Latium, aber auch in anderen Teilen Italiens und sogar – vor 1270 – in der *Westminster-Abtei* bei London, also in der Grab- und Krönungskirche der englischen Könige. Ihr Schaffen reicht von etwa 1100 bis ins frühe 14. Jh. und umfasst die Verfertigung von farbig inkrustierten Altarciborien, Kanzeln, Chorschranken und Fußböden samt Mosaiken, Grabmäler, sowie Architekturteile wie Portiken, Kreuzgänge und Langhausarkaden.

Welcher italienische Trecento-Maler arbeitete auch für Kaiser Karl IV.?

Tommaso da Modena (um 1325/26–79), war der Sohn des unbedeutenden Malers Barisino dei Barisini, seine künstlerische Ausbildung erhielt er vermutlich in Bologna. Sitz seiner Werkstatt und Wohnort blieb Modena, doch nahm er in ganz Oberitalien verstreute Aufträge an. Auch Kaiser Karl IV. bestellte bei ihm *Tafelbilder* für *Burg Karlstein* bei Prag. Tommaso war ein scharfer Beobachter, dessen Hauptanliegen in der genauen, zeichnerisch präzisen Erfassung und Gruppierung von Figuren bestand.

War Jan van Eyck der Erfinder der Ölmalerei?

Schon im 16. Jh. hatte man behauptet, Jan van Eyck (um 1390–1441) habe die Ölmalerei erfunden. Ölhaltige Bindemittel waren freilich bereits seit dem 13. Jh. bekannt. Richtig aber ist, dass van Eyck und seine niederländischen Zeitgenossen die Öltechnik – zumeist freilich mit Eitempera für bestimmte Pigmente zu einer Mischtechnik verbunden – systematisiert und verfeinert haben, was wiederum maßgeblich zu der erstaunlichen Leuchtkraft des Kolorits und zu der minutiösen Detailgenauigkeit der Pinselführung beitrug. Das Bindemittel Öl erlaubte ja eine Malweise mit beliebig viel opaken, halbtransparenten und transparenten Malschichten und Lasuren, durch die die einzelnen Farbpartien mit ihren Schattierungen und Tonübergängen eine bis dahin unbekannte Leuchtkraft, sozusagen aus den Tiefen der Materie heraus, erhielten.

Wie heißt ein überragender niederländischer Bildhauer, der um 1400 gelebt hat?

Claus Sluter wurde wahrscheinlich zwischen 1355 und 1360 in Harlem geboren, gestorben ist er 1405/06 als burgundischer Hofbildhauer in Dijon. Zu seinen Hauptwerken, in denen sich auf höchstem Niveau Monumentalität, ein innovatives Raumempfinden und ein packender Realismus paaren, gehören die *Portalfiguren* der ehemaligen *Kartause von Champmol* bei Dijon (1386–1401) und der *Moses-Brunnen* im ehemali-

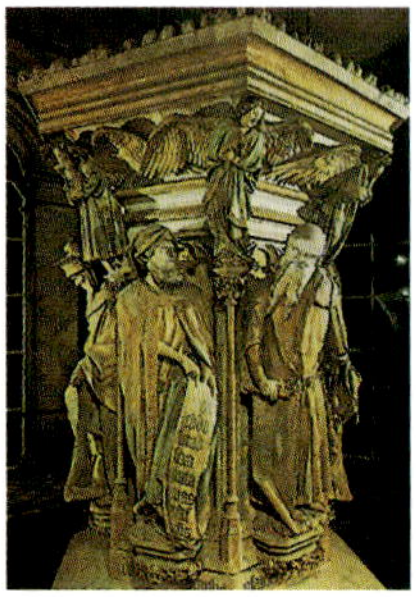

Claus Sluter: *Mosesbrunnen*, 1335–1403 (Kartause von *Champmol* bei Dijon)

gen Kreuzgang dieser Kartause (1395–1403). Es sind Werke, die sich qualitativ und ihrer internationalen Bedeutung nach der italienischen Frührenaissance-Skulptur jederzeit an die Seite stellen lassen.

Welche französische Kirche der Romanik orientierte sich an einem frühbyzantinischen Vorbild?

Das Innere der *Kathedrale St.-Front in Périgueux* (um 1120–50) orientierte sich, wie übrigens auch die *Markuskirche in Venedig* (vor 1063 begonnen), an der heute zerstörten justinianischen *Apostelkirche in Konstantinopel*: Zentralbau über griechischem Kreuz mit fünf großen Kuppelräumen, die Gewölbe auf mächtigen, von Durchgängen durchbrochenen Pfeilern aufruhend.

Wer schrieb den ersten Kunsttraktat des italienischen Trecento?

Cennino Cennini (um 1370–um 1440) wurde in seinem um 1390/1400 publizierten Malereitraktat, dem „Trattato della pittura“, dem ersten bekannten und noch ins Trecento fallenden Kunsttraktat, zu einem vehementen Propagator der Natur als Führerin der Malerei, wobei er sich auf eigene Erfahrungen stützen und naturalistische Strömungen des Trecento resümieren konnte: „Bemerke, dass die vollkommenste Führerin, welche man haben kann, das beste Steuer, die Triumphpforte des Zeichnens, das Studium der Natur ist.“

Welches Porträt gehört zu den bemerkenswertesten der altniederländischen Malerei?

Ein Schüler Jan van Eycks war der an der belgisch-holländischen Grenze, in Brabant, geborene Petrus Christus (um 1410–75/76). Sein berühmtes kleines *Frauenbildnis* in Berlin (Gemäldegalerie; nach 1460) präsentiert die weibliche Büste vor einer monochromen Rückwand. Das blasse, porzellanhaft glatte Gesicht unter der schwarzen, von einer schmalen Goldborte gesäumte Samthaube, dieses fast chinesisch anmutende Gesicht mit der hohen ausrasierten Stirn verrät eine Gefühlsregung nur in den schmalen, schrägstehenden Augen, die den Betrachter rätselhaft fixieren. Mit der großflächigen Einfachheit kontrastiert die detailverliebte Ausführung des dreireihigen, perlenbesetzten Kolliers, das hauchzarte Gazetuch auf dem Decolleté und der Hermelinbesatz des Kleides. Seinen unvergesslichen Zauber erhält das Porträt nicht zuletzt durch eine extrem reduzierte Farbskala, die v. a. auf den Kontrast kalter Blau- und Weißtöne mit Schwarz abgestimmt ist und dem Gemälde eine besonders elegante und distinguierte Note gibt.

Welches ist das wichtigste Profanbauwerk des Trecento in Florenz?

Der *Palazzo Vecchio* in Florenz, ursprünglich das Rathaus der Stadt, hat die gleiche beispielhafte Bedeutung wie der *Florentiner Dom* für die Kirchen der Toskana. Der *Palazzo* löst sich nicht im Detail, aber im Ganzen aus den Stilprinzipien der Gotik und fungiert als eigenwilliges Denkmal des neuen kommunalen Selbstbewusstseins in Italien. Der Kern des heutigen Baublocks entstand zwischen 1298 und 1304 unter der Leitung Arnolfo di Cambios (1240/45–1302/10). Der Turm kam 1310–14 hinzu. Die Kombination eines urbanen Stadtpalastes mit den aus der Festungsarchitektur übernommenen Elementen des Wehrbaus – Turm, Zinnenkranz, Pechnasen, Rustika –, wurden als Ausdruck der Wehrhaftigkeit des Stadtbürgertums eingesetzt.

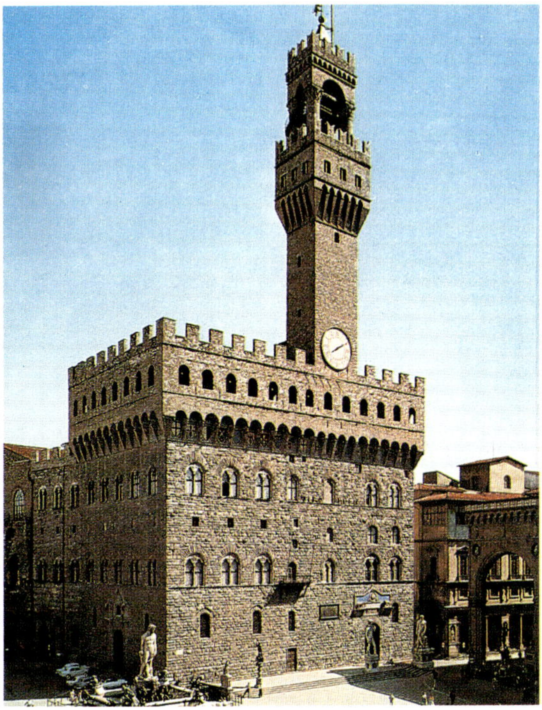

Palazzo Vecchio in Florenz, 1298–1305

Welches mittelalterliche Kunstwerk bezweckte die erstmalige Porträtähnlichkeit einer Herrscherdarstellung?

In Westdeutschland entstand um 1160, also in romanischer Zeit, die bronzevergoldete *Büste Kaiser Friedrich I. Barbarossas* (Cappenberg, Katholische Pfarrkirche). Dieser herrliche *Cappenberger Barbarossa-Kopf* war, wie aus mittelalterlichen Quellen hervorgeht, das erste auf Porträtähnlichkeit angelegte Herrscherbild des Mittelalters. Allerdings handelte es sich um keine zweckfreie Büste, vielmehr war diese zur Aufnahme von Reliquien bestimmt.

Wen stellt das berühmteste „Glasfenster des Straßburger Münsters“ dar?

Das berühmteste *Glasfenster* des *Straßburger Münsters*, um 1180, zeigt Karl den Großen (Straßburg, Frauenhausmuseum). Karl sitzt auf goldenem, mit Edelsteinen besetztem Thron, durch den Nimbus in den Stand der Heiligen aufgenommen. Geheimnisvoll wirkt der Augenzuschnitt aus blankem Glas, das wie eine Einlegearbeit aus dem purpurbraunen Gesicht herausleuchtet. Hinter dem Thron stehen Roland und Olivier, jene Helden des „Rolandsliedes“, die mit Karl gegen die Sarazenen kämpften. Alle Gläser des Fensters sind von funkelnder Farbigkeit und übersprüht von einem Dekor aus Perlenschnüren, Kreuzblättern, Vierpässen, was an die Pracht der Glasmosaiken in byzantinischen Kirchen denken lässt.

Auf welche Vorbilder berufen sich die „Reliefs" der Schöpfungsgeschichte an der „Domfassade von Orvieto"?

Am ersten, dem linken Strebepfeiler der Fassade des *Doms von Orvieto* schuf aller stilkritischen Wahrscheinlichkeit nach die Werkstatt Lorenzo Maitanis (vor 1270–1330) zwischen 1310 und 1330 die *Marmorreliefs* zur Schöpfungsgeschichte. Diese qualitativ hochrangigen Reliefs erhärten den Einfluss seitens der sienesischen Trecentomalerei und – durchaus gebräuchlicher Usus in der damaligen italienischen Plastik – die Inspiration durch französische Kathedralskulptur der Hochgotik, die in diesem Fall von den *Reliefs* am Hauptportal von *Notre-Dame in Paris* bis zu denen von *Auxerre* reicht. Mindestens ebenso wichtig ist aber auch die tiefe Einsicht in antik römische und hellenistische Gestaltungsweise.

Welche Kirche gehört zu den phantasievollsten Schöpfungen der deutschen Spätromanik?

Der *Wormser Dom*, seinem heutigen Aussehen nach in der Hauptsache vom späten 12. bis zum frühen 13. Jh. errichtet, also in einer Phase, in der die französische Baukunst voll und ganz von der Gotik beherrscht wird, gehört zu den bedeutendsten Architekturen der dekorationsfreudigen deutschen Spätromanik.

Welcher altniederländische Maler ist der größte Gestalter von Spukgestalten in der Kunstgeschichte?

Gegen Ende ihrer Entwicklung besaß die altniederländische Malerei mit Hieronymus Bosch (um 1450–1516) einen Künstler, der die abgründigen Schichten menschlicher Existenz aufdeckte. Dämonen bevölkern seine Bilder, überall wimmelt es von unheimlichen Kreaturen, Zwitterwesen, Spukgestalten, phantastischen Pflanzengebilden und abstrusen Behausungen, seine höllischen Landschaften zeigen sich als lodernde Katastrophen-Panoramen. Fast schon surrealistisch muten seine Bilder an, die ihm im 16. Jh. den Beinamen des „faizeur des diables" eingetragen haben, sodass – sicher zu Unrecht – auch schon vermutet wurde, sie würden die geheimen, abseitigen Lehren einer häretischen und orgiastischen Sekte formulieren.

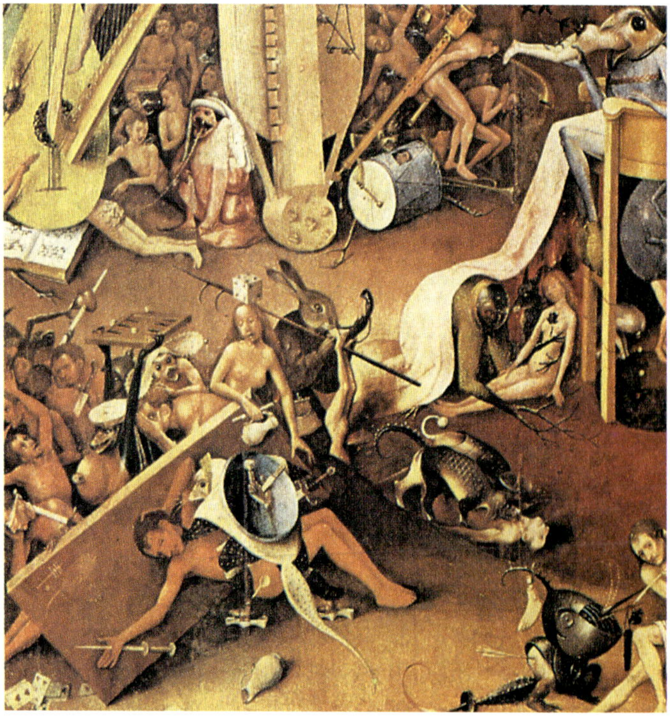

Hieronymus Bosch: *Der Garten der Lüste*, Ausschnitt aus der rechten Altartafel, um 1500 (Madrid, Prado)

Wiedergeburt der Kunst

In seiner heutigen kunst- und kulturgeschichtlichen Bedeutung wurde der Begriff „Renaissance“ – verstanden als Wiedergeburt der Kunst aus dem Geist der Antike heraus – im 19. Jh. in Frankreich geprägt. Der Schweizer Historiker Jacob Burckhardt hat dann 1860 in seinem Buch „Die Kultur der Renaissance in Italien“ dem Epochenbegriff allgemeine Bedeutung verliehen und die Kunst Italiens ab ca. 1400 unter das Stichwort „Die Entdeckung der Welt und des Menschen“ gestellt. Vergleichbar hatte bereits 1550 Giorgio Vasari (1511–74) in seinen Lebensbeschreibungen der italienischen Künstler von Cimabue und Giotto bis in seine eigene Zeit von der „Rinascità“ der Kunst im Trecento (14. Jh.) gesprochen, die sich, anders als das Mittelalter und die Gotik, erstmals wieder am Naturvorbild orientiert habe. Und vorher, um 1500, hatte Leonardo da Vinci (1452–1519) über den Begründer der Renaissance-Malerei, den Florentiner Masaccio (1401–28), gesagt: „Masaccio zeigte mit hervorragender Meisterschaft, wie jene, die sich einer anderen Sache widmeten als der Natur – der Meisterin aller Meister –, sich vergeblich bemühten.“

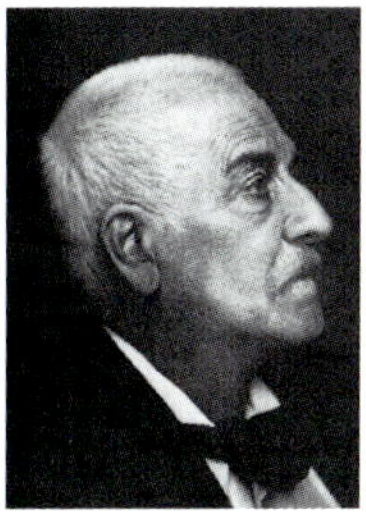
Jacob Burckhardt

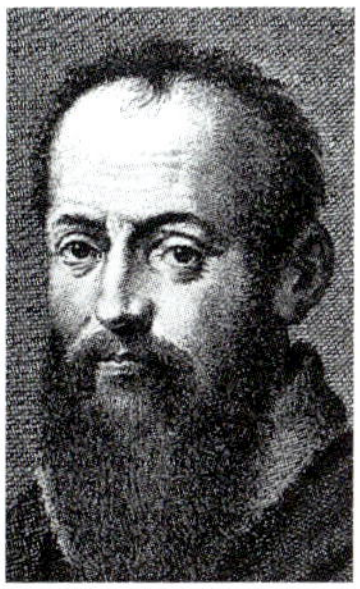
Giorgio Vasari

Rückbesinnung auf die Antike

Wie sieht es mit der Lehrmeisterin „Antike“ aus? Die angebliche „Wiederentdeckung“ der Antike seit dem frühen 15. Jh. ist als Stilkriterium zunächst problematisch, da ja auch frühere Epochen dieses Phänomen kannten, nicht umsonst spricht man von einer karolingischen und ottonischen „Renaissance“, von der toskanischen „Protorenaissance“ des 11. und 12. Jh. (u. a. das *Baptisterium* und *S. Miniato al Monte in Florenz*), von der staufischen „Renaissance“ (v. a. die Hofkunst des 13. Jh. unter Friedrich II. in Süditalien) usw. Es gilt also, das Spezifische der „Antikennachahmung“ in der „eigentlichen“ Renaissance zu verstehen. Man neigt heute dazu, nicht die Rückbesinnung auf antike Vorbilder als den Motor der Entwicklung anzusehen, sondern umgekehrt den Naturalismus als Ausgangspunkt zu nehmen, der dann den Künstlern erneut die Augen für die Antike öffnete. Intellektuelle und Künstler sahen diese Antike erstmals auch im Rahmen eines neuartigen Geschichtsbewusstseins, weswegen sie sie historisch möglichst angemessen kennen lernen wollten: Quellenstudium und „archäologische“ Recherchen waren deshalb für jeden, der sich seriös mit der Antike auseinander setzte, eine unerlässliche Vorbedingung. Da die Kunst und die geistige Strömung im Italien des 14. Jh. schon entscheidend vorgearbeitet hatten, ist es nicht abwegig, dieses Trecento in die Vorgeschichte der Renaissance hereinzunehmen.

Kunst und Bildung

Die Verwissenschaftlichung des Altertums ging parallel einher mit einer umfassenderen Intellektualisierung. Zunehmend stiegen nämlich die Anforderungen an die Bildung des Künstlers, der Auftraggeber und Mäzene, nicht zuletzt, um so die Kunst aus der früheren Bindung ans „einfache“ Handwerk herauszulösen. Dementsprechend entstand eine reiche Literatur, in der die Künstler begannen, den Stellenwert der Kunst als eigenes Medium zu überdenken – was sich bis zum Wettstreit der Künste, dem „Paragone“, steigerte. Die Kunsttheorie suchte quasi wissenschaftliche Regeln und Normen aufzustellen, nach denen Kunst lehr- und lernbar wurde, ein Lehrsystem, das die nun entstehenden Akademien praktizierten und an die nächsten Jahrhunderte weitergaben. Dieser Regelapparat lag oft auch dem Aufbau der immer zahlreicher werdenden Privatsammlungen zugrunde, die vom Kunsthandel, den Kennern und Mäzenen aufgebaut wurden. Es wäre indes falsch, die an der Natur, der Antike, an der antiken Mythologie ebenso wie am wissenschaftlichen Denken des Humanismus ausgerichtete Renaissance als ein im Vergleich zum Mittelalter ganz und gar verweltlichtes Zeitalter zu begreifen. Zum einen bildete ja die religiöse Kunst weiterhin einen Schwerpunkt. Zum anderen sollte die Natur nicht einfach nachgeahmt, sondern in ihrer Vollkommenheit gezeigt werden. Sie wurde zum „Buch", aus dem man die göttliche Schönheit herauslesen konnte. In der Natur ist immer auch das Transzendente gespeichert, das man mit einer Idealisierung des Naturvorbildes (und genau dieses Verhalten ist es, das man an der antiken Kunst so schätzte) zum Ausdruck bringen wollte: deshalb auch die immense Bedeutung von Harmonie- und Proportionslehren sowie des „Ordnungssystems" der Zentralperspektive, das geradezu zum Leitmotiv der Renaissance wurde.

Bürgertum und Adel

Dass die etwa 1400–90 zu datierende Frührenaissance in Italien ihren Fokus in der Stadtrepublik Florenz besaß, verweist durchaus noch auf andere Entstehungsbedingungen des Stils: z. B. auf das Selbstbewusstsein des städtischen Bürgertums, das sich eigene Ausdrucksformen schuf, an der antik-römischen Baukunst zunächst nur die Vorbilder der republikanischen Zeit bewunderte und den Individualismus propagierte. Dass jedoch auch der Adel – etwa an den Höfen in Mailand, Urbino, Mantua, Ferrara und Neapel – zu den engagiertesten Förderern der Renaissance zählte, beweist, dass man die Frührenaissance nicht einfach als „bürgerliches Produkt" begreifen kann. Ihre im Antikenmodell zusammentreffende Kombinatorik aus Naturalismus und Idealismus machte sie vielmehr über alle sozialen Grenzen hinweg zum kulturellen Ziel, das seinen Mittelpunkt zur Zeit der Hochrenaissance (um 1490–1520) dann auch in einem neuen Umfeld, im Rom der Päpste, fand; eine Kombinatorik, die der Renaissance aber auch außerhalb Italiens eine ungeheure Propagandawirkung verlieh und sie bald zum herrschenden Stil in ganz Europa machte. Das Jahr 1527, als die Truppen Kaiser Karls V. Rom plünderten („Sacco di Roma"), gilt als Ende der Hoch- und als ungefährer Beginn der bis gegen 1600 reichenden Spätrenaissance. Der seit dem 20. Jh. dafür auch eingebürgerte Begriff „Manierismus" deutet auf eine Krisenzeit hin, in der das Manierierte die klassische Harmonie verdrängte. Man kann den Vorgang freilich auch positiv als eine revolutionäre Periode des Experimentierens fassen, die vielfach schon den Barockstil vorbereitete.

Frührenaissance (um 1400–1490)

Der Übergang von der Spätgotik in die Frührenaissance ist äußerst komplex. Eine Art Bindeglied stellt etwa die Internationale Gotik um 1400 dar, der man in Italien Künstler wie Pisanello (1395–1455), Gentile da Fabriano (um 1385–1427), Benozzo Gozzoli (um 1420/22–97; mit zahlreichen Rückgriffen) u. a. zurechnen oder als davon beeinflusst klassifizieren darf. Ausgangspunkt der Frührenaissance ist Florenz, das Burckhardt seiner damaligen Bedeutung nach mit dem perikleischen Athen verglich. Die Skulptur, die aufgrund ihrer Dreidimensionalität und ihrer antiken Tradition privilegiert schien, machte mit dem Wettbewerb um die *zweite Bronzetür* des *Florentiner Baptisteriums* (1401) den epochalen Anfang. Nanni di Banco (um 1373–1421) und Donatello (1383 oder 1386–1466) schufen die Statue der Neuzeit, die nicht mehr so sehr von der Gewandoberfläche, sondern vielmehr auch von den organischen Funktionen des

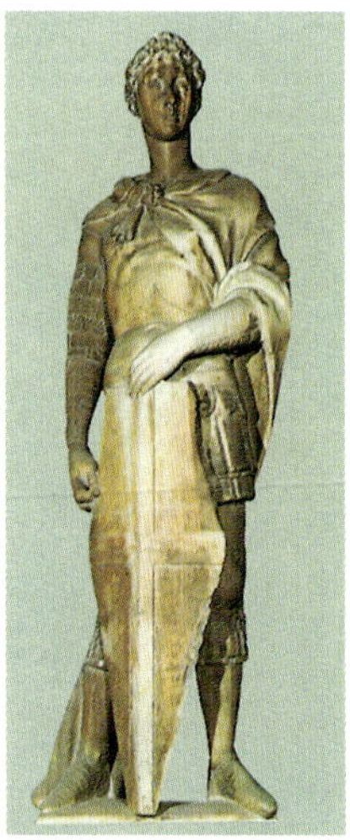

Donatello: *Hl. Georg*, 1416–20 (Florenz, Museo Nazionale del Bargello)

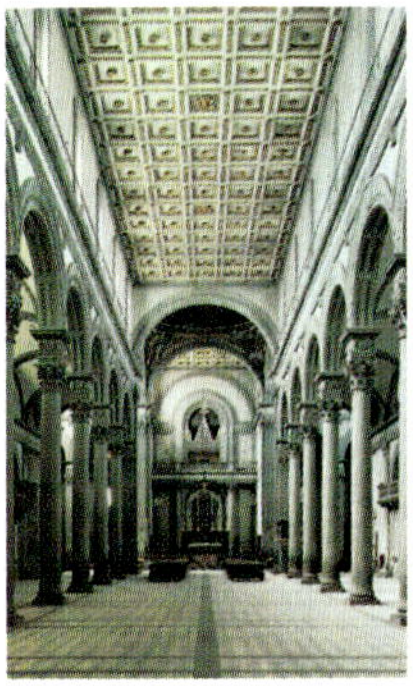

Filippo Brunelleschi: *S. Lorenzo*, Florenz, ab 1421

Körpers her begriffen wird. Lorenzo Ghiberti (1378–1455) reihte sich hier ein und entwickelte v. a. auch für das Relief zukunftsweisende Konzepte. Das nun wiedererwachte Interesse am menschlichen Körper und seiner Bewegungsmotive machte den Akt erstmals wieder zu einem wichtigen Thema der Skulptur. Bildnisbüsten und -medaillen, figürliche Grab- und monumentale Denkmäler – v. a. auch die berühmten Reiterdenkmäler der Frührenaissance – zeugen vom hohen Stellenwert des Individuums, dessen Erinnerung der Nachwelt erhalten bleiben sollte. Die Architektur der Frührenaissance bediente sich im Detail römisch-antiker Formen (die griechische Antike war so gut wie unbekannt) wie Rundbogen, Säulen, noch wenig monumentaler, vielmehr zartgliedriger Säulenordnungsreliefs usw., und suchte im Ganzen nach harmonischen Verhältnissen, die sich an einem als ideal empfundenen Zahlenkanon oder am Maßstab des menschlichen Körpers orientierten. Die meist tonnengewölbten oder flach gedeckten Bauwerke weisen eine klar ablesbare Geschossgliederung und harmonisch abgestimmte Proportionen auf. Die Grundlagen zu dieser Architektur schuf Filippo Brunelleschi (1377–1446). Seit 1420 leitete er die Einwölbung der *Florentiner Domkuppel* – eine auch geniale ingenieurtechnische Leistung, da der Kuppelumriss als Vorgabe bereits seit dem Trecento weitgehend festgelegt war. Mit Bauten wie der *Loggia degli Innocenti* (Findelhaus), der *Alten Sakristei an S. Lorenzo* (beide seit 1419) und der neuen Kirche *S. Lorenzo* (seit 1421), der 1434 *S. Spirito* folgte, knüpfte Brunelleschi ausnahmslos auch an die toskanische „Protorenaissance“ des 11./12. Jh. an und gelangte zu einer vollendeten Harmonie der Proportionen. Die Architektur und die Architekturtheorien der Frührenaissance – z. B. Leon Battista Albertis (1404–72) „De re aedificatoria“ von 1451 – betrachteten zunehmend den Zentralbau als ideale Form und beschäftigten sich mit Idealstadt-Entwürfen als dem erträumtem harmonisch-utopischen Lebensraum des „neuen“ Menschen. Den Auftakt zur Malerei der Frührenaissance machte im 3. Jahrzehnt des 15. Jh. das Werk Masaccios (1401–29), dessen Figurenstil von der zeitgenössischen Skulptur und von Giotto geprägt ist. Nach antiken Zeugnissen der Malerei konnte er sich nicht richten, waren diese damals doch nur aus der Literatur bekannt. Sein *Trinitäts-Fresko* in S. Maria Novella in Florenz (um 1425) gilt als das erste erhaltene Dokument einer systematisch angewandten mathematischen Zentralperspektive. In den Fresken der *Brancacci-Kapelle* an *S. Maria del Carmine* in Florenz (seit ca. 1424) verlieh er der Wiedergabe des menschlichen Körpers und des Aktes eine neue souveräne Freiheit im

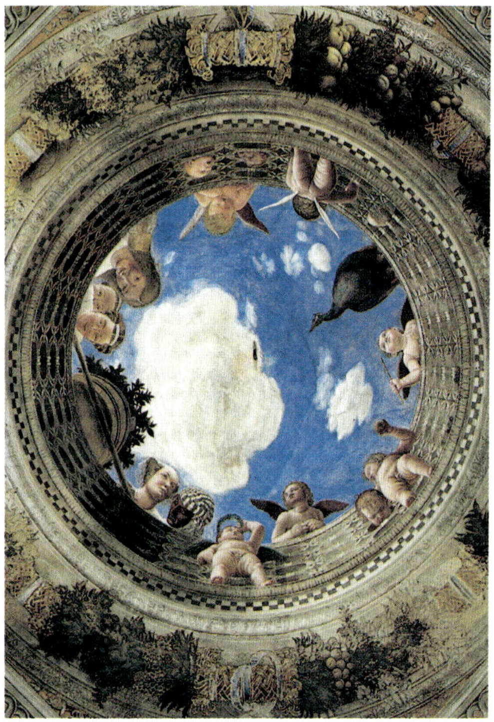

Andrea Mantegna: Deckenfresko in der *Camera degli Sposi*, 1474 vollendet (Mantua, Palazzo Ducale)

Raum. Maler wie Uccello (um 1397–1475), Castagno (vor 1419–57), Fra Angelico (1395/1400–1455) und v. a. auch Piero della Francesca (um 1415–92) intensivierten das Bemühen um perspektivische Probleme. Andrea Mantegna (1430/31–1506) löste in seinem 1474 vollendeten Deckenfresko in der *Camera degli Sposi* (Ehegemach) des Herzogspalastes in Mantua die Grenzen zwischen Bild- und Betrachterraum so weit auf, dass man hier vom Beginn der illusionistischen Deckenmalerei sprechen kann.

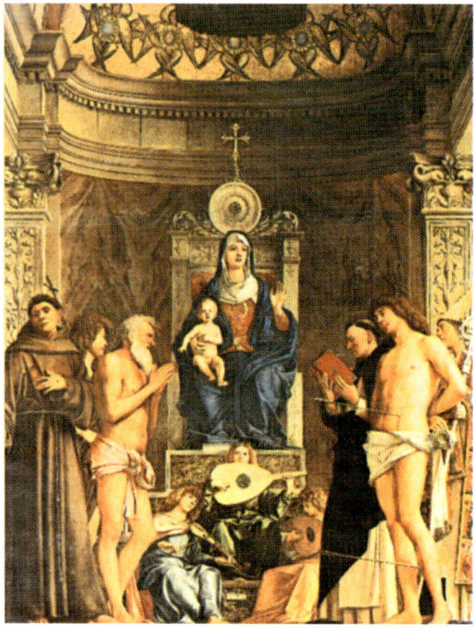

Giovanni Bellini: *Pala di San Giobbe*, ca. 1485 (Venedig, Gallerie dell' Accademia)

Hochrenaissance (um 1490–1520/30)

Alle künstlerischen Ideen und Ideale gipfelten in der relativ kurzen Zeitspanne der Hochrenaissance, einer der großen „klassischen" Phasen der abendländischen Kunst. Florenz, das vorher, im Quattrocento, das künstlerische Zentrum gewesen war, erlebte mit dem Sturz der Medici-Herrschaft 1494 und dem anschließenden „fundamentalistischen" Regiment des Dominikanermönchs Girolamo Savonarola eine Zäsur der künstlerischen Blüte, die sich zunächst auch nach 1512, als die Medici zurückgekehrt waren, fortsetzte. Dagegen zog nun das wiedererstarkte Papsttum die künstlerisch fortschrittlichsten und die wahrhaft genialen Kräfte in die Ewige Stadt. Julius II. ernannte Donato Bramante (1443/44–1514) zum Architekten des 1505 einsetzenden gigantischen Neubaus der *Peterskirche*, beauftragte 1505 Michelangelo (1475–1564) mit der Ausführung seines, erst lange Zeit später und wesentlich verkleinert ausgeführten Grabmals, drei Jahre später mit der Ausmalung der *Sixtinischen Decke*, im gleichen Jahr 1508, in dem er auch Raffael (1483–1520) für die Ausmalung seiner Privatgemächer, der *Stanzen des Vatikan*, engagiert hatte. Leonardo da Vinci (1452–1519) freilich hatte sein Hauptwerk nicht in Rom, sondern in Mailand geschaffen, nämlich das überwältigende *Abendmahlsfresko* im Refektorium von *S. Maria delle Grazie* (1495–97).

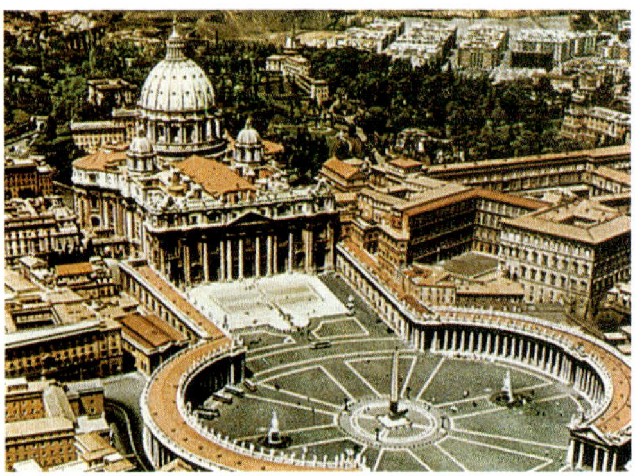

St. Peter, Rom, ab 1505

Eine Art Gegenpol zur „klassischen" Kunst in Rom bekundete Venedig, v. a. auf dem Sektor der Malerei. Hier entwickelte Giovanni Bellini (1431/36–1516) – beeindruckt auch von der durch Antonello da Messina weitervermittelten altniederländischen Malerei – eine vorher in Italien unbekannte Leuchtkraft der Farben. Diesen „typisch" venezianischen Kolorismus gab er an seine beiden bedeutendsten Schüler, an Giorgione (1477/78–1510) und Tizian (zwischen 1485 und 1490–1576), weiter, in deren Arbeiten die von Licht durchtränkte Landschaft

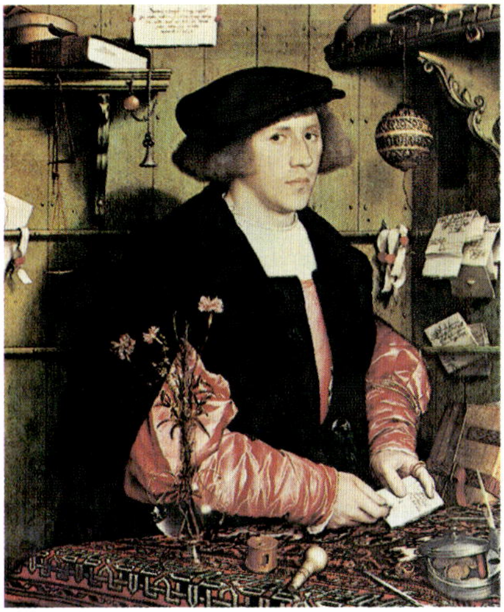

Hans Holbein d. J.: *Bildnis des Kaufmanns Georg Gisze*, 1532 (Berlin, Staatl. Museen, Gemäldegalerie)

gleichberechtigt neben die Figuren tritt. Tendenzen, die zur Renaissance hinführten, kannte man nördlich der Alpen schon im 14. Jh., etwa am Prager Hof Kaiser Karls IV. Auch die Altniederländische Malerei des 15. Jh., die damalige Hofkunst des Matthias Corvinus in Ungarn oder die Malerei des Südtirolers Michael Pacher bzw. des Franzosen Jean Fouquet (zwischen 1415 und 1420–81) im späteren 15. Jh. – um nur ein paar Beispiele zu nennen – zeigten

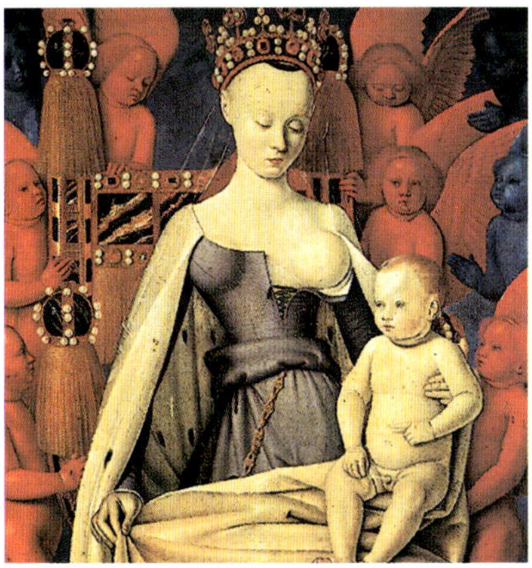

Jean Fouquet: *Madonna mit Kind* (Detail des *Melun-Diptychons*), um 1452 (Villeneuve-les-Avignon, Musée de l'Hospice)

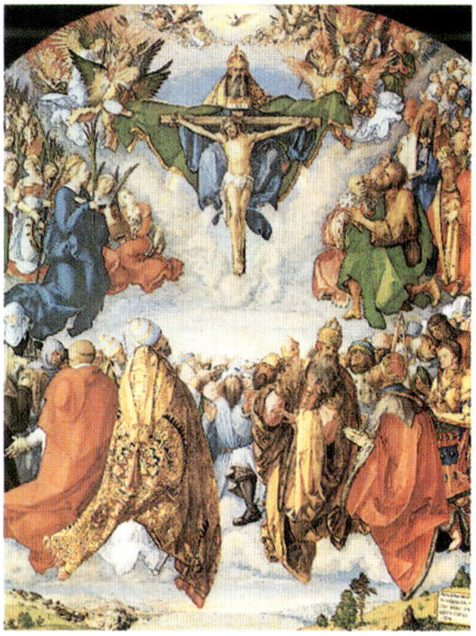

Albrecht Dürer: *Anbetung der Heiligen Dreifaltigkeit*, 1511 (Wien, Kunsthistorisches Museum)

sich partiell oder, im Falle Ungarns sogar sehr stark, von der italienischen Frührenaissance beeinflusst. Seit ca. 1500 aber avancierte die Renaissance zum europäischen Universalstil. Beispielhaft dafür ist Albrecht Dürer (1471–1528), dessen zwei Italienreisen (1494/95 und 1505–07) den Nürnberger Künstler dazu brachten, sich die neue Formensprache uneingeschränkt anzueignen. Charakteristische Züge der Hochrenaissance zeigen sich auch bei anderen deutschen Künstlern der sog. Dürerzeit, in der Donauschule, u. a. bei Cranach d. Ä. (1472–1553), Grünewald (um 1475/80–1528), besonders aber auch im Werk des zum englischen Hofkünstler aufgestiegenen Hans Holbein d. J. (1497/98–1543). In den Niederlanden wurden mit dem sog. Romanismus ab ca. 1520/25 die italienischen Einflüsse führend, die dann aber rasch zum Manierismus überleiteten. Der Tod Raffaels 1520 und vollends der „Sacco di Roma" 1527 leiteten, wie es die meisten Fachleute sehen, das Ende der Hochrenaissance ein.

Manierismus/Spätrenaissance (um 1520/30–1600)

Der nicht unproblematische Begriff „Manierismus" wird, weil er häufig mit der Auffassung eines künstlerischen Verfalls einhergeht, des Öfteren auch durch den neutralen Ausdruck „Spätrenaissance" ersetzt. Zweifellos war diese Phase von gewaltigen gesellschaftlichen, religiösen und naturwissenschaftlichen Revolutionen gekennzeichnet: 1517 leitete der Thesenanschlag Luthers in Wittenberg die Reformation ein, der sich seit 1545 mit dem Tridentiner Konzil die katholische Gegenreformation mit Vehemenz in den Weg stellte (und z. B. in der Jesuitenkunst, im *Escorial* in Spanien und in der Malerei eines El Greco [um 1541–1614] Ausdruck finden wird). Ferner war im Gefolge der Entdeckungsreisen seit der Landung des Kolumbus in Amerika 1492 die „Alte Welt" und ihr Weltbild ebenso ausgeweitet worden, wie dies auf wissenschaftlichem Sektor v. a. durch die „kopernikanische Wende" geschehen ist, derzufolge nicht die Erde, sondern die Sonne den Mittelpunkt des Universums ausmache. Vor diesem Hintergrund wandten sich die Künste vom klassisch-harmonischen Stilideal der Hochrenaissance ab, von den klar definierten, übersichtlich begrenzten Räumen und ausgewogenen figuralen Haltungen. Eine überstürzte Perspektivik, gewaltige Raumfluchten in den Schlössern, Grenzüberschreitungen, komplizierte Körperwendungen (Figura serpentinata), gezierte Attitüden, überlängte Gestalten, eine intellektuell ausgeklügelte Bildsprache, die Vorliebe für Ekstatisches, Monströses, eine zum Teil drastische Sexualität usw. drängten in den Vordergrund. Labyrinthische Gartenanlagen und Schockeffekte wie im *Park von Bomarzo* (nach 1560) machten sich breit. Michelangelo, der Einzige, der von dem klassischen Dreigestirn, zu dem Raffael und Leonardo gehört hatten, übrig war, trug Wesentliches zu diesem manieristischen Stil bei. Florenz übernahm wieder eine wichtige Rolle, aber auch Rom und Mantua. Von Italien aus verbreitete sich der Manierismus über ganz Europa, am frühesten erreichte er Frankreich mit der „Schule von Fontainebleau", gegen Ende des Jahrhunderts kulminierte er am Hof Kaiser Rudolfs II. in Prag. Aber auch der Münchner Hof, das Augsburg der Fugger und norddeutsche Residenzen, die Kunst- und Wunderkammern der Aristokratie und humanistischer Sammler, oder die Niederlande mit dem „Romanismus" und der Familie Bruegel, das Spanien Philipps II. wurden zu herausragenden Spielräumen dieses Stils. Eines Stils, der zwar durchaus auch die bürgerliche Komponente kannte, aber dennoch v. a. am Luxuriösen orientiert war. Deshalb übernahm in ihm auch das Kunsthandwerk einen prominenten Part, insbesondere die Goldschmiedekunst, wie u. a. das berühmte *Salzfass* des Benvenuto Cellini (1500–71) in Wien belegt.

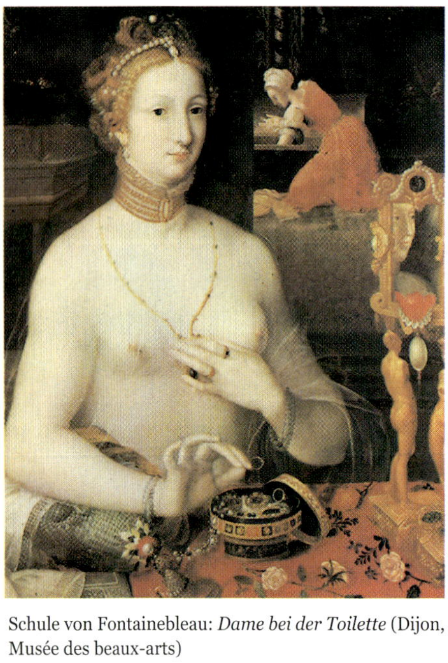

Schule von Fontainebleau: *Dame bei der Toilette* (Dijon, Musée des beaux-arts)

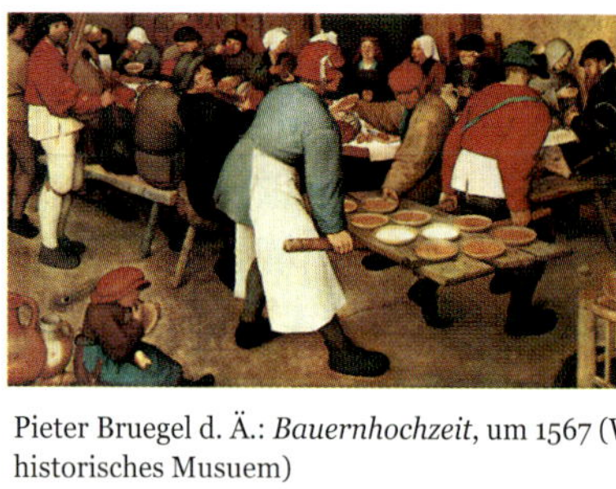

Pieter Bruegel d. Ä.: *Bauernhochzeit*, um 1567 (Wien, Kunsthistorisches Musuem)

Was passierte 1416 in der Klosterbibliothek von St. Gallen?

Auf ihrer Suche nach historischen Quellen durchstöberten die Humanisten natürlich auch alte Bibliotheken. So stieß 1416 der Gelehrte Poggio Bracciolini in der Klosterbibliothek von St. Gallen auf das erste vollständige Manuskript des Architekturtraktats, den Vitruv im 1. Jh. v. Chr. verfasst hatte und mit dem nun den Baumeistern der Renaissance die von ihnen begeistert begrüßte, einzige erhaltene Gesamtdarstellung der antiken Architektur zur Verfügung stand.

Welches Bauwerk errichtete Alberti in Rimini?

Unter Einbeziehung einer Franziskanerkirche des 13. Jh. begann Leon Battista Alberti (1404–72) um 1446 mit S. Francesco in Rimini, dem – nie ganz vollendeten – sog. *Tempio Malatestiano*, der vom Ruhm des Bauherrn Sigismondo Malatesta und von seiner Liebe zur schönen Isotta künden sollte. An der Fassade nahm Alberti das Motiv des antiken Triumphbogen auf, wie er ihn etwa auch am Augustus-Bogen in Rimini vor Augen hatte.

Welche Auszeichnung erhielt Tizian von Kaiser Karl V.?

Tizian (zwischen 1485 und 1490–1576), das Paradebeispiel eines internationalen Künstlers, beherrschte die Malerei in Venedig für fünfundsechzig Jahre. Von seiner mittleren Schaffensperiode an (um 1532/1533) arbeitete er fast ausschließlich für adelige Kunden in ganz Europa, wobei er die Staffeleimalerei mit einer breiten Skala sowohl religiöser wie profaner Themen anreicherte. Sein Beitrag zur Porträtkunst, der den Figuren eine dichte psychische Präsenz verlieh, ist gleich bedeutsam wie der Raffaels. Wegen seiner „genialen Begabung zu lebensechter Abbildung" hat ihn Kaiser Karl V. zum „Ritter zum goldenen Sporn" geschlagen.

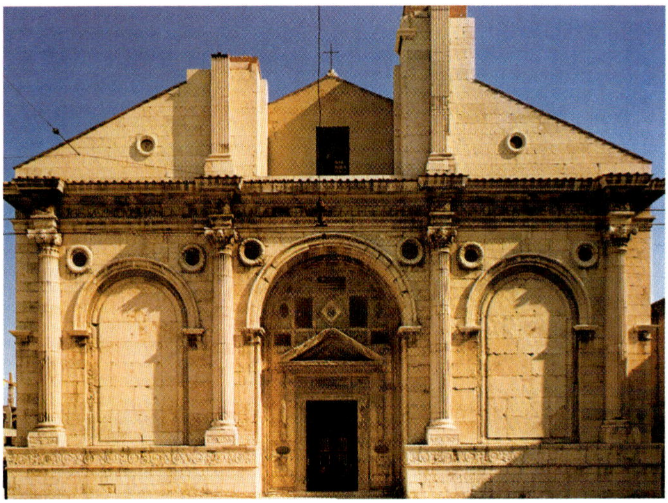

Leon Battiasta Alberti: *Tempio Malatestiano*, Rimini, ab 1446

Welches ist der erste Zentralbau der Renaissance?

Ab 1420 baute Filippo Brunelleschi (1377–1446) für *S. Lorenzo in Florenz* eine Sakristei, die auch als Grablege der Medici dienen sollte. Mit ihr entstand der früheste Zentralbau der Renaissance, ein quadratischer Kuppelraum, in dessen Mitte der Sarkophag des Stifters Giovanni di Bicci de' Medici steht.

Welcher römische Kapellenraum wurde zu einem der berühmtesten „Gesamtkunstwerke" der Renaissance?

1508 erteilte Papst Julius II. an Michelangelo (1475–1564) den Auftrag, in der *Sixtinischen Kapelle*, also der päpstlichen Hauskapelle im Vatikan, ans Werk zu gehen. Ab 1481 waren dort bereits von unterschiedlichen Künstlern die Längswände mit Szenen aus dem Leben Mose und Jesu freskiert worden. Michelangelo hatte die Decke zu bemalen, an Allerseelen 1512 wurden die bewunderten und gewaltigen Bilder feierlich enthüllt. Ihre ausgeprägte Farbenpracht hat die jüngste Restaurierung wieder zum Vorschein gebracht. Auf Geheiß Papst Pauls III. freskierte Michelangelo dann 20 Jahre später die Altarwand der *Sixtina* mit dem *Jüngsten Gericht*. 1541 war das Werk vollendet, in der abgezogenen Haut, die der hl. Bartholomäus in der Hand hält, vermutet man das verzerrte Selbstbildnis Michelangelos.

Welches deutsche Schloss ist das bekannteste der Spätrenaissance bzw. des Manierismus?

Die typische, mit Bauschmuck überladene Erscheinungsweise manieristischer Architektur nördlich der Alpen zeigt der *Wohntrakt*, den Kurfürst Ottheinrich von der Pfalz 1556–59 *im Heidelberger Schloss* im Stilkleid italienischer und niederländischer Elemente errichten ließ. Erhalten sind heute lediglich drei Fassadengeschosse, die früher von einem Giebelpaar bekrönt waren.

Wie heißt eines der typischen Ornamentsysteme des Manierismus?

Das „Rollwerk", auch Kartuschenwerk genannt – ein bandartig eingerolltes Ornament, das oft Wappenschilder bzw. Kartuschen einfasst –, wurde um 1530 erstmals von Italienern in Frankreich (Schule von Fontainebleau) angewendet und setzte sich um die Mitte des 16. Jh. v. a. in der flämischen und deutschen Kunst durch. Dort entwickelte es sich also zum bevorzugten Ornament des Manierismus.

Welches französische Schloss ist eines der größten der Renaissance?

Unter den französischen Schlössern der Renaissance ragt *Chambord* an der Loire heraus. Bauherr war König Franz I. Seit etwa 1519 arbeiteten italienische, dann französische Künstler bis weit über die Jahrhundertmitte hinaus an dem riesigen Baukomplex, der von einem schier unübersehbaren Gewirr von Dachpavillons, Gauben, Kaminen und Türmen, insbesondere dem Treppenturm mit der berühmten Wendeltreppe überragt wird. Die einer mittelalterlichen Burg ähnelnden Elemente und der „gotische" Gliederbau verbinden sich aufs Engste mit Details der italienischen Renaissance. *Chambord* steckt voller Superlative, es ist eines der größten Schlösser der Renaissance überhaupt, es quillt über von Ornamenten und es war von Anfang an unbewohnbar, da unbeheizbar. Es scheint mehr mit jenem utopischen Ideal konkurrieren zu wollen, das sich anlässlich François Rabelais' Beschreibung der Abtei Thélème in dessen ab 1532 erschienenem Roman „Gargantua und Pantagruel" findet.

Wer darf als der erste moderne Aquarellist bezeichnet werden?

Als Albrecht Dürer (1471–1528) im Jahre 1494 vor der Pest in Nürnberg floh und das erste Mal nach Italien, v. a.

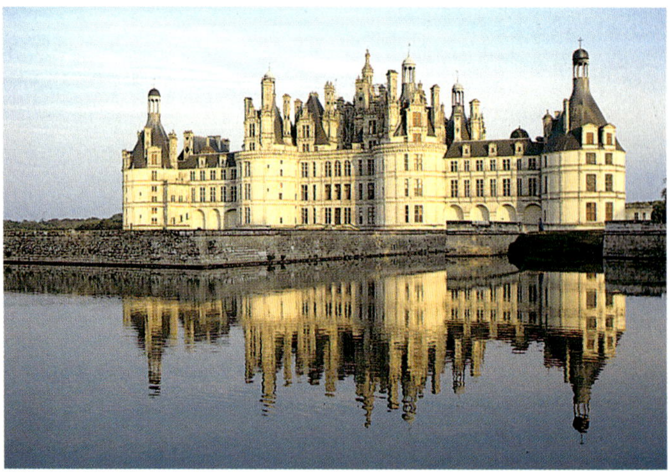

Schloss Chambord, ab 1519

Wann und wo entstanden die ersten Akademien?

V. a. im Italien des 15. Jh. suchten Schüler bewusst die Ateliers berühmter Künstler auf, um neben einer praktischen auch eine theoretische Ausbildung in Perspektive, Geometrie und Anatomie zu erhalten. So entstanden die ersten privaten Akademien. Als sich die Renaissance-Künstler zunehmend als geistige Schöpfer und nicht mehr als bloße Handwerker verstanden, stiegen Malerei und Bildhauerei in den Rang von freien Künsten auf. Im 16. Jh. sollte sich dies auch in einem angemessenen Lehrsystem verwirklichen. So entstand 1563 in Florenz die erste staatliche Kunstakademie: Die „Accademia del Disegno" Giorgio Vasaris (1511–74) stand unter dem Patronat von Herzog Cosimo I. de' Medici. 1593 entwickelte sich dann in Rom aus einer Malerbruderschaft die früheste „moderne" Akademie, die „Accademia di San Luca", die bereits einen genauen Lehrplan ausarbeitete. Petrus hieß ursprünglich Simon oder Symeon und war Fischer aus Betsaida am See Genezareth. Die „Evangelien" geben an, dass er verheiratet war und in Kafarnaum wohnte. Wohl von Jesus selbst erhielt der zuerst berufene Jünger den Beinamen Petrus (griech.: „Fels", Mt 16, 18). Dieser Beiname ist identisch mit dem aramäischen Namen Kephas, den z. B. Paulus gebraucht. Mt 16, 18 wurde in der Kirchengeschichte besonders wichtig, weil damit der Primat, die Vorrangstellung, des Papstes legitimiert wurde. Auf Petrus, auf den Felsen, wollte Jesus seine Kirche bauen. Die Statur des Petrus war jedoch offenbar nicht felsenfest. Zumindest wissen die „Evangelien" auch um menschliche Schwächen, mangelnden Glauben und vor allem die Verleugnung Jesu (Mk 14). Nach Jesu Tod und Auferstehung spielte Petrus – er galt als einer der ersten Auferstehungszeugen – eine herausragende Rolle in der Jerusalemer Gemeinde. Die „Apostelgeschichte" macht ihn zum Führer der Gemeinde und zum Völkerapostel. Über die Missionsreisen des Petrus als Apostel der Beschneidung (ab ca. 41 n. Chr.) ist wenig bekannt. Es ist aber wahrscheinlich, zumal von einigen Kirchenvätern bezeugt, dass Petrus im Verlaufe seiner Reisen nach Rom gekommen und dort unter Nero als Märtyrer gestorben ist (64 oder 67 n. Chr.). Das Petrus-Grab unter dem *Petersdom in Rom* lässt Rückschlüsse auf eine weit zurückreichende Tradition vom Grab des Apostels zu, ist aber als Grabstätte des Petrus nicht zu sichern. In der frühen Kirche kursierten zahlreiche Schriften, die der Autorschaft des Petrus zugeschrieben wurden, sie sind aber wohl alle unecht. Dies gilt auch für die neutestamentlichen „Petrusbriefe". Allenfalls kann die Autorschaft des Petrus für 1 Petr vermutet werden.

auch nach Venedig, reiste, entstanden unterwegs auch die frühesten seiner bedeutenden Landschaftsaquarelle. Diese Kunstgattung verdankt Dürer immens viel, da er als Erster die technischen Möglichkeiten des Mediums voll ausschöpfte, und da er die Tradition begründete, Reiseerlebnisse im Aquarell festzuhalten. Dies sollte das 18. Jh. vermehrt wieder aufgreifen.

Welches Thema führte Jacopo Bassano ins Staffeleibild ein?

Jacopo Bassano (um 1510–1592), der als Haupt eines großen Familienunternehmens in der Provinzstadt Bassano im Veneto arbeitete, führte der Staffeleimalerei einen Themenbereich zu, der sich damals und in den folgenden Jahrhunderten unerhörter Beliebtheit erfreute, speziell unter europäischen Sammlern. In den 1560er-Jahren entwickelte er nämlich die biblische Pastorale, in der er einen superben Naturalismus und die sensible Schilderung einer von ländlichen Figuren und auch von Tieren durchsetzten Hirtenlandschaft vereinte, um dann daraus das Ambiente biblischer Geschichten zu formen.

Aus welchen Gründen bevorzugte die Frührenaissance das Profilbildnis?

Das in den Porträts der Frührenaissance bevorzugte, von

der Seite, vom Profil her aufgenommene Bildnis präsentiert die Gesichtszüge in besonders prägnanter Ausformung, hält sie quasi unverrückbar für die Nachwelt fest. Überdies stellt es die Dargestellten in Distanz zum Betrachter und will eher charakterisieren als allzu emotionale Einfühlung erlauben. Und schließlich besitzt es eine antike Wurzel, die den humanistisch Gebildeten der Zeit natürlich willkommen war.

An welchen Zügen erweist sich El Grecos gegenreformatorischer Manierismus?

El Greco (um 1541–1614) arbeitete in Toledo, einer völlig von der Gegenreformation geprägten Stadt. Sein Œuvre ist größtenteils den Darstellungen der Heiligen gewidmet, v. a. solcher, die das Sakrament der Buße illustrierten. Denn die Buße, von den Protestanten abgewertet, galt den Katholiken nun erst recht als wesentliches Element der Religion. Greco unterstrich das in zahlreichen Fassungen des büßenden Petrus und der büßenden Maria Magdalena. Sogar den hl. Franziskus, bislang Inbegriff von Liebe, Armut und Gehorsam, machte er zum fanatisch Büßenden. Dass Greco einen wesentlichen Teil seines Werks der Jungfrau Maria widmete, entsprach ebenfalls dem spanischen Katholizismus und der gegenreformatorischen Epoche, die dem von vielen Protestanten geäußerten Zweifel an der göttlichen Natur Mariens entschieden entgegentrat.

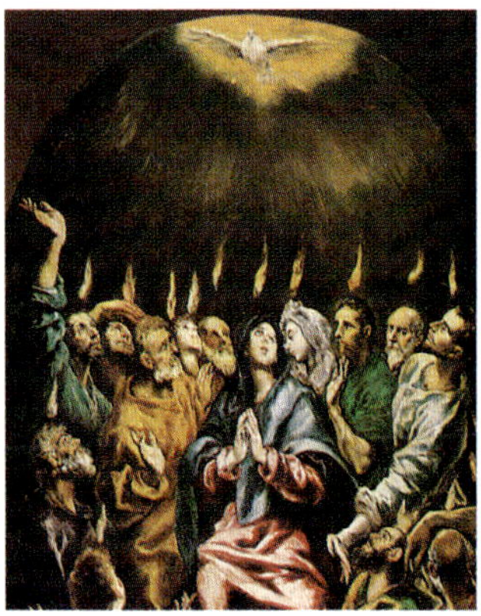

El Greco: *Ausgießung des Heiligen Geistes* (Ausschnitt), 1609/10 (Madrid, Prado)

Welche deutsche Stadt besitzt den „italienischsten" Palazzo?

Der Wittelsbacher Herzog Ludwig X., der in Landshut residierte, war ein echter deutscher Renaissance-Fürst. 1536 führte ihn ein Staatsbesuch nach Mantua, wo er den damals entstehenden *Palazzo del Tè* von Giulio Romano bestaunte. Deshalb ließ er von dort italienische Bauleute nach Niederbayern kommen, die ihm den ersten und wohl einzigen „reinen" Palazzo nördlich der Alpen errichteten, nämlich die 1543 vollendete *Landshuter Stadtresidenz*.

Wer war Fra Angelico?

Als Zwanzigjähriger trat Guido di Pietro, den Zeitgenossen bald „Fra Angelico" nannten, dem Orden der Dominikaner in Fiesole bei. 1437 siedelten die Mönche nach Florenz in das Kloster *S. Marco* über und Fra Angelico malte die Wände der Mönchszellen, die Flure und den Kapitelsaal mit frommen Bildern aus. Als die Arbeiten 1445 beendet waren, kam Papst Eugen IV. nach Florenz und stand staunend vor den herrlichen Fresken. Voller Bewunderung beauftragte er den malenden Ordensbruder, auch in Rom, im Vatikan, Wandgemälde auszuführen. Fra Angelico schuf unter Mithilfe zahlreicher Mitarbeiter – darunter der bald in und um Florenz bekannt gewordene Benozzo Gozzoli (um 1420/22–1497) –, zwar nicht mehr für Eugen selbst, vielmehr für seinen Nachfolger auf dem Stuhl Petri, für Nikolaus V., 1447–50 Fresken in dessen Privatkapelle (*Cappella Niccolina*), darunter einen umfangreichen Zyklus mit dem Leben des heiligen Stephanus und Laurentius.

Wer gilt als „Vater der Kunstgeschichte"?

Der Prozess, der in Italien im 14. und 15. Jh. eingeleitet wurde und dazu führte, künstlerische Entwicklungen auch theoretisch zu reflektieren, fand seinen Höhepunkt in den „Vite", den Lebensbeschreibungen der berühmtesten Künstler (1550; 2. Auflage 1568) von Giorgio Vasari (1511–74), in denen die Geschichte der

Kunst nach dem Muster ständig wiederkehrender Höhen und Tiefen erzählt wird, mit Michelangelo als dem alles überragenden Gipfelpunkt.

Was charakterisiert die bildhauerische Technik Michelangelos?

Michelangelos (1475–1564) bildhauerische Technik unterschied sich von der seiner Zeitgenossen. Während diese rund um den Block herumarbeiteten, trug Michelangelo zunächst die Umrisse der Figur mit dem Meißel auf der Vorderseite des Marmors ein. Anschließend arbeitete er in bildparallelen Schichten in die Tiefe, sodass sich die Seitenansichten der Figur aus dem Fortschreiten der Vorderansicht ergaben. Vasari verglich im 16. Jh. den Vorgang mit dem Ablassen von Wasser aus einem Bassin, in dem die Figur liege: Je weiter der Wasserspiegel sinke, desto mehr Partien der Statue kämen zum Vorschein.

Wer schuf das riesige Relief über der „Porta della Mandorla des Florentiner Doms"?

In dem Zeitraum zwischen 1414 und 1421 arbeitete Nanni di Banco (um 1373–1421) an dem über 4 m hohen Relief mit der *Himmelfahrt* und *Gürtelspende Mariens*, das das Bildfeld über der *Porta della Mondorla* des Florentiner Doms schmückt. Die kühne und für die Entwicklung des Renaissance-Reliefs bahnbrechende Leistung zeigt sich v. a. in der starken Bewegung, die die Komposition beherrscht.

Welches Bild der Hochrenaissance ist vermutlich das weltweit bekannteste Kunstwerk?

Leonardo da Vincis *Mona Lisa* (1503–06; Paris, Louvre) ist das weltweit bekannteste Kunstwerk. Über den Diebstahl des Porträts zu Beginn des 20. Jh., über das geheimnisvolle Lächeln der Frau sind ganze Romane geschrieben worden. Eines scheint inzwischen festzustehen: Die Frau hat wirklich gelebt, hieß Lisa Gherardini und war mit dem Florentiner Patrizier Francesco del Giocondo verheiratet. Die traumhafte Stimmung der Hintergrundlandschaft, in der offenbar das gesamte Werden und Vergehen der Erdgeschichte repräsentiert ist, scheint mit der rätselhaften Psyche der Frau in Beziehung gesetzt, Natur und Mensch vereinen sich im Moment der „Schicksalslandschaft": Im verhaltenen Lächeln der Mona Lisa hat man eine Spiegelung der Seele zu sehen.

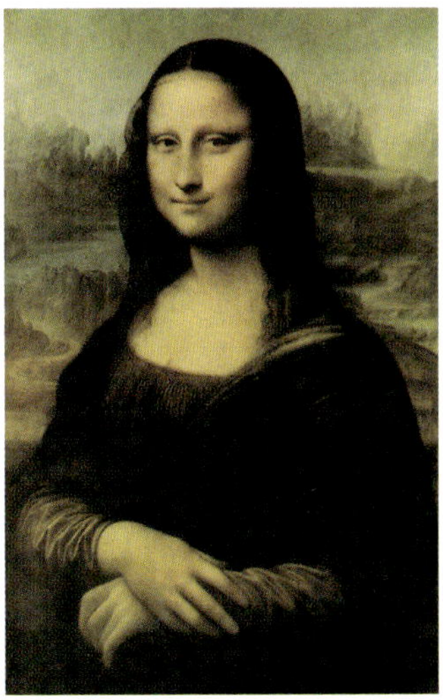

Leonardo da Vinci: *Mona Lisa*, 1503–06 (Paris, Louvre)

Inwiefern ist der Beiname „Antico" aufschlussreich für einen Bildhauer der Hochrenaissance?

Den Pier Jacopo Alari Bonacolsi (um 1460–1528) nannten seine italienischen Zeitgenossen „Antico", wegen seiner Affinität für die Antike. 1496 übersiedelte er nach Mantua, ein Jahr später schickte man ihn nach Rom, um Antiken anzukaufen. Gleichzeitig arbeitete er an einer erste Serie von Kleinbronzen „all' antica". Nach 1500 war er als Antikenrestaurator, Gold- und Silberschmied tätig und stattete v. a. die Paläste der Gonzaga mit antikisierenden Kleinbronzen aus.

Welche Fresken Michelangelos gehören stilistisch dem Manierismus an?

Zwischen 1542 und 1545 malte Michelangelo (1475–1564) die *Bekehrung Pauli* und die *Kreuzigung Petri* an die Wände der *Cappella Paolina* im Vatikanischen Palast. Die von einem ungeheurer Bewegungsfuror ergriffenen Kompositionen zählen ebenso wie Michelangelos 1542 enthülltes *Jüngstes Gericht* an der Altarwand der *Sixtinischen Kapelle* zu den prägenden manieristischen Malereien dieses genialen Künstlers.

Was ist ein „Beschlagwerk"?

Das „Beschlagwerk" ist eine zumeist flächenfüllende Ornamentform der niederländischen und deutschen Spätrenaissance bzw. des Manierismus. Dabei verbinden und überschneiden sich Stege, Leisten und geschwungene Bänder. Nagelähnliche Erhöhungen erinnern an Eisenbeschläge, wovon sich auch der Name ableitet. Das Beschlagwerk wurde um 1560 von dem niederländischen Architekten Hans Vredemann de Vries (1527–1606) aus dem „Rollwerk" entwickelt und war zuerst an Hausgiebeln gebräuchlich.

Was versteht man unter einer „Sacra Conversazione"?

Erst im 18. Jh. nannte man einen bestimmten Bildtypus der Renaissancemalerei „heiliges Gespräch", „Sacra Conversazione". Es handelt sich um die Altarbilder etlicher die Madonna mit Kind umgebender Heiliger, eine Gruppierung, die in keinerlei Bezug zu einem in der Heiligen Schrift oder der Erbauungsliteratur erzählten Ereignis steht. Man muss sie stattdessen verstehen als Versammlung der am Altar zur Fürbitte angerufenen Heiligen, die die Renaissancemalerei in einen einheitlichen, sakral idealisierten Bildraum versetzt. Und die sie mit jener Aura stiller, oft auch still-gelehrter Kontemplation umgibt, die sie so liebte.

Welches freiplastische Bildwerk ist das wohl schönste der deutschen Renaissance?

Der aus Bronze gegossene bogenschießende *Apollo* vom gleichnamigen Brunnen im Innenhof des *Nürnberger Peller-Hauses* wurde 1532 von Peter Flötner (um 1493–1546) geschaffen. Das Motiv geht auf den durch Dürers Nachschöpfung berühmten Stich *Apollo und Daphne* des Venezianers Jacopo de' Barbari zurück, setzt aber auch die Kenntnis des antiken *Apoll vom Belvedere* voraus. Flötners Werk verkörpert den Höhepunkt freiplastisch-kontrapostischer Gestaltung innerhalb der deutschen Renaissanceskulptur.

Wo befindet sich die älteste erhaltene Schloss-Galerie?

Zur Ausgestaltung etlicher Räume in *Schloss Fontainebleau* berief der französische König Franz I. manieristische Künstler aus Florenz und Bologna, Rosso Fiorentino (1494–1540) und Francesco Primaticcio (1504–70). Während Primaticcios Innendekoration fast ganz verloren ist, überlebte Rossos *Galerie Franz' I.*, die älteste erhaltene Galerie in einem französischen Schloss, in relativ authentischem Zustand.

In welchen Gemälden werden Dürers Proportionstudien exemplarisch vorgeführt?

In den beiden 1504 gemalten hochrechteckigen Tafeln mit den lebensgroßen Figuren des *Adam* und der *Eva* (Madrid, Prado) fanden Dürers (1471–1528) fortgesetzte Studien zur menschlichen Proportion ihren künstlerisch deutlichsten Niederschlag.

Wie heißt das Gemälde Giorgiones, das bis heute zu den größten Rätselbildern der Kunstgeschichte zählt?

Der allegorisch verschlüsselte Bildinhalt des um 1510 von Giorgione (um 1477/78–1510) gemalten Leinwandbildes *Das*

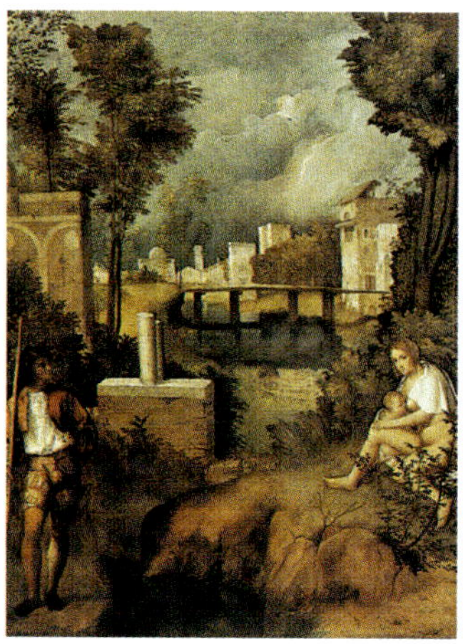

Giorgione: *Das Gewitter*, um 1510 (Venedig, Gallerie dell' Accademia)

Gewitter (*La Tempestà*; Venedig, Galleria dell' Accademia) konnte trotz unzähliger Versuche bis heute nicht befriedigend entschlüsselt werden. Um 1530 wurde das in seiner Farbkultur und Atmosphärik so faszinierende Gemälde als „Landschaft auf Leinwand mit dem Gewitter, der Zigeunerin und dem Soldaten" beschrieben.

Welche Maler gehörten zur sog. Donauschule?

Seit den 1930er-Jahren kennzeichnet der Begriff „Donauschule" die stilistischen und thematischen Gemeinsamkeiten einer Reihe von Malern und Grafikern, die um 1500–40 im bayerisch-österreichischen Donaugebiet tätig waren. Die Hauptmeister dieser Richtung waren Albrecht Altdorfer in Regensburg (um 1480–1538), Lucas Cranach d. Ä. (1472–1553) mit seinem Frühwerk und der Passauer Wolf Huber (1485–1553). Eine neue erlebnishafte Auffassung der Landschaft ist der wichtigste gemeinsame Nenner ihres Schaffens, der im Sinne der Renaissance als „Entdeckung der Welt" zu verstehen ist.

Welches berühmte Reiterstandbild malte Castagno?

Als die Florentiner ihrem Heerführer Niccolò da Tolentino zwar die Ehre eines Reiterdenkmals zuerkennen, dabei aber Geld sparen und ein teures Marmormonument vermeiden wollten, beauftragten sie Andrea del Castagno (vor 1419–57), zu dessen Spezialität es gehörte, farbige gefasste Skulptur durch Malerei vorzutäuschen, 1456 im *Florentiner Dom* mithilfe seines Pinsels ein solches Reiterdenkmal zu illusionieren, das auch die Aufgabe eines Epitaphs wahrnahm.

Wo baute Vasari sein architektonisches Meisterwerk?

In Florenz ließ Cosimo I. nach Plänen Giorgio Vasaris (1511–74) im Anschluss an den mittelalterlichen *Palazzo Vecchio* seit 1560 ein neuen Behördengebäude errichten, die *Uffizi* (die heutigen Uffizien). Der Bau sollte die Piazza della Signoria mir dem Arnoufer verbinden. Zwei lang gestreckte Gebäudeflügel bildeten eine Straße, die am unteren Ende 1568 wie in einem Bühnenbild durch eine triumphbogenartige Loggia abgeschlossen wurde.

Welcher Maler der „Dürerzeit" gilt als der größte Magier der Farbe?

An der Wende vom Spätmittelalter zur Neuzeit schuf Matthias Grünewald (um 1475/80–1528) mit dem *Isenheimer Altar* (um 1512–16; Colmar, Museum Unterlinden) einen der beeindruckendsten Flügelaltäre der Kunstgeschichte. Besonders das Bild mit der *Auferstehung Christi* veranschaulicht die überwältigende Farbsuggestion, die Grünewald zu Gebote stand. Den kreisrunden Glorienschein um den Auferstehenden umgrenzt ein Regenbogen, dessen Spektrum in der vertikalen Farbkomposition wiederkehrt: Die Tücher verwandeln sich von fahlem Eisblau zu sattem Grün und

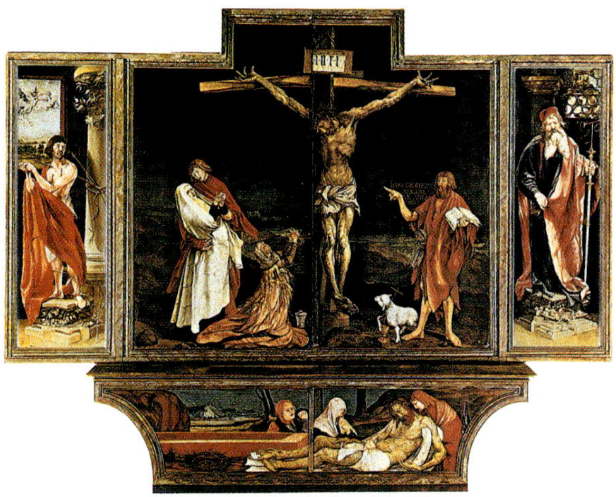
Matthias Grünewald: *Isenheimer Altar*, um 1512–16 (Colmar, Museum Unterlinden)

dessen Komplementärfarbe Rot zum warmen Gelb, in dem sich das Antlitz Christi aufzulösen scheint.

Welche Legende knüpfte sich an die technische Besonderheit von Leonardos „Abendmahl"?

Leonardo da Vincis 1495–98 gemaltes *Abendmahl* (Mailand, S. Maria delle Grazie, Refektorium) ist statt in der zu rascher Arbeitsweise zwingenden, aber dauerhaften Freskotechnik mit einer ölhaltigen Farbsubstanz „al secco", also auf trockenen Grund aufgetragen. Da die Pigmente deshalb keine Verbindung mit dem Wandputz eingingen, war die Komposition bereits kurz nach ihrer Vollendung vom Abblättern der Farbschicht bedroht. So entstand die Legende, Leonardo habe ein Werk beabsichtigt, das sich von selbst in nichts auflösen sollte. 1979–99 fand eine umfassende Restaurierung des Wandgemäldes statt.

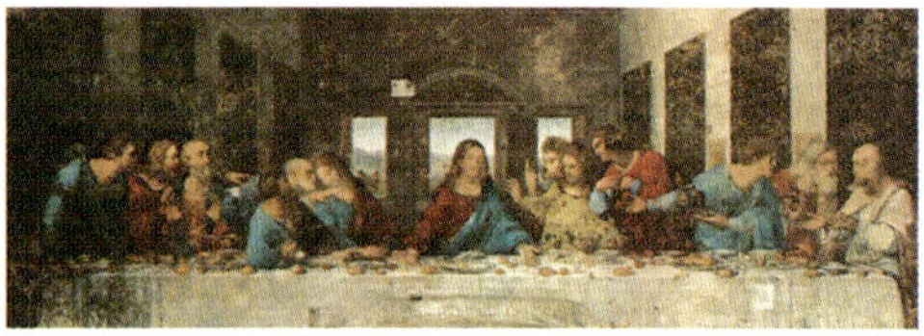

Leonardo da Vinci: *Abendmahl*, 1495–98 (Mailand, S. Maria delle Grazie, Refektorium)

Woher leitet sich die Bezeichnung der „Grotesken-Ornamentik" ab?

Die „Groteske" ist eine Ornamentform der Renaissance und des Manierismus, bei der aus feinem verzweigten Rankenwerk pflanzliche Formen, Menschen- und Tierfiguren, skurrile Zwittergebilde, sowie Kandelaber, Vasen, Architekturelemente u. Ä. herauswachsen. Der Name (von ital.: „grotta" = „Höhle") wurde von den vor 1520 in Italien wiederaufgefundenen, reich dekorierten Räumen der Antike wie den *Titusthermen* oder der *Domus Aurea* des Nero abgeleitet. Raffaels (1483–1520) Dekorationen der *Loggien des Vatikan* sind ein Hauptbeispiel für die phantasievolle Verwendung der Groteske in der Hochrenaissance.

Wer war der „surrealistischste" Maler des Manierismus?

Der Mailänder Giuseppe Arcimboldo (1527–93), der 1562 Hofmaler in Diensten der habsburgischen Kaiser wurde, in Wien und in Prag – wo ihn Rudolf II. zum Pfalzgrafen ernannte, ist der skurrilste aller manieristischen Maler. Er nahm die damalige Zielsetzung der Kunst, ein „Concetto", eine ausgefallene Idee zu gestalten, wörtlich und setzte z. B. Köpfe für eine Jahreszeiten-Serie aus realistisch gemaltem Obst, Gemüse usw. zusammen. In Verbindung mit den Elementen sollten solche Kompositionen u. a. die Allmacht des frühabsolutistischen Herrschers verdeutlichen, der über die Natur und ihre saisonalen Erscheinungen gebiete.

Wann entstand das Hauptwerk des großen französischen Renaissance-Bildhauers Germain Pilon?

Germain Pilon (um 1525–90) entwickelte aus der Schule von Fontainebleau und Francesco Primaticcios (1504–70) heraus eine immer größere Eigenständigkeit, im Sinne antikisierender Formensprache einerseits und eines krassen Renaissance-Naturalismus andererseits. Dies zeigt sich in seinem Hauptwerk, dem 1563–71 aus Marmor und Bronze geschaffenen *Grabmal Heinrichs II. und der Katharina von Medici* in der ehemaligen Abteikirche von *St.-Denis*.

Welche Mitglieder der Medici-Familie finden sich in dem großen Fresko, das ihren Florentiner Stadtpalast schmückte?

1459–61 malte Benozzo Gozzoli (um 1420/22–97) das 7,5 m breite Fresko im *Palazzo Medici* zu Florenz, das den *Reiterzug der Heiligen Drei Könige* darstellt. Im Gefolge der Heiligen lassen sich vier Mitglieder der Familie Medici identifizieren: Cosimo der Alte, rechts von ihm seine legitimen Söhne Giovanni und Piero de' Cosimo sowie – über ihm – sein unehelicher Sohn Carlo.

Wann florierte die sog. Weserrenaissance?

Die aufgrund einer besonderen wirtschaftlichen Konjunktur im protestantischen Wesergebiet zwischen etwa 1520 und 1630 heranwachsende Baukunst bezeichnet man etwas unpräzise als „Weserrenaissance". In Anlehnung an den heimischen Fachwerkbau und unter italienischem, v. a. aber niederländischem und französischem Einfluss entstanden oft manieristisch wirkende Gebäude – besonders Schlösser, Rat- und Bürgerhäuser – mit reich ornamentierten Fassaden. Bedeutende Beispiele finden sich u. a. in Paderborn, Detmold und Bremen.

Wer schuf das bekannteste Reiterdenkmal des späten Manierismus?

Mit dem *Reiterdenkmal für Cosimo I.* auf der *Piazza della Signoria* in Florenz (1581–94) gelang Giambologna (1529–1608) eines der bahnbrechendsten Monumente dieser Art, das zum Vorbild unzähliger barocker Reiterbildnisse werden sollte.

Welches weltberühmte Kunstwerk wollte El Greco beseitigen?

Eine Art gegenreformatorischer religiöser Fundamentalismus, der nicht zuletzt in Spanien die Kunst zensierte, blickte selbstgefällig sogar über die Grenzen des Landes hinaus. Der auf Kreta geborene Domenikos Theotokopulos, in Spanien El Greco (um 1541–1614) genannt, bot nämlich an, Michelangelos (1475–1564) Fresko des *Jüngsten Gerichts* in der *Sixtinischen Kapelle* zu Rom durch eine neue Fassung zu ersetzen, die nicht so „unanständig" mit Aktdarstellungen umgehe wie die des Altmeisters, die vielmehr allen Kunstregeln des Tridentinums und dem Ruf nach einer „sauberen" Kunst im Kirchenraum gehorche.

Welche Symbolik erfüllte Michelangelos „David"?

Nach der Vertreibung der regierenden Medici-Familie im Jahre 1494 symbolisierte das in Florenz wieder eingesetzte republikanische Stadtregiment die neue Unabhängigkeit, indem es Michelangelos

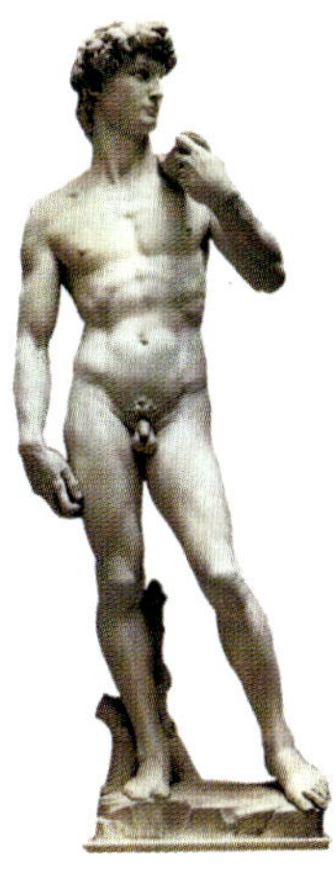

Michelangelo: *David*, 1501–04 (Florenz, Galleria dell' Accademia)

(1475–1564) über 4 m hohe, marmorne Kolossalstatue des *David* (Florenz, Galleria dell' Accademia) neben dem Haupteingang des *Palazzo della Signoria*, der Zentrale der bürgerlichen Verwaltung, postieren ließ. Der *David*, das grandioseste Sinnbild städtischen Stolzes in der Renaissance-Epoche, erhärtet deutlicher als jedes andere Werk aus Spätmittelalter und Renaissance, welche Ausdrucksmacht Monumentalskulptur besitzen kann.

An welches Vorbild schließt sich im Inneren die „Münchner Jesuitenkirche" an?

1582–97 wurde in München *St. Michael*, eine der wichtigsten deutschen Jesuitenkirchen aus manieristischer Zeit, begonnen, die als Hort der Gegenreformation gedacht war. Ein in Italien aufgewachsener Flame, Friedrich Sustris (um 1540–99) ist ihr Architekt. Die Ordenszugehörigkeit legte es nahe, sich im Plan weitgehend an der Mutterkirche der Jesuiten, *Il Gesù* in Rom, zu orientieren.

In welchem seiner Hauptwerke bekundet sich Uccellos Interesse für die Perspektive besonders schön?

Paolo Uccello (um 1397–1475) war ein Schüler Lorenzo Ghibertis und ein Fanatiker der Zentralperspektive. Extreme perspektivische Verkürzungen zeigt z. B. auch sein beeindruckender Freskenzyklus mit Szenen aus dem Leben Noahs im Kreuzgang „Chiostro Verde“ von *S. Maria Novella in Florenz* (um 1445–55).

Wie heißt die berühmteste Tür Ghibertis am „Florentiner Baptisterium“?

Beim Entwurf seiner ersten, heute am Nordportal des *Florentiner Baptisteriums* befindlichen Bronzetür (1403– 24) war Lorenzo Ghiberti (um 1378–1455) noch gezwungen gewesen, sich an ein – von der Tür Andrea Pisanos im 14. Jh. – vorgegebenes gotisches Rahmensystem zu halten. Ganz anders bei der 1425–52 vollendeten herrlichen *Paradiesestür* mit den vergoldeten Relieffeldern, die auch insofern bahnbrechend wurde, als hier erstmals einem Künstler vertraglich erlaubt war, sein eigenes Bildprogramm und Gliederungskonzept zu verwirklichen.

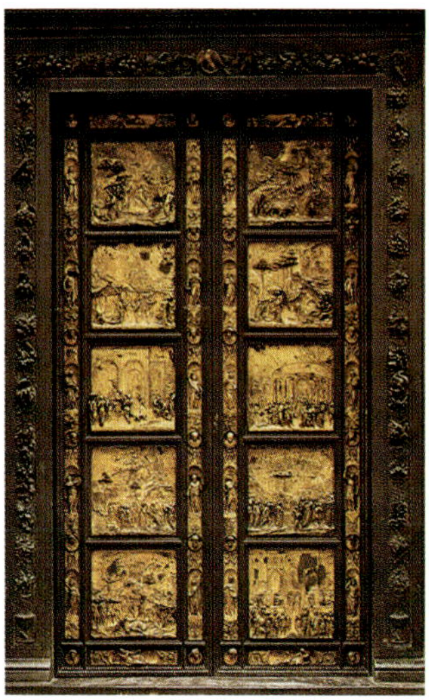

Lorenzo Ghiberti: *Paradiestür*, 1403–24 (Florenz, Baptisterium)

Welche Figur schuf Michelangelo für sein Grabmal?

Die um 1550 entstandene *Pietà* (Florenz, Museo dell' Opera di Santa Maria del Fiore) hatte Michelangelo (1475–1564) für sein eigenes Grabmal konzipiert – in den Gesichtszügen des Nikodemus porträtierte er sich selbst. Mit ihren zusammen aus einem einzigen Marmorblock herausgeschlagenen vier Figuren übertraf das Werk sogar die technische Leistung der antiken *Laokoon-Gruppe*, dennoch scheint Michelangelos unzufrieden gewesen zu sein. Im Zorn, so berichten Zeitgenossen, habe er die noch unvollendete Gruppe zertrümmert. Sein Schüler Tiberio Calcagni habe die Bruchstücke später wieder zusammengesetzt.

Welcher venezianische Maler schuf eine der bekanntesten „Sacra Conversazione“-Darstellungen?

Eines der eindrucksvollsten Beispiele des Bildtyps ist Giovanni Bellinis (1431/36–1516) *Sacra Conversazione* von 1505 in der Kirche des ehemaligen Nonnenklosters *S. Zaccaria* in Venedig. Am eindrucksvollsten präsentiert sich das herrliche, 5 m hohe Altarbild von links, also für denjenigen, der die Kirche durch den Haupteingang betritt. Den meisten Platz beanspruchen im gemalten Interieur Petrus und Hieronymus vorne an den Seiten, feste frontale Rahmengestalten mit wunderbar geschwungenen Silhouetten. Als Gegengewicht hat Bellini den Profilköpfen der Katharina und Lucia vor der grauen Folie der Nische und in der Relation zu Maria und zu dem auf der Thronstufe musizierenden Engel ein besonders akzentuiertes Wirkungsfeld gegeben.

Welches Gemälde Giorgiones gehört zu den bahnbrechenden Werken der europäischen Akt-Malerei?

Giorgiones (1477/78–1510) *Ruhende Venus* (um 1508, Dresden, Gemäldegalerie Alte Meister) – vielleicht aber auch eine ruhende Nymphe darstellend – ist ein bahnbrechendes Werk der Renaissancemalerei, bei dem an einigen Stellen vielleicht auch Giorgiones Schüler Tizian (zwischen 1485 und 1490–1576) mitgewirkt hat: Erstmals präsentiert sich nämlich eine einzelne, fast lebens-

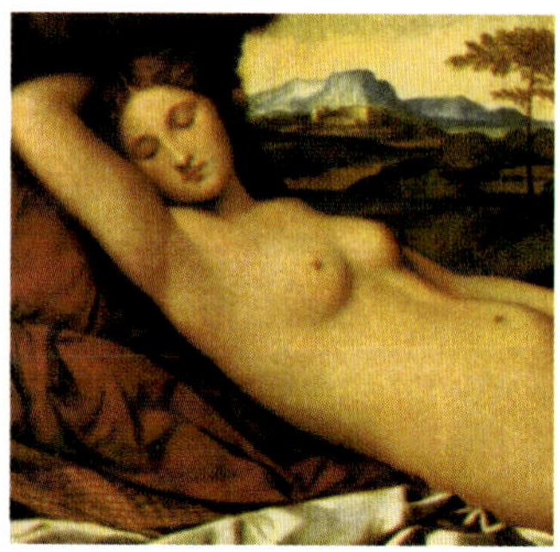

Giorgione: *Ruhende Venus*, (Detail), um 1508 (Dresden, Gemäldegalerie Alte Meister)

große nackte Frau. Ihre Scham verhüllt sie nicht mehr mit ihrem wallenden Haupthaar, wie dies noch Sandro Botticelli (um 1445– 1510) in seinem etwas früher entstandenen Bild *Geburt der Venus* (Florenz, Uffizien) gezeigt hatte. Die wunderbare Komposition dieses edlen Aktes hat jahrhundertelang, bis hin zu Goya und Manet, die Künstler zu Variationen angeregt.

Welche Botschaft verkünden Dürers „Vier Apostel"?

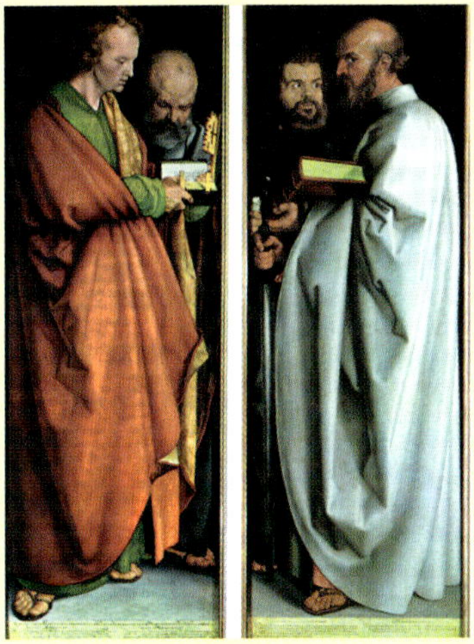

Albrecht Dürer: *Die vier Apostel*, 1526 (München, Alte Pinakothek)

Albrecht Dürers (1471–1528) knapp überlebensgroße, am Körperideal der italienischen Renaissance geschulten Figuren der *Vier Apostel* (München, Alte Pinakothek) sind ein Glanzpunkt der europäischen Malerei. Im September 1526 schenkte der Künstler das fertige Werk dem Rat seiner Vaterstadt Nürnberg. Johannes (der Apostel und Evangelist), Petrus, Markus (ein Evangelist, kein Apostel) und Paulus treten in selbstbewusster Haltung ein für die Wahrheit der Heiligen Schrift, die sie gegen alle Bedrohungen und sektiererischen Auslegungen verteidigen. Zum Kern aller Verkündigung hatte Luther in seiner bahnbrechenden Bibelübersetzung das „Johannes-Evangelium", die „Paulusbriefe" und die ersten „Briefe des Johannes und Petrus" erklärt. Allein diese weitgehenden Übereinstimmungen mit dem Bildpersonal lassen vermuten, Dürer habe die lutherische Worttheologie ausdeuten wollen. Der Text des Sockelstreifens, den der Schreibmeister Johann Neudörfer in kalligrafische Form brachte, erhärtet das. In ihm werden die vier Heiligen als Gewährsleute zitiert, die, so die zentrale Botschaft, alle weltlichen Regenten vor Missbrauch des wahren Glaubens, vor „falschen Propheten" warnen sollen. Da die Obrigkeit der Stadt Nürnberg längst den Katholizismus abgelegt hatte und der lutherischen Konfession folgte, kann der Hinweis auf „falsche Propheten" seitens des mit Luther sympathisierenden Künstlers nur radikale und bilderstürmerische protestantische Richtungen wie die Wiedertäufer eines Thomas Müntzer meinen.

Welches Thema behandelt einer der bekanntesten Kupferstiche Dürers aus dem Jahre 1513?

Schwer gepanzert, die Lanze geschultert, in der Gegendiagonale das Schwert an der Seite, sitzt ein Reiter auf einem mächtigen, nach den Regeln der Dürer'schen Proportionslehre konstruierten Streitross. Unter der Bezeichnung *Ritter, Tod und Teufel* kennt man diesen 1513 von Albrecht Dürer datierten und signierten Kupferstich, einen seiner sog. Meisterstiche. Der Künstler selbst nannte das Blatt einfach nur den Ritter. Der düstere Ritter, ein „Teufelskerl" in jeder Hinsicht, kein Heiliger, bedeutet den Christen schlechthin, für den das Leben Kriegsdienst ist, der sich, gewappnet mit dem Glauben, gegen Tod und Teufel zur Wehr zu setzen hat.

Welche Brunnen schuf der niederländische Bildhauer Adriaen de Vries in Augsburg?

Ausgebildet in Italien bei Giambologna, stattete der Niederländer Adriaen de Vries (um 1545–1626) die Augsburger Prachtstraße, die Maximilianstraße, mit zwei monumentalen Brunnen aus (einen Dritten, den *Augustusbrunnen*, hatte Hubert Gerhard, gleichfalls ein Niederländer, beigesteuert): mit dem *Merkurbrunnen* (1596–99) und dem *Herkulesbrunnen* (1596–1602), deren Bronzebildwerke zu den Meisterleistungen des Manierismus in Deutschland, im Übergang zum Barock, zählen.

Welche vorbildliche Fassadenlösung präsentiert „S. Maria Novella" in Florenz?

Als die Florentiner 1458 Leon Battista Alberti (1404–72) mit dem weitgehenden Neubau der Fassade der Dominikanerkirche *S. Maria Novella* beauftragten, war dieser dem Problem konfrontiert, einem um 1330 begonnenen unteren Teil mit verschiedenfarbiger Marmorinkrustation gerecht werden und einen basilikalen Aufriss – also die Staffelung von hohem Mittelschiff und zwei niedrigeren Seitenschiffen – verkleiden zu müssen, ohne extreme Höhen- und Proportionsunterschiede anzuwenden. Seine Lösung war genial. Er schrieb die Fassade in ein Quadrat ein, das er auf halber Höhe unterteilte. Die untere Partie mit dem antikischen Triumphbogenmotiv des Haupteingangs besteht aus zwei Quadraten, die jeweils ein Viertel des Gesamtquadrats einnehmen.

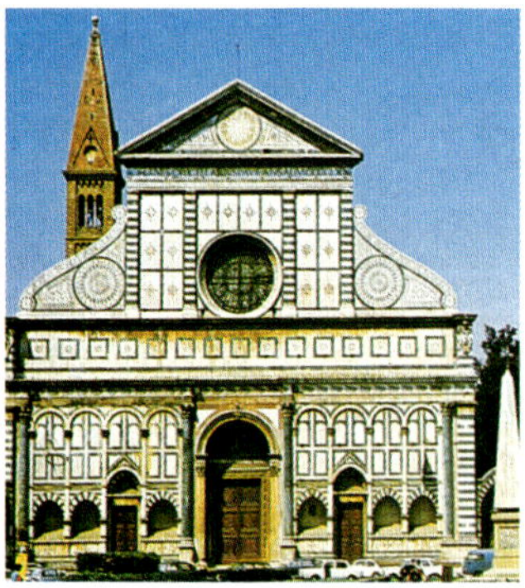

Leon Battista Alberti: Fassade von *S. Maria Novella* in Florenz, nach 1458

Welcher Venezianer der Hochrenaissance malte eines der herrlichsten Porträts der europäischen Kunstgeschichte?

Fast wie eine farbig gefasste Marmorbüste erscheint vor einem neutralen, strahlend blauen Hintergrund das *Bildnis des Dogen Leonardo Loredan* (um 1501/06; London, National Gallery). Das Gemälde ist nicht nur einer der Höhepunkte im Werk des Giovanni Bellini (1431/36–1516), sondern der abendländischen Porträtmalerei überhaupt. Die hauptsächliche Charakterisierung leisten, wie ab nun zumeist in der venezianischen Malerei, die Farbe und das Licht, die den Porträtierten und sein kostbares Gewand in eine subtile Aura tauchen.

Wer verfasste einen der folgenreichsten Architekturtraktate des Manierismus?

1556 veröffentlichte der in Bologna geborene Baumeister und Bühnenbildner Sebastiano Serlio (1475–1553/55), der sich seit 1541 am französischen Königshof in Fontainebleau aufhielt, in Venedig seine „Sette libri d'Architettura" („Sieben Bücher der Architektur"), die entscheidend zur Ausbreitung des Baustils der Hoch- und Spätrenaissance in Frankreich, England, Deutschland und den Niederlanden beitrugen.

Was versteht man unter einer „Figura serpentinata"?

Die „Figura serpentinata" ist ein für den manieristischen Stil besonders kennzeichnendes Gestaltungsmittel: eine Drehbewegung, mit der sich ein Körper in die Höhe schraubt (ital.: „serpentinato" = „schlangenartig").

Welches Bild gehört zu den bedeutendsten Leistungen der niederländischen Porträtmalerei des 16. Jh.?

Maerten van Heemskercks (1498–1574) *Bild einer unbekannten Familie*, das er um 1530 malte (Kassel, Staatliche Gemäldegalerie), gehört zu den herausragenden Leistungen der niederländischen Porträtkunst des 16. Jh. Es zeigt, zu welcher künstlerischen Kraft die Verschmelzung der altniederländischen Tradition mit der italienischen Renaissance zu gedeihen vermochte.

Wo befindet sich das Florentiner Hauptwerk Michelangelos?

Im Jahr 1520 begann Michelangelo (1475–1564) sein Florentiner Hauptwerk, den Umbau und die Ausschmückung der *Grabkapelle der Medici*. Dazu gehörten auch die so berühmt gewordenen allegorischen Liegefiguren von *Nacht* und *Tag* sowie von *Abend* und *Morgen*.

Welche Architektur Bramantes zählt zu den ästhetisch vollkommensten Zentralbauten der Hochrenaissance?

1502 vollendete Donato Bramante (1443/44–1514) den sog. *Tempietto*, eine kleine Rundkapelle im Klosterhof von *S. Pietro in Montorio* zu Rom. Der geniale Architekt der Hochrenaissance rekonstruierte hier im Umgangsrund des Säulenkranzes erstmals seit der Antike wieder die dorische Ordnung. Der antikisierende, kuppelbekrönte Tempietto birgt trotz bescheidener Größe im Kern den grandiosen, zunächst gleichfalls als Zentralbau gedachten Neubau der *Peterskirche* in sich.

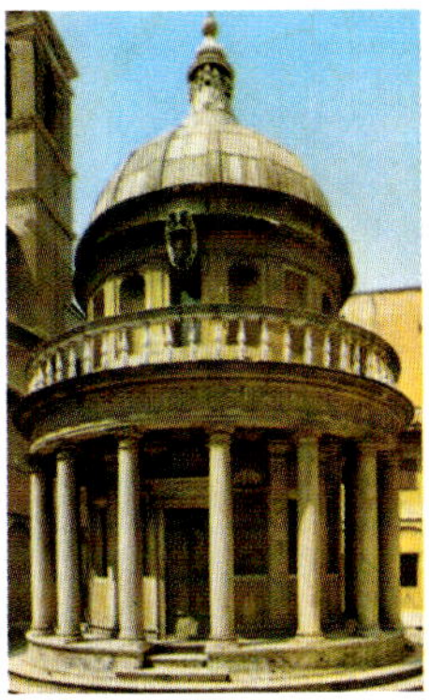

Donato Bramante: *Tempietto*, Rom, 1502 voll.

Welches Programm verkörpert die „Hochaltarwand in der Kirche des Escorial"?

Der prunkvolle, 1586 vollendete *Hochaltar* in der Kirche des spanischen Klosterschlosses *El Escorial* ist ein riesiges, 42 m hohes und 14 m breites Bilderetabel in drei Stockwerken, in deren äußeren Feldern überlebensgroße vergoldete Bronzestatuen stehen. Das Zentrum der Bilderwand ist dem *Martyrium des Laurentius*, gemalt von Pellegrino Tibaldi (1527–96), vorbehalten (urspr. war hier ein Gemälde Tizians mit der Laurentiusmarter vorgesehen, das aber in die Klosterkapelle des *Escorial* gelangte). Unter dem Hochaltar sind zahlreiche Mitglieder des Königshauses begraben. In ewiger Anbetung knien die Statuen vieler von ihnen seitlich vor dem Altarsakrament, vor dem Kirchenpatron und den anderen Heiligen, monumental und demütig zugleich.

Welcher berühmte Künstler des Manierismus stellte sich in den Dienst der religiösen Zensur?

Gegen Ende des 16. Jh. war Toledo zu einer nach den Vorschriften des Tridentinums mustergültigen Erzdiözese und als Paradefall der Gegenreformation für die gesamte spanische Kirche ausgebaut worden. Und diese Bestrebungen gingen weiter. Ein im Jahre 1603 angelegtes Register informiert darüber, dass der Rat der Stadt Genehmigungsverfahren für geplante Kunstwerke durchführte und dazu regelmäßig einige Toledaner Künstler als Sachverständige heranzog. Man erfährt, dass sich unter diesen auch El Greco (um 1541–1614) und sein Sohn Jorge Manuel befanden.

Worin besteht die Hauptqualität von Dürers „Selbstbildnis" in München?

Sein berühmtes *Selbstporträt im Pelzrock* hat Dürer (1471–1528) 1500 gemalt (München, Alte Pinakothek). Es beweist nicht nur seine Meisterschaft in der Wiedergabe eines jeden zeichnerischen Details, es dokumentiert auch Dürers fanatische Suche nach geometrischen Gesetzmäßigkeiten: Sämtliche Proportionen des Gesichtes basieren auf Grundmaßen, die von den geometrischen Urformen Dreieck, Kreis und Quadrat abgeleitet sind. Indem er um solche natürlichen Gesetzmäßigkeiten weiß, beansprucht der neue Renaissance-Künstler, die Schöpferkraft Gottes nachzuahmen.

Welcher Italiener zählte zu den ersten Künstlern, die geadelt wurden?

Gentile Bellini (1429–1507), der älteste Sohn des gleichfalls als Maler tätigen Jacopo, der Bruder Giovanni Bellinis (um 1430–1516) und Schwager Andrea Mantegnas (1431–

1506), war zum offiziellen Maler der Republik Venedigs aufgestiegen und einer der ersten Künstler, die in den Adelsstand erhoben wurden, nämlich 1479 durch Kaiser Friedrich III.

Welcher Niederländer schuf einige der schönsten Blumenstillleben des späten Manierismus?

Jan Bruegel d. Ä. (1568–1625), der Sohn des berühmten Pieter Bruegel d. Ä., wurde aufgrund seiner zahlreichen einschlägigen Stillleben nicht umsonst auch der „Blumenbruegel" genannt. Der um 1600 gemalte *Blumenstrauß* (München, Alte Pinakothek) z. B. zeigt rund 130 sorgfältig arrangierte Blumen aus allen Jahreszeiten. Er ist wohl nicht nur eine der für das naturkundliche Interesse des Spätmanierismus so bezeichnenden botanischen Studien, sondern auch – und dies wiederum zeittypisch – eine allegorische Huldigung an die Göttin Flora.

Welche Aufgabe erfüllte der niederländische „Romanist" Jan van Scorel in Rom?

Stärker als seine Zeitgenossen in den Niederlanden ist Jan van Scorel (1495–1562) von den Eindrücken seines Italienaufenthaltes geprägt worden. Scorel war bis 1524 – als Nachfolger Raffaels – Verwalter der päpstlichen Antikensammlungen, und zwar unter dem niederländischen Papst Hadrian VI.

Welche alttestamentarische Gestalt gehört zu den berühmtesten Arbeiten Michelangelos?

Im Untergeschoss des *Juliusgrabmals in S. Pietro in Vincoli* in Rom sitzt die 2,5 m hohe, von Michelangelo (1475–1564) um 1515 aus Carrara-Marmor gemeißelte Gestalt des *Moses*. Der rechte Arm ruht auf den Gesetzestafeln. Die aus dem Kopf wachsenden Hörner beruhen auf einer missverständlichen Übersetzung des hebräischen Textes im Mittelalter, der mit diesen Gebilden eigentlich Lichtstrahlen meinte. Zeitgenossen erkannten in der machtvollen Gestalt des Gesetzgebers und Befreiers der Israeliten aus ägyptischer Sklaverei ein postumes „Bildnis" des 1513 im Alter von 70 Jahren gestorbenen „titanischen" Papstes Julius II., für dessen Grabmal der *Moses* entstanden war.

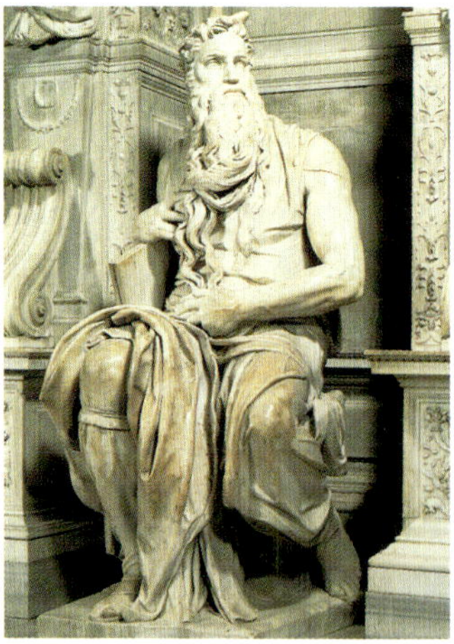

Michelangelo: *Moses*, um 1515 (Rom, S. Pietro in Vincoli)

Wer gilt als Erfinder der zentralperspektivischen Darstellung?

Filippo Brunelleschi (1377–1446) soll die „costruzione legittima", die mathematische Zentralperspektive entdeckt haben. Um 1420 nahm er sich in Florenz das *Baptisterium* und die *Piazza della Signoria* als Modell, um auf zwei (nicht mehr erhaltenen) Tafelbildern exakte Perspektivkonstruktionen vorzuexerzieren. Dass er dabei besonders bedeutende Lokalitäten als Demonstrationsobjekte wählte, beweist, dass die Zentralperspektive der Frührenaissance nicht nur als technisches Hilfsmittel, dass sie vielmehr auch als „symbolische Form" galt.

Wie heißt der niederländische Maler des Manierismus, der einen wichtigen Beitrag zum Markt- und Küchenstillleben leistete?

Der in Antwerpen geborene und gestorbene Joachim Bueckelaer (um 1530–73) war spezialisiert auf die Darstellung von Jahrmärkten und Markplätzen, wobei er das ausgestellte Obst, Gemüse, Fische, Geflügel und geschlachtete Tiere als Blickfang herausgriff und so wesentlich zur Entstehung der entsprechenden Stillleben-Gattung beitrug.

Welcher süditalienische Künstler vermittelte die Errungenschaften der altniederländischen Malerei an die Frührenaissance?

Der auf Sizilien geborene Maler Antonello da Messina (um 1430–79) erreichte durch eine an der altniederländischen Malerei geschulte Technik eine zuvor in Italien unbekannte malerische Wirkung. Die Anwendung von Öl als Bindemittel erlaubte mehrere übereinander liegende Farbschichten, die sog. Lasuren, die der Farbe optische Tiefe und ungeheure Leuchtkraft verleihen.

Welches spanische Bauwerk verkörpert am instruktivsten die Ideale der Gegenreformation?

1563–84 errichteten Juan Bautista de Toledo (um 1515–67) und v. a. Juan de Herrera (um 1530–97) im streng monumentalen Stil der Spätrenaissance den gigantischen Gebäudekomplex *San Lorenzo el Real de El Escorial*, fast im geografischen Mittelpunkt der Iberischen Halbinsel und damit des spanischen Weltreiches, bestehend aus Hieronymitenkloster, Kirche, Palast, königlicher Grablege, Priesterseminar, Knabenkolleg, Bibliothek, Druckerei, Krankenhaus und naturwissenschaftlichen Forschungsstätten. Fast 50 Altargemälde der Kirche präsentieren 70 Heilige, das vollzählige Personal der Allerheiligenlitanei. Man muss diese Häufung als bewusste gegenreformatorische Reaktion gegen die von den Protestanten angefeindete Heiligenverehrung begreifen.

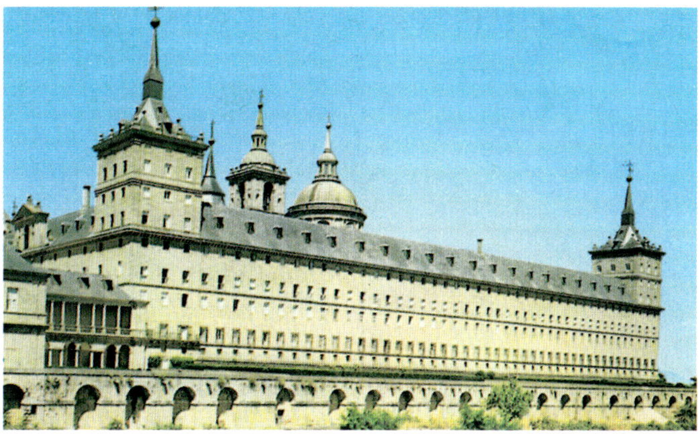
Juan Bautista de Toledo, Juan de Herrera: *San Lorenzo el Real de Escorial*, 1563–84

Wie heißt eine der berühmtesten manieristischen Parkanlagen?

In der Nähe Roms, unmittelbar hinter dem Städtchen *Bomarzo*, ließ Vicino Orsini kurz nach 1560 einen Park mit riesigen Plastiken aus Naturgestein anlegen: Monstren, Giganten, Fabeltiere, auch ein schiefes Haus, künstlich gekippt, mit stürzenden Wänden und Böden. Die gesamte Anlage verkündet im typisch manieristischen Sinne gerade auch über solche ausgefallenen Motive (Concetti) und Absonderlichkeiten ein kompliziert verschlüsseltes allegorisches Programm.

Wer hat angeblich die Architektur in Raffaels Fresko „Die Schule von Athen" entworfen?

Vasari berichtet in seinen Mitte des 16. Jh. veröffentlichten Lebensbeschreibungen berühmter Künstler, dass die monumentale Architektur, die in Raffaels (1483–1520) Fresko *Die Schule von Athen* in der *Stanza della Segnatura* des Vatikan (zwischen 1509 und 1511) zu sehen ist, von einem der bedeutendsten Hochrenaissance-Architekten, von Donato Bramante (1443/44– 1514), entworfen worden sei.

Für welche venezianische Bruderschaft malte Carpaccio seinen berühmten „Ursula-Zyklus"?

1495 vollendete Vittore Carpaccio (1460/66–1525/26) einen *Zyklus* aus neun großformatigen Leinwandbildern zur *Legende der hl. Ursula* (Venedig, Galleria dell' Accademia). Auftraggeber war die Scuola di S. Ursula, eine der bescheidenen Bruderschaften Venedigs, die sich v. a. der Unterstützung ihrer Mitglieder bei Krankheit und Tod widmeten. Ihr Versammlungsraum befand sich in einem Gebäude bei der Dominikanerkirche *S. Zanipolo*.

Wer malte eines der beeindruckendsten Königsporträts des französischen Manierismus?

François Clouet (um 1505–72) wurde in Tours geboren. 1547 wurde er als Hofmaler mit der Leitung der Begräbnisfeierlichkeiten für Franz I. betraut. Diesen König stellt er auch in einem eindringlichen, zwischen 1520 und 1535 entstandenen Porträt dar (Paris, Louvre), das in seine manieristische Grundanlage zusätzlich Einflüsse Hans Holbeins d. J. (1497/98–1543) aufnimmt.

Wo befindet sich eines der italienischen Hauptwerke der Internationalen Gotik?

Gegen Ende des 14. und zu Beginn des 15. Jh. entfaltete sich an den europäischen Höfen ein relativ einheitlicher Stil, geprägt von einer schönlinigen und luxuriösen Formensprache, für die sich Begriffe wie „weicher" oder „schöner Stil" bzw. „Internationale Gotik" eingebürgert haben. V. a. in Italien verbanden sich damit auch Tendenzen der Frührenaissance. Einer der Hauptvertreter war der aus Umbrien stammende Gentile da Fabriano (um 1385–1427). In seinem wichtigsten Werk, der *Anbetung der Heiligen Drei Könige* (1423; Florenz, Uffizien) zeigt er eine ungewohnte Technik: Einige Details der Malerei sind mit einer Masse aus Gips und Klebstoff als erhabenes Relief gestaltet.

Welche Dreifigurengruppe in Florenz verwirklichte das Ideal des Manierismus auf exemplarische Weise?

Seit 1553 war der niederländische Bildhauer Giambologna (1529–1608) in Florenz tätig.

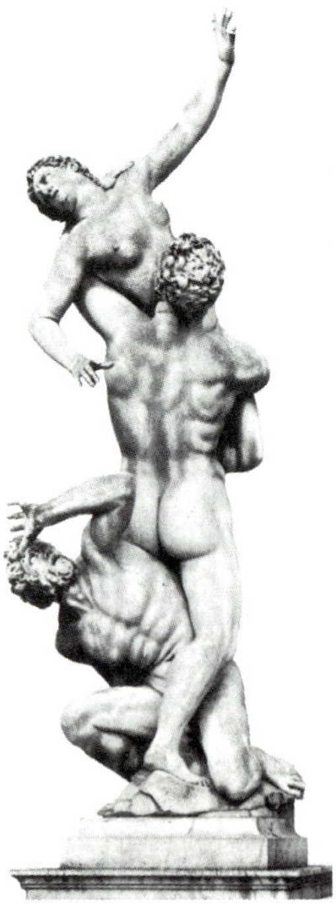

Giambologna: *Raub der Sabinerin*, 1579–82 (Florenz, Loggia dei Lanzi)

Hier verwirklichte er 1579–82 mit der aus drei Gestalten bestehenden monumentalen Marmorgruppe *Raub der Sabinerin* (Florenz, Loggia dei Lanzi) das von Aktion erfüllte Gestaltungsideal des Manierismus in exemplarischer Weise. Er verschmolz das Geschehen um den besiegten Sabiner unten und den triumphierenden Römer mit der geraubten Frau zu einem Bewegungskontinuum, das sich spiralig nach oben windet: vom Blick des Unterlegenen bis zur hoch gestreckten Hand der verzweifelten Frau.

Welches Bauwerk in Mantua leitet deutlich die manieristische Architektur ein?

Das erste große Bauwerk, das den Wandel der Hochrenaissance zum Manierismus markiert, ist eine Schöpfung des Raffaelschülers Giulio Romano (1499–1546). Etwa 1525–35 errichtete er für den Herzog Federico Gonzaga in Mantua vor den Toren der Stadt ein Landschloss, den *Palazzo del Tè*, der durch viele architektonische Spielereien und Dissonanzen, durch bewusste „Normfehler" usw. die klassische Harmonie der Hochrenaissance sprengt.

Welches italienische Bild gehört zu den Frühwerken der Gattung „Stillleben"?

Das kleine, 1504 von Jacopo de' Barbari (um 1440–vor 1516) gemalte *Stillleben mit*

Waffen und getötetem Vogel (München, Alte Pinakothek), das ursprünglich vielleicht die Tür eines Schrankes für Jagdgerät schmückte, nimmt einen herausragenden Platz in der Frühgeschichte des autonomen Stilllebens ein.

Welcher italienische Frührenaissancemaler zeigte sich besonders von dem Niederländer Hugo van der Goes beeinflusst?

Der berühmte *Portinari-Altar* des Niederländers Hugo van der Goes (um 1440–82) wurde um 1483 in Florenz aufgestellt. Er fand ein staunendes Publikum. Auch der Maler Domenico Ghirlandaio (1448/49–94), der Lehrmeister u. a. von Michelangelo, zeigte sich von diesem monumentalen Altarwerk sichtlich beeindruckt, wie nicht zuletzt seine Tafel mit der *Anbetung der Hirten* belegt, die er 1485 für die *Cappella Sassetti* in der Florentiner Kirche *S. Trinità* schuf.

Wodurch zeichnet sich Sandro Botticellis Gemälde „Der Frühling" v. a. aus?

Sandro Botticellis (um 1445–1510) epochales Gemälde *Der Frühling* (um 1478; Florenz, Uffizien) führt als eines der ersten Bilder der Renaissance Gestalten der klassischen Mythologie fast lebensgroß vor Augen. Aber es dokumentiert beispielhaft auch den hohen intellektuellen Anspruch der

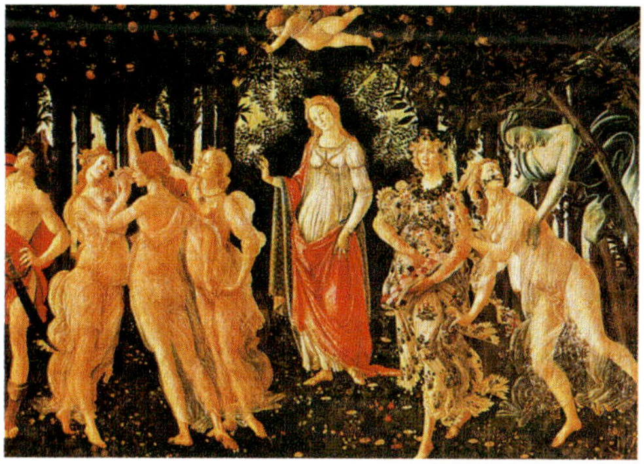

Sandro Botticelli: *Der Frühling*, um 1478 (Florenz, Uffizien)

italienischen Renaissancekunst schon im Quattrocento, da es in einer komplizierten, nur den Intellektuellen der Zeit verständlichen Symbolik auf das erträumte „Goldene Zeitalter" anspielt, das die Medici der Stadt Florenz bescheren wollten.

Wer entwickelte in der Frührenaissance den verbindlichen Typus des Wandgrabmals?

Mit dem *Grabmal* für den Florentiner Staatskanzler und Humanisten *Leonardo Bruni* in *S. Croce* in Florenz (1444–50) schuf Bernardo Rossellino (zwischen 1407 und 1410–64) den Typus des (urspr. reich bemalten) Wandgrabmals, der sich die gesamte Renaissance hindurch in Italien, aber auch andernorts größter Beliebtheit erfreute: Ein antikisierendes, in die Wand eingelassenes Architekturgehäuse rahmt das aus Sarkophag, Liegefigur und verschiedenen Reliefs bestehende Grabensemble. Das Buch auf der Brust der Verstorbenen meint das Hauptwerk des aus einfachen Verhältnissen zum Staatsschreiber und Kanzler aufgestiegenen Gelehrten, sein Geschichtswerk über Florenz.

Welches Florentiner Bauwerk Michelangelos verweist bereits auf den Manierismus?

Die Architektur der ab 1524 von Michelangelo (1475–1564) gebauten *Biblioteca Medicea Laurenziana* in Florenz spielt bewusst mit allen klassischen Normen: Der Empfangsraum der Bibliothek überrascht mit einer jähen Höhenentwicklung und einer nach damaligen Proportionsvorstellungen viel zu großen und ausladenden Treppe. Die wie Ausstellungsobjekte in rahmende Nischen eingestellten, keinen statischen Aufgaben dienenden Säulen verleihen dem Wandaufriss Qualitäten eines Bildhauerwerks. All diese „Überraschungen" deuten auf die „antiklassischen" Tendenzen des Manierismus hin.

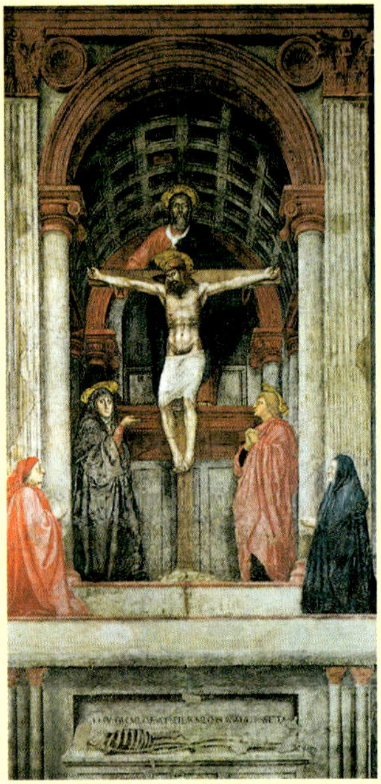

Masaccio: *Trinitätsfresko*, um 1425 (Florenz, S. Maria Novella)

Welches Fresko gilt als das erhaltene Erstlingswerk der angewandten Zentralperspektive?

Giorgio Vasari nennt im 16. Jh. Masaccio (1401–28) den „Erfinder der Malerei", also den Initiator der Renaissance-Malerei. Masaccios um 1425 für *S. Maria Novella in Florenz* gemaltes *Trinitätsfresko* (*Dreifaltigkeitsfresko*) gilt als das erste erhaltene Werk, das die illusionistische Malerei der Neuzeit begründet, indem es konsequent die mathematische Zentralperspektive anwendet. Die Wand, der das Gemälde appliziert ist, öffnet sich scheinbar in einen perspektivisch tiefen Kapellenraum. Diese Illusion wird noch gesteigert durch die natürliche Lebensgröße der gemalten Figuren und durch die vor der Kapellenöffnung knienden Stifter, Lorenzo Lenzi und seine Frau, die die unmittelbare Einbeziehung des Betrachters und damit die Aufhebung der Grenze zwischen Bild- und Betrachterraum bewirken. Die dritte Dimension ist hier perfekt auf die Fläche übertragen, die künstlerische Erscheinungswelt ist auf den Standpunkt des Betrachters bezogen.

Welcher venezianische Maler der Spätrenaissance bereitete in besonderem Maße den Barockstil vor?

Mit der vor 1585 ausgeführten *Apotheose Venedigs*, einem monumentalen Deckenbild in der *Sala del Maggior Consiglio* des *Dogenpalastes* in Venedig, kam der Spätstil Veroneses (1528–88) besonders prächtig zum Tragen, der im Illusionismus und im Kolorit vielfach schon Tendenzen des Barock vorwegnehmen sollte.

Welche antike Statue wurde seit der Hochrenaissance zu einem bewunderten Exemplum komplizierter Bewegungsmotive?

Am 14. Januar 1506 stieß der Römer Felice de' Fredi bei Erdarbeiten in einem Weinberg nahe *S. Pietro in Vincoli* auf eine Statue, in der die eilig herbeilaufenden Altertumsforscher und Künstler, unter ihnen auch Michelangelo, sofort jene erkannten, die Plinius d. Ä. (23 oder 24–79 n. Chr.) als die Darstellung des *Laokoon* bezeichnet und wegen ihrer technischen Virtuosität in höchsten Tönen gerühmt hatte. Papst Julius II. kaufte die Statue für teures Geld auf und ließ sie als die prestigeträchtigste Antikenerwerbung im Hof des vatikanischen Belvedere aufstellen. Von nun an galt der Laokoon den Renaissancekünstlern als als Musterbeispiel für den Wettstreit der Kunst mit der Natur.

Welches ist das früheste frei stehende Reiterdenkmal der Renaissance?

Es gehörte zu den anspruchsvollsten Aufgaben für die Bildhauer der Frührenaissance, im Wettstreit mit der antiken *Reiterstatue des Mark Aurel* ein lebensgroßes Reiterstandbild in Bronze zu gießen. Im Denkmal des venezianischen Söldnerführers Erasmo da Narni (genannt *Gattamelata*), verwirklichte Donatello (1383 oder 1386–1466) als erster neuzeitlicher Künstler dieses Vorhaben auf der *Piazza del Santo in Padua* (1444–53). Die Intention, den linken Vorderfuß des Pferdes frei in der Luft schweben zu lassen, war aus statischen Gründen nicht zu realisieren, eine Kanonenkugel sicherte den Halt des Standbildes.

Was hat der „Hosenmaler" mit dem „Jüngsten Gericht" in der „Sixtinischen Kapelle" zu tun?

Bereits vor seiner Enthüllung 1541 war Kritik an Michelangelos (1475–1564) Fresko mit dem *Jüngsten Gericht* über dem Altar der *Sixtina* laut geworden, wegen der vielen nackten Gestalten, die besser in eine Kneipe oder Badestube passten, wie man sagte, als in eine Papstkapelle. 1564 lautete ein Gremienbeschluss des Tridentinums, die Bilder wegen Obszönität zu überdecken. Das wagte man zwar doch nicht, doch erging 1565 an den Michelangelo-Schüler Daniele da Volterra (1509–66) der päpstliche Auftrag, die Blößen der Figuren durch schamhafte Tücher zu ersetzen – was dem Maler den Spottnamen „braghettone", „Hosenmaler" einbrachte. Die besonders anstoßerregende Partie mit der halbnackten heiligen Katharina musste er völlig neu freskieren.

Welches Fresko in Verona markiert einen Höhepunkt der „Internationalen Gotik"?

Um 1435 datiert man ein ursprünglich zu einem Zyklus gehörendes, fragmentiertes Wandbild, das Pisanello (1395–1455) in der Kirche *S. Anastasia* in Verona gemalt hat. Die kostbaren Kostüme u. a. machen das Fresko zu einem wunderschönen Beispiel der Internationalen Gotik, die genau beobachtete Umwelt aber entspricht der von der Frührenaissance geforderten Realitätserfahrung.

Welcher Frührenaissance-Künstler erfand die Technik der glasierten Terrakotta-Skulpturen?

Als Luca della Robbia (1399/1400–1482) 1431 mit der Ausführung der *Sängerkanzel im Florentiner Dom* betraut wurde, muss er bereits ein berühmter Künstler gewesen sein. Alberti nennt ihn ein paar Jahre später in seinem Malereitraktat als den Meistern der Antike ebenbürtig. Luca entwickelte auch eine Methode zur Herstellung farbig glasierter Terrakotta-Skulpturen. Seine früheste urkundlich belegte Arbeit in dieser Technik ist die *Auferstehungs-Lünette* im Florentiner Dom (1442–45). Nach seinem Tod erbte sein Neffe Andrea die auf derartige Terrakotten spezialisierte Werkstatt.

Wie heißt das ruhmreichste Marienbild der Renaissance?

1512 gab Papst Julius II., ein großer Förderer des Marienkultes, bei Raffael (1483–1520) ein monumentales Altargemälde für die Kirche S. *Sisto in Piacenza* in Auftrag, nämlich die dann 1516 vollendete *Sixtinische Madonna* (Dresden, Gemäldegalerie alte Meister). 1754 nach Dresden gekommen, wurde das in einem eigenen Raum ausgestellte Bild zu einer „Ikone" der abendländischen Malerei. Diese „Jungfrau, Mutter, Königin" vor seinem inneren Auge, soll Goethe die Schlussszene des 2. Teils seiner Faust-Dichtung niedergeschrieben haben.

Welcher Familie gehörte der bedeutendste Palast Roms zur Zeit der Hochrenaissance?

Der künstlerisch herausragende römische Palast der Hochrenaissance ist der für die Adelsfamilie *Farnese* ab 1514 von Antonio da Sangallo d. J. (1484–1546) errichtete. In der Gesamtanlage erinnert er an den Typus der Florentiner Palazzi, ersetzt jedoch die dortige Rustizierung – mit Ausnahme von Rustikastreifen an den Ecken – durch eine typisch römische Ziegelwand. Stark profilierte Gesimse trennen die drei Geschosse, die ädikulaförmigen Fensterumrahmungen geben der Wand ein stark plastisches Relief. Das Portal und das Mittelfenster darüber sind nach 1546 von Michelangelo verändert worden.

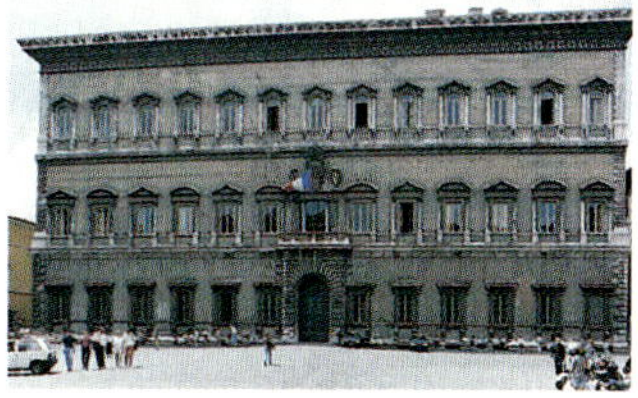

Antonio Sangallo d. J.: *Palazzo Farnese* in Rom, ab 1514

Welches Gemälde vermittelt den topografisch genauesten Eindruck vom Aussehen des „Markusplatzes" in der Frührenaissance?

1496 malte Gentile Bellini (1429–1507), der Bruder des großen Giovanni Bellini, sein fast 7,50 m breites Leinwandbild mit der *Prozession auf der Piazza San Marco* (Venedig, Galleria dell' Accademia). Das Bild war mit anderen von der Scuola di San Evangelista in Venedig in Auftrag gegeben worden und ist ein Zeitdokument ersten Ranges. Denn es zeigt mit größter Genauigkeit das Aussehen des *Markusplatzes* und der Fassade der *Markuskirche* im späten 15. Jh.

Worin sieht der italienische Manierismus einen Vorzug bei der Übernahme kanonischer Vorbilder?

Die manieristische Malerei v. a. Italiens sieht keinen Nachteil, sondern umgekehrt einen Vorzug in dem, was man als Eklektizismus bezeichnen kann, also darin, „sakrosankte" Vorbilder nachzuahmen. Giovanni Paolo Lomazzo empfiehlt z. B. in einem 1590 verfassten Traktat den Malern folgende Vorgehensweise: „Um Adam und Eva darzustellen, müsste man die Zeichnung Adams Michelangelo anvertrauen, die farbige Behandlung Tizian, die Proportionen und den Ausdruck Raffael. Die Zeichnung der Eva von Raffael, die Farben von Correggio – das wären wahrlich die beiden schönsten Bilder der Welt."

Wer schuf die erste frei stehende Aktfigur seit der Antike?

Wohl als Brunnenbekrönung für den Innenhof des *Palazzo Medici* in Florenz schuf Donatello (1383 oder 1386–1466) um 1440 seinen weltberühmten *David* aus Bronze (Florenz, Museo Nazionale del Bargello), die erste frei stehende Aktfigur nachantiker Zeit, die man kennt.

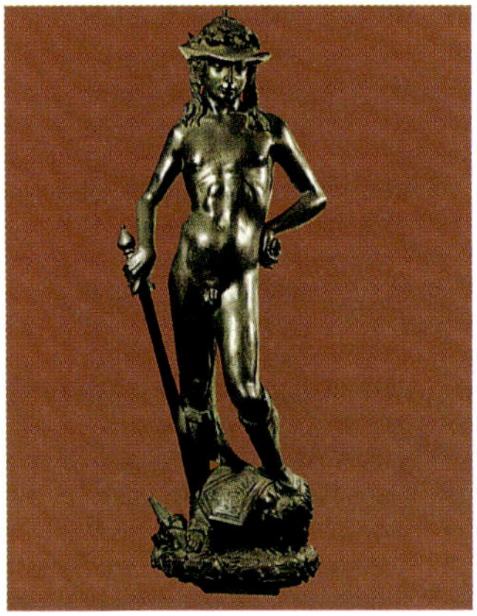

Donatello: *David*, um 1440 (Florenz, Museo Nazionale del Bargello)

Wer schuf das erste Beispiel illusionistischer Deckenmalerei?

Die 1474 vollendeten Fresken in der *Camera degli Sposi*, im „Ehegemach" des *Palazzo Ducale* in Mantua, hatte Markgraf Lodovico Gonzaga bei Andrea Mantegna (1430/31–1506) in Auftrag gegeben. Das Deckengemälde gibt den Blick in den „offenen" Himmel frei. Die Scheinöffnung wird von einer durchbrochenen Balustrade gesäumt, über die sich festlich gekleidete Hofdamen und Putten herunterzubeugen scheinen. Die mit einer konsequenten perspektivischen Verkürzung operierende Untersicht der Komposition steht am Beginn der europäischen illusionistischen Deckenmalerei.

Welcher Künstler zählte zu den begehrtesten Bildnismedailleuren der Frührenaissance?

Pisanellos (1395–1455) Bronzemedaillen wurden an den Fürstenhöfen der Renaissance zu höchst begehrten Sammlerstücken. Sensible Beschränkung auf das Wesentliche des Ausdrucks, materialgerechte Klarheit, schöne Ausgewogenheit der Komposition und perfekt kalkulierte Koordination von Bildnis und Schrift verliehen diesen Schaumünzen eine Qualität, die später kaum jemals wieder erreicht, nie aber übertroffen worden sind. Die Profilbildnisse berufen sich dabei auf antike oder als antik geltende Münzporträts.

Wie heißt das einzige gesicherte Tafelbild Michelangelos?

Strahlend farbig und zugleich in praller Körperlichkeit erscheinen die Figuren – die

Heilige Familie, Putten, nackte Jünglingsgestalten im Hintergrund – des im originalen Rahmen erhaltenen Rundbilds, des 1503/04 gemalten *Tondo Doni* (Florenz, Uffizien), des einzigen gesicherten Tafelbildes Michelangelos (1475–1564). Die komplizierte Verschränkung der Bewegungsmotive verweist bereits auf den Manierismus.

Wer schuf die erste monumentale Sitzfigur der Renaissance?

Der für die Florentiner Domfassade von Nanni di Banco (um 1373–1421) aus Marmor gemeißelte *Evangelist Lukas* ist die erste Sitzfigur des 15. Jh. in monumentalem Format (Florenz, Museo dell' Opera di Santa Maria del Fiore). Die 1410–13 geschaffene Figur beruft sich in der Körperbildung und im Kopftypus auf antike Vorbilder.

Welchem Vorbild folgte Mantegnas „Porträt des Kardinals Mezzarota"?

Andrea Mantegnas (1430/31–1506) um 1458–60 entstandenes kleines *Bildnis des Kardinals Mezzarota* (Berlin, Staatl. Museen, Gemäldegalerie) ist für die damalige Kunst Italiens insofern eine Ausnahme, weil es den Dargestellten „en face" wiedergibt. Mantegna folgt hier dem Vorbild des *Kardinal Albergati* (Wien, Kunsthistorisches Museum) aus der Hand des berühmten Niederländers Jan van Eyck (um 1390–1441).

Worin bestanden die technischen Hauptprobleme beim Bau der „Florentiner Domkuppel"?

Die technische Hauptschwierigkeit bei diesem Projekt bestand darin, die Kuppel über einem hölzernen Leergerüst, das nach dem Bau der Steinkonstruktion wieder entfernt werden sollte, errichten zu müssen. Bei der enormen Höhe des Kuppelansatzes und dem riesigen Wölbungsdurchmesser von ca. 42 m waren einfach keine derart langen Bäume zu finden, um diese Öffnung zu überbrücken. Deshalb schrieb man 1418 einen Wettbewerb aus, in dem sich Brunelleschi (1377–1446) durchsetzte. Indem er ab 1420 eine neue Art von Leergerüst entwickelte, den komplexen Verlauf der acht Rippen mathematisch berechnete und verborgene Zuganker anbrachte, gelang ihm die allseits bewunderte zweischalige Lösung, die bis 1436 zu einer Höhe von 83 m emporwuchs.

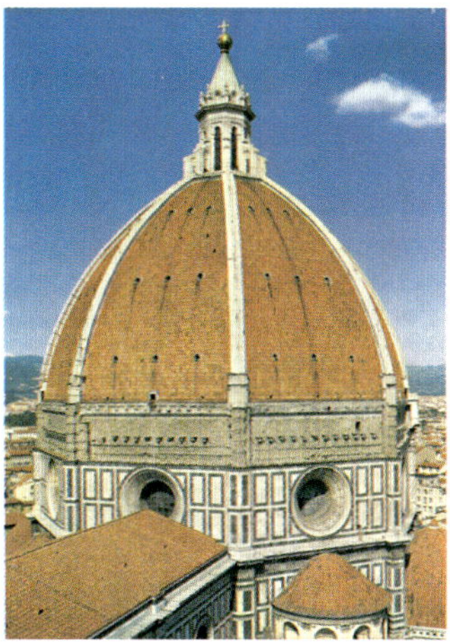

Filippo Brunelleschi: *Domkuppel* in Florenz, ab 1420

Welcher deutsche Bildhauer der Renaissance zählt zu den wenigen, die internationalen Rang beanspruchen dürfen?

Der um 1475 in Worms geborene Konrad Meit ist einer der wenigen deutschen Bildhauer der Renaissance, der nicht nur auf dem Sektor der Kleinplastik, sondern auch im großen Format europäischen Rang besitzt. Zwischen 1506 und 1510 war er für Friedrich den Weisen in Wittenberg tätig, seit 1512 dann für die Statthalterin Margarete von Österreich in Mecheln. Für sie und ihre Familie schuf er 1526–32 monumentale *Figurengrabmäler* aus Marmor und Alabaster in der *Klosterkirche von Brou bei Bourg-en-Bresse*, deren Architekturgehäuse freilich noch spätgotisch anmutet. Seit 1534 wohnte Meit in Antwerpen, wo er um 1550 starb.

Aus welchem Material besteht das Kreuz über dem Hochaltar der Kirche des „Escorial"?

Den riesigen Kreuzstamm, der die riesige *Altarwand* in der Kirche des *Escorial* überhöht, fertigte man auf Wunsch Philipps II. aus Holz, genauer gesagt, aus „Paradies-Baum-

Holz", das aus dem Kiel eines spanischen Schiffes namens „Cinco Llagas" (Fünf Wunden Christi) stammte. Das Schiff hatte Gold aus Amerika gebracht. Eine höchst symbolträchtige Vereinigung von Namen, Herkunft, Verwendungszweck, die nicht nur Anlass gab, das triumphale Hochaltarkreuz im *Escorial*, sondern später auch den Sarg Philipps aus dieser Materie zimmern zu lassen.

Welchen Typus des Altarbildes bereitete Tizian vor?

Über einem Seitenaltar der Kirche *S. Maria Gloriosa dei Frari* in Venedig erhebt sich Tizians (zwischen 1485 und

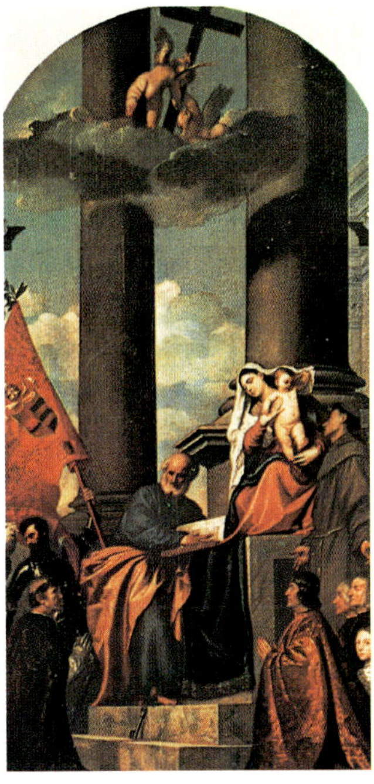

Tizian: *Pesaro-Madonna*, 1519–26 (Venedig, S. Maria Gloriosa dei Frari)

1490–1576) *Pesaro-Madonna*, die 1519–26 entstand und nach dem Auftraggeber, dem venezianischen Patrizier und Bischof Jacopo da Pesaro benannt ist. Auf revolutionäre und Epoche machende Weise steht das Gemälde am Beginn jener auf einer diagonalen Komposition aufgebauten Altarbilder der Renaissance und des Barock, die eine Kontinuität zwischen dem Betrachterraum und dem Bildraum vortäuschen.

Worin bestehen die bahnbrechenden Leistungen des „Palazzo Medici in Florenz"?

Der 1444–60 von Michelozzo (1396–1472) erbaute *Palazzo Medici in Florenz* setzte, trotz noch manch spätmittelalterlicher Details (z. B. der Biforienfenster), neue Maßstäbe für die Architektur des innerstädtischen Palastbaus der Renaissance. Als erstes privates Wohnhaus erhebt er sich über einem Sockel, der einerseits das Bauwerk „erhöht", der andererseits die Passanten zum Sitzen einlädt und so zwischen Palast und Öffentlichkeit vermittelt. Ferner übernimmt der Palazzo die bisherige wehrtechnische Würdeformel der vollständigen Rustizierung, d. h. der Verkleidung mit Buckelquadern. Und schließlich begegnet hier erstmals die Unterscheidung der Beletage (Piano nobile), des vornehmsten, des 1. Stockwerks von den anderen Geschossen.

Wo ist das früheste Beispiel eines „rilievo schiacciato"?

Die 1417 am *Georgstabernakel* von *Or San Michele in Florenz* angebrachte Tafel Donatellos (1383 oder 1386–1466) mit der Darstellung *Der hl. Georg tötet den Drachen* ist das früheste bekannte Beispiel für das abgeflachte Relief (rilievo schiacciato), in dem Tonwerte durch Abstufungen der Reliefoberfläche erreicht werden.

Welcher Künstler schuf das frappierendste Selbstporträt des Manierismus?

Um sich bei Papst Klemens VII. für Aufträge zu bewerben, überreichte ihm der junge, aus Parma gebürtige Maler Francesco Mazzola (genannt Parmigianino; 1503–40), ein um 1523/24 geschaffenes *Selbstbildnis*, das zu den erstaunlichsten des Manierismus und der gesamten Kunstgeschichte zählt: Auf ein gewölbtes Stück Holz malte der oberitalienische Manierist nämlich den Blick in einen Konvexspiegel mit allen daraus resultierenden Verzerrungen – ein perfektes Spiel zwischen Sein und Schein.

Warum hängt in Piero della Francescas Mailänder Marientafel ein Ei aus der Apsiswölbung herab?

Um 1470/75 malte Piero della Francesca (um 1420–92) ein großes Gemälde, das die *Madonna mit Kind und ihr zur*

Seite eine Reihe Heiliger zeigt (Mailand, Pinacoteca di Brera). Im Hintergrund stehen vier Engel, während vorne der Stifter kniet, Herzog Federico da Montefeltro, der die Altartafel für eine Kirche in Urbino herstellen ließ. Die genaue Analyse der Perspektivkonstruktion beweist, dass das Ei in der Apsis für ein Straußenei – wie es oft bezeichnet wird – viel zu groß ist. Jedenfalls aber ist das Ei ein Symbol für die wunderbare Geburt des Gottessohnes.

Welches ist das kostbarste Salzfass der Kunstgeschichte?

Die Fürstenhöfe der Renaissance gierten nach wertvollen Kleinplastiken. Eine der kostbarsten dieser Preziosen ist das *Salzfass*, das der Florentiner Goldschmied und Bildhauer Benvenuto Cellini (1500–71) 1540–42 aus zum Teil emailliertem Gold und Ebenholz für den französischen König Franz I. schuf (Wien, Kunsthistorisches Museum). Dargestellt sind der Meeresgott Neptun und die Erdgöttin Tellus – Personifikationen der Elemente, denen das damals als Würze noch so kostbare Salz seine Herkunft verdankt. Nachdem man das Stück, ein Paradebeispiel des Manierismus, 1562 beinahe eingeschmolzen hätte, kam es in den Besitz der Habsburger und verschwand bis 1819 in der Kunstkammer von *Schloss Ambras* bei Innsbruck.

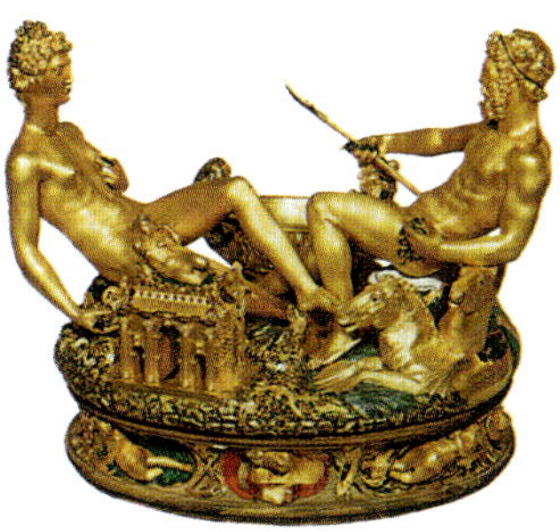

Benvenuto Cellini: *Salzfass*, 1540–42 (Wien, Kunsthistorisches Museum)

Welche manieristischen Charakteristika weist Pontormos Hauptwerk auf?

Zwischen 1526 und 1528 malte Jacopo Pontormo (1494–1556), ein Hauptmeister des italienischen Manierismus, eine *Kreuzabnahme Christi* für die Florentiner Kirche *S. Felicità*. Die Haltung des von zwei androgynen Jünglingen getragenen Leichnams in diesem famosen Altarbild assoziiert u. a. die berühmte Christusfigur von Michelangelos *Pietà* der *Peterskirche*. Alle Gestalten verschmelzen in einer typisch manieristischen Art zu einem ornamentalen Muster, die Körper sind überlängt, die Farben raffiniert, wie in künstlichem Licht gebrochen, das von Gebärden umkreiste Bildzentrum bleibt „schockierend" leer.

Welches plastische Bildwerk zählt zu den frühesten großformatigen Skulpturen der deutschen Renaissance?

Von 1509–12 ließ Jakob Fugger bei *St. Anna in Augsburg* eine Familienkapelle erbauen, deren Ausstattung in den Händen von Adolf Daucher und seines bedeutenderen Sohnes Hans (um 1486–1538) lag. Letzterer schuf z. B. die fast lebensgroße marmorne *Erbärmdegruppe* auf dem Altar. Die Schönlinigkeit der Gruppe, die Symmetrie, ein gewisser klassischer Grundtenor wiesen auf Einflüsse seitens der italienischen Renaissance hin.

Welche Fresken zählen zu den merkwürdigsten Visionen des Manierismus?

Die monumentalen *Wandmalereien* im sog. *Gigantensaal des Palazzo del Tè in Mantua* (1532–34) wurden nach Entwürfen Giulio Romanos von Rinaldo Mantovano ausgeführt. Sie zählen zu den Staunen erregendsten Visionen des Manierismus. Zeitgenossen haben die Wandmalereien v. a. deswegen bewundert, weil sie die Furcht beeindruckend darstellen.

Welches Bild ist das religiös ausdrucksgewaltigste der gesamten Renaissance?

Als Michelangelo (1475–1564) um 1510 an der Decke der *Sixtinischen Kapelle* in Rom das Fresko mit der *Erschaffung Adams* schuf, gelang ihm das wohl ausdrucksmächtigste religiöse Werk nicht nur der Hochrenaissance, sondern auch künftighin: „Es gibt im ganzen Bereich der Kunst kein

Beispiel mehr von so genialer Übertragung des Übersinnlichen in einen völlig klaren und sprechenden sinnlichen Moment“ (Jacob Burckhardt).

Aus der Hand welchen Bildhauers stammt eine der bekanntesten Figuren des Manierismus?

Der in Italien arbeitende Niederländer Giambologna (1529–1608) schuf mit seiner Bronzefigur des *Fliegenden Merkur* (1580; Florenz, Museo Nazionale del Bargello) eines der einflussreichsten Werke des Manierismus. Merkur mit dem Flügelhelm, der Götterbote sowie der Gott des Handels und der Diebe, balanciert in schlanker Nacktheit mit dem rechten Fuß auf dem einer Maske entströmenden Windhauch – womit er alle statischen Gesetze der Bildhauerei außer Kraft zu setzen scheint. Der eigenartig hochgereckte Zeigefinger der rechten Hand bezeichnet jene kompositionelle Achse, um die sich der Körper in Form der “Figura serpentinata“ windet.

Von wem stammt das bedeutendste Werk profaner Malerei der Frührenaissance?

Paolo Uccello (um 1397–1475) benutzte drei Tafeln gleicher Größe, um gegen 1450/60 Momente aus der *Schlacht von San Romano* darzustellen – eigentlich war es nur ein Scharmützel, in das rund 20 florentinische Soldaten verwickelt waren. Das linke Bild befindet sich in der National Gallery zu London, das Mittelstück in den Uffizien und die rechte Tafel im Louvre. Ursprünglich hingen sie im *Palazzo Medici in Florenz*. Uccellos Serie gilt als bedeutendstes Werk profaner Malerei aus der Hand eines der Wegbereiter der Florentiner Frührenaissance.

Von welchem berühmten Wettbewerb nahm die Bildhauerkunst der Frührenaissance ihren Ausgang?

1401 schrieb man in Florenz einen Wettbewerb um eine neue *Bronzetür* des *Baptisteriums* aus. Lorenzo Ghiberti (1378–1455) setzte sich mit seinem Proberelief *Opferung Isaaks* (Florenz, Museo Nazionale del Bargello) gegen namhafte Konkurrenten wie Filippo Brunelleschi (1377–1446) und Jacopo della Quercia (1374?–1438) durch (seine Tür heute am Nordportal). Ghibertis Projekt hatte den Vorteil, dass die Reliefs aus einem Stück gegossen sind und deshalb ein wesentlich geringeres Gewicht besitzen als die Vergleichsstücke mit applizierten Figuren: Für die gesamte Tür bedeutete dies eine enorme Kostenersparnis. Im Übrigen goutierte die Jury Ghibertis Formensprache der „Internationalen Gotik“, da diese ein Maximum an Natürlichkeit mit einem Optimum an Eleganz verband.

Welches aus Parma in die Uffizien gelangte Gemälde zählt zu den Paradebeispielen des Manierismus?

Parmigianinos (1503–40) um 1534–40 für die Servitenkirche in Parma geschaffenes Tafelbild *Madonna mit dem langen Hals* (Florenz, Uffizien) ist eines der wichtigsten Beispiele des gegen die klassische Ausgewogenheit der Hochrenaissance revoltierenden Manierismus. Eine intellektuell verschlüsselte Bildaussage verbindet sich mit kapriziösen Körperhaltungen und anatomischen Verformungen, denen die Madonna auch ihren Beinamen verdankt.

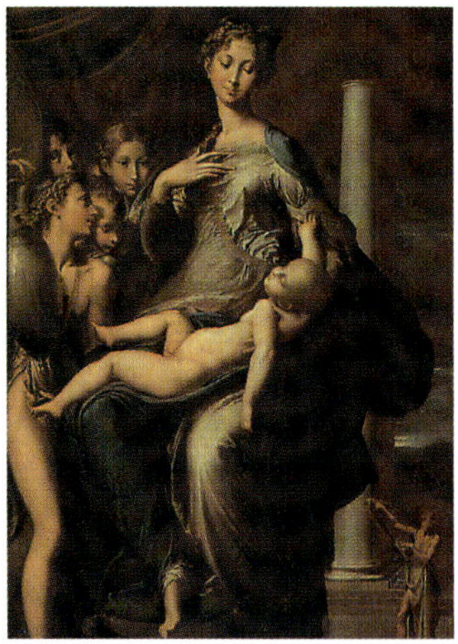

Parmigianino: *Madonna mit dem langen Hals*, um 1534–40 (Florenz, Uffizien)

Welche drei Hauptmeister am manieristischen Hof Rudolfs II. lebten lange Zeit in Italien?

Drei gegen Ende des Jahrhunderts jeweils eine lange Zeit in

Italien zubringende Maler waren Bartholomäus Spranger (1546–1611; in Italien 1565–75), Hans von Aachen (1552–1615; in Italien um 1574–um 87) und Joseph Heintz (1564–1609; in Italien 1584–um 91). Sie traten später in den Dienst des kosmopolitischsten aller Mäzene, Kaiser Rudolfs II. Ihre Arbeiten zeichnen sich durch hohes technisches Raffinement aus, durch eine selbstbewusste, jedoch sich zurücknehmende, oft witzige Synthese italienischer Quellen.

Welches Fresko in Orvieto beeindruckte Michelangelo?

1499–1504 arbeitete der umbrische Künstler Luca Signorelli (um 1450–1523) an dem großen Fresko des *Jüngsten Gerichts* in der *Cappella di San Brizio* im *Dom zu Orvieto*. Die expressive Dramatik der Szenen und die genauen anatomischen Studien prägten die folgende Generation von Künstlern, darunter nicht zuletzt einen Michelangelo.

Wie heißt der bekannteste englische Spezialist für Miniaturporträts zur Zeit des Manierismus?

Nicholas Hilliard, geboren um 1547 in Exeter und 1619 in London gestorben, stammte aus einer angesehenen Goldschmiedefamilie. V. a. wegen seiner subtil und preziös ausgeführten Miniaturporträts erhielt er seit 1572 zahlreiche Bildnisaufträge vom Hof. Auch darin, dass er einen Kunsttraktat verfasste, erweist sich Hilliard als äußerst selbstbewusster Repräsentant des Manierismus.

Welcher Künstler schuf das nach Donatellos „Gattamelata" zweit berühmteste, frei stehende Reiterdenkmal der Renaissance?

Andrea del Verrocchios (1435–88) *Reiterdenkmal des Bartolomeo Colleoni* auf dem *Campo Santi Giovanni e Paolo* in Venedig wurde ab 1479 konzipiert, der Guss konnte jedoch erst postum, 1496, ausgeführt werden. In zeitgenössischem Harnisch reagiert Colleoni, Condottiere in neapolitanischen, mailändischen und venezianischen Diensten, auf die Wendung seines Pferdes. Verrocchio gelang in dieser auch technischen Meisterleistung der Prototyp des Reiterdenkmals mit der symbolischen Zügelung des Pferdes durch einen energischen politischen Führer, ein Motiv, das über die Barockzeit bis ins 20. Jh. wirksam bleiben sollte.

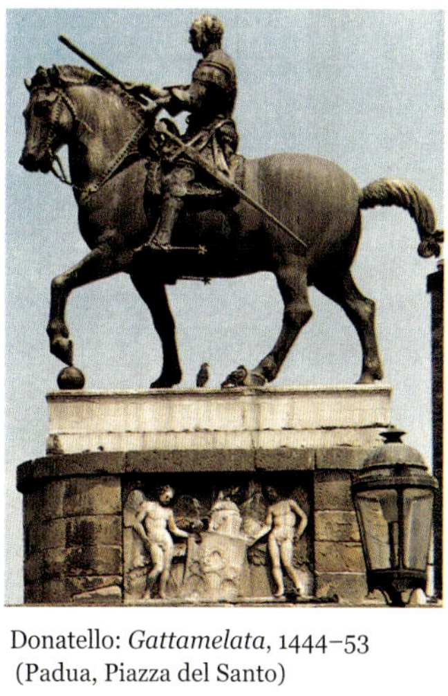

Donatello: *Gattamelata*, 1444–53 (Padua, Piazza del Santo)

Wo war der Hauptmagnet für Frührenaissance-Skulptur in Florenz?

Als Hauptmagnet öffentlicher Skulptur fungierte im Florenz des frühen 15. Jh. die Zunftkirche von *Or San Michele*. Zwischen 1410 und 1425 bestellten die meisten Zünfte lebensgroße Figuren ihrer Schutzheiligen, die in Nischen an allen Seiten des Gebäudeblocks aufgestellt werden sollten. Dahinter stand sowohl die Absicht, die Stadt mit repräsentativen Bildwerken herauszuputzen, wie auch, mithilfe stilistischer Anleihen bei der klassisch-römischen Skulptur den Anspruch des Florentiner Gemeinwesens auf die Nachfolge des republikanischen Rom zu visualisieren. Die reiche Bankiers-Gilde z. B. demonstrierte ihr gesellschaftliches Prestige, indem sie bei Lorenzo Ghiberti eine Bronzestatue bestellte, zehnmal so teuer wie eine aus Marmor.

Was versteht man unter „rilievo schiacciato"?

Während seines zehnjährigen Aufenthaltes in Padua, 1443–53, entwickelte Donatello (1383 oder 1386–1466) das sog. „rilievo schiacciato", eine für die italienische Frührenaissance charakteristische Reliefform, anlässlich der Bronzeplatten des *Hochaltars in Sant'Antonio* mit Szenen aus der Legende des hl. Antonius von Padua, zur Vollkommenheit: Obwohl es sich um Flachreliefs handelt, sind diese durch zentralperspektivische Architekturkulissen so strukturiert, dass eine tiefenräumliche Illusion entsteht.

Wo findet sich El Grecos bedeutendstes Werk?

El Grecos (um 1541–1614) bedeutendstes Gemälde, *Das Begräbnis des Grafen von Orgaz*, war zugleich sein einziges, das für eine breite Öffentlichkeit bestimmt war. Seit seiner Entstehung (1586–88) befindet es sich in einer Grabkapelle der Pfarrkirche von *Santo Tomé in Toledo*. Der Titelheld, der Graf von Orgaz, war im 14. Jh. auch wegen seiner guten Werke zur Gnade Gottes gelangt. In der Gegenreformation galt das auch als Argument gegen die Protestanten, die allein den Glauben als selig machendes Mittel propagierten.

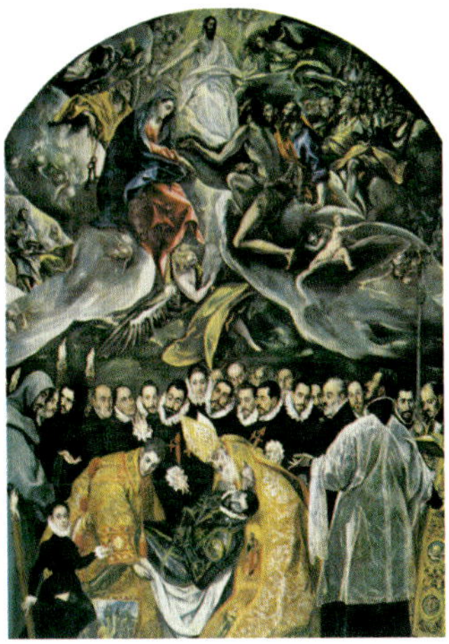

El Greco: *Das Begräbnis des Grafen von Orgaz*, 1596–88 (Toledo, Pfarrkirche Santo Tomé)

Mit welchem zweideutigen Beispiel schildert Vasari Uccellos Obsession hinsichtlich der Zentralperspektive?

In seinen Künstlerbiographien von 1550 weiß Giorgio Vasari von Paolo Uccello (um 1397–1475) zu berichten, dass er sich fast einsiedlerisch Wochen und Monate in sein Atelier zurückgezogen habe, um dort mit dem Gestaltungsmittel der Zentralperspektive zu experimentieren. Und jede Nacht, wenn ihn seine Frau von der Staffelei zu sich ins Bett habe holen wollen, habe er stereotyp geantwortet: „O, che dolce cosa è questa prospettiva" – „Wie süß ist doch die Perspektive"; und er sei geblieben, wo er war.

Wie heißt das bekannteste, nicht von Michelangelo gemalte Fresko in der „Sixtinischen Kapelle"?

Im Zusammenhang des Freskenzyklus, der seit 1481 für die untere Wandpartie der *Sixtinischen Kapelle* in Rom ausgeführt wurde, darf Pietro Peruginos (um 1448–1523) 5,50 m breite Komposition *Christus übergibt Petrus die Schlüssel zum Himmelreich*, um 1482, den ersten Rang beanspruchen. Die Ausgewogenheit des Bildaufbaus verdeutlicht, was Perugino seinem Schüler Raffael auf den Weg geben konnte.

Mit welchen Worten begründet Palladio den Vorrang des Zentralbaus im Rahmen der Sakralarchitektur?

Dass sich ein kreisförmiger Zentralbaugrundriss für Kirchen besonders eigne, beruhte in den Augen des manieristischen Architekten Andrea Palladio (1508–80) darauf, „dass er von einem Linienzug umschlossen wird, in welchem Anfang und Ende nicht zu unterscheiden sind; alle Teile gleichen einander und nehmen teil an der Gestalt des Ganzen; und da überdies jeder Punkt vom Mittelpunkt gleich weit entfernt ist, so versinnbildlicht ein solcher Bau aufs Schönste die Einheit, die Unendlichkeit, die Ewigkeit und die Gerechtigkeit Gottes."

Wie lauten die wichtigsten Baudaten der „Peterskirche" in Rom zur Zeit der Renaissance und Spätrenaissance?

Den Grundstein zu einem völligen Neubau der römischen *Peterskirche* legte Papst Julius II. 1506: Der erste Entwurf aus der Hand Bramantes (1443/44–1514) sah einen Zentralbau in Form eines griechischen Kreuzes mit einer Kuppel vor. Doch bald wurde eine Rückkehr des

Grundrisses zum lateinischen Kreuz gefordert. Unter den folgenden Bauleitern Raffael (1483–1520), Baldassare Peruzzi (1481–1536) und Antonio da Sangallo d. J. (1484–1546) kam das Projekt nur langsam voran. Michelangelo (1475–1564), seit 1546 leitender Architekt, führte den Zentralbau in gedrungener Form durch und konzipierte die berühmte Rippenkuppel, die Giacomo della Porta (1532–1602) 1588–90 vollendete.

Mit welcher Begründung verurteilte Ammanati seine eigene „Neptun-Figur"?

Von etwa 1560–70 an kam an der Nordwestecke des *Palazzo Vecchio in Florenz* ein Brunnen hinzu, am Ende einer neuen, von Cosimo de' Medici bezahlten Wasserleitung, und bekrönt von Bartolomeo Ammanatis (1511–92) manieristischem *Neptun*: Unter dem Eindruck der Gegenreformation distanzierte sich später der Bildhauer in einem öffentlichen Schreiben von dieser, wie er jetzt meinte, schamlosen Zurschaustellung sinnlicher Nacktheit (1582).

Auf welche Grundaussage zielt das Gesamtprogramm der von Raffael ausgemalten „Stanzen" im Vatikan?

In Rom, wo ihn sein Landsmann Bramante dem Papst Julius II. vorstellte, trat Raffael (1483–1520) ab 1508 in Konkurrenz zu Michelangelo, der gerade die Decke der *Sixtinischen Kapelle* auszumalen begann. Raffael arbeitete mit einer wachsenden Zahl von Gehilfen in den päpstlichen Privatgemächern, den *Stanzen des Vatikan*, in denen er eine Synthese des antiken und christlichen Erbes formulierte. In der *Stanza della Segnatura* z. B. ist das Fresko *Der Parnass* der in der Antike wurzelnden Dichtung gewidmet; die im gleichen Raum gemalte *Schule von Athen* verkörpert die um Platon und Aristoteles gruppierten „Freien Künste" und Wissenschaften, während die *Disputà* das christliche Mysterium der Eucharistie darstellt. Auch in den anschließenden Stanzen versöhnt das Bildprogramm den um das Papsttum zentrierten christlichen Gedanken mit dem Erbe der Antike.

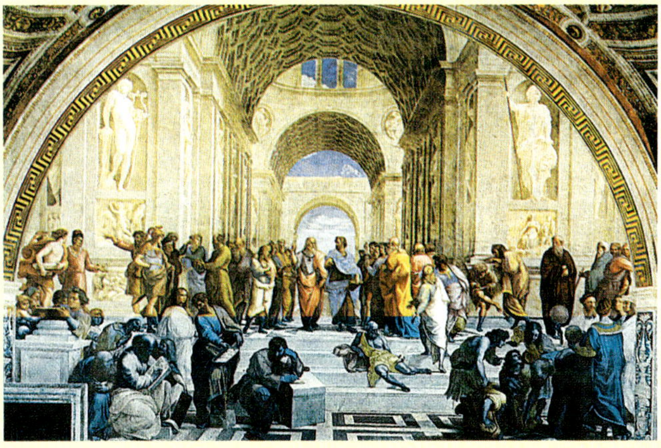

Raffael: *Die Schule von Athen* (Ausschnitt), 1509–11 (Vatikan, Stanza della Segnatura

In welchem Freskenzyklus erreicht Piero della Francesca seine Reife?

Die Ausfreskierung des Chores von *S. Francesco in Arezzo* geht auf einen Auftrag der reichsten Familie der Stadt zurück, auf die Bacci. 1447 hatte der noch spätgotischer Tradition verhaftete Florentiner Bicci di Lorenzo mit den Gewölbemalereien begonnen. Vermutlich unmittelbar nach seinem Tod 1452 übernahm Piero della Francesca (um 1420–92) den Auftrag und malte an die Wände die *Legende von der Geschichte und Wiederauffindung des Hl. Kreuzes*. Piero erreichte in diesem Zyklus seine volle Meisterschaft: suggestive Tiefenwirkung, Lichtfülle, souveräne Beherrschung der Perspektive bei gleichzeitiger Berücksichtigung der Flächenqualitäten usw.

Was versteht man unter „Romanismus"?

Der Begriff „Romanismus" meint eine von etwa 1520 bis 1570 in der niederländischen Malerei anhaltende künstlerische Strömung, die ihre Impulse von der italienischen Hochrenaissance erhielt – vermittelt einerseits durch Künstlerreisen, andererseits durch das Medium der Druckgrafik – und sich bald stark zum Manierismus hinbewegte. Herausragende Repräsentanten waren u. a. Barend van Orley (um 1488–1541), Jan Gossaert (um 1478–1532), Jan van Scorel (1495–1562), Maarten van Heemskerck (1498–1574) und Frans Floris (1519/20–70).

Worin unterscheidet sich Tintorettos „Abendmahl" von dem Leonardos?

Der Vergleich zwischen Tintorettos (1519–94) 1591 gemalten *Abendmahl* (Venedig, S. Giorgio Maggiore) und dem berühmten gleichnamigen Fresko Leonardos in Mailand (1494–98) verdeutlicht den Gegensatz zwischen Hochrenaissance und Manierismus. An die Stelle einer flächenparallelen und symmetrischen Komposition setzt Tintoretto eine extreme Raumdiagonale in sein Bild. Diese auch perspektivisch jäh in die Tiefe führende Schräge verweist Christus überraschenderweise relativ weit nach hinten, während der Vordergrund von genreartigen Szenen erfüllt ist. Hinzu kommen starke Licht-Schatten-Kontraste.

Welche versteckte Symbolik besitzt Holbeins berühmtes Gemälde mit den französischen Gesandten?

1533 vollendete Hans Holbein d. J. (1497/98–1543), einer der bedeutendsten Repräsentanten der deutschen Renaissance, das lebensgroße *Doppelporträt der französischen Gesandten am englischen Hof Heinrichs VIII.* (London, National Gallery). Das herrliche Bild steckt voller Anspielungen. So zeigt das aufgeschlagene Buch das erste mehrstimmige Gesangbuch der Reformation und verweist auf die vermittelnde Rolle, die die beiden Edelleute zwischen Katholizismus und Protestantismus einnahmen. Und der im unteren Bildvordergrund, unterhalb der Geräte von Wissenschaften und Künsten, verzerrt wiedergegebene Totenkopf, der nur aus einem einzigen Blickwinkel korrekt erscheint, sowie die gerissene Saite der darüber platzierten Mandoline sind Hinweise auf die Vergänglichkeit des Lebens.

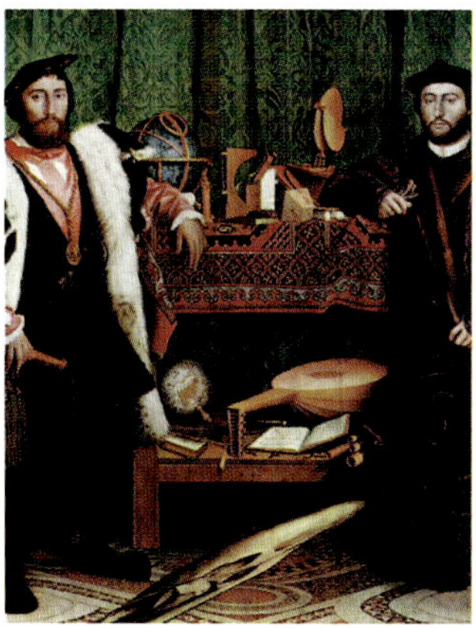

Hans Holbein d. J.: *Die Gesandten*, 1533 (London, National Gallery)

Welche Zentralbaukirche gehört zu den eindrucksvollsten der Hochrenaissance?

Im Jahre 1508 begann eine Reihe von Architekten mit der Kirche *S. Maria della Consolazione in Todi*, einem eindrucksvollen Zentralbau der Hochrenaissance, der den in *Prato* vorformulierten Grundgedanken monumentalisiert. Die Plastizität und Größe des Baukörpers ist durch die freie Lage in einer herrlichen Landschaft noch grandios gesteigert.

Was meint der Begriff „Sfumato" in den Gemälden Leonardos?

Leonardo da Vinci (1452–1519) suchte in seinen Gemälden durch eine Vielzahl von Licht- und Farbwirkungen die Suggestionskraft des Räumlichen zu steigern. Mit der als „Sfumato" (ital.: „Rauch") bezeichneten malerischen Gestaltungsweise ersetzte er nicht nur die in der Frührenaissance üblichen präzisen Konturen durch räumlich ineinander verschwimmende Gestaltgrenzen, sondern regte damit auch die Vorstellungskraft des Betrachters an.

Welches Kunstwerk in Augsburg ahmt den berühmten „Fliegenden Merkur" Giambolognas nach?

Giambolognas (1529–1608) Meisterwerk des *Fliegenden Merkur*, eine scheinbar die Schwerkraft überwindende und im Sinne der „Figura serpentinata" sich in die Höhe schraubende Figur regte im späten Manierismus zu vielen Nachgestaltungen an. Dazu gehört auch die Gestalt des Augsburger *Merkurbrunnens* (1596–99) des bedeutenden Niederländers Adriaen de Vries (um 1545–1626), des Schülers Giambolognas, der später in Prag u. a. für Wallenstein tätig war.

Welches manieristische Gebäude überträgt erstmals das Zentralbauideal auf eine profane Aufgabe?

Für den Kleriker Paolo Almerico entwarf ab 1550 der bedeutendste Architekt der Spätrenaissance bzw. des Manierismus, Andrea Palladio (1508–80), die *Villa Rotonda* vor den Toren Vicenzas. 1565/66 begannen die Arbeiten an der v. a. gesellschaftlichen Aufgaben dienenden Villa, bei der erstmals das Zentralbauideal der Renaissance auf eine profane Aufgabe übertragen wurde: ein sich symmetrisch um die kreisrunde, von einer Kuppel überhöhte Mittelhalle gruppierender Grundriss. Auf allen vier Seiten wiederholt sich außen der

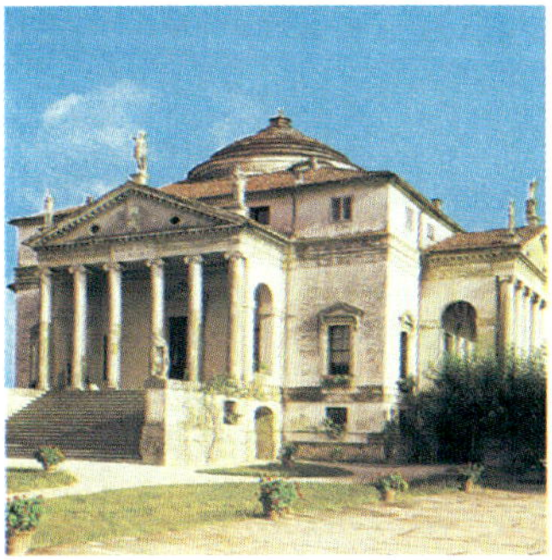

Andrea Palladio: *Villa Rotonda* bei Vicenza, ab 1550)

gleiche Säulenportikus (also das antike Tempelmotiv). Praktisch-funktionale Überlegungen treten zurück hinter der kosmologisch zu deutenden Architektursymbolik. Die *Villa Rotonda*, erst nach Palladios Tod vollendet, ist seit dem 18. Jh. in der englischen Baukunst, aber auch im Kolonialstil Indiens als Inbegriff des Repräsentativen oft nachgeahmt worden.

Welche Figur konnte Michelangelo als Vorbild dienen für seinen „Adam" an der „Sixtinischen Decke"?

Um 1480 malte Sandro Botticelli (1445–1510) das querformatige Tafelbild *Mars und Venus* (London, National Gallery). Die schlafende und mit dem Kopf zurückgelehnte Aktfigur des Kriegsgottes Mars darf als unmittelbare Vorstufe zum Adam in Michelangelos (1475–1564) Erschaffungsszene an der Decke der *Sixtinischen Kapelle* gelten, die rund 30 Jahre später entstanden ist.

Was geschah mit dem „Julius-Grabmal", das Michelangelo schaffen sollte?

Seit 1506 war ein gigantisches, frei stehendes *Figurengrabmal für Papst Julius II.* in der neuen *Peterskirche* geplant, dessen Dimensionen mit antiken Mausoleen wetteifern sollten. Der Auftrag erging an Michelangelo (1475–1564). Doch nach vielen Schwierigkeiten und Verzögerungen ließ sich das Projekt erst 1547 realisieren, als wesentlich vereinfachtes Monument, ein Wandnischengrab in *S. Pietro in Vincoli* in Rom. Eigenhändige Skulpturen Michelangelos sind die zentrale berühmte Sitzfigur des *Moses* und die seitlichen Nischenfiguren der *Rahel* und *Lea*.

Welcher Zentralbau machte erstmals das griechische Kreuz zum Ausgangspunkt des Grundrisses?

Giuliano da Sangallos d. Ä. (um 1445–1516) Kirche *S. Maria delle Carceri in Prato*, 1485–91, ist der erste Zentralbau der Renaissance, der das griechische Kreuz als Grundrissform wählt. Die kraftvollen Proportionen des Baus weisen bereits auf die Hochrenaissance voraus.

Wo befindet sich das berühmteste „Abendmahl" der Kunstgeschichte?

1495–98 malte Leonardo da Vinci (1452–1519) an die

Welcher Kirchenbau Albertis revolutionierte die Sakralarchitektur?

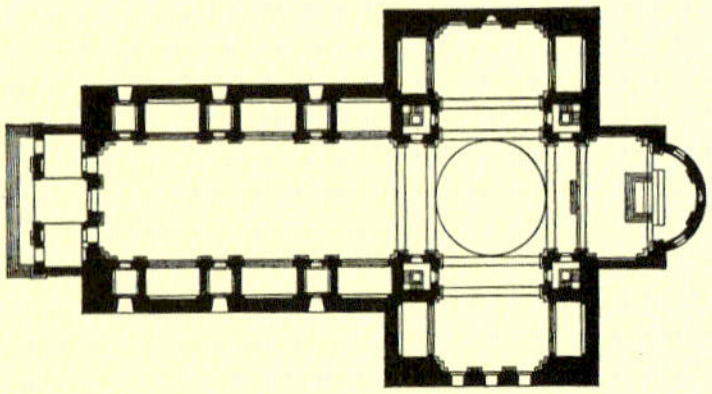

Leon Battsita Alberti: *S. Andrea* in Mantua, ab 1470

Ab 1470 entwarf Leon Battista Alberti (1404–72), einer der bedeutendsten italienischen Architekten der Frührenaissance, für Lodovico Gonzaga, den Herzog von Mantua, in dessen Residenzstadt die Kirche *S. Andrea*. Der Baugedanke einer Saalkirche mit begleitenden Seitenkapellen und einem durchlaufenden mächtigen Tonnengewölbe sollte über die Renaissance hinaus den Kirchenbau des Manierismus und des Barock entscheidend beeinflussen.

Wand des Refektoriums (Speisaal) des Klosters *S. Maria delle Grazie in Mailand* eine Abendmahlsdarstellung, die die berühmteste in der Kunstgeschichte werden sollte, obwohl der Erhaltungszustand sehr schlecht ist. Nicht zuletzt gründet ihr Ruhm auf der die Ideale der Hochrenaissance perfekt zum Ausdruck bringenden Komposition: Der Fluchtpunkt liegt ein wenig links von Jesu' leicht geneigtem Haupt, der Oberkörper des Heilands lässt sich in ein gleichseitiges Dreieck einbeschreiben, das links und rechts die vier Dreiergruppen der Apostel in unterschiedlicher Abwandlung wiederholen. Ferner dokumentieren die auf die Verratsankündigung reagierenden Jünger Leonardos Doktrin, es sei die Aufgabe eines jeden Malers, die geistige Haltung eines Menschen in seiner Körperhaltung und Gestik auszudrücken.

Welches Papstporträt Raffaels wurde zum Prototyp des Gruppenbildnisses?

Um 1518/19 malte Raffael (1483–1520) das Bildnis *Papst*

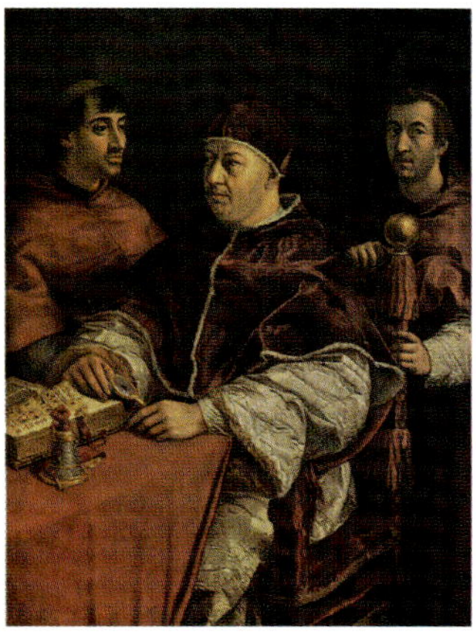

Raffael: *Papst Leo X. mit zwei Kardinälen*, um 1518/19 (Florenz, Uffizien)

Leo X. mit den Kardinälen Giulio de' Medici und Luigi de' Rossi (Florenz, Uffizien). So intim die Zusammenstellung auf den ersten Blick erscheinen mag, so handelt es sich doch um ein sog. Staatsporträt, das für lange Zeit zum Prototyp des Gruppenbildnisses schlechthin werden sollte.

Wen ahmt Masaccios „Eva" nach?

In Masaccios (1401–28) umfangreichen, um 1427 vollendeten Freskenzyklus in der *Brancacci-Kapelle* von *S. Maria del Carmine in Florenz* begegnet auch das Bild mit der *Vertreibung aus dem Paradies*. Die „Wiedergeburt der Antike" zeigt sich in ihm darin, dass die nackte *Eva* in Körperhaltung und Gestik vom Typus der in Marmorskulpturen verbreiteten antiken „Venus pudica" („Schamhafte Venus") herzuleiten ist.

Wann entstand Brunelleschis „Pazzi-Kapelle"?

Im Auftrag des Andrea de' Pazzi, eines Mitglieds der bekannten, mit den Medici in Florenz um die Macht konkurrierenden Familie, begann Filippo Brunelleschi (1377–1446) 1430 mit einer Kapelle am ersten Kreuzgang von *S. Croce*: drei überkuppelte Bauglieder, Vorhalle, Haupt- und Altarraum. Die Wandgliederung verwendet Pilaster und Gebälk sowie Halbkreise, die den Kuppelansatz tangieren.

Die sphärischen Dreiecke in den Ecken (Pendentifs) sind mit Rundreliefs (Tondi) dekoriert. Insgesamt entstand so eines der schönsten Bauwerke der Frührenaissance.

Wann sind erstmals Pastellstifte erwähnt?

Die früheste Schilderung der Pastellstifte als Kunstmittel dürfte sich bei dem italienischen Theoretiker Giovanni Paolo Lomazzo finden. In seinem 1584 in Mailand veröffentlichten „Trattato dell'arte della Pittura" (Traktat über die Kunst der Malerei) heißt es: „Es gibt noch eine andere Art zu malen, [...] a pastello genannt, was mit hauptsächlich aus Farbenpulvern hergestellten Stiften geschieht, und zwar auf Papier. Und dies ward von Leonardo in seinen Christus- und Apostelköpfen fleißig in wunderbarer Weise ausgeübt [...]". Damals, also zu Leonardos Zeiten, fährt er fort, wäre diese Technik ein „nuovo modo", eine Innovation gewesen.

Welche Papstgrabmäler in der „Peterskirche" zu Rom stammen von dem bedeutenden Bildhauer Antonio Pollaiuolo?

Zwischen 1489 und 1493 schuf Antonio del Pollaiuolo (1432?–98?) die bronzene *Liegefigur des Papstes Sixtus IV.* (die später in den Neubau der *Peterskirche* überführt wurde, heute in den Vatikanischen Grotten) und *Papst Innozenz VII. als Thron- und Liegefigur* (heute das einzige Grabmal in der *Peterskirche* aus dem Vorgängerbau *Alt-St. Peter*).

Welches Bild zählt zu den Hauptwerken des venezianischen Manierismus?

Jacopo Tintorettos (1519–94) um 1555 geschaffenes Gemälde *Susanna im Bade* (Wien, Kunsthistorisches Museum) gehört zweifellos zu den Hauptleistungen des venezianischen Manierismus, den Tintoretto in der Lagunenstadt etabliert hat. Mit der artistisch-gewaltsamen Übersteigerung der Körperdrehung, der hochdramatischen Lichtregie, der Konfrontation äußerster Nähe und weitester Ferne sowie einer übersteigerten Perspektivik beinhaltet dieses Bild alle Stilmittel des Manierismus, freilich veredelt vom venezianischen Farbenzauber und einer ungeheuer subtilen Atmosphärik.

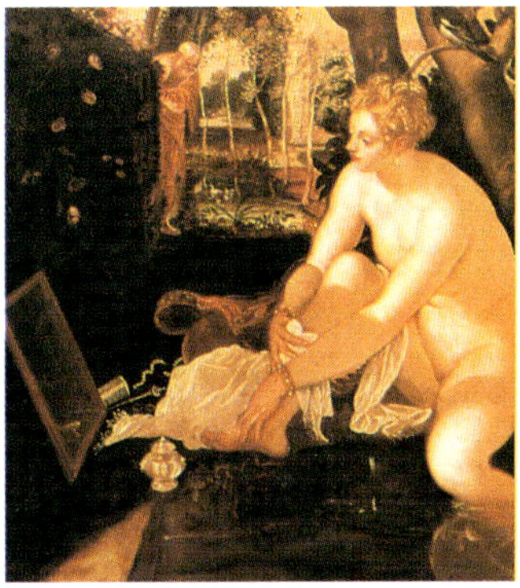

Tintoretto: *Susanna im Bade*, um 1555 (Wien, Kunsthistorisches Museum)

Welche für Matthias Corvinus bestimmte Handschrift zählt zu den schönsten Buchmalereien der Renaissance?

Das *Brevier des Matthias Corvinus* entstand um 1487–92 in Florenz (Rom, Biblioteca Apostolica Vaticana). Das von Attavante degli Attavanti (1452–um 1520/25), einem der herausragenden italienischen Miniatoren der Renaissance, und dessen Werkstatt illuminierte monumentale Gebetbuch ist eines der schönsten unter den zahlreichen prächtigen Büchern, die für den ungarischen König Matthias Corvinus (reg. 1458–90) geschaffen wurden. Der damalige königliche Hof in Buda (dem heutigen Budapest) gilt als die früheste und bedeutendste Filiation der Renaissance außerhalb Italiens. Die von ihm so hoch geschätzten Codices ließ Corvinus von den besten Buchkünstlern in Neapel, zum Teil auch in seiner eigenen Werkstatt zu Buda und in Florenz, bevorzugt während seiner letzten Lebensjahre, in denen er in Wien residierte, anfertigen. Das sich an den Formen, Motiven und Inhalten der italienischen Renaissance delektierende Auge des Königs hätte sich gewiss an solchen meisterhaften Darstellungen erfreut – hätte der Auftraggeber die Handschrift jemals zu Gesicht bekommen, was nicht der Fall war. Aber in seiner Bibliothek, die auf dem Höhepunkt ihrer Entwicklung mehr als 2000 Bände umfasste, hatte Matthias Corvinus dazu anderweitig beste Möglichkeiten.

Welche Stadt im Veneto zeigt noch heute das Idealschema der Spätrenaissance?

Der Architekt Vincenzo Scamozzi (1552–1616) hatte in etlichen seiner Idealstadt-Entwürfe auf Vitruv zurückgegriffen, der den sternförmigen Stadtgrundriss als besonders gunstig propagiert hatte. Die Neuzeit erkannte auch dessen fortifikatorische Vorzüge. Die von Scamozzi 1593 in Venetien begonnene Stadt *Palmanova* zeigt heute noch ihr damaliges Schema nahezu unverändert: Vom zentralen sechseckigen Platz führen radial angelegte Straßen zu der neunstrahligen Festungsanlage hinaus.

Mit welchem Kunstgriff durchbrach Andrea del Verrocchio die Grenzen einer Statuennische?

Andrea del Verrocchio (1435–88) war mit dem Problem konfrontiert, in einer Nische an *Or San Michele in Florenz*, die ursprünglich nur für eine einzige Statue vorgesehen war, eine zweifigurige Bronzegruppe mit *Christus und dem ungläubigen Jünger Thomas* unterbringen zu müssen (um 1466–83). Er löste die Aufgabe, indem er den Apostel vor der Nische platzierte, als ob er sich zu Christus hinwenden wolle.

Welche Skulptur Donatellos wurde 1494 aus dem „Palazzo Medici" in Florenz geraubt?

Unter den nach der Vertreibung der Medici aus Florenz von der Volksmenge aus ihrem Stadtpalast, dem *Palazzo Medici*, in dem die Familie bis 1540 residierte, geraubten Schätzen befand sich auch die bronzene Gruppe der *Judith, die Holofernes enthauptet* (1455). Jetzt diente die Skulptur an der *Piazza della Signoria*, vor dem Rathaus (*Palazzo Vecchio*) als Wahrzeichen der Befreiung von der Tyrannei.

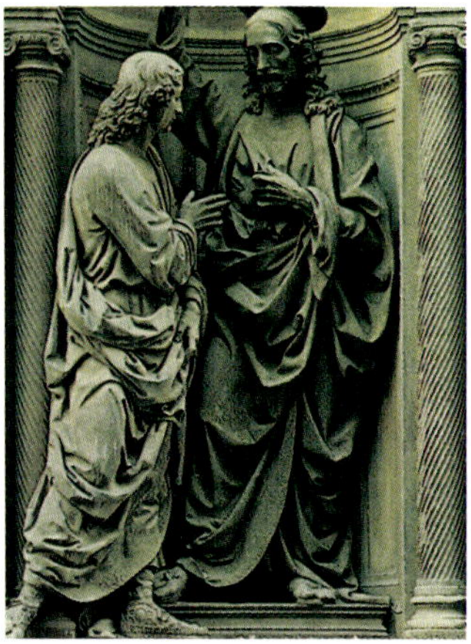

Andrea Verrocchio: *Christus und der ungläubige Thomas*, um 1466–83 (Florenz, Or San Michele)

Welche Fähigkeiten vereinigte das Künstlergenie Leonardo in sich?

Leonardo da Vinci (1452–1519) verkörperte in nie wieder erreichtem Maße das Renaissance-Ideal vom „uomo universale", vom universal gebildeten und begabten Menschen. Leonardo war genialer Maler und wohl auch Bildhauer, er war Kunsttheoretiker und Naturwissenschaftler auf dem Gebiet der Anatomie, Astronomie und Physik, er betätigte sich als Ingenieur, Festarrangeur und Kartograf, er plante die Entwicklung von Unterwasserbooten, Flugapparaten und Explosivgeschossen.

Welche italienischen Maler trugen Wesentliches zur Entwicklung der illusionistischen Deckenmalerei bei?

Andrea Mantegnas (1430/31–1506) *Deckenfresko* der 1474 ausgemalten *Camera degli Sposi* des *Palazzo Ducale in Mantua* ist das älteste wirklich illusionistische Deckenbild der europäischen Malerei. Es folgten nach 1484 Melozzo da Forlìs (1438–45) Ausmalung des *Sakristeigewölbes* in der *Basilika von Loreto*, sowie Correggios (um 1489–1534) 1520 ausgeführte Kuppelausmalung in *S. Giovanni Evangelista in Parma* und seine 1526–30 vollendeten *Kuppelfresken im Dom von Parma.*

An welchem Florentiner Werk findet sich ein ganzer Musterkatalog von Renaissance-Ornamentik?

Donatellos (1383 oder 1386–1466) *Sängertribüne*, die er 1433–39 im *Florentiner Dom* ausführte, ist nicht nur durch den heiteren Realismus des

Puttenreigens bekannt geworden, sondern auch durch die Vielzahl von Muscheln, Rosetten, Amphoren und Akanthusblättern, die sich wie die Gesamtform von antiken Sarkophagen herleiten und die Sängerkanzel zu einem Meisterwerk prachtvoller Renaissance-Ornamentik machen.

Welcher niederländische Maler gilt als Hauptrepräsentant der sog. Weltlandschaft?

Joachim Patinier (um 1480–1524) benutzte in den meisten seiner Gemälde das szenische religiöse Geschehen nur als Vorwand für Darstellungen, in denen eine aus extrem hohen Betrachterstandpunkt aufgenommene Überschaulandschaft dominiert. Diese Gattung der sog. Weltlandschaft ist bei allen symbolischen Inhalten und trotz mancher spätmittelalterlicher Reminiszenz doch auch ein Beitrag zur „Entdeckung der Welt", wie sie die Renaissance anstrebte.

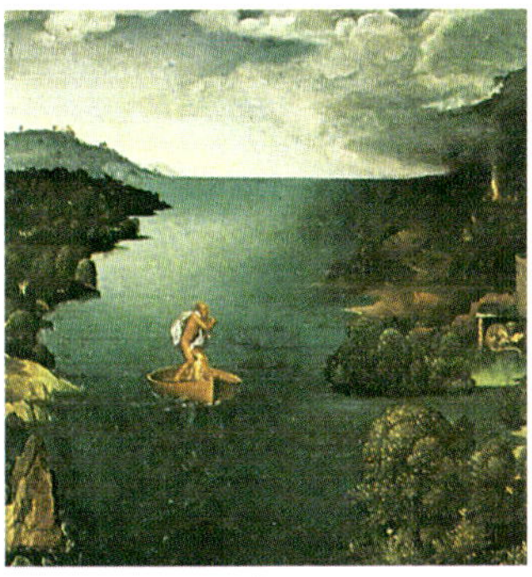

Joachim Patinier: *Überfahrt in die Unterwelt*, um 1515/24 (Madrid, Prado)

Wer war der führende Meister der Internationalen Gotik in Italien?

Mit dem 1423 vollendeten Altargemälde aus der Sakristei von *S. Trinità in Florenz* (Florenz, Uffizien), das die *Anbetung der Heiligen Drei Könige* zeigt, schuf Gentile da Fabriano (um 1385–1427) ein Glanzstück der „Internationalen Gotik". Die eigentliche Anbetung ist auf die linke Bildhälfte beschränkt, während rechts der Tross eine verschwenderische Zurschaustellung des höfischen Luxus bietet. Auftraggeber war Onofrio di Palla Strozzi, der reichste Kaufmann im damaligen Florenz.

Wie heißt die Villa, die in der Frührenaissance die ästhetische Grundlage für den späteren Landhausbau legt?

Die 1485 von Giuliano da Sangallo d. Ä. (um 1445–1516) begonnene *Medici-Villa in Poggio a Caiano* ist das bedeutendste Beispiel dieses Bautyps im 15. Jh. Sie orientiert sich an den Vorstellungen vom antiken Landhaus als Musensitz und bettet die Architektur ästhetisch in die umgebende Landschaft ein. Der einfache Kubus des Wohnhauses ruht auf einer offenen Loggia, die eine um das Haus herumlaufende Terrasse bildet. Über dem Eingang ist erstmals in der Geschichte der Renaissance die Würdeform eines antikisierenden Tempelgiebels angebracht.

Welche Aufgabe besaß der sog. Karton in der Wand- und Deckenmalerei der Renaissance?

Zwischen den vorbereitenden Skizzen und Kompositionsentwürfen und der Ausführung eines Freskos war die Herstellung des sog. Kartons zwischengeschaltet, d. h. eines aus Papierbögen verfertigten Kartons, der die Umrisse und Binnenformen des späteren Bildes im Verhältnis 1:1 enthielt. V. a. mithilfe von Lochpausen, bei denen die Linien perforiert und dann mit Kohlepulver überstäubt wurden, hat man die Zeichnung des Kartons auf den feuchten Putz der Wand übertragen.

Wer verfasste angeblich die Grabinschrift für Fra Angelico?

„Ich will nicht gepriesen werden, weil ich ein guter Maler war, wohl aber, weil meine Kunst einzig der Verherrlichung Gottes diente." Dieser Satz, angeblich von Papst Nikolaus V. verfasst, steht auf dem Grabstein des Fra Angelico (1395/1400–1455) in *S. Maria sopra Minerva* zu Rom. Der Nachruf kennzeichnet die innere Haltung des Fra Giovanni da Fiesole, an der Nahtstelle zwischen Gotik und Frührenaissance, eines der größten Meister religiöser Malerei, dem Zeitgenossen bezeichnenderweise den Namen „Fra Angelico" zulegten, der „Engelgleiche".

Welche Neuerungen führte Tizians Hochaltarbild in der „Frarikirche zu Venedig" in die Kunst ein?

Die auftraggebenden Franziskaner, volkstümlich „Frari" genannt, zweifelten zunächst, ob Tizians (zwischen 1485 und 1490–1576) 1516–18 für ihre Kirche in Venedig gemalte, fast 7 m hohe und gut 3,5 m breite Hochaltartafel für das Thema der *Himmelfahrt Mariä (Assunta)* geeignet sei. Zu vehement schien ihnen die Erregung der Apostel ausgedrückt, zu kostbar farbenprächtig die Gesamterscheinung. Der Komposition liegt ein spitzwinkliges Dreieck zugrunde, das die beiden zinnoberrot gekleideten Apostel am Sarkophag mit der Gestalt Mariens verbindet und den Blick weiter hinaufführt zu Gottvater. Eine kühne Neuerung war auch die Körperdrehung der Gottesmutter vor einer gleißenden Aureole.

Welche Neuerungen bringt Albertis bekanntester Palastbau?

Auch in der Geschichte des Florentiner Stadtpalastes brachte Leon Battista Alberti (1404–72), einer der herausragenden Architekten der Frührenaissance, die Entwicklung maßgeblich voran. Von ihm stammt der Entwurf des Palazzo, den sich der Florentiner Kaufmann Giovanni *Ruccellai* 1446–51 errichten ließ. Alberti behält die Rustizierung des *Palazzo Medici* bei, aber in flacherem Relief, und gliedert dieses nach dem Vorbild des antiken Kolosseums in Rom durch ein Gerüst von Pilastern und Gesimsen – wobei er die Kapitelle in den drei Stockwerken von unten nach oben der dorischen, ionischen und korinthischen Ordnung annähert.

Welches Bildnis fällt völlig aus dem Rahmen der Florentiner Frührenaissancemalerei?

Das von Domenico Ghirlandaio (1449–94) 1488 auf Holz gemalte Bildnis *Großvater und Enkel* (Paris, Louvre) beeindruckt durch die Psychologie des gütig-nachdenklichen

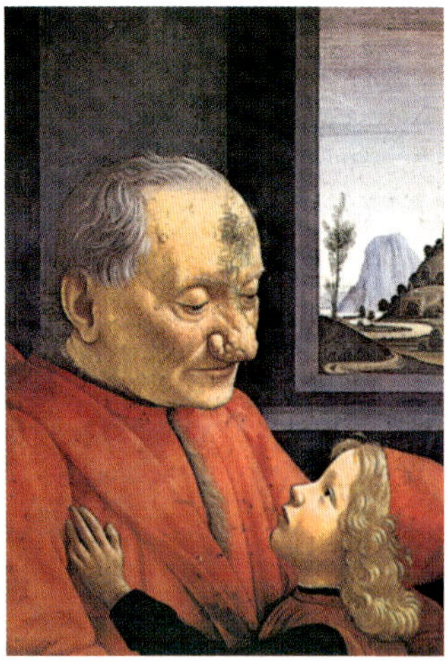

Domenico Ghirlandaio: *Großvater und Enkel*, 1488 (Paris, Louvre)

Blickes des alten Mannes auf das vertrauensvoll aufschauende Kind. Doch es ist auch das Männergesicht mit der krankhaft entstellten Nase, das die Ausnahmestellung dieses Porträts in der Florentiner Frührenaissance ausmacht. Nie zuvor war hier der Realismus mit Einschluss des Hässlichen so weit getrieben worden. Vermutlich hat hier der nach 1475 nach Florenz gekommene *Portinari-Altar* des Niederländers Hugo van der Goes (um 1440–82) einen entscheidenden Impuls gegeben.

Wo lernte Piero della Francesca die altniederländische Malerei kennen und schätzen?

Der für die Frührenaissance so bedeutende Piero della Francesca (um 1420–92) hatte Gelegenheit, am Hof von Urbino die altniederländische Malerei sowohl in der Sammlung des Herzogs als auch durch die Person seines dort engagierten Malerkollegen Justus van Gent (1435/40–nach 1480), kennen zu lernen. Dieser Einfluss zeigt sich auch in seiner mit feinsten Öllasuren operierenden Maltechnik, die sich damals nur noch mit der Vorgehensweise Antonello da Messinas (um 1430–79) vergleichen lässt.

Wer schuf die berühmteste Skulptur im „Park von Pratolino"?

Die Medici erbauten zur Zeit des Manierismus eine große *Villa bei Pratolino*, in den Ausläufern des Apennin. Sie besaß unterirdische Grotten, bevölkert von wasserbetriebenen Automaten, während draußen Wasserspiele lockten, gleichsam verlebendigt mit dreidimensionalen Genrefiguren, Wäscherinnen und Fischern. Das Meisterwerk ist ein aus Ziegeln und Stuck aufgebauter kauernder *Gigant*, den Giambologna (1529–1608) um 1580 geschaffen hat, so groß, dass in seinem Körper mehrere Räume Platz fanden; sein buckeliger Rücken symbolisiert die Berge des Apennin.

Welcher Baumeister vollzog im 16. Jh. die entscheidende Weichenstellung der französischen Architektur?

Der 1546 vom manieristischen Architekten Pierre Lescot (um 1500/10–78) begonnene Westflügel des *Louvre* in Paris geht vom Formenapparat der italienischen Hochrenaissance aus, kombiniert diese jedoch mit einem flächenhaft klar geordneten Dekor, der nicht als plastische Gliederung des Baukörpers, vielmehr als elegante Rhythmisierung der Wand empfunden wird. Auch in den nächsten Jahrhunderten wird die französische Architektur hauptsächlich an diesem Prinzip festhalten.

Wer malte den berühmten Zyklus der „Uomini famosi“?

„Uomini famosi“, „berühmte Persönlichkeiten“, historische und mythologische Gestalten die allen Zeiten als Exempel von Tapferkeit, Tugend und Gelehrsamkeit dienen konnten, waren nicht nur in der Literatur des Trecento-Humanismus und im Geniekult der Renaissance ein beliebtes Motiv, sondern auch in der bildenden Kunst. Der berühmteste einschlägige Zyklus, der sich erhalten hat, sind die Fresken, die Andreal del Castagno (um 1421/23–57) um 1450 in der *Villa Pandolfini in Legnaia* malte (heute Florenz, Uffizien).

Wen stellt Botticellis „Venus“ dar?

Sandro Botticellis (um 1445–1510) um 1477 vollendetes Leinwandbild *Die Geburt der Venus* (Florenz, Uffizien) ist eines der ersten mythologischen Themen großen Formats in der Frührenaissance. Es zeigt die in einer Muschel geborene Göttin Aphrodite bzw. Venus, die Zephirwinde zur Insel Zypern getrieben haben, wo eine der Horen mit einem blütengeschmückten Gewand auf Venus wartet. Denn nur bekleidet kann die Göttin der Liebe in den Kreis der olympischen Götter aufgenommen werden. Botticelli gibt die Aktfigur im gleichen antiken Typus der „Venus pudica“ (Schamhafte Venus) wider, mit dem schon Masaccio seine *Eva* in der *Brancacci-Kapelle* vorgetragen hatte. Im Antlitz der Venus spiegeln sich die Gesichtszüge der Simonetta Vespucci wieder, der Geliebten des Auftraggebers, des Giuliano de' Medici, der 1478 der Pazzi-Verschwörung zum Opfer fiel.

Wo befindet sich eines der schönsten Rathäuser des Manierismus in den ehemaligen Niederlanden?

Der Bildhauer, Architekt und Ornamentstecher Cornelis Floris (1514–75) erbaute

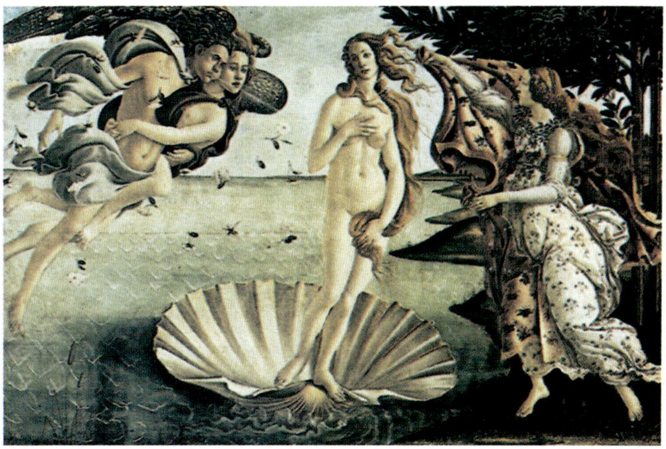

Sandro Botticelli: *Die Geburt der Venus*, um 1477 (Florenz, Uffizien)

1561–65 das *Rathaus in Antwerpen* und verzichtete dabei auf die ansonsten übliche überladene Dekoration. Das hohe Dach und der hohe Spitzgiebel in der Mitte der Front formulieren die heimische Tradition, wohingegen die proportional abgewogene Geschosshöhe über dem Rustikasockel vom klassisch-italienischen Empfinden dieses architektonischen Meisterwerks spricht. Manieristisch ist der komplizierte Mittelbau und das Einklemmen der Pilaster zwischen eng gestellte Fenster.

Welche Monumentalstatue Cellinis zählt zu den Hauptwerken manieristischer Plastik?

1554 vollendete Benvenuto Cellini (1500–71) die monumentale Bronzestatue des *Perseus* (Florenz, Loggia dei Lanzi). In der gewaltigen Übersteigerung der Muskelanatomie, im Kontrast zwischen kühler Distanziertheit und krassem Realismus – etwa im herausströmenden Blut des abgeschlagenen Medusenhauptes – ist ein für den Manierismus typisches Spiel mit Ausdrucksmöglichkeiten auf höchstem Niveau verwirklicht.

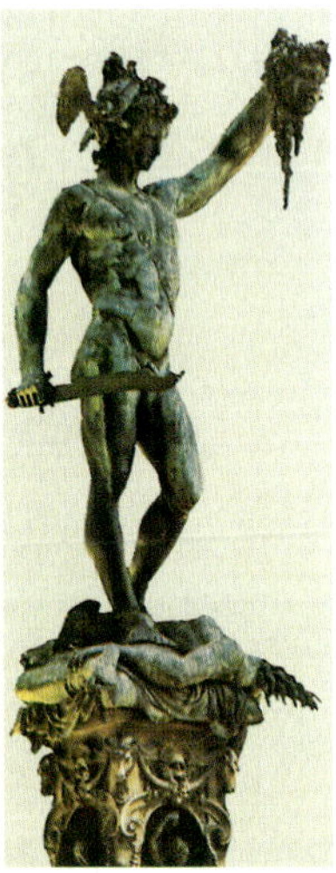

Benvenuto Cellini: *Perseus*, vor 1554 (Florenz, Loggia die Lanzi)

Was versteht man unter dem „Florisstil"?

Als „Florisstil" bezeichnet man den von dem niederländischen Ornamentstecher und Architekten Cornelis Floris (1514–75) geschaffenen Ornamentstil des nordischen Manierismus, der das sog. Rollwerk mit der römischen Groteske verband und in der 2. Hälfte des 16. Jh. v. a. die Bauornamentik beherrschte.

Wo liegen die Quellen zu Masaccios Stil?

Um 1424 begann Masaccio (1401–28) gemeinsam mit dem älteren Masolino (1383–nach 1435) mit der Ausmalung der dem hl. Petrus geweihten *Brancacci-Kapelle* in *S. Maria del Carmine zu Florenz*. In diesen Fresken konzentrierten sich alle Möglichkeiten des so innovativen und genialen Künstlers. Wo liegen die Quellen zu seinem monumentalen Stil? Der Blick auf die Malerei der vorangehenden Generation hilft bei dieser Frage kaum weiter, einleuchtender ist der Verweis auf das Frühwerk der Bildhauer Donatello und Nanni di Banco.

Existierte ein Renaissance-Markt für „anzügliche" Frauenporträts?

Von Tizian (zwischen 1473 und 1490–1576) und seinen Zeitgenossen Paolo Veronese (1528–88) und Palma Vecchio (um 1480–1528) stammen etliche halbfigurige Bilder schöner Frauen, möglicherweise Porträts venezianischer Kurtisanen, die alle Titel wie *Flora*, *Lucretia* oder einfach *La Bella* (die Schöne) tragen. Es muss ein ausgesprochener Markt für solche Sujets bestanden haben.

Welche Vorgeschichte hat Uccellos „Reiterbildnis des John Hawkwood"?

Das über 7 m hohe *Reiterbildnis des Giovanni Acuto* (eigtl. John Hawkwood), das Paolo Uccello an eine Wand des *Florentiner Doms* malte und 1436 datierte und signierte, hat eine lange Vorgeschichte. Zuerst plante man für den verdienten Söldnerführer ein Marmorgrabmal. Da das zu teuer geworden wäre, beauftragte man Agnolo Gaddi (um 1350–96), ein gemaltes Reiterbildnis zu schaffen. Da dieses 1433 für veraltet galt, wurde es durch Uccellos Werk ersetzt, das die neuen Möglichkeiten der perspektivischen Verkürzung und plastisch-praller Körperlichkeit durchspielte.

Auf welches Konkurrenzbild antwortet Leonardo da Vincis „Anna selbdritt"?

Leonardos (1452–1519) *Hl. Anna selbdritt*, um 1508 (Paris, Louvre), zeigt Maria auf dem Schoße ihrer Mutter Anna und vor ihr das mit einem Lamm spielende Jesuskind. Die überaus komplizierte und gegenläufige Bewegung der trotz allem zu einer unlöslichen kompositionellen Einheit verschmolzenen Figuren versteht sich als Antwort und Alternative zu dem 1503/04 gemalten *Tondo Doni* (Florenz, Uffizien), dem einzigen gesicherten Tafelbild Michelangelos (1475–1564).

Welche römische Jesuitenkirche des 16. Jh. gab der kommenden Kirchenbaukunst entscheidende Anstöße?

Giacomo da Vignolas (1507–73) 1568 begonnener Neubau der Jesuitenkirche *Il Gesù in Rom* griff auf Albertis *S. Andrea in Mantua* zurück und erhob den Typus der Wandpfeilerkirche (das Langhaus anstelle von Seitenschiffen durch nischenartige Kapellen zwischen den ins Innere gezogenen Pfeilern begleitet, gekoppelte Pilaster stützen ein breites Gebälk, auf dem ein mächtiges Tonnengewölbe aufruht) zum maßgeblichen sakralen Raumtypus der Gegenreformation und des Barock.

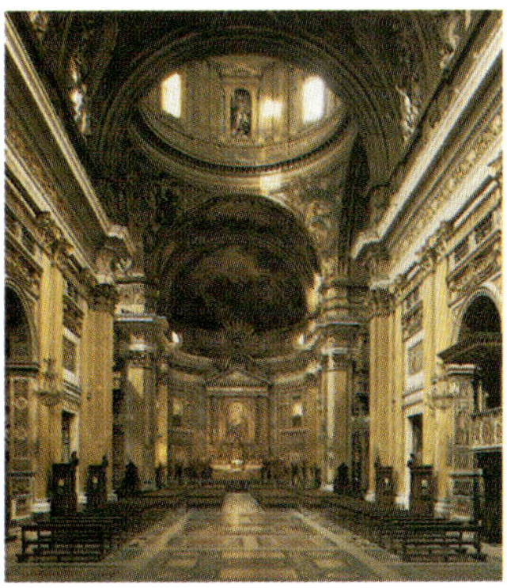

Giacomo da Vignola: *Il Gesù* in Rom, ab 1568

Wie heißt einer der wichtigsten, von Michelangelo beeinflussten französischen Bildhauer des Manierismus?

Nachhaltig von Michelangelo beeinflusst war der französische Bildhauer Germain Pilon (1525–90), der an verschiedenen großen, königlichen Vorhaben arbeitete, unter denen das *Grabmonument König Heinrichs II. in St.-Denis* herausragt (1565–66).

An welchem Gemälde arbeitete Leonardo da Vinci gemeinsam mit seinem Lehrer Verrocchio?

Um 1475 vollendete der auch als Bildhauer bekannte Andrea del Verrocchio (um 1435–88) das Tafelbild mit der *Taufe Christi* (Florenz, Uffizien). Johannes der Täufer scheint mit energischem Schritt in das Bild einzutreten, ein Kompositionsprinzip, das Verrocchio wenig später an seiner bronzenen *Christus-Thomas-Gruppe* in einer Nische von *Or San Michele* in Florenz wieder demonstrieren wird. Im Kontrast zu den scharf und kühl gezeichneten Hauptpersonen gewinnen die Engelsgruppe und die Hintergrundslandschaft eine malerische Weichheit, die sich der Mitwirkung von Verrocchios Schüler Leonardo da Vinci (1452–1519) verdankt.

Wo befindet sich das berühmteste astrologische Freskenprogramm der Frührenaissance?

Das gelehrte Programm für die Ausschmückung des großen Festsaals (Sala dei Mesi) im *Palazzo Schifanoia in Ferrara* entwarf der Astrologieprofessor Pellegrino Prisciani: 12 Wandfelder sind jeweils einem Monat zugeordnet. Jedes von ihnen ist horizontal in drei Register geteilt. Das oberste zeigt den Triumph des astrologischen Monatsregenten, der mittlere Streifen bringt Tierkreiszeichen und Sterndämonen, die untere Zone ist den an den jeweiligen Monat gekoppelten höfischen Ereignissen gewidmet. Der Zyklus wurde zwischen 1460 und 1470 von Francesco del Cossa (1436–77/78) und Cosmè Tura (um 1430–95) ausgeführt.

Wie hießen die wichtigsten italienischen Maler, die zu Beginn des 16. Jh. in Frankreich tätig waren?

Auf Leonardo da Vinci, der 1516 einer Einladung durch

König Franz I. nach Frankreich nachkam, folgten 1530 Rosso Fiorentino (1494–1540) und ein Jahr später der Bolognese Francesco Primaticcio (1504–70), die mit der Ausmalung des *Schlosses in Fontainebleau* (Schule von Fontainebleau) die Hochrenaissance nach Frankreich brachten und sie zugleich im Sinne des Manierismus verwandelten.

Welcher italienische Maler der ausklingenden Hochrenaissance wurde nicht zuletzt durch erotische mythologische Gemälde bekannt?

Antonio Allegri (um 1489–1534), bekannt als Correggio, tätig am kleinen Provinzhof in Parma, schildert in vier mythologischen Bildern nach Ovid die Liebesabenteuer Jupiters. Bestimmt war der kleine Zyklus für den Palast des Herzogs Federico Gonzaga von Mantua. In *Jupiter und Io*

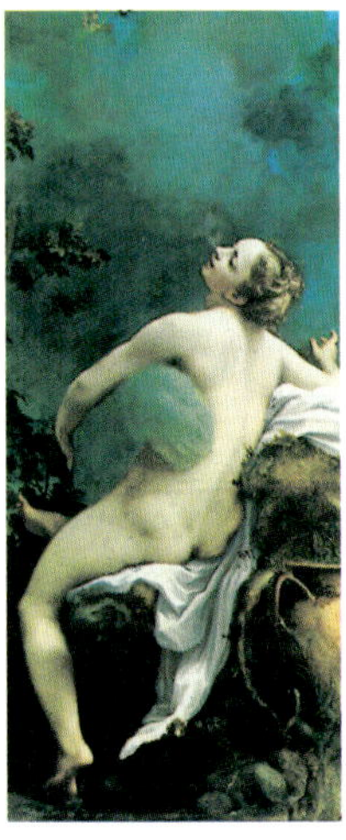
Correggio: *Jupiter und Io*, um 1532 (Wien, Kunsthistorisches Museum)

(um 1532; Wien Kunsthistorisches Museum) z. B. evoziert Correggio in einer Mischung aus klassischer Form und sanftem Naturalismus einen hocherotischen femininen Sensualismus und eine lichte Grazie, die zum bewunderten Markenzeichen seines klassizierenden Stils wurden.

Was sind die „Boboli-Gärten"?

Bald nach 1540 ließ die Gemahlin des Cosimo de' Medici die typisch manieristische Anlage der *Boboli-Gärten in Florenz* beginnen, mit Brunnen und antikisierenden Statuen sowie mit ländlichen Figuren. Bernardo Buontalenti (um 1531–1608) entwarf hier später die *Große Grotte*. In ihr verwendete er sogar Michelangelos unvollendete *Sklaven* (urspr. für das *Juliusgrabmal* gedacht) als Eckstützen (jetzt Stuck-Kopien). An die Wölbung freskierte man eine Pergola sowie einen freien Himmel mit Tieren und Vögeln.

Welcher Künstler steht in Spanien am Anfang der Renaissancemalerei?

In Kastilien vereinte die Malerei während des 15. Jh., nicht zuletzt bedingt durch die Sammelleidenschaft der Könige, niederländische und italienische Einflüsse mit der heimischen Tradition. Pedro Berruguete (um 1450–um 1504), der seit 1477 in Urbino am Hof des Federico da Montefeltro tätig war, griff nach seiner Rückkehr nach Spanien 1483 all diese Möglichkeiten auf und leitete mit ihrer Hilfe die Renaissancemalerei in Spanien ein.

Welches Werk Leonardos läutete sozusagen die Hochrenaissance ein?

Obwohl nur in der Untermalung ausgeführt, bildet Leonardo da Vincis (1452–1519) Tafelbild der *Anbetung der Könige*, das um 1481 vollendet wurde (Florenz, Uffizien), gleichsam den Auftakt zur Hochrenaissance, indem es u. a. die im annähernd quadratischen Format vollzogene Figurenanordnung um die in sich gedrehte und so in alle Richtungen „ausstrahlende" Gruppe von Mutter und Kind zentriert. Die knienden Könige verbinden sich mit der Marienfigur zu einer „klassischen" Dreieckskomposition.

Auf welche Dichtung kann Giorgiones „Ländliches Konzert" zurückgeführt werden?

Jacopo Sannazaro hat in seinem 1502 in Venedig veröffentlichten Schäferroman „Arcadia" das griechische Hirtenland als geistige Landschaft wieder entdeckt. Bemerkenswert ist, dass der Dichter ein „Neues Arkadien" schuf, indem er die Schönheit des venezianischen Festlandes mit dem antiken Motiv verband. Die Thematik einer der schönsten und auch beispielhaftesten Pastorallandschaften der venezianischen Malerei, das traumhaft anmutende *Ländliche Konzert* Giorgiones (um 1477/78–1510), um 1508/10, (Paris, Louvre), das noch im 19. Jh. Édouard Manets Skandalbild *Das Frühstück im Freien* inspirierte, konnte darauf zurückgeführt werden.

Wie beschreibt Goethe das Hauptanliegen der Hochrenaissance anlässlich der Fresken Michelangelos in der Sixtina?

Unter dem 2. Dezember 1786 schreibt Goethe in der „Italienischen Reise“: Am 28. November kehrten wir zur *Sixtinischen Kapelle* zurück [...] Und ich bin [...] so für Michelangelo eingenommen, dass mir nicht einmal die Natur auf ihn schmeckt, da ich sie doch nicht mit so großen Augen wie er sehen kann.“ Hier ist ein Grundmuster der Hochrenaissance angesprochen: ihr Verhältnis zu Naturnachahmung im Sinne einer hinter jedem Naturgegenstand stehenden „Idee“, einer Verschmelzung des Natur-Schönen mit dem Ideal-Schönen.

Welche Skulpturen des 16. Jh. gehören in Frankreich zum Höhepunkt einer klassizierenden Renaissance-Richtung?

Die von Jean Goujon (um 1510–65) 1550–51 im großen Saal des *Louvre* geschaffenen *Karyatiden-Figuren* an der Musikertribüne zählen zu den Meisterleistungen der für die damalige Zeit in Frankreich typischen klassisch-idealisierenden Stilstufe der Renaissanceplastik, die den manieristischen Überschwang zurükkzudrängen beginnt.

Welches Renaissance-Gemälde wurde als „Cristo in scurto“ berühmt?

Bereits im 16. Jh. kannte man Andrea Mantegnas (1431–1506) um 1480 geschaffenes Leinwandbild mit dem *Toten Christus* (Mailand, Pinacoteca di Brera) unter dem Titel *Cristo in scurto*, der auf den extrem in die Bildtiefe sich verkürzenden Leichnam des Heilands verweist. Eine derartige perspektivische Virtuosität hatte es bis dahin noch nicht gegeben. Der so dem Betrachter nahe gerückte Anblick der Wundmale an Händen und Füßen lässt die Unbedingtheit des Todes und zugleich den eucharistischen Verweis der Male besonders deutlich werden.

Wer vollendete Tizians letztes Werk?

Tizians (zwischen 1473 und 1490–1576) letztes Werk war eine um 1573–76 auf eine großformatige Leinwand gemalte *Pietà* (Venedig, Galleria dell' Accademia). Das Bild war für den Altar über seinem Grabmal bestimmt. Der Meister konnte es nicht mehr ganz zu Ende führen, Jacopo Palma d. J. (um 1548–1628), einst ein Mitglied der Tizian-Werkstatt, hat die fehlenden

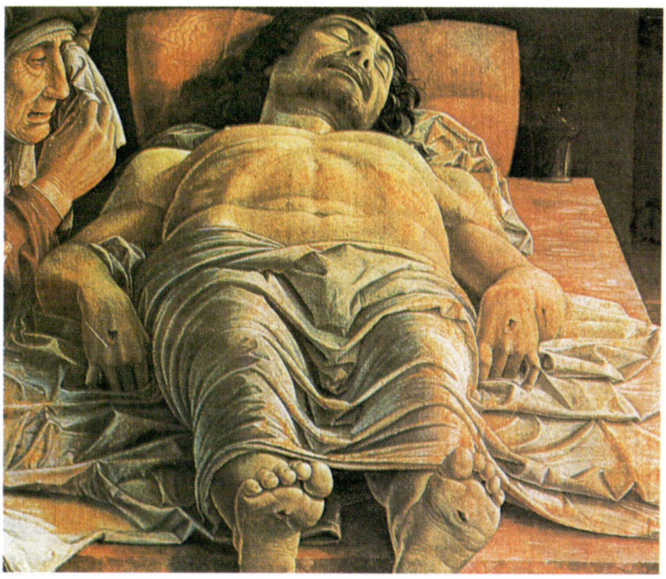

Andrea Mantegna: *Der tote Christus (Cristo in scurto)*, um 1480 (Mailand, Pinacoteca di Brera)

Partien vollendet. Wie im sonstigen Spätwerk Tizians ist auch dieses erschütternde Gemälde derart aus der Farbe heraus gestaltet, dass man von einer Art „vorimpressionistischen" Wirkung sprechen konnte.

Wie heißt der Künstler venezianischer Herkunft, der in der Frührenaissance die Altarbildmalerei revolutionierte?

Die *Altartafel mit der thronenden Madonna zwischen Heiligen*, die Domenico Veneziano (um 1410–61) um 1442–48 schuf (Florenz, Uffizien), stellt eines der revolutionärsten Werke der Frührenaissance dar. Denn sie ist ein Meilenstein auf dem Weg zur Vereinheitlichung des Altarbildes, das nicht mehr wie ein Polyptychon die Madonna und die flankierenden Heiligen auf einzelne Tafeln verteilt. Domenico vereinigt sie vielmehr in einem homogenen Bildraum. Außerdem verwendete er Öl als Bindemittel und gelangte dadurch zu einer bisher unbekannten farbigen Nuanciertheit, die erstmals in Italien auch das Sonnenlicht mit malerischen Mitteln wiedergab. Hier konnte dann sein Schüler Piero della Francesca ansetzen.

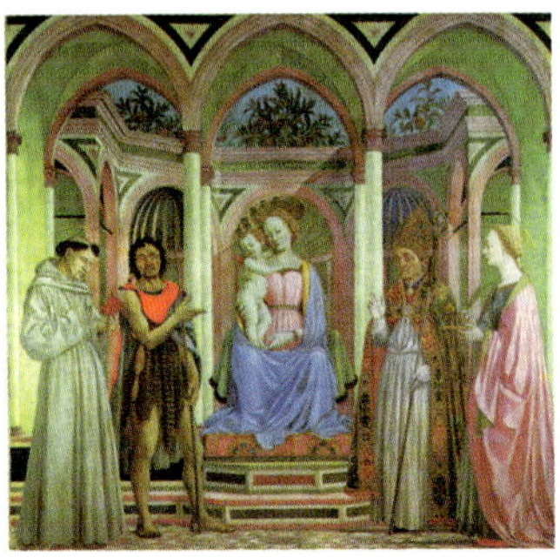

Domenico Veneziano: *Madonna mit Kind und Heiligen*, um 1442–48 (Florenz, Uffizien)

Welches war das umfangreichste bildhauerische Projekt der Renaissance im ganzen deutschsprachigen Raum?

Im 1. Jahrzehnt des 16. Jh. gab man für das *Grabmal Kaiser Maximilians I.* (reg. 1493–1519) in der *Hofkirche zu Innsbruck* bei vielen verschiedenen Künstlern ein bildhauerisches Programm in Auftrag, das alle bisherigen Maßstäbe sprengen sollte. 40 überlebensgroße Statuen waren vorgesehen, 32 Büsten und 100 Statuetten. Als die Arbeiten um 1550 eingestellt wurden, war nur ein Teil vollendet. Die 1513 von dem Nürnberger Peter Vischer d. Ä. (um 1460–1529) nach einem Entwurf Dürers gegossene überlebensgroße Gestalt des *König Artus*, in der der antike Kontrapost souverän angewandt ist, ist ein Beispiel dafür, dass dieses Programm zu den Wegbereitern der Renaissance im Römischen Reich deutscher Nation gehörte.

Welche Gartenanlage steht am Anfang der manieristischen Entwicklung?

Herzog Cosimo de' Medici initiierte die Mode der Gartenskulptur gegen 1540, als er einen neuen „Wassergarten" für *Il Castello*, eine Villa etwas außerhalb von Florenz, anlegen ließ. Dieser war verschwenderisch ausgestattet mit Statuen, monumentalen Brunnen- und dekorativen Grottenanlagen, Letztere bevölkert von Tiergruppen aus bemaltem Stein und einer Schar bronzener Vögel aus der Hand Giambolognas (jetzt im Bargello zu Florenz). Der Intendant des Ganzen war Niccolò Tribolo (1500–50).

Wem war Brunelleschis „Findelhaus" in Florenz gewidmet?

1419 erhielt Filippo Brunelleschi (1377–1446) von der Florentiner Seidenmacherzunft den Auftrag, das *Findelhaus* für jene Institution, die die ausgesetzten Findlingskinder betreute, zu bauen. Der Bautrakt aus Kirche und Hospiz, um einen Kolonnadenhof gruppiert, wurde zu einem der Erstlingswerke der Frührenaissance-Architektur. Die Anlage ist den „Innocenti" gewidmet, den unschuldigen biblischen Opfern des Kindermords in Bethlehem.

Was versteht man unter einem „Studiolo"?

Das „Studiolo" ist ein kleiner Raum, der die Aufgaben einer Studierstube, einer Bücherei und einer Schatzkammer in sich vereinte. Seine Ursprünge lassen sich ins 14. Jh. zurückverfolgen, zum *Papstpa-*

last in Avignon und zu französischen Schlössern ebenso wie zu den Häusern der Humanisten und Kaufleute. Die Renaissance-Elite, etwa die Medici in Florenz und die Gonzaga in Mantua, bevorzugten das „Studiolo", mit seiner exklusiven Innendekoration und den kostbaren Ausstattungsstücken, als Empfangsraum für erlesene Gäste. Die Wände und Schränke dieser Studios schmückten oft Intarsien, hölzerne Einlegearbeiten, die den Höhepunkt ihrer künstlerischen Entwicklung im 15. und frühen 16. Jh. erlebten.

Wen stellt Tizians „Venus von Urbino" dar?

Tizians (zwischen 1473 und 1490–1576) *Venus von Urbino* (Florenz, Uffizien) wetteifert um 1538 mit Giorgiones rund 30 Jahre früher entstandenen *Venus* in Dresden. Die Übereinstimmung geht bis in Einzelheiten. Und dennoch ist die junge nackte Frau entschieden ins Diesseitige hereingeholt: stellt sie doch auch keine Göttin oder Nymphe dar, sondern eine schöne Kurtisane, für die Frauen im Hintergrund Kleider bereitlegen.

Wo taucht erstmals das Triumphbogen-Motiv in der Grabskulptur der Renaissance auf?

Das 10,50 m hohe *Marmorgrabmal des Pietro Mocenigo in SS. Giovanni e Paolo in Venedig* wurde 1476–81 von Pietro Lombardo (um 1435–1515) hergestellt. Bevor Mocenigo zum Dogen gewählt wurde, hatte er als Admiral in mehreren Seeschlachten die Türken besiegt. Sein Grabmal wurde aus dem Erlös der Kriegsbeute bezahlt. Der Doge steht auf dem Sarkophag und ist umgeben von neun Kriegern – das Ensemble ist erstmals in der Sepulkralkunst in ein Triumphbogenmotiv eingeordnet.

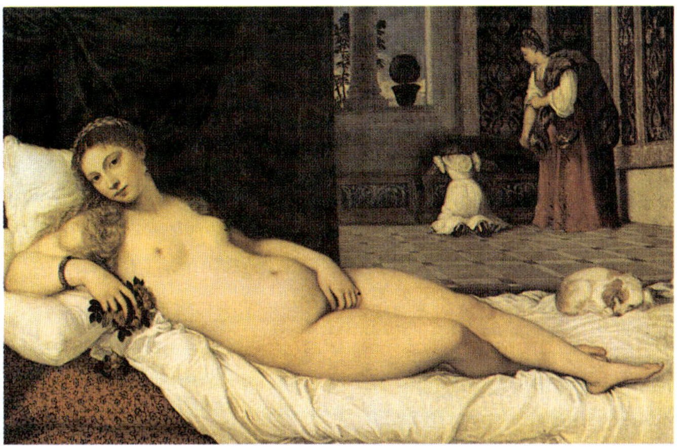

Tizian: *Venus von Urbino*, um 1538 (Florenz, Uffizien)

Was macht den Rang Leon Battista Albertis als Kunsttheoretiker aus?

1434 kehrte der Architekt und Schriftsteller Leon Battista Alberti (1404–72) nach Jahren des Exils nach Florenz zurück. Noch im gleichen Jahr veröffentlichte er einen Traktat über die Malerei, in dem er die Perspektive, den Bildentwurf mittels der vorrangigen Zeichnung, Licht und Farbe im Dienst erzählerischer Klarheit und die Würde der Malerei im Sinne der Alten erörtert. Es ist der erste moderne Kunsttraktat, der die Malerei auf die Ebene der Freien Künste hebt.

Welcher Spätrenaissance-Maler schuf die berühmtesten Dekorationen einer Palladio-Villa?

Die Ausstattung der 1559 von Andrea Palladio (1508–80) vollendeten *Villa Barbaro in Maser* (Treviso) mit Fresken Paolo Veroneses (1528–88) gehört zum Eindrucksvollsten, was die venezianische Malerei der Spätrenaissance aufzuweisen hat. Die Fresken mit ihren scheinbaren Ausblicken in Nebenräume oder in fiktive Parklandschaften rings um die Villa, mit lebensecht wirkenden Gestalten, die durch eine Tür zu kommen oder von einer Balustrade herabzublicken scheinen, verwirklichen den höchsten Grad an Illusionismus, der dem 16. Jh. möglich war.

Wo befinden sich die umfangreichsten Arbeiten des Frührenaissance-Malers Masolino?

Der umfangreichste Freskenzyklus Masolinos (1383–nach 1435) – welcher mit Masaccio gemeinsam an der *Brancacci-Kapelle in S. Maria del Carmine zu Florenz* arbeitete –, befindet sich im *Baptisterium von Castiglione Olona*. Auftraggeber der perspektivisch sehr bemühten Bilder war 1435 der aus ärmsten Schichten zum hohen kirchlichen Würdenträger aufgestiegene Kardinal Branda Castiglione.

Welches ist das berühmteste Schlachtengemälde der deutschen Renaissance?

Albrecht Altdorfers (um 1480–1538) *Alexanderschlacht* (München, Alte Pinakothek), die 1529 vollendet war, bettet das aus unzähligen Figuren zusammengesetzte Schlachtengetümmel in das Panorama einer Art Weltlandschaft ein. Die Tafel ist nicht nur einer der bekanntesten Schlachtenbilder der deutschen Renaissance, sondern der gesamten Kunstgeschichte. So nannte es nicht zuletzt Napoleon I., der es als Kriegsbeute nach Paris entführte und in sein Badezimmer in Saint Cloud hängte.

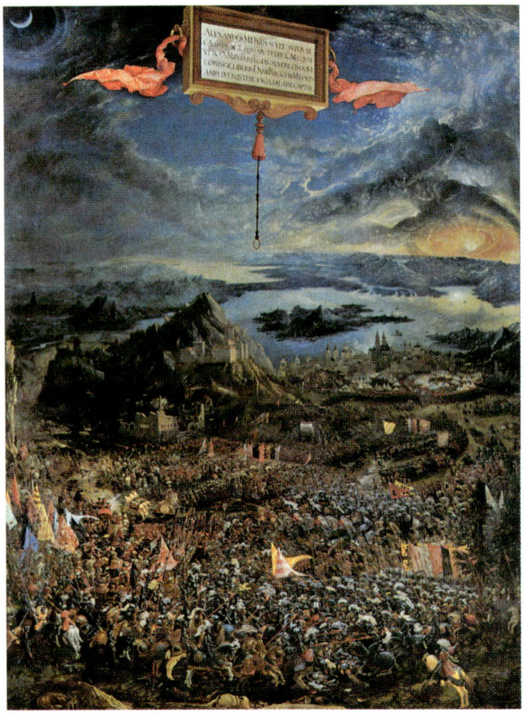

Albrecht Altdorfer: *Alexanderschlacht*, 1529 (München, Alte Pinakothek

Welcher Florentiner Künstler leistete Entscheidendes für Italien im Medium des Kupferstichs?

Mit dem 1475 angefertigten großformatigen Kupferstich *Schlacht der nackten Männer* schuf Antonio del Pollaiuolo (1432?–98?) nicht nur das Hauptwerk der Florentiner Kupferstichkunst, sondern eines der bedeutendsten Beispiele dieser Technik überhaupt. Und es ist zugleich das erste Blatt, das mit dem vollen Künstlernamen signiert ist. Es zeigt beispielhaft Pollaiuolos darstellerisches Hauptinteresse: nackte Körper in Bewegung.

Vor welchem gestalterischen Problem stand Nanni di Banco mit seinen „Santi Quattro Coronati"?

Die sog. *Quattro Coronati* waren vier Heilige, angeblich christliche Bildhauer, die unter Kaiser Diokletian den Märtyrertod erlitten. Später hat man sie zu Zunftpatronen der Steinmetzen erhoben. Nanni di Banco (um 1373–1421) schuf die entsprechende Marmorgruppe um 1410/15 für eine Nische an der Florentiner Zunftkirche *Or San Michele*. Die beiden mittleren Figuren zeigen deutlich den Einfluss antik-römischer Plastik. Die Schwierigkeit, gleich vier Figuren in einer einzigen Nische unterbringen zu müssen, löste Nanni meisterhaft, indem er die Statuen vier

Pilastern zuordnete und sie einen Halbkreis bilden ließ – eine Vorankündigung der Sacra-Conversazione-Gruppen in Malerei und Bildhauerei der Renaissance.

Wer war Jacopo della Quercia?

Jacopo della Quercia (1374?–1438) war die kongeniale, wenn auch einzige Antwort Sienas auf die Bildhauer der Frührenaissance in Florenz. Um 1406 hatte er beispielsweise das wunderschöne *Marmor-Grabmal der Ilaria del Carretto in S. Michele in Foro in Lucca* geschaffen.

An welchen Vorbildern orientierte sich Michelangelo für seine „Pietà" im „Petersdom"?

Die 1498–1500 von Michelangelo (1475–1564) gearbeitete herrliche *Marmor-Pietà* war von Kardinal Jean Villier de la Grolaie für seine Grabkapelle in der alten *Peterskirche* in Auftrag gegeben worden. Das Motiv der Pietà war in der gotischen Plastik nördlich der Alpen üblich, jedoch nicht im Italien der Renaissance. Michelangelo musste sich deshalb an kleinen, aus dem Norden importierten Pietà-Skulpturen orientieren. Freilich monumentalisierte und idealisierte er diese Vorbilder auf unvergleichliche Weise. 1972 hat ein Geisteskranker die 174 cm hohe Gruppe Mariens mit dem toten Sohn in ihren Armen beschädigt.

Welches Fresko zählt zu den schönsten antikisierenden Mythologien der Hochrenaissance?

Die zwischen etwa 1511 und 1514 von Raffael (1483–1520) in einem Saal der *Villa Farnesina* geschaffene Wandmalerei mit dem *Triumph der Galatea* stellt einen der am besten gelungenen Versuche dar, die Welt der antiken Götter in klassischer Bildform wieder vor Augen zu stellen.

Wo fand die illusionistische Wandmalerei ihre überzeugendste Verwirklichung in der italienischen Hochrenaissance?

Die Fresken, die der gebürtige Sienese Baldassare Peruzzi (1481–1536) um 1515 in der *Sala delle Prospettive der Villa Farnesina in Rom* schuf, formieren die wohl schönste illusionistische Wanddekoration der Hochrenaissance. Städteansichten und Gartenlandschaften dringen scheinbar zwischen monumentalen gemalten Säulenstellungen in den Innenraum ein.

Wie heißt der niederländische Maler, der zu den bedeutendsten Künstlern am Hof Rudolfs II. gehörte?

Bartholomäus Spranger (1546–1611), in Antwerpen geboren, trat 1575 in den Dienst Kaiser Maximilians II. in Wien, wo er bis 1580 blieb. Dann übersiedelte er nach Prag und wirkte dort bis zu seinem Tod als kaiserlicher Kammermaler am Hof Rudolfs II. Mit ihm hielt vollends der niederländische Spätmanierismus Einzug in der Moldaustadt.

Wer bebilderte das „Stundenbuch des Kardinals Alessandro Farnese"?

Das *Stundenbuch des Kardinals Alessandro Farnese* (1520–89) entstand 1537-46 (New York, Pierpont Morgan Library). Es ist das bekannteste Manuskript der italienischen Spätrenaissance. Auftraggeber war ein Kirchenfürst, der bereits als Vierzehnjähriger zum Kardinal gewählt wurde und den Purpur mehr als ein halbes Jahrhundert trug. Von ihrem anspruchsvollen theologischen Inhalt abgesehen, wird das Auge überwältigt von der Virtuosität der Miniaturen und üppigen Bordüren. Letztere verdinglichen sich zu scheinarchitektonischen Rahmungen, voll gepackt mit michelangelesken Aktfiguren, deren weißfarbene Leiber mit den bronzenen Sockel-Atlanten kontrastieren; wie Kameen, wie in der Art geschnittener Steine sind kleine Tondi mit Grisaillen eingelassen. Alle Bilder stammen von Giulio Clovio (1498–1578), den Vasari in seinen Lebensbeschreibungen von 1550 als den bedeutendsten Miniator aller Zeiten bezeichnete und an Rang mit Raffael, Tizian und Michelangelo gleichsetzte.

Wer war der wichtigste holländische Grafiker des Spätmanierismus?

Hendrick Goltzius (1558–1617) ist der bedeutendste holländische Grafiker des späten Manierismus, der mit vielen Techniken experimentierte und beispielsweise auch den Farbholzschnitt, wie ihn die Deutschen schon des längeren kannten, in seiner Heimat einführte. V. a. seine Kupferstiche zeichnen sich durch erlesene Meisterschaft und eine delikate Linienführung, oft im Sinne manieristisch überlängter Gestalten, aus.

Woher stammt das einzige Schnitzwerk Michelangelos?

Aus der Hand Michelangelos (1475–1564) ist ein einziges geschnitztes Werk erhalten geblieben, der bis 1962 verloren geglaubte *Kruzifixus vom Hochaltar in S. Spirito* (Florenz, Casa Buonarroti). Christi zerbrechlich feine Gestalt war ursprünglich mit einem Lendentuch aus Stoff bekleidet.

Wer schuf das erste gezeichnete Selbstporträt der Kunstgeschichte?

Als der dreizehnjährige Albrecht Dürer (1471–1528) seine Gesichtszüge in einer Zeichnung festhielt (1484; Wien, Graphische Sammlung Albertina), war das erste, zumindest das älteste erhaltene, gezeichnete Selbstbildnis der europäischen Kunstgeschichte entstanden.

Wo befindet sich der bekannteste italienische Brunnen der Frührenaissance?

Jacopo della Quercias (1374?–1438) Hauptwerk wurde 1409–19 der große öffentliche Marmorbrunnen, die *Fonte Gaia*, auf der *Piazza del Campo in Siena* (die originalen Reste heute im Palazzo Pubblico). Zu dem Bildprogramm, das antike Mythologie mit christlichen Inhalten vereint, gehören auch die Figur der *Rea Silvia* und der *Acca Larentia*, Mutter und Pflegemutter von Romulus und Remus, die frühesten nachantiken Beispiele frei stehender weiblicher Aktfiguren.

Welcher Bilderzyklus zählt zu den Meisterleistungen Pieter Bruegels d. Ä.?

Pieter Bruegel d. Ä. (zwischen 1526 und 1530–69), wegen seiner scheinbar volkstümlichen Szenen aus dem Bauerndasein auch „Bauern-Bruegel" genannt, ist stilistisch nur schwer einzuordnen, wird aber meist zu einer Art nierderländischem Manierismus gerechnet. Das berühmte Bild *Jäger im Schnee* (um 1565; Wien, Kunsthistorisches Museum) gehört zu einem Zyklus von Monatsdarstellungen. Der Betrachterblick gleitet von erhöhtem Standort über eine vielgestaltige verschneite und vereiste Landschaft, die sich vom kultivierten Nahbereich zu immer ungezügelterer Naturhaftigkeit in die Ferne entwickelt. Leitlinien dirigieren den Blick: entlang der Diagonale, welche mit den Häusern links anhebt, vom markanten Spalier entlaubter Bäume akzentuiert wird und stetig nach rechts unten – ins Tal – abgleitet; dort erst, an der Gebirgsbarriere abgefangen, vermittelt sich der Tiefenzug zur Fläche, zur dominierenden Horizontale eines überwältigenden Panoramas.

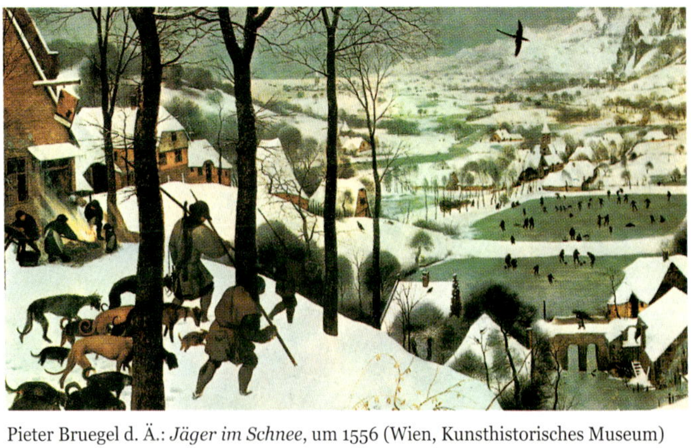

Pieter Bruegel d. Ä.: *Jäger im Schnee*, um 1556 (Wien, Kunsthistorisches Museum)

Barock (um 1600–1730/50)

Die Wiege des Barock stand zweifellos in Rom, wo v. a. die Architektur schon in der Hochrenaissance mit starker Bewegtheit der Grund- und Aufrissgestaltung, der Unterordnung der Einzelelemente unter das Ganze, der Betonung von Kraft und Spannung, der malerischen Disposition der Innenräume usw. vorgearbeitet hatte. Des Öfteren wird deshalb z. B. die Mutterkirche der Jesuiten in Rom, *Il Gesù* (1568–75), nicht dem Manierismus, sondern dem allerersten Barock zugerechnet. Mit Carlo Maderno (1556–1629) beginnt die kraftvolle Gliederung der Kirchenfassade (Fassade von *S. Susanna*, 1596–1603; Fassade der *Peterskirche*, 1612 vollendet). Ihren Höhepunkt erreichte die römische Barockarchitektur, die die Gebäudefronten von den Ecken her zur Mitte und nach oben hin staffelte und sie wie die gesamten Baukörper in optische „Bewegung" versetzte, zwischen 1630 und 1670, mit den herausragenden Namen Gianlorenzo Bernini (1598–1680), Francesco Borromini (1599–1667) und Pietro da Cortona (1590–1669). So unterschiedlich die Formensprache dieser drei Hauptmeister im Einzelnen auch sein mag, grundsätzlich gemein ist ihnen das Anliegen, theatralische Lichteffekte und eine bislang unbekannte Synthese von Dekor und Architektur einzuführen. Bei allem Überschwang sind solche Bauten, wie alle großen Architekturen des Barock, keinesfalls irrational, sondern mathematisch fundiert, sie verstehen sich als Abbild des Kosmos mit seinen unaufhörlichen Bewegungen. Die Architektur in Frankreich und im protestantischen Nordeuropa ist im Vergleich zu der Italiens stereometrisch präziser, sie verzichtet zumeist auf kurvierte Grundrisse. Zu den Vorbildern dieser als „Barockklassik" bezeichneten Version zählten v. a. die klassische Antike, die italienische Hochrenaissance und das Vokabular Andrea Palladios (1508–80).

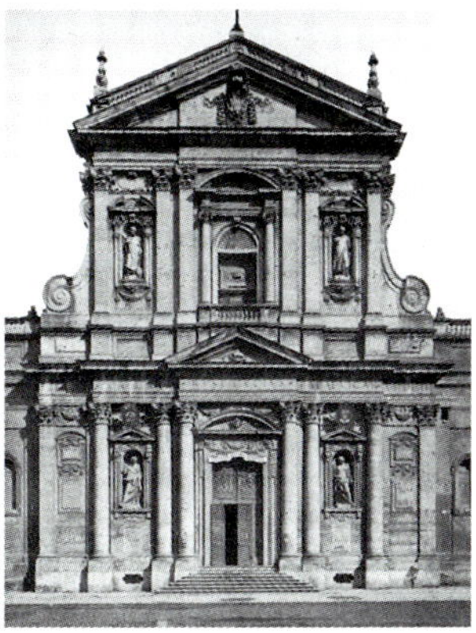

Carlo Maderno: *S. Susanna* in Rom, 1596–1603

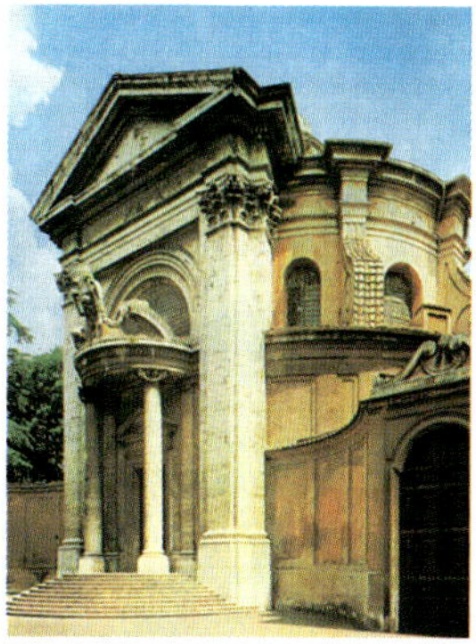

Gianlorenzo Bernini: *S. Andrea al Quirinale* in Rom, 1658

Typisch für Frankreich ist u. a. das Entstehen monumentaler Schlösser mit streng regulierten Parkanlagen (*Vaux-le-Vicomte*, 1656ff.), die natürlich im *Schloss von Versailles* (1661ff.) ihren Höhepunkt fanden. Dass Christopher Wren mit der *St. Paul's Cathedral in London* (1675ff.) eine Synthese aus französischer Klassik, einem gemäßigten römischen Barock, niederländischen und heimischen Einflüssen anstrebte, erweist das breite Spektrum, dessen sich die englische Barockarchitektur bediente. Im deutschsprachigen Raum setzte in den katholischen Regionen nach 1660/70 ein regelrechter Bauboom bei den Klöstern ein. Etwa zehn Jahre später, mit dem sog. Spätbarock, zogen die Höfe nach und orientierten sich v. a. am monumentalen römischen Barock. In Österreich waren die überragenden Architekten Johann Bernhard Fischer von Erlach (1656–1723) und Lucas von Hildebrandt (1668–1745) am Werk, in Böhmen die auch in Franken tätigen Baumeister der Familie Dientzenhofer (die sich durch besonders komplizierte Wölbungsformen hervortaten), in Würzburg und bei großen Schloss- und Kirchenbauten auch andernorts Balthasar Neumann (1687–1753), in Berlin Andreas Schlüter (1659?–1714), in Dresden Matthäus Daniel Pöppelmann (1662–1736), in Bayern die Gebrüder Asam (*Klosterkirche Weltenburg*, um 1716ff.) usw.

Auch die Bildhauerkunst des Barock, die sich oft durch ekstatische Dynamik, malerische

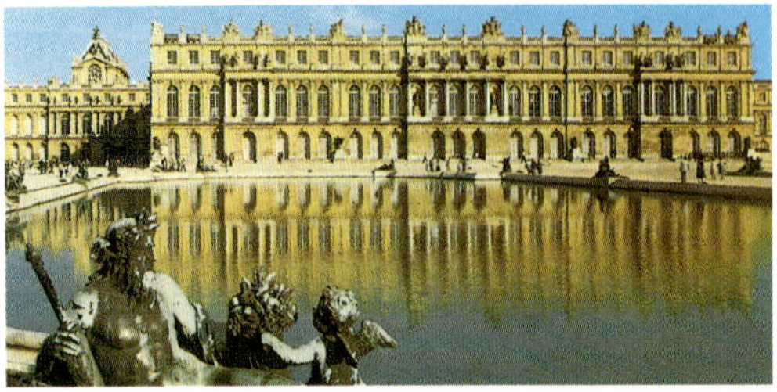

Schloss Versailles, ab 1761

Oberflächenbehandlung und durch ihre Einbindung in ein Spiel aus Licht und Schatten auszeichnet, hat ihre Wurzeln in Rom. Und auch hier ist an erster Stelle wieder Bernini zu nennen, der zum Inbegriff der Barockskulptur wurde und z. B. mit seinem *Vierströmebrunnen auf der Piazza Navona* auch beispielhaft jene Aufgabe bewältigte, die im Barock so wichtig wurde: die Brunnenanlage, sei sie im Schlosspark, sei sie an urbanen Kreuzungspunkten, Plätzen usw. Frankreich kannte zwei kardinale Strömungen der Barockskulptur. Die eine, mit ihrem Hauptrepräsentanten Pierre Puget (1620–94), berief sich auf den römischen Barock, die andere, versammelt am Hof in Versailles, bevorzugte eine klassizierende Richtung. Die Plastik im Heiligen Römischen Reich erlebte nach der Blütezeit des Bronzegusses um 1600 in Augsburg, München und Prag mit dem Dreißigjährigen Krieg eine schlimme Zäsur. Erst um 1700 gaben ihr Andreas Schlüter, Balthasar Permoser (1651–1732) und Georg Raphael Donner (1693–1741) wieder internationales Gewicht, ehe Egid Quirin Asam (1692–1750), Joseph Anton Feuchtmayer (1696–1770) u. a. in Süddeutschland den Weg zum Rokoko ebneten.

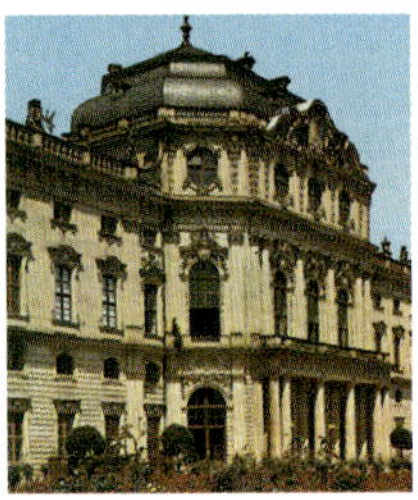

Balthasar Neumann: *Würzburger Residenz*, ab 1720

Die Suche nach den Anfängen der Barockmalerei führt erneut nach Rom. Nach dem Konzil von Trient hatte das Papsttum wieder an Macht und Glanz gewonnen, ihr propagandistischer „Stoßtrupp“, die Jesuiten, nutzten vehement auch die Kunst für die Zwecke eines expansiven Katholizismus. In den Jahrzehnten um 1600 hielten sich nahezu alle bedeutenden italienischen und ausländischen Künstler in Rom auf. Neben der immens folgenreichen realistischen Hell-Dunkel-Malerei Caravaggios (1571–1610) begegnete damals die klassisch-akademische Richtung der Gebrüder Carracci. Mit Pietro da Cortonas riesigem *Deckenfresko im Palazzo Barberini* begann ein Illusionismus der Wandmalerei, der sich über die Fresken eines Andrea Pozzo (1642–1709) bis zu Giovanni Battista Tiepolo (1696–1770) ständig steigern sollte. Peter Paul Rubens (1577–1640), der Hauptmeister der flämischen Barockmalerei, gestaltete in überwältigender malerischer Kultur gleichermaßen den Wirklichkeitssinn und den Einbruch des Wunders in die diesseitige Welt. Sein bedeutendster Schüler wurde Anthonis van Dyck (1599–1641), der diesen malerischen Stil nach England verpflanzte. Bereits im ausgehenden 16. Jh. hatten sich in den nördlichen Niederlanden die Bildgattungen wie das Stillleben, das Genrebild, die Vedute u. a. verselbstständigt. Diese Tendenz griff dann die dortige Barockmalerei auf und intensivierte sie. Unzählige Namen, darunter so herausragende Künstler wie Jan Vermeer (1632–75),

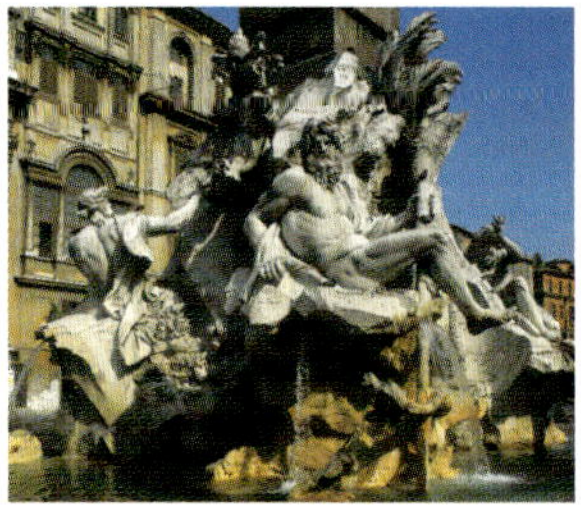

Gianlorenzo Bernini: *Vierströmebrunnen* auf der Piazza Navona in Rom, 1648–51

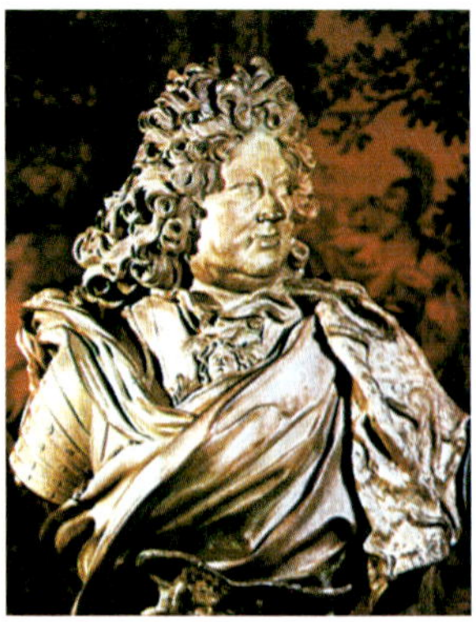

Andreas Schlüter: *Landgraf Friedrich II. von Hessen Homburg*, frühes 18. Jh. (Homburg v. d. Höhe, Schloss)

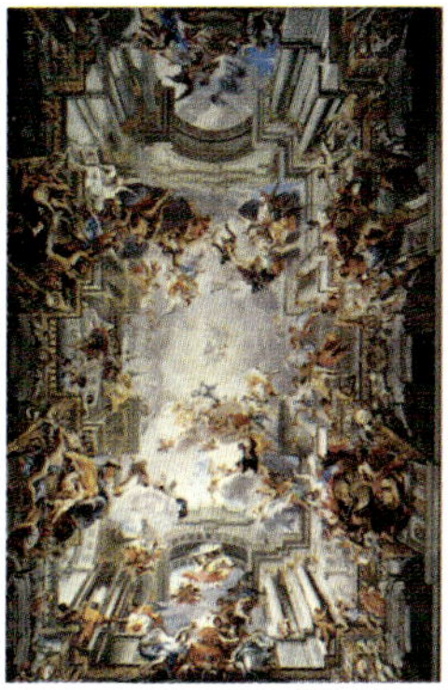

Andrea Pozzo: *Deckenfresko* von S. Ignazio in Rom, 1691–94

ließen sich hier nennen. In Holland aber übertrifft sie alle Rembrandt (1606–69), der als Maler, Zeichner und Radierer sämtliche Bildgattungen verband und zu einsamer Höhe führte. Vergleichbar stellte auch Diego Velázquez (1599–1660) in Spanien alle seine Kollegen in den Schatten, so viele bedeutende Künstler es damals im „Siglo de oro“, im „Goldenen Zeitalter“ des Barock auch im Lande gab. Die überragenden französischen Maler des Barock arbeiteten nicht in Paris oder Versailles, sondern in Rom: Nicolas Poussin (1594–1665) und Claude Lorrain (1600–82). Nach viel versprechenden Anfängen vor dem Dreißigjährigen Krieg – Adam Elsheimer (1578–1610) und Johann Liss (1595/1600–31) – trat die deutsche Malerei erst wieder mit dem Spätbarock, hier dann freilich mit wunderbaren Werken hervor.

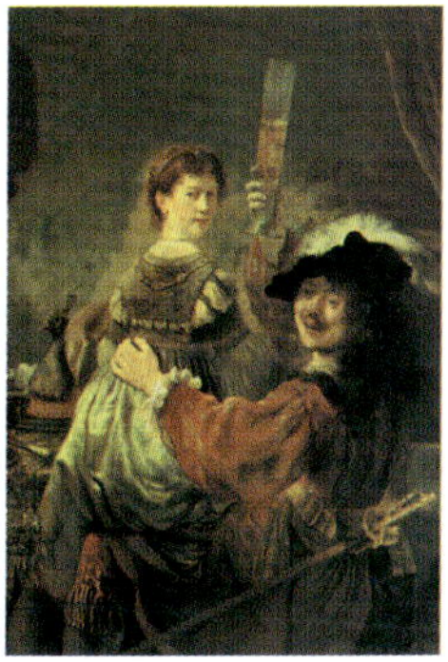

Rembrandt: *Selbstbildnis mit Saskia,* 1634 (Dresden, Gemäldegalerie)

Rokoko (um 1720/30–um 1780)

Als Dekorationsstil des Stadtadels, der sich vom Repräsentativen zum verfeinerten Lebensstil des Intimen hinwandte, entstand das Rokoko zwischen 1720 und 1730 in Paris, und zwar in Reaktion auf die Staatskunst Ludwigs XIV. (Louis-quatorze) und im Anschluss an das „Régence“ (zu Letzterem gehört der große Maler Antoine Watteau, 1684–1721). Namengebend für das Rokoko wurde als Leitmotiv die „Rocaille“, eine schnörkelhafte, muschelförmige Ornamentform, die in ihre asymmetrische Struktur gerne „Bildinseln“ aufnahm. Die solcherart dekorierten Wände scheinen durch gekurvte Grundrisse in Schwingung versetzt, die Räume durch große Fenster und Spiegel optisch erweitert, zierliche Möbel, Porzellan, fein gemusterte Textilien, vergoldete Bronzen, Kristallleuchter usw. fügen sich zusammen zu einem hochkultivierten Gesamteindruck. Als ein weiteres typisches Indiz für diesen dem Leichten, Duftigen, häufig auch dem Lasziven, unterschwellig aber auch dem „Brüchigen“, Vergänglichen geneigten Stil darf man die fragile Technik der Pastellmalerei nennen, die etwa von der Italienerin Rosalba Carriera (1675–1757) zu höchster Eleganz verfeinert wurde. Nach Deutschland gelangte das Rokoko durch den in Frankreich geschulten, am Münchner Hof tätigen François de Cuvilliés d. Ä. (1695–1768). Insbesondere in Süddeutschland und Österreich drang das Rokoko aber auch in den Sakralraum ein und führte hier in allen Kunstgattungen zu einer unermesslichen, exquisiten, oft freilich auch sehr volkstümlichen Blüte (*Wieskirche*).

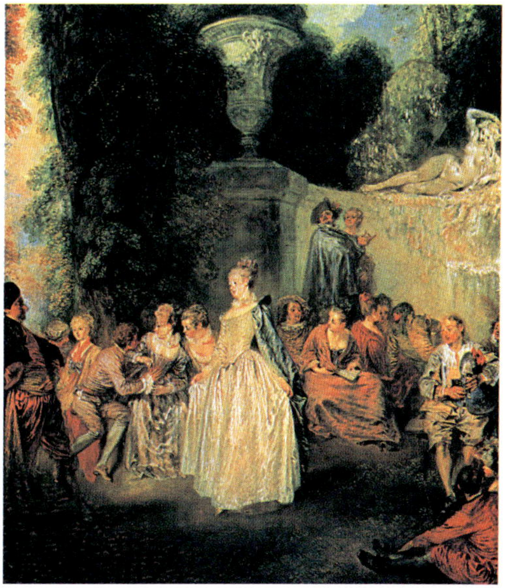

Antoine Watteau: *Venezianisches Fest*, 1718 (Edinburgh, National Gallery)

Welches Gemälde Rubens' zählt zu den Meisterwerken erotischer Kunst?

Um 1638 malte Peter Paul Rubens (1577–1640) das Bildnis *Helene Fourment* (*Das Pelzchen*) (Wien, Kunsthistorisches Museum). Zu diesem zweifellos sehr intimen Aktbildnis seiner zweiten Frau, der sechszehnjährigen Helene, wurde Rubens durch das Tizian-Gemälde *Junge Frau im Pelz* (um 1530/40; St. Petersburg, Eremitage) angeregt. Helene ist in diesem Meisterwerk erotischer Kunst der Haltung ihres nackten Körpers nach, der das dunkle Pelzgewand mehr ent- als verhüllt, als die antik-klassische Liebesgöttin, die „Venus pudica" („Schamhafte Venus") wiedergegeben.

Welche berühmte Figurengruppe Berninis verkörpert exemplarisch die Anfänge der profanen Barockskulptur?

Ab 1619 arbeitete Gianlorenzo Bernini (1598–1680) an einer Serie großer Figuren für die Villa des Kardinals Scipione Borghese in Rom, die zu Prototypen der profanen Barockskulptur wurden. Die berühmteste ist die Gruppe *Apollo und Daphne* (1625; Rom, Galleria Borghese), die auf Ovids „Metamorphosen" zurückgeht: Der Gott Apoll begehrt die Nymphe Daphne, diese flieht vor seinen sexuellen Attacken und wird zu guter Letzt davor bewahrt, indem sie in einen Lorbeerbaum verwandelt wird. Bernini nützt die Dramaturgie der Geschichte aus, um – im Wettstreit mit dem hellenistischen *Apoll vom Belvedere* und dem manieristischen *Raub der Sabinerin* von Giambologna – eine Skulptur zu schaffen, die beim Umschreiten immer neue reizvolle Ansichten bietet und deren Oberflächen verschiedenste materielle Stofflichkeiten illusioniert.

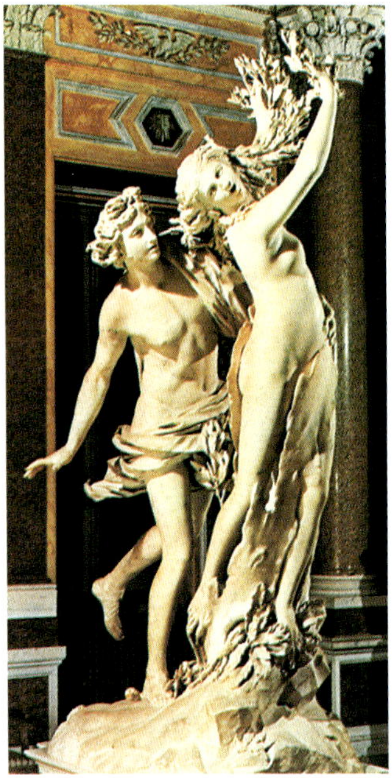

Gianlorenzo Bernini: *Apollo und Daphne*, 1625 (Rom, Galleria Borghese)

Warum erhielt die „Frauenkirche in Dresden" ein Pendant mit der „Hofkirche"?

Dass die protestantische *Frauenkirche in Dresden* noch vor ihrer Vollendung ein katholisches Gegenstück mit der *Hofkirche* (1738–55) des Italieners Gaetano Chiaveri (1689–1770) erhielt, erklärt sich aus dem Konfessionswechsel Kurfürst August des Starken 1697, der zum Katholizismus übertrat, um die polnische Königskrone erhalten zu können.

Was versteht man unter „fêtes galantes"?

1717 wird Antoine Watteau (1684–1721) in die Pariser Akademie aufgenommen mit einem Bildtypus, den man als „fêtes galantes" bezeichnete – Darstellungen exklusiven Zusammenseins in der Privatsphäre aristokratischer Parks, bei Theateraufführungen der „Commedia dell' Arte" usw.: ein heiter-graziöses gesellschaftliches Miteinander, das neu war in der Kunst und schließlich eine eigene Gattungsbezeichnung erforderte.

Wie heißt der Zeitzeuge, der über das Leben am Hof in „Versailles" berichtete?

Der Herzog von Saint-Simon, Augenzeuge des Hoflebens unter Ludwig XIV., schildert in seinen 1694 begonnenen „Memoiren" die ganze Pracht, die in *Versailles* anzutreffen war. Gleichzeitig erfährt man aber auch, dass im Bett des Herzogs von Vendôme die Hündinnen ihre Jungen warfen, man liest von Prügeleien, Sauf- und Fressgelagen oder dass Prinzessinnen ihre Notdurft in einer Kapelle verrichten mussten.

Was machte Rubens zu einem der größten Künstler seines Jahrhunderts?

Rubens' (1577–1640) Schaffen weist eine unerhörte Spannweite auf, die von relativ intimen Familienbildnissen wie der *Geißblattlaube* von 1609–10 (München, Alte Pinakothek), von Porträts und Landschaften zu monumentalen Altarbildern und profanen Allegorien, die von einem Architekturbuch über genuesische Paläste zu kunsttheoretischen Illustrationen und Vorlagen für fürstliche Triumphzüge reicht. Realistik verbindet sich in den Gemälden mit der Schilderung von Pathos und Bewegtheit, eine tiefgreifende Farb- und Lichtregie steigert die Aussagekraft der

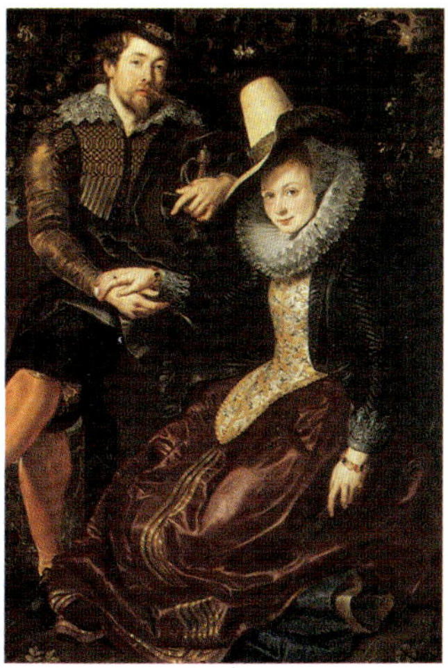

Peter Paul Rubens: *Die Geißblattlaube*, 1609–10 (München, Alte Pinakothek)

Bilder und erweist Rubens als einen der größten Koloristen der Kunstgeschichte. Er fasste die Traditionen der klassischen Malerei in bis dahin unvorstellbarer Synthese zusammen und durchsetzte sie mit der virtuosen Dynamisierung des Barock, die die Grenzen zwischen Welt und Überwelt aufhob. Rubens wurde, wie sein großer Antipode Rembrandt in Holland, zum Lehrer seines Jahrhunderts.

Welche Künstler waren an Entwurf und Plan der „Würzburger Residenz" beteiligt?

Fürstbischof Johann Philipp Franz von Schönborn hatte 1720 den Grundstein zum *Würzburger Schloss* gelegt, dessen Gesamtplanung von Balthasar Neumann (1687–1753) stammt. Beteiligt waren ferner Johann Lucas von Hildebrandt (1668–1745) aus Wien, Maximilian von Welsch (1671–1745) aus Mainz, sowie die Pariser Architekten Germain Boffrand (1667–1754) und Robert de Cotte (1656/57–1735).

Wie heißt einer der ersten Maler, die sich auf das Stillleben spezialisierten, und warum malte er so gerne Zucker?

Der Deutsche Georg Flegel (1566–1638), einer der frühesten Spezialisten des Stilllebens, hat auf vielen seiner Konfektstillleben die kristalline Struktur des auf Madeira und den Kanarischen Inseln hergestellten Kandiszuckers minutiös wiedergegeben. Dieser hat die religiöse Symbolik des bisher mit „geistlicher Süße" gleichgesetzten Honigs übernommen. Solche spirituelle Aufwertung ist sicher daraus zu erklären, dass sich Zucker als neues Luxusgut seit etwa 1600 immer größerer Beliebtheit erfreute. Bald aber veränderte sich die Einstellung zum Negativen und man hob die suchterzeugende Wirkung des Zuckers hervor.

Was war die größte Neuerung in der Grundrisslösung der „Wallfahrtskirche Vierzehnheiligen"?

In der fränkischen *Wallfahrtskirche Vierzehnheiligen* (1743/44–72), dem „Tanzsaal Gottes", wie Zeitgenossen sagten, ersetzte Balthasar Neumann (1687–1753) die bis dahin übliche quadratische Durchdringung von Mittelschiff und Querhaus durch gekurvte Grundrisse und geschwungene Wölbungen.

Wo malte Pietro da Cortona sein Meisterwerk?

Das Deckenfresko mit der *Allegorie auf das Pontifikat Urbans VIII.* (1633–39) im *Palazzo Barberini* in Rom stellt Pietro da Cortonas (1590–1669) malerisches Meisterwerk dar. Der Künstler, der zu den herausragenden Gestalten des römischen Barock zählt, schuf hier die perfekte

Illusion eines sich nach oben hin, in eine transzendente Welt öffnenden Realraumes.

Welches Bild Vermeers veranschaulicht besonders schön den hohen Symbolgehalt der holländischen Barockmalerei?

Um 1666/67 malte Jan Vermeer van Delft (1632–75) das Ölbild *Die Malkunst* (Wien, Kunsthistorisches Museum). Der Betrachter blickt aus ei-

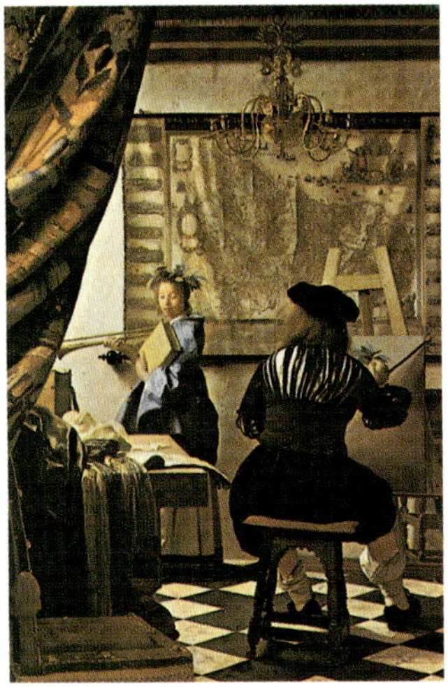

Jan Vermeer: *Die Malkunst*, um 1666/67 (Wien, Kunsthistorisches Museum)

nem dunklen Vorraum, an einem zurückgeschlagenen Vorhang vorbei, der die Tiefenwirkung betont, in ein lichtdurchflutetes Atelier. Die Rückenfigur des elegant, aber altmodisch gekleideten Malers blickt auf ein weibliches Modell, das als „Klio", als Muse der Geschichte, posiert. Die auffällige Landkarte, die, wie damals üblich, als Wandschmuck fungiert, zeigt die Niederlande vor ihrer Teilung 1581. Insgesamt handelt es sich in dem herrlichen Bild um eine allegorisch verschlüsselte Beziehung von Geschichte und Malerei, andererseits um eine stilllebenhaft genaue Wirklichkeitserfassung des Alltäglichen.

Auf welches Vorbild beruft sich Permosers „Prinz Eugen"?

1718–21 schuf Balthasar Permoser (1651–1732) die bewegte, detailreiche Gruppe *Apotheose des Prinzen Eugen* (Wien, Österreichisches Barockmuseum), die sich – im barocken Gewand – Michelangelos *Sieger* (Florenz, Palazzo Vecchio) zum Vorbild nahm.

Wer malte das bekannteste „Bildnis der Madame de Pompadour"?

Das schöne Rokoko-Porträt, das François Boucher (1703–70) 1756 von seiner Gönnerin, *Madame de Pompadour*, malte, zählt zu den schönsten Bildnissen der Mätresse Ludwigs XV. Es zeigt sie in der Privatheit ihres Boudoirs und doch auch in repräsentativem Charakter (München, Alte Pinakothek).

Welcher Hauptgrund führte zur Entstehung von „Versailles"?

Bekanntlich hatte Ludwig XIV. ein seit 1624 von seinem Vater errichtetes Jagdschlösschen zum Ausgangspunkt seines Schlossbaues von *Versailles* gemacht, dessen Konzeption von vornherein auch auf die wichtige Rolle des Gartens hin berechnet war. Das auftrumpfende Repräsentationsbedürfnis, das in der gesamten Anlage zum Ausdruck kam, erklärt sich nicht zuletzt aus den langjährigen Kämpfen gegen die Adelsopposition der „Fronde" um die Durchsetzung absoluter Königsgewalt und aus den Auseinandersetzungen mit dem Finanzminister und Superintendanten Fouquet, der mit seinen Einweihungsfeierlichkeiten für Schloss *Vaux-le-Vicomte* die Eifersucht des Königs weckte.

Wo finden sich mit die „theatralischsten" Altarskulpturen des deutschen Spätbarock?

Aus Stuck bestehen die überlebensgroßen Figuren der *Himmelfahrt Mariens*, die Egid Quirin Asam (1692–1750) am Hochaltar der niederbayerischen *Klosterkirche Rohr* schuf (1717–22). Die Madonna schwebt, von einer Eisenstange gehalten, zwischen Himmel und Erde, die Apostel reagieren mit erregten und pathetischen Gebärden. Das Ensemble bildet eine „Theatrum sacrum", ein „heiliges Theater", wie es auch von lebenden Schauspielern in den Kirchen der Barockzeit aufgeführt wurde.

Wer entdeckte in Europa das Geheimnis der Porzellanherstellung?

Die Versuche, das Geheimnis der chinesischen Porzellanherstellung zu ergründen, an denen sich in Florenz schon um 1580 Großherzog Francesco I. beteiligt hatte (sog. Medici-Porzellan), führten bei dem Alchimisten Johann Friedrich Böttger 1707 in Dresden zu ersten Erfolgen. Doch erst zehn Jahre später sollte es gelingen, das begehrte blütenweiße Porzellan zu erzeugen.

Wer berichtete über die Reise Berninis nach Frankreich?

Nur ungern ließ Papst Alexander VI. Giovanni Lorenzo Bernini (1598–1680) 1665 an den Hof Ludwigs XIV. in Versailles ziehen. Die Reise dorthin glich einem Triumphzug. Nach seiner Ankunft in Paris brüskierte der Künstler den mächtigen Minister Colbert, als er ihn wegen eines Mittagsschläfchens über eine Stunde warten ließ, wie Paul Fréart, Herr von Chantelou, der Bernini während seines Frankreichaufenthaltes als Begleiter zugeteilt war, verwundert berichtet. Alle damaligen Vorgänge hat er in seinem Tagebuch genaustens vermerkt.

In welcher Skulptur gibt Bernini der „Ästhetik des Wunders" den wohl unvergesslichsten Ausdruck?

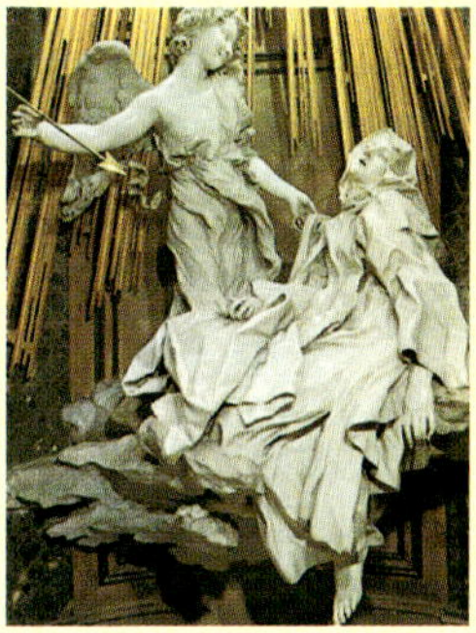

Gianlorenzo Bernini: *Die Verzückung der hl. Teresa,* 1647–52, Rom, S. Maria della Vittoria)

1647–52 vollendete Gianlorenzo Bernini (1598–1680) mit einer Skulpturengruppe über dem Altar in der *Cornaro-Kapelle,* im linken Querschiff von *S. Maria della Vittoria in Rom,* seine schönste Arbeit, wie er selbst sagte. Kostbar das Material: herrlicher weißer und grünweißer Marmor, insgesamt 20 Steinsorten (darunter Jaspis, Alabaster und Lapislazuli), römischen Ruinen entnommen; die Strahlen hinter der lebensgroßen Gruppe mit der *Verzückung der heiligen Teresa* und des Engels aus vergoldetem Erz. Das Hauptlicht fällt geheimnisvoll von einem oben verdeckt angebrachten, gelb verglasten Fenster ein. Bernini meißelte das Gewand Teresas aus Formen, die in ihren bewegt rieselnden Fältelungen auch als Metapher zu begreifen sind für die physische und psychische Preisgabe an das Wunder der Vision. Eine Hingabe, die zusätzlich in der Ekstatik der Gesichtszüge und im ohnmächtigen Zurücksinken der Frau deutlich wird. Dagegen sind im Gewand des pfeilziehenden Engels formal jene Flammen anschaulich, von denen die Heilige diesen Himmelsboten umzüngelt sah. In frommer Kontemplation „beobachten" die Mitglieder der Familie Cornaro, die als plastische Gestalten aus zwei Logen seitlich des Altars hervortreten, das mystische Geschehnis. Virtuelle Räume und Realräume durchdringen sich im Sinne eines „Theatrum sacrum".

Wer schuf die wohl kühnste Raumgestaltung des römischen Barock?

Francesco Borrominis (1599–1667) Meisterwerk ist die Kirche der Päpstlichen Universität, *S. Ivo alla Sapienza* (1643–61) in Rom. Zur Zeit seiner Errichtung heftig umstritten, ist der Bau die wohl kühnste Raumgestaltung des Barock, zumindest in Italien. Dreieck und Kreis dienen als Ausgangsformen des Kuppelgrundrisses – einer „sechsblättrigen Rose", wie es in der Bauabrechnung heißt – und verbinden so allegorische Deutung mit geometrischer Konstruktion: Denn das gleichseitige Dreieck gilt als Attribut der „Divina sapienza", der göttlichen Weisheit. Der spiralförmige Laternenaufsatz der Kuppel scheint sich innen in den Himmel aufzulösen.

Welche fatalen Folgen hatte ein Werk Berninis für das „Pantheon"?

1624 benötigte Bernini (1598–1680) für den Guss des *Bronzebaldachins* über dem *Vierungsaltar in St. Peter zu Rom* derart viel Metall, dass man auf Befehl Papst Urbans VIII. die antiken bronzenen Deckplatten aus der Vorhalle des *Pantheons* einschmolz, die selbst die Germaneneinfälle überstanden hatten. Daraufhin dichteten die Römer über den aus dem Geschlecht der Barberini stammenden Papst: „Quod non fecerunt barbari, fecerunt Barberini" („Was den Barbaren nicht gelang, das schafften die Barberini").

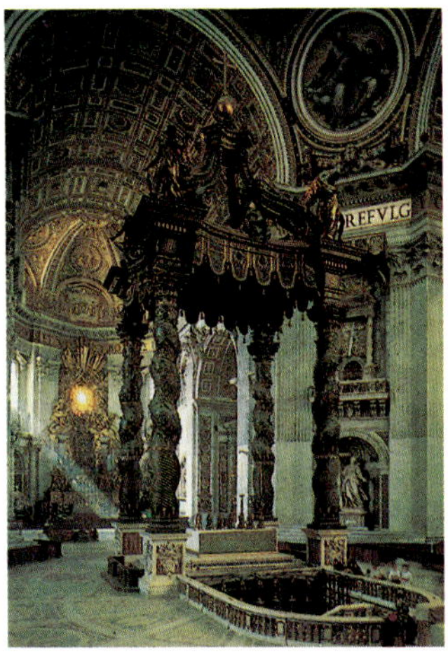

Gianlorenzo Bernini: *Bronzebaldachin*, 1624 (Rom, St. Peter)

Was sind „Bodegones"?

Das Sevillaner Publikum des 17. Jh. liebte die Gattung der „Bodegones". Spanisch „bodegón" ist nicht einfach „Stillleben", vielmehr ursprünglich die Darstellung einer Schenke oder Garküche bzw. die Kombination einfacher Menschen aus dem Volk mit Lokalitäten voller Lebensmittel. Dabei versteckten sich hinter der banal wirkenden Oberfläche solcher Themen oft allegorische, moralische und religiöse Bedeutungen. Weil die südlichen Niederlande im Reich der spanischen Habsburger verblieben, konnte auch der von dort ausgehende künstlerische Einfluss, etwa das von Pieter Aertsen (1508–75) und Joachim Beuckelaer (um 1530–73) eingeführte Küchenstück, nachhaltig auf spanische Künstler in dieser Hinsicht weiterwirken.

Welches Sakralwerk entwickelte sich zu einer der Hauptschöpfungen Berninis?

Die *Cathedra Petri*, d. h. die Aufgabe, für den altehrwürdigen Petrus-Thron in der römischen *Peterskirche* ein monumentales neues Reliquiar zu schaffen, wuchs sich von 1656 an für zehn Jahre zu einem der bedeutendsten Werke Berninis (1598–1680) aus, dessen Figurenprogramm er selbst entwickelt hatte.

Wer war Joachim Sandrart?

Der in Frankfurt am Main geborene und in Nürnberg verstorbene Joachim von Sandrart (1606–88), niederländisch geschult, vom italienischen Barock beeinflusst, zu seiner Zeit der berühmteste deutsche Maler, ist heute v. a. aufgrund seiner Kunstschriftstellerei bekannt: 1675 veröffentlichte er seine „Teutsche Akademie", eine der wichtigsten Quellen zur deutschen Barockkunst mit zahlreichen Künstlerbiografien und Werkbeschreibungen.

Was macht der Tod am „Grabmal Papst Urbans VIII."?

Das *Grabmal Papst Urbans VIII. in der Peterskirche zu Rom* stammt von Bernini (1598–1680), der es in Bronze und Marmor 1628–47 vollendete. Ein brillanter Einfall war es, die Gestalt des Todes den Namen des Papstes schreiben zu lassen. Der letzte Strich aber ist noch nicht gezogen – noch lebt und herrscht Urban in der Fülle seiner Macht.

Welcher französische Grafiker des Frühbarock erhob die Radierung zur selbstständigen Kunstform?

Der in Nancy geborene, auch in Rom und Florenz arbeitende Grafiker Jacques Callot (1592–1635) machte die Technik der Radierung, indem er in ihr einen ausdruckvollen Wechsel von dünnen und kräftigen Linien einführte, zu einer selbstständigen Kunst. Berühmt wurden v. a. seine *Misères et mal-heures de la guerre* (1632/33), 18 großformatige Radierungen, die die Grausamkeiten der Hugenottenkriege schildern, Morde, Folterungen, Vergewaltigungen, Szenerien die später noch die *Desastres de la guerra* (um 1808–14) des Spaniers Francisco de Goya beeinflussen sollten.

Wo fand einer der Hauptmeister der römischen illusionistischen Barockmalerei, Andrea Pozzo, seine hauptsächliche Nachfolge?

Das Prinzip der Scheinräumlichkeit, wie es in Andrea Pozzos (1642–1709) 1694 vollendetem *Deckenfresko in S. Ignazio in Rom* zum Tragen kommt, wurde in Rom nie wirklich geschätzt. Eine solche Form des hochgradig illusionistischen Deckenfreskos, diese Fortsetzung des Realraumes mit artistischen Mitteln und Trompe-l'œil-Effekten, dieses Zusammenspiel von Realität und Vision, hat im weiteren Verlauf des Barock und Spätbarock bzw. des Rokoko seine hauptsächliche Wertschätzung in den Kunstlandschaften Österreichs (Pozzo selbst war 1704–09 in Wien tätig) und Deutschlands gefunden.

Wo wurde Rubens geboren?

Das Zentrum der flämischen Malerei bildete Antwerpen, und hier wieder war es Peter Paul Rubens, der zum Mentor fast aller seiner Kollegen wurde. 1577 wurde er in Siegen (Westfalen) geboren, als Sohn eines aus Glaubensgründen in der Verbannung lebenden Antwerpener Juristen. In Köln, wohin die Familie 1578 umzog, erhielt er seinen ersten Unterricht. Nach dem Tod des Vaters kehrte die Mutter wieder in ihre Heimatstadt zurück, wo Rubens durch Schule und gesellschaftlichen Umgang feste Wurzeln in einer katholischen Glaubenswelt fand.

Welches Schloss ist das Meisterwerk des Rokoko in Preußen?

Jede urbanistische Anbindung des 1747 vollendeten *Schlosses Sanssouci* an die Stadt Potsdam unterblieb. Friedrich der Große wollte eine Art Gegen-Versailles errichten, indem er privat wohnen konnte. Der Bauorganismus von hoher Vollkommenheit und künstlerischer Originalität zeigt auf der Gartenseite die formale Disposition einer Orangerie, die nur durch die vielen Hermen, die die Züge von Bacchanten und Bacchantinnen tragen, in die höherrangige Baugattung eines Schlosses transponiert wird. Die Hofseite dagegen ist bestimmt von einer vornehm zurückhaltenden Pilasterordnung der Fassade, an die das elegante Halbrund von Säulenkolonnaden anschließt. Auch das Innere zeichnet sich durch die perfekte Kombination von Zweckmäßigkeit und Komfort aus – nur beheizbar waren die Räume nicht!

Warum wurde der „Amor" Caravaggios mit einem Vorhang bedeckt?

Ein Bild, das Caravaggio (1571–1610) 1601–02 malte, trägt den Titel *Amor als Sieger* (Berlin, Gemäldegalerie). Aber schon zeitgenössische Quellen sahen in der Gestalt des nackten Liebesgottes, für die offensichtlich ein Straßenjunge mit umgehängten Flü-

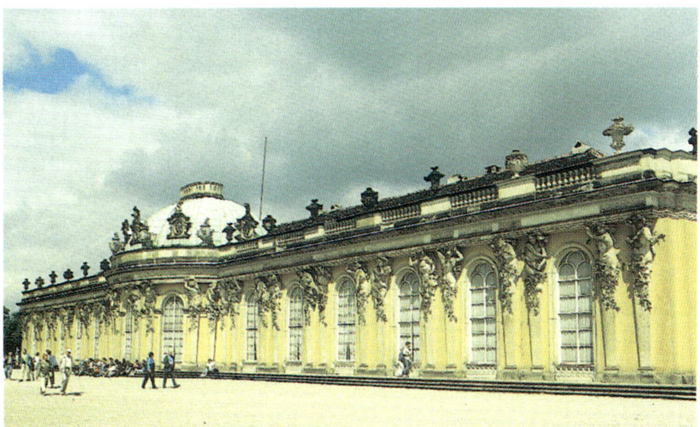

Georg Wenzeslaus von Knobelsdorff: *Schloss Sanssouci*, 1747 voll.

geln Modell stand, auch den Genius der Künste. Der deutsche Maler und Kunstschriftsteller Joachim von Sandrart (1606–88) hielt das Gemälde für das weitaus beste Bild in der römischen Sammlung des Marchese Vincenzo Giustiniani und sorgte dafür, dass es von einem Vorhang bedeckt wurde, damit es nicht, wie er sagte, alle anderen Werke überstrahle.

Wer baute das bekannteste „Belvedere" nördlich der Alpen?

Unter „Belvedere" versteht man einen Aussichtspunkt oder ein Gebäude mit schöner Fernsicht. Das erste Belvedere nördlich der Alpen ist das *Lustschloss in Prag* (1538–63), das bekannteste befindet sich in Wien. Ehemals vor den Toren der Stadt ließ Prinz Eugen nach den Plänen Johann Lucas von Hildebrandts (1668–1745) ein Belvedere als weitläufige Anlage bauen. In zwei Etappen entstanden erst das *Untere Belvedere* (1714–16), dann das *Obere Belvedere* (1721–23).

Aus welchem Anlass entstand Zurbaráns Bild „Dem hl. Petrus Nolascus erscheint der gekreuzigte Apostel Petrus"?

Das 1629 von dem großen spanischen Barockmaler geschaffene Ölbild (Madrid, Prado) gehörte zu einer Folge von 23 Szenen aus dem Leben dieses Heiligen, die das Kloster der Mercedarier bei Francisco de Zurbarán (1598–1664) und seiner Werkstatt in Auftrag gegeben hatte. Der Ordensgründer Petrus Nolascus war erst 1628 heilig gesprochen worden und dies war der Anlass für den umfangreichen Auftrag.

Wo findet sich das Hauptwerk Annibale Carraccis?

1604 vollendete Annibale Carracci (1560–1609) ein Werk, das mit der bewunderten Deckenbemalung Michelangelos in der *Sixtinischen Kapelle* konkurrieren sollte: die *Ausfreskierung der Galerie im Palazzo Farnese zu Rom*, in der sich frühbarocke Fülle und Pathos mit klassischen Zügen verbinden. Die Fresken an dem etwa 20 m langen Tonnengewölbe sind noch nicht im Sinne des perspektivischen Illusionismus gemalt, sondern wirken wie an die Wölbung applizierte Staffeleibilder (quadri riportati): goldgerahmte große Bildfelder, gerahmt von grau-in-grau gehaltenen Karyatiden und eingestreuten Medaillons mit Motiven aus Ovids „Metamorphosen".

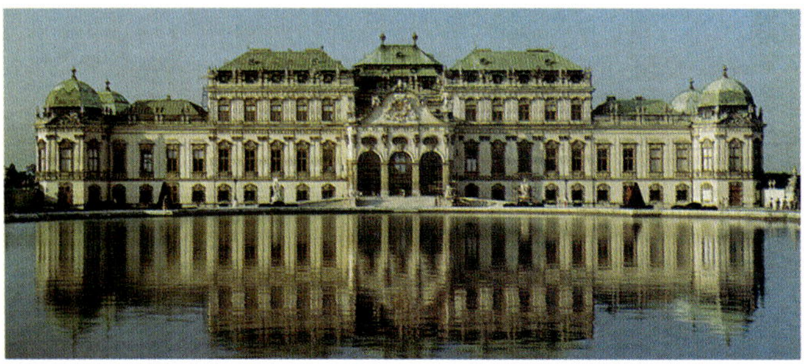

Johann Lucas von Hildebrandt: *Oberes Belvedere* in Wien, 1721–23

Welcher geistigen Richtung gab der ungeheure Realismus in den Bildern Caravaggios Ausdruck?

Der von Zeitgenossen oft als „proletarisch" eingestufte, des Öfteren schockierende Realismus, mit dem Caravaggio (1573–1610) in seinen Gemälden sogar erhabenste religiöse Themen behandelte, die damit verbundene demonstrative Abkehr vom idealisierenden Menschenbild der Hochrenaissance entspricht dem religiösen Radikalismus der Gegenreformation, die von den Bildern Verständlichkeit und Nachvollziehbarkeit durch das breite Publikum gefordert hatte.

Aus welchem Anlass entstand Philippe de Champaignes Bild „Ex Voto"?

Der gebürtige Flame Philippe de Champaigne (1602–74) wurde 1628 in Paris zum Hofmaler ernannt und war für hohe Auftraggeber wie König

Ludwig XIII. und Kardinal Richelieu v. a. als glänzender Porträtist tätig. Er schuf aber auch zahlreiche religiöse Bilder, die seinem Ziel einer klassisch äußerst gebändigten Barockmalerei Ausdruck verliehen. Das Gemälde *Ex Voto* (Paris, Louvre) malte er 1662, um für die unerklärliche Heilung seiner Tochter zu danken, neben der die Äbtissin des Klosters Port-Royal kniet.

Welchen naturwissenschaftlichen Satz scheint ein Stillleben des Spaniers Cotán zu veranschaulichen?

Einer der wichtigsten Pioniere der spanischen Stilllebenmalerei des Barock war Fray Juan Sánchez Cotán (1561–1627). In dem um 1602 entstandenen *Früchtestillleben* (San Diego, The Fine Arts Gallery) platziert er eine Gurke, eine aufgeschnittene Melone und – an Schnüren hängend – Kohlkopf und Quitte so, dass sie sich zu einer Hyperbel ordnen, die am Koordinatensystem der Fenster entlang ins Unendliche weist. Cotán, leidenschaftlich an Mathematik interessiert, wollte vielleicht den Satz Galileo Galileis veranschaulichen: „Die Natur ist in der Sprache der Mathematik geschrieben."

Wie heißt der berühmteste englische, vom Rokoko beeinflusste Kunsttischler?

Der englische Kunsttischler Thomas Chippendale (1718–79) ist besonders für seine Sitz- und Schreibmöbel aus Mahagoni berühmt geworden. Mit seinem 1754 publizierten Vorlagenwerk „The gentleman and cabinet maker's director" propagierte er seinen Stil, in dessen Ornamentik er Motive des französischen Rokoko und Ostasiens verwertete.

Wen stellt das „Ruhende Mädchen" Bouchers in München dar?

François Boucher (1703–70) war der gefeierte Modemaler des französischen Rokoko schlechthin. Das 1752 entstandene *Ruhende Mädchen* (München, Alte Pinakothek) zählt zu seinen schönsten und bekanntesten – aber auch zu seinen erotischsten Gemälden. Ohne jegliche mythologische oder historische Verbrämung liegt eine nackte Schöne bäuchlings, mit gespreizten Beinen, auf der Chaiselongue. Es handelt sich wohl um das Künstlermodell Louise O'Murphy, die gleichzeitig eine der Mätressen Ludwigs XV. war.

Welche Rolle spielte Rubens in Spanien?

Der Hof in Madrid, der das *Schloss Buen Retiro* und den wieder aufgebauten *Alcázar* mit Gemälden und Skulpturen aus Italien, v. a. aus Neapel und Rom schmückte, erlebte um die Mitte des 17. Jh. einen bemerkenswerten Geschmackswandel. Nun wird die Malerei von Rubens (1577–1640) mit ihrem sinnlichen Überfluss und ihren dynamischen, farbintensiven Formen von ausschlaggebender Bedeutung. Die im *Alcázar* zusammengetragenen Werke von Rubens und die Ausschmückung des *Torre de la Parada* in den Jahren 1636–40 mit den aus Flandern mitgebrachten Ge-

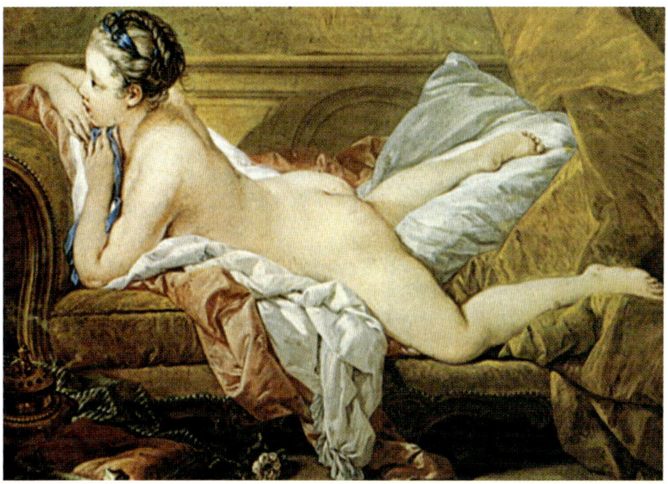

François Boucher: *Ruhendes Mädchen*, 1752 (München, Alte Pinakothek)

mälden hinterließen einen tiefen Eindruck und prägten die spanische Malerei der zweiten Jahrhunderthälfte.

Welche Stilphase repräsentiert der populärste Brunnen Roms?

Der Barock entwickelte die künstlerisch gestalteten Brunnen zu höchster Pracht, sei es im Rahmen der Gartenarchitektur, sei es im urbanistischen Zusammenhang. Niccolò Salvi (1697–1751) entwarf mit dem *Trevi-Brunnen* (1732–62) in Rom das letzte bedeutende einschlägige Werk des italienischen Spätbarock. Vor der theatralisch arrangierten Kulisse einer antikisierenden Triumphbogenarchitektur gebietet der Meeresgott Neptun über sein Wasserreich, in das schon unzählige Touristen ihre Münzen geworfen haben und in dem Anita Ekberg in Federico Fellinis Film „La Dolce Vita" (1960) ihr nächtliches Bad nahm.

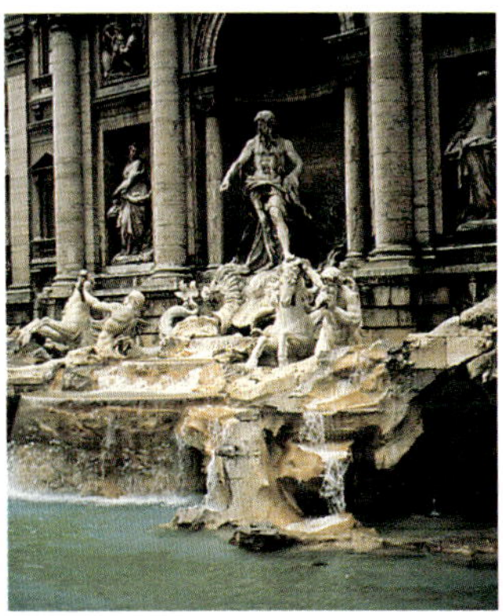

Niccolò Salvi, *Trevi-Brunnen* in Rom, 1732–62

Welche römische Frühbarockkirche folgt noch stark dem Schema der manieristischen Jesuitenkirche „Il Gesù"?

Die 1591 begonnene und im Kern 1608–25 von Carlo Maderno (1556–1629) erbaute Mutterkirche des Theatinerordens, *S. Andrea della Valle in Rom*, folgt als tonnengewölbter, von Kapellen begleiteter Saal noch weitgehend dem Schema von Vignolas *Il Gesù*. Neu aber und frühbarock ist außen die Form und Zusammenstellung von Kuppel und Fassade, im Sinne einer Betonung des „Malerischen".

Welcher schwäbische Künstler gehört zu den wenigen bedeutenden Barockmalern unmittelbar nach dem Dreißigjährigen Krieg?

Der in Augsburg verstorbene Johann Heinrich Schönfeld (1609–82 oder 83) hielt sich lange Zeit in Italien auf, wo er sich verschiedensten künstlerischen Strömungen öffnete. Durch seine Rückkehr nach Augsburg 1652 vermittelte er diese Strömungen in die süddeutsche Malerei, die mit ihm internationalen Rang erreichte.

Warum malte Rembrandt einen zurückgezogenen Vorhang vor das Bild der hl. Familie?

In der Kasseler Gemäldegalerie findet sich Rembrandts (1606–69) Bild *Die hl. Familie* (1646). Der Künstler umgibt das Gemälde mit einem gemalten Rahmen und scheint es rechts durch einen Vorhang vor dem Betrachterblick zu „verbergen". In Holland war es im 17. Jh. durchaus üblich, Bilder durch reale Vorhänge vor Staub usw. zu schützen. Außerdem betonte man so ihre Kostbarkeit, indem man sie nicht jederzeit zur „Besichtigung" freigab. Rembrandt nützt das Motiv zusätzlich aus, um dem Interieur Distanz zu geben.

Welches sind die Meisterwerke der illusionistischen barocken Deckenmalerei in Rom?

1694 hat Andrea Pozzo (1642–1709), auch als Theoretiker der Perspektive und des Bühnenbildes bekannt, sein Riesenwerk vollendet: die Ausfreskierung des Gewölbes in dem 17 x 36 m weiten Langhaus von *S. Ignazio in Rom*, mit dem zentralen Thema *Die Verbreitung des Feuers der Göttlichen Liebe durch den Jesuitenorden* in einer Scheinkuppel. Zusammen mit den *Fresken* Pietro da Cortonas (1590–1669) im Salone des *Palazzo Barberini*, 1633– 39, den von mehreren Künstlern 1647–60 geschaffenen *Kuppel- und Apsisfresken von S. Maria in Valicella* und ferner Giovanni Battista Gaullis (gen. Baciccio; 1639–1709) *Fresken im Langhausgewölbe von Il Gesù*, 1676–79, gehören Pozzos Kompositionen zu den großen römischen Leistungen hochbarocker Deckenmalerei.

Welcher französische Maler des ausgehenden Rokoko genoß trotz „niedriger" Bildthemen großen Ruhm?

„Das ist wahrhaftig ein Maler! Das ist ein Kolorist! [...] O Chardin, das ist nicht die weiße, rote und schwarze Farbe, die du auf deiner Palette zerreibst: Es ist die eigentliche Substanz der Gegenstände, es sind die Luft und das Licht, die du [...] auf die Leinwand überträgst." Diese begeisterten Worte schrieb Denis Diderot, Philosoph und Kunstkritiker, 1763 über den französischen Maler Jean-Siméon Chardin (1699–1779). Und das, obwohl Chardin „nur" ein Stillleben- und Genremaler war, also nach den Regeln der französischen Akademie die niedrigste Art der Bildgattungen praktizierte.

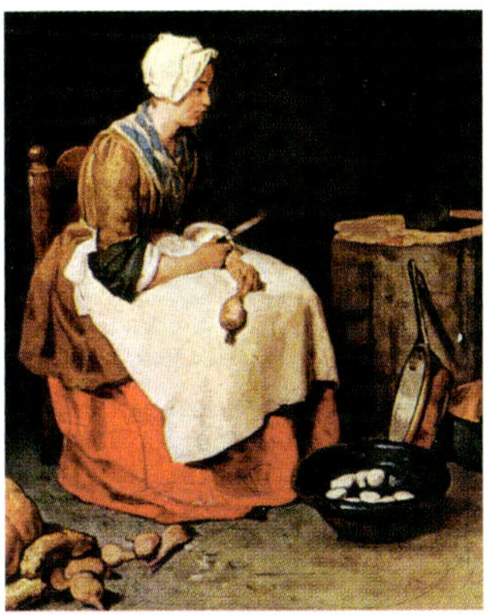

Jean-Siméon Chardin: *Die Küchenmagd*, 1738 (Washington, National Gallery of Art)

Welcher Kirchenbau gehört zu den Meisterleistungen des Barock in Prag?

1703–11 arbeitete der in Prag ansässige bayerische Barockbaumeister Christoph Dientzenhofer (1655–1722) am Langhaus der Kirche *St. Nikolaus auf der Prager Kleinseite*. Sein in Prag geborener Sohn Kilian Ignaz Dientzenhofer (1689–1751) vollendete 1737–53 den herrlichen Bau. Die Raumkonstruktion der Wandpfeilerkirche mit ihren komplexen Gewölbeverschneidungen gilt zu Recht als bahnbrechend in der böhmischen Kunstlandschaft.

Welches Bild markiert den Höhepunkt von Rembrandts Landschaftskunst?

Die um 1630 vollendete *Gewitterlandschaft* in Braunschweig (Herzog-Anton-Ulrich-Museum) ist wohl der Höhepunkt der ausgesprochen dramatischen Landschaftskunst Rembrandts (1606–69). Die Gebirgskette, das Licht und die Gewitterwolken sind zu einer ungeheuer suggestiven, die gesamte Komposition durchziehenden Bewegung zusammengefasst.

Aus welchem Material bestehen Donners Brunnenfiguren in Wien?

Die Figuren der *Providentia*, der Personifikation der „Fürsorge", und der vier wichtigsten österreichischen Nebenflüsse der Donau, die Georg Raphael Donner (1693–1741), der Hauptmeister einer klassizistisch bestimmten Formensprache des deutschen Barock, für den Brunnen auf dem Neuen Markt in Wien geschaffen hat, sind aus Blei gegossen.

Wo befindet sich der Prototyp des englischen Landschaftsgartens?

Stourhead Garden, seit 1741 in Wiltshire angelegt, gilt als Erstlingswerk des englischen Landschaftsgartens, der sich bewusst von den geometrisch geformten Anlagen des französischen Barockgartens absetzt und die scheinbar wild wachsenden landschaftlichen Gegebenheiten in sein Terrain einbezieht.

Wer malte eines der beeindruckendsten höfischen Barockporträts in England?

In etwas geckenhafter Pose präsentiert sich der englische König Karl I. in einem bekannten Gemälde in voller Lebensgröße, dem höfischen Darstellungsschema des Barock entsprechend in unüberschnittener Figur. Neben dem rassigen Apfelschimmel, der nervös wiehernd am Boden scharrt, hantiert der Stallmeister, dahinter bringt ein Page einen prächtigen Rock. Hinterfangen ist die Gruppe vom herrlich gemalten Laubwerk eines mächtigen Baumes. Auch in der Landschaft des Hintergrundes und dem wolkenübersäten Himmel entfaltete der Flame und Rubensschüler Anthonis van Dyck (1599–1641) sein auch an italienischen Vorbildern geschultes malerisches Können. Das um 1635–38 entstandene Gemälde *Porträt Karls I. auf der Jagd* (Paris, Louvre) gehörte im 18. Jh. der Madame Dubarry, die es 1775 für viel Geld Ludwig XVI. überließ.

Wer entwarf das elfenbeinerne „Salzfass", das Georg Petel geschnitzt hat?

Der Deutsche Georg Petel (um 1601/02–1634), ein Virtuose auf dem Gebiet der frühbarocken Kleinplastik, aber auch ein Könner im großen Format, freundete sich in Antwerpen – durch Vermittlung des Anthonis van Dyck, der ihn 1627 auch porträtierte (München, Alte Pinakothek) – mit Peter Paul Rubens an. Dieser entwarf zu eigenem Gebrauch ein *Salzfass mit der schaumgeborenen Venus*, das Petel 1627/28 in Elfenbein schnitzte (Stockholm, Königliches Schloss).

Welches war das Hauptwerk Adam Elsheimers?

Meisterhaft wusste Adam Elsheimer (1587–1610) im kleinstem Format eine ungeheuere Figurenfülle und Raumtiefe unterzubringen und das Auge in Farb- und Lichträume von visionärer Unwirklichkeit zu führen. Als Malgrund verwendete er häufig eine Kupfertafel, um dadurch die Leuchtkraft der Farben zu intensivieren. So auch in der nur rund 50 x 35 cm großen *Verherrlichung des Kreuzes* (um 1602–05; Frankfurt/M., Städel'sches Kunstinstitut). Sie ist das Zentrum von Elsheimers Hauptwerk, einem aus sieben Einzeltafeln aufgebauten Kreuzaltar, der einst im Besitz des Großherzogs der Toskana war, dann spurlos verschwand und erst im 20. Jh. wieder entdeckt wurde. Das Kreuz im Zentrum der Komposition wird im Himmel von Heiligen verehrt, die in einem durchaus schon frühbarocken Sinne auf Wolkenbänken lagern und disputierend dieses Heilszeichen in sphärischen Zirkeln umringen.

Warum zeigt das monumentale Mittelfeld in der „Galerie des Palazzo Farnese" den „Triumphzug des Bacchus"?

Die 1604 vollendeten *Deckenfresken* Annibale Carraccis (1560–1609) in der Galerie des römischen *Palazzo Farnese* kulminieren im zentralen Thema des *Triumphzug des Bacchus*. In diesem orgiastischen Thema versteckt sich auch eine Anspielung auf den Vater des Auftraggebers, auf den ruhmreichen Feldherrn Alessandro Farnese: Sein Namensvetter Alexander der Große hatte wie Bacchus einen Siegeszug durch Indien unternommen und wurde deshalb mit dem Weingott identifiziert.

Welches Altarbild ist eines der Hauptwerke des Peter Paul Rubens?

Das von Rubens (1577–1640) 1611–14 gemalte *Kreuzabnahme-Triptychon* in der *Kathedrale von Antwerpen* war von der städtischen Schützengilde in Auftrag gegeben worden. Mit Rücksicht auf einen neuerwachten Magdalenen-Kult lässt der Künstler die ganze hochdramatische Aktion auf diese Heilige zulaufen. Dem Leichnam verlieh Rubens die Züge des *Laokoon*, ein Beleg seiner umfassenden künstlerischen Bildung.

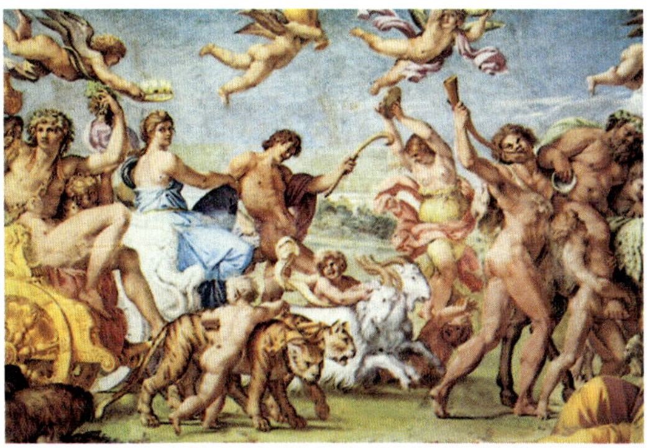

Annibale Carracci: *Triumph des Bacchus und der Ariadne*, 1604 voll. (Rom, Palazzo Farnese)

Welches vorbereitende Medium gewann in der Malerei des Barock besondere Bedeutung?

Bereits im 16. Jh. hatte die ein großformatiges Werk vorbereitende Skizze einen autonomen Charakter erhalten. Mit der Ölskizze des Barock wurde sie in ihren Effekten noch mehr gesteigert, das „Hingeworfene“, Spontane verlieh solchen Entwürfen einen derartigen Reiz, dass man sie nun als eigene Kunstwerke sammelte.

Wo besaß das Stillleben des 17. Jh. seine Zentren?

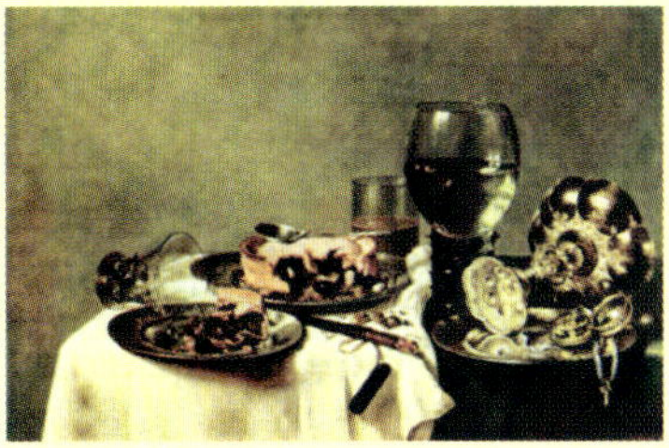

Willem Claesz Heda: *Stilleben*, 1631 (Dresden, Gemäldegalerie)

Der Barock ist die Blütezeit des Stilllebens. Besonders in den Niederlanden spezialisierten sich die Künstler auf einzelne Motive, in Haarlem z. B. auf gedeckte Tische, in Leiden auf Bücher und Bierkrüge, in Den Haag (mit dem Fischmarkt in Scheveningen) auf tote Fische, in Utrecht auf Blumen und Früchte. Bei aller scheinbaren Vordergründigkeit liegt den meisten dieser Darstellungen eine tiefere Symbolik (etwa eine Vanitas-, Vergänglichkeitssymbolik) zugrunde.

Welchen symbolischen Gedanken verkörpert die „Wallfahrtskirche Kappel“?

Die 1685–89 von Georg Dientzenhofer (1643–89) erbaute barocke *Wallfahrtskirche* im oberpfälzischen *Kappel* bei Münchenreuth widmet je eine überkuppelte Konche des dreipassförmigen Grundrisses einer Person der Hl. Dreifaltigkeit. Am Außenbau versinnbildlicht das in einem zentralen Punkt zusammentreffende Dach die Einheit der Trinität, die durch drei Kuppellaternen sowie drei Türme zum Ausdruck gebracht wird.

Wie heißt der bedeutendste Modelleur der Meißner Porzellanmanufaktur zur Zeit des Rokoko?

Der weltweite Ruf der bis 1863 bestehenden Meißner Porzellanmanufaktur wurde von dem 1731 als Modelleur engagierten Rokoko-Bildhauer Johann Joachim Kändler (1706–75) begründet, der zunächst mit großplastischen Porzellantieren experimentierte und sich ab 1742 der Kleinplastik zuwandte. Eines seiner schönsten Services ist das ursprünglich über 2200 Teile umfassende „Schwanenservice“ für Heinrich Graf von Brühl in Dresden.

Wie heißt der bedeutendste heimische Maler des böhmischen Barock?

Der Prager Maler Karel Škréta (1610–74) gilt als die bedeutendste Persönlichkeit des böhmischen Barock. Während eines mehrjährigen Aufenthalts in Venedig war er von unterschiedlichsten Richtungen der italienischen Kunst, aber auch von dem Deutschen Johann Liss beeinflusst worden.

Wer schuf die „Treppenanlage in der Würzburger Residenz“?

Balthasar Neumanns (1687–1753) Ruhm beruht nicht zuletzt auf seinem *Treppenhaus in der Würzburger Residenz*, das seit 1719 in Planung war, dessen Ausführung im Frühjahr 1737 begann und das 1743 im Rohbau vollendet werden konnte. Auf reiche Ausstattung dieser „fünfschiffigen Treppenkathedrale“ des deutschen Spätbarock wurde zunächst kein Wert gelegt, erst später, 1752/53, entstanden die Deckenfresken Tiepolos und wahrscheinlich auch die neutrale weiße Tünchung an Wänden und Gliederungen. Das Treppengebäude und der große Raumkasten des Oberstocks wurden zu einem überwältigenden Gesamtraum. Und am Ende der Treppe stand man wie auf einer Zuschauergalerie, von der aus das Zeremoniell der heraufschreitenden Besucher wie ein Schauspiel zu beobachten war.

Welches Beispiel gilt als das vollkommenste der deutschen Rokokoarchitektur?

Das Jagdschlösschen *Amalienburg*, das François de Cuvilliés d. Ä. (1695–1768) in den Jahren 1734–39 im Park von *Schloss Nymphenburg* in München anlegte, gilt als das vollkommenste Beispiel deutscher Rokokoarchitektur. Im Spiegelsaal, diesem gebauten Traum, der sich das Pariser *Hôtel de Soubise* zum Vorbild nahm, legen sich die silbernen Rocaillen (Muschelornamente) wie eine zarte Textur über die weißen Wände.

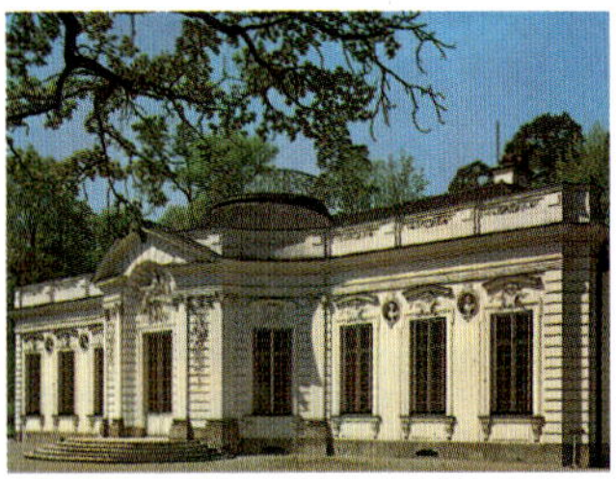

François de Cuvilliés: *Amalienburg* im Park von *Schloss Nymphenburg* in München, 1734–39

Seit wann existieren Porzellanmarken?

Die seit etwa 1717 einsetzende Konkurrenz unter den zumeist von Fürsten betriebenen europäischen Porzellanmanufakturen machte die Einführung von Porzellanmarken als Herkunftsnachweis notwendig, die fälschungssicher vor dem Glasurbrand aufgemalt wurden. Die erste dieser Marken wurde ab 1722 in Meißen verwendet.

Wie nannte man Gerard van Honthorst in Italien?

Der Niederländer Gerard van Honthorst (1590–1656) hielt sich seit 1610 für zehn Jahre in Italien auf, wo er zutiefst von der Helldunkel-Malerei Caravaggios geprägt wurde. Wegen seiner Vorliebe für Nachtbilder mit Fackel- und Kerzenbeleuchtung nannten ihn die Italiener „Gherardo delle Notti". Später war er als bevorzugter Hofmaler der Oranier in Den Haag tätig.

Aus welcher Zeit stammt das Kernstück der „Schwetzinger Gartenanlage"?

Der zentrale Teil der Gartenanlage des *Schwetzinger Schlosses* datiert in die Mitte des 18. Jh. Die symmetrische, von einer breiten Mittelachse geteilte Anlage ist immer noch, d. h. zu einem Zeitpunkt, als auf den britischen Inseln längst schon der „Englische Garten" heimisch geworden war, dem Typus des geometrischen französischen Barockgartens verpflichtet.

Welches Ereignis wurde in der holländischen Genremalerei sehr oft dargestellt?

Zu den Hauptwerken des holländischen Genremalers Jan Steen (1626–79) zählt *Das Bohnenfest* von 1668 (Kassel, Gemäldegalerie Alte Meister). Am 6. Januar, am Dreikönigstag, wurde in holländischen Familien ein üppiges Mahl abgehalten. Wer den Teller mit der in der Pastete versteckten Bohne bekam, wurde zum Bohnenkönig gekrönt. Auf Steens Gemälde wird dem Jüngsten diese Ehre zuteil. Er steht auf einer Anrichte, um den Festtrunk zu leeren, der Junge hinter ihm fasst ironisch das Mantelende wie eine Schleppe. Der Alte dahinter, mit dem Trichter auf dem Kopf, übernimmt travestierend die Rolle des Hofnarren. Die offenbar nicht mehr ganz nüchtern auf dem Stuhl zurückgesunkene Mutter hält den Weinkrug fest, in recht derber Pose halb zu ihrem Sprössling umgewandt. Während lustige Burschen ein Katzenkonzert veranstalten, tafeln rechts am Bildrand distinguiertere Herrschaften.

Welcher süddeutsche Kirchenbau führt die Barockarchitektur des großen Stils ein?

Unter teilweiser Beibehaltung einer durch Brand beschädigten spätgotischen Kirche schuf der aus der Provinz Como stammende Architekt Carlo Lurago (1615–84) zusammen mit seinem Landsmann, dem Stuckateur Giovanni Battista Carlone (um 1650–1707) den gewaltigen *Passauer Dom*, der nicht nur durch seine Raumgestaltung, sondern auch durch seinen schweren Stuckdekor für den damaligen Barockstil der ganzen Region vorbildlich wurde.

Was versteht man unter der „Fünf-Sinne"-Thematik der Barockmalerei?

David Teniers d. J. (1610–90) war der beliebteste Genremaler des 17. Jh. in den südlichen Niederlanden. In vielen Darstellungen widmete er sich auch dem Modethema seiner Zeit, der Allegorie der „Fünf Sinne". Das Sehen, das Schmecken, das Fühlen, Hören und Riechen artikulieren sich in vielerlei Form gerade in Bildern, die den bäuerlichen oder bürgerlichen Festen und Schmausereien gewidmet sind. Oft verbindet sich auch die „Fünf Sinne"-Bedeutung mit anderen Inhalten, etwa wenn sich der Geschmackssinn in der Trunkenheit zum unappetitlich Geschmacklosen verkehrt, wenn der Betrunkene furzt, grölt und schreit, wie Hans Sachs drastisch in einem Gedicht von 1528 formuliert.

Welches französische Vorbild ist in die Fassadengestaltung der Londoner „St. Paul's Cathedral" eingeflossen?

Christopher Wren (1632–1723) ließ sich in der Gestaltung der Hauptfront der von ihm 1675–1710 erbauten Londoner *St. Paul's Cathedral* auch von den monumentalen Säulen der Ostfassade des *Louvre*, eines Hauptwerks der französischen Barockklassik, inspirieren.

Welcher spanische Maler gehörte zu den wichtigsten Propagatoren des Caravaggismus?

Jusepe de Ribera (1591-1652) war der Sohn eines Schuhmachers. 1610 reiste er von Spanien nach Italien, wo er in Parma vom Renaissancemaler Correggio, v. a. aber in Rom vom Helldunkel Caravaggios beeindruckt wurde. Ribera, dessen Kunst durch zahlreiche Schüler und Nachahmer eine europaweite Wirkung – noch hin bis zu Rembrandt – ausübte, starb verarmt in Neapel.

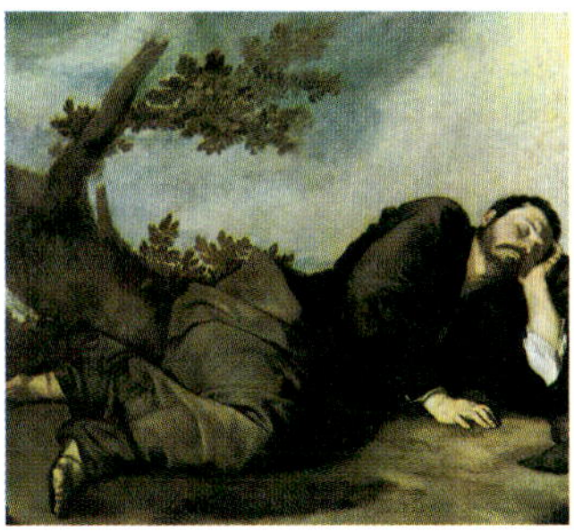

Jusepe de Ribera: *Der Traum des Jakobus*, 1639 (Madrid, Prado)

Unterhielt Rembrandt einen Großbetrieb?

Rembrandts (1606–69) Ansehen muss zeitweise enorm gewesen sein. Das belegt auch die große Anzahl seiner Schüler, zu denen u. a. so bedeutende Maler wie Gerard Dou, Ferdinand Bol, Carel Fabritius oder Aert de Gelder gehörten. Manchmal versammelte er mehr als 20 Schüler gleichzeitig um sich, obwohl das gegen die Regeln der Malerzunft verstieß. Da die Lehrlinge zumeist seinen Stil übernahmen, ist eine Händescheidung heute oft problematisch. Von den etwa 2000 Arbeiten, die man früher Rembrandt zuschrieb, gelten deshalb viele nicht mehr als eigenhändig.

Warum heiratete Rubens eine sechszehnjährige Kaufmannstochter?

Als sich Rubens (1577–1640) ein zweites Mal verheiraten wollte, rieten ihm Freunde, eine Hofdame zu wählen. Stattdessen entschied er sich für die Ehe mit der sechszehnjährigen Kaufmannstochter Helene Fourment. Er fürchtete, wie er 1630 schrieb, den Hochmut des Adels „und deshalb hat es mir gefallen, ein Weib zu nehmen, das nicht errötet, wenn ich zum Pinsel greife." Helene errötete auch nicht, wenn sie Rubens immer wieder Modell für höchst erotische Aktbilder stand.

Welchen illusionistischen „Trick" wandte Bernini bei der „Scala Regia" an?

Die große Repräsentationstreppe, die *Scala Regia*, diesen Zugang zu den päpstlichen Gemächern, die man von den *Kolonnaden des Petersplatzes* aus durch einen langen Korridor erreicht, gestaltete Bernini (1598–1680) wie eine Bühnenperspektive. Da der Raum unregelmäßig und schmal war, rückte Bernini die rahmenden Säulen unmerklich näher an die Wand und verbreiterte dadurch optisch den Treppenlauf.

Wer gehört neben Rubens und van Dyck zum großen Dreigestirn der flämischen Barockmalerei?

Das große Dreigestirn der flämischen Malerei komplettierte Jacob Jordaens (1593–1678), der 1618/19 in der Rubens'schen Werkstatt arbeitete und der nach Rubens' Tod bis zu seinem eigenen Lebensende als führender Meister der flämischen Barockmalerei gelten darf. Er pflegte v. a. die Genredarstellungen und bezog auch das bäuerliche Milieu nachhaltig mit ein. Die Pathosformeln seiner Bilder sind menschlich erfüllt und in höchster Vitalität vorgetragen.

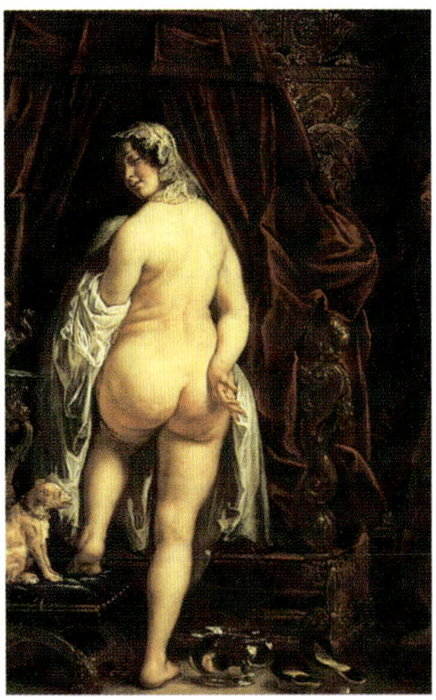

Jacob Jordaens: *Die Frau des Königs Kandaules*, 1649 (Stockholm, Nationalmuseum)

Welche Gemälde Watteaus variieren das Thema der „Liebesinsel"?

Drei Gemälde Antoine Watteaus (1684–1721) haben die sagenhafte Liebesinsel Kythera, haben die Sehnsucht, diesen Ort der Glückseligkeit zu erreichen, zum Inhalt. Auf der heute im Louvre hängenden Fassung *Einschiffung nach Kythera* von 1717 strebt eine galante Gesellschaft quer durch das Bild einer links vertäuten Barke zu, um die Fahrt zur Venusinsel anzutreten, die in verschwommener Ferne gerade noch zu erahnen ist. Im vibrierenden Licht- und Farbfluidum des Hintergrundes entfaltet sich eine duftige Landschaft, deren Gründe ineinander verschmolzen sind. Die beiden anderen Versionen befinden sich in Frankfurt und in Berlin.

Worin liegt die epochale Bedeutung Claude Lorrains?

„In Claude Lorrain erklärt sich die Natur für ewig", sagte Goethe über einen der größten Landschaftsmaler der Kunstgeschichte (1600–16). Die „klassische" Landschaft erfuhr durch ihn im 17. Jh. ihre Vollendung, indem sie das kulissenhafte Schema der manieristischen Naturdarstellung aufgab, ihre Kompositionen bis in jede Einzelheit genauestens berechnete, die Bildvorstellungen ins paradiesisch Schöne steigerte: Das Licht erschließt in feinsten Abstufungen einen weiten Raum, der jedoch den Sinn für das Maß nie verliert. Claudes Landschaften sind ein Abglanz der in sich vollkommenen Welt. Deshalb konnten sie bis weit in das 19. Jh. hinein als Modell für jede idealistische Landschaftsmalerei dienen.

Wer malte eines der frühesten und berühmtesten Nachtstücke?

Im Zusammenhang mit dem Caravaggismus wurden in der Barockmalerei nächtliche Szenerien mit Mondlicht oder künstlichen Lichtern (Kerzen, Fackeln usw.) modisch. Eines der frühesten und qualitätvollsten dieser sog. Nachtstücke schuf 1609 Adam Elsheimer (1578–1610) mit dem kleinen Bild *Die Flucht nach Ägypten* (München, Alte Pinakothek). Rechts bestimmt das kühle Licht des in einem Gewässer sich spiegelnden Mondes die Nachtlandschaft, links ein warmes Hirtenfeuer, dem die Heilige Familie zustrebt. Über allem wölbt sich der Himmel mit den leuchtenden Flecken und Punkten der Milchstraße, die hier wohl erstmals in der Kunstgeschichte optisch-wissenschaftlich überzeugend erfasst ist.

Welches waren die Hauptvertreter des sog. Caravaggismus?

Michelangelo Mensida Caravaggio (1573–1610) löste mit seiner Helldunkel-Malerei eine breite Nachfolge aus, die man als Caravaggismus bezeichnet. Dazu gehört die in Rom, Florenz, Neapel und England tätige Malerin Artemisia Gentileschi (1593–1652/53), ferner das Frühwerk des großen Spaniers Diego Velázquez (1599–1660). Der schulbildende Caravaggist in Utrecht (Utrechter Schule) war Hendrick Terbrugghen (1588– 1629). In Deutschland repräsentierte beispielsweise Adam Elsheimer (1587–1610) den Caravaggismus, in Frankreich Georges de La Tour (1593– 1653).

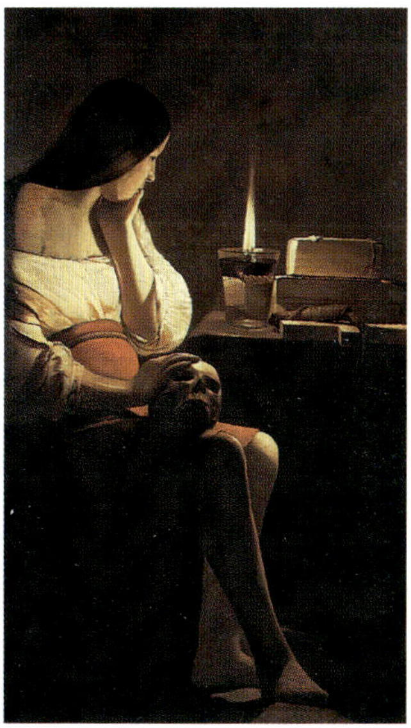

Georges de La Tour: *Magdalena mit dem Nachtlicht*, 1630–35 (Paris, Louvre)

Welches römische Deckenfresko stellt den vielleicht höchsten erreichbaren Grad an barockem Illusionismus dar?

Seit 1672 dekorierte Giovanni Battista Gaulli (genannt Bacciccia;1639–1709), das gesamte Innere der ersten römischen Jesuitenkirche *Il Gesù* neu. 1676–79 entstand das riesige Deckenfresko mit der *Anbetung des Namens Jesu*. Gaulli zog hier alle Register jenes Illusionismus, den er bei seinem Lehrer Gianlorenzo Bernini erlernt hatte: nicht zuletzt, weil der stuckierte Bildrahmen von der Malerei an vielen Stellen überschritten wird.

Was prädestinierte Willem Kalf zum Maler von Luxusobjekten?

Willem Kalf (1619–93) ist einer der hervorragendsten holländischen Stilllebenmaler des Barock. Er zeichnet sich durch die besonders kostbare Wiedergabe der holländischen und venezianischen Gläser, des Silbers und des chinesischen und Delfter Porzellans aus – Gegenstände also, die er als Kunsthändler immer vor Augen hatte.

Welcher Ort im „Park von Versailles" diente den „Schäferspielen" des Rokoko?

Unmittelbar hinter dem *Petit Trianon im Park von Versailles* ließ die Königin Marie Antoinette seit 1783 eine Gruppe von strohgedeckten Fachwerkbauten und Steinhäuschen errichten, dazu eine Mühle mit künstlich abgeleitetem Bach, ein Taubenhaus, eine Milchwirtschaft und eine Küche mit kleinem Gärtchen. In diesem Ambiente gab sich die vornehme Gesellschaft einfach und ländlich, verkleidete sich mit arkadischem Hirtenkostüm, veranstaltete Schäferspiele – aber nur kurzfristig schlüpfte man in diese Attitüde des Einfachen, denn nicht umsonst fanden sich hinter den Kulissen Billardsäle und große Salons mit Spiegelkaminen. Wenige Jahre später sollte die Französische Revolution solchen Spielereien ein Ende bereiten.

Welcher Maler ist der bedeutendste italienische Landschaftsmaler des Barock?

Mit Salvator Rosa (1615–63) wurde Neapel zum dritten Zentrum der italienischen Landschaftsmalerei des Barock neben Bologna und Rom. Seine wunderbaren Bilder zeichnen sich durch eine hohe Dramatik und gelegentlich schon durch „romantische" Stimmungshaftigkeit aus.

Welches Porträt Velázquez' zählt zu den berühmtesten der europäischen Kunst?

Während einer Italienreise vollendete Diego Velázquez (1599–1660) das Aufsehen erregende *Bildnis des Papstes*

Welches Werk stellt den Höhepunkt im Schaffen des Venezianers Tiepolo dar?

Im Auftrag des Fürstbischofs Carl Philipp von Greiffenclau hat Giovanni Battista Tiepolo (1696–1770) 1752–53 das *Treppenhaus* Balthasar Neumanns in der *Würzburger Residenz* zu einem kongenialen Abschluss gebracht, indem er die 30 x 18 m messende Decke mit einem riesigen Fresko füllte, das einen der Höhepunkte europäischer Spätbarockmalerei bildet. Im Zentrum des gemalten Himmels erscheint in einer Quadriga der Sonnengott Apoll als Schirmherr der Künste, umgeben von weiteren Göttern, die die Planeten, Jahreszeiten und Monate verkörpern. Entsprechend dieser kosmologischen Ausrichtung sind die vier Seiten der Komposition – in einem phantastischen, Festzugs-Charakter ausstrahlendem Gepränge – den vier Erdteilen gewidmet. Die souveräne Behandlung des meist silbrig aufglänzenden Bildlichtes, die gesamte malerische Raffinesse, die meisterhafte Beherrschung der illusionistischen Mittel, all das gehört zu den unvergesslichen Leistungen des Rokoko.

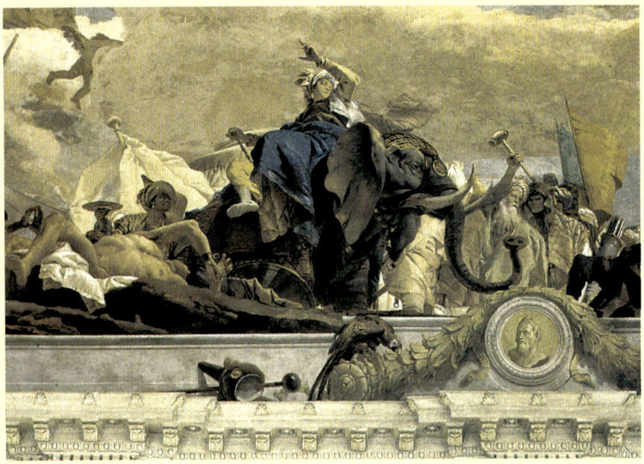

Giovanni Battista Tiepolo: *Deckenfresko in der Würzburger Residenz* (Ausschnitt), 1752–53

Innozenz X. (1650, Rom, Galleria Doria Pamphili) – ein Meisterwerk. In die hässlich derben, fast bäuerlichen Züge des stark geröteten und fleischigen Gesichtes, bringen die kritisch forschenden, auch misstrauischen Augen die Note hellwacher Intelligenz. Der Papst schien zunächst nicht sehr begeistert gewesen zu sein von seinem Bildnis, das er als „troppo vero“, als „zu echt“ bezeichnete; dann aber hat es seine Wirkung auf ihn doch nicht verfehlt und er beschenkte den spanischen Maler mit einer außerordentlich wertvollen Goldkette.

Welche Platzanlage in Rom gehört zu den schönsten städtebaulichen Maßnahmen des Barock?

Nach der Erweiterung der *Peterskirche in Rom* durch das Langhaus Carlo Madernas ging Gian Lorenzo Bernini (1598–1680) an die Gestaltung des östlichen Vorplatzes. In vier Reihen begrenzen insgesamt 284 Säulen aus Travertin und 88 Pfeiler den querovalen *Petersplatz* als überdachte Kolonnaden mit bekrönenden Kolossalstatuen, deren letzte 1670 aufgestellt wurde. Der bereits 1586 an diese Stelle versetzte ägyptische *Obelisk* von ca. 25 m Höhe fungiert als Ausgangspunkt des Straßensystems, das u. a. *S. Pietro* mit *S. Maria Maggiore* verbindet.

Welches Bauwerk gehört zu den überzeugendsten Beispielen des Palladianismus in England?

Mit *Chiswick House* bei London schuf Richard Boyle, Earl of Burlington, zwischen 1724 und 1728 einen Programmbau des englischen Palladianismus, der antike Einzelformen mit Motiven verschiedener Palladiovillen – v. a. auch der

Villa Rotonda bei Vicenza – kombiniert.

Auf welche literarischen Anregungen dürften Murillos „Bettelbuben" zurückgehen?

Sevilla war im 17. Jh. eine der reichsten Städte der Welt, denn hier wurde fast das ganze Gold aus der Neuen Welt umgeschmolzen. War hier zunächst Francisco de Zurbarán der führende Meister, so lief ihm bald Bartolomé Esteban Murillo (1617–82) den Rang ab. Um 1650 fand er zu seiner typischen Malweise, einem „duftigen Stil" mit verschwimmenden Konturen, weichen Modellierungen und luftigen Farbschleiern. Ende des 16. Jh. wurde in Spanien das Genre des Schelmenromans geboren. Die darin u. a. beschriebenen Lausbuben, die die Einkäufe auf dem Markt zu tätigen hatten, entsprechen jenen Bettelbuben seiner Genrebilder, mit denen Murillo mittlerweile weltberühmt geworden ist.

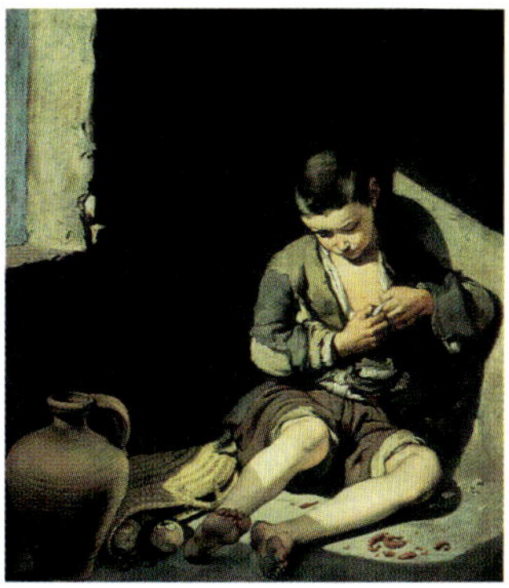

Bartolomé Esteban Murillo: *Der kleine Bettler*, 1650 (Paris, Louvre)

Welche Flüsse sind an Berninis „Vierströme-Brunnen" dargestellt?

Im Auftrag Papst Innozenz' X. errichtete Gianlorenzo Bernini (1598–1680) auf der Piazza Navona in Rom den *Vierströmebrunnen* (1648–51). Zu Füßen des bekrönenden Obelisken lagern die Personifikationen der Donau (im Aufblick zum päpstlichen Wappen auf der Obeliskenspitze), des Nils (der sein Haupt verhüllt, weil seine Quellen damals noch nicht bekannt waren), des Ganges (mit dem Ruder) und des Rio della Plata (als heftig gestikulierender Mohr), Personifikationen auch der vier damals bekannten Erdteile.

Was versteht man unter dem Streit der Rubenisten und der Poussinisten?

Der Wahl-Römer Nicolas Poussin (1594–1665) gewann nachhaltigen Einfluss auf die „klassizistische" Ausrichtung der Pariser Akademie. Ihr Gründungsdirektor Charles Le Brun (1619–90) sorgte dafür, dass in Frankreich die „Poussinisten", die Verfechter des Vorrangs der Linie, über die „Rubenisten", die Anhänger der Farbe in der Nachfolge des Peter Paul Rubens (1577–1640), gestellt wurden.

Welchen Stil liebte Friedrich der Große von Jugend an?

Friedrichs des Großen künstlerische Jugendeindrücke waren geprägt vom französischen Rokoko. Schon in Rheinsberg versuchte er 1738 die ersten eigenen Verwirklichungen in diesem Stil. Unmittelbar nach seinem Regierungsantritt berichtete er Voltaire, er habe weitere Bataillone sowie Maler und Bildhauer in Dienst genommen. Im Frühjahr 1743 dann hatte sich der Architekt Georg Wenzeslaus von Knobelsdorff (1699–1753) nicht nur an das *Potsdamer Stadtschloss*, sondern, nach des Königs Vorgaben, v. a. an die Komposition eines Palais' auf dem obersten Plateau einer terrassierten Gartenanlage zu machen. 1747 war das *Schlösschen Sanssouci* („Sorgenfrei") bezugsfertig.

Welche politische Symbolik verkörpert die „Karlskirche in Wien"?

Als 1713 in Wien die Pest grassierte, gelobte Kaiser Karl VI. den Bau einer Votivkirche. Die daraufhin 1715–37 von Johann Bernhard Fischer von Erlach (1656–1723) realisierte *Karlskirche* ist dem kaiserlichen Namenspatron und Schutzheiligen gegen die Pest, Karl Borromäus, geweiht. Zugleich sollte das Bauwerk die Verankerung des Heiligen Römischen Reiches mit der Residenzstadt Wien in der Tradition des römisch-antiken Imperiums veranschaulichen. Deshalb kombinierte der kaiserliche Hofarchitekt die Tambourkuppel und die seitlichen Pavillons, die dem zeitgenössischen Barock entsprechen, mit zwei Spiralsäulen und einer Tempelfront, die das römische Altertum zitieren.

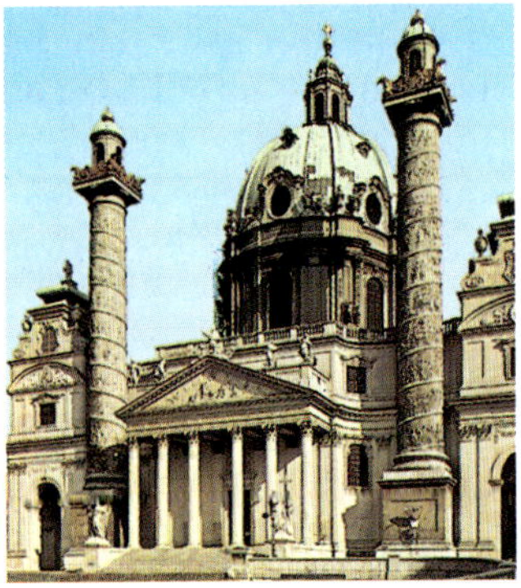

Johann Bernhard Fischer von Erlach: *Karlskirche in Wien*, 1715–37

Welches Bild in Dresden zählt zu den wenigen mythologischen Motiven Rembrandts?

Rembrandts (1606–69) *Ganymed* (1635; Dresden, Gemäldegalerie) ist eines seiner wenigen mythologischen Bilder. Doch es ist eher eine Parodie auf den Mythos und jede klassische Idealität. Es zeigt nicht die Schönheit des von Zeus in Gestalt eines Adlers entführten Lustknaben, sondern die Furcht eines in die Lüfte entführten schreienden Kleinkindes, das vor lauter Angst uriniert.

In welchem Gemälde ist erstmals in der Kunstgeschichte eine Biergartenszene dargestellt?

Jan Steen (1626–79) hatte 1654 in Delft eine Brauerei gemietet, die er 1657 wieder aufgeben musste. Deshalb steckt vielleicht auch ein Stück Nostalgie in seinem atmosphärisch-stimmungshaften Bild *Der Wirtshausgarten* (um 1660; Berlin, Gemäldegalerie). Unter der schattigen Pergola des Wirtshausgartens hat sich eine Frau niedergelassen, die ihrem Kind aus einem Zinnbecher zu trinken gibt. Auf der gegenüberliegenden Bank sitzt ein Mann, der einen Hering abhäutet, auf dessen Reste bereits ein Hund wartet. Die Gruppe schließt sich in dem Fischverkäufer, der am Ende des Tisches stehend den Betrachter mit lachendem Gesicht fixiert.

Wo befindet sich das schönste Reiterdenkmal des deutschen Barock?

1696–1703 schuf Andreas Schlüter (1659?–1714) in Berlin den Bronzeguss des *Reiterdenkmals für den Großen Kurfürsten*, das zu den erstaunlichsten Leistungen in der Nachfolge des römischen „Mark Aurel" und der Entwürfe Gianlorenzo Berninis für ein entsprechendes Denkmal Ludwigs XIV. gehört. Die vier mit Ketten gefesselten und vor dem Sockel hockenden Sklaven wurden erst ab 1702, nachdem Schlüter in Ungnade gefallen war, geschaffen. Das Monument hat man zum Einzug des Königs nach der Krönung von 1701 zunächst in einem vergoldeten Gipsabguss auf der *Langen Brücke in Berlin* aufgestellt. Jetzt steht das Reiterdenkmal im Vorhof des *Charlottenburger Schlosses*.

Wer erbaute die „Salzburger Kollegienkirche"?

Fürsterzbischof Johann Ernst Graf Thun-Hohenstein verfügte 1694 den Kirchenbau der Salzburger Benediktiner-Universität, zu dem zwei Jahre später der Grundstein gelegt wurde. Die Weihe erfolgte 1707, die Innenausstattung zog sich zeitlich noch hin. Die majestätische Zentralbaukirche ist Johann Bernhard Fischer von Erlachs (1656–1723) bedeutendstes Sakralwerk seiner frühen Schaffensphase.

Von welchem Ereignis u. a. nahm die „Chinoiserie" ihren Ausgang?

1713 trat der junge Chinese Arcade Hoang in Paris als Dolmetscher in den Dienst des Ludwigs XIV. Dieser hatte erkannt, welchen Nutzen Frankreichs Wissenschaft und Technik aus der Begegnung mit der chinesischen Kultur ziehen könne. Er tat alles, um entsprechende Kontakte zu fördern. So stellte die Regierungszeit des Sonnenkönigs für die Entwicklung der europäischen Geistesgeschichte einen Höhepunkt unparteiischer interkultureller Reflexion dar. Und natürlich beflügelte sie auch auf künstlerischem Gebiet jene Chinamode, die als „Chinoiserie" fast das ganze 18. Jh. durchziehen sollte.

Was versteht man unter Helldunkel-Malerei?

Caravaggio (1573–1610) war der Erste, der Licht und Schatten zu den Protagonisten einer radikal neuen Bilddramaturgie machte. Lichtkegel entreißen scheinwerferartig der Dunkelheit bestimmte Bildgegenstände, oft fällt ein „Kellerlicht" schräg von oben ein. Diese die Zeitgenossen zunächst schockierende Helldunkel-Malerei (ital.: „Chiaruscuro", franz.: „Clair-obscure") wurde rasch zur Grundlage für einen bestimmten Zweig der barocken Malerei bis hin zu Rembrandt.

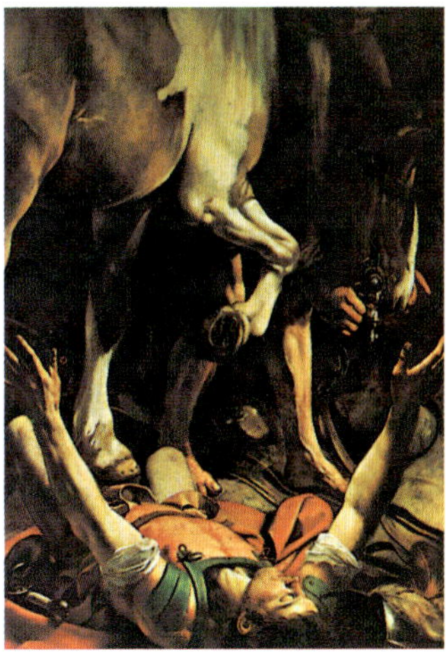

Caravaggio: *Die Bekehrung des Saulus*, 1601 (Rom, S. Maria del Popolo)

Wo ist einer der prachtvollsten Beispiele für einen barocken Bibliothekssaal?

Die Bibliotheksräume weiteten sich seit dem letzten Drittel des 17. Jh. und dann v. a. im 18. Jh. zu großen hohen Sälen aus, deren Bücherbestände an den Wänden durch Galerien zugänglich gemacht wurden. Die Räume und Decken waren häufig durch Gemälde, Stuckaturen usw. reich geschmückt. Eine der prachtvollsten Beispiele ist Johann Bernhard Fischer von Erlachs (1656–1723) postum, 1726, vollendeter Kuppelsaal der *Wiener Hofbibliothek*. Aber auch zahlreiche Klosterbibliotheken des Spätbarock und Rokoko gehören zum Schönsten, was diese Zeit hervorbrachte.

Wie soll sich Rembrandt die allzu genaue Prüfung seiner Gemälde verbeten haben?

Offenbar war es im Barock und Rokoko üblich, dass potenzielle Käufer von Bildern die Qualität der Malerei millimetergenau überprüften. Rembrandt (1606–69) soll, wie Goethe in seinen „Maximen und Reflexionen" berichtet, süffisant davor gewarnt haben: „An meinen Bildern müsst ihr nicht schnüffeln, die Farben sind ungesund."

Welcher geistige Hintergrund existierte für die Zwergen- und Narrenbildnisse eines Velázquez?

Wie anderswo auch wurden in Spanien Zwerge und Narren als Staffage in die königlichen Porträts mit aufgenommen. Meisterhaft, voll Anteilnahme, nie von oben herab, charakterisiert Velázquez (1599–1660) diese Galerie menschlicher Spielzeuge. Freilich war, wie die Gehaltslisten beweisen, das gesellschaftliche Ansehen der Hofnarren gar nicht so gering – Velázquez selbst gehörte zunächst als Hofmaler im Palastdienst wie sie zum Hofgesinde. Anders die Zwerge, die Krüppel, die oft genug als Prügelknaben für die Infanten und Infantinnen herhalten mussten. Zur untersten Kategorie zählten die wie eine Menagerie gehaltenen harmlosen Geisteskranken. Ihnen allen begegnete indes seine Kunst gleichermaßen mit höchstem seelischen Feingefühl.

Welches Rokoko-Gemälde gilt Vielen als das schönste Bild der englischen Malerei?

Thomas Gainsboroughs (1727–88) Gemälde *Mr. and Mrs. Robert Andrews* (1748/49; London, National Gallery) zeigt das Ehepaar in einer weiten Landschaft, der Mann lässig an einen Baumstamm gelehnt, das Jagdgewehr salopp unter den Arm geklemmt, die Frau, fast zu elegant in ihrem hellblauen Seidenkleid, auf einer Bank sitzend; beide aber mit etwas gelangweilten Mienen. Gainsboroughs Gemälde steht in der aus der französischen Rokokomalerei nach England gelangten Tradition des „Konversationsstücks", das sich in England rasch großer Beliebtheit erfreute. Nicht grundlos hat man das Breit-

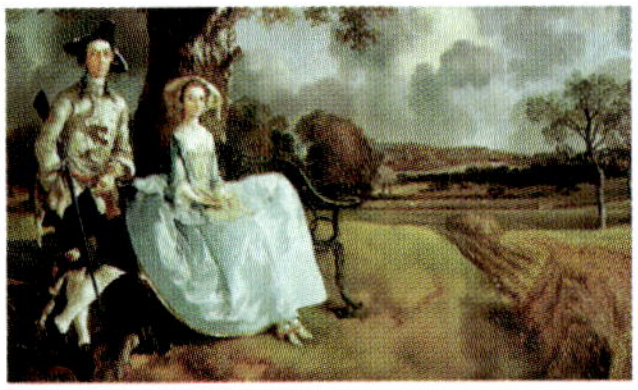

Thomas Gainsborough: *Mr. and Mrs. Robert Andrew*, 1748/49 (London, National Gallery)

format aufgrund seiner unvergleichlichen Farbharmonie und der lichtgesättigten Landschaft als das schönste Bild der englischen Malerei bezeichnet.

Was versteht man unter den „Rubensstechern"?

Rubens (1577–1640) beschäftigte nicht nur zahlreiche Schüler zur Ausführung, Vergrößerung und Vervielfältigung seiner Entwürfe, sondern ließ auch Stiche anfertigen, die den Vertrieb und urheberrechtlichen Schutz seiner Werke garantieren sollten. Die sog. Rubens-Stecher verbreiteten nicht nur mithilfe des renommierten Verlages Plantin die Kompositionen des Meisters über ganz Europa, sie brachten auch neue koloristische Wirkungen in die Grafik ein.

In welchem englischen Bauwerk wurden Anregungen Palladios ins Gigantische gesteigert?

Blenheim Palace, nördlich von Oxford gelegen, 1705 von John Vanbrugh (1664–1726) als imponierendes Beispiel englischer Barockarchitektur entworfen, schenkte die britische Regierung John Churchill, Herzog von Marlborough, für dessen Siege über Ludwig XIV. Der Baukomplex steigert Villenentwürfe Palladios aus dem 16. Jh. ins Gigantische und tritt auch in Konkurrenz zu *Versailles*.

Welches Gemälde belegt besonders schön die Zusammenarbeit einiger Maler zur Zeit des flämischen Barock?

Das Spezialistentum in der flämischen Barockmalerei zeigt sich vielfach in der Zusammenarbeit zweier Künstler an ein und demselben Gemälde. In *Das irdische Paradies mit dem Sündenfall Adams und Evas*, um 1615 (Den Haag, Mauritshuis) stammt die mit Tieren, Blumen und Früchten ausgestattete Landschaft von Jan Bruegel d. Ä. (1568–1625), während Rubens (1577–1640) die großformatigen Gestalten der Stammeltern gemalt hat.

Welcher Niederländer war einer der führenden Porträtmaler des 17. Jh.?

Der in Antwerpen geborene und in Haarlem verstorbene Frans Hals (1581/85–1666) war einer der bedeutendsten niederländischen Maler des Barock, in erster Linie ein herausragender Bildnismaler. Etwa seit den 1620er-Jahren wurde der Aufbau seiner Gemälde immer freier, die Pinselführung lockerer, fast schon impressionistisch anmutend.

Wie heißt der bedeutendste Rokoko-Modelleur der Nymphenburger Porzellanmanufaktur?

Der in Locarno geborene Franz Anton Bustelli (1723–63) kam wahrscheinlich über Wien nach München, wo man ihn 1754–63 zum Modellmeister der Nymphenburger Porzellanmanufaktur berief. V. a. seine, der italienischen Commedia dell' Arte entnommenen, Porzellan-Figuren bzw. Gruppen, die zum Dessert gerne als Tafeldekoration präsentiert wurden, gelten als Meisterwerke des europäischen Rokoko.

Welches Bauwerk entwickelte in Frankreich das Leitmotiv absolutistischer Architektur?

Ab 1667 entstand die *Ostfassade des Louvre in Paris*. Sie manifestierte den Anspruch Frankreichs, von nun an die kulturelle Vormacht Europas zu sein. Die kolossale Ordnung paarig gestellter Säulen über einem monumentalen Sockelgeschoss wurde fortan zum Leitmotiv absolutistischen Bauens. Architekt war Claude Perrault, dessen Barockklassik sich gegen die Entwürfe des nach Paris beorderten Gianlorenzo Bernini durchsetzte.

Welches mythologische Thema hat Jordaens in mehreren Fassungen gemalt?

In Jacob Jordaens' (1593–1678) den Fabeln Äsops entnommenen Thema *Der Satyr beim Bauern* (eine von mehreren Fassungen befindet sich z. B. in Kassel, Staatliche Kunstsammlungen, und ist 1620 entstanden) verwundert sich der Satyr über das Verhalten des Bauern, der sich vorher auf dem Felde mit dem Atem die Hände gewärmt hatte, während er jetzt in die Suppe bläst, um sie zu kühlen.

Wie heißt der Baumeister von „Schloss Stupinigi" bei Turin?

Inmitten eines großen Wildparks unweit der ehemaligen Residenzstadt Turin gelegen, erhebt sich das gewaltige *Jagdschloss Stupinigi* im Mittelpunkt einer weitausgreifenden Anlage aus Stallungen, Scheunen, Gutshäusern und Kavaliersbauten. Der Komplex wurde 1729 nach Plänen des Hofarchitekten Filippo Juvarra (1678–1736) begonnen.

Welches ist das populärste Bild Fragonards?

Jean Honoré Fragonard (1732–1806) ist neben Boucher der größte französische Maler des Rokoko (denn Watteau muss man genau genommen zum „Régence" zählen). Zu seinem populärsten Bild wurde *Die*

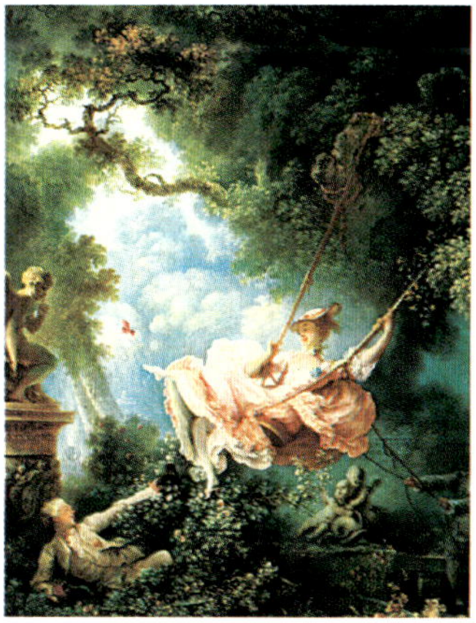

Jean-Honoré Fragonard: *Die Schaukel*, 1766 (London, Wallace Collection)

Schaukel von 1767 (London, Wallace Collection), das das gekünstelte Gesellschaftsspiel einer wuchernden Natur in einem von Erotenfiguren bevölkerten Park gegenüberstellt, aus diesem Kontrast aber auch eine gehörige erotische Pikanterie bezieht, gemäß dem Hauptmotiv: Die auf der Schaukel schwebende Dame ermöglicht nämlich einem im Gebüsch versteckten Galan, um dessen Anwesenheit sie aber wohl weiß, einen Blick unter ihre Röcke.

Wie sah eine typische Kunstkammer des Barock aus?

Das 1628 von Willem van Haecht gemalte Bild *Die Kunstkammer des Cornelis van der Geest* (Antwerpen, Rubenshuis) zeigt eine typische Kunstsammlung der Barockzeit: Die Gemälde, v. a. Renaissance- und zeitgenössische Werke, bedecken in dichter Hängung die Wände, umlaufend sind antike Statuen bzw. Antikenkopien verteilt, Grafik- und Münzkabinette konnten solche Sammlungsräume, die zu den Vorstufen der modernen Museen zählen, ergänzen. Die flämischen Provinzen gehörten nicht wie Holland, wo 1616 der erste Auktionskatalog erschien, zu den ganz großen Zentren des frühbarocken Kunstmarktes, doch immerhin waren sie mit vielen Sammlungen an dessen Erscheinungen beteiligt. Eine der größten hatte Rubens in seinem Antwerpener Stadthaus zusammengetragen: Tafelbilder flämischer und italienischer Meister des 15. und 16. Jh., Gemälde holländischer Zeitgenossen, Antiken, wertvolle Bücher, Globen, Medaillen und kostbare Steine. Kurz nach 1626 verkaufte er seine Schätze an den Herzog von Buckingham.

Wie lässt sich Rembrandts „Blendung Simsons" deuten?

Zwar waren alttestamentliche Szenen in der Malerei des kalvinistischen Holland besonders beliebt, doch die Brutalität und Grausamkeit, die in Rembrandts (1606–69) Gemälde *Blendung Simsons* (1636; Frankfurt am Main, Städelsches Kunstinstitut) die Komposition beherrscht, ist nicht nur im religiösen Sinn, sie ist auch als Allegorie des Freiheitskampfes der Niederländer gegen Spanien zu interpretieren.

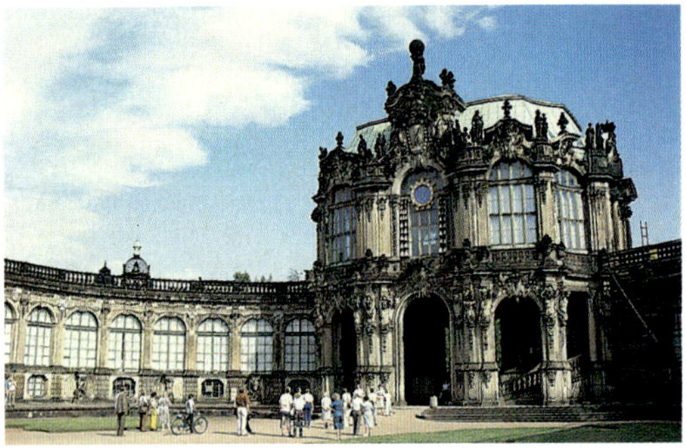

Matthäus Daniel Pöppelmann: *Dresdner Zwinger*, ab 1710

Welcher Aufgabe diente der „Dresdner Zwinger"?

Nachdem August II., der „Starke", Kurfürst von Sachsen, zum Katholizismus übergetreten war, wurde er 1697 zum König von Polen gewählt. Entsprechend ambitiös wollte er seine Residenzstadt Dresden ausbauen. Ab 1710 konzentrierten sich die von Matthäus Daniel Pöppelmann (1662–1736) geleiteten Arbeiten auf den *Zwinger*, den Schauplatz höfischer Feste. Die zwischen Spätbarock und Rokoko angesiedelten Architekturformen und herrliche, von Balthasar Permoser (1651–1732) ab 1711 geschaffenen Skulpturen vereinten sich zu einer überaus prunkvollen Festszenerie.

Welche Bereiche konnte die „Chinoiserie" umfassen?

Als „Chinoiserie" bezeichnet man im engeren Sinn die modische Verwendung chinesischer Motive im Kunsthandwerk des 18. Jh. Doch auch Gemälde-Details bezeugen den hohen Rang chinesischer Produkte. *Porzellankabinette* wie im Berliner *Schloss Charlottenburg* vervielfältigten die Wirkung dieser ostasiatischen Kostbarkeiten durch Spiegel. In Parkanlagen schuf man *Pavillons* nach dem Vorbild chinesischer *Pagoden* mit gestaffelten und geschwungenen Dächern. Kunsttischler des 18. Jh. greifen die Technik der Lackmalerei auf und in Brüssel kurbelt Jodocus de Vos um 1720/30 die Produktion von Bildteppichen mit Chinoiserien an.

Für welches Projekt wurde Bernini nach Frankreich berufen?

1664 ließ sich Ludwig XIV. von mehreren römischen Architekten Entwürfe für die *Ostfassade des Louvre in Paris* schicken. Berninis (1598–1680) Plan trumpft mit imperialem Gestus auf und lässt den Bau wie eine überdimensionale Plastik erscheinen. Der englische Architekt Christopher Wren (1632–1723), der Erbauer von *St. Paul's Cathedral in London*, soll von diesem Entwurf so begeistert gewesen sein, dass er „seine Haut gegeben hätte", würde er nur von ihm stammen. Ein Jahr später folgte Bernini der Einladung des „Sonnenkönigs", den Auftrag allerdings erhielt er nicht.

Welcher französische Maler zählt zu den wichtigsten „Caravaggisten"?

In den Nachtstücken des Georges de La Tour (1593–1653), etwa dem bekannten Gemälde, in dem die hl. Irene den tödlich verletzten hl. Sebastian auffindet (um 1650; Berlin, Gemäldegalerie), sind zwar die dramatischen Helldunkel-Kontraste Caravaggios übernommen, doch dessen Realismus ersetzt de La Tour durch eine extreme Künstlichkeit der Kompositionen und Figurenbildung.

Was versteht man unter „Zopfstil"?

Als „Zopfstil" bezeichnet man in Deutschland eine nach seiner Ornamentik benannte „trockene" Spätform des Rokoko, die z. B. der als Grafiker und Illustrator bekannte Daniel Chodowiecki (1726–1801) und der Leipziger Akademiedirektor Adam Friedrich Oeser (1717–99), bei dem der Student Goethe Zeichenunterricht erhielt, repräsentieren.

Wo steht der größte Adelspalast Mitteleuropas?

Das *Palais Černín* (heute das Außenministerium der Tschechischen Republik) am Prager *Hradschin*, der größte Adelspalast Mitteleuropas, wuchs ab 1668 nach Entwürfen des Tessiner Barockbaumeisters Francesco Caratti (1615/20–77) empor. Die Kolossalordnung mit kräftigen Halbsäulen geht auf Vorbilder aus dem Spätwerk Andrea Palladios (1508–80) zurück.

Wie heißt die populärste bayerische Rokoko-Kirche?

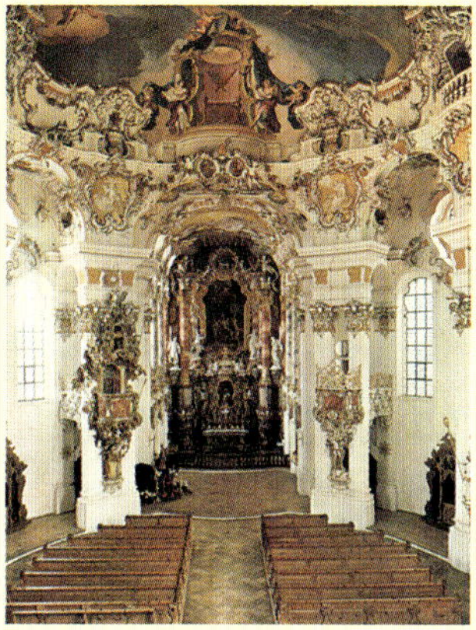

Dominikus und Johann Baptist Zimmermann: *Wieskirche* bei Steingaden, 1745–54

Die von Dominikus Zimmermann (1685–1766) errichtete *Wallfahrtskirche Wies* bei Steingaden (1745–54) gilt als eine der schönsten bayerischen Rokoko-Kirchen. Die populärste und die von den meisten Touristen besuchte ist sie auf jeden Fall. Die Architektur – die mit dem ovalen Laienraum und dem anschließenden Langchor einen relativ einfachen Grundriss besitzt –, geht mit dem überreichen Rocaille-Dekor, der Malerei und Bauplastik eine überwältigende Einheit ein. Die ausgeklügelte Lichtregie versetzt den Innenraum in helle, heitere und doch feierliche Stimmung. Hier im Inneren tragen Pfeilerpaare die bemalte Flachkuppel, umgeben von einer durchfensterten Raumschale. Der Bruder des Dominikus, Johann Baptist (1680–1758), leitete die Ausstattungsarbeiten.

Welchen ungewöhnlichen Vorschlag soll Balthasar Neumann gemacht haben, um die Tragfestigkeit seiner Gewölbekonstruktion in Würzburg zu beweisen?

Als Balthasar Neumann (1687–1753), der als einstiger Oberst der fränkischen Artillerie auch umfassende Kenntnisse im Ingenieurwesen besaß, das 1743 vollendete *Treppenhaus in der Würzburger Residenz* über der gewaltigen Breite von 19 m mit einem durchgehenden Flachgewölbe überspannte, bot er an, zu Ende der Bauarbeiten Kanonen abfeuern zu lassen, um die Tragfestigkeit der Konstruktion zu beweisen.

Warum hat Neptun eine so wichtige Rolle im Bildprogramm des „Palais Waldstein in Prag"?

1623–30 wurde von mehreren Architekten das kolossale *Palais Waldstein in Prag* für den kaiserlichen Generalissimus Albrecht Eusebius von Waldstein (besser bekannt als Wallenstein) errichtet. Das Maleriprogramm hebt besonders Mars als Anspielung auf Wallensteins Kriegskunst hervor sowie Neptun, wollte doch der Feldherr, der 1628 zum „General des Atlantischen und Baltischen Meeres" ernannt worden war, im Norden eine große Seemacht aufbauen.

Welches war das erste große barocke Kuppelfresko in Paris?

Für die Barockkirche *Val-de-Grâce in Paris* schuf 1663 Pierre Mignard (1612–95) nach dem Renaissance-Vorbild von Correggios Kuppelfresko in *S. Giovanni Evangelista in Parma* einen illusionistischen Blick in den geöffneten Himmel, mit der Dreifaltigkeit im Zentrum. Der berühmte Molière feierte das Kuppelgemälde – das erste dieses Ausmaßes in Paris – in einem Gedicht.

Wer baute in Dresden einen der effektvollsten kirchlichen Zentralräume in Europa?

1726 begann George Bähr (1666–1738) den Neubau der *Frauenkirche in Dresden*, mit der die protestantische Bevölkerung gegenüber dem katholischen Hof August des Starken ihr Selbstbewusstsein demonstrierte. Der überkuppelte Zentralraum mit umlaufenden Emporen zählt zu den schönsten europäischen Lösungen und wurde zum Wahrzeichen Dresdens (1945 zerstört, jetzt wieder aufgebaut).

Welche Ironie steckt in Watteaus „Ladenschild des Kunsthändlers Gersaint"?

1720 malte Watteau (1684–1721) das herrliche Bild *Das Ladenschild des Kunsthändlers Gersaint* (Berlin, Schloss Charlottenburg). Ein Hauptmotiv zeigt, wie ein älteres Paar mit Lorgnons eingehend ein Bild prüft, auf dem eine Gruppe nackter Nymphen in arkadischer Landschaft dargestellt sind. Die Natur eignen sich diese vornehmen, mit leiser Ironie gezeichneten Städter nur vermittels der Arbeit des Künstlers bzw. über dessen Vorstellungskraft an.

Wo befindet sich der Prototyp des deutschen Rokoko-Gartens?

Der *Garten von Schloss Veitshöchheim* bei Würzburg darf als Prototyp des deutschen Rokoko-Gartens gelten. Das Schlösschen diente den Fürstbischöfen von Würzburg als Sommerresidenz. Seine heutige Gestalt erhielt der Garten seit 1763 unter Adam Friedrich von Seinsheim. Besonders bekannt wurden die Gartenskulpturen des Ferdinand Dietz (1708–77), eines der wichtigsten Meister der deutschen Rokokoplastik.

Wie heißt das Meisterwerk des Velázquez', eines der großen Rätselbilder der Kunstgeschichte?

„Wenige Bilder verlangen so anhaltende Betrachtung", schrieb ein Kritiker im späten 19. Jh. über Diego Velázquez' (1599–1660) imposantes Gemälde von 1656, über *Las Meninas* (*„Die Hoffräulein"*; Madrid, Prado). Wenige Bilder verfügen aber auch über eine so mehrdeutige, komplizierte Komposition, bergen so viele Geheimnisse, wie dieses Werk eines der überragenden europäischen Barockmaler. Velázquez spielt mit Realitätsebenen. Was ist Wirklichkeit, was Fiktion? Der Spanier stellt die Frage als eine Grundfrage jeder Kunst und lässt sie zugleich unbeantwortet.

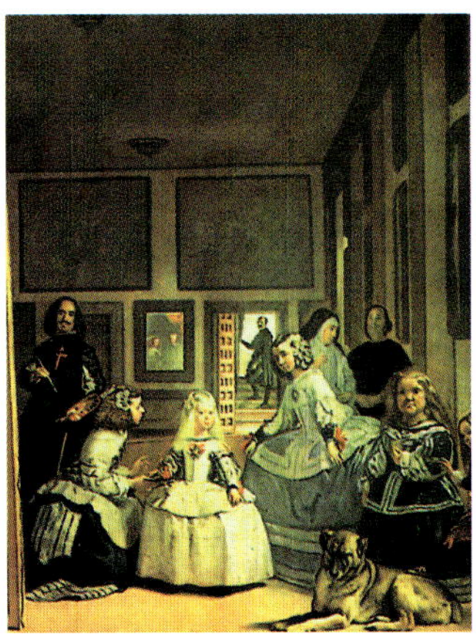

Diego Velázquez: *Las Meninas*, 1656 (Madrid, Prado)

Wen symbolisiert das „Apollobad" in Versailles?

Nach der Rückkehr von einer Studienreise nach Rom wurde François Girardon (1628–1715) ein großer Teil der Ausstattung von *Schloss Versailles* übertragen. Er bevorzugte einen ins Klassische veredelten Barock mit einer delikaten Oberflächenbehandlung der Skulpturen. Seine Marmorgruppe des *Apollobades* (1666–73) in der *Thetisgrotte* des Parks – die wie eine steingewordene Komposition Poussins wirkt – verherrlich gemäß der höfischen Ideologie den „Sonnenkönig" in Gestalt des Sonnengottes: Am Ende des Tages wird der vom Sonnenwagen gestiegene Gott von Nymphen gebadet und gesalbt.

Wie heißt der italienische Architekt, der St. Petersburg zur Barockstadt ausbaute?

Bartolomeo Francesco Rastrelli (um 1700–71) war zwar in Paris geboren, aber italienischer Abstammung. 1736 wurde er Hofarchitekt in St. Petersburg. Seine Meisterleistungen fallen in die Regierungsjahre der Zarin Elisabeth (1741–61). Rastrelli, der das Stadtbild St. Petersburgs ganz wesentlich prägte, ging vom römischen Barock aus und entwickelte eine russische Sonderversion des Barock, in die er auch österreichische und süddeutsche Anregungen integrierte.

Wer schuf die hochbarocke „Residenz in Berlin"?

Der von Andreas Schlüter (1659?–1714) entworfene Umbau des *Stadtschlosses in Berlin* wurde um 1698 begonnen. Mit ihm entstand in einer bisherigen künstlerischen Provinz eine der modernsten hochbarocken Residenzen, die sich besonders in der Innenausstattung an der Kunst Italiens orientierte.

Welches Pariser Stadtschloss half, die französische Barockklassik zu begründen?

Die französische Barockklassik begründete Neuerungen im Schlossbau, etwa wie das *Palais du Luxembourg* in Paris, das Salomon de Brosse (um 1571–1626) ab 1615 für Maria von Medici, die Witwe König Heinrichs IV., entwarf. Die Bossierung außen erinnert an den *Palazzo Pitti in Florenz*, also an die Heimatstadt der Bauherrin.

Welches ist einer der bedeutendsten frühbarocken Profanbauten Deutschlands?

Das durch den Stadtbaumeister Elias Holl (1573–1646) unter dem Einfluss des Formenschatzes Andrea Palladios und unter Abwandlung des deutschen Giebelhauses 1615–20 errichtete *Augsburger Rathaus* (nach dem II. Weltkrieg rekonstruiert) zählt mit seinen sich zum Mittelrisalit hin summierenden Details zu einem der qualitätvollsten frühbarocken Profanbauten Deutschlands.

Wer malte die berühmteste Vedute des holländischen Barock?

Vermeers (1632–75) *Ansicht von Delft* (um 1660/61; Den Haag, Mauritshuis) wird zum genialen Inbegriff einer Stadtlandschaft, eines Stadtpanoramas voller atmosphärischer und farblicher Reize und einer immensen Stimmungsdichte. Ein Teil der Stadt ist von Licht überflutet, v. a. rechts der Turm der Nieuwe Kerk. Diese Kirche beherbergt das Grab Wilhelms von Oranien, sie verkörpert die enge Beziehung Delfts zum Hause Oranien. Auch sonst beschwört Vermeer die Geschichte der Stadt. Er zeigt sie an „Sehenswürdigkeiten" ebenso wie in der Feintextur der Bauwerke, im rohen Naturstein einer Brücke, im Mörtel der Mauern, über die die Zeit hinweggegangen ist. Und während die Stadt wie ein historisches Stillleben in sich ruht, agiert das Licht, wirft Reflexe über das Wasser, über den Rumpf eines Kahnes und über die Ziegelwände der Häuser.

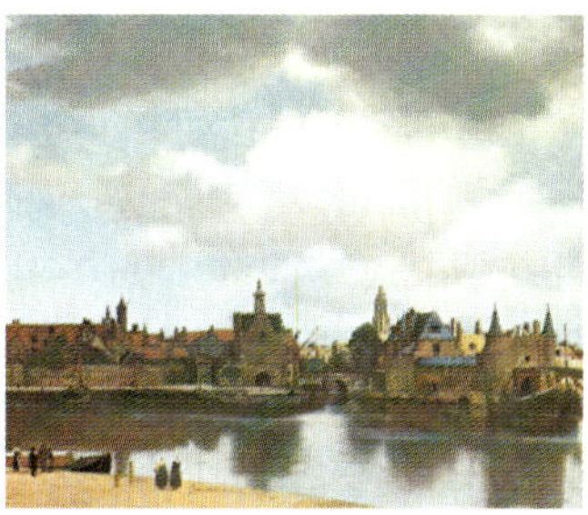

Jan Vermeer: *Ansicht von Delft*, um 1660/61 (Den Haag, Mauritshuis)

Für wen wurde „Houghton Hall in Norfolk" errichtet?

1721/22 begann der schottische Architekt Colen Campbell (um 1675–1729), der einer der wichtigsten Propagatoren des Palladianismus in England war, mit dem monumentalen Landsitz *Houghton Hall* (ca. 50 m Frontlänge, 30 m Tiefe) in typisch neupalladianischer Form. Auftraggeber war der Prime Minister, Sir Robert Walpole.

Worin liegt die „Bedeutungsperspektive" des Parks von „Schloss Versailles"?

Der *Versailler Park*, nach vielen Planungen seit den 60er-Jahren durch den größten barocken Gartenkünstler, André Le Nôtre (1613–1700) hervorgegangen, umfasst ein einzigartiges Bedeutungspanorama. Maßgeblich ist die Geometrisierung der Natur, entlang der zentralen kompositionellen Achse der Königsallee von der Gartenfassade des Schlosses bis zum Horizont. Garten und Park gleichen einer überdimensionalen Landkarte, die zu Füßen des „Sonnenkönigs" daliegt. Der Hinweis des Hofmannes Saint-Simon, dass Ludwig XIV. seinen Besitz am liebsten vom Balkon aus betrachtete, bestätigt, was aus der Anlage selbst ersichtlich ist: Die harmonisch ornamen-

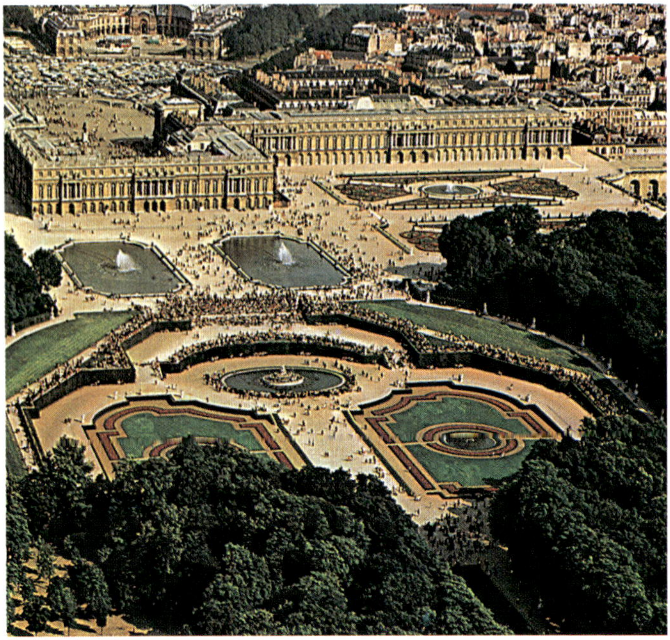

André Le Nôtre: *Park von Schloss Versailles*, ab 1661

tierte Felderung entfaltet ihren ganzen Reiz nur dem Blick von oben, einer Herrschaftsperspektive, welcher die Erdoberfläche zur grenzenlosen abstrakten Fläche wird.

Wo befand sich der ideell-symbolische Mittelpunkt „Versailles'"?

Nach dem Umzug des Hofstaates wurde *Schloss Versailles*, dessen Baumaßnahmen bis zum Tod des Königs ca. 82 Millionen Livres – mehr als die jährliche Nettoeinnahme des Staates – verschlangen, zur faktischen Residenz. Ab 1701 bildete das Schlafzimmer Ludwigs XIV. das Zentrum der Anlage. Hier begannen jeden Morgen mit dem Aufstehen und Ankleiden des Königs jene Zeremonien, die den Lauf der Sonne – wie Ludwig schrieb, „ohne Zweifel das lebendigste und schönste Sinnbild eines großen Fürsten" – widerspiegeln sollten.

Welche Skulpturen bilden den Höhepunkt der niederländischen Bildhauerkunst des Barock?

In der *Gerichtshalle des Amsterdamer Rathauses* begann Artus Quellinus d. Ä. (1609–68) 1650 mit der reichen plastischen Ausstattung dieses Raumes, die zwei Jahre später vollendet war. Sie gehört zu den überragenden Beispielen der unter Rubens' Einfluss stehenden niederländischen Bildhauerkunst der Jahrhundertmitte.

Wer leitete den Umbau von „Schloss Mirabell in Salzburg"?

Der Umbau des um 1606 errichteten alten *Schlosses Mirabell* in Salzburg wurde auf Veranlassung des Erzbischofs Franz Anton Fürst Harrach 1721–27 durchgeführt und in die Hände des großen Barockarchitekten Lucas von Hildebrandt (1668–1745) gelegt.

Auf welches fürchterliche Ereignis hin erfolgte der Neubau von „St. Paul's Cathedral in London"?

Im September 1666 fielen in London über 13.000 Gebäude, darunter fast 100 Kirchen, einer verheerenden Feuersbrunst zum Opfer. Zu den Neubauten nach diesem gewaltigen Stadtbrand zählte auch Christopher Wrens *St. Paul's Cathedral* (1675–1710).

Worin besteht das charakteristischste Moment von „Schloss Charlottenburg"?

Schloss Charlottenberg zu Berlin, 1695–1713 von Johann Arnold Nering (1659–95) und Johann Friedrich Nilsson Eosander (1669–1728) ausgeführt, verbindet pathetisch barocke Stilelemente mit solchen, die an die französische Barockklassik erinnern. Besonders aussagestark ist die an einem Barockschloss ungewöhnliche große Kuppel, die den Repräsentationsanspruch des preußischen Königs Friedrich I. ins Sakrale steigert.

Wer malte die „Deckenbilder in der Spiegelgalerie von Versailles"?

Es war der Hofmaler Charles Le Brun (1619–90), der die *Deckenbilder in der Spiegelgalerie des Schlosses von Versailles* schuf (1678–84), die, zusammen mit den Malereien im Kriegs- und im Friedenssal, die Erfolge des „Sonnenkönigs" in groß angelegter absolutistischer Bildpropaganda verherrlichen.

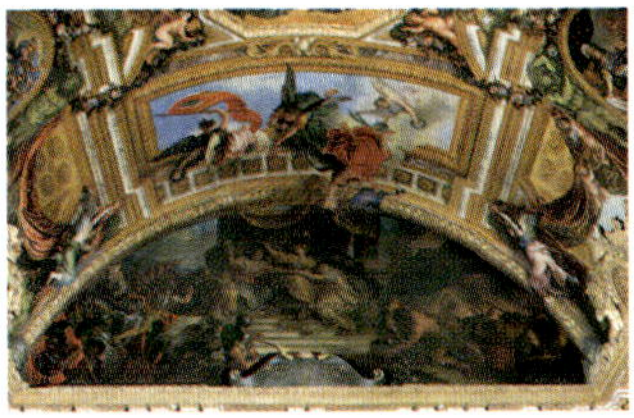

Charles Le Brun: *Deckenbilder* im Spiegelsaal von *Versailles*, 1678–85

Welches mythologische Thema stellt Rubens' berühmtes Bild „Raub der Töchter des Leukipp" dar?

Rubens' (1577–1640) *Raub der Töchter des Leukippos* von 1617 (München, Alte Pinakothek) zeigt die mythologische Entführung der von ihrem Vater Leukippos bereits verlobten Königstöchter Phoibe und Hilaira durch die Dioskuren Kastor und Pollux. In der Antike sah man in diesem Raub ein Sakrileg, das den beiden Männern, die wegen anderer heroischer Taten der Mythologie zufolge als Sternbilder an den Himmel versetzt wurden, das Leben kostete. Das leuchtende Zentrum der Komposition bilden die zwei nackten Frauenleiber, die wie zwei sich einander ergänzende Ansichten ein und desselben Körpers wirken. Die acht Gestalten des Bildes, Menschen, Pferde, Eroten, bilden eine spannungsvolle Konfiguration, verankert am unteren Bildrand dort, wo sich in der Mitte die Füße des Mädchens und des Mannes beziehungsvoll berühren. Die Gewandfarben – Goldgelb, Grün und Rot – verselbstständigen sich zu einem klassischen Akkord. Der Raub der Königstöchter ist vielleicht als Hochzeitsallegorie zu deuten oder aber als politische Anspielung, die die Entführung der beiden niederländischen Provinzgruppen bzw. derer Hauptstädte Antwerpen und Amsterdam in glücklichere Gefilde meint.

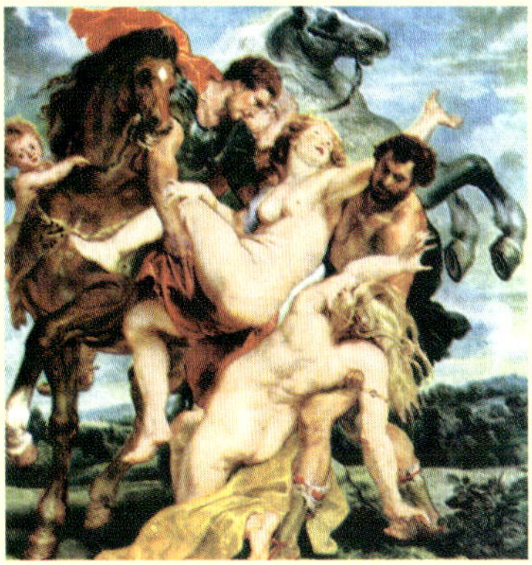

Peter Paul Rubens: *Raub der Töchter des Leukippos*, 1617 (München, Alte Pinokothek)

Wo baute Balthasar Neumann sein – neben der Anlage in der „Würzburger Residenz" – zweites geniales Treppenhaus?

Die mittelalterliche Wasserburg der Kölner Erzbischöfe zu Brühl hatten 1689 französische Truppen zerstört. 1725 legte man den Grundstein für einen Neubau, für *Schloss Augustusburg* bei Brühl. Bis 1748 stellte Balthasar Neumann (1687–1753) hier sein zweites geniales Treppenhaus (nach dem in der *Würzburger Residenz*) fertig.

Warum signierte Rembrandt ab einem bestimmten Zeitpunkt nur noch mit dem Vornamen?

In der unermüdlichen Erforschung des eigenen Gesichts und Aussehens kam Albrecht Dürer allenfalls Rembrandt (1606–69) gleich, allerdings nicht in der Unerbittlichkeit, mit der dies geschah. Die Häufigkeit der Selbstporträts war gewiss auch ein Ausdruck für das Selbstbewusstsein des Künstlers, der seit 1633 – wie vor ihm der „Malerfürst" Tizian – nur noch mit dem Vornamen signierte.

Welcher deutschen Stadt liegt ein perfekter barocker Idealplan zugrunde?

Die 1715 von Markgraf Karl III. Wilhelm in Auftrag gegebene *Stadtanlage von Karlsruhe* vereint einen strikt geometrischen Grundriss mit einer symbolhaften Bedeutung. Im Zentrum befindet sich der achteckige Schlossturm, von dem sternförmig 32 Achsen ausgehen. Eine Ringstraße umgibt den Kern der Anlage, über den die Alleen wie die Strahlen der Sonne scheinbar ins Grenzenlose ausgreifen. Der absolutistische Herrschersitz ist der Mittelpunkt, die Stadt selbst Peripherie.

Was bedeutet die Inschrift „Et in Arcadia ego" in einem der schönsten Gemälde Poussins?

Poussin hat das Bild *Et in Arcadia ego*, das sich im Louvre befindet, um 1640/45 als einfühlsame Meditation über eine schöne Vergangenheit gemalt. Vier Bewohner der alten Sehnsuchtslandschaft „Arkadien" sind nachdenklich in die Entzifferung der Sarkophaginschrift: „Auch ich war in Arkadien" versunken. Nicht die Warnung vor dem unerbittlichen eigenen Ende inmitten arkadischen Glücks ist das Thema, sondern die Versenkung in die Vergangenheit.

Welcher holländische Maler war berühmt für seine Darstellung von Seidenstoffen?

Gerard Terborch (1617–81) bevorzugte für seine Bildmotive meist schlichte Innenräume, in denen Bürgersleute einer ruhiger Beschäftigung nachgehen. Seine Gemälde wurden schon von Zeitgenossen gerühmt, nicht zuletzt wegen der Präzision der dargestellten Teppiche und Silberobjekte, v. a. aber aufgrund der im Licht aufschimmernden Atlas- und Seidenstoffe.

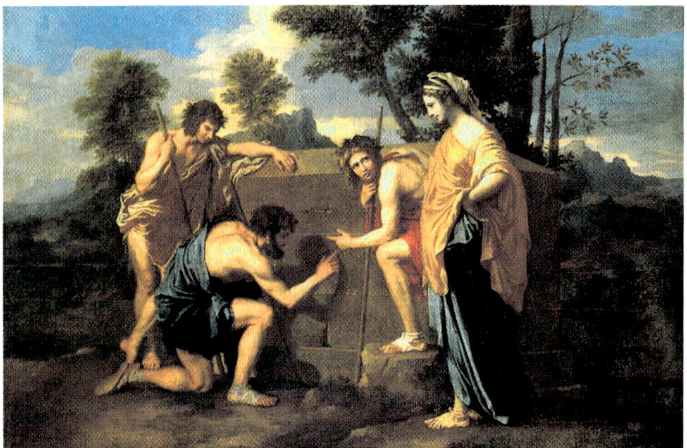

Nicolas Poussin: *Et in Arcadia ego*, um 1640/45 (Paris, Louvre)

Wie heißt der große „Vorgängerbau" von „Versailles"?

Zwischen 1656 und 1661 ließ Nicolas Fouquet, der zunächst allmächtige Finanzminister Ludwigs XIV., Schloss und Park von *Vaux-le-Vicomte*, nordöstlich von Melun, ausführen. Architekt der gewaltigen Anlage war Louis Le Vau (1612/13?–70), der mit seinen Bauten den Höhepunkt der französischen Barockklassik einleitete, den Park entwarf der größte barocke Gartenkünstler, André Le Nôtre (1613–1700). Der Komplex weckte die Eifersucht Ludwigs XIV. und dieser beschloss, ein noch monumentaleres Schloss – *Versailles* – zu bauen.

Welcher Gartenpavillon des Rokoko veranschaulicht am markantesten die zeittypische Chinamode?

Die drei Vorhallen des *Teehauses von Sanssouci bei Potsdam* schmücken lebensgroße Figurengruppen vornehmer Chinesen, während um den Pavillon herum Statuen chinesischer Musikanten platziert sind. Die vergoldeten Sandsteinfiguren (1755/56) stammen von Johann Peter Benckert (1709–69) und Matthias Gottlieb Heymüller (gest. 1763). Die märchenhaft wirkenden, ebenso „exotischen" wie eleganten Gestalten verwandeln das Teehaus in Sanssouci zu einem einzigartigen Zeugnis der Chinamode im Rokoko.

Wo lag eine der stärksten Barock-Festungen Frankreichs?

Nachdem *Lille* 1667 von den Truppen Ludwigs XIV. erobert worden war, ließ dieser die Stadt durch den berühmtesten Festungsbaumeister der Geschichte, durch Sébastien le Prestre, Marquis de Vauban (1633–1707), zu einer der stärksten Festungen Frankreichs ausbauen. Weit vorgeschobene Bastionen und die sternförmige Zitadelle legen sich wie ein Panzerring um den unregelmäßigen Stadtgrundriss.

Wie heißt das Hauptwerk Jules Hardouin-Mansarts?

Saint-Louis des Invalides, der im Zusammenhang mit einem Veteranen-Hospital 1675–1706 in Paris von Jules Hardouin-Mansart (1646–1708) errichtete *Invalidendom*, war als Staatskirche und kurzfristig als Grablege König Ludwigs XIV. vorgesehen. Die berühmte Schaufront der Kirche wirkt wie ein Resümee der in der Hauptstadt anzutreffenden herausragenden barocken Kirchenfassaden. Die Kuppel, die an die der *Peterskirche in Rom* erinnert, sollte in Konkurrenz die Selbstständigkeit der französischen Kirchenorganisation betonen, ein Nationalstolz, der auch in der für die französische Barockklassik typisch rationalen Strenge des Fassadentableaus ausgesprochen ist.

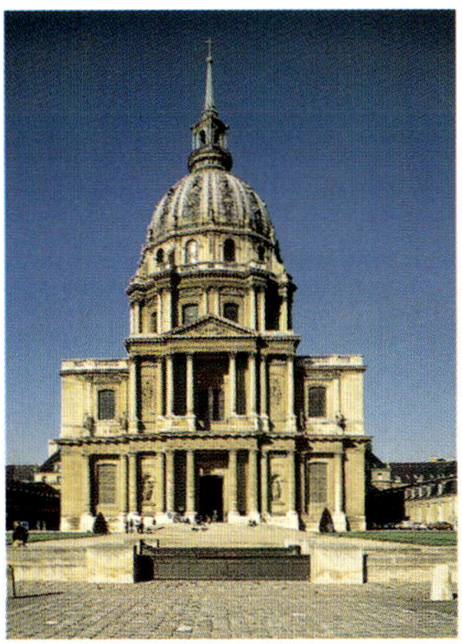

Jules Hardouin-Mansart: *Invalidendom* in Paris, 1675–1706

Warum schuf Bernini zwei Fassungen einer „Bildnisbüste des Kardinal Scipione Borghese"?

Als sich bei der lebensnahen *Porträtbüste*, die Bernini (1598–1680) von seinem Mäzen *Kardinal Scipione Borghese*, einem Neffen Papst Pauls V., 1632 angefertigt hatte, quer über der Stirn überraschend eine störende Marmorader zeigte, schuf er in nur wenigen Tagen eine makellose zweite Fassung (Rom, Galleria Borghese).

Welche zwei Bilder hielt Renoir für die besten im Louvre?

Der Impressionist Auguste Renoir hielt im 19. Jh. Antoine Watteaus (1684–1721) *Einschiffung nach Kythera* von 1717 und das kleine um 1670/71 von Vermeer (1632–75) gemalte Bild *Die Spitzenklöpplerin* für die künstlerisch wertvollsten Bilder, die der Louvre besitzt.

Warum konnte Algardi mit Bernini konkurrieren?

Nach dem Tod Urbans VIII. fiel Bernini (1598–1680) bei dessen Nachfolger Innozenz X. in Ungnade und verlor deshalb seit 1644 für ein paar Jahre seine führende Position als Bildhauer in Rom an Alessandro Algardi (1598–1654), zu dessen Hauptwerken das *Attilarelief* in der *Peterskirche* (1646–53) gehört.

Welcher Stilstufe gehört die Innenausstattung von „Schloss Schönbrunn in Wien" an?

Nur in der sog. *Blauen Stiege*, dem ehemaligen Speisesaal, mit einem Fresko, das die Apotheose Josephs I. als Tugendhelden zeigt, blieb die hochbarocke, die in die Zeiten des ersten Architekten Johann Bernhard Fischer von Erlach (1656–1723) zurückreichende Innenausstattung von *Schloss Schönbrunn in Wien* erhalten. Ansonsten stammt die Dekoration aus dem späten Rokoko, den Jahren zwischen 1765 und 1780.

Welcher malerischen Richtung blieb Guido Reni zeit seines Lebens treu?

Obwohl Guido Reni (1575–1642) in Rom Caravaggios Helldunkel- Malerei und dessen Verismus kennen gelernt hatte, blieb der bei den Carracci in Bologna ausgebildete Frühbarock-Maler doch stets einer klassischen, von Raffael abgeleiteten Haltung verpflichtet. Die Schönheit und Eleganz seiner Figuren und Kompositionen wurden von Zeitgenossen hoch geschätzt.

Welcher Oldenburger Maler zählt zu den herausragenden Erscheinungen der deutschen Frühbarock-Malerei?

Der in Venedig verstorbene Oldenburger Johann Liss (um 1595/1600–1631) war einer der wenigen großen deutschen Frühbarockmaler. Er ging vom Caravaggismus aus, entwickelte sich aber in Venedig zu einem Virtuosen der Farbe, der manchmal schon das Kolorit des Rokoko vorwegzunehmen schien: so auch in einem seiner Hauptwerke, in *Judith und Holofernes* (um 1625; London, National Gallery).

Wo befindet sich das innovativste barocke Deckenfresko Süddeutschlands?

Spätestens um 1720 hatte die deutsche Barockmalerei internationales Niveau erreicht. In Süddeutschland fungierte das Deckenfresko mit der *Weihnachtsvision des hl. Bernhard von Clairvaux* in der *Klosterkirche zu Aldersbach* (1718–20) als ein Initialwerk. Denn mit ihm hatte Cosmas Damian Asam (1686–1739) das erste raumübergreifende Deckenbild des bayerischen Barock geschaffen. Die Szenerie ist nicht, wie bei Andrea Pozzo, nur von einem einzigen Betrachterstandort aus perspektivisch „korrekt“, sondern kann von jedem Punkt im Kirchenraum betrachtet werden, ohne ihre Illusionskraft zu verlieren.

Welche Schule der Malerei war im „Goldenen Zeitalter“ Spaniens führend?

Unter den Schulen Spaniens ragte im 17. Jh. die von Sevilla hervor. In dieser Hafenstadt mit weltweiten Verbindungen war für die Maler der Blick in die Welt am leichtesten möglich. Die beiden führenden Meister der sevillanischen Schule waren Francisco de Zurbarán (1598–1664) und Bartolomé Esteban Murillo (1617–82). Außerdem war in Sevilla der alte Francisco Pacheco (1564–1654) tätig, der noch im flämischen Stil malte und dank großer pädagogischer Qualitäten Schüler wie Alonso Cano (1601–67) und v. a. Diego Velázquez (1599–1660) maßgeblich förderte.

Auf welches typologische Vorbild beruft sich die Schlosskapelle in Versailles?

1689 begann Jules Hardouin-Mansart (1646–1708) mit der *Palastkapelle in Schloss Versailles*, die freilich erst 1710 vollendet wurde. Der Architekt griff, freilich ohne ein einziges gotisches Detail zu verwenden, bewusst auf den Typus der Doppelkapelle zurück, den die im Paris des 13. Jh. von König Ludwig dem Heiligen gestiftete *Ste.-Chapelle* vorgebildet hatte.

Welches Gemälde zählt zu den schönsten Landschaftsbildern des holländischen Barock?

Jacob van Ruisdael (1628 oder 1629–82) war einer der bedeutendsten holländischen Landschaftsmaler des 17. Jh. Sein Meisterwerk ist das um 1670 geschaffene Gemälde *Mühle in Wijk bei Duurstede* (Amsterdam, Rijksmuseum). Land, Wasser und Himmel rings um die bildbeherrschende Windmühle, auf der zwei winzige Figürchen in die Ferne blicken, verschmelzen zu einer unerhört subtilen Atmosphärik, die einer schwermütig-düsteren Stimmung Ausdruck zu geben scheint.

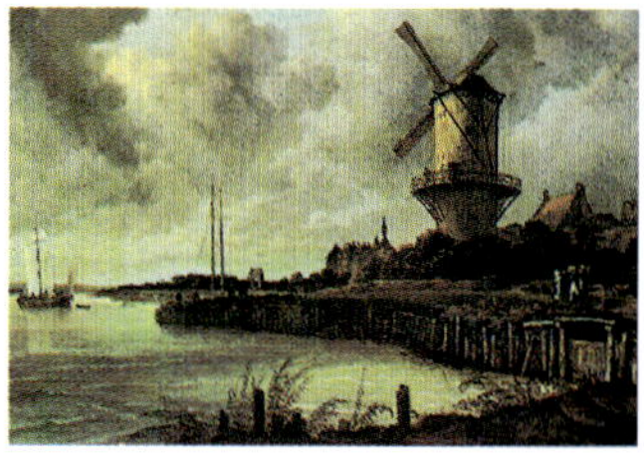

Jacob van Ruisdael: *Mühle in Wijk bei Duurstede*, um 1670 (Amsterdam, Rijksmuseum)

Mit welcher Bildgattung begann der junge Velázquez seine Karriere?

Diego Velázquez (1599–1660) beschäftigte sich in seinen Erstlingswerken mit dem Typus der „Bodegones“ und zeigte die kärglichen Nahrungsmittel des einfachen Volkes: Knoblauch, Fisch und Eier, Blutwurst, Oliven, Auberginen, Käse oder selbstgekelterten Wein, eine vereinzelte Frucht auf dem Tisch, dazu ein wenig Küchengerät, ein Mörser, eine Schale, ein Keramikkrug. Solche spartanischen Stillleben und die realistischen Volkstypen dürften auch von damaliger religiöser Erbauungsliteratur durchdrungen sein. In ihr wird übergenau die alltägliche Welt, werden einfachste Sachen beschrieben: In deren Schlichtheit drücke sich das Wirken Gottes aus.

Wer war der bekannteste Marinemaler des holländischen Barock?

Um 1660 malte Willem van de Velde d. J. (1633–1707) das bekannte Bild *Der Kanonenschuss* (Amsterdam, Rijksmuseum). Unklar ist, ob eine Episode aus einer konkreten Seeschlacht gemeint ist. Aber es gelingt dem auf detailreiche und stimmungsvolle Marinebilder spezialisierten Künstler auf unvergleichliche Art und Weise, die Stärke und das Selbstbewusstsein der Seefahrernation Holland auszudrücken.

Welcher Marientypus wurde von der spanischen Barockmalerei bevorzugt?

Im 16. Jh., im Zuge der Gegenreformation, hatte sich im katholischen Europa die Marienverehrung wieder besonders stark entfaltet und in der Kunst zum Typus der „Immaculata“, der „unbefleckten“, d. h. von der Erbsünde befreiten Muttergottes geführt. V. a. in der spanischen Malerei des Barock erlebte dieser Bildtypus eine Hochkonjunktur, so auch in Murillos (1617–82) um 1670 gemalten *Madonnenbild* im Prado, das die „Immaculata“ mit dem „Apokalyptischen Weib“ kombiniert.

Wer errichtete eine der kompliziertesten Kirchenarchitekturen des Barock in Turin?

S. Lorenzo in Turin, die 1668 von Guarino Guarini (1624–83) begonnene und 1687 vollendete Hofkirche der Herzöge von Savoyen, ist ein Kuppelbau über achteckigem Grundriss, der in ein Quadrat einbeschrieben ist. Die durchbrochenen, von 16 Rotmarmorsäulen getragenen Wände schwingen über Konvexbögen unterschiedlicher Tiefe in den Innenraum vor – insgesamt eine Komplexität, die später die Dientzenhofer in Böhmen wieder aufgreifen sollten.

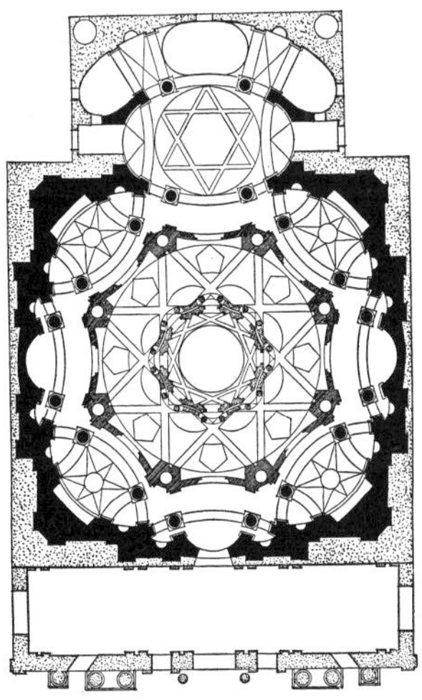

Guarino Guarini: *S. Lorenzo in Turin* (Grundriss), 1668–87

Welches Kompositionsprinzip beherrscht die Meisterwerke Poussins?

In einem seiner herausragenden Gemälde, der 1638 geschaffenen *Mannalese* (Paris, Louvre), fasst Poussin (1594–1665) den biblischen Bericht vom Hunger der Israeliten, ihrer Sättigung durch das Manna und ihrem Dankgebet zur Einheit des Ortes, der Handlung und der Zeit zusammen, die von nun an zu den akademischen Grundregeln zählen wird.

Wer war der Baumeister des „Benediktinerstifts Melk“?

Der Auftrag zum Neubau eines der schönsten – auch schönst gelegenen – Benediktinerstifte Österreichs, für *Kirche und Kloster Melk*, erging 1701 an den begehrtesten Klosterbaumeister der Donaulande, an Jakob Prandtauer (1660–1726). Doch erst nach seinem Tod entstanden die beiden Flankenbauten, von denen die Terrasse über der Donau vor der Doppelturmfassade so markant gerahmt ist (bis nach 1738).

Wie heißt der größte englische Architekt des Frühbarock?

Der 1573 in London geborene und dort 1652 verstorbene Inigo Jones hatte sich in Italien intensiv mit dem Werk Andrea Palladios auseinander gesetzt. Nach seiner Rückkehr nach London entwarf er in palladianisch-frühbarockem Stil jene Bauwerke, die seinen Ruhm begründeten: 1616 *Queen's House in Greenwich*, 1619 *Banqueting House in Whitehall*, 1623 *Queen's Chapel*.

Wie heißen die wichtigsten Kunstakademien des 17. Jh. in Europa?

1648 rief Kardinal Richelieu in Paris die „Académie Royale de Peinture et de Sculpture" als zentrales Organ absolutistischer Kunstpolitik ins Leben. Dortige Wettbewerbssieger erhielten später ein vierjähriges Stipendium für die 1666 gegründete „Académie de France" in Rom.

Welcher Schlossbau zählt zu den bedeutendsten des französischen Frühbarock?

1642 erhielt François Mansart (1598–1666) den Auftrag, *Maisons* – seit dem 19. Jh. *Maisons-Lafitte* genannt – für René de Longueil zu errichten, einen unermesslich reichen Bauherrn. Das „Corps de Logis" greift in der steilen, den Pavilloncharakter betonenden Dachzone mit den extrem hohen Kaminen auf die französische Tradition des 16. Jh. zurück.

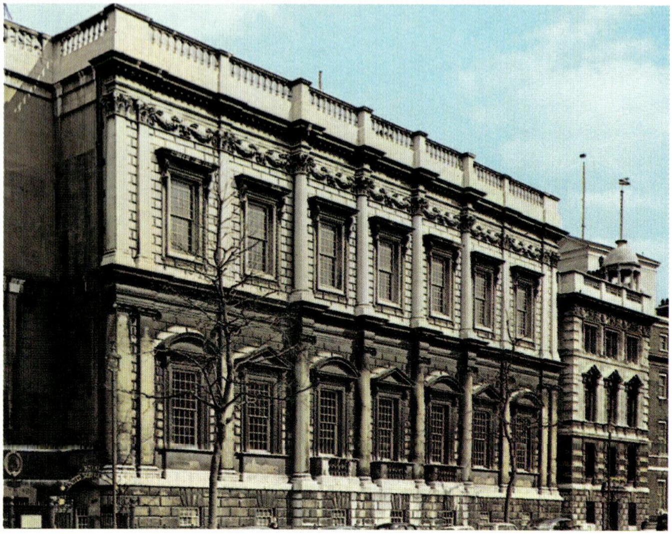

Inigo Jones: *Banqueting House in Whitehall*, 1619

Wer erbaute das „Petit Trianon in Versailles"?

Wahrscheinlich war es Madame de Pompadour, die Ludwig XV. zum Bau des *Petit Trianon in Versailles* veranlasste (1764–68). Architekt war Jacques-Ange Gabriel (1698–1782). Seine schlicht-elegante Schöpfung leitet bereits vom Rokoko zum frühen Klassizismus über.

Wann entstand die barocke „Anlage Kassel-Wilhelmshöhe"?

Seit dem frühen 17. Jh. existierte am Ostrand des Habichtswaldes bei Kassel, der hier um mehr als 200 m ansteigt, ein *Jagdschloss*, zu dem 1701–08 nach Plänen des italienischen Baumeisters Giovanni Francesco Guerniero eine *Parkanlage* entworfen wurde, gipfelnd in einem Oktogon mit einer aus Kupfer getriebenen Nachahmung des *Herkules Farnese* als Ausgangspunkt einer monumentalen Kaskade.

Was versteht man unter „Churriguerismus"?

Die Bezeichnung „Churriguerismus" steht für den verschwenderischen, überladenen Baustil, den im frühen 18. Jh. die spanische Architektenfamilie Churriguera entwickelt hatte. Und ferner weitet man den Begriff aus auf die gesamte, üppig dekorierte spätbarocke Architektur Spaniens und Lateinamerikas, insbesondere Mexikos.

Wie heißt einer der fruchtbarsten Landschaftsmaler des holländischen Barock?

Die besten Werke des „Goldenen Zeitalters" der holländischen Landschaftsmalerei schuf Jan van Goyen (1596–1656) mit seinen zumeist kleinformatigen Gemälden. Einzigartig vermochte er das flache, von Gewässern durchzogene Land unter dem hohen Himmel im Wechsel der Tages- und Jahreszeiten zu charakterisieren. Obwohl Goyen hochverschuldet starb, muss er rastlos tätig gewesen sein, wie weit über 1000 erhaltene Gemälde und noch mehr Zeichnungen belegen.

Was schuf Boucher noch, außer Gemälden?

François Boucher (1703–70) war, wie übrigens auch Jean Honoré Fragonard (1732–1806), Mitarbeiter der in Beauvais angesiedelten „Manufacture Royale des Meubles et des Tapisseries de la Couronne" und entwarf Wandteppiche, Möbelbezüge und Seidentapeten. Für Madame Pompadour, seine Gönnerin, schuf er um 1750–52 die Ausstattung der Bibliothek ihres *Schlosses in Crêcy* (als *Boucher-Zimmer* in New York, Frick Collection).

Wer baute das Meisterwerk des Rokoko in Paris?

1732 ließ Prinz Hercule-Mériadec de Soubise anlässlich sei-

Was macht das Einzigartige von Velázquez' „Übergabe von Breda" aus?

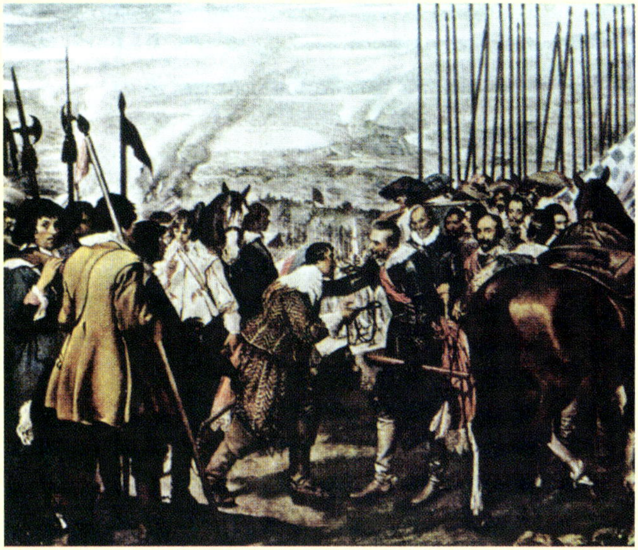

Diego Velázquez: *Übergabe von Breda*, 1635 (Madrid, Prado)

Die Übergabe der Festung Breda im Rahmen des spanisch-niederländischen Krieges fand 1625 statt. Die besiegte holländische Armee durfte ungeschmäht die Stadt mit Fahnen und Waffen verlassen. Der spanische Befehlshaber Spinola wartete zusammen mit einigen Edelleuten zu Pferde am Stadttor. Großmütig begrüßte er den holländischen General. In Madrid wurde der Sieg mit Erleichterung und Begeisterung aufgenommen, ebenso von Papst Urban VIII. in Rom, der Spinola gratulierte, seine Hände im Blut der Ketzer gewaschen zu haben. 1635 malte Velázquez (1599–1660) diese Historie (Madrid, Prado), eines der berühmtesten und vollkommensten Kriegsbilder der Kunstgeschichte – und das menschlich anrührendste. Aus der Vogelperspektive blickt der Betrachter der riesigen Leinwand über das ferne Schlachtfeld mit aufsteigenden Feuersbrünsten, unter blaugrauem Dunst. Aus der Tiefe ziehen die Holländer von rechts nach links unterhalb des mit von aufgestellten Lanzen starrenden spanischen Spaliers vorüber. So entscheidend trägt dieser dicht an dicht senkrecht in den Himmel ragende Lanzenwald zur Gesamterscheinung bei, so eigenartig dominant hat ihn Velázquez inszeniert, dass das Gemälde danach den Untertitel „die Lanzen" erhalten hat.

ner zweiten Heirat in seinem *Pariser Hôtel* Umbauarbeiten durch Germain Boffrand (1667–1754) vornehmen. Insbesondere der 1734–37 ausgeführte obere ovale Salon mit den versilberten Stuckarbeiten, den Spiegeln usw. wurde zu einer Meisterleistung des Rokoko. Die duftigen Malereien führte Charles Joseph Natoire (1700–77) aus.

Worin liegen die wichtigsten Neuerungen in Caravaggios berühmten Bild mit der „Kreuzigung Petri"?

In dem 1600/01 für die *Cerasi-Kapelle in S. Maria del Popolo zu Rom* gemalten Altarbild mit der *Kreuzigung Petri* vereint Caravaggio (1571–1610) die Farbkultur Tizians und die monumentale Körperauffassung Michelangelos mit naturalistischen Neuerungen,

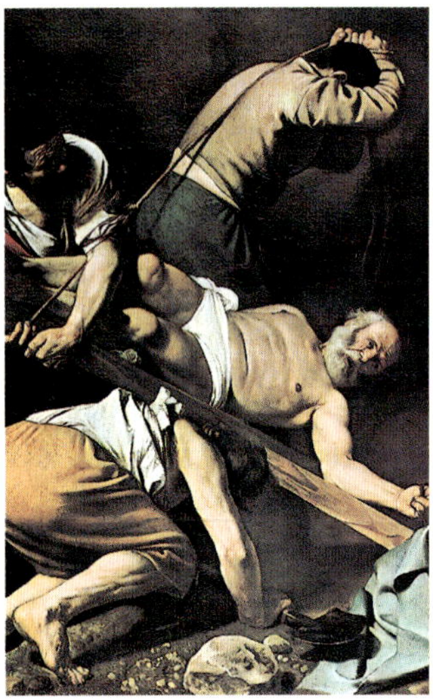

Caravaggio: *Kreuzigung Petri*, 1600/01 (Rom, S. Maria del Popolo)

die viele Zeitgenossen erschreckten: schmutzige Fußsohlen, effektvolles Bühnenlicht, die brutale Gewalttätigkeit der Henker und die allzu menschliche Todesangst des Apostelfürsten.

In welchem Bild verarbeitete Velázquez Eindrücke einer Textilmanufaktur?

Eindrücke aus einer Textilmanufaktur verarbeitete der Spanier Diego Velázquez (1599–1660) um 1657 in seinem mythologischen Bild *Die Spinnerinnen* (Madrid, Prado), das in alltäglicher Einkleidung den Wettstreit am Spinnrad zwischen Arachne und der Göttin Athena darstellt. Letztere verwandelt ihre unterlegene Herausforderin in eine Spinne.

Ist die Kerze in Nachtstücken des Barock immer ein Vanitas-Symbol?

Der Symbolgehalt der flackernden und bald verlöschenden Kerze wird in Barockbildern gerne als Hinweis auf die Vanitas, die Vergänglichkeit, gebracht. So auch in Georges de La Tours (1593–1653) bekanntem Gemälde *Maria Magdalena mit dem Totenschädel*, um 1640 (Paris, Louvre). Beim Bild *Frau mit dem Floh* (Nancy, Musée des Beaux-Arts) aus der Hand des gleichen Künstlers beleuchtet die Kerze freilich nur ganz prosaisch die erfolgreiche Jagd auf den Plagegeist.

Wo finden sich die Hauptwerke des süddeutschen Barock-Architekten Johann Michael Fischer?

Johann Michael Fischer (1692–1766) war einer der wichtigsten süddeutschen Architekten des Spätbarock. Seine Grabtafel in der *Münchner Frauenkirche* schreibt ihm 22 Klöster und 32 Kirchen zu. Darunter sind in Bayern Hauptwerke wie die *Klosterkirche St. Anna am Lehel in München* (1727–30), die Hofkirche *St. Michael in Berg am Laim in München* (1735–42), ferner *Rott am Inn* (1759–63), *Dießen am Ammersee* (1732–39), und in Schwaben *Zwiefalten* (1741–50) und *Ottobeuren* (1748–55).

Was bedeutet der „Honigschlecker in der Wallfahrtskirche Birnau"?

In der *Wallfahrtskirche Birnau* am Bodensee schuf 1749 der bedeutende Rokoko-Künstler Josef Anton Feuchtmayer (1696–1770) einen zur Ausstattung eines Seitenaltars gehörenden, auf einem Bein balancierenden Putto aus farbigem Stuck, der gerade dabei ist, Honig zu schlecken. Das Motiv assoziiert in typischer Rokoko-Verspieltheit den Zisterzienserheiligen Bernhard von Clairvaux, dem der Altar geweiht ist: hatte dieser doch wegen seiner Beredsamkeit den Beinamen „doctor mellifluus" („honigfliessender Lehrer") erhalten.

Wer führte die Chinamode in den „Englischen Gärten" ein?

Als in England der Gartenarchitekt William Chambers (1723–96) nach einer Reise durch Ostasien 1753 sein Musterbuch „Designs of Chinese Buildings" publizierte, hatte er die Chinamode im Landschaftsgarten heimisch gemacht. Er selbst stattete die *Königlichen Gärten in Kew Gardens* mit einer Pagode aus.

Wo befand sich die erste europäische Porzellanmanufaktur?

Bereits 1710, noch bevor Johann Friedrich Böttger in Dresden die Porzellanherstellung ganz perfektioniert hatte, gründete der sächsische Kurfürst und polnische König August der Starke in der *Albrechtsburg in Meißen* die erste europäische Porzellanmanufaktur, um die Erfindung im Sinne der Staatsfinanzen zu monopolisieren. Doch einige Arbeiter flohen und gaben die Rezepte weiter. So konnte schon 1717 in Wien eine Porzellanmanufaktur eingerichtet werden und 1720 in Venedig.

Wie heißt die bedeutendste Kirche Balthasar Neumanns?

Die *Wallfahrtskirche Vierzehnheiligen* (also den vierzehn Nothelfern geweiht), deren Bau sich von 1743 bis 1772 hinzog, wurde zu Balthasar

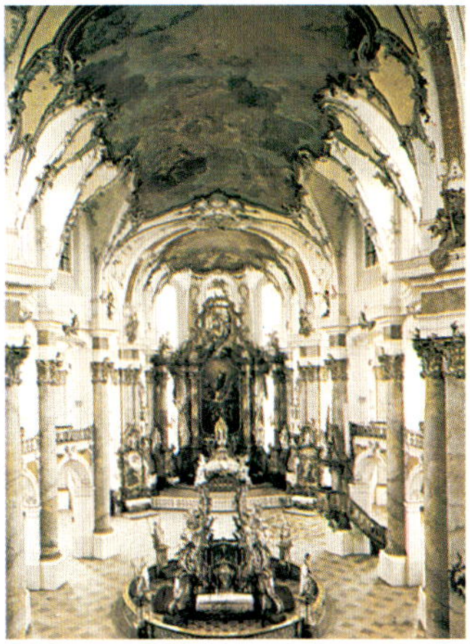

Balthasar Neumann: *Wallfahrtskirche Vierzehnheiligen*, 1743–72

Neumanns (1687–1753) herausragendstem Sakralbau. Die eindrucksvolle Raumschöpfung bezieht ihre Qualität aus der Spannung zwischen längsgerichteten und zentralisierenden Tendenzen des Innenraums.

Welches Datum gilt als „Geburtstag" des barocken Rom?

Als Geburtstag des barocken Rom gilt der 18. November 1593, als das von Papst Clemens VIII. Aldobrandini geweihte vergoldete Kreuz auf der Laternenspitze der 1552 von Michelangelo (1475–1564) begonnenen und ab 1588 von Giacomo della Porta (1532–1602) ausgeführten *Kuppel der Peterskirche* aufgerichtet wurde. Seither nämlich besitzt das römische Stadtbild eine Architektur, die alles übersteigt, was die Renaissance zu bieten vermochte.

Welchen Typus der holländischen Barock-Landschaft vertritt Koninck?

Philips Koninck (1619–88) ist der holländische Künstler, der das Format der kartografischen Landschaft im 17. Jh. am längsten beibehält. Die außerordentlichen Abmessungen einiger seiner Arbeiten, die die größten gemalten holländischen Landschaften überhaupt sind, nehmen es mit den Maßen von Wandkarten auf. Koninck versucht die Teile Hollands, die er beschreibt, als Stücke einer größeren Welt erscheinen zu lassen. Indem er dem Horizont eine sanfte Wölbung gibt, lässt er das Universum in das kartografische Abbild eindringen.

Wann entstand das prachtvolle „Bischofspalais in Straßburg"?

Um 1726 beauftragte der Kardinal Armand Gaston de Rohan, Fürstbischof von Straßburg, den bedeutenden Architekten Robert de Cotte (1656–1735) mit der Planung seines Bischofssitzes. Das gewaltige *Palais des Rohan in Straßburg* entstand 1731–42.

In welcher römischen Kirche befinden sich zwei frühe Hauptwerke Caravaggios?

Am 1. Mai 1599 wurde beschlossen, die *Contarelli-Kapelle* der römischen *Kirche S. Luigi dei Francesi* für Messfeierlichkeiten zu öffnen. Für die westliche Seitenwand schuf Caravaggio (1571–1610) ein Altargemälde mit der Darstellung der *Berufung des Matthäus*, auf der östlichen als Gegenstück das *Martyrium des hl. Matthäus*. Beide Bilder wurden von Schreinern im Dezember 1600 gerahmt und in die Mauern eingepasst.

Welches Bild gehört zu den schönsten Werken Adriaen Brouwers?

Die kleine, um 1620/30 gemalte *Dorfbaderstube* (München, Alte Pinakothek) ist eines der schönsten Bilder des auf die Genregattung und hierbei wiederum auf das Leben der Bauern spezialisierten niederländischen Barockmalers Adriaen Brouwer (um 1605/08–38). Der Arzt im Vordergrund ist durch ein kräftiges rotes Wams hervorgehoben. Im Hintergrund ist eine weitere Operationsszene dargestellt.

Woher hat das „Hundertguldenblatt" seinen Namen?

Rembrandt (1606–69) war nicht nur als Maler, er war auch als Grafiker einer der größten europäischen Künstler. Zu seinen berühmtesten Werken zählt die um 1648/50 geschaffene Radierung, die wahrscheinlich den Inhalt von Christi Bergpredigt mit Krankenheilung, Kindersegen und Auseinandersetzung mit den Schriftgelehrten zusammenfasst. Das Blatt, das Rembrandts vollendete Beherrschung der Radiertechnik dokumentiert, ist seit dem 18. Jh. als *Hundertguldenblatt* bekannt, in Bezug wohl auf den Preis, den die Radierung auf einer Auktion erreichte.

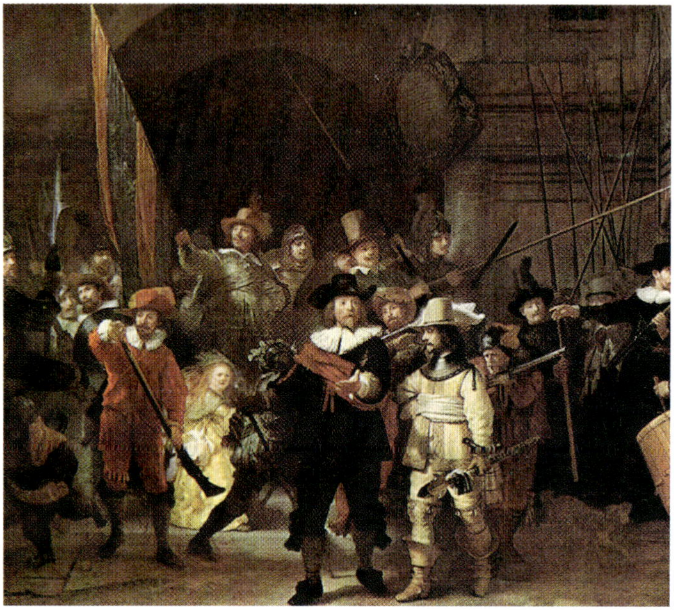

Rembrandt: *Die Nachtwache*, 1642 (Amsterdam, Rijksmuseum)

Wie heißt Rembrandts bekanntestes Gemälde?

Das monumentale Leinwandbild *Die Nachtwache* (1642; Amsterdam, Rijksmuseum), ist Rembrandts (1606–69) berühmtestes und von Legenden umwobenes Gemälde. Porträtiert sind Mitglieder der „Cloveniere", der vornehmen Bürgerkompagnie der Büchsenschützen. In der Geschichte des Gruppenporträts bietet Rembrandts Werk die konsequenteste aller Lösungen an. Einer seiner Schüler, van Hoogstraaten, schrieb 1678: „Es ist nicht genug, dass ein Maler seine Bildnisse reihenweise nebeneinander ordnet [...]. Die echten Meister bringen es fertig, dass ihr Werk einem einheitlichen Gedanken unterworfen wird. Das hat Rembrandt in seinem Stück im Schützenhaus von Amsterdam sehr wohl, nach der Meinung vieler zu stark getan, indem er sich mehr um das große Bild seiner Gesamtkonzeption kümmerte als um die einzelnen Porträts, die ihm aufgetragen waren. Und doch wird dieses Bild [...] meiner Meinung nach alle Werke seinesgleichen überdauern, weil es so malerisch konzipiert, so kompliziert in der Komposition und so kräftig ist, dass sich nach dem

Eindruck vieler alle anderen Schützenstücke wie Kartenblätter ausnehmen.“

Welcher Maler begründete die monumentale barocke Deckenmalerei in Österreich?

Johann Michael Rottmayr (1654–1730), der sich lange Zeit in Italien aufhielt, brachte von dort auch die Anregungen zu einer monumentalen Deckenmalerei nach Österreich, Böhmen und Schlesien, deren raumbeherrschende Wirkungen bestens mit den Architekturen eines Johann Bernhard Fischer von Erlach zusammenstimmten. Seine wirklich bahnbrechenden Deckenbilder entstanden sämtlich vor 1700: der *Karabiniersaal in der Salzburger Residenz*, *Schloss Frain*, das *Prager Thunpalais* auf der Kleinseite (zerstört).

Wie kam Berninis „Engel mit der Dornenkrone“ in die Kirche „S. Andrea delle Fratte“?

Ursprünglich war der lebensgroße Marmorengel mit der Dornenkrone von Bernini (1598–1680) für die *Engelsbrücke in Rom* bestimmt. Auf Anweisung Papst Clemens’ IX. kam die Figur jedoch, um sie vor Witterungseinflüssen zu schützen, in Berninis Haus. 1729 verbrachte man sie dann in die römische Kirche *S. Andrea delle Fratte*.

In welchen zwei Bauphasen entstand Borrominis „S. Carlo alle Quattro Fontane“?

Die erste selbstständige Architektur Borrominis (1599–1667) entstand ab 1638 in Rom für die Kirche des spanischen Ordens der barfüßigen Trinitarier, ein Meisterwerk, obwohl ebenso wenig Platz wie Geld zur Verfügung stand. Die kurvig bewegte Fassade von *S. Carlo alle Quattro Fontane* kam später hinzu, ab 1665.

Wer war „Canaletto“?

Unter dem Künstlernamen „Canaletto“ werden zwei Venezianer geführt, die beide zu den größten Vedutenmalern

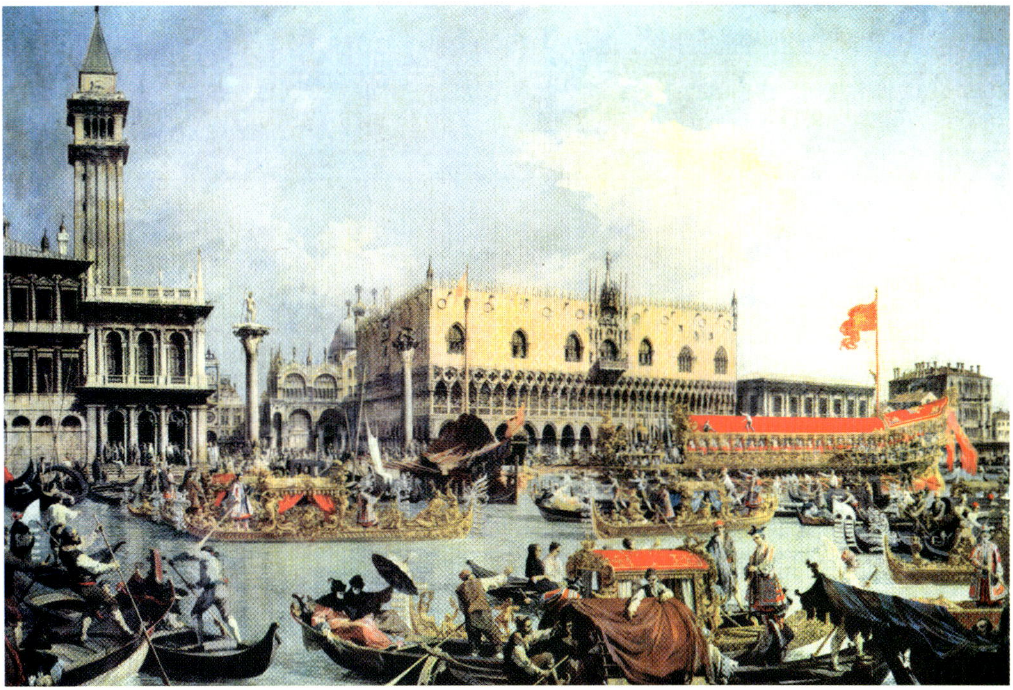

Canaletto (Antonio Canal): *Himmelfahrtstag in Venedig*, um 1760 (Mailand, Sammlung Crespi)

ihrer Zeit, des Spätbarock bzw. Rokoko gehören. Da ist zum einen Antonio Canal (1697–1768), der die venezianische Stadtvedute mit Staffageszenen zu seiner Spezialität machte; da ist zum anderen Bernardo Bellotto (1721–80), ebenfalls „Canaletto“ genannt, der Neffe des Antonio Canal, der ab 1748 in Dresden, später auch in Wien und München arbeitete und als Hofmaler in Warschau starb.

Wer war der, zusammen mit Georg Raphael Donner, bedeutendste Bildhauer im deutschsprachigen Raum des 2. Viertels des 18. Jh.?

Zu den herausragenden Erscheinungen des deutschen Spätbarock gehört zweifellos Paul Egell (1691–1752). Nach einer Lehrzeit in Dresden bei Permoser ließ er sich um 1720 in Mannheim nieder und avancierte dort zum kurpfälzischen Hofbildhauer. Als Lehrer von Iganz Günther hatte er maßgeblich die künftigen Wege der bayerischen Rokokoplastik gebahnt.

Welches ist das monumentalste Bauwerk, das jemals in den Niederlanden errichtet wurde?

Im Herbst 1648, bald nach dem den Dreißigjährigen Krieg beendenden Frieden von Münster, der die Unabhängigkeit der nördlichen Niederlande bestätigte, legte man in *Amsterdam* den Grundstein zum *Rathaus*, zum monumentalsten Bauwerk, da je in den Niederlanden entstand. Den Entwurf lieferte der von Palladio und der französischen Barockklassik geprägte Jacob van Campen (1595–1657).

Wer schuf die „Patrona Bavariae“?

Der bayerische Kurfürst Maximilian (1597–1651) ließ seine *Residenz in München* zu einer mächtigen Anlage ausbauen. Die Hauptfront schmückt die 3 m hohe, 1615 vollendete Bronzestatue der als Schutzherrin Bayerns, als *Patrona Bavariae*, erscheinenden Himmelskönigin Maria. Ihr Schöpfer ist Hans Krumper (1570–1634). Über seine Lehrmeister Hubert Gerhard und Friedrich Sustris wurzelt er im späten Manierismus, doch er verleiht seiner Figur bereits frühbarocke Fülle und Beweglichkeit.

Mit welchem Namen sind einige der prachtvollsten Schlossmöbel des Barock verbunden?

André Charles Boulle (1642–1732) wohnte seit 1672 als Hofkunstschreiner im Louvre. Er kultivierte an seinen Möbeln die schon seit längerem bekannte Kombination von Intarsien aus exotischen Hölzern, Schildpatt, Elfenbein, Bronze und Zinn zu solch raffinierter und luxuriöser Meisterschaft, dass dieser Typus von Prunkmöbeln heute gänzlich mit seinem Namen verbunden ist.

Welches ist das architektonische Hauptwerk Pietro da Cortonas?

Pietro da Cortona (1590–1669) stand ab 1656 vor der Aufgabe, für die alte römische Kirche *S. Maria della Pace* eine neue Fassade auszuführen. Er bezog den gesamten Vorplatz ein und stellte der eigentlichen Eingangsfront einen halbierten Tempietto vor, der sich auf diesen Vorplatz hinauswölbt. So gelang Pietro nicht nur ein Meisterwerk der barocken Fassadenlösungen, sondern auch ein Glanzstück römischer Urbanistik.

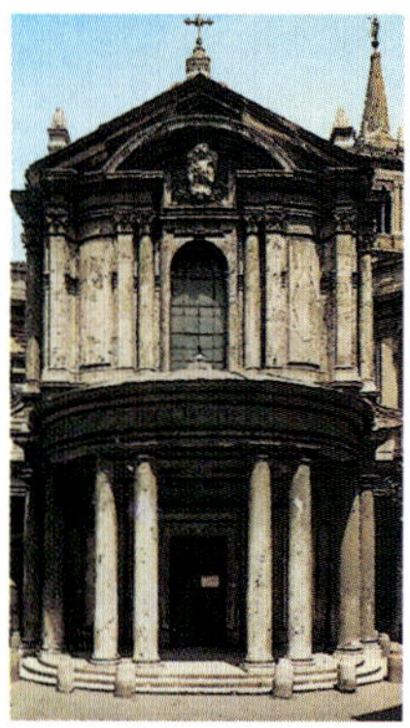

Pietro da Cortona: *S. Maria della Pace in Rom*, ab 1665

Mit welchem Bauwerk dringt der italienische Barock nach Süddeutschland vor?

Die *Münchner Theatinerkirche* ging auf ein Gelübde der Kurfürstin Henriette Adelaide zur Geburt des Erbprinzen Max Emanuel (1662) zurück. Die aus Turin stammende

Fürstin berief den Bolognesen Agostino Barelli (1627–nach 1687), der 1663 mit dem Bau nach dem Vorbild der römischen Mutterkirche der Theatiner, *S. Andrea della Valle*, begann. 1674 führte der Graubündner Enrico Zuccalli (um 1642–1724) das Unternehmen fort (die Fassade wurde erst 1768 vollendet), mit dem der italienische Barock in die süddeutsche Baukunst mit überwältigender Wirkung eindrang.

Wie heißt der vielleicht bedeutendste Rokoko-Bildhauer Süddeutschlands?

Ignaz Günther (1725–75) ragt unter den an Rokoko-Talenten so reichen Kunstlandschaften Süddeutschlands und Bayerns heraus. Zunächst arbeitete er in farbig gefasstem Holz. Er verbindet ornamentale Eleganz mit denkmalhafter Würde und gelangt am Ende seines Lebens mit der 1764 geschaffenen *Pietà in der Friedhofskapelle zu Nenningen* zu monumentaler Größe und expressiver Ausdruckskraft.

Wer erbaute das „Schloss in Stockholm"?

Das Königliche *Schloss in Stockholm* ist 1701–64 nach Plänen des schwedischen Baumeisters Nicodemus Tessin d. J. (1654–1728) als mächtiges Karree zwischen zwei niedrigeren Galeriebauten errichtet worden – in freier Variation der von Bernini für den *Louvre* konzipierten Ideen.

Wie heißt der malerischste der venezianischen Vedutenkünstler des späten Rokoko?

Francesco Guardi (1712–93) integrierte der Landschaft und der Vedute die typisch venezianische Spontaneität des Pinselduktus und der atmosphärischen Lichtbehandlung. Besonders wenn sie sich in den Capriccios und den Ansichten der stillen Winkel der Stadt, fernab von den großen touristischen Sehenswürdigkeiten entfaltet, nimmt Guardis Art des Malens eine Manier an, die man oft als erstaunlichen Vorläufer des späteren französischen Impressionismus bezeichnet hat.

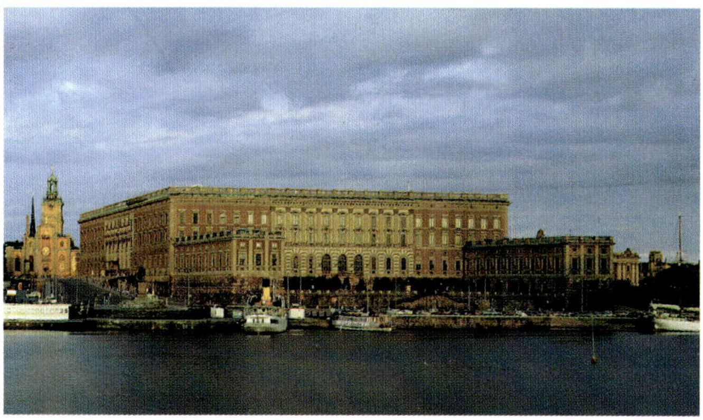

Nicodemus Tessin d. J.: *Schloss in Stockholm*, 1701–46)

Welches Werk in Regensburg zählt zu den monumentalen Hauptschöpfungen Georg Petels?

Das monumentale *Bronze-Kruzifix* mit der trauernden Maria Magdalena am Fuß des Kreuzstammes, eine Gruppe, die Georg Petel (um 1601/ 02–1634) um 1625 für die *Niedermünsterkirche in Regensburg* schuf, verdeutlicht im Reichtum der Einzelformen und in der Intensität des Gefühls die Kraft, von der die deutsche Frühbarock-Kunst beseelt war, ehe der große Krieg die Entwicklung immer mehr lähmte.

Welches Spätbarocktheater war zur Zeit seiner Erbauung das größte Opernhaus?

Das *Teatro San Carlo in Neapel* war, als es 1737 vollendet wurde, das größte Opernhaus der Welt (nach einem Brand 1816 wiedererrichtet). Es fasste 3500 Plätze.

Welche Figurengruppe gehört zu Donners letzten und großartigsten Werken?

Der große, bereits vielfach zum Klassizismus tendierende österreichische Barockbildhauer Georg Raphael Donner (1693–1741) schuf 1741 die in Blei gegossene Figurengruppe des *Heilig-Kreuz-Altars im Dom zu Gurk* (Kärnten). Das Ensemble ist eines seiner letzten Werke und eines seiner ausdrucksstärksten.

Welches Vorbild stand hinter dem „Hochaltar in Weltenburg“?

Die 1721 vollendete *Klosterkirche in Weltenburg* an der Donau, bei Regensburg, zählt zu den Meisterleistungen der Brüder Asam und zu den Höhepunkten des süddeutschen Spätbarock. Ihr Hochaltar, bei dem die farbige *Stuckfigur des hl. Georg* aus dem Licht heraus auf die Gläubigen zuzureiten scheint, ist ein berühmtes Beispiel des barocken „Theatrum sacrum“, wie es Bernini in vielen römischen Ensembles vorexerziert hatte.

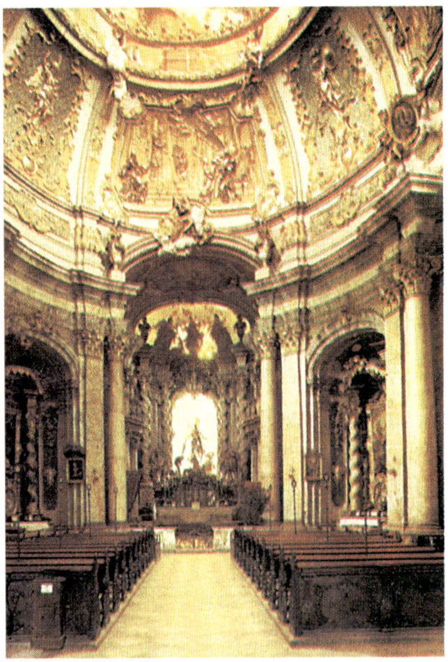

Cosmas Damian und Egid Quirin Asam: *Klosterkirche Weltenburg*, 1721 voll.

Was ist Stuckmarmor?

V. a. im Barock und Rokoko verwendete man mit Vorliebe einen farbigen, geäderten Kunstmarmor aus Alabastergips, Leimwasser sowie licht- und kalkechten Farbpigmenten. Nach dem Abbinden wird dieser Stuckmarmor mit verschiedenen Schleif- und Poliersteinen zum Glänzen gebracht.

Wie heißt die Familie von Kunsttischlern, die das deutsche Rokoko-Möbel zu seinem kreativen Höhepunkt führte?

Im 2. Viertel des 18. Jh. setzte eine Blüte des deutschen Möbels ein. Besonders elegante Rokoko-Beispiele schuf die Familie Roentgen in Neuwied, wie z. B. die Stücke in den *Schlössern Würzburg* und *Bruchsal*, sowie in den *Residenzen in München* und *München-Nymphenburg* beweisen.

Wie heißt die Touristenattraktion in Rom, die zu den wenigen Glanzleistungen des Spätbarock in dieser Stadt zählt?

Nach einer höchst komplizierten Baugeschichte vollendete der ansonsten kaum hervorgetretene Francesco des Sanctis (1693–1731) 1726 die *Spanische Treppe* in Rom, wobei er zum Teil ältere Ideen Gianlorenzo Berninis übernahm. Die *Spanische Treppe* besteht aus 135 Stufen, nie steigt man aber mehr als zwölf Stufen ohne Absatz hoch. Die Bequemlichkeit des Aufstiegs spielte bei der Planung eine große Rolle. Außerdem herrscht in der Gesamtanlage und in Einzelheiten das Dreiermotiv vor, ein Hinweis darauf, dass die Treppe zu einer Dreifaltigkeitskirche (*SS. Trinità dei Monti*) empor führt.

Was war die „Wessobrunner Schule“?

Als „Wessobrunner Schule“ bezeichnet man Stuckateure und Baumeister aus Wessobrunn, die von ca. 1600–1800 v. in Altbayern und Schwaben tätig waren (etwa die Familien Feuchtmayer, Schmuzer, Johann Georg Üblhör, die Brüder

Dominikus und Johann Baptist Zimmermann sowie Johann Georg Dirr). Im 2. Drittel des 18. Jh. wirkte auf sie die Münchner Hofkunst (etwa François de Cuvilliés d. Ä.) ein und stimulierte sie zu einem exquisiten Rokoko-Dekor.

Wie heißt einer der bedeutendsten Spätbarockmaler Böhmens?

Der in Prag geborene Peter Johann Brandl (1668–1735) wurde schon von seinen Zeitgenossen als „celeberrimus et per totam Europam famosus pictor“, als „hochgefeierter und in ganz Europa berühmter Maler“ anerkannt. Er vereinte italienische und flämische Barockeinflüsse zu einem ganz persönlichen, unverwechselbaren Stil.

Wo und wann war Joseph Effner tätig?

Joseph Effner (1687–1745), ausgebildet in Paris bei Germain Boffrand, war 1715–30 bayerischer Hofbaumeister, ab 1738 Gartenbaudirektor. Er leitete den Ausbau von *Schloss und Park Nymphenburg in München* – mit der *Pagodenburg* (1716–19), der *Badenburg* (1718–21 und der *Magdalenenklause* (1723–28) – er vollendet das *Schloss Schleißheim* bei München (ab 1719) und war beteiligt an der Innendekoration der *Reichen Zimmer* in der *Münchner Residenz*. Bei all dem kultivierte er als Ornamentform das zarte „Bandelwerk“ (vielfältig verschlungene Bänder), das in Deutschland (parallel zum französischen „Régence“) der Rocaille (Muschelornament) vorausging.

Wen stellt die einzige Bronzefigur im barocken Statuenschmuck der Prager Karlsbrücke dar?

Die bronzene *Nepomukfigur auf der Prager Karlsbrücke* wurde 1683 in Nürnberg von Hieronymus Herold gegossen. Das Tonmodell (jetzt in der Nationalgalerie in Prag) fertigte der Wiener Bildhauer Matthias Rauchmüller (1645–86) 1681 an, das Holzmodell (in *St. Johann am Felsen, Prag*) ein Jahr später der bislang für westböhmische Adelssitze tätige Johann Brokoff (1652–1718), der über dieser Arbeit von der lutheranischen Konfession zum Katholizismus konvertierte. Das Ergebnis dieser hochkarätigen Teamarbeit war ein Kunstwerk von weit mehr als nur lokaler Bedeutung. Unter den pathetisch bewegten Steingruppen der Heiligen auf der Karlsbrücke besticht diese legendäre Bronzestatue durch ihre nahezu klassische Einfachheit und ihre unprätentiöse Formensprache.

Aus welchem Anlass entstand die „Superga“ bei Turin?

Nach Aufhebung der französischen Belagerung 1706 gelobte Vittoria Amedeo II. von Savoyen ein neues, der Madonna geweihtes Heiligtum auf einer isolierten Bergkuppe östlich von Turin, die sog. *Superga*, zu errichten (1717–31). Architekt war Filippo Juvarra (1678–1736). Die hochbarocke Kuppelkirche mit begleitenden Glockentürmen ragt halbkreisförmig aus der Schauwand hervor. Die für Italien ungewöhnliche Kombination aus Kirche und Kloster macht die Kenntnis ähnlicher Anlagen im Norden (z. B. Einsiedeln, Weingarten, Melk) wahrscheinlich.

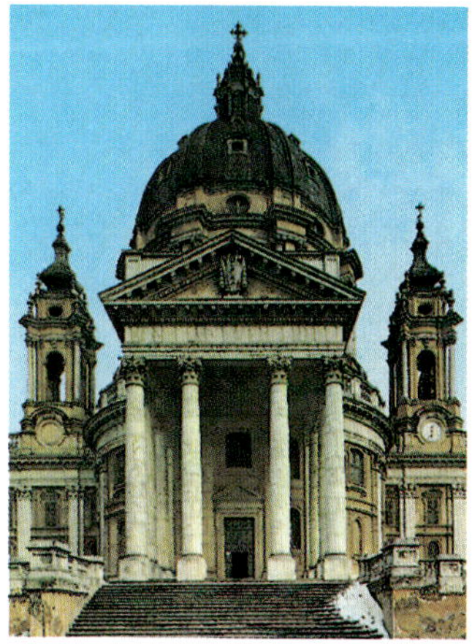

Filippo Juvarra: *Superga* bei Turin, 1717–31

Wie heißt einer der bedeutendsten französischen Ornamentstecher des Rokoko?

Der französische Ornamentstecher Juste-Aurèle Meissonier (1695–1750) war einer der Hauptmeister der Rokoko-Dekoration. Er lieferte Vorlagen und Entwürfe für

Festdekorationen Ludwigs XV., für Möbel, Geschirr usw.

Wo befindet sich das außergewöhnlichste Goldschmiedewerk des Spätbarock?

Der Hofgoldschmied August des Starken in Dresden, Johann Melchior Dinglinger (1664–1731) schuf 1701–08 das Kabinettstück *Der Hofstaat zu Delhi am Geburtstag des Großmoguls Aurangzeb* (Dresden, Grünes Gewölbe). 132 Figuren und 33 Geschenke in emailliertem Gold sind auf einer silbernen, zum Teil vergoldeten Bühne angeordnet. Geschmückt ist das exorbitante Werk, das europäische, ostasiatische, ägyptische, afrikanische und indische Motive vereint, mit 4909 Diamantrosen, 164 Smaragden, 160 Rubinen, 16 Perlen, 2 Kameen und 1 Saphir; weitere 391 Edelsteine und Perlen sind verloren gegangen. Ursprünglich sollte das Stück in die Wanddekoration (Spiegel mit Konsolen) des Pretiosensaales im *Grünen Gewölbe* eingelassen werden.

Aus welchem Anlass entstand Guardis Gemälde „Venezianisches Galakonzert"?

Im Januar 1782 besuchte das russische Großfürstenpaar Paul Petrowitsch (der spätere Zar Paul I.) und Maria Feodorowna die Lagunenstadt. Zu diesem Anlass erhielt Francesco Guardi (1712–93) den Staatsauftrag, die Festlichkeiten in einer Reihe von Bildern festzuhalten. Dazu gehörte auch das 1782 gemalte *Venezianische Galakonzert* (München, Alte Pinakothek), das die Szenerie fast impressionistisch in Farbtupfen auflöst.

Wer schuf das bezeichnendste Porträt des französischen Absolutismus?

In seinem *Porträt Ludwigs XIV.* gestaltete Hyacinth Rigaud (1659–1743), der Schüler von Charles Le Brun, das exemplarische Bildnis des absolutistischen Monarchen als der Verkörperung von Macht und kultureller Überlegenheit Frankreichs. Es existieren zwei Fassungen, eine von 1694 im Prado zu Madrid, die andere von 1701 im Louvre.

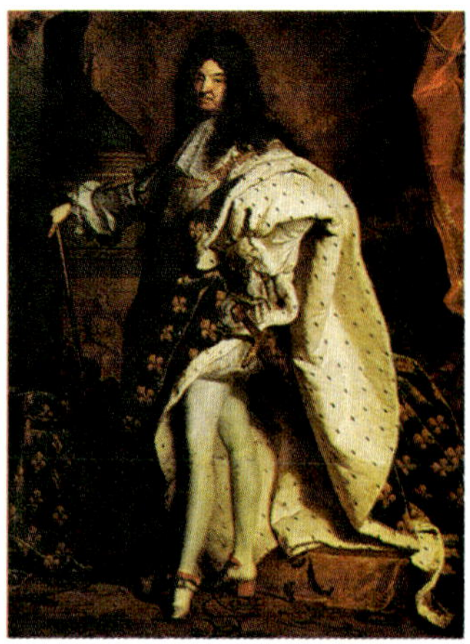

Hyacinth Rigaud: *Ludwig XIV.*, 1701 (Paris, Louvre)

Wer war Watteaus Gilles?

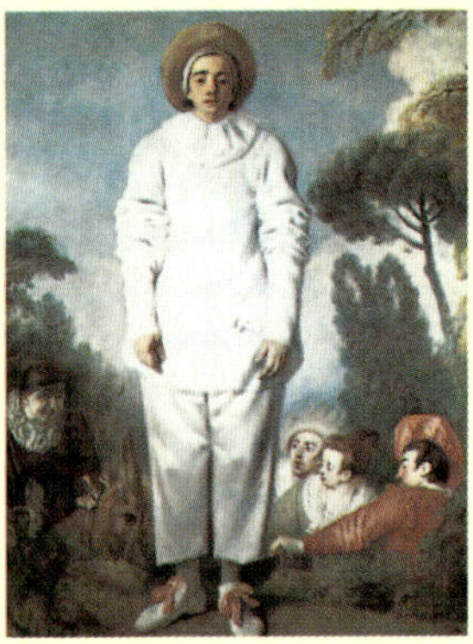

Antoine Watteau: *Gilles*, 1718–20 (Paris, Louvre)

Zwischen 1718 und 1720 malte Watteau (1684–1721) seinen berühmten *Gilles* (Paris, Louvre). Wahrscheinlich diente das rätselhafte Gemälde – eines der exorbitanten Meisterwerke der Kunstgeschichte – als Aushängeschild eines Theaters. Der Schriftsteller Wolfgang Hildesheimer schrieb 1988 zu Gilles, dieser Figur der italienischen Komödie: „Die Ärmel seines makellos weißen Seidenanzugs sind an den Ellbogen so dicht geschichtet, dass wir uns fragen, wie lang sie wären, zöge man sie gerade. Dafür sind die langen Hosen viel zu kurz. Übrigens ist es das erste Mal, dass in der bildenden Kunst lange Hosen erscheinen." Oder: „Gilles ist der Clown schlechthin [...]. Zugleich aber ist es auch das Selbstbildnis des Künstlers, der hier in das von der Mode und vom Schicksal ihm zugeteilte Gewand des Narren schlüpft [...].

Vom Klassizismus zum Jugendstil

Als Jacques-Louis David (1748–1825) mit dem *Porträt des ermordeten Marat* (Brüssel, Musées Royaux des Beaux-Arts) eine Märtyrerikone der Französischen Revolution vollendete, setzte er über das zuerst ins Gemälde geschriebene Entstehungsdatum 1793 die Worte „L'an Deux", „Das Jahr zwei" – unüberhörbare Zeichen einer neuen Zeit, die die christliche Ära und ihren Kalender für überwunden erklärte. Ein Umsturz wie diese Revolution, die ein gekröntes Haupt unter die Guillotine legte und so die Tradition monarchischen Gottesgnadentums für nichtig erklärte, die den Absolutismus beseitigte zugunsten von Volksherrschaft und Republikanismus, war ein Fanal für den Anbruch einer neuen Epoche der Menschheitsgeschichte. Allerdings hatte sich geistesgeschichtlich und künstlerisch ein radikaler Umbruch schon vorher, gegen 1750, abgezeichnet: mit der vernunftbestimmten, gegen religiösen Aberglauben ankämpfenden Aufklärung, einem neuen, psychologisch argumentierenden Subjektivismus, der auch das Unbewusste und Irrationale im Menschen anerkannte, einer neuen „Religion der Natur" („Rousseauismus") usw.

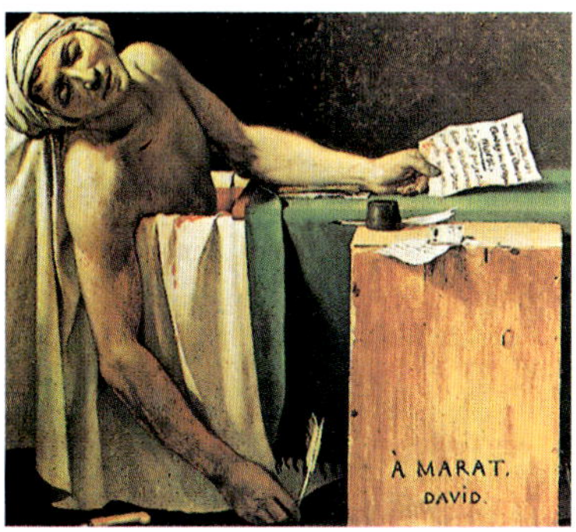

Jacques-Louis David: *Der Tod des Marat*, 1793 (Brüssel, Musées Royaux des Beaux-Arts)

Klassizismus und Romantik (um 1750–19. Jh.)

Der Klassizismus entstand kurz nach der Mitte des 18. Jh. als „akademischer" oder „archäologischer" Klassizismus in Rom. 1738 hatten Ausgrabungen in Herculaneum südöstlich von Neapel begonnen. Sie und die zehn Jahre später einsetzende Freilegung von Pompeji erweiterten hauptsächlich die Kenntnis antik-römischer Malerei und führten seit ca. 1780 auf dem Gebiet der Architektur zur breiten Strömung des sog. Greek Revival. In der Hauptsache aber war es der herausragende Theoretiker Johann Joachim Winckelmann, der ab 1755 die bisherige „klassizistische" Vormachtstellung Alt-Roms zugunsten der griechischen Antike ins Wanken brachte. Er identifizierte den Klassizismus mit dem Ideal der „edlen Einfalt und stillen Größe". Dieses Ideal entsprach in der Dominanz des Figurenbildes (wobei die Menschen verhalten agieren, kaum Emotionen zeigen), in der Reanimierung mythologischer Inhalte, im „Kult" antikischer Nacktheit, in der Bevorzugung „klassisch-edler" und „reiner" Materialien (weißer Marmor und Bronze) dem hohen sittlichen Anspruch und dem Bildungsgedanken dieser Richtung. Die Baukunst huldigte einem antiken Repertoire (Säulenordnung, Tempelfronten, Proportionslehren usw.), verzichtete auf „malerische" Dekoration (im Inneren verschwanden die großen illusionistischen Fresken) und bevorzugte geometrisch-stereometrische Elemente.

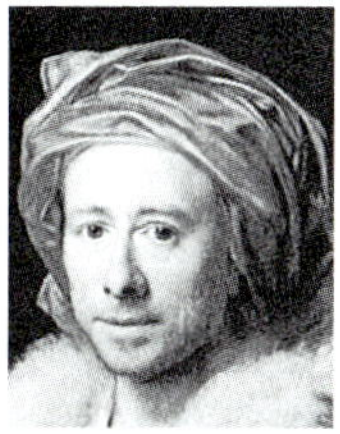
Johann Joachim Winckelmann

Der „akademische" bzw. „archäologische" Klassizismus wandelte sich gegen Ende des Jahrhunderts in Frankreich zum „revolutionären" Klassizismus (der sog. Revolutionskunst), der sowohl in der Malerei als auch in der Architektur – Claude-Nicolas Ledoux (1736–1806) und Étienne-Louis Boullée (1728–99) – von einer teilweise rigiden Geometrisierung, immer aber von einem extremen Pathos getragen ist. Eine späte, ins Graziöse abgemilderte Version der Revolutionskunst stellt in den Jahren 1795–97 das „Directoire" dar, das sich in der von pompejanischen Vorbildern angeregten Innendekoration und Möbelgestaltung sowie in der Frauenmode (antikisierende, hochgegürtete und langfließende Schleppenkleider „à la grecque") be-

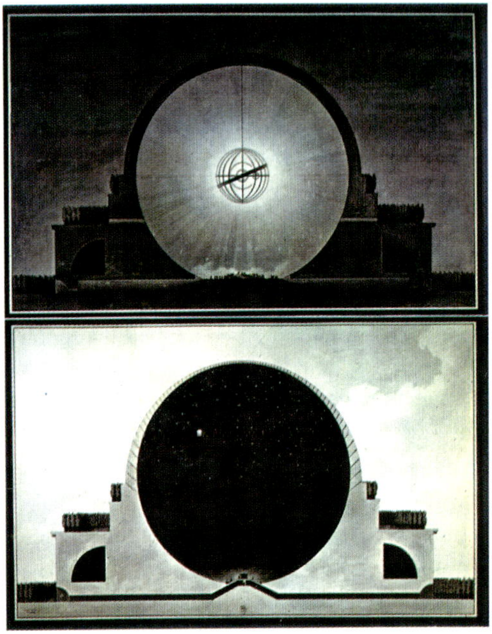

Ètienne-Louis Boullée: *Kenotaph für Newton* (oben: bei Tag; unten: bei Nacht), 1784 (Paris, Bibliothèque Nationale)

merkbar machte. Auch das im Kaiserreich Napoleons I. (1804–14/15) bevorzugte „Empire“ bestimmte bis ca. 1830 die Dekorationskunst und die Mode, wobei seit Napoleons Ägypten-Feldzug der Stil „à l'égyptienne“ zu einer europäischen Manie wurde. Obwohl Winckelmann sein Loblied auf die Antike v. a. mit Beispielen der plastischen Künste begründete, gab es um 1800 erstaunlicherweise unter vielen Bildhauern nur wenige bedeutende: Antonio Canova (1757–1822), Bertel Thorvaldsen (1768/70–1844), auch Johann Gottfried Schadow (1764–1850). Die übrigen ragten selten über durchschnittliches Niveau hinaus.

Romantik

Zunehmend wich im Klassizismus die einstige heroische Kraft, die auch nach Russland und in die USA abstrahlte, einer bürgerlichen Intimität, sodass auch Querverbindungen zur Romantik möglich wurden. In vielen Erscheinungen des Malerischen und Stimmungshaften, in einer Mittelaltersehnsucht und einer Ästhetik des Verfalls bereitete sich ebenfalls seit der Mitte des 18. Jh. eine „Präromantik“ vor, die ein paar Jahrzehnte später in eine Bewegung voller nervöser Energie mündete. In Deutschland wird diese Phase als „Sturm und Drang“ bezeichnet, europaweit werden ihr auch phantastisch geprägte Bilder wie diejenigen eines Johann Heinrich Füssli (1741–1825) oder William Blake (1757– 827) zugerechnet. Die Malerei schickte sich nun an, die Führungsposition in den bildenden Künsten einzunehmen. Die Romantik war eine gesamteuropäische Erscheinung seit dem späten 18. Jh., auch wenn eines ihrer Hauptzentren in Deutschland war. Obwohl die Bildverherrlichung Napoleons gelegentlich bereits über das Pathos von Form und Farbe zu einer Art Romantisierung führte, entwickelten sich die Anfänge der französischen Romantik kurz nach 1800 im Widerspruch zu dem von Bonaparte geförderten klassizistischen Stil des „Empire“.

Das Werk eines Antoine-Jean Gros (1771–1835), Théodore Chassériau (1819–56), Théodore Géricault (1791–1824) oder Eugène Delacroix (1798–1863) belegt, wie die französische Romantik die im übrigen Europa so bevorzugte Gattung der Landschaft zugunsten des Historienbildes beiseite ließ. In der norddeutschen Romantik, in der Dresdener Schule, bei Caspar David Friedrich (1774–1840), etwas weniger bei Philipp Otto Runge (1777–1810), spielte die Landschaft als Stimmungsträger, als „Empfindungslandschaft“, eine alles überragende Rolle. Die Nazarener dagegen, der katholische Zweig der deutschen Romantik, wollten ihrer angestrebten Nationalkunst christlich-mittelalterliche figürliche Traditionen zugrunde legen. Für die meist sentimentale Gestaltung ihrer nostalgischen und politisch konservativen Themen bevorzugten sie die linear geschlossene Form. In wechselnder Intensität verbreitete sich die Romantik über ganz Europa, ja auch in den USA. Einige wenige große Einzelne wie John Constable (1776–1837) oder Francisco de Goya (1746–1828) waren von der Romantik be-

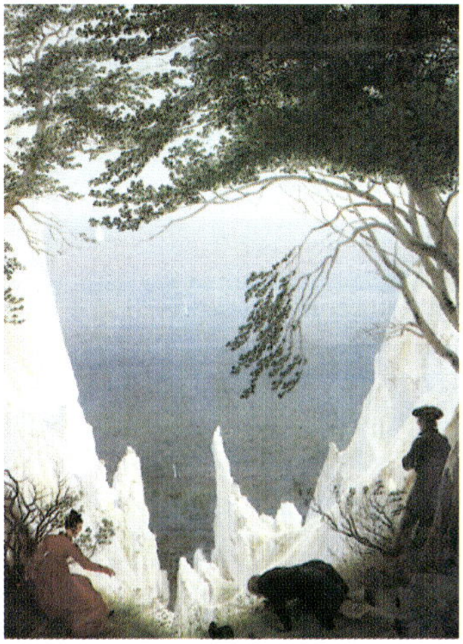

Caspar David Friedrich: *Kreidefelsen auf Rügen*, um 1818 (Winterthur, Stiftung Oskar Reinhard)

einflusst, ohne dass sie dieser Strömung gänzlich zugerechnet werden dürften.

Das Fortleben von Klassizismus, Historismus und Romantik im 19. Jh.

Der Klassizismus hielt sich in der Architektur noch über weite Strecken des 19. Jh. hinweg. Auf den britischen Inseln, wo er von jeher einen fruchtbaren Nährboden gefunden hatte, blieb die nicht zuletzt am Greek Revival orientierte klassizierende Ausrichtung der Baukunst eine wichtige Strömung. In Deutschland fallen die klassizistischen Spätwerke eines Leo von Klenze (1784–1864) oder Karl Friedrich Schinkel (1781–1841) in die 30er-Jahre des 19. Jh. Auch in der Bildhauerei lebten klassizistische Tendenzen fort, v. a. auf dem Gebiet des Kunstgewerbes. Und in der Malerei ist nur an das lange Wirken des Klassizisten Jean-Auguste-Dominique Ingres (1780–1867) zu erinnern.

„In welchem Style sollen wir bauen", fragte 1828 der badische Regierungsbaumeister Heinrich Hübsch (1795–1863). Mit solchen Fragen beschäftigten sich fast alle Architekten Europas und Nordamerikas in der damaligen Zeit. Als modern galt zunehmend die Wahl geschichtlicher Vorbilder. Nie zuvor wurden gleichzeitig so viele unterschiedliche Modelle praktiziert wie im Historismus, der bis zum I. Weltkrieg anhielt. In England verband sich das sog. Gothic Revival bereits im ausgehenden 18. Jh. mit der neuen Technologie des Gusseisens, gleichzeitig hatte die französische Kunsttheorie den Gedanken des Funktionalismus an die Konstruktionsprinzipien der Gotik wie der Neugotik geknüpft. Beide Prinzipien gingen in die Inge-

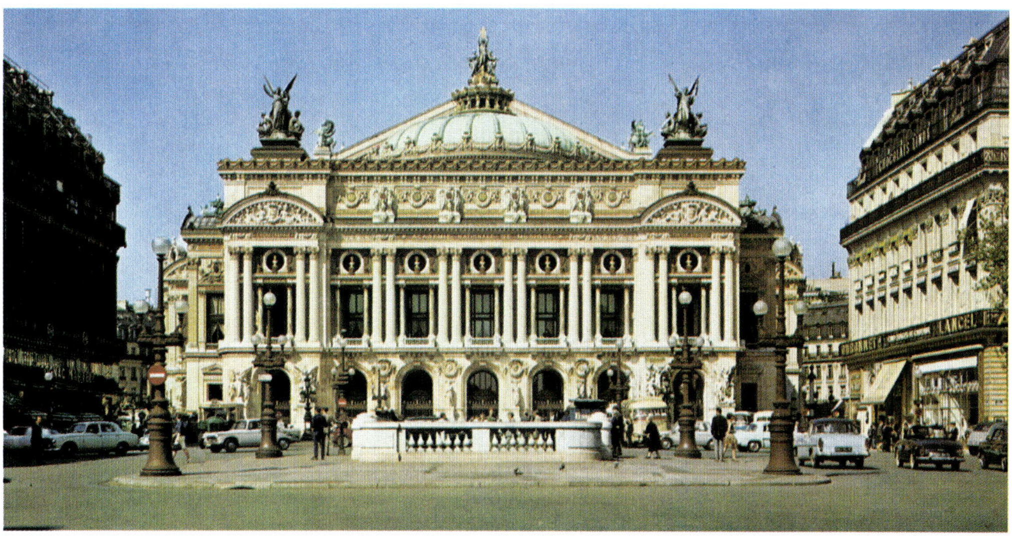

Charles Garnier: *Grand Opéra* in Paris, 1862–75

nieurbaukunst aus Eisen und Glas ein, die sich im 19. Jh. oft unter der historisierenden Hülle der Neugotik bewegte. Sakralbauten, aber auch gotisierende Fabrikhallen, Bahnhöfe usw. fanden sich bald europaweit und auch in den USA in Hülle und Fülle. Der Rundbogenstil in München brachte die Neurenaissance ins Spiel. Vor der Jahrhundertmitte bildete sich der Neubarock heraus, im französischen Zweiten Kaiserreich der richtungweisende Architekturstil schlechthin. Das Opernhaus (Opéra) in Paris oder das Casino von Monte Carlo sind Glanzstücke der „Belle Époque“ von Charles Garnier (1825–98).

Biedermeier

In den deutschsprachigen Regionen erfolgte ein direkter Übergang von der Romantik zum Biedermeier. Eine „neue Innerlichkeit“ bestimmte hier die Malerei seit den 30er-Jahren des 19. Jh., die nicht als klar formulierter Stil, sondern aus einer geistigen Haltung heraus zu erklären ist. Das Bescheiden-Einfache äußert sich in unpathetischen Kompositionen von kleinem Format für private Räume. Im letzten Jahrhundertdrittel zeigt sich Romantisches erneut mit Vehemenz, z. B. in den Gemälden eines Arnold Böcklin (1827–1901). V. a. ist aber das Kunstprogramm des bayerischen „Märchenkönigs“ Ludwig II. zu nennen, der im Geiste von Richard Wagners Musikdramen und dessen Vorstellung vom Gesamtkunstwerk seit 1868 das neuromanische *Schloss Neuschwanstein* mit Themen aus „Tristan und Isolde“, „Lohengrin“, „Tannhäuser“ und „Parsifal“ dekorieren ließ.
Wie in Deutschland und anderen Ländern glitt auch in England die spätere romantische Malerei gerne ins Unverbindliche ab oder suchte durch theatralische Inszenierungen den Verlust gedanklicher Tiefe auszugleichen. Dennoch zählt ihr Repräsentant William Turner (1775–1851) zu den herausragenden Gestalten der europäischen Romantik. In Frankreich hallte das romantische Echo in der Landschaftsmalerei der Schule von Barbizon und einigen Werken von Jean-François Millet (1814–75) nach.

Realismus (ab 1840/50)

Die englische Landschaftsmalerei um 1800, bestimmte Künstler und Richtungen der Romantik und des Barock, so mancher Einzelgänger an der Wende vom 18. zum 19. Jh. hatten bereits ausgesprochen naturalistische Haltungen gezeigt, die um 1840/50 fortgesetzt und zum Realismus intensiviert wurden. Die Realisten wandten sich gegen Träumerei, Phantasie, Poesie und Imagination. Ihre Grundüberzeugung lautete, der Künstler habe unbeschönigt die Wahrheit auszusprechen. Er solle seine Motive nicht der Vergangenheit entnehmen, sondern sich vielmehr als Augenzeuge um Gegenwärtiges kümmern. Das trug ihnen den Vorwurf des Materialismus ein und provozierte das böse Wort von der „Schule der Hässlichkeit“.
Die Sache war eher da als der Name. Erst 1855 ließ Gustave Courbet (1819–77) vor den Toren der Pariser Weltausstellung einen Pavillon aufstellen, in dem er seine Bilder

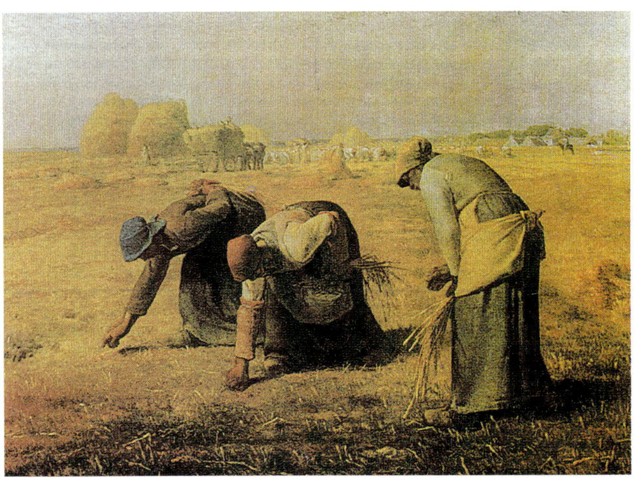

Jean-François Millet: *Ährenleserinnen*, 1857 (Paris, Musée d'Orsay)

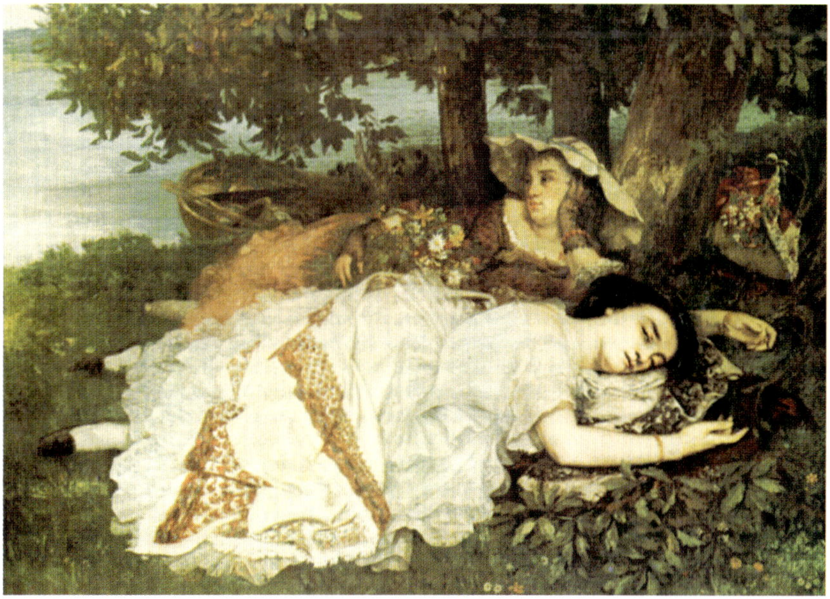

Gustave Courbet: *Die jungen Mädchen am Ufer der Seine*, 1856/57 (Paris, Musée du Petit Palais)

zeigte, die auf der Weltausstellung ausgeschlossen worden waren. „Le réalisme" stand über dem Eingang des Gebäudes. Bis ca. 1870 entwickelte sich der Realismus fast überall in Europa und Nordamerika zur beherrschenden Sprache. Massive, durch die industrielle Revolution ausgelöste soziale Veränderungen wie die Verstädterung bildeten den Nährboden realistischer Kunst. Die Beobachtung charakteristischer und den Alltag entlarvender Einzelheiten führte z. B. im Werk eines Honoré Daumier (1808–79) oder Adolph von Menzel (1815–1905) oft zu karikierenden oder parodistischen Zügen. In München vertrat der Kreis um Wilhelm Leibl (1844–1900) diesen Stil.

Impressionismus (ab 1874)

„Nennen Sie es einfach 'Impression' – Sonnenaufgang", antwortete Claude Monet 1874 auf die Frage nach dem Bildtitel einer inhaltlich kaum noch zu erkennenden Hafenansicht aus seiner Hand (1872; Paris, Musée Marmottan). Die Kritiker Louis Leroy und Jules Castagnary griffen den Vorschlag auf und verwendeten den Begriff „Impressionisten" als Spottnamen für all jene Künstler, die sich gegen die offiziellen Pariser Kunstausstellungen auflehnten. Von den zwischen 1874 und 1886 an den Gruppenausstellungen teilnehmenden Künstlern hat keiner die Ziele dieser Richtung, die heute so eindeutig vor Augen zu stehen scheinen, in Reinform verwirklicht. Édouard Manet (1832–83) war als Anreger von großer Bedeutung, stand aber immer in einiger Distanz zur Gruppe; das Werk von Edgar Degas (1834–1917) und

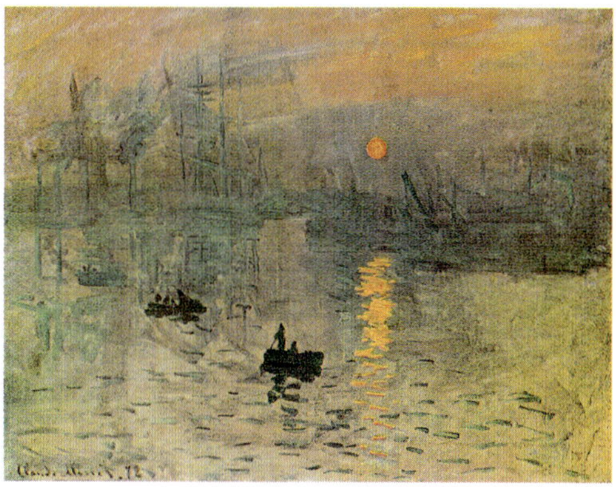

Claude Monet: *Impression – Sonnenaufgang*, 1872 (Paris, Musée Marmottan)

Auguste Renoir (1841–1919) fällt nur teilweise mit den impressionistischen Bestrebungen zusammen.

Die Impressionisten setzten die Tendenzen des Realismus fort und korrigierten sie zugleich. Ihr Interesse galt nicht nur der „greifbaren“ Gegenständlichkeit, sondern auch dem spontanen Seheindruck. Die Umkehrung der akademischen Regel vom Vorrang der Linie über die Farbe, die Fixierung des Lichts auf den Oberflächen der Dinge, meist helle, kräftige Farbtöne bei freiem, lockerem Pinselstrich ohne vorbereitende Konturen dienen der direkten Umsetzung des Seheindrucks im Bild. Angeregt durch japanische Farbholzschnitte und die Fotografien von Félix Nadar (1820–1910) zeigen viele der impressionistischen Bilder Motive aus ungewohnten Perspektiven, schneiden sie an den Bildrändern ab oder überlagern sie im Sinne eines flüchtigen Ausschnitts.

Auf dem Weg zur Abstraktion: der Pointillismus (ab den 1880er-Jahren)

Seit den 1880er-Jahren stellten die Pointillisten mit den beiden Hauptrepräsentanten Georges Seurat (1859–91) und Paul Signac (1863–1935) den traditionell gewordenen Impressionismus in Frage. Sie kultivierten die kleinteilige Farbzerlegung, im Wissen, dass sich die Farbpartikel nach den Komplementärgesetzen im Betrachterauge wieder zu einem Gesamteindruck vermischen. Das Wort „Pointillismus“ bezeichnet treffend das Neue der Formensprache. Die Pointillisten reduzierten die Farbpartikel zu Punkten von nahezu rasterartiger Geschlossenheit. Ihre Präzision verhinderte jede psychische Spontaneität. Seurat nannte seine Methode

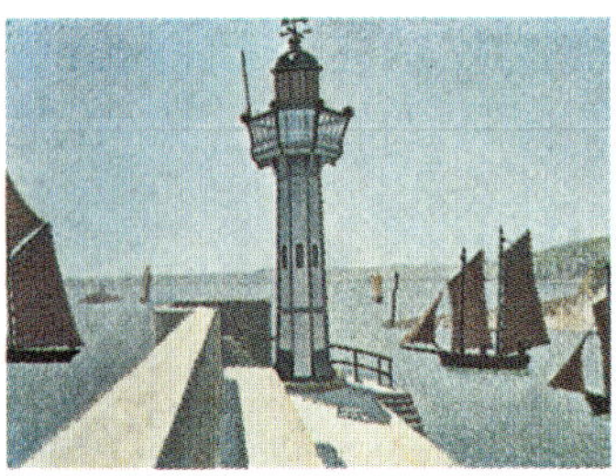

Paul Signac: *Der Leuchtturm von Portrieux,* 1888 (Otterloo, Rijksmuseum Kröller-Müller)

„Chromo-Luminarismus“, Kritiker tauften sie „Neoimpressionismus“, „Divisionismus“ oder eben „Pointillismus“. Dieser betrieb keineswegs eine Atomisierung der Bildwelt, ganz im Gegenteil. Aus der engen Abfolge der Farbpunkte resultieren im Betrachterauge homogene Farbfelder, aus der Verkettung der Farbpunkte entsteht wieder eine harmonisch geschlossene Form – freilich eine, die souverän das Wirklichkeitsvorbild verfremdet.

Die „Väter der Moderne“: Cézanne, van Gogh, Gauguin

Paul Cézanne (1839–1906) setzte beim Impressionismus an und ging sofort einen entscheidenden Schritt weiter, sodass er für manche Kritiker einerseits den Endpunkt der „traditionellen“ abendländischen Kunstgeschichte, für

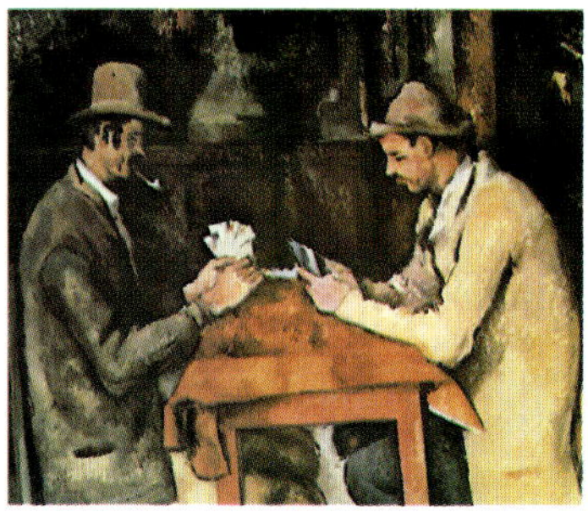

Paul Cézanne: *Kartenspieler,* 1890–92 (Paris, Musée d’Orsay)

andere den Beginn der Moderne markiert. Während Cézanne als ein Wegbereiter des Kubismus gilt, wird Vincent van Gogh (1853–90) als ein Wegbereiter des Expressionismus gesehen. Durch die Ausdrucksstärke der Farben und emotional bestimmte, expressive Farbkontraste versuchte er, seine subjektiven Eindrücke von Mensch und Natur in eine vollkommen persönliche Handschrift zu übertragen. Mit breitem, derbem Pinselstrich wollte er zu einer Synthese von Farbe und Linie gelangen. Paul Gauguin (1848–1903) entwickelte zusammen mit Émile Bernard (1868–1941) u. a. um 1886 im bretonischen Künstlerdorf Pont-Aven einen linien- und flächenbetonten Stil. Schwingende, kraftvoll farbige Konturen, die sich zu rhythmi-

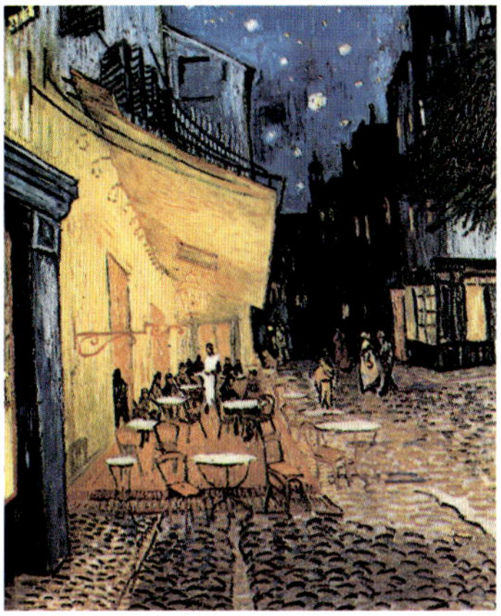

Vincent van Gogh: *Nachtcafé, 1888* (Otterloo, Rijksmuseum Kröller-Müller)

schem Eigenleben verselbstständigen, umrunden in die Fläche gepresste, intensiv farbige Motive. Illusionistische Bildräumlichkeit fehlt vollständig, modellierendes Licht und Schatten spielen kaum noch eine Rolle.

Präraffaeliten und Symbolismus (1848–um 1900)

1848 wurde in London die Bruderschaft der Präraffaeliten gegründet. Die Maler strebten Bildthemen an, die sie in mittelalterlichen Sagen und literarischen Werken, in der Bibel und bei Shakespeare vorformuliert glaubten. Doch erschöpften sich ihre Ideale nicht in einer Vergangenheitsperspektive, sie setzten sich auch mit Gegenwartserscheinungen auseinander. Häufig diente die altertümliche und allegorische Einkleidung der Gestaltung v. a. sexueller und morbid-psychologischer Themen, die von der viktorianischen Moral tabuisiert waren. Mit der Betonung des Ornaments zählen auch die Präraffaeliten zu den Wegbereitern des Jugendstils. Und sie gliederten sich jener Bewegung ein, die „Symbolismus" genannt wird.
Erfahrungen, die bevorzugt außerhalb der gültigen moralischen Normen gesucht werden, spiegeln sich bei den Symbolisten v. a. in der Beschäftigung mit Liebe und Sexualität, thematisiert beispielsweise im Bild der Frau als „Femme fatale", als anbetungswürdiges wie männermordendes Wesen, als Madonna, Eva oder Salome. Ebenso gerne suchten Symbolisten wie Gustave Moreau (1826–98), Odilon Redon (1840–1916), Aubrey Beardsley (1872–98), Max Klinger (1857–1920) und James Ensor (1860–1949) ihre Träume in der meditativen Versenkung und letztlich im Tod.

Fin de Siècle und Jugendstil (um 1900)

Jahrhundertende, Jahrhundertbeginn: Geburt eines neuen Stils. „Jugendstil" wurde er in Deutschland genannt, „L'Art Nouveau" in Frankreich und Belgien, „Modern Style" in England, „Stile Liberty" in Italien, „Stile modernistе" in Spanien, „Sezessionsstil" sagte man in Österreich. Gemeint war eine internationale Rebellion der späten 80er-Jahre des 19. Jh. gegen die erstarrten Traditionen der Kunstakademien. Neue, fließende, organisch geschwungene Formen, der Natur abgeschaut und dann dekorativ stilisiert, neue Inhalte, auf menschliche Kreativität bezogen, die Verschmelzung von Kunst, Industrie, Handwerk und Leben – das waren die Ziele der jungen Maler, Grafiker und Architekten.
Das alle Gattungen umgreifende Gesamtkunstwerk wurde zu ihrer Leitvorstellung: Von der Baukunst über die Malerei zu Grafik, Plakat und Buchkunst, von Möbeln und Inneneinrichtung bis zu Mode und Schmuck erstreckte sich das Repertoire. Die Künstler des Jugendstils strebten nach der Aufhebung der Grenzen zwischen Kunsthandwerk, Design und „hoher" Kunst, etwa im Glasgower Kreis um Charles Rennie Mackintosh (1868–1928) oder in der Wiener Sezession, aus deren Zusammenschluss 1903 die von Josef Hoffmann (1870–1956) und Koloman Moser (1868–1918) gegründete „Produktiv-Gemeinschaft von Kunsthandwerkern", genannt „Wiener Werkstätte", hervorging. Von größter Bedeutung waren auch die 1897 in München von Peter Behrens (1868–1940) und Hermann Obrist (1863–1927) gegründeten „Vereinigten Werkstätten" sowie die Künstlerkolonie auf der Darmstädter Mathildenhöhe (1899), zu deren prominentesten Mitgliedern wiederum Behrens und Olbrich zählten.

Wen stellt die berühmteste Statue von Jean-Antoine Houdon dar?

Die berühmteste Statue des französischen Bildhauers Jean-Antoine Houdon (1741–1828) ist die *Sitzfigur Voltaires* (Paris, Musée de la Comédie-Française). Während seiner letzten Lebensmonate war der große freigeistige Philosoph der Aufklärung († 28. Mai 1778) in Paris Gegenstand einer geradezu kultähnlichen Verehrung geworden. Unter diesem Eindruck ließ sich Voltaire überreden, Houdon Modell für eine Bildnisbüste zu sitzen. Doch vermutlich erst nach dem Tod des Denkers erhielt der Künstler den Auftrag zu einer groß dimensionierten Skulptur. Daraufhin entstand 1778/79 die Marmorstatue eines ironisch lächelnden, altersweisen Intellektuellen in antiker Gelehrtentoga. Die Figur besitze Charakter und tief empfundene Einfachheit, schrieb der Enzyklopädist Diderot und ordnete sie damit begeistert dem herrschenden Zeitgeschmack des Klassizismus zu.

Wo befindet sich das größte Bauprojekt der Neugotik?

Das *Londoner Parlamentsgebäude* (Houses of Parliament), das Charles Barry (1795–1860) und sein Mitarbeiter Augustus Welby Pugin (1812–52) in den Jahren 1836–67 am Themse-Ufer in London errichteten, war das größte europäische Bauprojekt der Neugotik. Die beiden Architekten orientierten sich am heimischen „Perpendicular Style".

Welches klassizistische Bauwerk in München ist eines der ersten autonomen Museumsgebäude?

Die *Glyptothek in München* ist eines der ersten selbstständigen Museumsgebäude der Welt und zugleich eines der frühen Signale für eine neue Art „aufgeklärter" fürstlicher Eigenrepräsentation, in der Gelehrsamkeit und Mäzenatentum eine größere Rolle spielen als Feldzüge. Das klassizistische Bauwerk wurde von Ludwig I. von Bayern für die Sammlung antiker Skulpturen und als Denkmal nationalen Bildungsstrebens bei Leo von Klenze (1784–1864) in Auftrag gegeben. Am 13. Oktober 1830 wurde es eingeweiht.

Welche Kunstmaxime befolgte Caspar David Friedrich?

„Seelenvoll" solle ein Bild wirken, dann erfülle es die Anforderung eines wahren Kunstwerkes, so der große deutsche Romantiker Caspar David Friedrich (1774–1840). Eine noch so genau am Naturvorbild orientierte oder nach akademischen Regeln gebaute Komposition könne zwar „musterhaft" sein, berühre aber den Betrachter nicht wirklich.

Welches seiner Bilder schätzte Paul Cézanne selbst als das wichtigste ein?

Paul Cézanne (1839–1906) malte 1900–05 die Komposition *Die großen Badenden* (London, National Gallery), die er als sein Hauptwerk betrachtete. Während der letzten Jahre seines Lebens setzte er sich mit verschiedenen, oft unvollendet gebliebenen Versionen dieses Themas auseinander.

Worin war Jean Auguste Dominique Ingres „barbarisch"?

1811 schuf Jean Auguste Dominique Ingres (1780–1867) das gewaltige Gemälde *Jupiter und Thetis* (Aix-en-Provence, Musée Granet). Dieses Werk nannten Zeitgenossen „barbarisch", um die Verletzung bestimmter ästhetischer Normen des Klassizismus her-

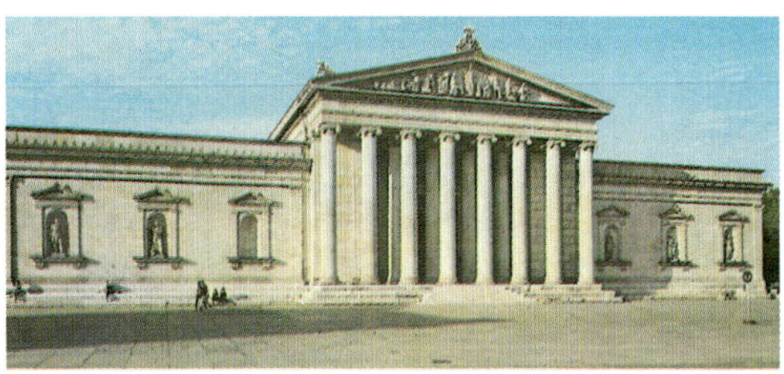

Leo von Klenze: *Glyptothek* in München, 1830 voll.

vorzuheben. Es zeigt eine Episode aus Homers „Ilias“: Thetis, die Tochter des Nereus, entsteigt dem Meer und erhebt sich in dämmernder Frühe zum himmlischen Olymp und zum Thron des Jupiter (mit dem möglicherweise Napoleon gemeint ist). Mit liebkosenden Gebärden versucht die halb nackte mädchenhafte Göttin den Göttervater zu überreden, ihrem Sohn Achilleus beizustehen. Ingres hat aus Jupiter einen nichts sagenden athletischen Schönling gemacht, der in jedem Hollywood-Film auftreten könnte, und aus Thetis ein Objekt der Begierde. Unterwürfig schmiegt die Göttin ihren Leib an den des Göttervaters und krault diesem den Bart.

Welches ist das vielleicht skurrilste Werk von Antonio Canova?

Zeitgenossen bewunderten unter allen Werken des gefeierten italienischen klassizistischen Bildhauers Antonio Canova (1757–1822) wohl am meisten die Marmorskulptur der *Paolina Borghese* (1804–08; Rom, Galleria Borghese). Die Schwester Napoleons liegt halb aufgerichtet, geziert mit einer Hand ihr Haupt stützend, in der anderen einen Apfel haltend, im Typus der „Venus Victrix“, der alles besiegenden Liebesgöttin, auf einem im Empire-Stil verzierten Bett. Die als Sockel fungierende Schlafstatt ist ein gewöhnliches Bett aus Holz. Wie in einer modernen Assemblage werden zwei grundverschiedene Realitäten gegeneinander ausgespielt. Mehr noch, das Bett verbirgt einen Mechanismus, mit dem sich die Skulptur heben und drehen lässt. Paolina, als Prinzessin und Schönheitsgöttin zum Monument erhoben, wird durch das „Drehmoment“ fast surreal ihrer denkmalhaften Festigkeit und Zeitlosigkeit und wahrer innerer Größe entkleidet – in dem Maße, wie sich ihr Körper den „Kennerblicken“ darbietet.

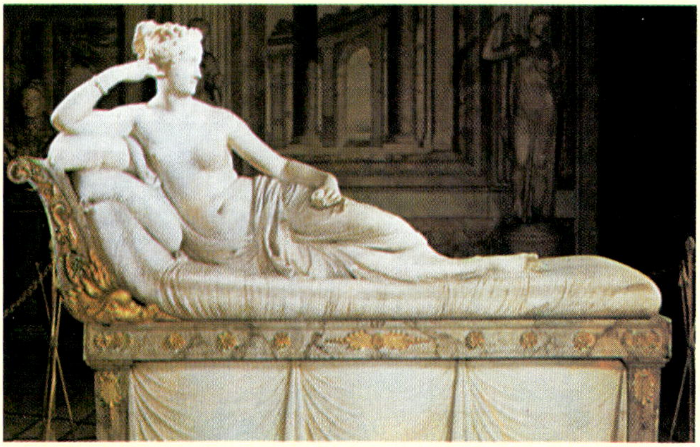

Antonio Canova: *Paolina Borghese*, 1804–08 (Rom, Villa Borghese)

Für welche Sammlung war das Gemälde „Der Schlaf“ von Gustave Courbet bestimmt?

Als Gustave Courbet (1819–77) im Jahre 1866 sein Werk *Der Schlaf* (Paris, Musée du Petit Palais) im Schaufenster eines Galeristen ausstellte, erschien ein Verriss in der Presse. Stein des Anstoßes war nicht so sehr die Tatsache, dass zwei Bordellprostituierte dargestellt sind, sondern die Art ihrer Präsentation. „Schamlos“ bieten die beiden Frauen ihre Leiber dar, und das auch noch in einem Akt lesbischer Liebe. Das Bild war eigentlich für die Sammlung eines reichen, in Paris lebenden Türken bestimmt, für Khalil Bey, der offenbar solche Motive bevorzugte. In seinem Salon versammelte er freilich auch die politische Opposition gegen Napoleon III. Courbets Gemälde dürfte deshalb zusätzlich als soziale Anklage gegen dessen Regierung verstanden worden sein.

Welches Bauwerk von Karl Friedrich Schinkel hat Epoche gemacht?

„Historisches ist nicht, das Alte allein festzuhalten oder zu wiederholen“, schrieb Karl Friedrich Schinkel (1781–1841), „dadurch würde die Historie zugrunde gehen; historisch handeln ist das, welches das Neue herbeiführt …“ Historismus, der bei Schinkel die Kenntnis der römischen und griechischen Antike, der Gotik, der italienischen Renaissance, des „byzantinischen“ Rundbogenstils usw. voraussetzt, soll also Anstöße zu innovativem Bauen vermitteln. Der progressivste Bau Schinkels hat bis in die Moderne weitergewirkt: die Bauakademie in Berlin (1832–36; 1961/62 in der damaligen DDR abgerissen). Ihr Einfluss reicht bis zum „Bauhaus“ von Walter Gropius in den ersten beiden Jahrzehnten des 20. Jh. und zur *Berliner Nationalgalerie* von Mies van der Rohe (1962–68).

Auf welche Themen war Franz Krüger spezialisiert?

Pferdebilder und Bildnisse des preußischen Herrscherhauses waren die Spezialitäten des Biedermeier-Malers Franz Krüger (1797–1857), wie das bekannte Gemälde *Ausritt des Prinzen Wilhelm mit dem Künstler* von 1836 belegt (Berlin, Nationalgalerie).

Was verstand man im 19. Jh. unter „Boningtonismus“?

Der Engländer Richard Parkes Bonington (1802–28) hatte sich 1818 in Paris niedergelassen, wo ihn die romantische Malerei ganz in Beschlag nahm. Er entwickelte mit Schwerpunkt auf der Aquarellkunst einen malerischen Stil, der bald in ganz Europa Bewunderung fand, als „Boningtonismus“ in die Lehrbücher einging und noch die Impressionisten beeindrucken sollte.

Welcher deutsche Maler wandte sich als einer der Ersten dem Thema der Industrialisierung zu?

Mit dem um 1834 gemalten Gemälde *Walzwerk Neustadt-Eberswalde* (Berlin, Nationalgalerie) reagierte Karl Blechen (1798–1840) auf die industrielle Revolution. Blechen, der von der Romantik kam und sich zu einem stimmungsvollen Naturalismus weiterentwickelte, war einer der Ersten, die sich darstellerisch mit Industrielandschaften auseinander setzten.

Wann entstand die erste Daguerreotypie?

1837 entstand die erste Daguerreotypie, ein kunstvoll arrangiertes Stillleben mit Gipsabgüssen. Louis Daguerre (1787–1851) hatte ein fotografisches Verfahren entwickelt, bei dem ein auf einer Silberjodidplatte befindliches Bild durch Quecksilberdämpfe sichtbar gemacht und mit einer Kochsalzlösung fixiert wurde. Der Historienmaler Paul Delaroche (1797–1856) soll Daguerre eine solche Platte mit dem Ausruf „Vom heutigen Tag an ist die Malerei tot“ aus der Hand gerissen und überall herumgezeigt haben.

Welche Art „Historismus“ zeigt sich auf dem Montmartre in Paris?

Auf dem Montmartre in Paris baute Paul Abadie d. J. (1812–84) nach dem Vorbild byzantinischer und romanisch-aquitanischer Kuppelkirchen ab 1874 die Basilika *Sacré-Cœur* als nationales Friedens- und Sühnesymbol nach dem Deutsch-Französischen Krieg (1870/71) und der Niederschlagung der Pariser Kommune (1871).

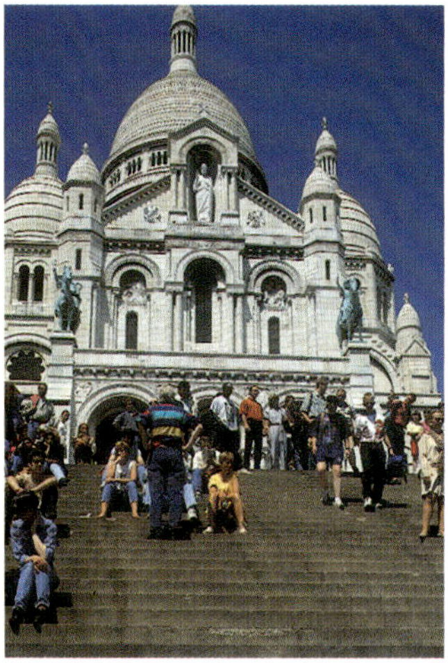

Paul Abadie d. J.: *Sacre Cœur* in Paris, ab 1874

Welcher Engländer des 19. Jh. zählt zu den bedeutendsten europäischen Landschaftsmalern?

John Constable (1776–1837) ist einer der bedeutendsten europäischen Landschaftsmaler, dessen Licht- und Farbauffassung in Frankreich Eugène Delacroix (1798–1863) und Thèodore Géricault (1791–1824) begeisterte und später die Meister von Barbizon und noch die Impressionisten beeinflusste. Berühmt wurden auch Constables 1820/21 entstandene kühne Wolkenstudien.

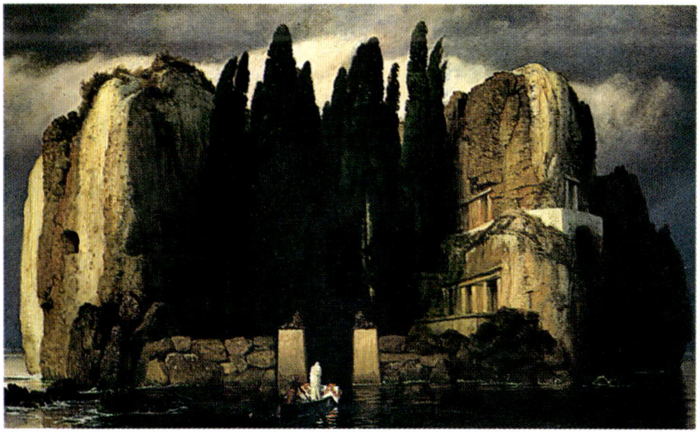

Arnold Böcklin: *Die Toteninsel*, 1886 (Leipzig, Museum der bildenden Künste)

Welches war der Anlass zur Entstehung der „Toteninsel" von Arnold Böcklin?

Im Frühling des Jahres 1880 besuchte eine junge Witwe, Marie Berna aus Frankfurt, die nachmalige Gräfin von Oriola, Arnold Böcklin (1827–1901), einen der wichtigsten der sog. Deutschrömer, in Florenz und bestellte bei ihm „ein Bild zum Träumen". Daraufhin konzipierte der Künstler die *Toteninsel*, die er schließlich in fünf Fassungen realisierte.

Welcher Schweizer Maler schuf eines der am häufigsten reproduzierten Motive des 19. Jh.?

Ab 1880 malte Arnold Böcklin (1827–1901) in fünf Versionen *Die Toteninsel* (vier Versionen sind in New York, Basel, Berlin und Leipzig erhalten). Nicht zuletzt in Deutschland ist die ins Visionäre gesteigerte, der Romantik, der Naturstimmung eines Caspar David Friedrich folgende Komposition zu einem auf unzähligen Postkarten und Kunstdrucken verbreiteten Motiv geworden. Doch das Gemälde bietet wesentlich mehr als „deutsche Innerlichkeit". Die Insel, zu der eine geheimnisvoll verhüllte Gestalt im Kahn einen Sarg überführt, lässt bei aller Phantastik an abgeschiedene etruskische Grabkammern denken. Der Tod begleitete Böcklin zeitlebens, von seinen 14 Kindern starben acht bald nach der Geburt. Dieses persönliche Moment hat der Künstler zu einer überzeitlichen und kulturpessimistischen Chiffre verwandelt, zu einem der großen Symbolbilder der Kunstgeschichte, dessen surreale Ausstrahlung einen Giorgio de Chirico, Max Ernst, Salvador Dalí und viele andere Künstler zu modernen Bearbeitungen anregen sollte.

Wie heißt das Hauptwerk von Johann Heinrich Füssli?

In vier Fassungen hat Johann Heinrich Füssli (1741–1825) sein bekanntestes und von Johann Wolfgang von Goethe enthusiastisch beurteiltes Gemälde des *Nachtmahr* variiert. Das Exemplar von 1790/91 in Frankfurt am Main (Freies Deutsches Hochstift, Frankfurter Goethe-Museum) ist die zweite Version. Die Gestalt der schlafend oder ohnmächtig daliegenden, üppigen jungen Frau, die nur auf den ersten Blick wie eine Erinnerung an klassizistische Gestalten anmutet, ist extrem gelängt und deformiert. So veranschaulicht das Bild die grauenvolle Bedrückung durch den auf der Brust der Frau hockenden Gnom, den Nachtmahr, die Inkarnation unterbewusster Schrecken. Im Vorhangspalt taucht im Hintergrund der blinde Gespensterkopf eines geisterhaft anmutenden Pferdes auf, der die in der späteren französischen Romantik so beliebte Dämonisierung dieses Tieres – hier als Sexualsymbol des Männlichen – vorwegnimmt.

Warum bewunderte Adolf Hitler Arnold Böcklin?

Am 9. Mai 1938 blickte Adolf Hitler von Florenz aus lange in Richtung Fiesole und seiner Oliven- und Zypressenhaine und meinte: „Endlich, endlich verstehe ich Böcklin …“ Wahrscheinlich war dem Diktator die *Toteninsel* in den Sinn gekommen, genauer: jene Fassung von 1883 aus seinem Privatbesitz, die sich heute in der Nationalgalerie Berlin befindet. Hitler glaubte, die „nordische Seele“ inmitten einer mediterranen Sehnsuchtslandschaft entdeckt zu haben.

Wen stellen die nackte und die bekleidete „Maya“ von Francisco de Goya dar?

1796 hielt sich Francisco de Goya (1746–1828) bei der Herzogin von Alba in Andalusien auf. Seine schöne Gönnerin und Geliebte war seit kurzem verwitwet und arrangierte recht freizügige Gesellschaften und Feste. Goya hat die attraktive Erscheinung der Frau mehrmals in Zeichnungen des sog. *Sanlúcar-Albums* festgehalten. Eine oberflächliche Ähnlichkeit mit der Herzogin weisen auch die nackte und die bekleidete „Maya“ in den Gemälden von 1797–1805 auf, die sofort einen Skandal provozierten (Madrid, Prado). Unzählige Spekulationen und Romanstoffe rankten sich auch später noch um dieses Thema.

Worin liegt die Hauptleistung von Karl Friedrich Schinkel als Bühnenbildner?

Neben Ölgemälden hat der klassizistische Architekt und preußische Oberbaudirektor Karl Friedrich Schinkel (1781–1841) eine Reihe hochromantisch wirkender Dekorationsentwürfe zu Wolfgang Amadeus Mozarts Oper „Die Zauberflöte“ geliefert, die für die neu ausgestattete Aufführung im Berliner Königlichen Opernhaus am 18. Januar 1816 bestimmt waren.

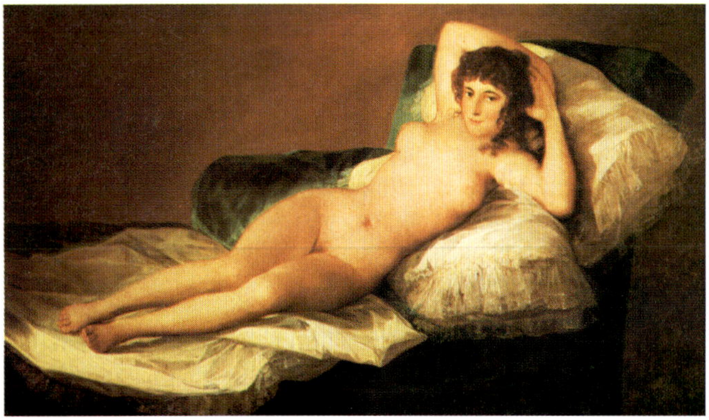

Francisco de Goya: *Die nackte Maya*, um 1805 (Madrid, Prado)

Welches ist das Hauptwerk von Antoine-Jean Gros?

25.000 Tote und Verwundete hatte die Schlacht bei Preußisch Eylau am 9. Februar 1807 gefordert, in der Napoleon I. einen mühevollen Sieg über die russische Armee errang. Der Imperator ließ anschließend einen Malwettbewerb ausschreiben, in dem neben der Erinnerung an die Schlacht auch das Hauptdetail „Napoleon mit tröstendem Blick“ vorgeschrieben war. Antoine-Jean Gros (1771–1835) zeigt in seinem Kolossalgemälde von 1808 (Paris, Louvre) den Kaiser am Tag nach dem Gemetzel über das Schlachtfeld reitend. Eine Gruppe verwundeter Feinde erregt seine Aufmerksamkeit. Ein litauischer Offizier will das Adleremblem am Stiefel des Kaisers küssen, da dieser offenbar Hilfe angeordnet hat. Im Unterschied zu den Sanitätern, die nur ihre Landsleute versorgen, nimmt Napoleon auch den Gegner in seine Obhut.

Wen stellt die „Hebe“ von Antonio Canova dar?

Gegen 1796 schuf Antonio Canova (1757–1822), einer der bedeutendsten Bildhauer des Klassizismus, die Statue einer mythologischen Gestalt, der Hebe, der Tochter des Zeus und der Hera (es existieren mehrere Fassungen, u. a. in Berlin und Forlì). Hebe kredenzte im Olymp den himmlischen Nektar. Canova zeigt sie nur mit einem dünnen Untergewand bekleidet, das den Reiz des jugendlichen Körpers eher steigert als verhüllt. Sie schwebt auf einer Wolke der Göttertafel zu, eine Kanne in der rechten, einen Pokal in der linken Hand. Die Begeisterung über diese Schöpfung kannte zunächst keine Grenzen, bis 1806 Bertel Thorvaldsen (1768/70–1844) mit seiner künstlerischen Antwort an die Öffentlichkeit trat.

Wer erbaute die „Brooklyn Bridge" in New York?

„Das größte Ingenieurwerk des Kontinents und des Zeitalters" zu schaffen, dieses Ziel steckte sich in den USA der deutsche Einwanderer Johann Augustus Roebling mit der *Brooklyn Bridge*. Sie spannt sich als vergitterte Hängekonstruktion über den East River in New York, die Widerlager und Aufhängevorrichtungen für die Spannseile sind als neugotische Triumphtore gestaltet. Der Bau der Brücke kostete dem Architekten das Leben und sein Sohn Washington Augustus, der die Arbeiten fortführte, endete, durch die Aushubarbeiten an

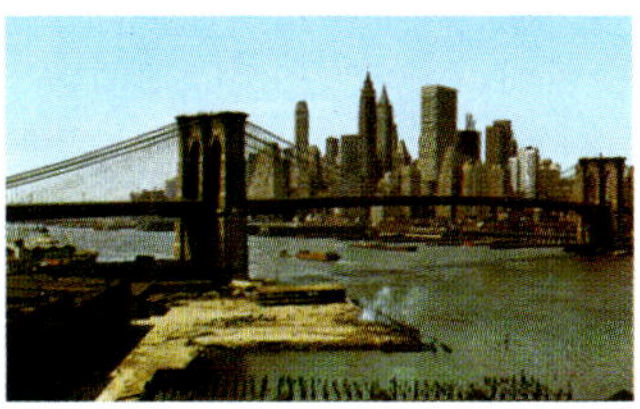

Johann August Roebling: *Brooklyn Bridge* in New York, 1883 voll.

der Druckluftkrankheit erkrankt, im Rollstuhl. Auf Initiative von Washingtons Frau Emily konnte die Brücke schließlich 1883 eröffnet werden.

Welches ist das Hauptwerk von James Ensor?

Der Belgier James Ensor (1860–1949) gilt als einer der Hauptrepräsentanten des europäischen Symbolismus. In seinen Bildern wimmelt es von skurrilen Masken, von Totentänzen, vorgeführt von Skeletten, und anderen morbiden und phantastischen Themen, die Ensor freilich in einer farblich exquisiten, impressionistisch-lockeren Malweise ausgeführt hat. 1888 entstand sein mehr als 4 m breites Hauptwerk *Der Einzug Christi in Brüssel im Jahre 1888* (Antwerpen, Koninklijk Museum voor Schone Kunsten). Wie ein Karnevalsprinz wird Christus vom „irrsinnig gewordenen" modernen Publikum empfangen.

Welche technische Erfindung begünstigte die Freilichtmalerei („plein air") des 19. Jh.?

Die Erfindung der Metalltube 1841 erleichterte es den Malern, eine größere Zahl von Ölfarben in die Natur mitzunehmen und die schon seit ca. 1800 übliche Freilichtmalerei noch intensiver zu praktizieren. Hilfreich war auch die „Boîte de campagne", ein Feldfarbkasten, der kleine Leinwände und Malutensilien aufnehmen, als Staffelei dienen und bequem auf dem Rücken getragen werden konnte.

Welche Reaktionen löste die „Prinzessinnengruppe" von Johann Gottfried Schadow unmittelbar nach ihrer Fertigstellung aus?

1793 hatten Luise und Friederike von Mecklenburg-Strelitz, 18- und 16-jährig, mit jugendlicher Schönheit ihre Umwelt bezaubernd, den Kronprinzen von Preußen und dessen jüngeren Bruder Louis geheiratet. Der Hofbildhauer Johann Gottfried Schadow (1764–1850) fertigte von ihnen bis 1797 eine Marmorgruppe, die das Motiv schwesterlicher Freundschaft in den Mittelpunkt stellt (Berlin, Nationalgalerie) – eine „sentimentalische" Haltung, die dem Sturm und Drang wie der Romantik zugehören könnte. Deshalb missfiel das Ensemble dem preußischen König. Nicht mehr der anmutige Stil des Praxiteles war als Vorbild gefragt, sondern der „hohe" Stil des Phidias, wie er durch Bertel Thorvaldsen (1768/70–1844) in moderne Sprache übersetzt schien.

Wann gelangte die Vorstellung von der „Avantgarde" in die Kunst?

Am Ende des 18. Jh. sammelte sich eine Gruppe exzentrischer Rebellen, die sich schon in Kleidung und Haartracht vom Durchschnittsbürger abgrenzten, um den französischen Revolutionsmaler Jacques-Louis David (1748–1825). Der Louvre solle niedergebrannt werden, denn Museen verdürben nur den Geschmack, so lautete eine ihrer Forderungen. Ungefähr zu selben Zeit wurde der Begriff „Avantgarde“, der bis dahin die militärische Vorhut bezeichnet hatte, zunächst auf sozialutopische Denker und dann auf den künstlerischen Fortschritt und seine Repräsentanten außerhalb der offiziellen Institutionen übertragen. Im 19. Jh. wurde die Avantgarde zur Opposition gegen den „verstaubten“ Lehrbetrieb der Akademien.

Worin bestehen die revolutionären Momente in der Kunst von William Blake?

William Blake (1757–1827), visionärer Dichter, Maler und Grafiker, ist eine der Schlüsselfiguren der künstlerischen Neuzeit. Noch konsequenter als sein Freund Johann Heinrich Füssli (1741–1825) durchbrach er die Traditionen abendländischer Kunst. Mit einer abstrahierenden, von den Gesetzen der Schwerkraft gelösten Liniensprache, einem aperspektivischen, rational nicht bestimmbaren Raum, „ungreifbaren“ Körpern und unsinnlicher Farbigkeit revolutionierte er die Malerei. Die aus seelischen Bereichen gespeiste „Privatmythologie“ Blakes, des genialischen Einzelnen, entsprach dem Ziel der Frühromantik, aus dem Zusammenspiel von Gegensätzen eine universale Weltdeutung zu gewinnen.

Welcher Goldschmied schuf die berühmtesten Ostereier des 19. Jh.?

Der russische Goldschmied Carl Fabergé (1846–1920) leitete ab 1870 die St. Petersburger Goldschmiedefirma, in der seit 1884 im Auftrag des Zaren auch die berühmten Ostereier hergestellt wurden. Ein Exemplar von 1891 (Moskau, Rüstkammer-Museum), für Zar Alexander III. bestimmt, birgt im Inneren sogar ein Modell des Kreuzers „Pamjat Azowa“.

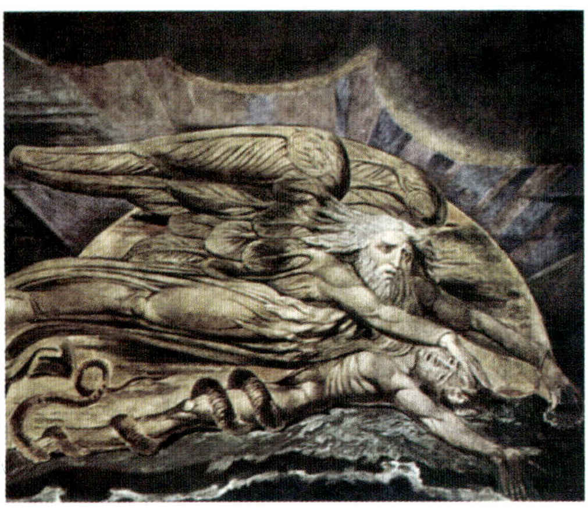

William Blake: *Die Erschaffung Adams*, 1795 (London, Tate Gallery)

Welcher deutsche Architekt des Klassizismus lieferte den grandiosesten Denkmalplan der europäischen Kunstgeschichte?

Das Genie des früh verstorbenen Friedrich Gilly (1772–1800) ist nur aus seinen erhaltenen Zeichnungen ablesbar. 1796 beteiligte er sich an der Ausschreibung für das Denkmal des zehn Jahre zuvor verstorbenen Preußenkönigs Friedrich der Große, das jedoch nie verwirklicht wurde. Über einem mächtigen Unterbau von schwerer, gedrückter Farbigkeit sollte ein dorischer Peripteros-Tempel aus hellerem Material und mit bronzenen Giebelreliefs aufragen. Gillys ins Monumentale ausgreifender Entwurf wurde als der grandioseste Denkmalsplan bezeichnet, den ein Künstler des Abendlandes je ersonnen habe.

Welches ist das bekannteste Gemälde von Joseph-Marie Vien?

1763 schuf Joseph-Marie Vien (1716–1809) das Gemälde *Die Verkäuferin von Liebesgöttern* (Fontainebleau, Musée National du Château de Fontainebleau). Es gehört zu der Bilderserie junger Griechinnen, die Vien 1763 mit Erfolg in Paris ausgestellt hatte – die Öffentlichkeit feierte es als das erste im „style à la grecque“ gemalte Bild der Kunstgeschichte –, und gelangte als Besitztum der Madame Dubarry nach *Schloss Louveciennes*. Das Thema und seine Umsetzung sind fast wörtlich einer über Stiche verbreiteten Wandmalerei im Stabiae (Kampanien) entnommen.

Welches ist das populärste Bauwerk von Karl Friedrich Schinkel?

Seit 1822 geplant, wurde es 1830 vollendet: das *Alte Museum* in Berlin von Karl Friedrich Schinkel (1781–1841), einer der schönsten Museumsbauten des 19. Jahrhunderts, der in einer Bombennacht 1945 ausbrannte und 1961–66 wiederhergestellt wurde. Das Gebäude ist wohl auch das populärste Werk von Schinkel geworden. Gegenüber dem *Stadtschloss* von Andreas Schlüter (1660–1714) gelegen, ist dem Bau der Lustgarten zugeordnet. Museum und Schloss bilden also ein für den Historismus durchaus typisches urbanistisches Ensemble. Die strenge Reihe von 18 schlanken ionischen Säulen entlang der Hauptfassade unterstreicht die Funktion der „Bildungsanstalt“ und verweist auf die Idealität der Antike. Das zum Portikus hin offene, lichtdurchflutete Treppenhaus und die dem römischen *Pantheon* nachgebildete Rotunde, die zusammen mit den Säulensälen den ergänzten antiken Statuen einen würdigen Raum gibt, all diese Elemente verleihen dem Gebäude seine kraftvolle tektonische Monumentalität und seine klassizistische Eleganz.

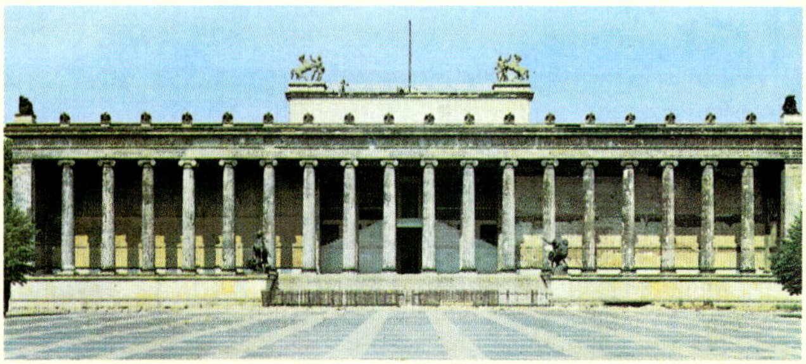

Karl Friedrich Schinkel: *Altes Museum* in Berlin, 1822–30

Auf welches Vorbild bezieht sich die „Walhalla“ bei Regensburg?

Mit seinem Denkmalprojekt für Friedrich den Großen hat Friedrich Gilly (1772–1800) die Architektur des deutschen Klassizismus nachhaltig beeinflusst. Das zeigt z. B. Leo von Klenzes (1784–1864) *Walhalla* bei Regensburg (1830–42), die vielleicht eindrucksvollste gebaute Denkmalsvision des hoch gelegenen griechischen Tempels auf monumentalen Substruktionen in unverkennbarer Nachfolge Gillys.

Wie heißen die wichtigsten Impressionisten und dem Impressionismus nahe stehenden Künstler?

Hauptrepräsentanten der impressionistischen Bewegung sind Claude Monet (1840–1926), Auguste Renoir (1841–1919), Camille Pissarro (1831–1903) und der Engländer Alfred Sisley (1839–99). Hinzu kommen zwei wichtige Malerinnen: Mary Cassatt (1845–1926) und Berthe Morisot (1841–95). Einige Künstler waren dem Impressionismus nur mehr oder weniger lose assoziiert, z. B. Édouard Manet (1832–83) und Edgar Degas (1834–1917), der sich vielfach mit den von der großen Japanausstellung 1884 ausgehenden Anregungen der ostasiatischen Holzschnittkunst auseinander setzte. Henri de Toulouse-Lautrec (1864–1901) malte seit 1883 auf dem Montmartre zwar mit impressionistischen Mitteln, aber im Endeffekt ganz anders als die Impressionisten. Illustrativer, grafischer, Degas näher stehend als der vibrierenden optischen Sinnlichkeit von Renoir, schilderte er in harter Objektivität die Bohème-Existenz in Nachtlokalen, Bordellen, vulgären Cafés, die Akteure bleich wie unter Gaslicht.

Welches Landschaftsbild ist eines der schönsten Gemälde von John Constable?

John Constable (1776–1837) ist der neben William Turner bedeutendste englische Landschaftsmaler des 19. Jh., der allerdings, ausgehend von der niederländischen Tradition des 17. Jh., weniger romantische denn naturalistische Ziele hatte. 1821 schuf er mit dem *Heuwagen* (London, National Gallery) eines seiner schönsten Bilder. Die fast impressionistische Farbbehandlung, das atmosphärische Spiel von Licht und Schatten, das auch andere Werke Constables zeigen, fand v. a. in der französischen Kunst große Resonanz.

Welchem Vorbild folgte Karl Friedrich Schinkel als Maler?

Karl Friedrich Schinkel (1781–1841) ist bekannt als einer der bedeutendsten klassizistischen Architekten Deutschlands und Europas. Zu Beginn seiner Karriere, als unter der napoleonischen Besatzung an große Bauunternehmungen nicht zu denken war, war er jedoch als Maler er tätig und orientierte sich an der Dresdener Romantik und Caspar David Friedrich (1774–1840).

Welche Aussage formuliert Vincent van Goghs „Sternennacht" möglicherweise?

Die Sternennacht von 1889 (New York, Museum of Modern Art) zählt zweifellos zu den Hauptwerken von Vincent van Gogh (1853–90). Wichtigster Bestandteil des Bildes ist der nächtliche Himmel, in dem die kleinen Lichter der menschlichen Behausungen eine überwältigende Steigerung von apokalyptisch wirkender Dimension erfahren. Die leuchtenden Kreise, die dort oben erscheinen, haben nichts mehr zu tun mit der Romantik sanfter Sternen- und Mondscheinnächte, sie vermitteln vielmehr in der Gewalttätigkeit der Pinselhiebe und im pastosen Verlauf der Farbmaterie den Eindruck explodierender Galaxien. Vermutlich wollte der Maler sein eigenes Schicksal buchstäblich in den Sternen lesen und durchschaubar machen.

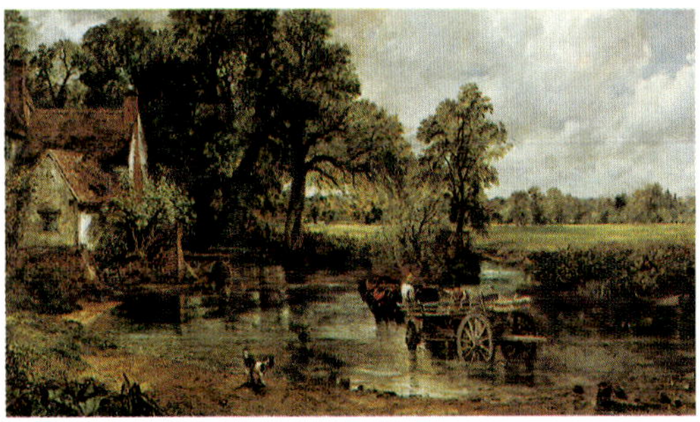

John Constable: *Der Heuwagen*, 1821 (London, National Gallery)

War der Jugendstilmaler Gustav Klimt ein Pornograf?

In dem 1907/08 entstandenen Gemälde *Der Kuss* von Gustav Klimt (1862–1918), einem der berühmtesten Bilder des Jugendstils (Wien, Österreichische Galerie im Belvedere), ist das Liebespaar zu einer arabeskenhaften Gesamtfiguration verschmolzen. Die Zuspitzung des Geschehens auf die beseligende Entrücktheit des Kusses, wie sie so deutlich nur selten zuvor gestaltet worden war, konnte von prüden Zeitgenossen durchaus als pornografisch empfunden werden. „Das Bild wirkt", so ein Kritiker, „je nach dem Standpunkt des Beschauers verrucht oder anbetungswürdig modern."

Wie hieß einer der grundlegenden Theoretiker der deutschen romantischen Landschaftsmalerei?

Der Arzt, Naturphilosoph und Maler Carl Gustav Carus (1789–1869) war in Dresden eng mit Caspar David Friedrich (1774–1840) befreundet. Mit zahlreichen Landschaftsbildern folgte er direkt dessen Vorbild. Außerdem verfasste er v. a. mit seinen „Neun Briefen über Landschaftsmalerei", die 1815–24 erschienen sind, eine der grundlegenden theoretischen Schriften zur Malerei der deutschen Romantik.

Welche Reaktion löste die „Nana“ von Édouard Manet bei Zeitgenossen aus?

Eine Frau im Unterkleid vervollständigt in der hochformatigen Komposition gerade vor einem kleinen Spiegel ihr Makeup mit Rouge und Puder und dreht dabei einem auf dem Sofa wartenden Herrn den Rücken zu, wogegen sie den Bildbetrachter mit einem leisen amüsierten Lächeln fixiert. Als Édouard Manet 1877 das Gemälde *Nana* fertig stellte (Hamburg, Kunsthalle), wurde es von der Salonausstellung des gleichen Jahres als skandalös und indezent ausgeschlossen. Manet präsentierte es daraufhin im Schaufenster eines Kramladens auf dem Boulevard des Capucines, wodurch sich mancher brave Bürger in seinem Ehrgefühl verletzt sah.

Wie heißt das Hauptwerk von Johann Friedrich Overbeck?

Das Gemälde *Italia und Germania* (München, Neue Pinakothek) des Nazareners Johann Friedrich Overbeck (1789–1869) mit zwei in inniger Freundschaft aneinander geschmiegten idealisierten Frauengestalten und dem emailhaft glatten, stark bunten Kolorit, ein Hauptwerk des Künstlers und ein Schlüsselbild der nazarenischen Malerei, wurde 1828 vollendet. Overbeck hatte die Komposition schon 1811 für seinen Freund Franz Pforr (1788–1812) begonnen, sie jedoch nach dessen Tod unvollendet liegen lassen. 16 Jahre später gab er dem Thema eine inhaltliche Wendung und einen neuen Namen: *Italia und Germania* – ein Hinweis auf das Kunstprogramm der Nazarener, die Verschmelzung italienischer und deutscher Malerei des Spätmittelalters und der Renaissance bis hin zu Raffael (1483–1520).

Welches ist das bekannteste Gemälde von Wilhelm Leibl?

In seinem bis ins Detail hinein zeichnerisch vorstrukturierten und dann mit feinem Pinsel kolorierten Gemälde *Drei Frauen in der Kirche* (1878–82; Hamburg, Kunsthalle) zeigt Wilhelm Leibl (1844–1900) drei Bauersfrauen verschiedenen Alters, andächtig auf einer Kirchenbank, trotz unterschiedlicher Ausrichtung durch dieses inhaltlich-psychologische Moment zu einer ernsten Gruppe geeint.

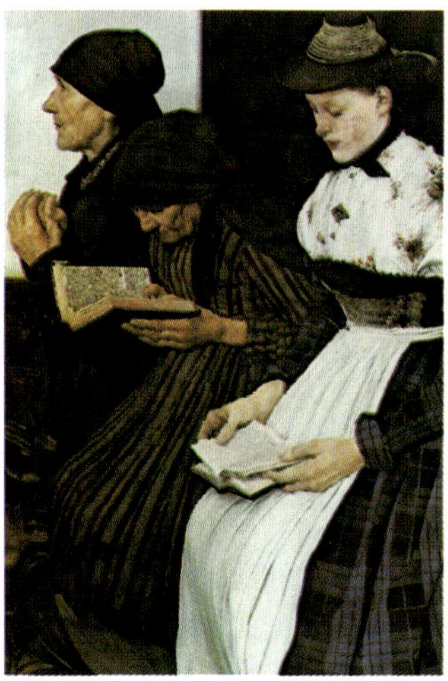

Wilhelm Leibl: *Drei Frauen in der Kirche*, 1878–82 (Hamburg, Kunsthalle)

Welche Resonanz fand das Gemälde „Die Verkäuferin von Liebesgöttern“ von Joseph-Marie Vien?

Joseph-Marie Vien (1716–1809) schuf 1763 das Bild *Die Verkäuferin von Liebesgöttern* (Fontainebleau, Musée National du Château de Fontainebleau), das 1795 Johann Wolfgang von Goethe zu dem Gedicht „Wer kauft Liebesgötter?“ anregte. Bereits zuvor, 1785, war eine Meißener Porzellangruppe mit dem gleichen Thema nach einem Entwurf von Christian Gottfried Jüchtzer entstanden.

Worin liegt die kompositionelle Besonderheit des Gemäldes „Das Floß der Medusa“ von Théodore Géricault?

Das Hauptwerk von Théodore Géricault (1791–1824), in den Jahren 1818/19 entstanden und im Louvre zu sehen, wurde durch eine reale Schiffskatastrophe angeregt. Mit der Aufgipfelung der Schiffbrüchigen zu dem tuchschwenkenden Schwarzen hin, der die fernen Retter auf das Floß aufmerksam machen will, gewinnt die Figurenanordnung solide Geschlossenheit. Bei der Körperbildung der Figuren orientierte sich Géricault nicht nur an der Natur, sondern auch an Zeugnissen der

Antike und am Werk des damals als „antiklassisch“, als genialischer Vorläufer des romantisch-einsamen Künstlergenies verstandenen Michelangelo (1475–1564). Die Komposition ist streng gebaut, Diagonalen lassen den Tiefenraum anschaulich werden, das Floß erscheint kleiner, als es in Wirklichkeit war, um das Ausgesetztsein der Schiffbrüchigen noch deutlicher zu machen, und die Helldunkel-Modellierung trägt wesentlich zur Monumentalisierung des Sujets bei. Dass Géricault einen Schwarzen als dramaturgischen Hauptakzent an die Spitze setzte, mag mit den seit der zweiten Hälfte des 18. Jh. aufkommenden Bestrebungen zur Abschaffung der Sklaverei zusammenhängen.

Wer schuf die „New Yorker Freiheitsstatue“?

Das 46 m hohe kupferne Standbild der „Freiheit“ auf einem 47 m hohen Granitsockel wurde als Geschenk des französischen Volkes an die USA 1886 auf Liberty Island vor dem New Yorker Hafen aufgestellt. Die Statue hält in der Rechten die Fackel des Fortschritts, in der Linken eine Gesetzestafel. Das antikisierende Standbild, das auch eine ingenieurtechnische Meisterleistung darstellt, wurde von Frédéric-Auguste Bartholdi (1834–1904) geschaffen.

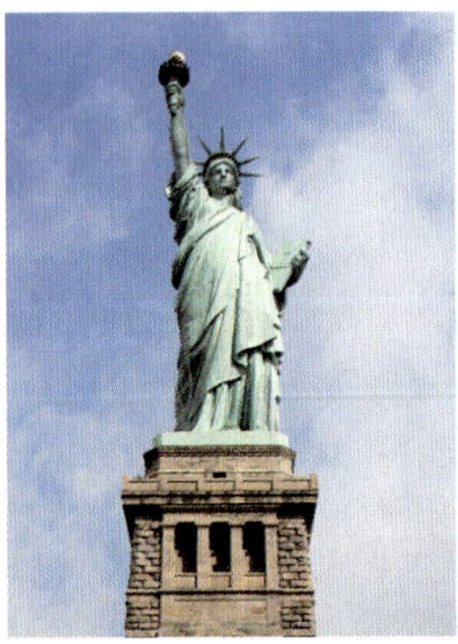

Frédéric-Auguste Bartholdi: *Freiheitsstatue* in New York, 1886 aufgestellt

Wie beurteilte Le Corbusier im 20. Jh. die „Pariser Opéra“?

Zu Beginn der Moderne verurteilte der Architekt Le Corbusier (1887–1965) die *Pariser Opéra* von Charles Garnier (1825–98) als geschmacklose Monstrosität einer stillos gewordenen Zeit. Heute wird in diesem neubarocken Ambiente meist nichts Grobes oder Vulgäres mehr gesehen, sondern die Extravaganz und künstlerische Eleganz von Raum, Form und Verzierung.

Wie heißt eines der berühmtesten Bilder des österreichischen Jugendstilmalers Gustav Klimt?

In dem Gemälde *Der Kuss* (1907/08; Wien, Österreichische Galerie im Belvedere) stilisiert Gustav Klimt (1862–1918) die Liebe zur pseudoreligiösen Kommunion. Der ornamental gemusterte Goldgrund senkt sich rechts in die Tiefe, schneidet das blumige Terrain ab und fungiert an dieser Stelle als bedrohlicher Abgrund, als Synonym für die psychischen Abgründe der von Vergänglichkeit überschatteten Erotik. In der delikaten Kleidung von Mann und Frau scheint Klimt edle Steine zum Puzzle zu fügen. Mit der mosaikhaften Kleinteiligkeit der Flächenornamentik kontrastiert an den wenigen Partien, an denen sie sichtbar wird, eine fast klassizistisch modellierte Körperlichkeit der Figuren. Übersensibel, vor erotischer Ausstrahlung geradezu vibrierend, halten sich die Leiber umschlungen.

Welches politische Ereignis hält ein bekanntes Bild von Adoph von Menzel fest?

Adolph von Menzel (1815–1905), einer der prominentesten Vertreter des deutschen Realismus im 19. Jh., malte 1848 das kleinformatige Bild *Die Aufbahrung der Märzgefallenen in Berlin* (unvollendet; Hamburg, Kunsthalle). Es zeigt den preußischen König, der widerwillig den im Barrikadenkampf während der Revolution von 1848 gefallenen Bürgern huldigt.

Mit welchem Bild reagierte Eugène Delacroix auf das Meisterwerk „Das Floß der Medusa“ von Théodore Géricault?

Mit seinem ersten Hauptwerk, der *Dantebarke* von 1822 (Paris, Louvre) wollte Eugène Delacroix (1798–1863) durch die mächtigen Figuren, den Ausdruck tiefer psychischer Qual und das großartige Kolorit die Öffentlichkeit verblüffen. Das Thema ist der „Göttlichen Komödie“ von Dante entnommen.

Welchen Inhalt hat die bekannteste Lithografie von Honoré Daumier?

Als Alois Senefelder (1771–1834) Ende des 18. Jh. die Technik der Lithografie erfand, gab er den Künstlern eine der wichtigsten grafischen Möglichkeiten der Moderne an die Hand. Eines der frühen lithografischen Meisterwerke schuf Honoré Daumier (1808–79) mit dem Blatt *Rue Transnonain, am 15. April 1834*. Mit der an den Leichnam Christi erinnernden zentralen Gestalt des toten Vaters bezieht sich der Realist auf ein Massaker an zwölf schlafenden Pariser Bürgern, darunter auch Kinder, die als angeblich Aufständische in ihrem Haus in der Rue Transnonain von der Gendarmerie niedergemetzelt wurden.

Für welche Steingutmanufaktur arbeitete John Flaxman?

Der englische Bildhauer John Flaxman (1755–1826) lieferte als langjähriger Mitarbeiter in der Steingutmanufaktur von Josiah Wedgwood (1730–95) Entwürfe in seinem typisch linearen Stil, die wesentlich zum Weltruhm des Geschirrs mit weißen Reliefszenen nach Art römisch-antiker Kameen auf meist blauem Grund beitrugen. Ein herausragendes Beispiel ist die 1778 vollendete blaugrundige, ca. 35 cm hohe Vase mit dem Flachrelief der *Apotheose des Homer* (London, Trustees of the British Museum). Der renommierte Antikensammler Sir William Hamilton bemerkte zu dem Stück: „Ich habe noch nie ein Bas-Relief gesehen, das halb so gut im wahrhaft schlichten, antiken Stile ausgeführt gewesen wäre wie dasjenige, das er mit der *Apotheose des Homer* nach einer meiner Vasen fertig brachte.“

Welches war ein bevorzugtes Motiv von Paul Cézanne?

Für Paul Cézanne (1839–1906) wurde auf der Suche nach einem nachimpressionistischen Neubeginn ein Berg seiner Heimat, der Montaigne Sainte-Victoire in der Provence, zu einem Schlüsselerlebnis. In rund 60 Gemälden, Zeichnungen und Aquarellen, die seit den 80er-Jahren entstanden, beschäftigte er sich mit ihm. Aus den letzten Lebensjahren des Künstlers nach der Jahrhundertwende existieren acht einschlägige Gemälde, darunter das besonders schöne, 1904–06 vollendete im Basler Kunstmuseum.

Woher bezog Eugène Delacroix den Stoff für sein „Sardanapal“-Bild?

Im *Tod des Sardanapal* von 1827/28 (Paris, Louvre) hat Eugène Delacroix (1798–1863) seinen romantischen Bestrebungen ihren wohl radikalsten Ausdruck gegeben, der das zeitgenössische Publi-

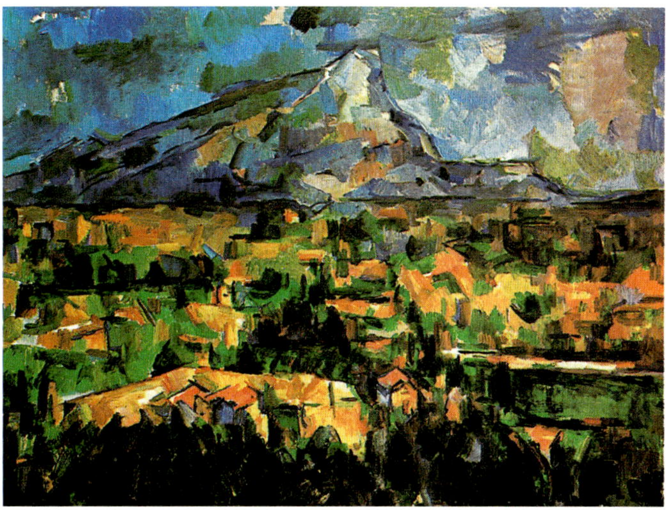

Paul Cézanne: *Montaigne Sainte-Victoire*, 1904–06 (Philadelphia, Museum of Art, G. W. Elkins Collection)

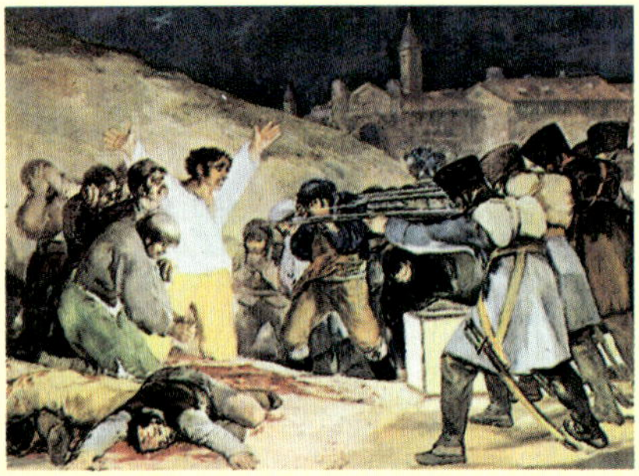

Francisco de Goya: *Die Erschießung der Aufständischen am 3. Mai 1808,* 1814 (Madrid, Prado)

Was stellt das berühmteste Gemälde von Francisco de Goya dar?

Die Erschießung der Aufständischen am 3. Mai 1808 (1814; Madrid, Prado) von Francisco de Goya (1746–1828) stellt die Exekution spanischer Patrioten dar, die die französischen Besatzungstruppen in Madrid angegriffen hatten, wobei es zu fürchterlichen Gräueln kam (auch dieses Ereignis hat Goya in einem Bild festgehalten). Im Anschluss an dieses Gemetzel übte die napoleonische Armee Vergeltung. Auf dem monumentalen Gemälde ist rechts das Erschießungskommando in Form gesichtsloser, anonymer Rückenfiguren wiedergegeben. In völlig paralleler Haltung, wie zu einer blindwütigen Vernichtungsmaschinerie, zu einer uniformen Masse zusammengeschweißt, haben die Soldaten die Gewehrläufe angelegt und zielen auf die dicht vor ihnen stehenden Opfer, die die tödlichen Kugeln erwarten. Aus dem Bildmittelgrund werden weitere Verurteilte zum Richtplatz getrieben. Der diagonal abfallende, nackte Erdhügel und die Häuser von Madrid mit dem Stadttor heben sich gegen einen bedrücken schwarzen Nachthimmel ab. Die einzige sichtbare Lichtquelle im Bild, die große Laterne zu Füßen der französischen Soldateska, reißt scheinwerferartig die Gestalt eines Bauern im weißen Hemd aus dem Dunkel heraus. Zusammen mit der christusgleichen Gebärde der erhobenen Arme, mit welcher der Bauer seine Brust den Kugeln preisgibt, erhebt ihn diese Lichtregie zum Bedeutungsmittelpunkt der Komposition. Die anderen Delinquenten – darunter auch ein Mönch, der zitternd die Sterbegebete spricht – zeigen die verschiedensten Stadien der Verzweiflung. Vorne links liegen bereits Erschossene in ihrem Blut. Der ausgesprochen moderne Existenzialismus des Bildes sollte Édouard Manet (1832–83) zu einer vergleichbaren Komposition mit der Erschießung Kaiser Maximilians von Mexiko anregen.

kum und die damalige Kunstkritik zutiefst abstieß. Delacroix hat das Thema dem „Sardanapalus“ des englischen Literaten Lord Byron (1788–1824) entnommen, der 1821 in London und wenig später in französischer Übersetzung erschienen war. Das Gemälde repräsentiert eine auf maßlose Effekte gerichtete Malerei und kündigt die besonders in Frankreich verbreitete Mode des Exotismus an, des Interesses an aufregend-fremdländischen Motiven.

Welcher deutsche Maler schuf eines der bekanntesten Industriebilder des 19. Jh.?

1872–75 malte der Berliner Realist Adolph von Menzel (1815–1905) das *Eisenwalzwerk* (Berlin, Nationalgalerie). Er hatte das Schienenwalzwerk Königshütte in seiner schlesischen Heimat besucht, um dort wochenlang zu skizzieren. Das großformatige Gemälde zeigt die Faszination dieser „Zyklopenwelt“, wie der Künstler sagte, ohne aber im Geringsten zu mythisieren oder die Arbeitsbedingungen zu verharmlosen.

Wer war Camille Claudel?

Oft in der Manier von Auguste Rodin (1840–1917) und dabei doch von eigener, mehr „impressionistischer“ Weichheit getragen, arbeitete Camille Claudel (1864–1943), die Schülerin und große Liebe des wesentlich älteren Bildhauers, die 1913 in eine Pflegeanstalt eingewiesen wurde. Sie, die nie einen öffentlichen Auftrag erhielt, hat mit ihrem kongenialen, überwiegend aus Kleinplastiken und Modellen bestehenden Œuvre wesentlich stärker auf Rodin zurückgewirkt als lange vermutet.

Welche Hauptbeispiele des Jugendstils finden sich in den Straßen von Paris?

Für die 1900 in Paris eröffnete Untergrundbahn „Métro“ gestaltete der französische Architekt und Designer Hector Guimard (1867–1942), eine der herausragenden Erscheinungen des Art Nouveau (Jugendstil), eine Serie von Eingängen. Aus grün gestrichenem Gusseisen schuf er vegetabil wirkende Geländer und symmetrisch flankierende Stängel, aus denen elektrische Lampen „aufblühen“.

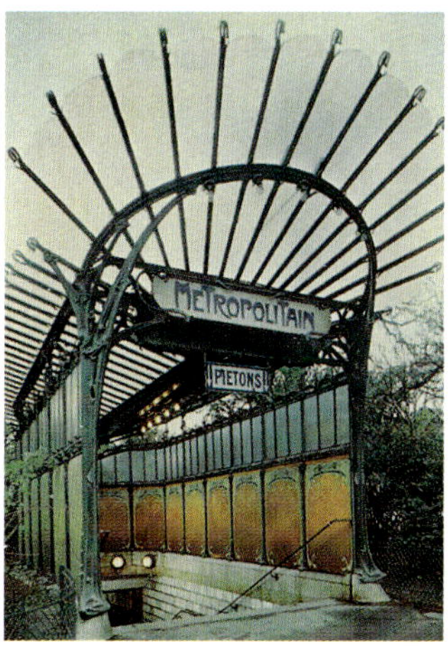

Hector Guimard: *Metroeingang* in Paris, vor 1900

Für wen war der „Tetschener Altar“ von Caspar David Friedrich bestimmt?

Der 1808 vollendete *Tetschener Altar* (Dresden, Gemäldegalerie Neue Meister) ist das erste Ölgemälde, mit dem Caspar David Friedrich (1774–1840) an die Öffentlichkeit trat. Das Gemälde war ursprünglich nicht als Altarwerk für die Schlosskapelle im böhmischen Tetschen bestimmt, vielmehr wollte Friedrich es dem Schwedenkönig Gustav IV. Adolf (1778–1837) widmen, damals Landesherr von Greifswald, der Geburtsstadt des Künstlers, und einer der führenden Agitatoren im antinapoleonischen Freiheitskampf, den Friedrich unterstützte.

Welche Bilder waren die Initialwerke des Klassizismus?

Um 1760, also ein Jahr vor dem *Parnass-Fresko der Villa Albani* in Rom von Anton Raphael Mengs (1728–79) und vielleicht noch vor dem nicht erhaltenen Gemälde *Tod der Virginia* von Nathaniel Dance (1735–1811), vollendete der schottische Maler Gavin Hamilton (1723–98) in Rom sein Hauptwerk mit einer Szene aus dem Trojanischen Krieg, das somit am Anfang des klassizistischen Stils in der Malerei steht. Zwar ist auch dieses Bild verschollen, aber es ist genau festgehalten in einem 1764 publizierten Kupferstich von Domenico Cunego.

Aus welchen Mitgliedern setzte sich der Münchner Leibl-Kreis zusammen?

In München bildete sich um den Realisten Wilhelm Leibl (1844–1900) ein Kreis Gleichgesinnter, zu dem auch Wilhelm Trübner (1851–1917) gehörte, noch vor Max Liebermann (1847–1935) frühester Vertreter des Impressionismus in Deutschland. Der Österreicher Carl Schuch (1846–1903), der ganz in die süddeutsche Kunstentwicklung gehört, blieb in seinen Stillleben von schimmernd-satter Farbigkeit im Bereich des Leibl-Realismus. Nirgendwo sonst außerhalb der Schule von Barbizon wurde die schlichte Landschaftsdarstellung so liebevoll und so lange gepflegt wie in diesem Münchner Kreis. Fritz von Uhde (1848–1911) dagegen suchte mit realistischen Mitteln dem religiösen Figurenbild in München wieder neues Leben einzuflößen.

Worin besteht die „Exotik“ in dem Gemälde „Der Tod des Sardanapal“ von Eugène Delacroix?

Ein orientalischer König, der sich, von Rebellen bedrängt, umbringen will und vorher seine zahlreichen Frauen und edlen Pferde abschlachten und sein ganzes Hab und Gut verbrennen lässt – dieses Ereignis wird zum künstlerischen Anlass für die Wiedergabe dramatischer Haltungen in rhythmischer Folge und exotischer Kostbarkeiten in strahlend bunten, ja lauten Farben. Eugène Delacroix (1798–1863) bietet in dem Bild *Der Tod des Sardanapal* (1827/28) eine Ästhetik des Schreckens, die den Schrecken vergessen lässt zugunsten einer wahren Farben- und Formensymphonie. Hinzu kommt die genüssliche Darbietung erotischer Leiber, die sich in wilder und lasziver Melodik heben und senken.

Welche Illustrationen zählen zu den provokantesten Arbeiten von Aubrey Vincent Beardsley?

Der englische Jugendstilkünstler Aubrey Vincent Beardsley (1872–98) illustrierte die englische Ausgabe des Theaterstücks „Salome" von Oscar Wilde, die im Februar 1894 in London erschien. Bei

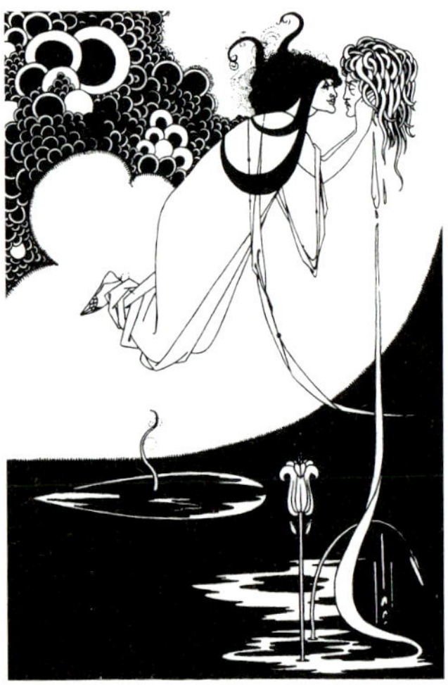

Aubrey Beardsley: Illustration zu Oscar Wildes *Salomé*, 1894

fünf dieser Federzeichnungen weigerte sich der Verleger, sie ohne nachträgliche Änderungen zu veröffentlichen.

Welche klassizistische Christusfigur wurde zu einer der berühmtesten und am häufigsten kopierten des 19. Jh.?

Die unter dem Titel *Segnender Christus* (Kopenhagen, Thorvaldsen-Museum) bekannt gewordene Marmorstatue von Bertel Thorvaldsen (1768/70–1844) entstand in dessen römischem Atelier, und zwar für die *Frauenkirche in Kopenhagen*, mit deren Ausstattung der klassizistische Bildhauer 1819/20 begann.

Welches waren die bevorzugten Treffpunkte der Pariser Impressionisten?

Eine wichtige Rolle im Pariser Kulturleben des 19. Jh. spielten für bildende Künstler, Kritiker und Literaten Cafés, in denen meist mehr debattiert als konsumiert wurde. Das Café Fleurus war von Camille Corot (1796–1875) sogar mit Fresken dekoriert worden. Édouard Manet (1832–83) war bis 1866 Gast im Café Bade, dann entdeckte er das Café Guerbois auf dem Boulevard de Batignolles, das bald zum Lieblingstreffpunkt der Impressionisten und ihrer Freunde wurde. Der sich gern als Dandy gebende Manet konnte hier die Motive des „vie moderne" beobachten.

Welche Kritik wurde anlässlich der „Voltaire-Statue" von Jean-Antoine Houdon laut?

Das Werk von 1778/79 weckte nicht nur Begeisterung, es gab auch Gegenstimmen, die jeden klassizierenden Idealismus vermissten. Das „Journal de Paris" von 1781 spottete: „Sophokles in Perücke oder Vergil in moderner Gewandung würden kaum weniger grotesk gekleidet erscheinen als … Voltaire …". Man stritt darüber, ob der Dargestellte eine Toga oder einen Morgenrock trage, ob man einen Louis-Seize-Stuhl als Thron interpretieren dürfe und ob die Physiognomie nicht eher dem Verismus einer Totenmaske als dem erhabenen Antlitz eines Philosophen gleiche.

Welches ist das Hauptwerk des französischen Neubarock?

V. a. in den opulenten Opernhäusern des späten 19. Jh., der „Belle Époque" bzw. der „Gründerzeit", wie diese Periode in Frankreich und Deutschland genannt wurde, zeigten sich Glanz und Reichtum des Adels sowie des neuen Finanz- und Industriekapitals. Das aufwändigste Beispiel in ganz Europa war die pompöse, von Charles Garnier (1825–98) in den Jahren 1862–75 in neubarockem Stilkleid realisierte Oper in Paris. Im Treppenhaus, dem Höhepunkt der gesamten Anlage

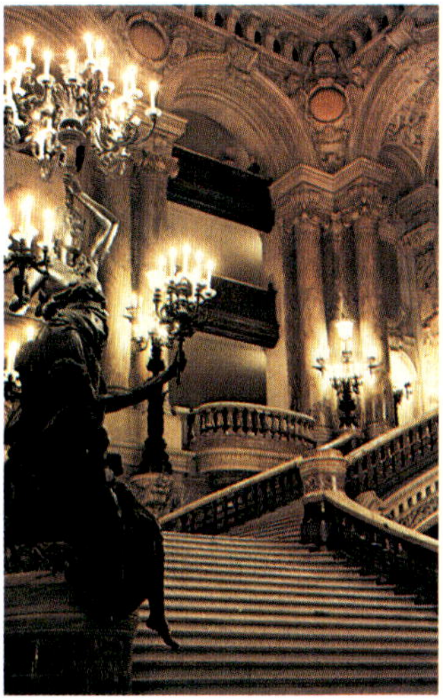

Charles Garnier: Treppenhaus der *Grand Opéra* in Paris, 1862–75

verwirklichte der Architekt seine Tendenz zum Gesamtkunstwerk, indem er den Zuschauer gleichsam zum Schauspieler erhob, der beim Flanieren durch luxuriöse Raumfluchten und umrahmt von wucherndem Dekor gesellschaftliche Riten inszenierte. Garnier musste ganz Frankreich absuchen, um Marmorblöcke zu finden, die für die Säulen in der Treppenhalle und im Foyer groß genug waren. Von den bemalten Feldern des Foyer-Gewölbes hängen riesige Leuchter herab und bilden überwältigende Lichterketten.

Welchen Vorbildern folgt der „Königsbau der Münchner Residenz" von Leo von Klenze?

Neben typisch klassizistischen, d. h. an der Antike orientierten Bauwerken schuf Leo von Klenze (1784–1864), seit 1819 Hofbauintendant König Ludwigs I. von Bayern (1786–1868), auch historistische Gebäude im Stil der Neurenaissance. Der Königsbau der *Münchner Residenz* z. B. (1826–35) übernimmt Formen des *Palazzo Pitti* und des *Palazzo Rucellai* in Florenz.

Welches klassizistische Gemälde richtete sich gegen den Terror von Robespierre?

1794/95 malte Jean-Baptiste Regnault (1754–1829), der Konkurrent von Jacques-Louis David (1748–1825), das bekannte Bild *Freiheit oder Tod* (Hamburg, Kunsthalle). Es zeigt zwischen der weiblichen Personifikation der Republik und der Allegorie des Todes den geflügelten Genius der Freiheit. Die Bildaussage klagt das Terrorregime der Jakobiner unter Robespierre an.

Welche Rolle spielte William Morris für die Entwicklung des Kunstgewerbes?

Der spätere Sozialutopist William Morris (1834–96) wandte sich nach einem Architekturstudium der Malerei im präraffaelitischen Stil zu. Für seine 1861 in London gegründete Kunstgewerbe-Firma gewann er die Präraffaeliten Edward Burne-Jones (1833–98) und Dante Gabriel Rossetti (1828–82) als Mitarbeiter. Einige ihrer Dekorationsentwürfe für Möbel, Keramiken, Glasfenster, Teppiche, Tapeten, Stoffe usw. sind im Morris-Saal des Londoner Victoria and Albert Museum zu sehen.

Wo befindet sich das „Programmbild" der klassizistischen Malerei?

Anfang 1761 vollendete der Deutsche Anton Raphael Mengs (1728–79) die *Fresken im Piano Nobile der Villa Albani* in Rom. Die als *Der Parnass* bekannt gewordene Hauptkomposition sollte zum Programmbild der klassizistischen Malerei werden. Das im Zentrum des flachen Deckengewölbes befindliche Fresko verzichtet auf jeden perspektivischen Illusionismus. Die jugendlich idealisierte Gestalt Apollos, im klassischen Kontrapost und mit antiken Attributen, erhebt sich vor dunkelgrünen Lorbeerbäumen und isoliert zwischen den dicht gedrängten Musenchören. Mengs ließ sich von Raffaels berühmtem *Parnass-Fresko in der Stanza della Segnatura* des Vatikan anregen, wobei er allerdings viele Einzelheiten, etwa das Musikinstrument in der Hand des Gottes, im Sinne archäologischer Wissenschaftlichkeit „korrigierte". Weiterhin finden sich etliche Vorbilder im Bereich der antiken Kunst. Insgesamt resultierte daraus eine Darstellung, die das Klassik-Ideal der „edlen Einfalt und stillen Größe" von Johann Joachim Winckelmann (1717–68) gültig umzusetzen schien.

Wie äußert sich der Historismus in der Malerei von Hans Makart?

Der Österreicher Hans Makart (1840–84) war einer der bekanntesten Historienmaler des 19. Jh. Ein triumphales Ereignis aus der Zeit der Renaissance schildert z. B. sein berühmtes Bild von 1878 *Der Einzug Karls V. in Antwerpen* (Hamburg, Kunsthalle). Makart bedient sich dabei gestalterischer Elemente der Renaissance und des Barock – in der Art von Tizian (um 1488–1576) und Rubens (1577–1640) – und kombiniert sie zu einem gemalten historistischen „Kostümfest".

Welches Bild machte Théodore Géricault berühmt?

1812 nahm Théodore Géricault (1791–1824) erstmals an der Ausstellung des Pariser Salons teil und präsentierte dort den *Gardejägeroffizier* (Paris, Louvre), der ihn schlagartig berühmt machte. Entstehungsanlass des Bildes war ein im Treiben des Volksfestes von St.-Cloud sich plötzlich aufbäumendes Pferd, das den Maler so faszinierte, dass er noch am selben Abend Skizzen zu diesem Motiv anfertigte.

Welche symbolische Qualität erkennt Claude Nicolas Ledoux dem „Quadratischen" zu?

„Quadratisch" nannten die Griechen einen Mann, der sich niemals von seinem Tugendpfad und seinen Pflichten abbringen ließ, berichtet Claude Nicolas Ledoux (1736–1806), der sog. Revolutionsarchitekt und Fanatiker eines geometrischen Klassizismus, in seinem Architekturtraktat. Er wollte damit verdeutlichen, weshalb ein Würfel die angemessene Postamentform für die Skulpturen von Göttern und Helden sei.

Welches religiöse Thema gestaltete Philipp Otto Runge?

Als sich im Frühsommer 1805 die Aussicht zu einem Altarbildauftrag in Greifswald eröffnete, wählte Philipp Otto Runge (1777–1810) die *Ruhe auf der Flucht nach Ägypten* (Hamburg, Kunsthalle) und deutete dieses Motiv völlig neu im Sinne einer Privatmythologie als Morgen der Menschheit.

Welches Gesamtkunstwerk wollte Philipp Otto Runge schaffen?

Das Gemälde *Der Morgen* (Hamburg, Kunsthalle) von Philipp Otto Runge sollte urspr. Bestandteil eines Tageszeitenzyklus werden. Die vier geplanten Bilder umfassten zugleich die Thematik der Jahreszeiten, der Lebensalter und der menschlichen Temperamente und waren als Dekoration eines in pflanzlichen Formen gestalteten Zentralbaus gedacht, an dessen paradiesischer Symbolik auch Musik und Dichtung beteiligt waren. So sollte ein harmonisches Gesamtkunstwerk entstehen.

Was versteht man unter dem „Kostümstreit"?

Nach dem Tod von Friedrich dem Großen (1712–86) war

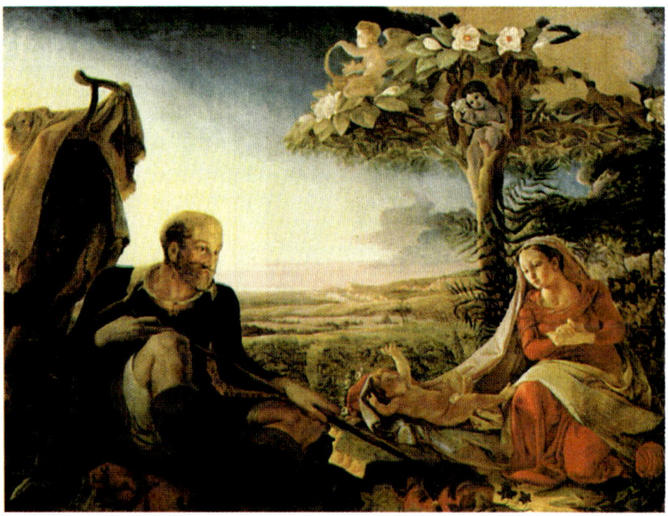

Philipp Otto Runge: *Ruhe auf der Flucht*, 1805/05 (Hamburg, Kunsthalle)

für den Preußenkönig als Denkmal ein antikisierendes Reiterbild geplant. Nur antike Gewandung sei edel, moderne Kleidung wirke hässlich, hieß es. Gegenstimmen meinten, das sei eine Ungereimtheit. Der Klassizist Asmus Jacob Carstens (1754–98) machte das Kostüm von der Funktion des Denkmals abhängig: „Zur Befriedigung der Nation … stimme ich für das moderne Kostüm mit allen Individualitäten, die diesem Monarchen eigen waren. Aber in Absicht der Kunst kann ich ohnmöglich dafür stimmen …“. 1851, als das nach einem Entwurf von Christian Daniel Rauch (1777–1857) geschaffene Monument in Berlin enthüllt wurde, hatte der König seinen preußischen Soldatenrock und seinen Dreispitz.

Welches erschütternde Zeitereignis malte Eugène Delacroix mit dem „Massaker von Chios“?

Der griechische Freiheitskampf gegen die Türken bewegte die Gemüter in ganz Europa. Auch die große Leitgestalt der Romantik, Lord Byron (1788–1824), hatte sich dem Kampf angeschlossen. Delacroix wählte aus dem mehrjährigen Ereignis das Jahr 1822 aus, das *Massaker von Chios*, bei dem 20.000 Einwohner der griechischen Insel ermordet wurden. Gegner des Künstlers sprachen von einem „Massaker der Malerei“.

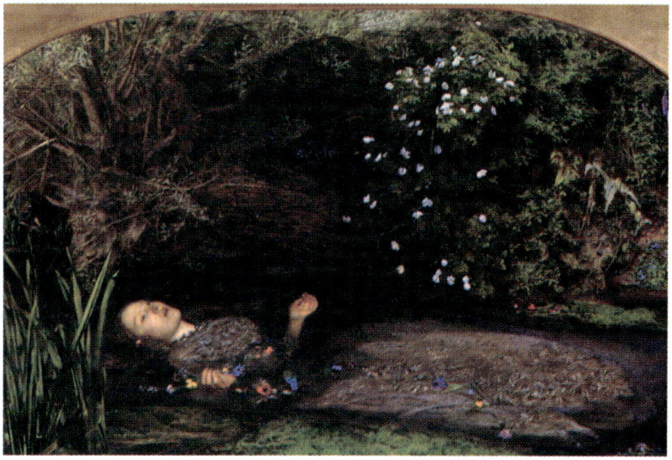

John Everett Millais: *Ophelia*, 1852 (London, National Gallery)

Welches präraffaelitische Bild wurde zu einem der berühmtesten Gemälde des 19. Jh. in England?

Das Bildthema der *Ophelia*, das der Präraffaelit John Everett Millais (1829–96) im Jahre 1852 gestaltete (London, Tate Gallery), ist dem „Hamlet“ von Shakespeare entnommen. Als Modell für die ertrinkende Titelheldin diente dem Künstler Elizabeth Siddal, die spätere Frau von Dante Gabriel Rossetti (1828–82), die in einer Badewanne für diese Szene posieren musste. Hochgewachsen, schlank, mit kupferrotem Haar, verkörperte sie den weiblichen Schönheitstyp der Präraffaeliten.

Für wen malte Dante Gabriel Rossetti das große Aquarell „Paolo und Francesca“?

Dante Gabriel Rossetti (1828–82), einer der bedeutendsten englischen Präraffaeliten, malte das Bild *Paolo und Francesca* (London, Tate Gallery) 1855 für den prominentesten Fürsprecher dieser Künstlervereinigung, den Kunstkritiker, Künstler und Sozialphilosophen John Ruskin (1819–1900).

Wie viele Säulen hätte die „Métropole“ von Étienne-Louis Boullée erfordert?

Noch kompromissloser als Claude-Nicolas Ledoux (1736–1806) konzentrierte sich Étienne-Louis Boullée (1728–99) auf Kuben, Zylinder, Kugeln und Pyramiden als Sinnbilder der Vollkommenheit seiner Architektur. Boullée hat wenig gebaut, dafür vieles projektiert, das alle gewohnten Dimensionen übertroffen hätte, darunter auch eine Kirche, die sog. *Métropole*. Im Prinzip wäre mit ihr *Ste.-Geneviève* von Jacques-Ger-

Welche politische Rolle spielte Jacques-Louis David?

Jacques-Louis David (1748–1825), Anhänger von Voltaire (1694–1778) und Freimaurer, engagierte sich für die Französische Revolution. 1792 war er Abgeordneter im Nationalkonvent, ein Jahr später wählte man ihn zum Präsidenten des radikalen Jakobiner-Klubs und 1794 wurde er Vorsitzender des Konvents. Er stimmte für die Hinrichtung des Königspaars, ließ die Kunstakademie als Instrument des Feudalismus schließen, organisierte für die Revolution große Volksfeste und gab ihr mit den Bildern ermorderter Revolutionäre ihre Propaganda-Ikonen. 1794 war jedoch David selber als Anhänger von Robespierre (1758–94) zeitweilig im Palais du Luxembourg inhaftiert. Dort malte er sein einziges Landschaftsbild, in dem eine versteckte Anspielung auf seine lebensbedrohliche Situation enthalten ist. 1795 lernte David Napoleon kennen und avancierte zum Hofmaler der neuen Monarchie, ein Posten, den er seit 1805 offiziell bekleidete. Nach dem endgültigen Sturz von Napoleon ging David 1816 ins Exil nach Brüssel und wurde Günstling des holländischen Königs Wilhelm I. Seine heroisierende Malerei, zweifellos ein Höhepunkt des Klassizismus, blieb noch bis zur Mitte des 19. Jh. vielfach stilbildend in Frankreich und in Teilen Europas.

main Soufflot (1713–80) zu hybrider Großartigkeit ausgeformt worden, mit den riesig in Form eines griechischen Kreuzes ausstrahlenden Raumblöcken, die nun alle an der Stirnseite eine Tempelfront erhalten, und dem wie ins Überirdische ausgreifenden Kuppelzylinder im Schnittpunkt der Arme. Im Inneren dieses Baus wären allein 3000 Säulen notwendig gewesen!

Wer malte das bekannteste Biedermeier-Bild?

Der arme Poet (Version von 1839 in Berlin, Nationalgalerie) ist das bekannteste Bild des Münchner Biedermeier-Malers Carl Spitzweg (1808–85). Der skurrile Vertreter der Dichterzunft haust in äußerster Armut in einer Dachkammer. Im Kachelofen hat er einige seiner Schriften verheizt, da sonst kein Brennmaterial zur Hand war. Doch jetzt ist das Feuer aus. Im Nachtrock und mit Zipfelmütze liegt der Biedermeier-Intellektuelle frierend im Bett, ein aufgespannter Regenschirm über ihm soll die durch die Balkendecke tropfende Feuchtigkeit abhalten. Doch unverdrossen, die Schreibfeder wie einen Dolch zwischen den Zähnen, konzipiert er weiter und skandiert gerade einen Hexameter, dessen Versmaß über dem Bett an die Wand geschrieben ist.

Wo hatte die Wasserfarben-Malerei im 19. Jh. ihre wichtigste Domäne?

Schon um die Mitte des 18. Jh. hatte sich in England eine Vorliebe zur stimmungsvollen Landschaft durchgesetzt. Nicht zuletzt das Aquarell bot mit seinen subtilen Tonabstufungen und mit der Leuchtkraft der transparenten Farben auf dem Papier die idealen Möglichkeiten dazu. 1805 stellte die neu gegründete „English Watercolour Society“ erstmals in London aus.

Wie sah ein zeitgenössischer Schriftsteller ein symbolistisches Bild von Gustave Moreau?

Ein Gemälde des Symbolisten Gustave Moreau (1826–98), auf dem eine Salome zu sehen war, beschreibt Joris Karl Huysmans in seinem Roman „A rebours“ („Gegen den Strich“) folgendermaßen: „Auf ihrer jungen Haut blitzen die Diamanten. Ihre Armbänder, ihre Gürtel, ihre Ringe werfen strahlende Funken über ihr prunkvolles, mit Perlen besätes, gold- und silberbesticktes Gewand. Es ist ein zarter Panzer aus feiner Goldarbeit, an den Maschen mit Edelsteinen verziert, deren Feuer sich schlangenartig kreuzt über der matten teerosenfarbigen Haut: glänzende Insekten, gleichsam mit strahlenden Flügeldecken, die einen rot marmoriert, die anderen hochgelb punktiert, diese stahlblau gefleckt, jene pfauengrün getigert." Eine Beschreibung, welche die fast pointillistische Farbstruktur der Bildern von Moreau adäquat in Wortmosaike übersetzt.

Wie heißt das Hauptwerk von Ford Madox Brown?

Die Präraffaeliten beschäftigten sich keineswegs nur mit Themen der geschichtlichen Vergangenheit. Das Hauptwerk von Ford Madox Brown (1821–93) mit dem Titel *Arbeit* (1852–65; Manchester, City Art Gallery) ist z. B. eine verschlüsselte Schilderung der Rolle von Arbeit und Sozialismus in der viktorianischen Gesellschaft. Um die Gestalt des Schwerarbeiters drängen sich die detailrealistisch gemalten Repräsentanten aller möglichen Schichten.

Welches war das vorherrschende Motiv in den letzten Schaffensjahren von Claude Monet?

In den letzten 25 Jahren seines Schaffens wurden Seerosen zum alles beherrschenden Thema in den Bildern des Impressionisten Claude Monet (1840–1926). Im Garten seines Hauses in Giverny hatte der Künstler einen Seerosenteich angelegt, der bald immer größere Ausmaße annahm und ihm die entsprechenden Motive lieferte. Auf riesige Leinwände malte Monet raumfüllende, mehrteilige Seerosen-Dekorationen, die sich zum Teil in den eigens dafür gebauten Räumen der Orangerie in Paris befinden. Er entfernte sich mit diesen Bildern zusehends vom Impressionismus und bewegte sich auf die Abstraktion zu.

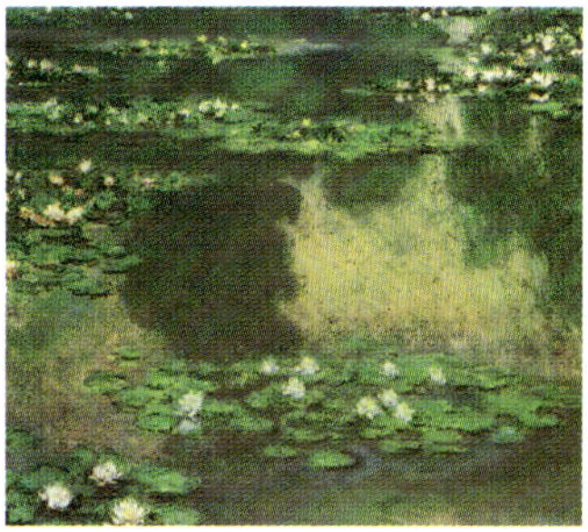

Claude Monet: *Seerosen*, 1905 (Boston, Museum of Fine Arts)

Welche Bilder stellen das Hauptwerk von Hans von Marées dar?

Der „Deutschrömer" Hans von Marées (1837–87) erhielt im Jahre 1873 den Auftrag zu Fresken in der Zoologischen Station in Neapel. Vermittler war der Bildhauer Adolf von Hildebrand (1847–1921), der die Innenarchitektur des Gemeinschaftsraumes über dem Aquarium übernommen hatte. Marées schuf lebensgroße, klassizierende Figuren in paradiesischer Landschaft.

Wer war der erste international bedeutende US-amerikanische Maler?

Benjamin West (1738–1820) verdiente sich in seiner Heimat Amerika den Lebensunterhalt als Porträtist, ehe er 1760 nach Italien ging. Bis 1763 lebte er hauptsächlich in Rom, wo er Anton Raphael Mengs (1728–79), Johann Joachim Winckelmann (1717–68) und Gavin Hamilton kennen lernte. 1763 ließ er sich in London nieder und schuf einige der frühesten neoklassizistischen Historienbilder der englischen Kunstgeschichte. 1792 wurde er als Präsident der Royal Academy in London Nachfolger von Joshua Reynolds (1723–92), ein Amt, das er bis an sein Lebensende innehatte.

Wie heißt der bedeutendste österreichische Biedermeier-Maler?

Die Malerei Österreichs weist mit dem Wiener Ferdinand Georg Waldmüller (1793–1865) einen herausragenden Vertreter des Biedermeier auf. Bereits um 1830 zeigen seine überaus sachlichen Porträts eine Meisterschaft in der zeichnerischen und farbigen Wiedergabe des Stofflichen. Seine Landschaften zeichnen sich durch eine völlig natürlich wirkende Kompositionsweise aus, als wenn der Ausschnitt im zufälligen Hinsehen erfasst worden wäre. Eine stilllebenhafte Ruhe breitet sich über die Szenerie und im meist kristallklaren Licht erscheinen die Objekte in überdeutlicher Prägnanz, in fast fotografischer Präzision. 1857 war Waldmüller zwangspensioniert worden, da er als Akademieprofessor gewagt hatte, auf den neuen Realismus der Freilichtmalerei hinzuweisen, deren Aufkommen in Frankreich mit der Schule von Barbizon ihm in ganzer Konsequenz bewusst war.

Welches – nie realisierte – Denkmal zählt zu den berühmtesten Projekten der französischen Revolutionsarchitektur?

Das 1784 von Étienne-Louis Boullée (1728–99) geplante *Newton-Kenotaph* zielte auf eine verklärte Darstellung des Universums, das nicht mehr Gegenstand des Glaubens, sondern des Wissens sei. In der avantgardistischen Architekturform sollte die Utopie einer aufgeklärten Zukunft Gestalt annehmen, für die beispielhaft der Astronom und Naturwissenschaftler Newton stand.

Wie heißt die berühmteste Skulptur von Edgar Degas?

Edgar Degas (1834–1917) war auch als Bildhauer tätig. Nach seinem Tod fand man rund 150 halb verrottete Kleinplastiken aus Wachs und Ton in seinem Atelier, Rennpferde, Badende und Tänzerinnen. Nur 73 von ihnen konnten restauriert und anschließend in kleinen Auflagen von zumeist 22 Exemplaren in Bronze gegossen werden. Als Degas 1881 seine *Vierzehnjährige Tänzerin* ausstellte, im Original eine polychrome Wachsplastik (später auch als Bronze), mit dem von einem Band zusammengehaltenen Haar, dem Tutu aus echtem Tüll und den Tanzschuhen, nannte der Schriftsteller Joris-Karl Huysmans (1848–1907) diesen Versuch, den alltäglichen Augenblick einzufangen, den „einzigen wirklich modernen Versuch in der Bildhauerei". Andere Stimmen sprachen von einer „Blume frühreifer Verderbtheit", von „animalischer Schamlosigkeit". Die krass-realistische Missachtung des gängigen Schönheitsideals entsetzte die meisten Zeitgenossen, wohingegen 1996 ein Bronzeabguss der Skulptur bei einer Versteigerung 10,8 Mio. Dollar einbrachte.

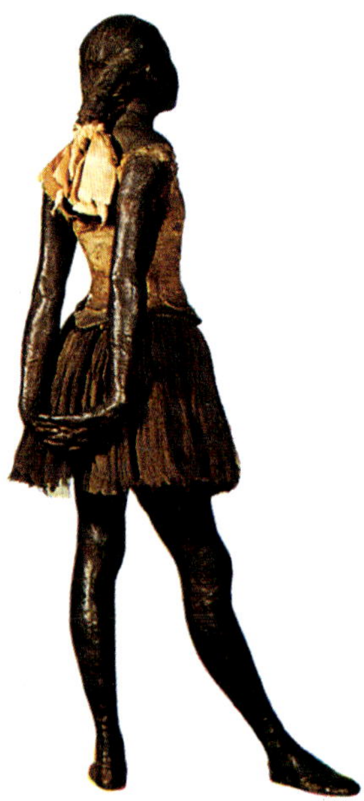

Edgar Degas: *Vierzehnjährige Tänzerin*, 1881 (Paris, Musée d'Orsay)

Welcher französische Bildhauer spezialisierte sich auf farbige Skulptur?

Das wohl umfangreichste Œuvre im Bereich der farbigen Skulptur des 19. Jh. schuf Charles Cordier (1827–1905), der Bronze, Onyx, farbigen Marmor, Porphyr usw. kombinierte.

Was war das Schlüsselereignis für die Orientbegeisterung von Eugène Delacroix?

Der französische Romantiker Eugène Delacroix (1798–1863) hielt sich 1832 mehrere Monate lang in Afrika auf und erklärte dies später zum wichtigsten Ereignis in seinem Leben. In Algier erhielt er die Erlaubnis, einen Harem zu besuchen. Sein Begleiter, ein französischer Gesandter, berichtet vom Begeisterungsausbruch des Malers. „Ist das schön! Wie zu Zeiten Homers", soll Delacroix geäußert haben. In dieser hermetischen und exotischen Welt glaubte er, den Inbegriff lockender Schönheit und einer Antike gefunden zu haben, die nichts mit klassizistischer Kühle zu tun hatte, die vielmehr seiner Sehnsucht nach dem märchenhaft Fernen entgegenkam.

Was stellt das Gemälde „Die Barke" von Édouard Manet dar?

Der Titel des 1874 entstandenen Werkes (München, Neue Pinakothek) bezieht sich auf das Atelierboot, in dem Claude Monet (1840–1926) auf der Seine bei Argenteuil arbeitete. Im Kabineneingang erscheint Madame Camille Monet.

Welche fotografischen Experimente können als Vorstufe des Films betrachtet werden?

Ab 1878 beschäftigte sich der englische Photograph Eadweard Muybridge (1830–1904) mit Phasenaufnahmen zu verschiedenen Bewegungsabläufen. Die Bildserien sind eine Vorstufe des Films: Auf einen drehbaren Zylinder oder eine rotierende Scheibe montiert, verschmelzen die einzelnen Phasen zu einer kontinuierlichen Bewegung.

Welche Bedeutung hatte Griechenland für Karl Friedrich Schinkel?

Die antike Blütezeit Griechenlands sah der klassizistische Architekt Karl Friedrich Schinkel (1781–1841) so: „In jenen verschütteten Städten ist nicht des geringsten Mannes Haus ohne schöne Kunst; jeder hat die Bildung, sich mit Gebildetem, an welchem Gedanken ausgesprochen sind, zu umgeben, und so entwickelte sich ein unendlicher Reichtum der Gedanken und eine Feinheit derselben, worin der Grundzug eines wahren Kulturzustandes besteht." Wie so viele deutsche Künstler und Intellektuelle seiner Zeit hat Schinkel das schwärmerisch

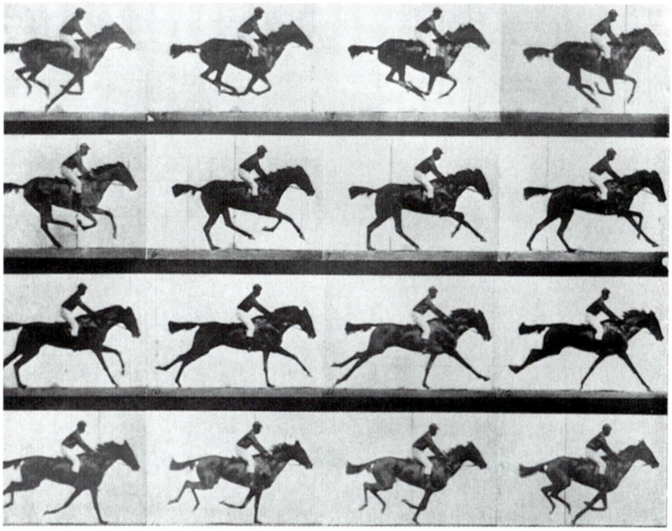

Eadweard Muybridge: *Galoppierendes Pferd*, um 1885

gefeierte Griechenland nie besucht. Dennoch übernahm er die Aufgabe, für den 1832 zum griechischen König gewählten Bayernprinzen Otto einen Palast auf der Athener Akropolis zu entwerfen, und dennoch ging sein ganzes Bestreben dahin, mit seinen Bauten und Projekten aus Berlin ein „Spree-Athen" zu machen.

Wie bereitete Théodore Géricault sein Hauptwerk, „Das Floß der Medusa", vor?

In der Katastrophenszenerie dieses 1818/19 entstandenen Kolossalgemäldes hat Théodore Géricault (1791–1824) menschliches Verhalten in einer Extremsituation zu einer existentiellen Parabel zusammengefasst. Bevor er das Werk schuf, informierte er sich bei den Überlebenden einer realen Schiffskatastrophe, ließ ein Floßmodell bauen und fertigte hunderte von Entwürfen und zahlreiche Studien von Toten und Sterbenden in Kliniken und Leichenschauhäusern.

Was bezweckte Claude Monet mit seinen Bilderserien?

Claude Monet (1840–1926) war zweifellos derjenige unter den Impressionisten, der die umfangreichste künstlerische Systematisierung in die Bewegung einbrachte. Zunehmend erhielt bei ihm die Farbe den Auftrag, den Bildorganismus zu einem schwingenden Klangkörper zusammenzufassen. Die von ihm in den 90er-Jahren verfolgten Bildzyklen der Heuschober, der *Kathedrale von Rouen* und der Pappeln realisierten in Vollkommenheit diesen Prozess der farbigen Sublimierung.

Welcher Münchner Jugendstilmaler malte ein Paradebeispiel der „Femme fatale"?

Franz von Stucks (1863–1928) Gemälde *Die Sünde* (1893; München, Neue Pinakothek) deutet das biblische Eva-Motiv neu. Die Darstellung der Frau als „Femme fatale", die den Mann sexuell verführt und ihn so ins Verderben führt, war bei Zeitgenossen ungeheuer erfolgreich.

Welches ist das berühmteste Werk der Ingenieurbaukunst des 19. Jh.?

Die Weltausstellung von 1889 thematisierte u. a. den 100. Jahrestag der Französischen Revolution. Von den 1887 ausgeschriebenen Werken der Ingenieurkunst überdauerte einzig das kühnste Projekt, der von Gustave Eiffel (1832–1923) und Mitarbeitern seines Ingenieurbüros konzipierte und am 31. März 1889 fertig gestellte nach ihm benannte Turm. In dieser epochalen Metallkonstruktion von fast 300 m Höhe imitierte zum ersten Mal in der Architekturgeschichte das Eisen nicht mehr die Säulen, die Bögen und die sonstigen Ausdrucksmittel der Steinarchitektur, es trat vielmehr unverbrämt funktionalistisch hervor mit seinen vorgefertigten Profilen, seinen vernieteten Konstruktionsgestängen – alles Prinzipien, die maximale Festigkeit bei minimalem Gewicht garantierten. 12.000 Einzelteile mussten montiert werden, 2,5 Mio. Nieten waren dazu nötig.

Wann wurde „Ste.-Geneviève" in Paris gebaut?

1754 wurde der Bau einer königlichen Votivkirche in Paris durch den Staatsrat beschlossen und man benannte Jacques-Germain Soufflot (1713–80) als Architekten. 1764 war das Jahr der Grundsteinlegung. Der Grundriss hat die Form eines griechischen Kreuzes. Der gesamte Kuppelaufsatz ist von Bramantes Hochrenaissance-Tempietto in Rom und von Christopher Wrens barocker *St. Paul's-Cathedral* in London beeinflusst. *Ste.-Geneviève* war also klassisch im Aussehen, aber es war gotisch in den strukturellen Grundlagen. Die angesichts der Eleganz und materiellen Entschwerung des Baus auftretenden statischen Probleme suchte nämlich Soufflot durch konstruktive Anleihen bei gotischen Kirchen zu bewältigen.

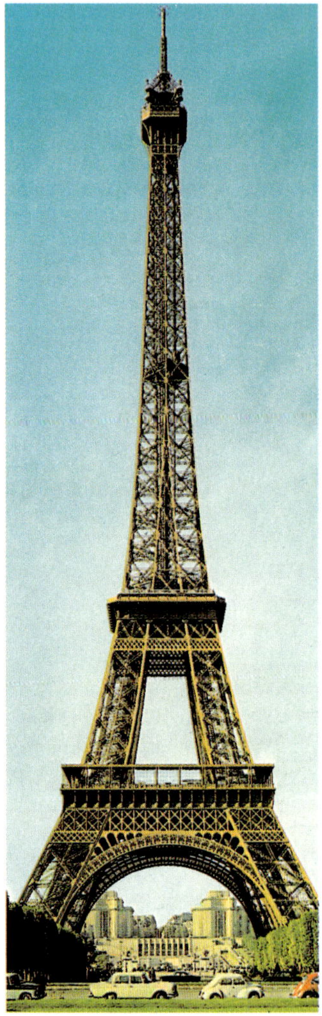

Gustave Eiffel: *Eiffelturm* in Paris, 1887–89

Wer war nach übereinstimmender Meinung der bedeutendste klassizistische Bildhauer Englands?

John Flaxman (1755–1826) gilt nach übereinstimmendem Urteil als der bedeutendste englische Bildhauer des Klassizismus. Noch mehr aber hat er durch seine hauptsächlich von antiker Vasenmalerei, daneben von italienischen Bildern des 14. und frühen 15. Jh. sowie von gotischem Linienfluss angeregten Umrisszeichnungen zu Dichtungen Homers, Aischylos' und Dantes prägende Eindrücke an Künstler in ganz Europa weitergegeben.

Wer stand Modell für Manets „Nana"?

Für sein 1877 vollendetes Gemälde *Nana* (Hamburg, Kunsthalle) engagierte Manet (1832–83) Henriette Hauser, einen populären Operetten-Star, die wegen ihrer Liaison mit dem Prinzen von Oranien (französisch „Orange") den Spitznamen „Citron" hatte und ein Mitglied der Pariser Bohème war.

Wer war Moritz von Schwind?

Moritz von Schwind (1804–71) wurde zu einem der populärsten deutschen Biedermeier-Maler, sei es mit seinen *Fresken* ab 1832 in der *Münchner Residenz* und einigen Aquarellentwürfen für die Burg *Hohenschwangau*, ab 1853 für die *Wartburg* in Thüringen und ab 1866 für das *Wiener Opernhaus*, sei es mit seinen Märchenzyklen und Gemälden wie dem *Rübezahl* von 1851–59 (München, Schackgalerie).

Wer war Henry van de Velde?

Des Belgiers Henry van de Velde (1863–1957) frühe Hinwendung zum Kunstgewerbe und zur Möbelfabrikation begann mit einer allergischen Reaktion auf seine Umwelt. Mit seinen Worten: „Auf unserer Kindheit lastet die Trostlosigkeit der Häuser, in denen wir groß wurden, wo nichts jene Eigenschaften, jene Tugenden besaß, die die Dinge dazu befähigen, gleich den Lebewesen ein Fluidum belebender Sympathie, des Vertrauens und der Zuneigung zu verbreiten [...] Auf unserer Kindheit lastet die unendliche Hässlichkeit der Schulstuben, eine Hässlichkeit, die gleich einem Laster an Herz, Hirn und Fleisch zehrt; eine Hässlichkeit, kotig wie der Straßenschlamm in den großen Städten [...]!" Abhilfe schien ihm zunächst nur der Jugendstil bieten zu können, zu dessen führendem und universellstem Künstler er sich rasch entwickelte.

Wer waren die bekanntesten französischen Plakatkünstler des 19. Jh.?

Erst im 19. Jh. wird das Plakat zum wesentlichen Werbemittel. Als Begründer des modernen Bildplakats in Frankreich gilt Jules Chéret (1836–1932), der weit über 1000 Plakatlithografien drucken ließ. Henri de Toulouse-Lautrec (1864–1901) aber war es, der Schrift und Bild zu einer Einheit verband, Linien und Flächen stark kontrastierte und so eine mediengerechte Fernwirkung herstellte. Die bisher relativ einfache Affiche wird zum pointierten Werbeträger, der stilistisch die Brücke spannt zum Jugendstil und zum Fauvismus des frühen 20. Jh.

Wie urteilte Goethe über Angelika Kauffmann?

Die Schweizerin Angelika Kauffmann (1741–1807) war eine zu ihrer Zeit höchst erfolgreiche Künstlerin, in deren Werk sich Rokoko-Elemente mit klassizistischen und bürgerlich-empfindsamen Zügen verbinden. Goethe

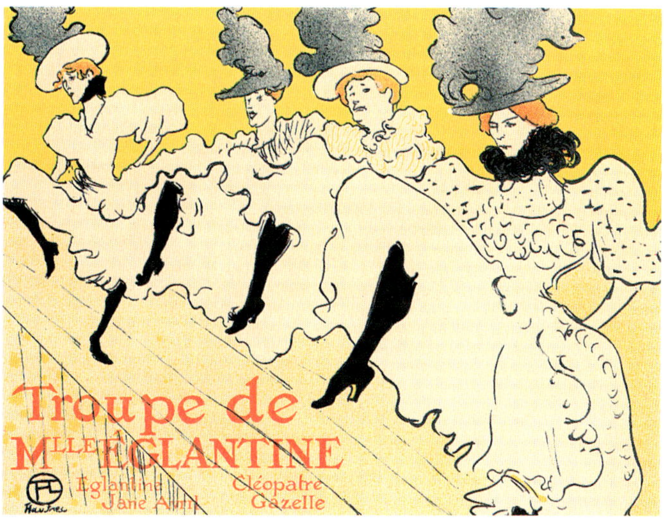

Henri de Toulouse-Lautrec: *Cancan*, um 1880

urteilte 1887 so: „Sie hat ein unglaubliches und als Weib wirklich ungeheures Talent“.

Welche umfangreichen Zyklen malte Carl Rottmann?

Der von Heidelberg nach München gekommene Maler Carl Rottmann (1797–1850) ist einer der größten Koloristen des deutschen 19. Jh. Er war vom bayerischen König Ludwig I. beauftragt worden, einen Zyklus von Landschaftsfresken nach italienischen Ansichten für die Münchner Hofgartenarkaden auszuführen, der 1830–1834 entstand. In den Jahren 1838 bis 1850 führte Rottmann dann eine Serie von 23 Wandbildern mit Griechenland-Motiven aus.

Welche Kritik wurde gegen Corots Meisterwerk „Ein Morgen“ vorgebracht?

Eine spürbare Musikalität durchdringt das Spiel von Licht und Schatten, den silbrig-grünen Farbton, der sich in Corots (1796–1875) herrlichem Gemälde *Ein Morgen, Tanz der Nymphen* (1850; Paris, Musée d'Orsay) über die Landschaft legt. Émile Zola merkte jedoch 1866 respektlos an: „Wenn Camille Corot bereit wäre, ein für alle Mal die Nymphen umzubringen, mit denen er seine Wälder bevölkert, und sie durch Bäuerinnen zu ersetzen, würde ich ihn maßlos lieben. Ich weiß, dass zu diesem zarten Laub, zu dieser lächelnden, feuchten Morgenröte durchsichtige Geschöpfe, in Dunst gehüllte Träume gehören. Deshalb bin ich manchmal versucht, den Meister um eine menschlichere, rauere Natur zu bitten.“

Wann wandte sich Auguste Renoir dem Impressionismus zu?

Die intensive Zusammenarbeit mit Claude Monet (1840–1926) im Sommer 1869 leitete die Hinwendung von Auguste Renoir (1841–1919) zum Impressionismus ein. In Bildern wie *Die Schaukel* (1876; Paris, Musée d'Orsay) suchte Renoir auf dem Höhepunkt dieser Entwicklung das helle Sonnenlicht, blauviolette Schatten und die flirrende Atmosphäre in die typischen skizzenhaften Pinselstriche des Impressionismus zu übersetzen.

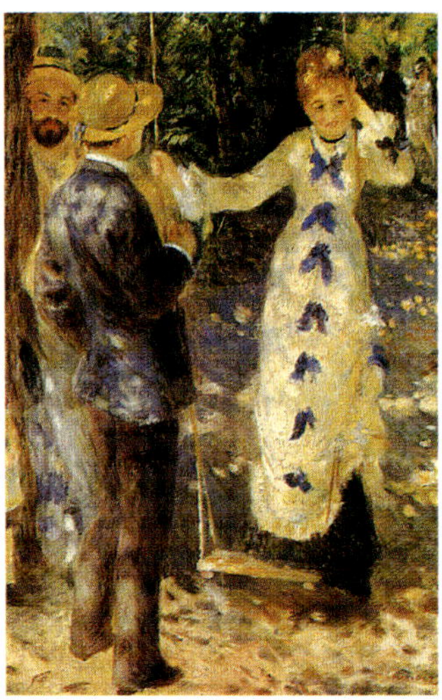

Auguste Renoir: *Die Schaukel*, 1876 (Paris, Musée d'Orsay)

Wer schuf das erste monumentale Doppelstandbildnis der klassizistischen Bildhauerei?

Die lebensgroße, 1797 vollendete *Marmorgruppe der Prinzessinnen Luise und Friederike von Preußen* (Höhe 172 cm; Berlin, Nationalgalerie) – das erste Doppelstandbild des Klassizismus in diesem monumentalen Format – ist das populärste aller Bildwerke des bedeutenden deutschen Bildhauers Johann Gottfried Schadow (1764–1850). Die komplizierte Entstehungsgeschichte kennzeichnet das zwischen Idealität, frühromantischer Empfindsamkeit und Realismus schwankende Stilempfinden der Zeit.

Welches war das Hauptwerk von John Soane?

Der englische Architekt Sir John Soane (1753–1837) ist eine der großen Übergangserscheinungen vom 18. zum 19. Jh. 1788 wurde er zum leitenden Architekten der Bank of England berufen. 1818 begann er mit dem *Old Colonial Office*, einem der repräsentativen Schalterräume (bis 1823 fertig gestellt). Das Office zeigt Soanes Besessenheit vom malerischen Effekt des Oberlichts und hoher Seitenbeleuchtung, einer fast romantisch anmutenden Art der Beleuchtung. Ein solcher Lichteinfall durch ein Oberlicht begegnet später relativ oft in der klassizistischen Architektur.

Welches Ereignis hält eines der schönsten deutschen Schlachtenbilder des frühen 19. Jh. fest?

Wilhelm von Kobells (1766–1853) Gemälde *Die Belagerung von Kosel* (1808; München, Neue Pinakothek) zeigt den bevorstehenden Ausfall der preußischen Besatzung der Festung Kosel in Schlesien, der 1806 von bayerischen Truppen unter Kommando des Generalmajors von Raglovich zurückgeschlagen wurde. Es handelt sich um das erste von insgesamt zwölf monumentalen Schlachtengemälden, die Kobell für den Kronprinzen und späteren König Ludwig von Bayern bis 1815 in dokumentarischer Sachtreue fertig stellte.

Wann wurde aus der Kirche „Ste.-Geneviève" in Paris das „Panthéon"?

Jacques-Germain Soufflot (1713–80) starb, ohne die Errichtung der Kuppel von *Ste.-Geneviève* erlebt zu haben, die seine Schüler zehn Jahre später, während der Revolution, vollendeten. 1791 wurde die Kirche zum *Panthéon* umfunktioniert und den verstorbenen Heroen der französischen Nation geweiht. Damals vermauerte man u. a. die großen Fenster, damit der Innenraum wie in antiken Tempeln nur von oben her beleuchtet werde – wodurch das republikanisch gewordene Gebäude eine düstere Majestät erhielt. Mit dem so betonten „erhabenen" Klassizismus übte das *Panthéon* Einfluss aus auf spätere Kuppelbauten wie das *Kapitol in Washington* und die *Isaak-Kathedrale in St. Petersburg*.

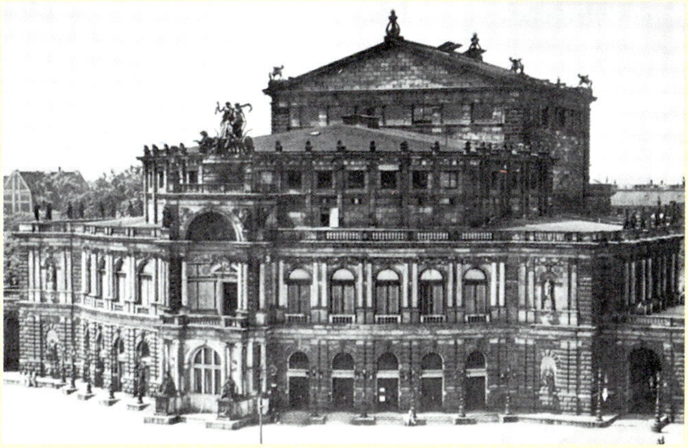

Gottfried Semper: *Semperoper* in Dresden, 1838–41

Wer schuf einen der bekanntesten Theaterbauten des 19. Jh. in Dresden?

Dem ersten Königlichen *Hoftheater in Dresden* (1838–41) von Gottfried Semper (1803–79) kommt ein Ehrenplatz in der Geschichte des Theaterbaus zu. Das Gebäude war 1868 abgebrannt und wurde 1871–87 in pompöserem Gewand erneuert. Die Pläne hierzu hatte Semper selbst aus seinem englischen Exil geliefert, die Bauausführung übernahm sein Sohn Manfred. 1834 hatte der Architekt geschrieben: „Der Kunstjünger durchläuft die Welt, stopft sein Herbarium voll mit wohl aufgeklebten Durchzeichnungen aller Art und geht getrost nach Hause, in der frohen Erwartung, dass die Bestellung einer Walhalla à la Parthenon, einer Basilika à la Monreale, eines Boudoir à la Pompeji, eines Palastes à la Pitti, einer byzantinischen Kirche oder gar eines Bazars im türkischen Geschmacke nicht lange ausbleiben könne." Anders als seine kunsttheoretischen Abhandlungen hielten sich die ausgeführten Werke von Semper keineswegs fern von jenem Historismus, den er verbal so süffisant anprangerte. So ist das *Dresdner Opernhaus* ein Paradebeispiel der Neorenaissance.

Welcher javanische Prinz gehörte zeitweilig zur Dresdner Schule der Romantik?

Raden Saleh Ben Jaggia (1801?–80/81) war ein javanischer Prinz, der seine erste

Ausbildung in Den Haag erhalten hatte, der 1843 in Paris u. a. durch Eugène Delacroix beeinflusst wurde und sich dann nach Dresden wandte, wo er im Kreis um die dortigen Romantiker seine Studien fortsetzte.

Wem sind die frühesten Meisterleistungen der amerikanischen Wolkenkratzer-Architektur zu verdanken?

Louis Henry Sullivan (1856–1924) war in Buffalo (*Guaranty Building*, 1884-85) und Chicago zum Protagonisten der amerikanischen Hochhauskultur geworden. 1899–1904 wuchs in Chicago sein *Schlesinger & Mayer Store*, das heutige *Carson-Pirie-Scott-Kaufhaus* hoch zu einer frühen Meisterleistung des Wolkenkratzers und zu der wohl charakteristischsten Leistung der „School of Chicago". Es überwand den Historismus und orientierte sich in allererster Linie an funktionalen Gesichtspunkten.

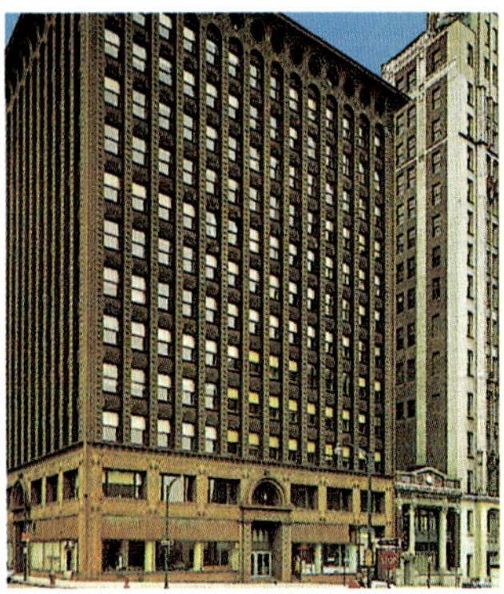

Louis Henry Sullivan: *Guaranty Building* in Buffalo (1884–85)

Wie heißt das populärste klassizistische Bauwerk in Berlin?

Aus der Zeit des frühen deutschen Klassizismus stammt das 1788–91 von Gotthard Langhans (1732–1808) errichtete berühmte *Brandenburger Tor* in Berlin, gekrönt von der von Gottfried Schadow (1764–1850) geschaffenen *Quadriga* (1789–94).

Worin besteht Georg Friedrich Kerstings künstlerische Hauptleistung?

Georg Friedrich Kersting (1785–1847), der Freund C. D. Friedrichs in Dresden, schuf eine Reihe wunderbarer romantischer Innenraumbilder, die nicht wie spätere Biedermeier-Interieurs den häuslichen Wohnkomfort sachlich und voller Selbstgenügsamkeit abschildern, sondern die jeweiligen Zimmer als stimmungsvolle psychische Resonanzräume ihrer Bewohner ausweisen.

Welches Gemälde des 18. Jh. wurde in England zum größten Publikumsmagneten?

1770 malte der Amerikaner Benjamin West (1738–1820) sein Aufsehen erregendes Bild mit dem *Tod des Generals Wolfe* (Ottawa, National Gallery of Canada). Das Ereignis spielt während der Eroberung des französischen Kanada und der Stadt Quebec durch die Engländer 1759. Während der trauernde Cherokee-Indianer im Vordergrund in völkerkundlicher Korrektheit erscheint, verwendete West für die Hauptgruppe des sterbend auf den Boden hingesunkenen und von seinen Offizieren umringten Generals das traditionelle Bildmuster der „Beweinung Christi". Letztlich aber entstand aus solcher Mixtur etwas Neues, das als Bildberichterstattung offensichtlich dem damaligen Sensationsbedürfnis der Massen entgegenkam: Als West's Gemälde nämlich 1772 ausgestellt wurde, lockte es mehr Besucher an als jemals zuvor ein Bild in der britischen Kunstgeschichte. Von dem Kupferstich, der es reproduzierte, sollen mehr Abzüge verkauft worden sein als von irgend einem anderen ähnlichen Blatt in neuerer Zeit.

Welcher klassizistische englische Bildhauer schuf eine Statue Piranesis?

Von einiger Bedeutung in der englischen Bildhauerkunst des Klassizismus ist Joseph Nollekens (1737–1823), der u. a. in den späten 60er-Jahren des 18. Jh. eine beachtliche frühklassizistische *Marmorbüste Piranesis* (1720–78) schuf, die sich heute in der Accademia di San Luca zu Rom befindet.

Wie heißt der führende Maler der „Nazarener"?

Peter von Cornelius (1783–1867), der Sohn eines Düsseldorfer Malers und Galerieinspektors, schloss sich 1812 in Rom den Nazarenern an und entwickelte sich bald zum führenden Künstler dieser romantischen Vereinigung. In Rom, dann in München und Berlin konnte er auch das Hauptanliegen der Nazarener verwirklichen, monumentale Freskenprogramme, v. a. solche christlichen Inhalts zu schaffen.

Wie heißt der berühmte spanische Jugendstilarchitekt?

1883 hatte der spanische Architekt Antoní Gaudí (1852–1926) den Auftrag zum Bau der Kathedrale *Sagrada Familia* in Barcelona erhalten. Bis zu seinem Tode 1926 beschäftigte ihn dieses Unternehmen, das unvollendet blieb. Im Gegensatz zu anderer Jugendstil-Architektur behandelt Gaudís bizarre Kreativität die organischen Formen

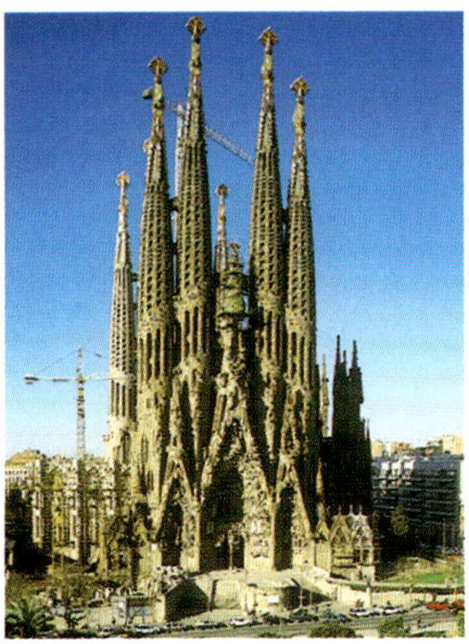

Antoni Gaudi: *Sagrada Familia* in Barcelona, ab 1883

nicht als appliziertes Ornament, sie durchdringen vielmehr die gesamte Konstruktion: Architektur ist Tektonik und gleichzeitig ekstatisch wuchernde Skulptur. Will man hierfür überhaupt einen Stilbegriff gebrauchen, darf man im gleichen Atemzug Jugendstil und kommenden Surrealismus nennen.

Wann kam William Turner erstmals auf den Kontinent?

Der Friede von Amiens, der 1802 zwischen Frankreich und England geschlossen wurde, ermöglichte es William Turner (1775–1851) wie vielen anderen seiner britischen Malerkollegen, nach Jahren der Absperrung die Tradition der „Grand Tour“, der Bildungsreise quer durch Europa nach Italien, wiederaufzunehmen und den Kontinent zu bereisen. Es ist sicher kein Zufall, dass er zuerst die Alpen aufsuchte, also jene Hochgebirgswelt, die bereits seit der Mitte des 18. Jh. als Inbegriff des wild Erhabenen, des schaurig Pittoresken galt, und die in diesem Sinne auch für die romantische Malerei ganz Europas ihre Attraktivität behalten sollte.

Welchen Erfolg hatte Jacques-Louis Davids Bild „Der Schwur der Horatier“ bei den Zeitgenossen?

Jacques-Louis David (1748–1825) hatte den Auftrag für das Bild vom königlichen Minister der Schönen Künste erhalten, 1782 war er nach Rom gereist, um es hier angesichts der überall gegenwärtigen Antike zu malen und anschließend in seinem Atelier zur öffentlichen Besichtigung auszustellen. Auch in Paris wurde das Werk zur Sensation. Der Berichterstatter des Journal de Paris fühlte sich 1785 „in die ersten Zeiten der römischen Republik versetzt.“ Der römische Korrespondent des Teutschen Merkur schrieb im gleichen Jahr: „Man liest in der Geschichte der Kunst von keinem Gemälde, das mehr Geräusch erwekt hätte, als die Erscheinung von diesem. Nicht nur die Künstler, Liebhaber und Kenner, sondern das Volk selbst läuft truppweise vom Morgen bis zum Abend herbey, es zu sehen [...]“.

Warum schuf Bertel Thorvaldsen eine zweite Version seiner „Hebe“-Figur?

Bertel Thorvaldsen (1768/70–1844) antwortete 1806 mit seiner ersten Version der *Hebe* (die Marmorausführung im Thorvaldsen-Museum, Kopenhagen) auf eine um 1796 von Antonio Canova (1757–1822) geschaffene Skulptur. An Thorvaldsens *Hebe* kritisierte ein Archäologe, so habe sich keine ehrenwerte Dame der griechischen Gesellschaft und schon gar keine Göttin gezeigt. Er meinte die Kombination eines knöchellangen Peplos und des kürzeren, leichteren Chitons. Letzteres Kleidungsstück, das oft eine Brust freiließ, hatte Thorvaldsen vor den Amazonenfiguren der Vatikanischen Sammlungen studiert. Der dänische Künstler nahm sich das zu Herzen, denn 1816 entstand eine weitaus züchtigere Version der *Hebe*. Das Gewand bedeckt jetzt beide Brüste.

Welches Gemälde gilt als das erste Eisenbahnbild von Rang?

1844 malte der bedeutendste englische Romantiker, William Turner (1775–1851) das Gemälde *Regen, Dampf und Geschwindigkeit – die große Eisenbahn nach Westen* (1844; London, National Gallery). Das Gemälde, das die Schwelle zur Moderne überschreitet, illustriert nicht nur das anbrechende Eisenbahnzeitalter, sondern wirkt selbst wie aus einem rasch bewegten Zug aufgenommen: das visuelle Verwischen eines Fluchtpunktes, die Unschärfe des Vordergrunds als Ergebnis des Vorbeirasens. Die Geschwindigkeit interpretiert Turner auch noch dadurch, dass er auf der Bahntrasse vor dem Zug einen Hasen im vergeblichen Wettlauf dahinschießen lässt.

Wer ist die Frau auf Manets Bild „Der Balkon"?

Die Frau, die auf Édouard Manets (1832–83) Bild *Der Balkon* (1868/69; Paris, Musée d'Orsay) zu sehen ist, ist Berthe Morisot (1841–95), sowohl Malerin als auch Modell. 1874 heiratete sie Manets jüngeren Bruder Eugène.

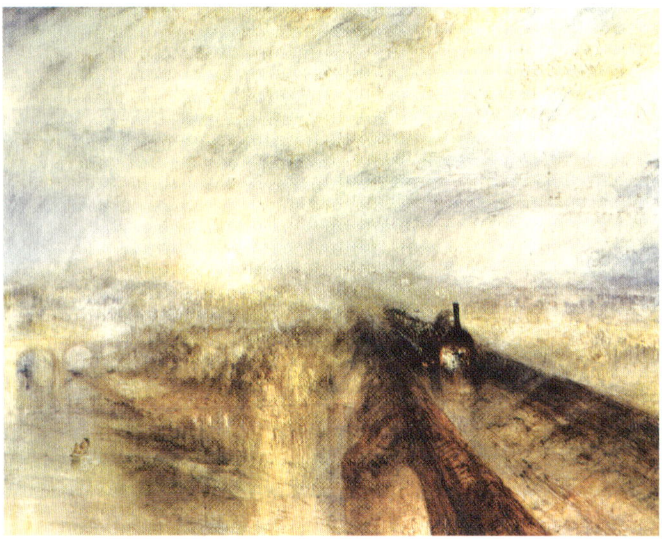

William Turner: *Regen, Dampf und Geschwindigkeit – die große Eisenbahn nach Westen*, 1844 (London, National Gallery)

Was symbolisiert Caspar David Friedrichs Bild „Das Eismeer"?

Das Eismeer (um 1823/24; Hamburg, Kunsthalle) stellt eines der Hauptwerke C. D. Friedrichs (1774–1840) dar. Das von den Eisschollen erdrückte Segelschiff in einer Polarlandschaft ist als Sinnbild zu verstehen für eine epochale Katastrophe, wobei sich Momente der Zerstörung und des Neuanfangs zum zeichenhaften Protest gegen den deutschen politischen „Winter" unter Metternich vereinen. Als eine der Inspirationsquellen für das Bild darf die Polarexpedition William Parrys von 1819–20 gelten, die der Suche nach der Nord-West-Passage galt.

Wie urteilte Charles Dickens über ein Bild des Präraffaeliten Millais?

1849/50 malte John Everett Millais (1829–96) das Bild *Christus im Haus seiner Eltern* (London, Tate Gallery). Der Schriftsteller Charles Dickens fällte ein vernichtendes 'Urteil über das Werk: Er fand den jungen Heiland „abstoßend", er zeige seine beim „Spielen in der Gosse" erlittene Wunde wehleidig der Mutter, die ihrerseits so „abstoßend in ihrer Hässlichkeit" sei, dass sie selbst auch „im gemeinsten Kabarett Frankreichs oder in der niedersten Schnapsbude Englands als Ungeheuer herausragen würde."

Welche Bedeutung haben Piranesis „Carceri"?

Der Venezianer Giovanni Battista Piranesi (1720–78) hielt seit den 1740er-Jahren auf unzähligen grafischen Blättern nicht nur die zeitgenössische spätbarocke Architektur Roms fest, sondern v. a. auch das antike baukünstlerische Erbe. Berühmt als ein „Ahnherr" der „Schwarzen Romantik" wurde er aber mit seiner Radierungsfolge der *Carceri*, erschienen um 1745/50 in Rom (2. Auflage um 1760/61). In diesen Kerkerinterieurs glaubt man, über Treppen, Rampen, durch Raumfluchten, an kolossalen Steinquadern und an provisorischen Holzkonstruktionen, oft auch an Folterinstrumentarien und Seilzügen vorbei visuell konkrete Wege zurücklegen zu können, um dann zu bemerken, dass man einem Vexierspiel aufgesessen ist.

Wer malte eines der Hauptwerke der klassizistischen Landschaftskunst in Deutschland?

Joseph Anton Koch (1768–1839), dem Tiroler Hirtenbuben, dem spätern Rousseau-Anhänger, der sich im revolutionären Straßburg den Jakobinern anschloss und sich enttäuscht in den Schweizer Alpen dem Naturstudium zuwandte, ehe er nach Rom übersiedelte, gelang mit der *Heroischen Landschaft mit Regenbogen* (1815; München, Neue Pinakothek; zwei weitere Fassungen in Karlsruhe und Berlin) ein Meisterwerk der klassizistischen Landschaftsmalerei.

Wie hieß das von Manet in zweien seiner „Skandalbilder" posierende Modell?

Victorine Meurent war Édouard Manets (1832–83) weibliches Lieblingsmodell. Sie ist in Manets Bild *Das Frühstück im Freien* (1863; Paris, Musée d'Orsay) zu sehen – die nackte Frau mit angewinkeltem Bein –, und als Kurtisane in dem Skandalbild von 1865 *Olympia* (ebd.).

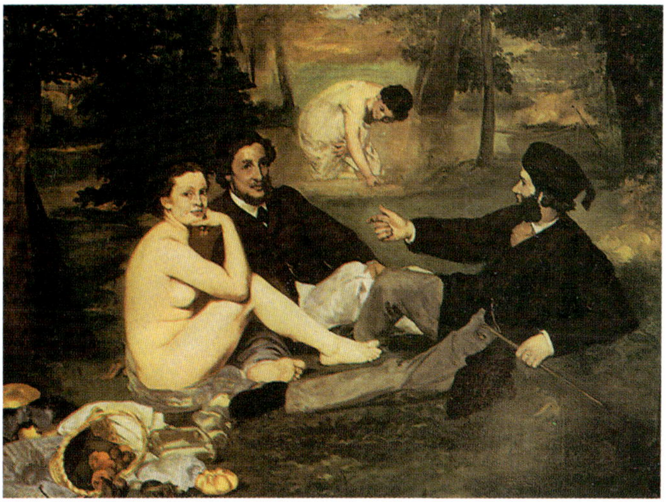

Édouard Manet: *Das Frühstück im Freien*, 1863 (Paris, Musée d'Orsay)

Wer war der bedeutendste Vertreter einer Art romantischer Malerei in Italien?

Francesco Hayez (1791–1882) ist der namhafteste Vertreter eines romantischen Klassizismus in Italien. Mit den *Vertriebenen von Parga* (1828–31; Brescia, Pinacoteca Tosio Martinengo) behandelt er, wie es auch schon Eugène Delacroix getan hatte, ein Thema der griechischen Freiheitskämpfe gegen die Türken und fand damit bei seinen Landsleuten sehr große Anerkennung.

Welches Stilideal verfocht der beliebteste englische Maler der 2. Hälfte des 18. Jh.?

Die Kunsttheorie von Sir Joshua Reynolds (1723–92) – seit 1768 Präsident der Londoner Royal Academy – fordert, den „grand style" der italienischen Renaissance nach England zu übertragen, indem auch der Maler die Arbeiten der antiken Bildhauer studieren solle; es genüge nicht, einfach die

Natur nachzuahmen, man müsse sie gemäß dem Ideal der Erhabenheit vervollkommnen; die Form sei jederzeit der Farbe, der bloßen Eleganz der Pinselführung überlegen; im Sinne der anzustrebenden Idealität habe der Künstler von der Wirklichkeit und der historischen Exaktheit abzuweichen; gegenüber Historienbildern seien in der Gattungsskala Porträts, Landschaften und Stillleben zweitrangig.

Welcher französische Romantiker malte das Bild, das zum Inbegriff eines Freiheitsfanals werden sollte?

Die Verletzung der französischen Verfassung durch König Karl X., der die Wiederherstellung der unbeschränkten Monarchie anstrebte, hatte in Paris zu dem blutigen Volksaufstand von 1830 geführt, den Delacroix (1798–1863) in seinem berühmten Gemälde *Die Freiheit führt das Volk an, 28. Juli 1830* (1830; Paris, Louvre), das zum Programmbild vieler kommender Revolutionen werden sollte, dargestellt.

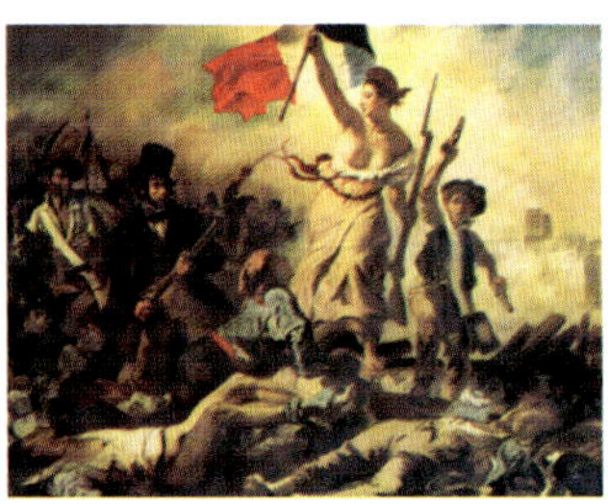

Eugène Delacroix: *Die Freiheit führt das Volk an,* 1830 (Paris, Louvre)

Wer war Johann Heinrich Füssli?

1764 war der Schweizer Johann Heinrich Füssli (1741–1825) ein erstes Mal nach London übersiedelt, wo er sich dann ab 1780 endgültig niederließ. Dazwischen lagen Studienjahre in Italien und Kontakte mit den zum Klassizismus sich hinentwickelnden Malern und Bildhauern, darunter auch zu Jacques-Louis David. Mit seinen am Phantastischen orientierten Zeichnungen und Gemälden fand Füssli in England einen hervorragenden Nährboden, da hier entsprechende Strömungen in Literatur und Kunst das ganze 18. Jh. hindurch existierten. Und Füssli war maßgeblich daran beteiligt, sie nahtlos ins 19. Jh. und in einen bestimmten Zweig der englischen Romantik hineinzuführen.

Wie beschreibt Delaxroix Constables Prinzip der Farbzerlegung?

Über John Constables (1776–1837) Prinzip der Farbzerlegung berichtet Delacroix in seinem Tagebuch vom 25. September 1846: „Constable sagte, dass die Überlegenheit des Grüns seiner Wiesen daher käme, dass es aus einer Vielzahl verschiedener Grüns zusammen gesetzt sei. Die mangelnde Intensität des Grüns bei den normalen Landschaften gründete gerade darin, dass sie es gewöhnlich durch einen einzigen Ton darstellten. Was er hier über das Grün der Wiesen sagte, kann auf alle anderen Farben angewandt werden."

Wie hieß das Fresko, das Mary Cassatt gemalt hat?

Die Amerikanerin Mary Cassatt (1845–1926) ließ sich 1874 in Paris nieder und beteiligte sich fünf Jahre später an einer Gruppenausstellung der Impressionisten. Als eine der wenigen Malerinnen im Kunstbetrieb thematisierte sie gerne die Rolle der Frau im modernen Leben. 1892/93 malte sie auch das Fresko (nicht erhalten) *Moderne Frauen* für einen Pavillon der Weltausstellung in Chicago.

Welche Anregungen trugen zu Turners fast schon abstrakten Formauflösungen bei?

Turner (1775–1851), dieser geniale Maler, Aquarellist und Grafiker, stellt nicht nur einen Höhepunkt der romantischen Landschaftsmalerei dar, er ist einer der originellsten europäischen Künstler, dem in der weitgehenden Auflösung traditioneller Bildstrukturen viele zukunftsweisende Entwicklungen in die Malerei der Neuzeit hinein zu verdanken sind. Englische Naturwissenschaftler gingen zu seiner Zeit davon aus, dass die Natur permanent in wechselnde Materieformen und Aggregatzustände überführt werden könne. Besonders der Chemiker und Physiker Michael Faraday, der seit 1827 an der Royal Institution publikumswirksame Vorträge hielt, der mit Turner persönlich bekannt war und dessen Werke außerordentlich schätzte, sah Materie, Energie und Kraft in dauerndem Wechselverhältnis. Turners Formauflösungen waren sicher von solchen Vorstellungen beinflusst.

Welcher künstlerischen Technik bediente sich Edgar Degas besonders gerne?

Edgar Degas (1834–1917) schuf zahlreiche Pastellbilder, die von Landschaftsstudien um 1870 bis zu den in der letzten Gruppenausstellung der Impressionisten 1886 gezeigten sich badenden, abtrocknenden usw. Frauen, aus der „Schlüssellochperspektive" gesehen, reichen. Besonders bekannt sind auch seine Pastelle aus dem Bereich des Balletts.

Welcher französische Maler zählt zu den Mitbegründern des Klassizismus in seinem Land?

Als Joseph-Marie Vien (1716–1809) aus Italien nach Paris zurückkehrte, hatte er die Ausgrabungen von Herculaneum gesehen und den Beginn des Wirkens von Mengs und Winckelmann erlebt. Bald entfachte er in Frankreich Stürme der Begeisterung, als er die Spätbarock- und Rokoko-Traditionen, in denen er großgeworden war, mit archäologischen und antikisierenden Formvorstellungen verband und damit wichtige Voraussetzungen für den frühen Klassizismus in der französischen Malerei schuf.

Wie lange arbeitete Rodin an seinem Hauptwerk?

Am *Höllentor* (unvollendet) arbeitete Auguste Rodin, der wichtigste Bildhauer an der Wende zur Moderne von 1880 bis zu seinem Tode 1917. Der Künstler hatte den Auftrag für ein Portal des geplanten Musée des Arts Décoratifs in Paris erhalten. Doch an Stelle dieses Museums errichtete man den Gare d'Orsay und das Hôtel d'Orsay, beide anlässlich der Weltausstellung 1900 eröffnet. Als in den Räumen des Bahnhofs schließlich das Musée d'Orsay seine Pforten öffnete, erhielt es 1986 vom Musée Rodin die Gipsversion des *Höllentores*. Die Thematik gründet in Dantes „Göttlicher Komödie", die plastische Umsetzung spricht von dem überwältigenden Eindruck, den Michelangelos Œuvre auf Rodin machte. Mit traditionellen Stilbegriffen lässt sich die Gestaltungsweise, die sich der Impression bedient, um die Wirklichkeit zu erfassen und die den Realismus in Expression umschlagen lässt, nicht mehr einfangen.

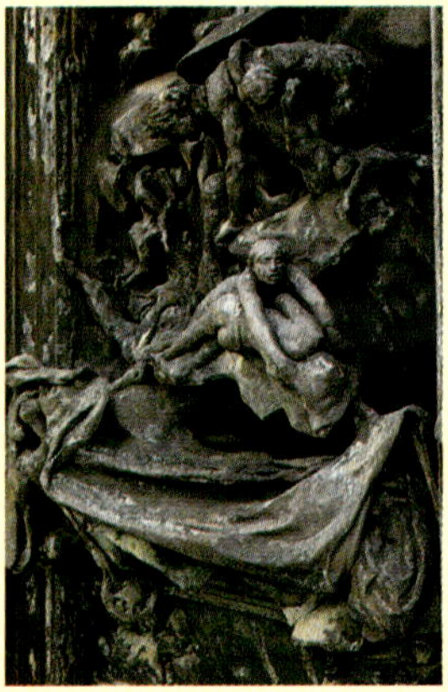

Auguste Rodin: *Höllentor* (Ausschnitt), 1880–1917 (Paris, Musée d'Orsay)

Welchen Stoff thematisiert Jacques-Louis Davids Gemälde „Der Schwur der Horatier"?

1784 malte Jacques-Louis David (1748–1825) den monumentalen *Schwur der Horatier* (Paris, Louvre). Das Gemälde schildert einen altrömischen Sagenstoff, eine Episode des Kampfes zwischen Rom und der konkurrierenden Stadt Alba. Die Entscheidung soll in einem stellvertretenden Waffengang zwischen den drei Brüdern der römischen Familie der Horatier und den Brüdern der gegnerischen Familie der Curatier fallen. Die im Bild erscheinenden Frauen haben vom Ausgang in keinem Fall etwas Gutes zu erwarten. Denn jede von ihnen muss entweder die Brüder oder den Gatten bzw. Geliebten verlieren. Ein einziger der Horatier überlebt – siegreich.

Welche historistische Skulptur an der „Pariser Opéra" löste einen Skandal aus?

Jean-Baptist Carpeaux (1827–75) löste mit seiner Marmorgruppe *Der Tanz* am Sockel von Garniers *Opéra* in Paris bei der Enthüllung einen Skandal aus. In der monumentalen, 1865–69 fertig gestellten Skulpturengruppe, einem Hochrelief, leben auf beeindruckende Weise die Grazie des Rokoko sowie die Lebhaftigkeit und malerische Oberfläche der Barockskulpturen eines Gianlorenzo Bernini auf. Seit 1964 nimmt eine Kopie den Platz an der Oper ein, das Original kam ins Musée d'Orsay.

Wer malte das bekannteste Goethe-Bildnis?

1786/87 malte Johann Heinrich Wilhelm Tischbein sein bedeutendstes Bild, *Goethe in der Campagna* (Frankfurt a. M., Städel'sches Kunstinstitut). Die Trümmer, auf denen der, so eine Briefpassage Tischbeins, „über das Schicksal menschlicher Werke" nachdenkende Dichterfürst sitzt, umfassen mit den Fragmenten eines ägyptischen Obelisken, einem griechischen Relief und einem römischen Säulenkapitell die gesamte Antike. Efeu schlingt sich um die Bruchstücke als Zeichen, dass die alte Welt durch den Dichter zu neuem Leben erweckt worden ist. In dem Goethe-Porträt vereinen

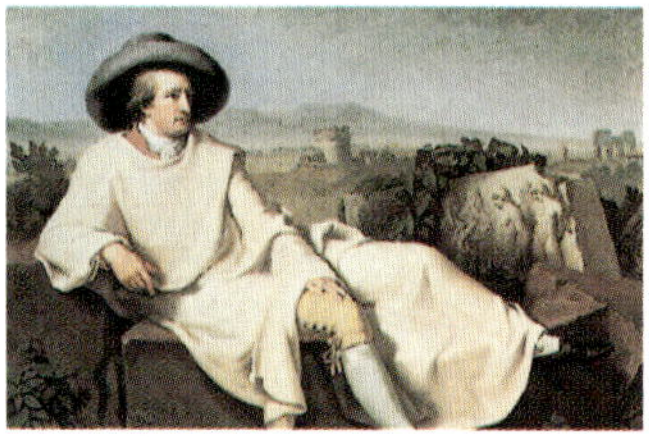

Johann Heinrich Wilhelm Tischbein: *Goethe in der Campagna*, 1786/87 (Frankfurt a. M., Städel'sches Kunstinstitut)

sich Auffassungen, die zwischen Natürlichkeit, Empfindsamkeit, zwischen Klassizismus und Romantik angesiedelt sind.

Was schrieb Heinrich von Kleist zu Friedrichs Gemälde „Der Mönch am Meer"?

Heinrich von Kleist schrieb in den „Berliner Abendblättern" am 13. 10. 1810 zu Friedrichs berühmten Bild u. a.: [...]und so ward ich selbst der Kapuziner, das Bild ward die Düne, das aber, wo hinaus ich mit Sehnsucht blicken sollte, die See fehlte ganz. Nichts kann trauriger und unbehaglicher sein, als diese Stellung in der Welt: der einzige Lebensfunke im weiten Reiche des Todes, der einsame Mittelpunkt im einsamen Kreis. Das Bild liegt mit seinen zwei oder drei geheimnisvollen Gegenständen wie die Apokalypse da [...], und da es in seiner Einförmigkeit und Uferlosigkeit, nichts, als den Rahmen zum Vordergrund hat, so ist es, wenn man es betrachtet, als ob einem die Augenlider weggeschnitten wären [...]".

Welches historische Ereignis stellte Géricaults „Floß der Medusa" dar?

1819 präsentierte der große französische Romantiker Théodore Géricault (1791–1824) das ein Jahr vorher begonnene, über 7 m breite und fast 5 m hohe Leinwandbild *Floß der Medusa* (Paris, Louvre). Es zeigte ein fürchterliches Ereignis: Am 2. Juni 1816 war vor der westafrikanischen Küste die französische Fregatte „Medusa" untergegangen. Die Besatzung überließ 150 Passagiere auf einem Floß ihren Schicksal. 13 Tage trieben diese auf dem Meer, wobei es zu grauenvollen Szenen von Wahnsinn, Tod, Mord und Menschenfresserei kam. Als das Floß schließlich gesichtet wurde, waren noch 15 Personen übrig, von denen fünf nach der Rettung starben. Von offiziellen Stellen wurde die Affäre unterdrückt. Im Herbst 1817 jedoch erschien ein Bericht von Überlebenden, der eine Welle der Empörung auslöste und sofort beschlagnahmt wurde.

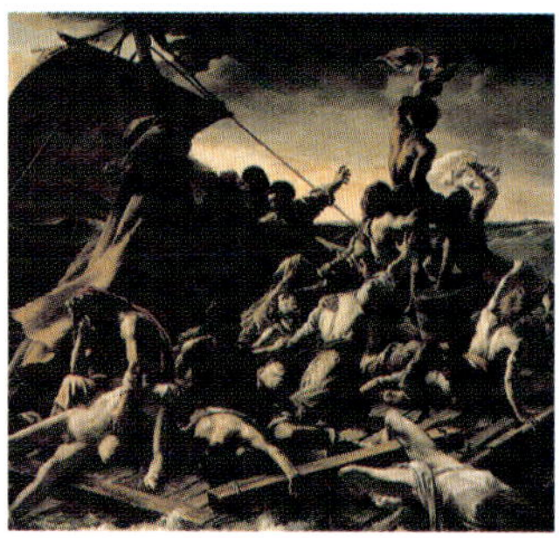

Théodore Géricault: *Das Floß der Medusa*, 1818/19 (Paris, Louvre)

Auf welches Grundmaß berief sich der Londoner „Glaspalast"?

Zur Eröffnung der Weltausstellung 1851 zeigte sich Joseph Paxtons (1801–65) *Crystal Palace* (Kristallpalast), wie ihn ein Artikel in der satirischen Zeitschrift „Punch" nannte, in eindrucksvoller Schönheit. Alle Bauteile des 1936 zerstörten Ausstellungsgebäudes (70.000 Quadratmeter umfassend!) waren genormt und industriell vorfabriziert. Wie ein aus der Lufthülle ausgeschnittener Raum, ein riesiger transparenter, lichtspiegelnder Glasorganismus, erscheint der Kristallpalast, jene unter partiellem Zusatz von Holz erwachsene Glas-Gusseisenkonstruktion, als deren Grundmaß, Grundmodul von 7,32 m, die größte Glasscheibe fungierte, die damals hergestellt werden konnte.

Wer schuf das berühmte Relief am Pariser „Arc de Triomphe"?

1833–36 schuf François Rude (1784–1855) mit dem monumentalen, 12,70 m hohen Hochrelief in Stein *Der Auszug der Freiwilligen von 1792* (auch *La Marseillaise* genannt) am *Arc de Triomphe de l'Etoile* zu Paris sein Meisterwerk. Nachdem der Triumphbogen (1806–37) aus der Hand Jean-François Chalgrins kurz vor seiner Vollendung stand, gab man mehrere Reliefs und Skulpturenbekrönungen in Auftrag. Das Werk Rudes, das den Volksaufbruch 1792 zur Verteidigung der Revolution gegen die reaktionären Mächte Europas thematisiert, ist bis heute das bekannteste Dekorationselement geblieben.

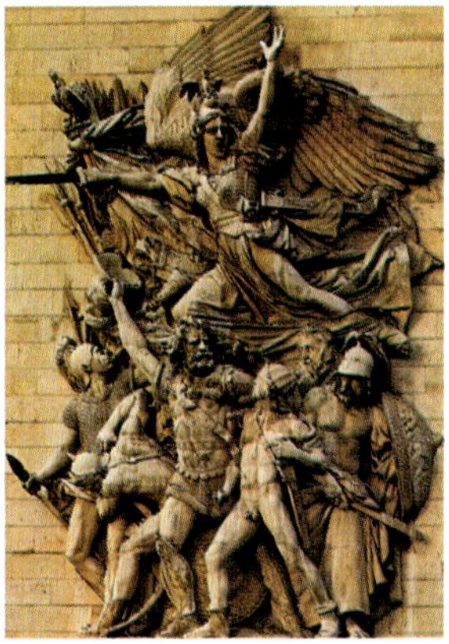

François Rude: *Der Auszug der Freiwilligen (La Marseillaise)*, 1792 (Paris, Arc de Triomphe)

Welche wissenschaftliche Theorie wurde für die Pointillisten besonders wichtig?

Einflussreich auf die Gestaltungsweise der Pointillisten wirkte sich v. a. Eugène Chevreuls Buch „Über das Gesetz des simultanen Kontrastes von Farben" (1839) aus, das die u. a. die wechselseitige Steigerung der benachbarten Komplementärfarben Rot und Grün, Orange und Blau, Gelb und Violett durchleuchtet.

Worin besteht das klassizistische Erbe eines Ingres?

Jean-Auguste-Dominique Ingres (1780–1867) hat von allen französischen David-Schülern die klassizistische Komponente am reinsten bewahrt, und dies über viele Jahrzehnte und über manche stilistische Umakzentuierung innerhalb seines Lebenswerkes hinweg. In den besten seiner Arbeiten dominieren die in strenger Reliefmanier über die Bildfläche verteilten Figuren, im präzise geführten Linienkontur, von atmosphärelosem Seitenlicht modelliert, die Köpfe der Dargestellten nach römischen Bildnisbüsten der Kaiserzeit gezeichnet.

War Antoine-Jean Gros ein Romantiker?

Antoine-Jean Gros (1771–1835) war Schüler Jacques-Louis Davids. Seine Begeisterung für Napoleon, für das Pathos der damaligen Jahre, brachte ihn zu einer emotionaler gefärbten Art der Malerei. Nach Napoleons Sturz kehrte er zu David zurück und endete durch Selbstmord. Wegen seines antiklassizistischen Stil zufolge, aber auch wegen seines subjektivistisch-zwiespältigen Charakters wird Gros zumeist an den Beginn der französischen Romantik gestellt. Jedenfalls haben ihn Géricault und Delacroix begeistert gefeiert.

Welcher französische Realist war das große Vorbild des Münchner Leibl-Kreises?

Courbets Bild die *Steinklopfer* (zerstört) erregte 1869 auf der

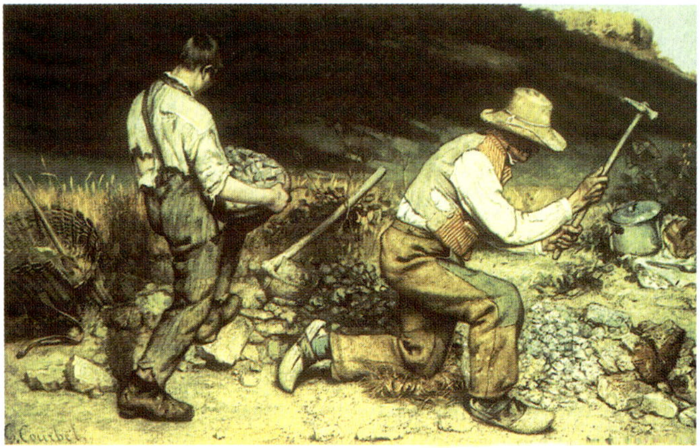

Gustave Courbet: *Die Steinklopfer*, 1849 (zerstört; ehemals: Dresden, Gemäldegalerie)

1. Internationalen Kunstausstellung im Münchner Glaspalast Aufsehen. Zeitgenössische Kritiken sprachen von einem „Attentat auf das Herz des deutschen Idealismus". Besonders der Künstlerkreis um Wilhelm Leibl (1844–1900) zollte dem Werk höchste Anerkennung. Ende 1869 und 1870 wird Leibl die Verehrung Courbets, die übrigens auch umgekehrt bestand, in Paris weiter vertiefen.

Welcher französische Maler des Historismus schuf auch farbige Skulpturen?

Der Maler Jean-Léon Gérôme (1824–1904), der spät zur Bildhauerei fand, betrieb ein ständiges Spiel mit der Illusion zwischen Kunst und Realität. Indem er den hellen Marmor mit gefärbtem Wachs bearbeitete, erreichte er fremdartige Effekte, so in der *Büste der Schauspielerin Sarah Bernhardt* von ca. 1890, die jetzt, nachdem man ihr die Farbe aus dem Gesicht gewaschen hat, ins Musée d'Orsay gelangt ist. Seine Stücke waren lange aus den französischen Museen verbannt, in Amerika jedoch äußerst beliebt.

Wo befindet sich Henry van de Veldes bedeutendstes Jugendstil-Haus?

Henry van de Veldes (1863–1957) 1895–96 errichtete *Villa Bloemenwerf* in Uccle bei Brüssel war das Wohnhaus dieses überragenden belgischen Architekten. Im übrigen entwarf er auch sämtliche Einrichtungsgegenstände bis hin zu den Heizkörpern, zum Tafelgeschirr und zur Kücheneinrichtung (und da er schon dabei war, plante er auch noch die Garderobe seiner Frau mit!). In diesem Gebäude manifestiert sich die bis ca. 1900 im Schaffen van de Veldes charakteristische Ausdeutung einfacher konstruktiver und funktioneller Anforderungen mit Hilfe organisch fließender und dynamische Kräfte verkörpernder, an den Jugendstil erinnernder Liniensysteme.

Welcher Maler gilt als Hauptrepräsentant des reifen deutschen Klassizismus?

Der Schleswiger Asmus Jacob Carstens (1754–98) gilt als der repräsentative deutsche Maler des reifen Klassizismus. Ein selbstherrlicher Einzelgänger, dessen ausgeprägter Subjektivismus sich wohl der Zeit des „Sturm und Drang" verdankt, dessen fast zur Religion erhobenes Künstlertum zum Bruch mit der Berliner Akademie führte, hat er vom malerischen Handwerk wenig verstanden und demgemäß seine Ideen und Ideale in zeichnerischen Techniken umgesetzt – so auch in seinem Hauptwerk, der *Nacht* (1795; Weimar, Staatliche Kunstsammlungen, Graphische Sammlung), einer großformatigen Kreidezeichnung.

Wie sah das Ende Vincent van Goghs aus?

Der Versuch van Goghs (1853–90), zusammen mit Gauguin im südfranzösischen Arles eine Künstlergemeinschaft herzustellen, endete in der Katastrophe der Selbstverstümmelung – van Gogh schnitt sich 1888 den Teil eines Ohres ab. Man diagnostizierte bei ihm eine wohl venerisch bedingte neurologische

Krankheit als „Wahnsinn“. 1890 begab er sich in die Obhut des Arztes Dr. Paul Gachet – von dem er auch eines seiner berühmtesten Porträts anfertigte – in Auvers-sur-Oise nördlich von Paris und starb an den Folgen einer Schussverletzung.

Welcher Architekt brachte die Eisenkonstruktion in Frankreich erstmals zur konsequenten Anwendung?

1838 wurde Henri Labrouste (1801–75) zum Architekten der neuen Bibliothèque *Ste.-Geneviève* in Paris bestellt, 1850 war das historische Gebäude fertig. Es ist das erste öffentliche monumentale Bauwerk, für dessen Gestaltung konsequent Eisen verwendet wurde. Mit der 1853 begonnenen Bibliothèque Nationale in Paris, seinem zweiten Meisterwerk, brachte Labrouste die Prinzipien der Eisenkonstruktion vollends zur Geltung, wobei er den Lesesaal in einer Art neubyzantinischen Stils mit Voll- und Teilkuppeln überwölbte.

Wie heißt das Idealstadtprojekt des Revolutionsarchitekten Ledoux?

Claude Nicolas Ledoux (1736–1806) wurde auf Empfehlung der Gräfin Dubarry 1771 zum Inspecteur général der Salinen in der Franche Comté ernannt und arbeitete seit 1775 an dem berühmten Idealstadt-Projekt der Salinenstadt Chaux (dem heutigen Arc-et-Senans) bei Besançon. Die wenigen erhaltenen und die vielen unausgeführten Gebäude, deren radikalste Entwürfe in die Jahre um 1790 fallen, als die Behörden das ganze Unternehmen bereits wieder eingestellt hatten, sind beredte Zeugnisse der Revolutionsarchitektur. Keine sakralen oder politischen Repräsentationsbauten sind Zentrum, sondern die beiden großen Werkgebäude, in denen das Eindämpfen der Salzsole und das Abpacken der Salze in Fässer durchgeführt wird. Der Salinendirektor hat sein Haus zwischen jenen beiden Fabriken – die Direktion freilich mit einem dramatisch beleuchteten und über eine pathetische Treppenflucht erreichbaren Altarraum! Verzicht auf Dekor, eine rigorose Sterometrie aus Kuben, Kugeln, Rampen usw., eine fast jedes Maß sprengende Monumentalität stehen im Dienst aufklärerischen und demokratischen Geistes.

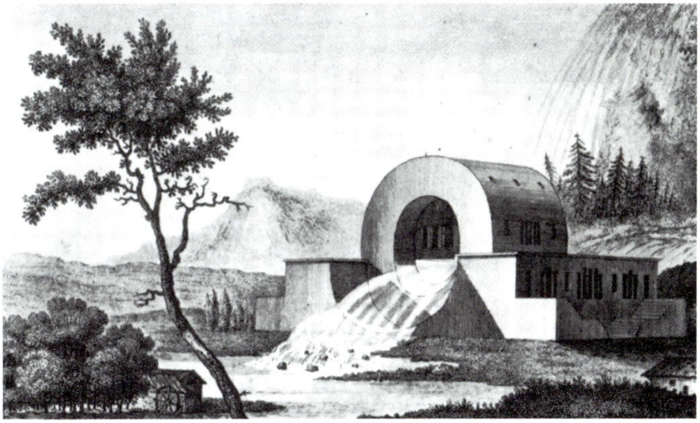

Claude Nicolas Ledoux: *Das Haus des Direktors La Loue*, Entwurf für die *Salines de Chaux* in Arc-et-Senans, um 1775

Welcher spanische Künstler zählt zu den größten Grafikern aller Zeiten?

Francisco de Goya (1746–1828) war nicht nur einer der herausragenden Maler der europäischen Kunstgeschichte, er war auch einer der produktivsten und bedeutendsten Grafiker. V. a. in seinen vier großen virtuosen Radierfolgen schildert er eine Welt der Grausamkeit, Bosheit und Hintergründigkeit des Individuums und der Gesellschaft.

Welcher Münchner Künstler zählte zu den großen „Malerfürsten“ der „Gründerzeit“ nach 1871?

Franz von Lenbach (1836–1904) war der Porträtist der Geistesgrößen und Fürsten der Gründerzeit, der v. a. durch seine routinierten Bismarck-Bildnisse in Deutschland und darüber hinaus berühmt geworden ist. Lenbach, der sich wie viele Zeitgenossen oft auch der Fotografie als Bildvorlage bediente, diktierte das Münchner Kunstleben und verhinderte hier auf lange hin den Durchbruch des Impressionismus.

Welches Bauwerk gilt als erste reine Manifestation der Jugendstilarchitektur?

Das Wohnhaus, das der bedeutendste belgische Architekt seiner Zeit und der Wegbereiter der Moderne, Victor Horta (1861–1947), 1892–1893 in der ihren neuen Reichtum zur Schau stellenden belgischen Metropole Brüssel für Professor Tassel errichtete, gilt häufig als erste reine Manifestation der Jugendstilarchitektur.

Welches ist die bildhauerische Hauptleistung Max Klingers?

Das *Beethoven-Denkmal* ist das Hauptwerk des als Symbolist eingestuften Max Klinger (1857–1920). Das polychrome Monumentalwerk besteht aus Marmor, Alabaster, Bronze und Schmucksteinen (Leipzig, Museum der bildenden Künste – als Depositum im Neuen Gewandhaus Leipzig). Unmittelbar nach seiner Fertigstellung 1902 wurde es auf der 14. Ausstellung der Wiener Sezession zusammen mit eigens dafür geschaffenen Wandgemälden von Gustav Klimt präsentiert.

Wen symbolisiert Daumiers „Don Quijote"?

Um 1868 entstand Honoré Daumiers kleinformatige und doch innerlich so große Studie *Don Quijote* (München, Neue Pinakothek). Daumier hat die Einsamkeit des fahrenden Ritters in die Kulisse einer wüsten menschenleeren Landschaft gesetzt, die die hagere, fast wie eine Gliederpuppe erscheinende, lanzentragende Gestalt auf ihrem weißen Klepper durchreitet. Die Erscheinung von Mann und Pferd bietet sich skeletthaft grotesk dem Auge dar, in expressiver Verfremdung, ja fast in einer anatomischen Deformation, wie man sie auch aus den Grafiken und Karikaturen Daumiers kennt.

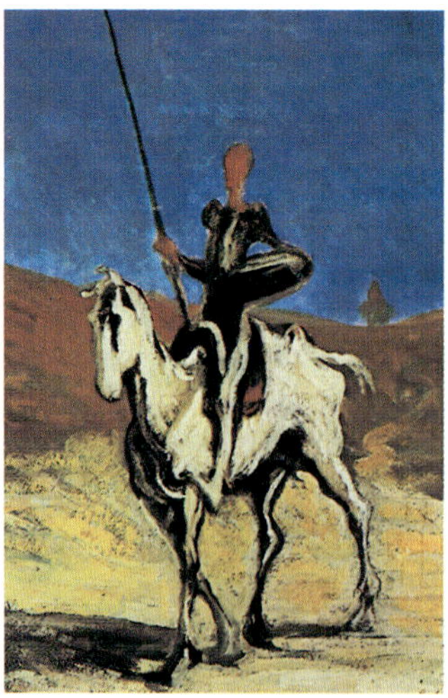

Honoré Daumier: *Don Quijote*, um 1868 (München, Neue Pinokothek)

Wer malte eines der berühmtesten historistischen Monumentalgemälde des 19. Jh.?

1845–47 arbeitete Thomas Couture (1815–79), ein in Frankreich und ganz Europa hoch geschätzter Historienmaler, an seinem Meisterwerk, an dem gigantischen Bild der *Römer der Verfallszeit* (Paris, Musée d'Orsay). Es ist ein exemplarisches Produkt des französischen „juste milieu", des Ausgleichs zwischen Tradition und Moderne. Und es ist ein ungeheuer ambitioniertes Gemälde, das mit Zitaten aus der ganzen neueren Kunstgeschichte operiert, das aus unzähligen Vorstudien und immer wieder veränderten kompositionellen Stadien entstand und sofort vom Staat aufgekauft wurde.

Aus welchen Künstlern setzte sich die „Schule von Barbizon" zusammen?

Zur „Schule von Barbizon", die die Schönheit der unberührten Landschaft seit den 30er- und 40er-Jahren des 19. Jh. im Wald von Fontainebleau suchten und sich schließlich im Dorf Barbizon niederließen, gehörten v. a. Charles-François Daubigny (1817–78), Narcisse Diaz de la Peña (1808–78), Théodore Rousseau (1812–67), der sich 1836 als Erster in Barbizon niedergelassen hatte – kurzfristig schlossen sich Gustave Courbet (1819–77) und Jean-François Millet (1814–75) an;

der wichtigste Künstler, wenn auch nur lose assoziiert, war Camille Corot (1796–1875).

Welchen Skandal löste die 2. Impressionisten-Ausstellung aus?

Über die 2. Impressionisten-Ausstellung 1876 schrieb der Kritiker Alber Wolf: „Man eröffnet soeben bei Durand-Ruel eine Ausstellung, von der man behauptet, dass es sich um Malerei handelt. Der harmlose Spaziergänger betritt sie, und seinen entsetzten Augen bietet sich ein grausiges Schauspiel. Fünf oder sechs Geisteskranke, unter ihnen eine Frau, haben sich ein Stelldichein gegeben [...] ." Die Frau war Berthe Morisot (1841–95). Auf dieser Veranstaltung ging das Publikum mit Schirmen und Stöcken auf Exponate los, die heute Ehrenplätze in den Museen aller Welt einnehmen.

Wer sind die Nabis?

Die hebräische Bezeichnung „Nabis" bedeutet „Propheten". Die Gruppe entstand 1888 infolge einer Begegnung von Paul Sérusier (1863–1927) mit Paul Gauguin (1848–1903). Ein Jahr später trat sie mit einer sensationellen Ausstellung in Paris auf den Plan. Sérusier scharte Freunde und Kollegen um sich, darunter Pierre Bonnard (1867–1947), Maurice Denis (1870–1943), Édouard Vuillard (1868–1940), Félix Valloton (1865–1925) und den späteren Bildhauer Aristide Maillol (1861–1944). Denis ist die berühmte Definition des modernen Staffeleibildes zu verdanken: „Eine Fläche, bedeckt mit Farben, die nach gewissen Gesichtspunkten geordnet sind."

Wer führte die Batik ins europäische Kunstgewerbe ein?

Der Holländer Joan Thorn-Prikker (1868–1932) arbeitete zunächst in einem Grenzgebiet zwischen Symbolismus und Irrealismus. Van de Velde suchte ihn für die angewandte Kunst zu gewinnen und brachte ihn dazu, ins europäische Kunstgewerbe eine aus Java importierte Technik, das Batiken, einzuführen.

Wie entstand der Name „Biedermeier"?

1848 veröffentlichte Victor von Scheffel in den Münchner „Fliegenden Blättern" die Gedichte „Biedermanns Abendgemütlichkeit" und „Bummelmeiers Klage". Einige Jahre später bastelte sich daraus ein anderer Autor das Pseudonym „Biedermeier", unter dem er das kleinbürgerliche Philistertum der vorhergehenden Jahrzehnte angeprangerte.

Wer waren die „Deutschrömer"?

Als „Deutschrömer" bezeichnet man den Bildhauer Adolf von Hildebrand (1847–1921), den Schweizer Arnold Böcklin (1827–1901), sowie Anselm Feuerbach (1829–80) und Hans von Marées (1837–87). Bei allen Unterschieden ist ihnen jedoch gemein, dass sie die Quellen abendländischer Kultur auf italienischem Boden zu finden glaubten, statt sich wie die Impressionisten auf die Faszination der lebenssprühenden Metropolen einzulassen. In Italien suchten sie die Welt dämonischer Mythen, der Hirten, des bocksfüßigen Pan, der Bettler und Briganten. Ihre metaphysischen Bedürfnisse befriedigten zusätzlich die Philosophien eines Schopenhauer und Nietzsche – und so manche Rückbesinnung auf die deutsche Romantik.

Welche italienische Kunstrichtung des 19. Jh. bezeichnet das Wort „Macchiaioli"?

Giovanni Fattori (1825–1908) ist der vielleicht größte Maler Italiens im 19. Jh. Er ist auch Hauptrepräsentant der Macchiaioli (von ital.: „macchia" = Fleck, Klecks), einer Art italienischen Version des Impressionismus. Dazu zählten ferner Silvestro Lega (1826– 95), Telemaco Signorini (1835–1901), Giuseppe Abbati (1836–68) und Giuseppe de Nittis (1846–84). Sie alle verbinden eine lockere, duftige und dennoch klar strukturierte Mal- und Kompositionsweise mit einer an die gestalterische Kraft der Renaissance zurückerinnernden Klassizität.

Was versteht man unter dem Mucha-Stil?

Der in Mähren geborene und in Prag verstorbene, in Europa und den USA tätige Alfons Maria Mucha (1860–1939) war einer der Hauptvertreter der Plakatkunst des Jugendstils. 1900 wurde auf der Pariser Weltausstellung sogar die Bezeichnung „Style Mucha" geprägt. Jener Stil ist, etwa in der Gestaltung esoterischer Frauengestalten, zwischen dem Symbolismus und, über die symmetrisch-flächenhaft angelegte Komposition und die artifizielle Blumenornamentik, eben dem Jugendstil angesiedelt.

Auf welches Vorbild beruft sich Corots Meisterwerk „Ein Morgen"?

1850 vollendete Jean-Baptiste Camille Corot eines seiner meisterlichsten Gemälde, das den Titel trägt *Ein Morgen, Tanz der Nymphen* (Paris, Musée d'Orsay). Dieses 1851 vom Staat aufgekaufte Gemälde ist das einzige Werk, das zu Corots Lebzeiten 1854 offiziell ausgestellt wurde. Als Vorbild stand hinter der Komposition Claude Lorrains berühmtes Gemälde der *Landschaft mit ländlichem Tanz* (Paris, Louvre) aus dem 17. Jh.

Wie lautete das Zeiturteil zu Courbets Monumentalbild „Das Begräbnis zu Ornans"?

In einer Rezension von 1851 waren über Gustave Courbets 1849/50 entstandenes Gemälde *Das Begräbnis zu Ornans* (Paris, Musée d'Orsay) folgende Zeilen zu lesen: „Courbet wollte ein Kleinstadtbegräbnis darstellen, so wie es in der Franche-Comté begangen wird, und er hat fünfzig Personen in Lebensgröße gemalt, die zum Friedhof gehen. Dies ist das Bild. Den einen war es zu groß [...] Andere haben beklagt, dass es den Bürgern von Ornans an Eleganz mangele und dass sie den Karikaturen von Daumier ähneln. Einige abgekühlte Romantiker haben sich hohlköpfig gegen das Hässliche ereifert. [...] Man hält Courbet für einen ungehobelten Burschen, der die Malerei beim Kühehüten studiert habe. Einige behaupten, der Maler sei ein Anführer von Sozialistenbanden."

Wie weit ging Wilhelm Leibl in seinem Detailrealismus?

Für sein 1882 vollendetes Hauptwerk *Drei Frauen in der Kirche* (Hamburg, Kunsthalle) konnten die Frauen Wilhelm Leibl (1844–1900) nur im Winter, wenn es keine Feldarbeit gab, über Jahre hin Modell sitzen; im November 1880 kam es zu einer Zwangspause, als er die Hände der letzten Figur nicht fertig malen konnte, „weil die betreffende Person, als ich schon sehr weit damit war, ein Geschwür daran bekam, und den Kopf desgleichen nicht, weil sie eine Augenentzündung bekam."

Wen meinte der Präraffaelit Rossetti mit seiner „Proserpina"?

Dante Gabriel Rossetti (1828–82), einer der bedeutendsten englischen Präraffaeliten, fertigte in den 1870er-Jahren insgesamt acht unterschiedliche Versionen des „*Proserpina*"-Bildes. Von der Seite aufgenommen, sieht man die Halbfigur einer jungen, betörend schönen Frau, mit der Proserpina gemeint ist, die antike Herrscherin der Unterwelt. Pluto hatte sie dorthin entführt, hätte sie jedoch wieder zurückkehren lassen, hätte sie keine von den Früchten des Hades gepflückt. Da sie jedoch einen einzigen Kern eines Granatapfels verspeist hatte, musste sie auf ewig dort unten bleiben – nur für die Hälfte des Jahres, Frühling und Sommer, durfte sie auf der Erde verweilen. Rossetti sah in dem Thema ein Sinnbild persönlichen Schicksals, denn die von ihm begehrte Jane Morris, das Modell für die Proserpina, war verheiratet und damit „gefangen".

Wie heißt das Pendantbild zu Friedrichs „Mönch am Meer"?

Die „Abtei im Eichwald" (1809/10; Berlin, Nationalgalerie) diente C. D. Friedrich als Pendant zum *Mönch am Meer*. Mit den Eichen und der gotischen Ruine – nach dem Vorbild der Kirchenruine des *Zisterzienserklosters Eldena* in Pommern gestaltet – ist

Wer schuf das revolutionärste Bild der deutschen Romantik?

Caspar David Friedrichs (1774–1840) Gemälde von 1809/10 *Der Mönch am Meer* (Berlin, Nationalgalerie) gilt als das revolutionärste Werk der deutschen Romantik und als eines der kühnsten Gemälde des europäischen 19. Jh. Friedrich negiert alle bis dahin gültigen Regeln der Landschaftsmalerei, indem er, mit Ausnahme der kleinen Mönchsfigur, auf jede Staffage und auf systematische Tiefenerschließung verzichtet. Die anfänglich vorgesehenen Segelboote zu Seiten des Mönches hat er durch Übermalung getilgt. So füllt der leere Himmel fünf Sechstel der Bildfläche. Dadurch, dass alle Linien aus dem Bild fließen, wird Unendlichkeit zum eigentlichen Bildinhalt.

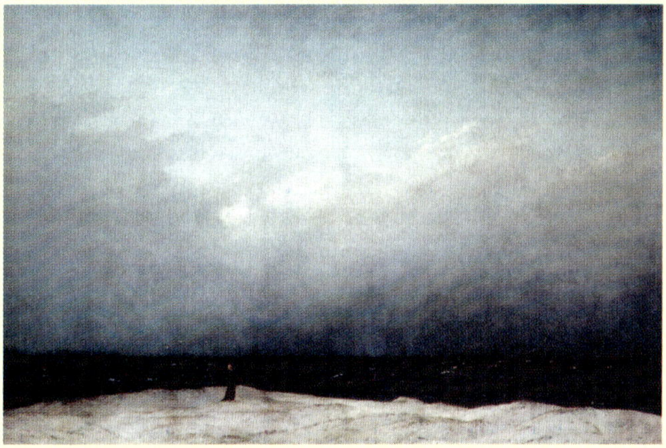

Caspar David Friedrich: *Der Mönch am Meer*, 1809/10 (Berlin, Nationalgalerie)

vermutlich auf die vorchristliche Zeit der Naturreligion und auf das christliche Mittelalter angespielt.

Welchen Titel trägt das berühmteste Bild des norwegischen Symbolisten Edvard Munch?

Edvard Munchs (1863–1944) berühmtestes Gemälde, *Der Schrei*, entstand 1893 (Oslo, Nasjonalgalleriet). Die überstürzte Perspektive, mit der Planken und Geländer einer Holzbrücke diagonal auf den Betrachter zustoßen, rückt ihm die Gestalt vorne mit dem weiblichen Totenkopfgesicht und dem schreienden Mund wie einen Alptraum direkt vor Augen Die ungeheure formale Intensität, mit der er solche Wirklichkeitsverwandlung anstrebt, um eine absolute Konzentration auf die das Bild bestimmende Aussagekraft herzustellen, lässt Munch auch zu einem Ahnherrn des kommenden Expressionismus werden.

In welcher berühmten Figurengruppe gestaltete Rodin ein geschichtliches Ereignis aus dem Mittelalter?

Rodins (1840–1917) entscheidender Beitrag zur Denkmalkunst wurde vom Magistrat von Calais angeregt, um des Opfertods von sechs Bürgern 1347, während des Krieges gegen England, zu gedenken. 1884–86 entstand für den Marktplatz der Stadt die Bronzegruppe *Die Bürger von Calais.*

Was stellt das früheste Plakat Toulouse-Lautrecs dar?

Das erste Plakat Toulouse-Lautrecs (1864–1901) entstand 1891 für das Vergnügungslokal Moulin Rouge in Paris. Es zeigt die Tänzerin mit dem Künstlernamen La Goulue und ihren Partner Valentin-le-Désossé.

Welcher künstlerischer Medien bediente sich Cézanne mit Vorliebe?

Neben dem Ölbild und der Gouache bildet das Aquarell in Paul Cézannes (1839–1906) Gesamtwerk das mit Vorliebe gewählte Medium.

Welche Funktion übernahm der Nazarener Philipp Veit in Frankfurt?

Philipp Veit (1793–1877), der an den römischen *Fresken der*

Nazarener in der Casa Bartholdy und im *Casino Massimo* mitgearbeitet hatte, übernahm 1829 die Leitung des Städel'schen Kunstinstitutes in Frankfurt am Main. Die 1833 vollendete Freskendekoration des Institutsgebäudes sollte in historischen und allegorischen Kompositionen die Kunst- und Geschichtsauffassung der Nazarener programmatisch vermitteln. Von diesem Zyklus ist nur noch das als Abschluss gedachte Hauptbild *Die Einführung der Künste in Deutschland durch das Christentum* mit den Seitenbildern *Italia* und *Germania* erhalten, das Veit gemalt hat.

Von welchen Vorbildern ließ sich Gauguin anregen?

Paul Gauguin (1848–1903) war von japanischen Holzschnitten (wie denen eines Hokusai) und altägyptischen Wandmalereien ebenso beeinflusst wie von mittelalterlichen Glasmalereien und deren Einfassung in Bleiruten, die er in seinen homogenen, von kräftigen Konturen umschlossenen Farbflüchen („Cloisonné") übernahm.

Welche Resonanz fand der Symbolist Odilon Redon am Ende seines Lebens?

Am Ende seines Lebens fand Odilon Redon (1840–1916) begeisterte Zustimmung nicht nur bei symbolistischen Schriftstellern, sondern auch bei Malern wie Gauguin, Émile Bernard und der Gruppe der Nabis.

Was war der Anlass für Turners Bild „Frieden – Bestattung auf See"?

Das Gemälde *Frieden – Bestattung auf See* (1842; London, Tate Gallery) ist ein Erinnerungsbild für William Turners (1775–1851) schottischen Malerkollegen David Wilkie, der auf der Rückkehr von einer Palästina-Reise am 1. Juni 1841 an Bord eines Dampfers in der Nähe von Gibraltar starb. Da die Behörden aus Angst vor der im Nahen Osten grassierenden Pest den Hafen gesperrt hatten, musste die Leiche Wilkies noch am selben Abend dem Meer übergeben werden.

Wer war der Theoretiker des Pointillismus?

Paul Signac (1863–1935) beschrieb in seinem 1899 erschienenen Buch „Von Eugène Delacroix zum Neoimpressionismus" u. a. seine eigene künstlerische Rolle sowie die des wesentlich bedeutenderen Georges Seurat bei der Herausbildung des Pointillismus und seiner wissenschaftlichen Grundlagen.

Auf welchen Mythos bezieht sich Canovas „Der Kuss"?

1787 erhielt Antonio Canova (1757–1822) in Rom den Auftrag zu einer seiner berühmtesten Skulpturen, zur Amor-und-Psyche-Gruppe, die als *Der Kuss* bekannt geworden ist (Paris, Louvre). Der antike Schriftsteller Apuleius, der das Märchen von Amor und Psyche erzählt, erwähnt freilich keinen Kuss. Als Amor die von dem tödlichen Schlaf des Styx befallene Psyche wieder zum Leben erweckt, da wischt er nur einfach den Schlaf von ihr ab und schließt ihn wieder in die Büchse der Proserpina ein. Dann weckte er, wie es bei Apuleius heißt, Psyche mit einem harmlosen Stich seines Pfeiles auf – Canova hat die schicksalhafte Büchse und den losen Pfeil im Rücken der Gruppe auf den Boden platziert.

Wer war einer der wichtigsten Vertreter des deutschen Impressionismus?

Der Berliner Max Liebermann (1847–1935) ist einer der wichtigsten Repräsentanten des deutschen Impressionismus, auch wenn er diese Richtung oft mit schwereren Farben und stark realistisch ausgerichteten Elementen durchsetzt.

Wann und wo malte Gauguin sein Hauptwerk?

Bekanntlich entfloh Paul Gauguin (1848–1903) der Zivilisation und verbrachte sein Lebensende in Tahiti. Die dort gemalten Bilder zeigen fast ausschließlich Frauen als Handlungsträger und Medien religiöser Erfahrung. Auch in seinem Hauptwerk von 1897 *Woher kommen wir? Was sind wir? Wohin gehen wir?* (Boston, Museum of Fine Arts) sind es Frauen, die das in Idolen und Götzen verkörperte Geheimwissen verwalten.

Wie heißt der Begründer der romantischen Landschaftsschule in den USA?

Thomas Cole (1801–48) begründete die amerikanische Hudson-River-Schule, die eine metaphysisch gemeinte und romantische Landschaftsmalerei entwickelte, gestützt auf das Vorbild eines Claude Lorrian aus dem 17. Jh. und insbesondere auch des deutschen Romantikers Caspar David Friedrich.

Wann entstand Georges Seurats Hauptwerk des Pointillismus?

Georges Seurat (1859–91) hat das großformatige Gemälde *Ein Sonntagnachmittag auf der Insel La Grande Jatte*, an dem er 1884 bis 1886 arbeitete (Chicago, The Art Institute)

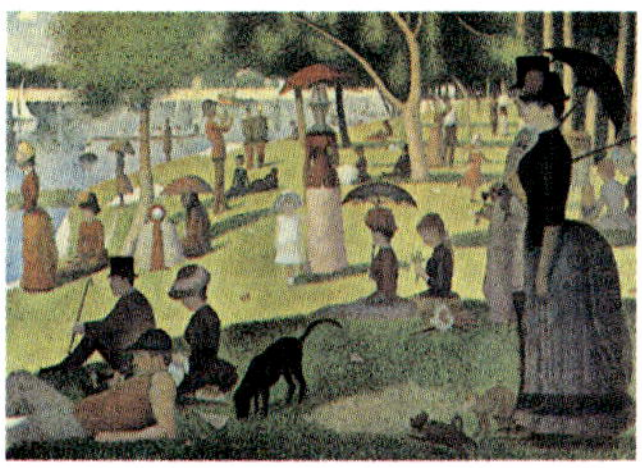

Georges Seurat: *Ein Sonntagnachmittag auf der Insel La Grande Jatte*, 1884–86 (Chicago, The Art Institute)

mit 62 Ölskizzen vorbereitet. Als er das Werk im Mai 1886 auf der 8. und letzten Impressionisten-Ausstellung der Öffentlichkeit präsentierte, wurde es heiß diskutiert und sofort als Manifest einer neuen, einer postimpressionistischen Richtung erkannt.

Auf welche Zeitereignisse reagierte Manet mit seinem Erschießungsbild?

1867/68 malte Manet (1832–83) *Die Erschießung Kaiser Maximilians von Mexiko* (Mannheim, Kunsthalle). Kompositionell griff er das bekannte Erschießungsbild Goyas auf, inhaltlich reagierte er auf das gescheiterte politische Abenteuer Frankreichs, kolonialistisch in Mexiko zu intervenieren.

In welchem Stil liegen die Anfänge Goyas?

Francisco de Goya (1746–1828) erhielt zu Beginn seiner Karriere den Auftrag, für die spanische Königsfamilie Wandteppiche zu entwerfen. Mit den dabei entstehenden Bildern dokumentiert er seine Herkunft aus der Rokoko-Malerei.

Wer gilt als Begründer der modernen Malerei in der Schweiz?

Im Umfeld des Symbolismus ist der bedeutende Schweizer Maler Ferdinand Hodler (1853–1918), anzusiedeln. Eines seiner Hauptwerke ist *Die Nacht* (1890; Bern, Kunstmuseum). Es präsentiert die symbolbefrachtete Erscheinung eines mit einem schwarzen Umhang verhüllten Wesens, das über den Lenden eines nackten, erschrockenen Mannes hingekauert ist.

Wer baute das bekannteste Jugendstil-Gebäude in Wien?

1898 wurde das neue Domizil der „Wiener Sezession“ eingeweiht. Diesen „Tempel der Bewegung“, in dem sich die Ideen des Jugendstils exemplarisch verwirklichen sollten, hatte Joseph Maria Olbrich (1867–1908) in nur sechs Monaten errichtet. 3000 schmiedeeiserne Lorbeerblätter, außen vergoldet, innen zart grün schimmernd, bilden das durchlässige Flechtwerk der Kuppel.

Wie lauten die bekannten kunsttheoretischen Ansichten Paul Cézannes?

Paul Cézanne (1839–1906) suchte nicht die Wiedergabe des Augenblickseindrucks, sondern die „Idee“, die hinter den wechselnden Erscheinungen der Natur steht. Ihm zufolge müssen die stereometrischen Grundformen von Kugel, Zylinder und Kegel in den Naturgegenständen erkannt werden. Vorder- und Seitenansicht eines Elementes erscheinen häufig nebeneinander. Damit wird Cézanne zum Wegbereiter des Kubismus.

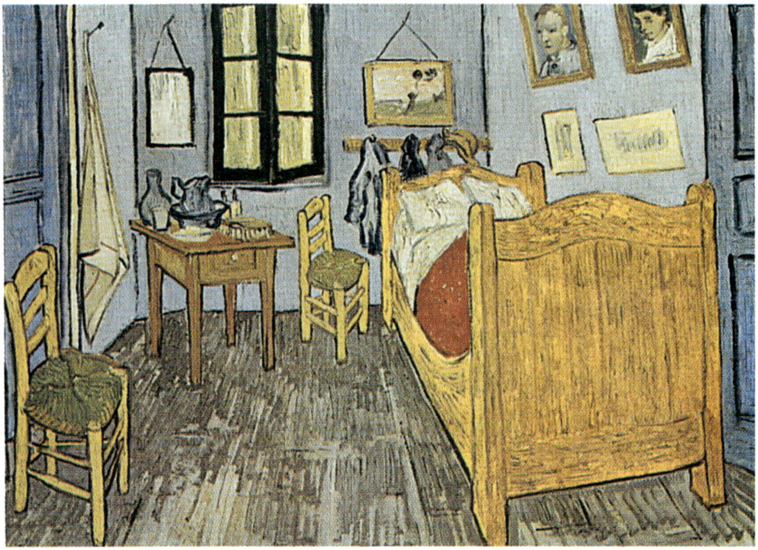

Vincent van Gogh: *Van Goghs Schlafzimmer*, 1888 (Chicago, Art Institue)

Kaiser Wilhelm II. glaubte zu Beginn des 20. Jh. alles, was vom akribischen Kostümpomp und von braven Salonbildern abwich, als „Rinnsteinkunst" verunglimpfen zu müssen: die sozial engagierte Grafik der Käthe Kollwitz (1867–1945) und den schwerblütigen Impressionismus eines Max Liebermann (1847–1935), die Expressionisten und jede ausländische Avantgarde. Die revolutionären Entscheidungen moderner Kunst waren fast alle in Frankreich gefallen und wurden in Berlin von mutigen Kunsthändlern und Sammlern vorgestellt. Immer wieder waren es die drei „Väter der Moderne", die die Jungen in ihren Bann zogen: Paul Cézanne (1839–1906), Vincent van Gogh und Paul Gauguin (1848–1903). Auch der Belgier James Ensor (1860–1949) und der eng mit Deutschland verbundene Norweger Edvard Munch (1863–1944) erregten Aufsehen. Das Zeitalter der „Ismen" und der Avantgarden war angebrochen. Die Hektik oft parallel laufender „Stile", Strömungen und Tendenzen erlaubt es häufig nicht mehr, die Kunst des 20. Jh. in kontinuierlicher Folge nachzuerzählen. Heute betrachtet man den künstlerischen und geistigen Umbruch bis etwa zum 2. Weltkrieg schon lange nicht mehr als „Rinnsteinkunst" – der Kunstmarkt hat sie längst als „Klassische Moderne" geadelt. Doch die in ihr enthaltene künstlerische Provokation ist weitergewandert und taucht am Horizont einer jeden Gegenwartskunst wieder auf.

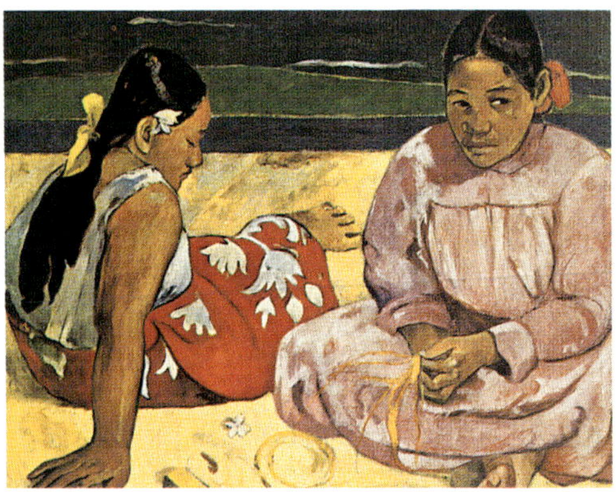

Paul Gauguin: *Frauen auf Tahiti*, 1891 (Paris, Musée d'Orsay)

Fauvismus (1905–11)

1905 provozierte eine Schar junger Künstler das an Impressionismus und Pointillismus gewöhnte Pariser Publikum. Ein Kritiker nannte sie „les Fauves", die „Wilden"; allen voran Henri Matisse (1869– 1954), Georges Rouault (1871–1958), Maurice Vlaminck und André Derain (1880–1954). Ein Jahr später komplettierten Georges Braque (1882–1963) und Raoul Dufy (1877–1953) den freilich recht kurzlebigen

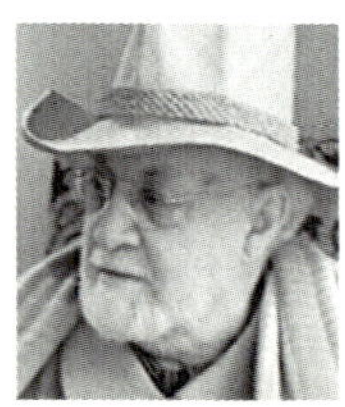

Henri Matisse

Fauvismus. Die Eigenheit der Fauves darf man zusammenfassen als eine großflächige, farbenreiche und durch Abstraktion vereinfachende Malerei. Zumeist ist das aus ungemischten Farbtönen zusammengesetzte Kolorit von höchster Intensität. Die Farbe ist nicht länger an die Aufgabe naturalistischer Dingbeschreibung gebunden und vermag deshalb die Kraft ihres Ausdrucks ungeheuer zu steigern. Manchmal fassen straffe Linien die Farbflächen zusammen, oft verlaufen sie aber locker und approximativ, so dass nicht immer eine systematische Umrandung entsteht: Die Linien dienen eher der markanten Hervorhebung als der Isolierung. Die Faszination, die die schwarzafrikanische und ozeanische Kunst auf die Fauves ausübte, bestärkte sie in dem Ziel, mit scheinbar einfachsten Mitteln dekorative Reize zu erzeugen. Wenn der Bildrhythmus es notwendig machte, griff man häufig zur Deformation, zur „Irrealität" von Raumbeziehungen.

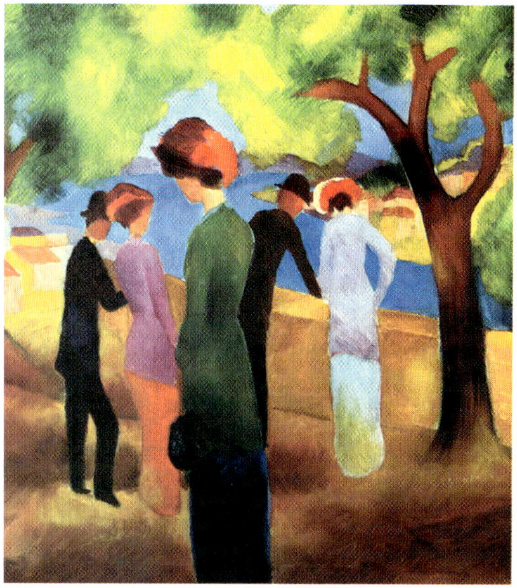

August Macke: *Dame in der grünen Jacke*, 1913 (Köln, Museum Ludwig)

Expressionismus (1905 ff.)

1905 gründeten Fritz Bleyl (1880–1960), Ernst Ludwig Kirchner (1880–1938), Erich Heckel (1883–1970) und Karl Schmidt-Rottluff (1884–1976) in Dresden die Künstlergruppe „Die Brücke". 1906 schlossen sich Max Pechstein (1881–1955) sowie Emil Nolde (1867–1956) der Gruppe an. Letzterer verblieb nur eineinhalb Jahre in der Gruppe. 1910 stieß Otto Mueller (1874–1930) hinzu. Sie alle gaben sich v. a. postimpressionistischen und fauvistischen Eindrücken hin und solchen, die sie von mittelalterlichen Holzschnitten gewannen. Und sie alle waren fasziniert von der Kunst der Südseevölker und der Völker Schwarzafrikas. Die massiven Konturen, der eckige Figurentypus, die maskenhaf-

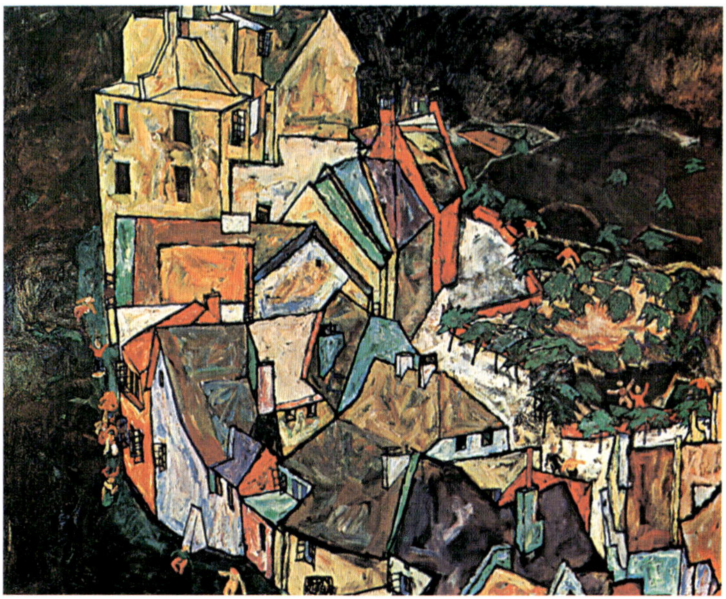

Egon Schiele: *Stadtende*, 1918 (Graz, Neue Galerie am Landesmuseum Joanneum)

ten Gesichter und die lebhafte Haltung der Gestalten in ihren Bildern rühren zum Teil daher. 1911 ging die Gruppe nach Berlin. Herwarth Walden hatte hier die Galerie „Sturm" gegründet und mit der Herausgabe der gleichnamigen Zeitschrift begonnen. Einer der Redakteure war Oskar Kokoschka (1886–1980), der mit Egon Schiele (1890–1918) u. a. den österreichischen Expressionismus repräsentierte. Die süddeutsche Version des Expressionismus bildete der „Blaue Reiter" in München, der sich 1911 um Wassily Kandinsky (1866–1944) und dessen Freundin Gabriele Münter (1877–1962), um Franz Marc (1880–1916) sowie Alfred Kubin (1877–1959) gruppierte. Auch August Macke (1887–1914) beteiligte sich. In Marcs Artikel „Die neue Malerei", erschienen im März 1912 in der Zeitschrift „Pan", wird die Forderung erhoben, die innere, geistige Seite der Natur malerisch aus den Fesseln des Sichtbaren zu lösen. Es war Kandinsky, der dies tat, indem er als einer der ersten europäischen Künstler den Weg zur Abstraktion einschlug. 1924 schlossen sich Lyonel Feininger (1871–1956), Kandinsky, Paul Klee (1879–1940) und Alexej von Jawlensky (1864–1941) zur Gruppe „Die Blauen Vier" zusammen, die Ideen aus der Münchner Zeit an das „Bauhaus" weiterreichte. Während in Deutschland expressionistische Architektur nur in wenigen Fällen realisierbar war, etwa in Hans Poelzigs (1869–1936) *Großem Schauspielhaus* in Berlin (1918/19) oder in Erich Mendelsohns (1887–1953) *Einsteinturm* in Potsdam (1920/21), sind die expressionistischen Bauten der Amsterdamer Schule kaum noch zu zählen. Das zeigt, dass der Expressionismus zwar in erster Linie der kardinale Beitrag der deutschen Kunst zur Moderne war, dass seine Tendenzen aber durchaus auch in Belgien und den Niederlanden und mit den Malern Georges Rouault (1871–1958) und Chaim Soutine (1893–1943) auch in Frankreich Parallelen fanden. Aus den „Stahlgewittern" des I. Weltkrieges ging nicht der vom Expressionismus ersehnte „neue Mensch" hervor, vielmehr zog eine geschlagene Armee heimwärts in eine durch Hunger und Inflation erschütterte Republik. Otto Dix (1891–1969), Max Beckmann (1884–1950) und George Grosz (1893–1959), die alle vom Expressionismus ausgingen, um sich dann dem Dadaismus, Verismus u. ä. zuzuwenden, setzten sich mit der schockierenden Realität der menschlichen Wracks, der Kriegskrüppel und Kriegsgewinnler, der Prostituierten und der neuen Demagogen nach dem Krieg auseinander.

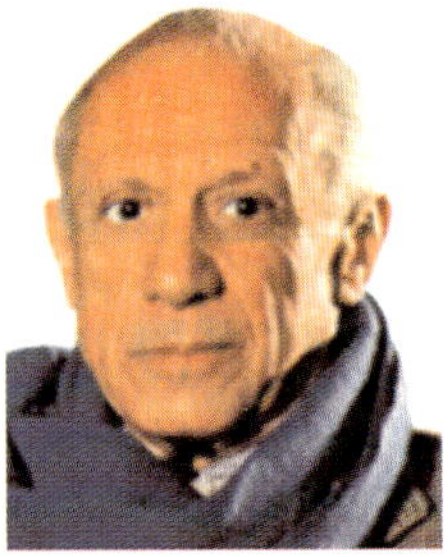

Pablo Picasso

Kubismus und Orphismus (1907 ff.)

Den Auftakt zum Kubismus gab, so zumindest die verbreitete Ansicht, ein einziges Bild: Pablo Picassos (1881–1973) im Jahr 1907 vollendetes Schlüsselwerk der Moderne *Les Demoiselles d'Avignon* (New York, Museum of Modern Art). Es zerstörte nicht nur radikal alle bisherigen Sehgewohnheiten, es bot über alle Provokation hinweg auch die programmatische Möglichkeit, innovative Formprobleme anzugehen. 1907 lernte Picasso Georges Braque (1882–1963) kennen. Dieser stellte 1908 in der Pariser Galerie Kahnweiler geometrisch vereinfachte Bilder aus, für die ein Kritiker die Bezeichnung „Cu-

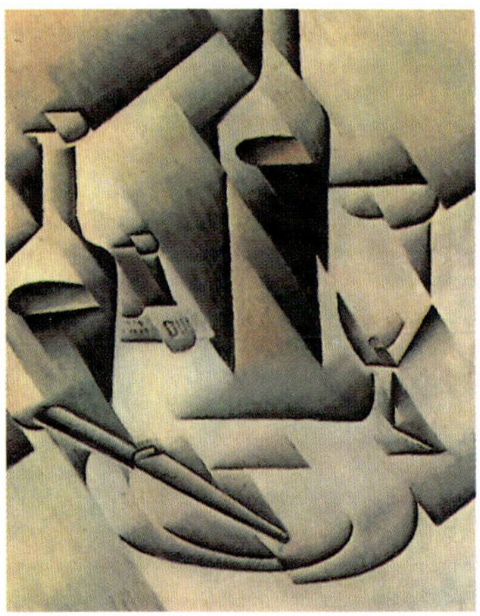

Juan Gris: *Stillleben mit Flaschen und Messer*, 1912 (Otterloo, Rijksmuseum Kröller-Müller)

bes“ verwendete. Der Kubismus hatte seinen Namen gefunden. Der bis 1912 dauernde sog. „Analytische Kubismus“ verschmolz in einer von mehreren Seiten zugleich gebotenen Ansicht der Dinge Form und Raum zu einem System aus Facetten, das das Gegenständliche schon weitgehend auflöste und abstrahierte. An die Stelle früherer Perspektivik trat ein Gefüge einander sich durchdringender und überschneidender Flächen. Die Farbe verzichtete auf atmosphärische Wirkungen und beschränkte sich auf eine braun-grau-blaue Grundskala. 1911 fügten Picasso und Braque auch Zahlen, Wortfragmente usw. in ihre Kompositionen ein. Die Fortsetzung des analytischen, der „Synthetische Kubismus“ begann 1912. Seine wichtigste Innovation betraf die Anwendung der Collage: Braque klebte 1912 erstmals ein „papier collé“, ein Tapetenstück, als Realitätsfragment in ein Früchtestillleben ein. Die mit Abstand wichtigsten Künstler, die inzwischen zu den Kubisten gestoßen waren, sind Juan Gris (1887–1927) und Fernand Léger (1881–1955). Schon 1911 war jedoch eine weitere Version des Kubismus ins Leben getreten, der „Orphismus“ von Robert Delaunay (1885–1941). Der für die Klassische Moderne so immens einflussreiche Delaunay ging vom Kubismus aus, doch störte ihn das Marginale der Motive, an denen dessen Formzersplitterung exemplifiziert wurde. Ihn zogen die Bewegungsstrukturen der Großstadt, ihre Simultaneität, das elektrische Licht, neue Zeit- und Raumperspektiven in den Bann, die er in eine dynamische, zunehmend abstrahierte Farbmalerei einfließen ließ.

Futurismus (1909 ff.)

Auch der italienische Futurismus liebte die Straße, die Stadt, das elektrische Licht, die Rasanz des modernen Verkehrs; für die künstlerische Umsetzung bedienten sich die Futuristen eines dynamischen Linienstakkatos, der Simultaneität der gezeigten Sujets und Ereignisse sowie der Durchdringung der Bildebenen. Durch diese sollte zu den drei räumlichen Dimensionen die vierte Dimension, die Zeit, hinzutreten.

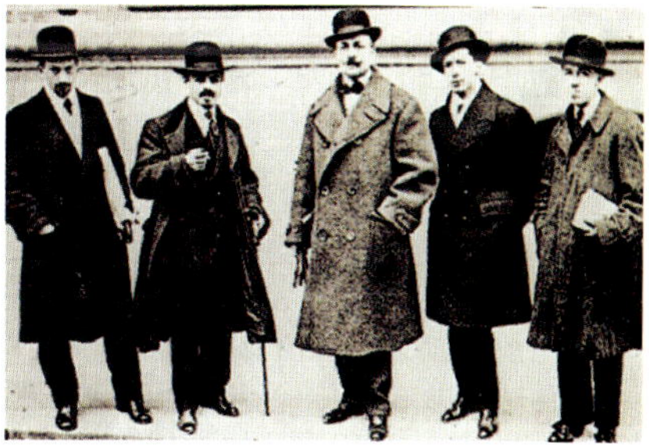

Futuristen: Luigi Russolo, Carlo Carrà, Filippo Tommaso Marinetti, Umberto Boccioni, Gino Severini (von links)

1909 hatte der Dichter Filippo Tommaso Marinetti in der Pariser Zeitung „Le Figaro“ das „Manifest des Futurismus“ veröffentlicht, das u. a. den Krieg – „diese einzige Hygiene der Welt“ – verherrlicht. Die fünf stärksten künstlerischen Talente, die die Position der futuristischen Malerei vertraten, waren Umberto Boccioni (1882–1916), Carlo Carrà (1881–1966), Luigi Russolo (1885–1947), Giacomo Balla (1871–1958) und Gino Severini (1883–1966). Formal lehnten sich die Futuristen an die analytische Dingzerlegung des Kubismus an, farblich huldigten sie dem Divisionismus (Pointillismus). Ehe der Futurismus zur Zeit Mussolinis verödete, hatte er sich, seit 1912, als eine der einflussreichsten Strömungen über ganz Europa verbreitet und hatte z. B. in Russland um 1913 kurzfristig den sog. Kubo-Futurismus entstehen lassen.

Geometrische Abstraktion (ca. 1913 ff.)

Die frühe Moderne erlebte eine Reihe von unterschiedlichst benannten und international verflochtenen Strömungen, die das Kunstwerk nicht mehr länger als individuelle und subjektive Schöpfung behandeln wollten, sondern als Resultat eines kollektiven Werkgedankens in Analogie zur industriellen Produktion. Kreatives Leitbild war nicht der Künstler, sondern der Ingenieur. Die Strategien in den einzelnen Ländern waren unterschiedlich, das ersehnte „konstruktivistische“, abstrakt-geometrische Ziel relativ identisch. In Russland z. B. entstand um 1913 auf Initiative Kasimir Malewitschs

(1878–1935) der „Suprematismus" als Ausdruck solch einer konstruktivistischen Idee. Als 1917 die Revolution den Sieg über den Zarismus davongetragen hatte, beteiligten sich die russischen Avantgardekünstler, wie Wladimir Tatlin (1885–1953), mit Emphase am Aufbau einer neuen Ordnung. Und über El Lissitzky (1890–1941) beeinflusste der Suprematismus den gesamten europäischen Konstruktivismus und nicht zuletzt das deutsche „Bauhaus". Die 1917 gegründete holländische „Stijl"-Bewegung war nicht weniger philosophisch universalistisch ausgerichtet als der russische Konstruktivismus. Die führende Gestalt der Gruppierung war der auch von esoterischen Ideen erfüllte Piet Mondrian (1872–1944), der die Malerei auf eine elementare kosmologische Harmonie zurückführen wollte, indem er nur gerade Linien, die Vertikale und Horizontale, den rechten Winkel, sowie die Primärfarben Blau, Rot und Gelb und die Nichtfarben Schwarz und Weiß gelten ließ. Der Einfluss von „De Stijl" wirkte sich v. a. auch auf die Architektur der 20er-Jahre aus. 1919 gründete der Architekt Walter Gropius (1883–1969) das „Bauhaus" in Weimar (1925 nach Dessau, 1932 nach Berlin verlegt und dort 1933 von den Nazis aufgelöst). Inspiriert vom anonymen Gemeinschaftswerk mittelalterlicher Bauhütten sollte eine Synthese von Architektur, bildender Kunst und Handwerk vollzogen werden. Hochrangige Künstler unterschiedlichster Sparten wurden deshalb hier als Lehrer zusammengezogen, stilistisch herrschte die geometrische Abstraktion oder eine sich auf diese Richtung hinbewegende figurative Kunst vor, wie sie etwa Oskar Schlemmer (1888–1943) vertrat.

Dadaismus und Marcel Duchamp (1916 ff.)

Die Dadaisten waren die ersten Künstler des 20. Jh., die bewusst Anti-Kunst betreiben wollten. In diesem Sinne hatten sich etliche Emigranten 1916 im „Cabaret Voltaire" in Zürich zusammengefunden. Dada war die anarchistische Empörung über das Völkermorden des I. Weltkriegs sowie über jene „Zivilisation, die das hervorgebracht hatte" (Max Ernst). Der Dadaismus hielt es mit dem Absurden, der Verfremdung, er veranstaltete chaotische und das Spießbürgertum schockierende Happenings, verwendete Flugblätter, Plakate und Reklamezettel, v. a. auch das Medium der Collage und der Fotomontage. In Berlin trat Dada ab 1918 in Erscheinung, und zwar politisch aggressiver als anderswo, man denke an George Grosz (1893–1959) und John Heartfield (1891–1968). In Hannover erhielt er durch Kurt Schwitters (1887–1948) ein ganz eigenes Gesicht. Keiner aber hat die Skepsis gegenüber der herkömmlichen Kunst so weit getrieben wie der Franzose Marcel Duchamp (1887–1968), der Begründer der Objektkunst, der „Ready-mades": das Rad eines Fahrrads, das er 1913 auf einen Hocker montierte, der „Flaschentrockner" von 1914, das Pissoirbecken, das er 1917 für eine Ausstellung einrichtete. Mit Duchamp beginnt die Frage, die die Kunst ab jetzt nie mehr loslassen wird: Was ist denn eigentlich noch Kunst? Welche Aufgaben kann sie in der Neuzeit überhaupt noch wahrnehmen? Ist sie gar an ihrem Ende angelangt?

Pittura metafisica und Surrealismus (1911 ff.)

Ab etwa 1911 entstanden die Bilder des Italieners Giorgio De Chirico (1888–1978), die unter dem Sammelbegriff „Pittura metafisica" bekannt wurden: Formal sind sie der Renaissance verpflichtet, inhaltlich jedoch poetisch-beklemmenden Traumsituationen, rätselhaften irrealen Welten, die bereits zum Surrealismus hinführen. 1924 wurde das erste Manifest des Surrealismus veröffentlicht, in dem Sigmund Freuds Theorien vom Unbewussten, die Rolle sexueller Phantasien, alle potentiell kreativen Triebkräfte als Mittel und Ziel der Kunst proklamiert wurden. Der Surrealismus brachte wahre Kultfiguren des 20. Jh. hervor, darunter den spanischen Filmregisseur Luis Buñuel und Maler wie Salvador Dalí

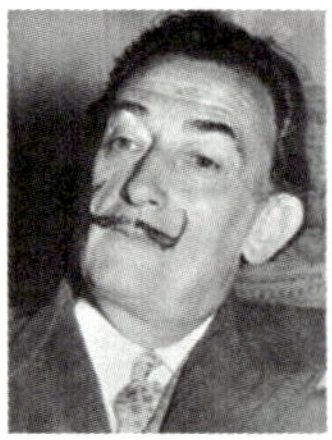

Salvador Dalí

(1904–89), Max Ernst (1891–1976), Joan Miró (1893–1983), René Magritte (1898–1967). Was internationale Verbreitung und Lebensdauer betrifft, ist er vielleicht erfolgreichste Stil der Moderne geworden.

Zwischen Realismus und Abstraktion (20er-Jahre – 50er/60er-Jahre)

Formal waren jetzt im Kern alle Darstellungsmöglichkeiten bereitgestellt, die die Kunst in den nächsten Jahrzehnten bestimmen sollten: das gesamte Spektrum zwischen figurativer und ungegenständlicher Malerei bzw. Plastik. An die figurative Komponente hielt sich der Verismus zwischen den beiden Weltkriegen und die seit 1923 so titulierte „Neue Sachlichkeit" (auch „Magischer Realismus" genannt), die ihr Schwergewicht in Deutschland besaß. Bei politischer Ausrichtung konnte sich die Orientierung am Gegenständlichen in einen sozialen Realismus verwandeln – so etwa bei den drei großen mexikanischen Freskenmalern Diego Rivera (1886–1957), José Clemente Orozco (1883–1949) und David Alfaro Siqueiros (1896–1974). Auch die „American Scene" huldigte vielfach der figurativen Kunst, wofür Namen wie Grant Wood (1891–1942) oder Edward Hopper (1882–1967) stehen können. Im Sozialistischen Realismus der Sowjetunion und im „Blut-und-Boden"-Realismus der Nazizeit erlebte das Figurative freilich seine katastrophale Perversion. Mit dem Ende des II. Weltkrieges brach dann die große Zeit der abstrakt-expressiven Malerei an, die sich in vielem auf Kandinsky zur Zeit des „Blauen Reiter" berufen konnte. Zentrum des Geschehens war zunächst Paris, eine Spielart war die 1948 gegründete Gruppe „Cobra", eng verwandt war der um 1950 konstituierte „Tachismus" und das etwa gleichzeitig postulierte „Informel". Die amerikanische Variante des „Tachismus" ist das „Action Painting", das Jackson Pollock (1912– 56) 1947 in den USA kreierte. Auf die Farbstürme und vehementen Pinselspuren des abstrakten Expressionismus antwortete dann die abstrakte Kunst mit einer Rückkehr zu eher meditativeren Tableaus (z. B. im „Color-Field-Painting") oder mit der Rückwendung zu einer wieder stärker optisch-geometrischen Kunst in der in den 50er-Jahren entstehenden „Op-Art".

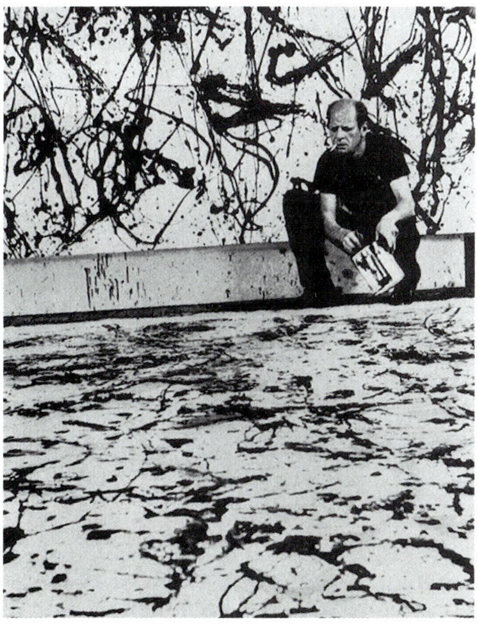

Jackson Pollock: *Action Painting*

Pop-Art (1952 ff.)

In London fand sich 1952 eine Gruppe junger Künstler zusammen, die „hohe" und „niedere" Künste, die modernen Massenmedien, Design, Kino, Werbung, Comics und Science-fiction zu „Popular Arts", zu einer allen Schichten zugänglichen und verständlichen Sprache vereinen wollten. Richard Hamilton (*1922) schuf die Ikone der frühen Bewegung. Rasch wurden die Zielsetzungen der „Pop-Art" in den USA aufgegriffen, wo sie, mehr oder weniger kritisch, den „American way of life" – von der Cola-Dose bis zum Marilyn Monroe-Poster (Andy Warhol, 1928– 87) – beleuchteten. Neben Warhol wurden Robert Rauschenberg

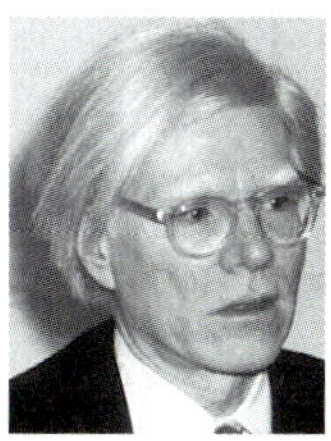

Andy Warhol

(*1925), Roy Lichtenstein (1923–97), Tom Wesselmann (*1931), James Rosenquist (*1933) und Claes Oldenburg (*1929) zu den Leitfiguren der Pop-Art. Als eine Art Sonderform der Pop-Art darf man ferner den sich in den 60er-Jahren herauskristallisierenden Fotorealismus (auch Hyperrealismus genannt) betrachten. Nicht zuletzt mit ihm ist eine fatale Trennung ad absurdum geführt, die seit dem Ende des II. Weltkrieges und der „Aufteilung" der Welt in den „freien Westen" und den kommunistischen Ostblock lange Zeit die westliche Meinung beherrschte: dass abstrakte Kunst Ausdruck von Freiheit und Fortschrittlichkeit sei, figurative Kunst Zeichen von Rückständigkeit und ideologischer Fixierung.

Pluralismus und Postmoderne (1960 ff.)

Um 1960 entstand die Bewegung „Fluxus", in der der koreanische Musiker, Komponist, Performance- und Videokünstler Nam June Paik (*1932) eine prominente Rolle spielte. Aktionen – durchaus auch in Nachfolge des Dadaismus – standen im Mittelpunkt ihres Interesses. 1959 hatten in New York auch die ersten nachdadaistischen Happenings stattgefunden. Darauf folgte „Fluxus", in Deutschland Joseph Beuys (1921–86) und in Österreich Hermann Nitsch (*1938). 1969 etablierte sich mit der „Konzeptkunst" eine Richtung in New York, der die Idee wesentlicher war als das objekthafte Werk. Gleichfalls Ende der 60er-Jahre machte die amerikanische „Land Art" von sich reden, angesiedelt im unwegsamen Gelände weitab von der Zivilisation. Und in den 60er-Jahren hielten die neuen Medien Einzug in die bildende Kunst – die Video-Installation entwickelte sich zu einem der zugkräftigsten und – mit Bruce Nauman (*1941) beispielsweise – auch überzeugendsten Zweige der Gegenwartskunst. Alles schien möglich und auch möglich gemacht – so weit, dass Beliebigkeit drohte. Die sog. „Postmoderne" reagierte darauf. Der Begriff war zuerst in der Literaturwissenschaft geprägt worden. Dann übertrug man ihn in die Architekturgeschichte. Ausgangspunkt war 1972 die Sprengung eines Wohnviertels in St. Louis, Missouri. Als der Komplex einfallsloser und damals längst ruinöser Wohnhochhäuser aus den 50er-Jahren dem Erdboden gleichgemacht wurde, sah man darin das Sinnbild für den Tod der modernen Architektur: Was vor 1972 existierte, war „Moderne", was danach entstehen würde, sei Postmoderne bzw. Postmodernismus. Postmoderne erlaube alles, erlaube alle denkbaren Zitate aus der Vergangenheit, erkläre letztlich alles zur Kunst. Das Ende der Kunst und der Kunstgeschichte, das damit eingeläutet schien, hat sich nicht bewahrheitet. Gerade die Architektur – z. B. das *Guggenheim-Museum in Bilbao* (1991–97) von Frank O. Gehry (*1929) oder das *Jüdische Museum in Berlin* von Daniel Libeskind (*1946) – beweist die Lebenskraft und Lebendigkeit auch der Gegenwartskunst.

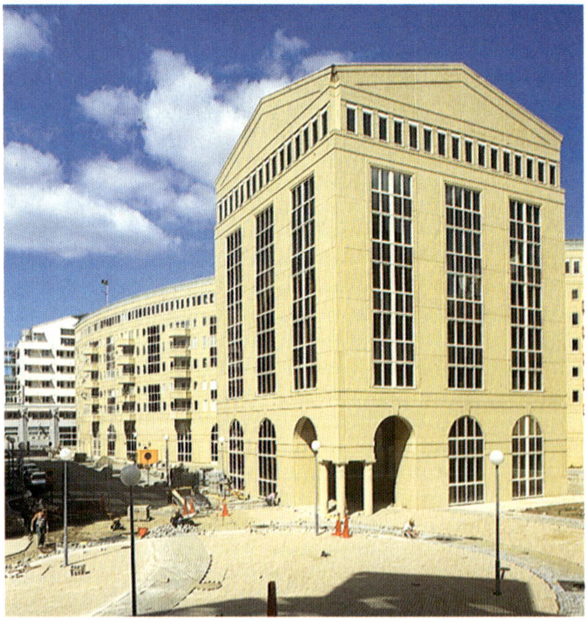

Postmoderne Architektur; Ricardo Bofill: *Bofills Boden in Stockholm*, 1989–92

Woher bezog „Die Brücke" ihren Namen?

Die expressionistische Gruppenbezeichnung „Die Brücke" lehnte sich an einen Satz in Nietzsches „Also sprach Zarathustra" (1883–1885) an: „Was groß ist am Menschen, das ist, dass er eine Brücke und kein Zweck ist: was geliebt werden kann am Menschen, das ist, dass er ein Übergang und ein Untergang ist [...]."

Wer schuf 1956 die Ikone der Pop-Art?

Als Plakatentwurf für die Avantgarde-Ausstellung „This is tomorrow" in London konzipiert, wurde Richard Hamiltons (*1922) Collage *Just what is that makes today's homes so different, so appealing?* („Was macht das Zuhause von heute nur so anders, so anziehend?"; 1956; Tübingen, Kunsthalle) zu einer Ikone der Pop-Art. Diese Avantgarderichtung charakterisierte Richard Hamilton ein Jahr später unter zahlreichen anderen beschreibenden Vokabeln als populär, vergänglich, billig, massenproduziert, jung, witzig, sexy und geschäftstüchtig.

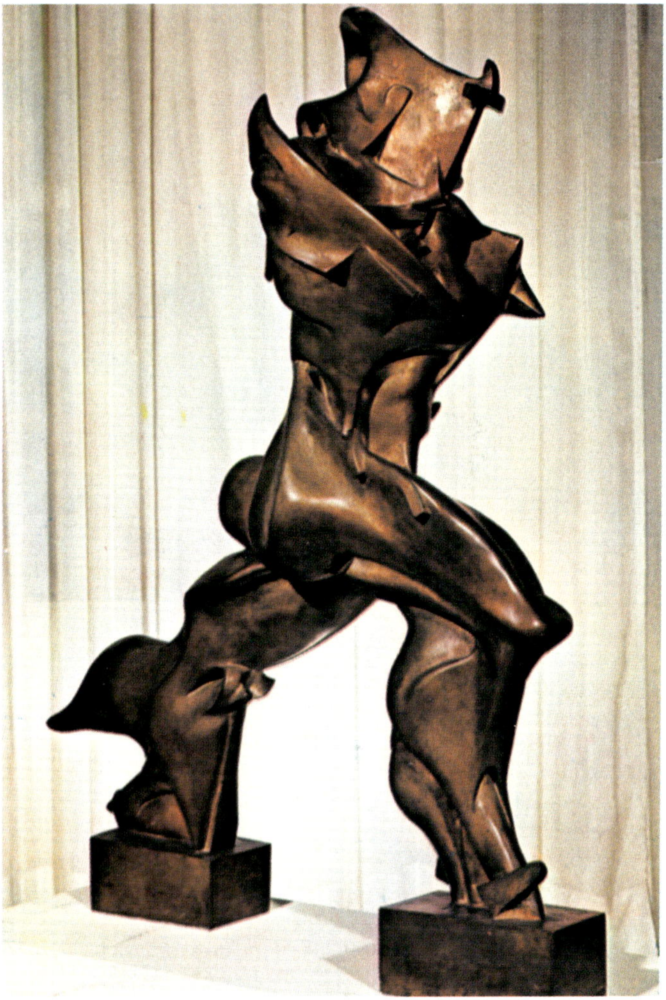

Umberto Boccioni: *Urformen der Bewegung im Raum*, 1913 (New York, Museum of Modern Art)

Wer schuf eine der bekanntesten futuristischen Skulpturen?

Umberto Boccionis (1882–1916) berühmte Bronzeskulptur *Urformen der Bewegung im Raum* wurde 1913 konzipiert und bezieht sich auf die Gestalt des *Schreitenden* von Auguste Rodin. Diese Gestalt modernisiert Boccioni, indem er sie zu mehrfach belichteten Phasenfotos in Beziehung setzt und frühkubistische Formen einbringt.

Für welche Zeitschrift arbeitete John Heartfield?

Die Fotomontage als Gestaltungsprinzip im Dienst politischer Propaganda, das ist das grosse Anliegen, das John Heartfield (1891–1968) auf Plakaten und nicht zuletzt auf

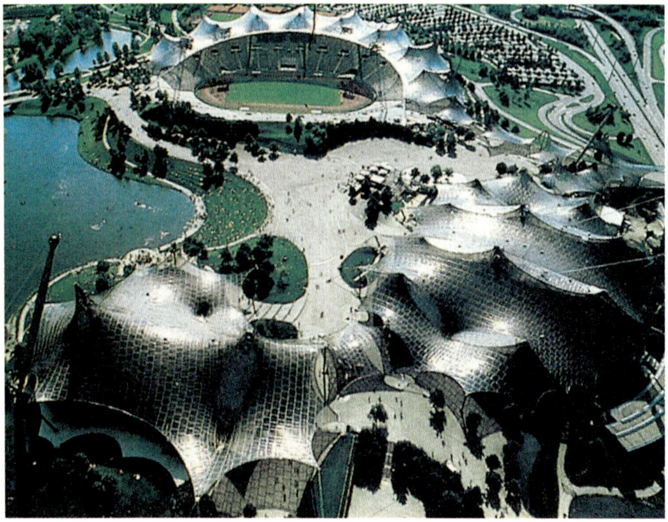

Günter Behnisch und Frei Otto: *Olympiagelände* mit *Olympiastdion* in München, 1972 vollendet

den Seiten der kommunistischen „Arbeiter-Illustrierten-Zeitung" verwirklichte. In einem Titelblatt von 1932 mit dem Bild *Der Sinn des Hitlergrußes* wird z. B. die typische Geste als hohle Pathosgebärde diagnostiziert. Der angehende Diktator wird als Lohnempfänger des Großkapitals entlarvt, welches ihm – in verstohlener Anonymität – von hinten her die Geldscheine in die Hand legt.

Welches Sportstadion zählt zu den herausragendsten Zeugnissen moderner Architektur in Deutschland?

Das von 1969–72 errichtete *Münchner Olympiastadion* ist ein Meisterwerk moderner– keine Selbstverständlichkeit im zeitgenössischen Bauen – und ein sympathisches Beispiel humaner Architektur. Günter Behnisch (*1922) und der Konstrukteur Frei Otto (*1925) verwirklichten im *Olympiagelände* und dem großen Stadion als dessen Mittelpunkt eine Vision, in der sich soziale Transparenz, konstruktive Kühnheit und landschaftliche Offenheit verbanden.

Welches ist das berühmteste Beispiel der Gegenwartsarchitektur in Berlin?

Im Sommer 1989, einige Monate vor dem Fall der Berliner Mauer, wählte eine internationale Jury den Entwurf Daniel Libeskinds (*1946) für das geplante *Jüdische Museum in Berlin* aus. Das Bauwerk zeichnet sich durch eine kinästhetische Dramaturgie aus, die enthusiastische Zustimmung beim Gros der Besucher findet. Man hat es schon das letzte Meisterwerk Berlins im 20. Jh. und Berlins erstes Gebäude für das 21. Jh. genannt.

Wie waren die letzten Lebensjahre Ernst Ludwig Kirchners geprägt?

Ab 1917 entflieht Kirchner (1880–1938) seinen Angstzuständen, die er mit Alkohol, Morphium und Tabletten still zu stellen suchte, indem er sich erst in mehrere Sanatorien begibt und dann in einen Bauernhof bei Davos zurückzieht. 1937 hängen 32 Arbeiten Kirchners in der Ausstellung „Entartete Kunst". Er fühlt sich absolut verkannt, wollte er doch immer ein deutscher Künstler sein. Nach erneuten Depressionen erschießt er sich am 15. Juni 1938.

Worin sah der Konstrukteur selbst die Haupteigenschaft des Daches des „Münchner Olympiastadions"?

Für das Dach des 1972 vollendeten *Münchner Olympiastadions* war zunächst eine textile Bespannung vorgesehen, schließlich wählte man transparente Acrylplatten. Frei Otto (*1925) sagt zu diesem an Stahlmasten aufgehängten Gebilde, das inzwischen zu einem Wahrzeichen geworden ist: „Das Münchner Dach ist gar kein richtiges Dach. Einzelne Teile schützen nicht einmal gegen Regen. Es ist ein

Zeichen, und es ist noch mehr mit einer Fahne zu vergleichen. Es ist Symbol, es ist Orientierungshilfe. [...] Es ist Anziehungspunkt. Es ist Weltwunder."

Welches Bild zählt zu den Meisterwerken der noch expressionistisch beeinflussten Phase Max Beckmanns?

In eine verwinkelte Dachkammer fällt der Blick. Drei Männer sind eingedrungen, mit teilnahmslosen Gesichtern foltern sie, vergewaltigen, töten, verschleppen ein Kind. Die Glieder der Opfer sind grauenvoll verrenkt. Von August 1918 bis März 1919 hat Max Beckmann (1884–1950) an dem Gemälde *Die Nacht* (Düsseldorf, Kunstsammlung Nordrhein-Westfalen) gearbeitet. Das Ende des I. Weltkrieges und der Spartakusaufstand fielen in diese Zeit. Am 15. Januar wurden Karl Liebknecht und Rosa Luxemburg von Soldaten der Reichswehr ermordet – der Mann rechts im Bild, mit der Ballonmütze und dem Staubmantel, erinnert deutlich an Lenin. Doch nicht allein Zeitereignisse erklären die Gewalttätigkeit des Bildes, auch seine holzschnittartige, an altdeutscher Malerei geschulte Formensprache, seine expressionistische Figurenschilderung und Raumverschachtelung. Beckmann stellt sich in dem Mann auf dem Tisch selbst dar, demonstrativ zeigt er Arm und Hand in einer Haltung, die an die des Christus der Kreuzabnahme erinnert. Rechts ist Beckmanns Sohn Peter zu identifizieren. Auch Minna Tube, die Frau des Künstlers, dürfte im Bild assoziiert sein: Damals hatte sie ein Engagement als Opernsängerin in Graz angenommen – die Familie fiel auseinander.

Welches surrealistische Objekt begeisterte auch spätere Pop-Künstler?

Die Malerin und Objektkünstlerin Meret Oppenheim (1913–85) überzog eine Tasse, eine Untertasse und einen Löffel mit Pelz und schuf so mit dem Objekt *Das Frühstück im Pelz* (1936; New York, Museum of Modern Art) eine Ikone des Surrealismus, die später auch die Pop-Art wieder aufgreifen sollte.

Mit welchen Sätzen wird das Programm des 1919 gegründeten „Bauhauses" eingeleitet?

Die einleitenden Sätze des maßgeblich von Walter Gropius beeinflussten „Bauhaus"-Programmes von 1919 lauten: „Das Bauhaus erstrebt die Sammlung allen künstlerischen Schaffens zur Einheit, die Wiedervereinigung aller werkkünstlerischen Disziplinen – Bildhauerei, Malerei, Kunstgewerbe und Handwerk – zu einer neuen Baukunst als deren unablösliche Bestandteile. Das letzte, wenn auch ferne Ziel ist das Einheitskunstwerk – der große Bau –, in dem es keine Grenze gibt zwischen monumentaler und dekorativer Kunst."

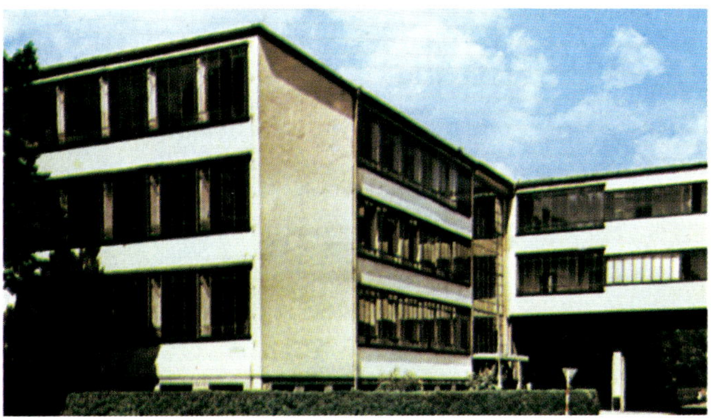

Walter Gropius: *Bauhaus* in Dessau, 1926

Wann war eine Blütezeit des Auto-Designs?

Die 30er-Jahre waren eine Blütezeit des Automobildesigns. Namen wie Bugatti, Bentley, Maybach, der *Phan-*

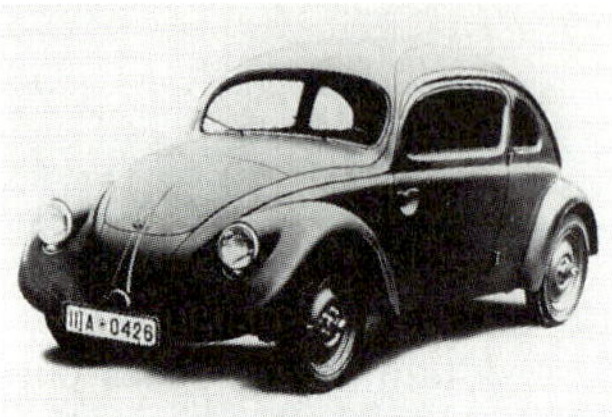

VW Käfer von 1937

tom von Rolls Royce, die Sportwagen von Mercedes oder das von Walter Gropius (1883–1969) entworfene Cabriolet *Adler* belegen das. Die chromglänzenden Karosserien symbolisierten Eleganz, Luxus, Snobismus inmitten einer krisengeschüttelten Welt. Auch der von Ferdinand Porsche seit 1934 konstruierte VW, der 1938 zum ersten Mal im Straßenbild auftauchte, sollte Reichtum repräsentieren, ist aber heute Sinnbild des prosperierenden Massenkonsums.

Welches Bild gehört zu den bekanntesten der „Neuen Sachlichkeit"?

1927 stellte sich der Maler Christian Schad (1894–1982), in ein durchsichtiges Hemd gekleidet, vor einem nackten weiblichen Modell dar (Hamburg, Privatbesitz). Dieses unterkühlte Selbstbildnis gehört zu den bekanntesten und besten Werken der Neuen Sachlichkeit.

Wer gilt als Begründer des „Rayonismus"?

Der russische Maler Michail Fjodorowitsch Larionow (1881–1964) und seine Ehefrau Natalija Gontschorowa (1881–1962) begründeten um 1911 den „Rayonismus", eine Frühform der abtrakten Malerei. Es vereinigen sich in diesen Bildern orphistische, kubistische sowie futuristische Prinzipien. Das Licht in seiner Bewegung ist eines der charakteristischen Motive der Gemälde, da es für die Rayonisten die „reine Energie" von Menschen und Dingen darstellt. Gegenstände werden in Kraftlinien und strahlenförmige Lichtbündel zerlegt. Das Licht erscheint in dieser dynamischen und bewegten Darstellung als so genannte „vierte Dimension". In Paris setzten 1914 die beiden Maler ihre Ideen in Bühnenkonstruktionen mit bewegtem Licht weiter um.

In welchem Buch begründete Kandinsky erstmals seinen Weg zur Abstraktion?

„Über das Geistige in der Kunst" betitelte Kandinsky (1866–1944) sein 1910 beendetes, 1911 veröffentlichtes, berühmt gewordenes Buch. Der Weg zur Vergeistigung öffnete in der Malerei zusätzlich die Welt der abstrakten Chiffren, für die allerdings Kandinsky und der „Blaue Reiter" in München als kunstgeschichtlicher Wendepunkt stehen.

Auf welche Vorbilder beruft sich Richters „Ema – Akt auf einer Treppe"?

Das lebensgroße Ölbild *Ema – Akt auf einer Treppe* (1966, Köln, Museum Ludwig) stammt von Gerhard Richter (*1932), einem der wichtigsten aktuellen deutschen Künstler. Die Unschärfe des die Treppe herabschreitenden weiblichen Körpers erinnert an ein leicht verwackeltes Farbfoto, v. a. aber auch an Marcel Duchamps *Akt, eine Treppe herabsteigend Nr. 2* von 1912 (Philadelphia, Museum of Art). Duchamp hatte Etienne-Jules Mareys Fotosequenzen verarbeitet, die in den 1880er-Jahren die Bewegungsabfolge eines gehenden oder laufenden Menschen auf einer einzigen Platte zusammenfassten.

Welcher Stilrichtung fühlt sich der Verpackungskünstler Christo zugehörig?

Als der Surrealist Man Ray 1920 eine Nähmaschine in eine Decke verschnürte, hatte er den Weg gebahnt für die spätere Karriere des Künstlers Christo (*1935) und dessen Verpackung von Objekten und Verhüllung von Gebäuden und Landschaften mit Folien. Christo und seine Frau Jeanne-Claude betrachten sich allerdings nicht als Surrealisten, sondern als Vertreter des seit den späten 50er-Jahren in Frankreich praktizierten „Nouveau Réalisme": Dessen Ziel ist der radikale „Ausstieg aus dem Bild" und das kritische Hinterfragen der Konsumgegenstände sowie insgesamt der vertrauten Alltagswelt.

Welche Zielsetzung verfolgte Matisse mit seinem Werk?

Der Fauvist Henri Matisse (1869–1954) sagte, seine Kunst solle wirken wie ein bequemer Sessel auf einen müden Geschäftsmann. Ein Ziel, das sich keine Illusionen über sein Publikum machte, das Bildungsbürgertum. Aber nicht von Anfang an haben die Betrachter seine Werke als dekorative Erholung geschätzt, gerade die Bilder, die man ab Herbst 1905 sehen konnte, wirkten zunächst schockierend.

Wo befindet sich das Hauptwerk aus der Spätzeit des Mies van der Rohe?

Ludwig Mies van der Rohe (1886–1969), Direktor des „Bauhauses" 1930–33, 1937 in die USA emigriert. ist einer der wichtigsten Architekten der Moderne. Klassische Eleganz in schwarzem Stahl und Glas kennzeichnet seine „Neue Nationalgalerie" am Berliner Kulturforum (1965–68). Auch hier zeigt sich der im Gesamtœuvre des Künstlers anzutreffende Kontrast zwischen schlichten Formen und teuren Materialien. Zu dieser Diskrepanz sagte sein Architektenkollege Hans Poelzig: „Wir bauen einfach – koste es was es wolle".

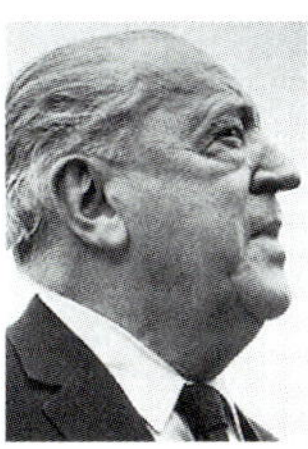

Ludwig Mies van der Rohe

Wer entwarf die Cola-Flasche?

Raymond Loewy (1893–1986) hat als Designer den visuellen und funktionalen Alltag in den USA zwischen 1925 und 1980 entscheidend geprägt. Aus seinem Atelier gingen rund zehn Jahre lang Entwürfe für Cola-Flaschen und -Dosen, Sixpacks, Cola-Automaten usw. hervor. Sie alle entwickelten sich zu „Ikonen des Konsums". Eine unverwechselbare Formgebung, die seit

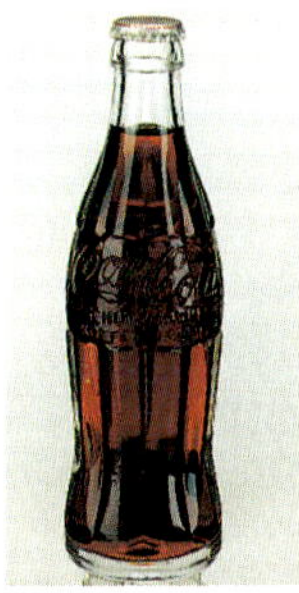

Raymond Loewy: *Coca-Cola-Flasche,* 1947

den 30er- und dann wieder seit den 50er-Jahren zum fast unverzichtbaren Bestandteil des Designs gewordene Stromlinienform, sollte der Cola-Flasche gleichzeitig leichte, bequeme und sichere Handhabung garantieren.

Wer schuf die „Porträtfigur Willy Brandts"?

Die *Porträtfigur Willy Brandts* im Berliner Willy-Brandt-Haus schuf 1996 einer der Hauptvertreter der „Jungen Wilden", der 1949 in Wilhelmshaven geborene Rainer Fetting.

In welcher Tradition stehen Robert Delaunays „Fensterbilder"?

Delaunays (1885–1941) *Fensterbilder* von 1912 stehen auch in einer Tradition deutscher romantischer Malerei, etwa Caspar David Friedrichs. Bei diesem Maler trifft der Blick durchs Fenster auf eine Welt, die hauptsächlich aus der Wirkung und Symbolik von Licht und Farbe lebt.

Wo hatte der russische Konstruktivismus sein Zentrum?

Die Stilbezeichnung „Konstruktivismus" entstand 1921 mit Bildern der Künstlergruppe der Konstruktivisten, die mit strengen geometrischen Formen arbeiteten. Ihr Zentrum waren die Höheren künstlerisch-technischen Werkstätten (Wchutemas) in Moskau, an denen El Lissitzky (1890–1941) die Leitung der Architekturfakultät übernommen hatte.

Wie beurteilte Kurt Tucholsky den Verismus eines George Grosz?

Das thematische und veristisch erfasste Terrain von George Grosz (1893–1959) war die Großstadt mit den heimgekehrten Kriegsgeschädigten und daheimgebliebenen Bankiers, mit ihren Buchhaltern, Staatsanwälten, einfachen Arbeitern und Prostituierten. Kein anderer, so meinte Kurt

Tucholsky, habe das „moderne Gesicht der Machthabenden so bis zum letzten Rotweinäderchen erfasst wie dieser eine.“

Wer war das Modell für Man Rays Foto „Le violon d'Ingres“?

Die berühmte Fotografie *Kiki, le violon d'Ingres* von Man Ray (1890–1976) setzt durch die aufretuschierten Schalllöcher den nackten Rücken der sitzenden Frau mit einem Musikinstrument gleich. Das Modell für diese 1924 entstandene Aktaufnahme war Kiki de Montparnasse, die mehrjährige Lebensgefährtin Man Rays. Kiki, die anfangs auch Modell für wenig bemittelte Maler wie Chaim Soutine gesessen hatte, schien das amüsante Pariser Leben in ihrer ganzen bezaubernden Persönlichkeit pulsieren zu lassen.

Welche alten Meister bewunderten die Expressionisten besonders?

Die Altarbilder eines Matthias Grünewald (um 1475/80–1528) oder die manieristischen Werke des Spaniers El Greco (um 1541–1614) wurden von den deutschen Expressionisten ebenso bewundert wie exotisch-„primitive“, ursprüngliche Arbeiten.

Welches Werk ist ein Hauptbeispiel für Max „Frottage“?

1925 wandte sich Max Ernst (1891–1976) der Technik der Frottage zu. Das surrealistische Grundprinzip, sich vom Unbewussten ebenso wie vom Traumhaften und halluzinatorisch Zufälligen inspirieren zu lassen, wurde durch diese Technik zu einzigartiger bildkünstlerischer Poesie verdichtet. *Der große Wald* (1927; Basel, Kunstmuseum) mit den wie versteinert wirkenden Baumungetümen vor einem kosmischen Himmel ist ein Hauptbeispiel dafür.

Wie beurteilte John Heartfield selbst seine Fotomontagen?

John Heartfield (1891–1968) äußerte über sein Schaffen: „Der Maler malt seine Bilder mit Farben und ich mit Fotografien.“ Und weiter: „Wenn ich Fotodokumente sammle und sie klug und geschickt gegenüberstelle, wird die agitatorisch-propagandistische Einwirkung auf die Massen enorm sein.“

Wer baute das „Guggenheim-Museum“ in Bilbao?

1991–97 erbaute Frank O. Gehry (*1929) das *Guggenheim Museum* für zeitgenössische Kunst in der baskischen Stadt Bilbao. Der spiegelnde Außenbau aus Titanium assoziiert einen gleichsam an Land geschwommenen Walfisch, eine Harmonie aus Eleganz und Monumentalität, ein Zeichen,

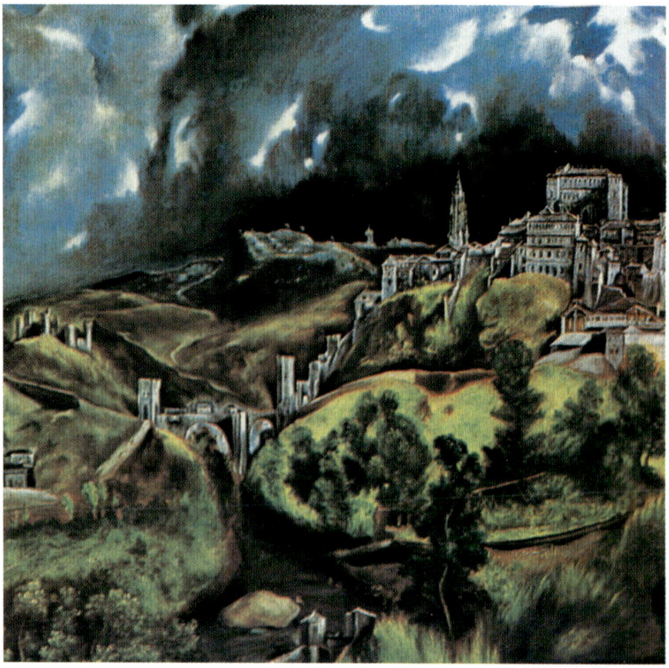

El Greco: *Blick auf Toledo*, um 1604–10 (New York, The Metropolitan Museum of Art)

das die zielgerichtete Dynamik eines solchen Wesens aus dem Urelement des Wassers ins Feste überträgt. Die Stromlinienform eines Fischleibs – erstmals in der Architekturgeschichte zum beherrschenden Motiv erhoben – verwendete Gehry ferner als Signal für seine Abkehr von jeder geometrischen Abstraktion.

Welche Ausstellung leitete im frühen 20. Jh. in den USA den Beginn der Moderne ein?

Die 1913 in New York veranstaltete „International Exhibition of Modern Art", die nach dem Veranstaltungsort, einem ehemaligen Waffenlager der Armee, auch „Armory-Show" genannt wurde, stellte die erste Verbindung zwischen der europäischen Avantgarde und dem amerikanischen Publikum her.

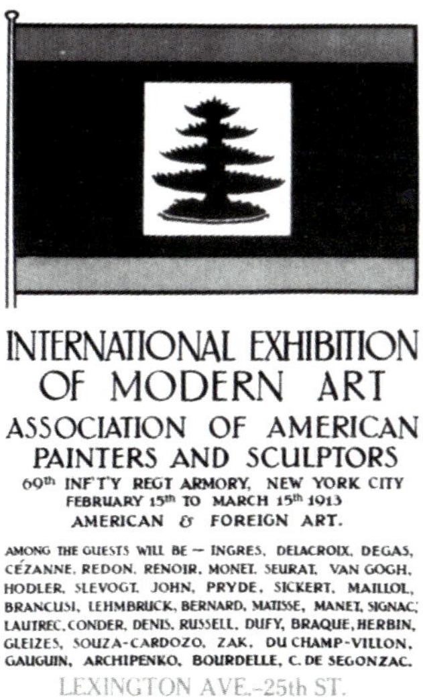

Ausstellungsplakat der *Armory Show*, 1913

Welcher surrealistische Maler setzte die „Frottage" ein?

Zur eigenständigen künstlerischen Technik erhob Max Ernst (1891–1976) die sog. „Frottage": Dabei rieb er Strukturen auf Papier oder Leinwand durch und gestaltete sie dann assoziativ zu annähernd gegenständlichen Formen aus.

Welches Bild gehört zu Paul Klees am häufigsten reproduzierten Arbeiten?

Paul Klees (1879–1940) Gemälde der mittleren und späten 20er-Jahre halten an der wundervollen „Naivität" des Frühwerkes fest, sind aber klangvoller in der Farbigkeit und betonen neben dem märchenhaften Zauber das Symbolische. Diese Bildeigenschaften voll poetischer Traumassoziationen machen den *Goldenen Fisch* (1925; Hamburg; Kunsthalle) zu einer der am häufigsten reproduzierten Arbeiten Klees.

Wie beschrieb der „Brücke"-Maler Max Pechstein den deutschen Expressionismus?

1920 umschrieb der einstige „Brücke"-Maler Max Pechstein (1881–1955) den Expressionismus so: „Arbeiten! Rausch! Gehirn zerschmettern! Kauen, fressen, schlingen, zerwühlen! Wonnevolle Schmerzen des Gebärens! Krachen des Pinsels, am liebsten Durchstoßen der Leinwände. Zertrampeln der Farbtuben [...]".

Welche Ziele verfolgte der Futurismus?

Im 1909 veröffentlichten Manifest des Futurismus heißt es u. a.: „Wir wollen die Museen, die Bibliotheken und die Akademien jeder Art zerstören und gegen den Moralismus, den Feminismus und gegen jede Feigheit kämpfen, die auf Zweckmäßigkeit und Eigennutz beruht. Wir werden die großen Menschenmengen besingen, die die Arbeit, das Vergnügen oder der Aufruhr erregt; besingen werden wir die vielfarbige, vielstimmige Flut der Revolutionen in den modernen Hauptstädten [...]".

Wen stellt eines der bekanntesten Porträts des Expressionisten Kokoschka dar?

Oskar Kokoschka (1886–1980), traf 1910 in Berlin erstmals mit Herwarth Walden zusammen. In dessen Zeitschrift „Sturm" veröffentlichte er sogleich sein Drama „Mörder, Hoffnung der Frauen". Das Bildnis seines Gönners Herwarth Walden (1910; Stuttgart, Staatsgalerie) zeichnet sich durch Hypersensibilität und fahrige Unruhe aus. Obgleich die Realität des Dargestellten erhalten bleibt, wird sie ins Irrationale überformt und ihrer

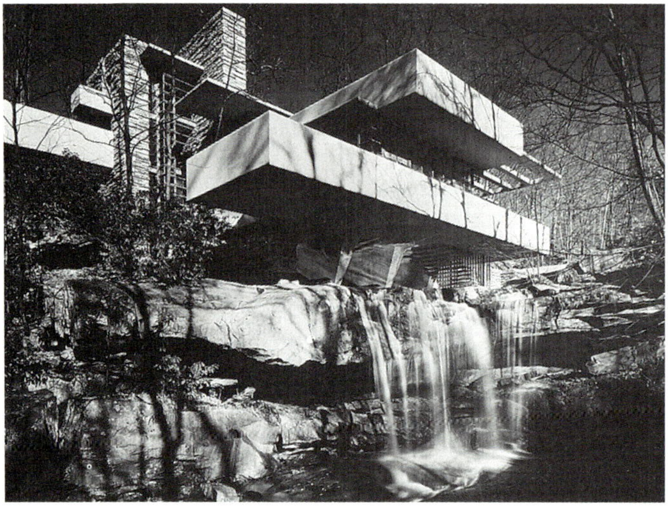

Frank Lloyd Wright: *Haus Kaufmann (Falling Water)*, 1936

Kamins – der Feuerstelle als Zentrum des Hauses, in dem die wohltätigen Energien der Natur den Menschen um sich versammeln.

Wer gab der amerikanischen Avantgarderichtung nach 1945 den Namen „abstrakter Expressionismus"?

Alfred H. Barr, Direktor des Museum of Modern Art, übertrug den auf Kandinskys abstrakte Kompositionen angewandten Begriff auf eine die Gestaltungsimpulse direkt, ohne rationale Kontrolle, zum Ausdruck bringende Malerei eigenen Wirklichkeit zugunsten der spontanen Gestaltung innerer Kräfte enthoben.

Was ist „Falling water"?

Frank Lloyd Wright (1867–1959) hat 1936 im *Haus Kaufmann* eines der berühmtesten Wohnhäuser des 20. Jh. realisiert. In perfekter Symbiose passt sich dieses dem Wasserfall an, über dem es errichtet ist, und wird deshalb auch meist *Falling water* genannt. Die Horizontalen der weit vorspringenden Dachterrassen korrespondieren mit den waagrecht gelagerten Gesteinsbrocken des Naturschauspiels, die durchgehenden Fensterbänder öffnen sich weit und unmittelbar der umgebenden Landschaft und vermitteln zwischen Drinnen und Draußen. Als Gegenwicht fungiert die Vertikale eines mächtigen

Auf welchem Werk taucht erstmals das Wort „Pop" auf?

Auf der Collage Richard Hamiltons (*1922) *Just what is that makes today's homes so different, so appealing?* (1956; Tübingen, Kunsthalle) erhält das Wort „Pop" seinen ersten Auftritt in der Kunstszene, es steht auf dem phallischen Riesenlutscher, mit dem sich der Body-Builder vor dem Pin up-Girl auf der Couch präsentiert. Alle wichtigen Bildquellen der späteren Pop-Art sind bereits versammelt: ein gerahmtes Comic-Heft an der Wand, das auf Arbeiten Roy Lichtensteins, ein Dosenschinken auf dem Tisch, der auf Werke James Rosenquist's vorausweist, dann der Fernseher, Reklame wie das Fordzeichen auf dem Lampenschirm, das Kino, das man durchs Fenster erkennt, Luxusgüter der 50er-Jahre wie der Staubsauger, mit dem eine junge Frau auf der Treppe ins Obergeschoss häusliche Sauberkeit demonstriert, Fernsehtruhe und Tonbandgerät – all jene Elemente, die die damaligen jungen Künstler mit der faszinierenden Welt des kommerziellen Amerika identifizierten. Hollywood hatte Träume von Jugend und Sex vorfabriziert, neue Medien, besonders die moderne Unterhaltungsindustrie diktierten das Lebensgefühl. An der Zimmerdecke der Collage erfährt all das eine Art „Apotheose", erhebt hier doch das von einer Rakete aufgenommene Foto des Erdballs das gesamte Interieur ironisch zum Welt-Bild.

der 40er- und 50er-Jahre, wie sie u. a. Willem de Kooning (1904–97), Robert Motherwell (1915–91) und Franz Kline (1910–62) praktizierten und die im „Action Painting" Jackson Pollocks (1912–56) gipfelte.

Welche Künstlerreise gilt als eine Sternstunde der Klassischen Moderne?

August Macke (1887–1914), Paul Klee (1879–1940) und der Maler und Bildhauer Louis René Moilliet (1880–1962) reisten im Sommer 1914 nach Tunesien, wo v. a. die beiden ersteren eine Reihe berühmt gewordener Aquarelle schufen, die in die Malerei des „Blauen Reiter" die neue Farbqualität einbrachten.

Welches Bild ist einer der wichtigsten abstrakten Versuche Franz Marcs?

Das Bild *Kämpfende Formen* (1914; München, Staatsgalerie moderner Kunst), ein Gemälde, das den Gegensatz von Geist und Materie, von Licht und Wärme, von Finsternis und Kälte zum Ausdruck bringen will, ist der ehrgeizigste unter Marcs abstrakten Versuchen. Offenkundig ist die Beziehung zu Delaunays *Formes circulaires*.

Was ist das „Markenzeichen" des Pop-Künstlers Roy Lichtenstein?

Die Bilderwelt der Massenmedien faszinierte alle Künstler der Pop-Art. Roy Lichtenstein (1923–97) ließ sich speziell von Comicstrips und Reklameannoncen anregen. In Rasterstruktur übertrug er diese Vorbilder, dieses optische Futter, wesentlich vergrößert, teilweise sogar in monumentalem Format, auf die Leinwand.

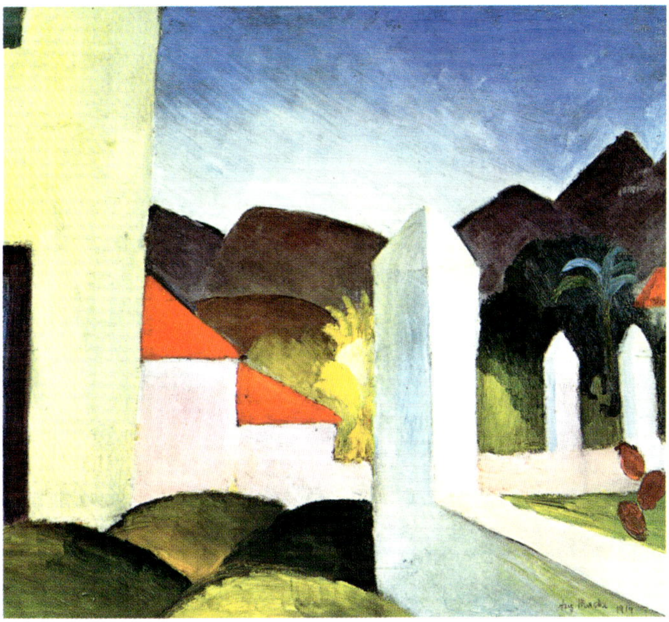

August Macke: *Tunesische Landschaft,* 1914 (Mannheim, Kunsthalle)

Warum ist für Adolf Loos das Ornament ein Verbrechen?

Das Neue Bauen wollte alle aus dem 19. Jh. mitgeschleppte Künstlichkeit eliminieren. Architektur sei auf die einfachen geometrischen Formen zurückzuführen, sie sei zu reinigen vom Ornament, das dem berühmten Ausspruch des österreichischen Architekten der frühen Moderne, Adolf Loos (1870–1933) zufolge „Verbrechen" sei. Ornamentik am Baukörper sei, so Loos weiter, wie die Tätowierung auf der Haut des Wilden, ein primitiver, fetischistischer Akt, ihre Abschaffung sei für die Gesellschaft notwendig wie die Erziehung des Kleinkindes zur Sauberkeit.

Welche Angriffe erlebte der Expressionismus nach dem I. Weltkrieg?

„Haben die Expressionisten die Erwartungen auf eine Kunst erfüllt, die uns die Essenz des Lebens ins Fleisch brennt? NEIN! NEIN! NEIN!" – mit dem „Dadaistischen Manifest" von 1918, aus dem dieses Zitat stammt, begannen heftige Angriffe einer

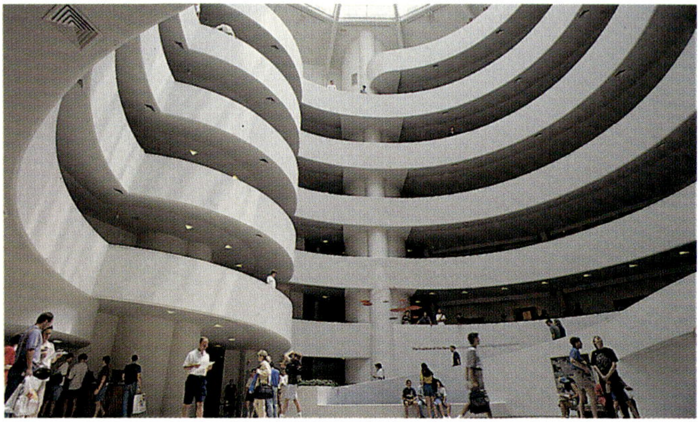

Frank Lloyd Wright: *Guggenheim-Museum* in New York, 1956–59

neuen Künstlergeneration gegen die expressionistischen Attitüden. Als „falsche und sentimentale Geschwulstmystik" bezeichnete zum Beispiel Max Beckmann 1918 den Expressionismus.

Wer schuf einen der Meilensteine der modernen Museumsarchitektur in den USA?

Mit dem *Guggenheim-Museum* in New York (1943 entworfen, 1956–59 erbaut) schuf der Amerikaner Frank Lloyd Wright (1867–1959) einen der Meilensteine der Museumsarchitektur des 20. Jh., indem er auf Innenwände und ein herkömmliches Dach verzichtete und eine spiralförmige Rampe unter eine weite Glaskuppel stellte.

Wer schuf eines der eindrucksvollsten erotischen Bilder, die je gemalt wurden?

Pierre Bonnard (1867–1947) ging von den Nabis und der Malerei eines Gauguin aus und transponierte diese in die Anfänge des 20. Jh. 1894 lernte er Marie Boursin, bekannt als Marthe, kennen und fünf Jahre später war sie das Modell für eines der eindrucksvollsten erotischen Bilder, das je gemalt wurde – ein Mädchen, das sich wolllüstig im Schlaf räkelt, ganz animalisch in der blauen Dämmerung ihres Schlafzimmers – *Blauer Akt* (1899; Paris, Jeu de Paume).

Wie bezeichnete Kurt Schwitters ab 1919 seine Collagen?

Die *Merz-Bilder*, wie Kurt Schwitters (1887–1948) seine Collagen seit 1919 nannte, vereinigen die Gattungen Malerei und Relief zu einer untrennbaren Einheit von höchstem ästhetischen Reiz und farblicher Subtilität. Unterschiedlichste Materialien wurden dabei auf Karton montiert und übermalt.

Welches ist eines der populärsten Designobjekte der Postmoderne?

1985 entwarf der amerikanische Architekt und Designer Michael Graves (*1934) für die italienische Firma Alessi einen *Wasserkessel mit vogelförmiger Flöte*, der zu einem der populärsten Designobjekte der Postmoderne wurde.

Wer gründete die Gruppe der „Pathetiker"?

Ludwig Meidner (1884–1966) gründet 1911 in einer Kutscherkneipe in Berlin, in der seiner Meinung nach „intellektuellen und moralischen Hauptstadt der Welt", die kurzlebige jüdische Malergruppe „Die Pathetiker". Matisse, Kandinsky und Marc lehnte Meidner ebenso ab wie die „Brücke"-Mitglieder, die in seiner Nachbarschaft wohnten und die, wie er anmerkte, die „Negerkunst" favorisierten, was nur von den Gegenwartsthemen ablenke.

Welche Anregungen verarbeitete das frühe Hauptwerk des Fauvisten Matisse?

Das 1906 im „Salon der Unabhängigen" als Hauptsensation geltende Gemälde *Lebensfreude* (Merion, Barnes Foundation) von Henri Matisse (1869–1954), verarbeitet u. a. in den ornamentalen Vereinfachungen sowie den vielseitigen Farbakkorden die erotische Figurenwelt aus Gauguins Tahiti-Bildern und Anregungen seitens „primitiver“ afrikanischer Skulpturen, die von den Fauves besonders geschätzt wurden. Vor allem aber reagiert die Komposition auf Paul Cézannes Darstellungen stilisierter monumentaler Frauenakte in freier Natur.

Welches Bauwerk zählt zu den Hauptleistungen deutscher expressionistischer Architektur?

Erich Mendelsohns (1887–1953) *Einsteinturm* in Potsdam (1920/21) diente als Observatorium. Im unteren Geschoss ist ein astrophysikalisches Observatorium untergebracht und der Turmschaft auf dem geböschten Sockel umhüllt ein Teleskop, das zur empirischen Bestätigung von Einsteins Relativitätstheorie führte. Das Gebäude gilt als Hauptwerk der deutschen expressionistischen Architektur. Die organische Plastizität des Gebildes vermag aber auch an surrealistische Formgebilde, etwa an die schwebenden Phantasieorganismen eines Miró, zu erinnern.

Welches war eine der bedeutendsten Leistungen der expressionistischen Buchillustration?

Mit 47 Holzschnitten Ernst Ludwig Kirchners (1880–1938) und dem von ihm gestalteten Vorsatzpapier, Titelbild und zweifarbigen Holzschnitt für den Einband des Buches erschien 1924 Georg Heyms Gedichtband „Umbra vitae“ als eines der bedeutendsten Werke expressionistischer Buchillustration.

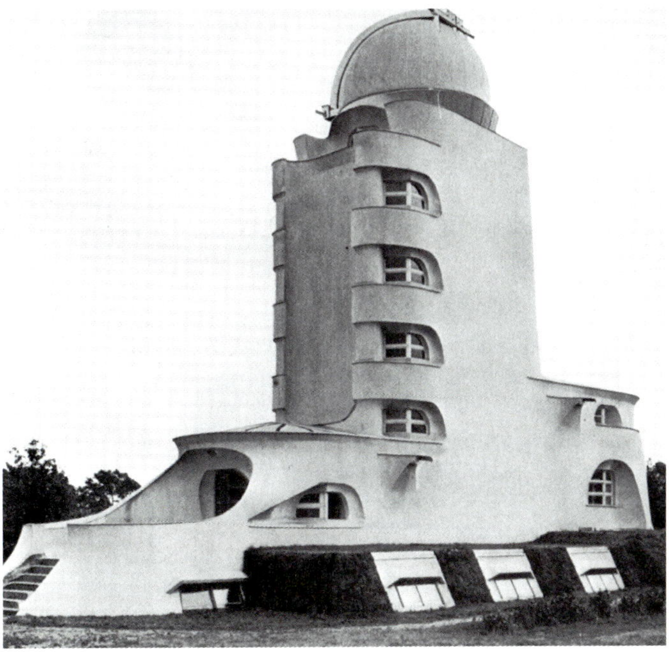

Erich Mendelsohn: *Einsteinturm* in Potsdam, 1920/21

In welcher bayerischen Provinzstadt hielten sich Kandinsky und Münter oft auf, um zu arbeiten?

Ab 1908 malten Kandinsky (1866–1944) und seine Schülerin und langjährige Lebensgefährtin Gabriele Münter (1877–1962) im oberbayerischen Murnau. Sie studierten im Voralpenland Volkskunst, kopierten Hinterglasbilder und betätigten sich selbst in dieser Technik.

Welches ist das surrealistische Hauptwerk des Spaniers Joan Miró?

Auf dem Höhepunkt seiner Phantasie ist Joan Miró (1893–1983) mit den Bildern aus den Jahren 1924–27 angelangt. Ein Gemälde wie *Der Karneval der Harlekine* (1924/25; Buffalo, Albright-Knox Art Gallery), das Hauptwerk seiner surrealistischen Phase, hat man schon mit der Tier- und Dämonenwelt der romanischen Bildhauer oder gar mit den spätmittelalterlichen Spukgestalten eines Hieronymus Bosch verglichen. Dies ist kein abwegiger Vergleich angesichts der Tatsache, dass sich Miró von seinen durch langes Hungern verursachten halluzinatorischen Erlebnissen zu derartigem animalischem Gewimmel anregen ließ.

Wie beurteilte der größte amerikanische Architekt der 1. Hälfte des 20. Jh. die Möglichkeiten der Architektur in den USA?

Die von Frank Lloyd Wright (1867–1959) immer wieder und nicht zuletzt in seinen visionären Gartenstadt-Entwürfen angestrebte Utopie harmonischer Versöhnung des Individuums und seines Wohnraums mit der Natur ist letztlich gescheitert. Doch war das kein Versagen des Architekten, sondern eines der Gesellschaft: „Amerika ist das einzige Land", so heißt es resignierend in Wrights „Testament", „das aus dem Zustand der Barbarei direkt in den Zustand der Dekadenz übergegangen ist."

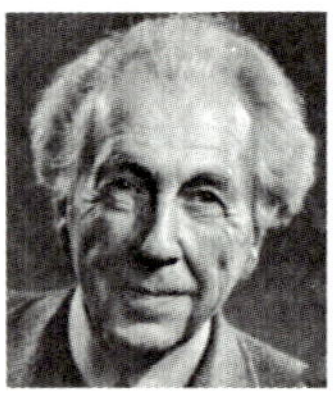

Frank Lloyd Wright

Welches Schicksal hatte das vermutlich bekannteste Bild Franz Marcs?

Franz Marcs (1880–1916) Gemälde *Turm der Blauen Pferde* (1913) wurde 1919 von der Nationalgalerie Berlin erworben. 1937 wurde es als Beispiel „entarteter Kunst" beschlagnahmt und von Hermann Göring in Besitz genommen. Seit 1945 ist das Bild verschollen.

Wer malte die Ikone des deutschen „Großstadtexpressionismus"?

Ernst Ludwig Kirchners (1880–1938) monumentales Bild *Potsdamer Platz* (1914; Berlin, Nationalgalerie) gilt der Kunstgeschichte zu Recht als eine illustre Ikone des deutschen Großstadtexpressionismus. Vorne posieren zwei Prostituierte unterschiedlichen Alters, beide „ladylike", wie es Polizeivorschriften forderten, die schwarzen Galane halten sich diskret im Hintergrund, anonym, gesichtslos. Dass eine der Frauen einen Witwenschleier trägt, der ihr Gesicht schwarz vergittert, verrät die Vollendung des Gemäldes nach dem 1. August 1914. An diesem Tag brach der I. Weltkrieg aus und seitdem mussten sich Prostituierte auf Berlins Straßen wie Soldatenwitwen verkleiden – patriotische Huren.

Welche Bilder zählen zu den Inkunabeln des Kubismus?

Beeindruckt von Paul Cézanne, malte Georges Braque (1882–1963) 1908 im provenzalischen L'Estaque kubisch vereinfachte Landschaften, die dem neuen Stil den Namen „Kubismus" eintrugen. Ein schönes Beispiel ist *Häuser bei L'Estaque* (1908; Bern, Kunstmuseum).

Welche belgischen Maler zählt man zum Expressionismus?

In Belgien spricht man wegen der Werke von Constant Permeke (1886–1952), Gustaaf de Smet (1877–1943), Frits van den Berghe (1883– 1939) und Albert Servaes (1883–1966) von einem flämischen Expressionismus.

Wer schuf die Skulptur vor dem Bundeskanzleramt in Berlin?

Der Spanier Eduardo Chillida (*1924) gehört zu den bedeutendsten Bildhauern der Gegenwart. Er schuf im Jahr 2000 die Stahlskulptur *Berlin* – zwei ineinander greifende, sich aber nicht berührende abstrakte „Hände" – vor dem Bundeskanzleramt in Berlin.

Welchem Dichter ist eines der Hauptwerke von George Grosz gewidmet?

Während des I. Weltkriegs befasste sich Grosz (1893–1959) mit den Themen Zirkus und Varieté, Mord und Verbrechen, Krieg und Großstadt. Letztere wurde ihm zum Synonym für eine aus den Fugen geratene Welt. Eines der markantesten Werke zu diesem Thema ist *Widmung an Oskar Panizza* (1917/18; Stuttgart, Staatsgalerie). Grosz mixt Futurismus und Kubismus mit einem Schuss Ensor zu einem wüsten, überhitzten, an der Grenze zwischen Dadaismus

Wo befindet sich eines der berühmtesten Hightech-Gebäude der Gegenwartsarchitektur?

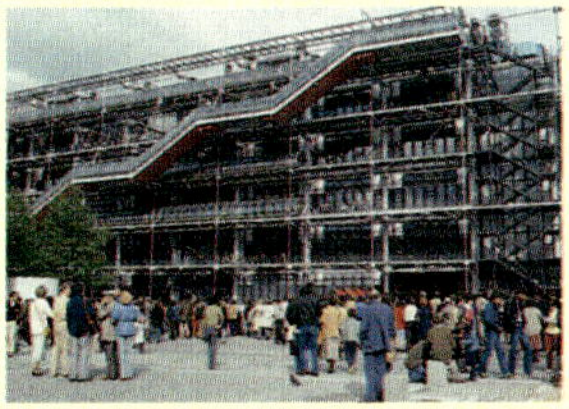

Richard Rogers und Renzo Piano: *Centre Pompidou* in Paris, 1971–77

Vermutlich ist Richard Rogers (*1933) der prominenteste Hightech-Architekt der Gegenwart, der in das Grundmuster immer wieder auch postmoderne Elemente voll pluralistischer Stilreferenzen integriert. Er und Renzo Piano (*1937) schufen 1971–77 das Pariser *Centre National d'Arts et de Culture Georges Pompidou*. Unzählige Stahlrohre, die wie ein kompliziertes Geflecht vor die verglasten Wände gelegt sind, ersetzen die traditionellen Fassaden, verwischen die klare Grenzziehung zwischen Innen und Außen. Ein mit Rolltreppen gefüllter Plexiglasschlauch an der Westfront „bahnt" die Besucher in den eigentlichen Ausstellungssektor hoch. Knallbunte Lüftungsrohre erinnern an die von Le Corbusier eingeführten Zitate aus dem Schiffsbau.

und Expressionismus kochenden Gebräu. Sein Großstadtbild ist eine Hommage an den expressionistischen Schriftsteller und Arzt Oskar Panizza (1853–1921), dessen bissig-satirische Attacken gegen Staat und Kirche Grosz zusagten.

Seit wann arbeitete Picasso gezielt an seinem eigenen Mythos?

Sei Anfang 1930 etwa begann Picasso (1881–1973) mit einer Serie von Radierungen unter dem Titel *Suite Vollard*, in denen er seinen eigenen Mythos des mediterranen Malergenies kultivierte. Der Zyklus hat einen autobiografischen Aspekt, beschreibt die Erfahrungswelt des Künstlers: der Maler bzw. Bildhauer und sein Modell, sie, die passive, willige Muse, er auf das Sofa gelagert wie ein antiker Flussgott.

Welches Thema bestimmt das Schaffen Heckels in den Jahren 1910 und 1911?

1910 und 1911 verbrachte Erich Heckel (1883–1970) zusammen mit Kirchner und Pechstein unbeschwerte Sommermonate an den Moritzburger Seen bei Dresden. Wie auch bei den anderen „Brücke"-Künstlern bestimmten Bilder von Badenden, zumeist weibliche Aktdarstellungen, die direkt vor Ort entstanden, seinen Themenkatalog.

Wo befindet sich das teuerste Bankgebäude der Welt?

Norman Foster (*1935), zuständig für die Architektur, sowie die Ingenieure Ove Arup and Partners führten 1979–86 das Hauptverwaltungsgebäude der „Hongkong and Shanghai Banking Corporation" in Hongkong aus. Es sollte die schönste Bank der Welt werden, die teuerste wurde es mit fünfeinhalb Mrd. Hongkong-Dollar (ca. 750 Mio. €) ganz gewiss.

Wie beschrieb Piet Mondrian die „Objektivität" seiner Bilder?

Ich fühlte, so schrieb Piet Mondrian (1872–1944), der Hauptvertreter von „De Stijl", dass die reine Realität „nur erreicht werden kann durch reine Gestaltung, und diese darf wesentlich nicht bedingt sein durch subjektives Fühlen und Vorstellen."

Welche Stilzitate verwendet Stirlings postmoderne „Neue Staatsgalerie in Stuttgart"?

James Stirlings (1926–92) *Neue Staatsgalerie in Stuttgart* (1977–84) zitiert mit dem Wechsel verschiedenfarbiger Natursteine mittelalterliche Kirchenbauten wie den *Dom von Pisa*. Die Abfolge der Säle entspricht der sog. „Enfilade", also den in einer Fluchtlinie liegenden Türachsen einer Raumsequenz, wie sie etwa in Barockschlössern

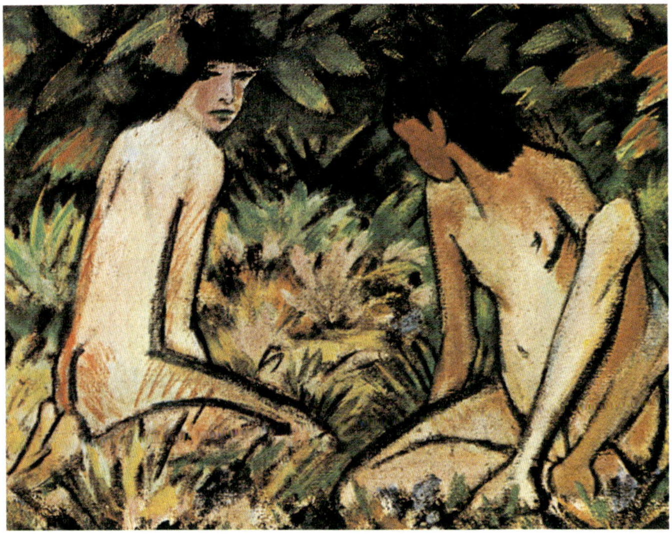

Otto Mueller: *Kinder*, um 1921 (Hamburg, Kunsthalle)

zu finden ist. Stirling bedient sich ferner einiger pseudoantiker Säulengänge, gotisierender Spitzbögen und des „Bauhaus"-Vokabulars. Wie in einer Assemblage gruppiert er all diese Komponenten um das künstlich ruinöse Abbild von Schinkels Rotunde im Alten Museum zu Berlin.

Worin bestand Otto Muellers Affinität zu den Zigeunern?

„Zigeuner-Mueller" war der Spottname des Malers Otto Mueller (1874–1930), der 1911 als letztes Mitglied in die „Brücke" aufgenommen wurde. Angeblich war seine Mutter Zigeunerin. Zwischen 1924 und 1929 fand er auf Reisen nach Ungarn, Dalmatien, Rumänien und Jugoslawien das Material zu seinen Zigeunerbildern, einige Zeit lebte er sogar in einem Zigeunerlager bei Budapest. Auf der Grundlage solcher Erlebnisse entstand dann auch die berühmte *Zigeunermappe*, neun zum Teil handkolorierte Farblithografien, die zu den Höhepunkten seines grafischen Schaffens gehören.

Wie erlebte Max Pechstein den Ausbruch des I. Weltkrieges?

Pechstein (1881–1955) brach im April 1914 in die Südsee auf, um ein paar Jahre auf den Palau-Inseln zu verbringen. Dort überraschte ihn aber der Krieg, er wurde von den Japanern gefangen genommen, unternahm eine abenteuerliche Flucht und kehrte als Kohlentrimmer auf Frachtschiffen über Hawai, New York und die Niederlande nach Deutschland zurück. Dort wurde er sofort als Soldat eingezogen.

Wer wurde zu einem der populärsten Künstler der Op-Art?

Victor Vasarely (1908–97), ein französischer Maler und Grafiker ungarischer Abstammung, trug entscheidend zur Entwicklung der Op-Art bei. In seinen oft seriell gefertigten Bildern, deren abstrakt-geometrische Strukturen auf mathematischen Berechnungen basieren, suchte er nach Veranschaulichung visuell-kinetischer Gesetzmäßigkeiten.

Wie heißt eine der bekanntesten Skulpturen des 20. Jh.?

Einen elegant aufwärtssteigenden Strahl im Raum und in der Zeit schuf Constantin Brancusi (1876–1957) 1925, um einen *Vogel im Raum* darzustellen. Es entstand eine der berühmtesten Skulpturen des 20. Jh. Die Version in polierter Bronze (Paris, Musée National d'Art Moderne) löst ihre eigene Masse in messerscharfen Lichtreflexen auf.

Wer gilt als der große Marketing-Experte der amerikanischen Pop-Art?

Kein anderer Künstler der Pop-Art hat seiner Publicity so viel Zeit und Energie gewidmet wie Andy Warhol (1928–87). Dass er als Werbegrafiker begonnen hatte, zeigen auch die als Siebdruck unendlich wiederholten Reihen von Produkten der Massenkultur, etwa seine berühmte Serie der *Campbell-Suppendosen* von 1962.

Welcher Künstler schuf die vielleicht erschütterndsten Kriegsbilder des 20. Jh.?

Erst lange nach dem Kriegsende 1918 bannte Otto Dix (1891–1969) das Erlebte voll Realismus auf die Leinwand und auf das Papier. Es folgte 1923/24 der 50 Radierungen umfassende Zyklus *Der Krieg*, das Gegenstück zu Goyas (1746–1828) *Los Desastres de la guerra*, die für Dix' Werke sicher Pate gestanden hatten.

Welches Vorbild hatten die österreichischen Expressionisten?

Der Jugendstilmaler Gustav Klimt (1862–1918) war das bewunderte Vorbild für Oskar Kokoschka (1886–1980) und Egon Schiele (1890–1918), die erst über seine Kühnheiten zur eigenen expressionistischen Formensprache fanden.

Welche Künstler versammelte die „Sonderbund-Ausstellung" 1912?

Im Mittelpunkt der Sonderbund-Ausstellung 1912 in Köln standen van Gogh, Munch, Cézanne und Gauguin. Picasso war ebenfalls gut repräsentiert. Gleiches gilt für die Kubisten, Matisse und die Fauves. Kokoschka und

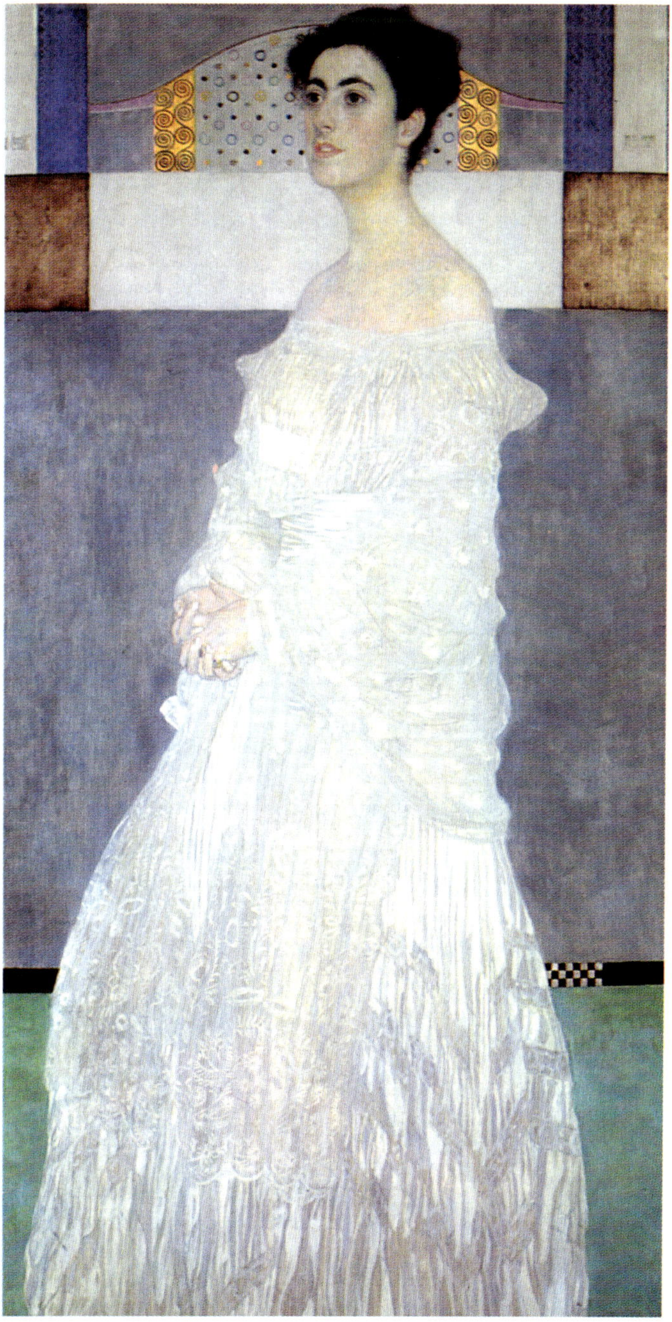

Gustav Klimt: *Margarethe Stornborough-Wittgenstein*, 1905 (München, Neue Pinakothek)

Schiele waren zu sehen, Expressionisten der „Brücke" und des „Blauen Reiters". Munch schrieb über die Ausstellung in einem Brief vom Mai 1912: „Hier ist das Wildeste versammelt, das in Europa gemalt wird […]."

Welcher englische Bildhauer zählt zu den bekanntesten der Moderne?

Die Bildhauerarbeiten Henry Moores (1898–1986) sind zum Synonym für „Klassische Moderne" geworden. Dabei beinhalten sie doch eine unerhörte Intensität des Elementaren – gerade auch in jener mit den späteren 50er-Jahren beginnenden und noch von *Large two forms* (1966/1969; vor dem einstigen Bundeskanzleramt in Bonn) repräsentierten Stilphase. Sie wirken wie Urformen, wie Archetypen, die in die Anfänge menschlicher Kulturen zurückreichen.

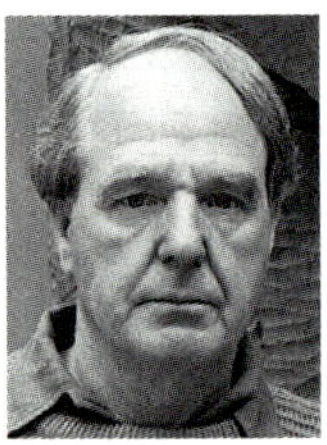
Henry Moore

Mit welchem Bildkomplex leistete Emil Nolde einen ganz eigenen wichtigen Beitrag zur Moderne?

Die 1909 einsetzende Reihe religiöser Gemälde gilt zu Recht als einer von Noldes (1867–1956) wichtigsten Beiträgen zur Kunst der Moderne.

Wo und wann wurde eine der bekanntesten Video-Installationen Bruce Naumans gezeigt?

Bruce Naumans (*1941) videoanimierter Installationsraum *Anthro/Socio: Rinde Spinning* konfrontierte 1992 das Publikum in der Hamburger Kunsthalle mit einem illusionären Raum, der von dreifachen Wandprojektionen und insgesamt sechs verteilten Bildschirmen konstituiert wird. In ihm agiert als sehr präsentes Phantom mit Hilfe der Videobilder Rinde Eckert, „a performance artist and a classically trained Opera singer", wie Nauman betonte, ein kahlköpfiger Sänger und Tänzer, der wie in einen mythischen Zirkelschluss eingefangen scheint.

Wie nannte Jean Cocteau den Fotografen Man Ray?

Man Ray (1890–1976) war ein mittelmäßiger surrealistischer Maler, aber ein genialer Fotograf. Seine Aufnahmen zeichnen sich durch sehr sensible surrealistische Überraschungseffekte aus; nicht umsonst nannte ihn Jean Cocteau „un grand poète de la chambre noir", einen großen Poeten der Dunkelkammer.

Wer entwarf das berühmteste Möbelstück des „De Stijl"?

Gerrit Rietvelds (1888–1964) *Rot-Blau-Stuhl* (Amsterdam, Stedelijk Museum) wurde 1918 entworfen und wird noch heute produziert. Er vereinigt mit seiner puristischen Geometrie und der elementaren Farbreduktion alle formalen Ideale der De Stijl-Bewegung. Rietvelds Stuhl ist jedoch weniger ein gebrauchsfähiges oder bequemes Möbelstück, sondern wirkt wie eine zweckfreie Skulptur, die als Einzelstück ihre beste ästhetische Wirkung entfaltet.

Wer war einer der wichtigsten Bildhauer des Kubismus?

Jacques Lipchitz (1891–1973) übernahm ab etwa 1913 in Paris die Prinzipien des Kubismus für seine Plastiken, die die Gesetze des räumlichen Zusammenhangs auflösten und mit Formspiegelungen und -brechungen operierten.

Wen betraf der „Vinnen-Streit"?

1911 hatte der unbedeutende Worpsweder Maler Carl Vinnen anlässlich des Ankaufs eines van Gogh-Bildes durch die Kunsthalle Bremen einen Aufruf gegen die „Überfremdung" der deutschen Kunst gestartet, dem sich einige namhafte Künstler, darunter seltsamerweise auch Käthe Kollwitz (1867–1945), anschlossen. Sofort organisierten aber Franz Marc (1880–1916) und Wassily Kandinsky (1866–1944) einen Gegenprotest, den Museumsdirektoren,

Kunsthistoriker und Künstler unterstützten.

Wer baute das Aufsehen erregende „Museum in Mönchengladbach"?

Als der Österreicher Hans Hollein (*1934) 1972 den Auftrag für das Museum am Abteiberg in Mönchengladbach erhielt, hatte er bis dahin noch keinen einzigen Großbau realisiert. 1982 war das Gebäude vollendet. 1974 stellte Hollein das *Juweliergeschäft Schullin in Wien* fertig: Es wurde berühmt durch den künstlichen Riss in der Außenverkleidung, der sich bis zur Eingangstür fortsetzt. Unter seinen späteren architektonischen Arbeiten ragt das *Haas-Haus in Wien* (1986–90) hervor.

Worin bestand die Zielsetzung der Architektur Frank Lloyd Wrights?

Frank Lloyd Wrights (1867–1959) „organische Architektur" verstand sich als Gegenbewegung gegen den dogmatischen Funktionalismus. Seine Gebäude suchen v. a. den harmonischen Einklang mit der Natur – der ihn auf seiner Japanreise so beeindruckt hatte –, wobei er freilich die Kongruenz von Form, Konstruktion und Materialien nie außer Acht ließ. Zu seiner Auffassung von architektonischer Organik gehörte ferner das Zusammenstimmen und -wirken von Äußerem und Innerem.

Wer war Kurt Schwitters?

Kurt Schwitters (1887–1948) wird als der große lyrische Künstler des Dadaismus, als der „Heilige des Recycling" bezeichnet. Er transponierte Abfall in die Kunst und erweckte die abgelegten Objekte des Alltags zu neuer Kraft mit Hilfe eines Kompositionsschemas, das er den kubistischen und konstruktivistischen Strömungen der Zeit entnahm. Die gleichfalls in seine Werke aufgenommenen Schriftfragmente benutzte er in der gleichen Absicht wie das Georges Braque und Pablo Picasso im so genannten synthetischen Kubismus taten, um nämlich Punkte konkreter Wirklichkeit in die Wirklichkeit der Kunstwelt einzubringen.

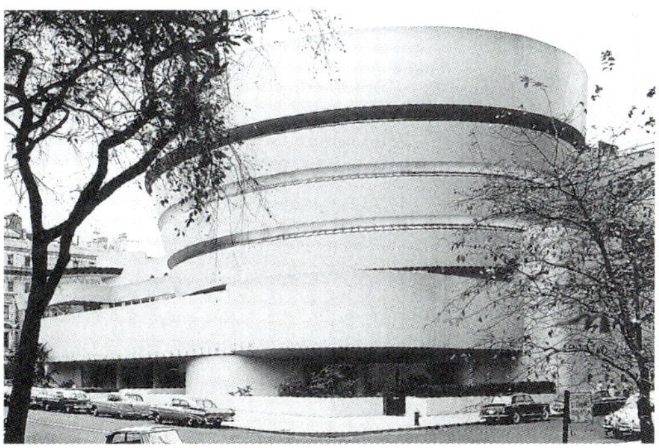

Frank Lloyd Wright: *Guggenheim-Museum* in New York, 1956–59

Wo waren bis zum Ausbruch des I. Weltkrieges Ausstellungen des „Blauen Reiters" zu sehen?

Ausstellungen des „Blauen Reiters" waren von 1912 bis 1914 in 12 Städten, nicht nur in Deutschland, sondern auch in Ungarn, Norwegen, Finnland und Schweden zu sehen. Der Ausbruch des I. Weltkrieges bereitete diesen für die Moderne so bahnbrechenden Aktivitäten ein Ende.

Wie heißt einer der berühmtesten Designer der Gegenwart?

Philippe-Patrick Starck (*1949) ist einer der populärsten Vertreter des „Neuen Designs". Zu seinen Arbeiten zählen sowohl ehrgeizige Architekturentwürfe als auch ganze Inneneinrichtungen – wie etwa die 1982 Aufsehen erregende Gestaltung des privaten Appartements von Staatspräsident François Mitterand im Élysée-Palast in Paris. Starck hat aber auch Zitronenpressen und unzählige, relativ preiswerte Alltagsgegenstände für die Serienfertigung entworfen.

Wie heißt die suprematistische Ikone des Jahres 1915?

In der Ausstellung „1910" zeigte Kasimir Malewitsch

(1878–1935) in Petrograd erstmals suprematistische Bilder, darunter auch sein berühmtes *Schwarzes Quadrat auf weißem Grund* (die nach 1920 entstandene Fassung in St. Petersburg, Russisches Museum), das von der Kritik abgelehnt, von Künstlerkollegen aber begeistert aufgenommen wurde.

Wer errichtete die „Eingangspyramide des Louvre"?

Die *Pyramide*, die der 1917 in Kanton geborene Ieoh Ming Pei 1985–89 über den unterirdischen Museumseingang des *Louvre* in Paris legte, dieses archaische Symbol des „Bauens für die Ewigkeit", übersetzte er in die Leichtigkeit, Transparenz und Eleganz von Stahl und Glas. Ob man diese vielgerühmte Metamorphose als postmodernes Zitat oder neutraler als „ultra-moderne" Konstruktion bezeichnen will, ist angesichts der „zeitlosen" Qualität und der souveränen Selbstbehauptung der „Zutat" vor der massiven Folie des barocken Louvreschlosses eher unwichtig.

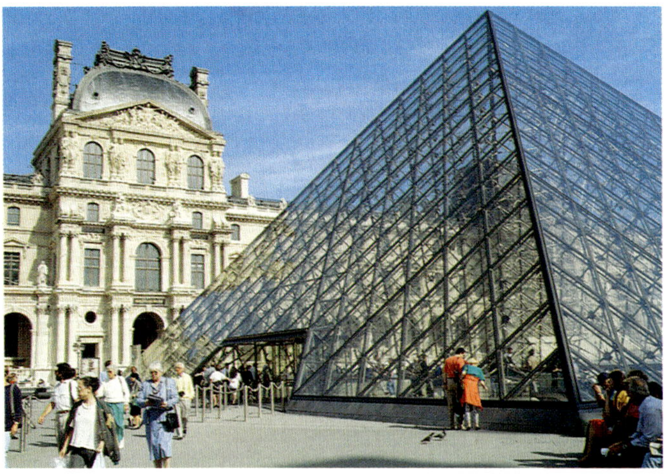

Ieoh Ming Pei: *Eingangspyramide* des Louvre in Paris, 1985–89

Auf welchem künstlerischen Gebiet tat sich Alfred Kubin hervor?

1911 gehörte der Österreicher Alfred Kubin (1877–1959) in München zu den Gründungsmitgliedern des „Blauen Reiters". Jahre vorher illustrierte er hauptsächlich in Federzeichnungen, selten in Aquarellen und Gemälden, mit Hilfe spinnwebenhafter Striche Dostojewsky, E. T. A. Hoffmann, Edgar Allen Poe und andere Literaturwerke voll spukhafter Inhalte. Er beschwor eine phantastische und beängstigende Traumwelt, die der „schwarzen Romantik" des frühen 19. Jh. zu entstammen schien.

Wer baute die „Neue Staatsgalerie in Stuttgart"?

Als „Herr der Stile" bezeichnete die „Deutsche Bauzeitschrift" 1992 in ihrem Nachruf den schottischen Architekten James Stirling (1926–92). Dieser protagonistische Architekt der Postmoderne hat den mit historischen Anspielungen durchsetzten Bau der *Neuen Württembergischen Staatsgalerie in Stuttgart* (1977–84) gleichzeitig mit einer Fülle von High-Tech-Elementen gespickt, und somit Vergangenheit mit Gegenwarts- und Fortschrittsoptimismus kombiniert.

Wer ist der bekannteste jüdische Maler der Moderne?

Marc Chagall (1887–1985) war in seinem langen Leben von vielen Stilrichtungen – Kubismus, Expressionismus, Surrealismus – beeinflusst. Er ist aber mit seinen farbenfrohen, traumverlorenen, thematisch von der jüdisch-russischen Tradition geprägten Bildern, Grafiken und Glasfenstern keinem Stil wirklich zuzurechnen. Seine Leidenschaft richtete sich auf die Gestaltung religiöser Inhalte. Als 1973 in Nizza das „Musée National Méssage Biblique Marc Chagall" eingeweiht

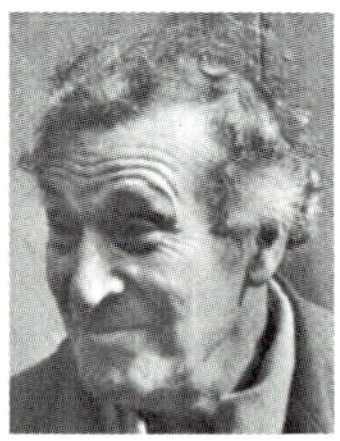

Marc Chagall

Wie sahen Dada-Happenings aus?

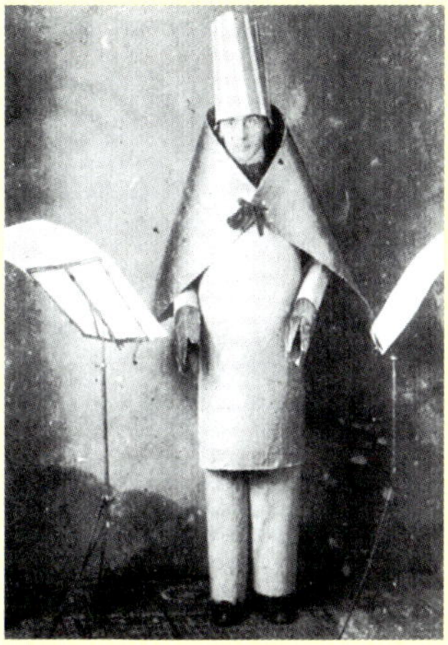

Hugo Ball im Cabaret Voltaire, 1916

Im 1916 gegründeten Züricher „Cabaret Voltaire" gab es simultane Gedichtrezitation, teilweise in drei Sprachen; Nonsens-Lautgedichte in kubistischem Papp-Kostüm; „kubistische" Tänze, pseudoafrikanische Gedichte und Publikumsprovokationen. Die Erste Internationale Dada-Messe 1920 in Berlin präsentierte Gemälde, Fotomontagen und Collagen; von der Decke hing eine ausgestopfte Uniform mit Schweinskopf, die zu einem Prozess wegen Beleidigung der Reichswehr führte. 1920 bot die Dada-Veranstaltung in Köln einen Zugang durch das Männerklo eines Bierkellers; am Eingang rezitierte ein kleines Mädchen im Kommunionkleid obszöne Verse; innen befanden sich Bilderausstellung und Gedichtlesungen.

wurde, bildete ein Zyklus 15 großformatiger Bilder den Kern, in denen sich Chagall der Erschaffung des Menschen, dem Paradies, der Vertreibung, Noah, Abraham, Isaak, Jacob, Moses und dem Hohe Lied widmete und dabei auch Quellen jüdischer Tradition verarbeitete.

Wie heißt einer der Hauptvertreter der Op-Art, der mit Nägeln arbeitete?

Günther Uecker (*1930), Mitglied der Gruppe „Zero", arbeitete 1957 erstmals an weiß gespritzten Nagelbildern, die er unter das Motto lichtdynamischer und farbmonochromer Effekte stellte. Er reihte sie also in die experimentellen Gestaltungsweisen ein, die für die Op-Art kennzeichnend sind. In rhythmischer Anordnung befestigte er Nägel auf einem Brett, quasi als einen künstlichen Miniaturwald, der sich dem Blick schnell zum geometrisch geordneten Muster fügt.

Welche Rolle spielten esoterische Lehren für Kandinsky?

Kunst war für Wassily Kandinsky (1866–1944) ein Mittel zur Erlösung der Welt. Erstaunlich viele Künstler der Klassischen Moderne, z. B. auch Piet Mondrian, wurden Anhänger esoterischer Lehren, um solche kunstutopische Tendenzen adäquat ausdrücken zu können. Für Kandinsky wurden insbesondere die Schriften, die die Theosophische Gesellschaft der Madame Blavatsky herausgab, und die Publikationen des Anthroposophen Rudolf Steiner zu prägenden Medien seines Weltbildes und seiner Kunst, die unter dem Motto der Vereinigung von Geist und Materie stand.

Wie heißt einer der bekanntesten amerikanischen Videokünstler?

In Bill Violas (*1951) interaktiver Installation *The tree of knowledge* (1977; Karlsruhe, Zentrum für Kunst und Medientechnologie) betritt der Besucher einen 16 m langen, abgedunkelten Korridor. An der Front des Ganges erscheint dann auf einer Videoprojektionsfläche ein überlebensgroßer Baum, der „Baum der Erkenntnis". Tritt der Besucher, der „neue Adam" oder die „neue Eva", näher, verändert sich das künstlich-reale Pflanzenbild: Der Setzling wächst, der Baum schlägt aus, trägt Früchte, seine Blätter färben sich und fallen ab.

Auf welches Vorbild berief sich das Venturi-Haus u. a.?

Die Postmoderne, die der amerikanische Architekt Robert Venturi (*1925) vertrat, wurde erstmals deutlich in dem für seine Mutter 1962–64 in Chestnut Hill/Philadelphia errichteten Wohnhaus (*Vanna Venturi Haus*), einer Neuformulierung des traditionellen amerikanischen Präriehauses, des kleinbürgerlichen Vororthauses. Die Fassade griff auf die französische Revolutionsarchitektur des 18. Jh., auf Entwürfe eines Claude Nicolas Ledoux, zurück.

Wie heißt einer der bekanntesten ungarischen Konstruktivisten?

Die Lichtmanie lässt den ungarischen Konstruktivisten László Moholy-Nagy (1895–1946) auch Glasarchitekturen planen. Diese sind entstehungsgeschichtlich engstens mit dem Berliner Exil und den utopischen Stadtbauentwürfen des Expressionismus verknüpft. Bezüge gab es auch zu den Architekturvisionen der „Gläsernen Kette“, also jener sich Ende 1919 um Bruno Taut (1880–1938) zu einen Gemeinschaft versammelnden Künstler.

Wie heißt der bekannteste surrealistische Film?

Aus dem 1928 geschriebenen Drehbuch Luis Buñuels und Salvador Dalís zu dem Film „Un Chien andalou“ („Der andalusische Hund“): „Ein Mann schärft sein Rasiermesser. Er drückt mit seinen Fingern die Lider des linken Auges einer jungen Frau auseinander und die Klinge zieht langsam durch den Augapfel [...] Esel verwesen in einem Konzertflügel, Ameisen quellen aus der Innenfläche einer Hand, die in einer Tür festgeklemmt ist. Abgeschnitten bewegt sich diese Hand über das Parkett, Männerhände streicheln fiebern nackte Brüste [...].“

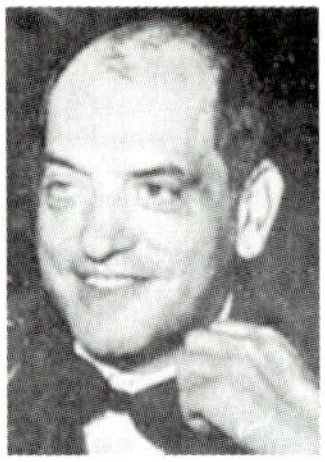

Luis Buñuel

Was plante Le Corbusier mit dem historischen Stadtzentrum von Paris?

Als Stadtplaner war der Schweizer Architekt Le Corbusier (1887–1965) ein radikaler Absolutist. Sein urbanistisches Manifest „Die Stadt von morgen“ enthält als letzte Illustration das Bild des barocken Sonnenkönigs, Ludwigs XIV., und einen bewundernden Kommentar über dessen absolute Machtbefugnis. Der Architekt, so Le Corbusiers Forderung, solle aus einer gottähnlichen Position heraus eine Ordnung erstellen, die im Einklang mit der Weltordnung stehe. Ordnung galt ihm als Resultat einer euklidischen Ekstase: „Der rechte Winkel ist [...] die Summe aller Kräfte, die die Welt im Gleichgewicht halten.“ Das Straßengewimmel historischer Altstädte, etwa im Zentrum von Paris, war für ihn Ausdruck des finsteren Mittelalters und sollte am besten abgerissen werden.

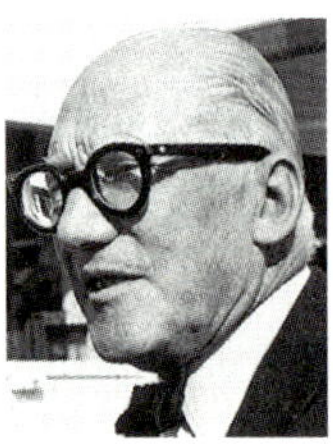

Le Corbusier

Gab es einen norddeutschen Expressionismus?

Die norddeutschen Expressionisten kannten sich kaum, lediglich 1900 war Emil Nolde (1867–1956) kurz mit Paula Modersohn-Becker (1876–1907) in Paris zusammengetroffen, und 1907 begegnete er Christian Rohlfs in (1849–1938) Soest. Ansonsten lebten die Künstler im Norden in großer räumlicher Distanz, Modersohn-Becker in Worpswede, Nolde vor allem auf der

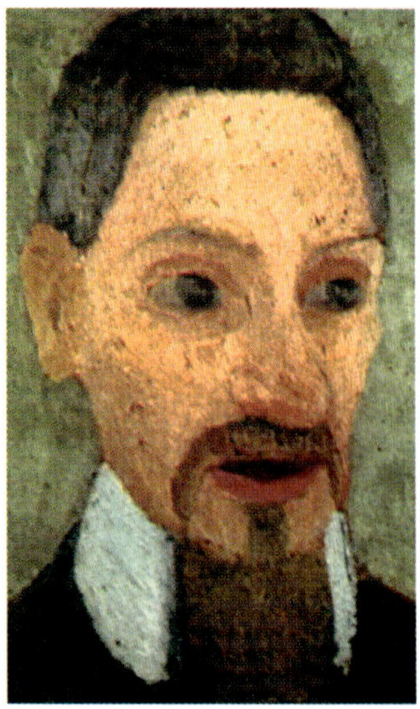

Paula Modersohn-Becker: *Bildnis Rainer Maria Rilkes*, 1906 (Bremen, Sammlung Ludwig Roselius)

Insel Alsen und Rohlfs in Soest und Hagen. Von einer Gruppe zu sprechen, wäre also falsch.

Wie heißt der populärste deutsche Bildhauer des Expressionismus?

Die wenigen, fast grobschlächtig wirkenden formalen Mittel, mit denen Ernst Barlach (1870–1938) eine Expressivität und eine intensive Vergeistigung der Materie erreichte, flossen ihm nicht zuletzt aus seiner Begegnung mit spätgotischer Grafik und Skulptur zu. Barlach ließ sich 1910 in Güstrow an der Ostseeküste nieder. Er leistete auch als Grafiker Bedeutendes und zählt überdies zu den wichtigsten Dramatikern des deutschen literarischen Expressionismus.

Womit beschäftigte sich Claes Oldenburg thematisch mit Vorliebe?

Claes Oldenburg (*1929), der wahrscheinlich radikalste Pop-Künstler der 60er-Jahre, wollte das, was er sah, berühren, absorbieren, verdauen. Unrat und Müll verherrlicht er: „Ich bin für eine Kunst von Dingen, die andere verloren oder weggeworfen haben. [...] Ich bin für Cool-Kunst, 7-Up-Kunst, Sunshine-Kunst [...] ich bin für eine Güteklasse-A-Kunst, Normalpreis-Kunst, Reif- und saftig-Kunst, [...] Schnellgericht-Kunst [...]“. Dass in seinen Phantasien immer wieder Essen, Fast Food, auftaucht, ist deshalb kein Zufall.

Wie erlebte Otto Dix den I. Weltkrieg?

Der Krieg ist das erste dominierende Thema im Lebenswerk von Otto Dix (1891–1969). 1915 wurde er an der Westfront eingesetzt, erlebte dort die furchtbare Herbstschlacht und die Stellungskämpfe im Winter, bei der fast 600.000 Soldaten ums Leben kamen. Im November wurde er zum Unteroffizier ernannt, erhielt das Eiserne Kreuz 2. Klasse, machte die Schlachten an der Somme mit, in denen 470.000 Menschen starben, dann die Stellungskämpfe in Nordfrankreich, lag im November 1917 in den Schützengräben Russlands und im Februar 1918 in Flandern. Im August dieses Jahres wurde er am Hals verwundet, absolvierte jedoch kurz darauf eine Flieger-Ausbildung. Seine Entlassung erhielt er im Dezember. Er hatte überlebt.

Wer ist einer der wichtigsten amerikanischen Environment-Künstler?

Edward Kienholz (1927–94) bezieht sich mit realistisch-surrealistischen Environments auf gesellschaftskritische Fragen. Besonders bekannt wurde z. B. sein lebensgroßes, begehbares Environment *Das tragbare Kriegerdenkmal* (1968; Köln, Museum Ludwig). Die Gruppe der Soldaten entnahm Kienholz einem Foto, das für das Heldentum der US-Truppen im II. Weltkrieg stand. Ihre Fahne pflanzen die Soldaten hier freilich in einer Bar auf – damals, als über 500.000 Soldaten in Vietnam kämpften.

Wie definierte Kasimir Malewitsch den Suprematismus?

Kasimir Malewitsch (1878–1935) definierte 1915 den Suprematismus so: „Unter Suprematismus verstehe ich die Suprematie der einen Empfindung in der bildenden Kunst. Elementare Form dieser Vorherrschaft sei das Quadrat: das Quadrat = die Empfindung, das weiße Feld = das

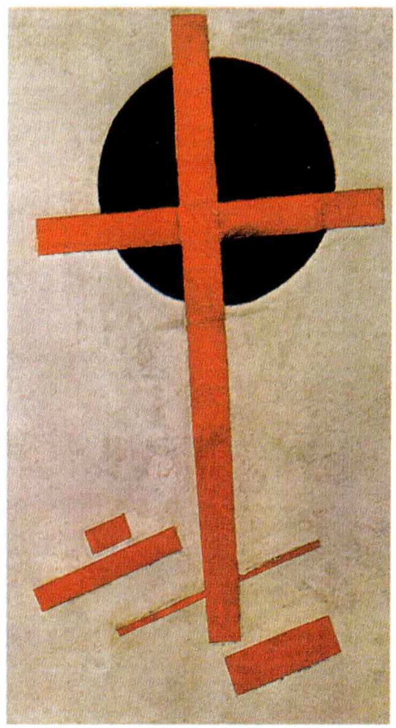

Kasimir Malewitsch: *Rotes Kreuz auf schwarzem Kreis*, um 1914 (Amsterdam, Stedelijk Museum)

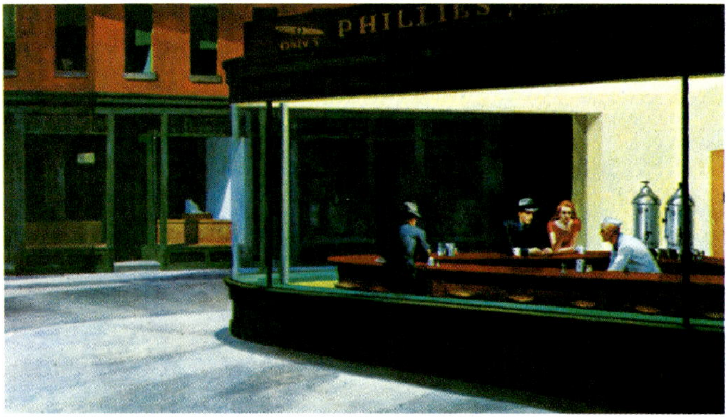

Edward Hopper: *Nighthawks (Nachtschwärmer)*, 1942 (Chicago, Art Institute)

Nichts außerhalb dieser Empfindung."

Wie heißt das bekannteste Bild von Edward Hopper?

Edward Hopper (1882–1967) malte in einem leicht stilisierten Realismus typisch amerikanische Szenerien. Das vermutlich bekannteste Bild ist *Nighthawks* („Nachtschwärmer"), das Hopper 1942 malte (Chicago, Art Institute) und das die Verlorenheit der späten Gäste in einem Restaurant der New Yorker Greenwich Avenue schildert.

Wer war einer der Pioniere der Draht- und Eisenplastik?

Der Amerikaner Alexander Calder (1898–1976) repräsentiert auf höchstem Niveau die kinetische, die mit faktischen Bewegungselementen operierende Kunst. Mit seinen ab den frühen 1930er-Jahren entstehenden Mobiles gehört er zusammen mit Naum Gabo (1890–1977) – seit 1923 Leiter der Metallwerkstätten am „Bauhaus" – zu den Pionieren der Draht- und Eisenplastik.

Wo schuf Robert Smithson eines der bekanntesten Werke der Land Art?

1970 schüttete Robert Smithson (1938–73) einen ca. 450 m langen spiralförmigen Damm am Ufer des Großen Salzsees bei Rozal Point in Utah auf, der im Lauf der Jahre vom gestiegenen Wasserspiegel überflutet wurde. Von *Spiral Jetty*, einem der bekanntesten Werke der Land Art, blieben nur Fotos.

Mit wem zeigte sich Jeff Koons im Liebesakt?

Jeff Koons (*1955), der von der Pop Kunst herkommt, der das Triviale zum Kunstwerk erheben will und sich deshalb gerne auch als „König des Kitsches" tituliert sieht, erregte Anfang der 1990er Jahre Aufsehen mit einer exhibitionistischen Skulpturenserie (*Made in Heaven*), die ihn beim Liebesakt mit seiner damaligen Frau, der italienischen Pornodarstellerin Ilona Staller (Cicciolina) zeigen.

Wie inszenierte sich Joseph Beuys?

Beuys (1921–86) erhob seine Person zur „sozialen Plastik", indem er beispielsweise nie ohne Hut auftrat, den er, dem Vernehmen nach, selbst in den eigenen vier Wänden nicht abnahm. Der Hut als Markenzeichen, eine Art Reliquie eines lebenden, eines dreidimensionalen Heiligenbildes; ein persönlicher Mythos, zum kulturellen Fetisch erhoben; ein Symbol des Avantgarde-Gedankens, das zugleich als Werbegag und als Zeichen der Selbstvermarktung funktionierte, auf die sich Beuys bestens verstand.

Was war der „Merzbau"?

Seit 1923 arbeitete der Dadaist Kurt Schwitters (1887–1948) an einer begehbaren Raumplastik aus verschiedensten Materialen und Fundstücken, die er über alle Räume seines Hauses in Hannover ausbreitete. Dieser *Merzbau*, wie er ihn nannte, wurde 1943 durch Bomben zerstört.

Führt sich „Concept Art" selbst ad absurdum?

Vielleicht kann man Aktionen wie die des Italieners Piero Manzoni (1933–63), der eine

Anzahl Dosen mit jeweils 30 Gramm seines Kots ausstellte, noch als Affront gegen den Personenkult des modernen Kunstmarktes werten; welcher Sinn aber liegt in Douglas Hueblers Ankündigung von 1971, er wolle bis zu seinem Tod „im Rahmen seiner Möglichkeiten fotografisch die Existenz eines jeden lebenden Menschen dokumentieren, um so die authentischste […] Darstellung der menschlichen Rasse zu erzielen. Ausgaben dieses Werkes werden in regelmäßigen Abständen mit Titeln wie ‚100.000 Menschen', ‚1.000.000 Menschen', ‚10.000.000 Menschen' usw. erscheinen“?

Welcher amerikanische Künstler kam vom abstrakten Expressionismus zur Pop-Art?

Jasper Johns (*1930), der vom abstrakten Expressionismus herkam, wurde zusammen mit Robert Rauschenberg zum Wegbereiter der Pop-Art in den USA. Seit den 60er-Jahren bezog er auch reale Objekte in sein Schaffen ein. So goss er etwa zwei leere Bierdosen in Bronze nach (1960; Köln, Museum Ludwig) und erhob sie zu Signets der Wegwerfgesellschaft.

Wer baute das Hauptquartier der Faschisten in Como?

Im Italien Mussolinis wurde neben den bevorzugten neoklassizistischen Protzbauten auch funktionalistisch-moderne Architektur toleriert. So entstand 1932–36 durch Giuseppe Terragni (1904–43) die *Casa del Fascio* in Como (heute *Casa del Popolo*) als lokales Hauptquartier der Faschisten, mit einer streng geometrisch gerasterten Fassade.

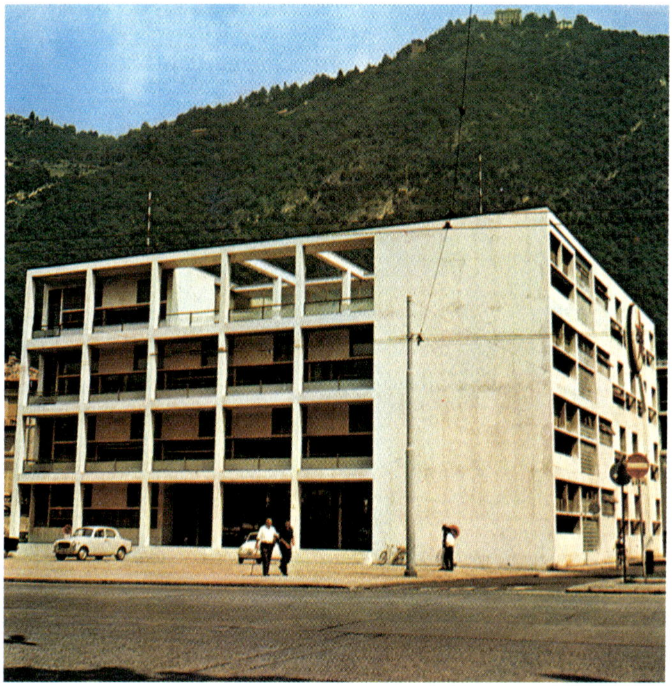

Giuseppe Terragni: *Casa del Fascio* in Como, 1932–36

Wie heißt die bekannteste Zeitschrift des Surrealismus?

1933 tritt der Surrealismus in die Phase seiner weltweiten Verbreitung. Im Juni des gleichen Jahres erscheint die erste Nummer der luxuriös aufgemachten Zeitschrift „Minotaure“. Von Anfang an arbeiten die Surrealisten daran mit, erst ab Nummer 10 freilich üben sie vollkommene Kontrolle über die Zeitschrift aus. Auch Picasso, der damals dieser künstlerischen Richtung nahe steht, steuert Illustrationen bei. 1942 wird „Minotaure“ von der Zeitschrift „VVV“ abgelöst.

Wann und wie verhüllte Christo den Berliner Reichstag?

Seit 1971 planten Christo (*1935) und seine Frau Jeanne-Claude (*1935) die Verpackung des Berliner Reichstagsgebäudes. Erst gegen zum Teil heftigen Widerstand konservativer Politiker konnte das Projekt unter dem Titel

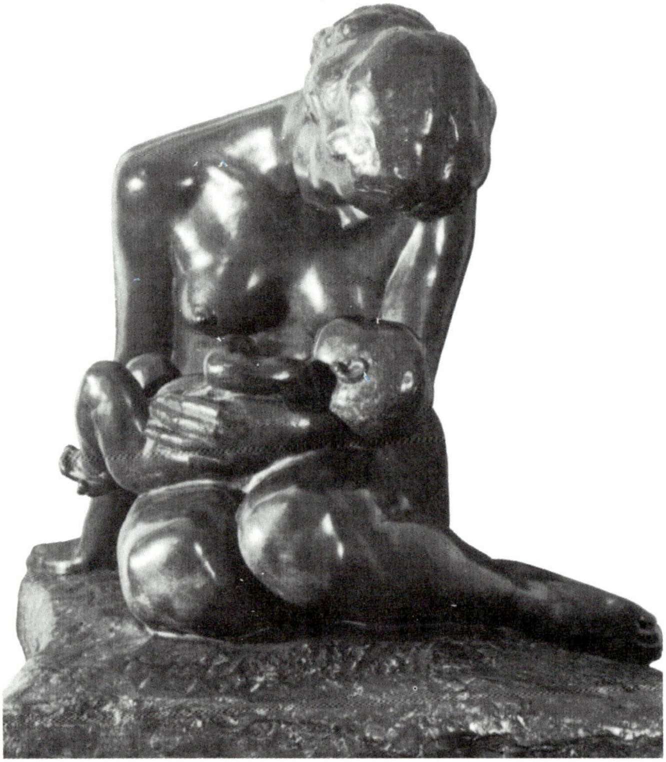

Wilhelm Lehmbruck: *Mutter mit Kind*, 1907 (Essen, Folkwang-Museum)

Wrapped Reichstag verwirklicht werden. Über 200 Helfer füllten das Gebäude in 100.000 m² aluminiumbedampftes Polypropylengewebe, verschnürt durch blaues Tau von 15,6 km Länge. Zwischen dem 24. Juni und dem 6. Juli 1995 bestaunten ca. 5 Mio. Besucher das Ergebnis.

Wer war der bedeutendste deutsche Bildhauer der Klassischen Moderne?

Wilhelm Lehmbruck (1881–1919), der in Paris Henri Matisse (1869–1954), Amedeo Modigliani (1884–1920) sowie die Bildhauer Aristide Maillol (1861–1944), Alexander Archipenko (1887–1964) und Constantin Brancusi (1876–1957) zu seinen Bekannten und Anregern zählte, formulierte sein Aufbegehren gegen die Tradition in Form einer symbolbeladenen, melancholisch-introvertierten Formensprache. 1919 beging er Selbstmord.

Woher bezog die Gruppe „Cobra" ihren Namen?

Das Wort „Cobra" ist gebildet nach den Anfangsbuchstaben der Hauptstädte jener Länder, aus der die Mitglieder der 1948 in Paris gegründeten Vereinigung des abstrakten Expressionismus stammten: Copenhagen – Bruxelles – Amsterdam. Die wichtigsten Repräsentanten waren der Däne Asger Jorn (1914–73), der Holländer Karel Appel (*1921), der Niederländer Constant (*1920) und der Belgier Corneille (*1922).

Welches ist das Hauptwerk der „Amsterdamer Schule"?

V. a. Michel de Klerk (1884–1923) und Piet Kramer (1881–1961), die beiden Hauptvertreter der „Amsterdamer Schule", einer expressionistischen Architektengruppe, erbauten 1911–16 das *Scheepvaartshuis* in Amsterdam, das als ein Höhepunkt der niederländischen Architektur gilt.

Welches Motiv wurde zu einer Art Markenzeichen des Surrealismus?

Die zerfließende Uhr als Zeichen der verrinnenden Zeit und träumerischer Irrealität in Salvador Dalís (1904–89) Bild *Die Beständigkeit der Erinnerung* (1931; New York, Museum of Modern Art) wurde zu einer Art Markenzeichen des Surrealismus.

Welche Rolle spielte der I. Weltkrieg für die deutschen Expressionisten?

Marc erwartete vom großen Krieg die geistige Reinigung

der Menschheit. Beckmann und Dix meldeten sich freiwillig an die Front, Schmidt-Rottluff witterte damals die Chance, „möglichst Starkes zu schaffen“. Die überspannt-naive Beschwörung des Krieges verwandelte sich schnell zum Trauma angesichts der Granattrichter, Schützengräben und Operationssäle Frankreichs und Flanderns. Viele Maler – darunter Marc, Macke und Morgner – fielen jung im Feld.

Wo befindet sich eine der aufsehenerregendsten Architekturen der Postmoderne?

Charles Moores (1925–93) Lust am Zitat artikuliert sich exzessiv an seinem wohl bekanntesten Projekt, der *Piazza d'Italia*, 1974–78 als Stiftung des Architekten in New Orleans inmitten eines Einkaufszentrums errichtet. Platz- und Brunnenanlage gehen vom stilisierten Stiefel-Umriss Italiens auf der Landkarte aus. Dahinter schichtet sich eine monumentale Säulenarchitektur hoch: knallbunte Farben und edle Materialien vereinigen sich zu einer eigenartigen Collage, die die Architektur des altrömischen Reiches und der Renaissance zur geradezu abstrusen Zitatenkiste vereint. Einen dorischen Fries manipuliert der Architekt zur Sprinkleranlage, Säulen verkleidet er mit Edelstahl, Neonröhren umziehen Kapitelle.

Wie heißt der bedeutendste finnische Architekt der Moderne?

Der Finne Alvar Aalto (1898–1976) machte seit den 20er-Jahren freischwingende Kurven, fensterlose Ziegelmauern und dynamisch rhythmisierte Glasfassaden zum Kennzeichen seiner Gebäude, die er mit höchster Sensibilität und in freiem Formenspiel der umgebenden Natur integrierte.

Wo befindet sich die „Kultstätte" des Color-Field-Painting?

Mark Rothko (1903–70) bereitete seit den 1950er-Jahren die auf die Wirkung reiner Farbflächen konzentrierte Color-Field-Painting vor. Die Rezeption seiner Bilder als quasi religiös erlebbare Objekte führte dazu, dass die Familie de Menil den Architekten Philip Johnson in Houston, Texas, eine ökumenische Kapelle der Rice University errichten ließ (*Rothko Chapel*), die einen von Rothko 1964–1967 geschaffenen Bilderzyklus aufnahm: 14 riesige, dunkle Kontemplationstableaus, subtil bedeckt mit fast monochromem Schwarz, mattem Pflaumenrot, finsterem Violett. Von oben fällt Licht in den achteckigen Kapellenraum und beleuchtet die vom Künstler erstrebte „Mystik des Leeren“.

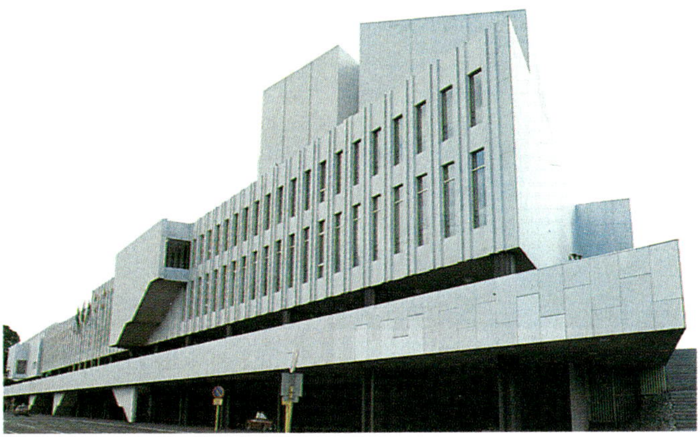

Alvar Aalto: Konzert- und Kongressgebäude *Finlandia* in Helsinki, 1967–72

Wer drehte einen der bekanntesten und frühesten deutschen Filme des Expressionismus?

Der Film „Das Kabinett des Dr. Caligari“, den Robert Wiene 1919 drehte, wurde zu einem frühen Meisterwerk des expressionistischen Kinos, das Ausdrucksformen der bildenden Kunst in das neue Medium übersetzte.

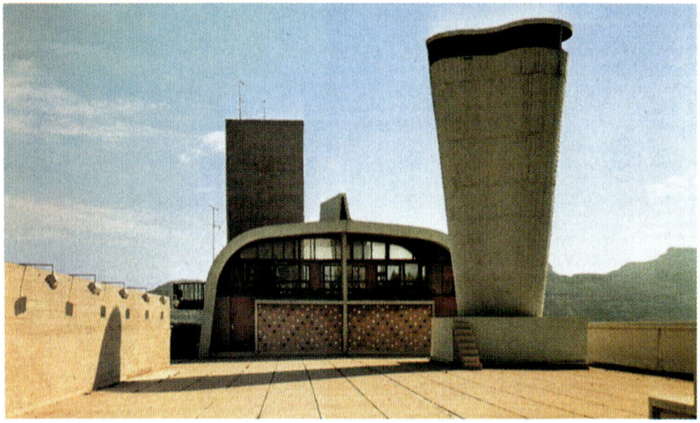

Le Corbusier: *Unité d'habitation in Marseille*, 1947–52

Welches Bauwerk Le Corbusiers erinnert partiell an einen Ozeandampfer?

1947–52 errichtete Le Corbusier (1887–1965) die *Unité d'habitation* in Marseille. Die 370 Wohnungen des Komplexes sind in einem verzwickten Raster miteinander verschachtelt. Insgesamt erinnert die Architektur des „Super"-Hauses (18 Stockwerke, 55 m hoch, 125 m lang, 18 m breit; Wohnungen, Infrastruktur usw. für 1600 Menschen) samt seiner expressiven Dachlandschaft an einen riesigen Ozeandampfer.

Wie oft kopierte Giorgio De Chirico eines seiner Hauptwerke?

Giorgio De Chiricos (1888–1978) wie erstarrt wirkende Stadtlandschaften sind oft von Figurinen, die Schneiderpuppen ähneln, bevölkert. So auch eines seiner Hauptwerke, *Die beunruhigenden Musen* (1918; Mailand, Privatbesitz), das zudem auf die Stadt Ferrara verweist, die „metaphysischste aller Städte", wie der Künstler sagte. Zwischen 1945 und 1962 hat De Chirico dieses Bild nochmals in 18 Versionen kopiert.

Wo wurde eines der spektakulärsten Projekte der Land Art verwirklicht?

Zwischen 1971 und 1977 verwirklichte der Amerikaner Walter De Maria (*1935) das Projekt *Lightning Field* („Blitzfeld") in der Quemado-Wüste im US-Bundesstaat New Mexico. Auf einer Fläche von 1 x 1,6 km postierte er wie Antennen 400 Edelstahlstäbe von jeweils 6 m Höhe: Sie zogen Blitze an und gaben deren elektrische Ladung in den Luftraum weiter.

Wie heißt das Hauptwerk von Grant Wood?

Das Gemälde *American Gothic* (1930; Chicago, Art Institute) von Grant Wood (1891–1942), ein Vertreter des sog. Regionalismus, schildert auf veristische und gleichzeitig ironische Art die Lebensbedingungen in der amerikanischen Provinz.

Wodurch wurde Schmidt-Rottluff zu seinen Plastiken inspiriert?

Wie mehrere andere Expressionisten auch schuf Karl Schmidt-Rottluff (1884–1976) eine Reihe Holzplastiken von bewusst primitivistischer Form. Den Anstoß gab vermutlich Carl Einsteins 1915 erschienenes Buch „Negerplastik".

Wie definierte André Breton den Surrealismus?

André Breton gab 1924 in seinem ersten „Manifest des Surreslismus" folgende Definition: Der neue Stil sei „reiner, psychischer Automatismus, durch welchen man, sei es mündlich, sei es schriftlich, sei es auf jede andere Weise, den wirklichen Ablauf des Denkens auszudrücken sucht. Denk-Diktat ohne jede Vernunft-Kontrolle und außerhalb aller ästhetischen oder ethischen Fragestellungen."

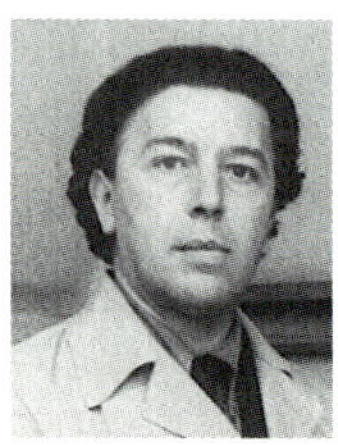

André Breton

Welcher Repräsentant der Minimal Art benutzt v. a. Glühbirnen und Leuchtstoffröhren?

Der Amerikaner Dan Flavin (1933–96) konstruierte 1961 seine ersten minimalistischen *Licht-Ikonen* – leere, von Glühbirnen gerahmte Bildfelder. Seit 1963 verwendete er industriell hergestellte Leuchtstoffröhren, die er dann zu geometrisch geordneten Environments kombinierte.

Wie heißt der deutschstämmige Künstler, der zu den Protagonisten des Informel zählt?

Der in Leipzig geborene Maler Hans Hartung (1904–89), der während des II. Weltkrieges in der französischen Fremdenlegion diente und nach 1945 in Paris lebte, wurde seit den 30er-Jahren mit expressiv-abstrakten Werken zu einem der Wegbereiter des späteren Informel.

Wer schuf eines der bekanntesten „Objekte" des Dadaismus?

Den *Mechanischen Kopf*, auch *Der Geist unserer Zeit* genannt (Paris, Musée National d'Art Moderne), schuf der gebürtige Wiener Raoul Hausmann (1886–1971). Der Kopf einer Schaufensterpuppe, mit allen möglichen Alltagsgegenständen bestückt, soll die Anonymität des modernen Menschen ausdrücken. Hausmann, der als einer der ersten deutschsprachigen Künstler mit der Fotomontage experimentierte, gelang mit diesem „Kopf" eines der instruktivsten Objekte des Dadaismus.

Wie verneinte Frank Stella jeden Versuch, eine tiefere Bedeutung in seine Bilder „hineinzugeheimnissen"?

Frank Stella (*1936), wichtiger Repräsentant der amerikanischen „konkreten Kunst", verneinte die Existenz einer verborgenen Bedeutung in seinen Bildern mit folgendem Satz: „What you see is what you see."

Welches futuristische Bild gehörte zu den ersten, die man in Deutschland kennenlernte?

Das 1911 von Umberto Boccioni (1882–1916) gemalte Bild *Der Lärm der Straße dringt ins Haus* (Hannover, Sprengel Museum) zählte 1912 zu den Exponanten der Futurismus-Ausstellung in Herwarth Waldens Berliner „Sturm"-Galerie.

Wer malte das größte Fresko der Moderne?

Werner Tübke (*1929), Vertreter der Leipziger Schule, ist einer der bedeutendsten Ma-

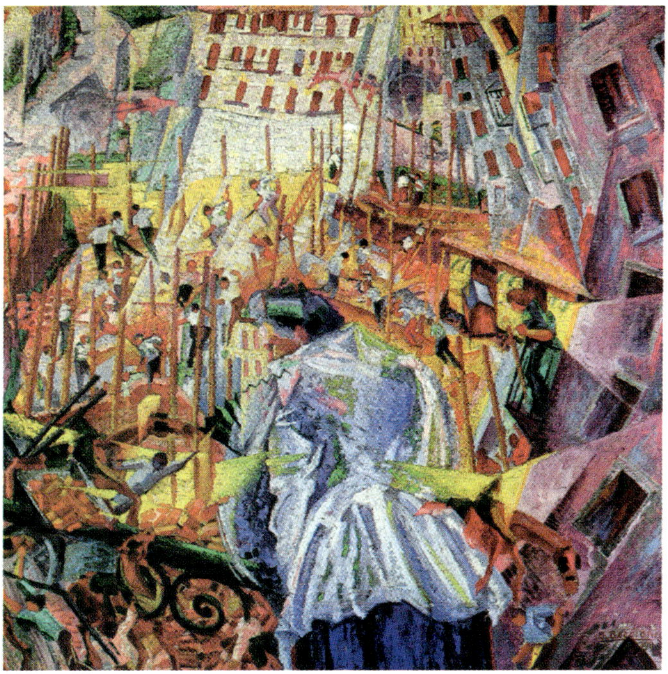

Umberto Boccioni: *Der Lärm der Straße dringt ins Haus*, 1911 (Hannover, Sprengel Museum)

ler der ehemaligen DDR. In seinen aus Renaissance, Manierismus und Romantik gespeisten Realismus mengen sich auch surreale Elemente. Sein Hauptwerk ist das monumentale, 1976–87 entstandene *Panoramagemälde* in der Bauernkriegsgedenkstätte in Bad Frankenhausen/Kyffhäuser.

Wie heißt der deutsche Künstler, der besonders stark von Delaunay beeinflusst wurde?

August Macke (1887–1914) wurde seit 1912 besonders stark durch den Kontakt mit Robert Delaunay geprägt, der ihn bald zu ausdrucksstarken, aber wunderbar harmonischen, stets auf Natureindrücken basierenden und das Licht zum bildnerischen Ausgangspunkt machenden Ölbildern und Aquarellen anregte.

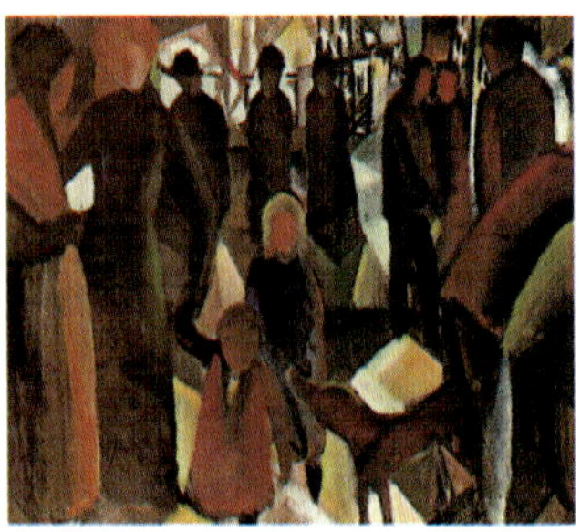

August Macke: *Der Abschied*, 1914 (Köln, Museum Ludwig)

Mit welchem bekannten Plakat bezog El Lissitzky politisch Stellung?

„Schlagt die Weißen mit dem roten Keil!“, heißt (übersetzt) die Parole auf dem bekannten, konstruktivistisch-abstrakt gestalteten Propagandaplakat (1919/20), mit dem sich El Lissitzky (1890–1941) im russischen Bürgerkrieg auf die Seite der gegen die Zaristen kämpfenden Kommunisten stellte.

Wer sind die Hauptvertreter der Minimal Art?

Die seit den 1960er-Jahren v. a. in den USA entwickelte Kunstrichtung der Minimal Art – benannt nach der ersten zusammenfassenden Ausstellung 1966 im Jewish Museum in New York – verstand sich als geometrisierende Gegenreaktion gegen den abstrakten Expressionismus. Die wichtigsten Vertreter dieser Richtung sind Donald Judd (1928–94), Robert Morris (*1931), Sol Le Witt (*1928) und Dan Flavin (1933–96).

Wer prägte den Begriff „Neue Sachlichkeit“?

Mit einer aufsehenerregenden Ausstellung 1925 in Mannheim prägte Gustav Hartlaub, der Direktor der dortigen Kunsthalle, den Begriff „Neue Sachlichkeit“: „Der Ausdruck sollte wirklich als Bezeichnung für den neuen Realismus sozialistischer Prägung verwendet werden, der sich auf den damaligen Zeitgeist von Resignation und Zynismus nach einer Periode überschwenglicher Hoffnungen (die sich im Expressionismus geäußert hat) bezog.“

Wer sind die „Neuen (Jungen) Wilden“?

Der Begriff meint die Ende der 1970er-Jahre in Deutschland auftretende Richtung, die sich durch die Rückkehr zu einer – expressiv verfremdeten – Gegenständlichkeit auszeichnete. Zu ihr gehörten u. a. in Berlin Rainer Fetting (*1949) und Helmut Middendorf (*1953). Zeitgleich kristallisierten sich in der damaligen DDR mehrere verwandte Künstlergruppen heraus, die sich vom platten Sozialistischen Realismus durch eine Art Neoexpressionismus absetzen wollten. Einer der bekanntesten Repräsentanten ist A. R. Penck (*1939).

Wer schuf das bekannteste politische Symbolbild des 20. Jh.?

An die Zerstörung der baskischen Stadt Guernica durch deutsche Bomben während des Spanischen Bürgerkriegs erinnert das weltberühmte Antikriegsbild Pablo Picassos (1881–1973) von 1937, das unter dem Titel *Guernica* zu einer Ikone des 20. Jh. geworden ist (Madrid, Museo Nacional Centro de Arte Reina Sofia).

Wer sollte das „Weltwunder der Neuzeit“ schaffen?

1919 erhielt der Mitbegründer und Theoretiker des russischen Konstruktivismus, Wladimir Tatlin (1885–1953), den

Auftrag zu einem Denkmal für die III. Internationale. Ein Jahr später stellte er sein Modell vor: Im Zentrum von Moskau wollte er einen gigantisch, sich spiralförmig in die Höhe schraubenden Stahl- und Glas-Turm mit Versammlungs-, Konzert- und Ausstellungsräumen errichten. Mit 400 m Höhe hätte er das bis dahin höchste Gebäude der Welt, den Pariser Eiffelturm, weit übertroffen. Die Kongresshalle sollte sich einmal im Jahr, das Regierungszentrum monatlich um die eigene Achse drehen (Rekonstruktion des Modells 1992/93; Düsseldorf, Kunsthalle). Die Realisierung dieses „Weltwunders der Neuzeit" scheiterte am Einspruch Lenins.

Von wem stammt das „Opernhaus in Sydney"?

Wohl selten ist in den vergangenen Jahrzehnten ein Gebäude so uneingeschränkt zum Wahrzeichen einer Stadt geworden wie das *Opernhaus in Sydney*, dem ein Entwurf des Dänen Jørn Utzon (*1918) aus dem Jahre 1956 zugrunde

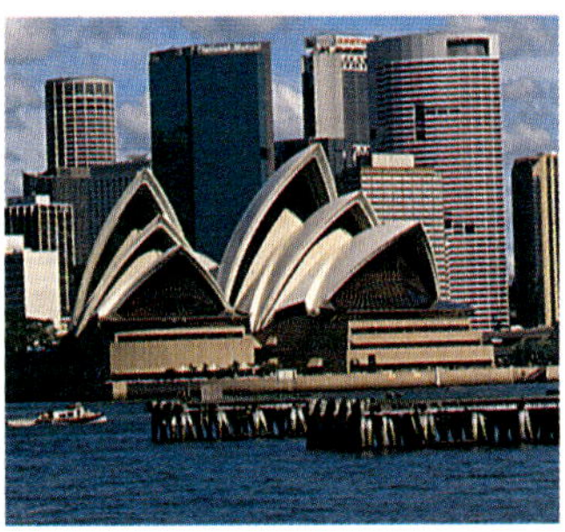

Jørn Utzon: *Oper in Sydney*, 1956–74

liegt. Die Fertigstellung des zunächst heftig angefeindeten Baus zog sich dann bis 1974 hin. Wie geblähte Segel ragen zwölf weiße, bis zu 60 m hohe Betonschalen auf einem Natursteindock des Hafens in den Himmel.

Was versteht man unter „Dripping"?

1946/47 begann der Amerikaner Jackson Pollock (1912–56) mit dem wohl radikalsten Beitrag zum abstrakten Expressionismus, indem er sich technisch dem Verfahren des sog. „Dripping" zuwandte: Mit Hilfe von Holzstöcken oder Kellen ließ Pollock dünnflüssige Farbe auf großformatige, auf dem Boden liegende Bildgründe tropfen; oder aber er schleuderte Farbe in spontanen rhythmischen Bewegungen auf die Leinwand, bis diese von einem gestischen Spurengeflecht unregelmäßiger Linien, Flecken und Tropfen überzogen war.

Wie erinnerte sich André Derain an seine fauvistischen Anfänge?

„Die Farben wurden für uns zu Dynamitpatronen", erinnerte sich André Derain (1880–1954), „sie sollten Licht entladen. Die Idee in ihrer Frische war wundervoll, dass man alles über das Wirkliche hinausheben könnte. Das große Verdienst dieses Versuchs war die Befreiung des Bildes von jedem nachahmenden und konventionellen Zusammenhang."

Wie heißt eines der bekanntesten „Combinepaintings" von Robert Rauschenberg?

Robert Rauschenberg (*1925) leistete mit seinen Assemblagen („Combinepaintings", wie er seine von 1953 bis in die 1960er-Jahre hinein gestalteten entsprechenden Werke nannte) Bahnbrechendes für die Pop-Art. Zu seinen bekanntesten Arbeiten zählt *Black Market* (1961; Köln, Museum Ludwig): Der Besucher war hier aufgefordert, eines der Objekte des Werkes gegen ein mitgebrachtes auszutauschen.

Wer malte die bekanntesten „apokalyptischen" Stadtlandschaften des 20. Jh.?

In Berlin, gefördert von Max Beckmann, entwickelte sich Ludwig Meidners (1884–1966) Faszination vor der Tumultuarik der Großstadt. Diese provozierte die bis 1916 anhaltende Serie seiner *Apokalyptischen Landschaften*, mit denen Meidner berühmt wurde: Phantasiestädte, aus der Vogelperspektive dargestellt, zerberstend wie unter kosmischem Bombardement.

Wie heißt eine der bekanntesten Künstlerinnen der Gegenwart?

Niki de Saint Phalle (1930–2002) erregte 1960/61 Aufsehen mit ihren ersten „Schießbildern“: sie schoss auf Farbbeutel, die an reliefartigen Bildträgern befestigt waren. Wirklich berühmt wurde sie mit ihren großfigurigen, zum Teil begehbaren puppenhaft-erotischen Frauenfiguren aus bunt bemaltem Polyester (Nanas), die an die Fruchtbarkeistgöttin erinnern. 1961 heiratete sie einen durch seine *Maschinenskulpturen* bekannt gewordenen Hauptvertreter der kinetischen Kunst, Jean Tingueley (1925–91). Zusammen mit Tingueley schuf sie 1982/83 die Brunnenanlage *Le sacre du printemps* auf der Place Igor Strawinsky in Paris. In der Toskana, in der Nähe von Grosseto, legte sie einen 1998 eröffneten *Tarotgarten* als phantastisches Gesamtkunstwerk an.

Wer baute die vielleicht bekannteste Kirche der Moderne?

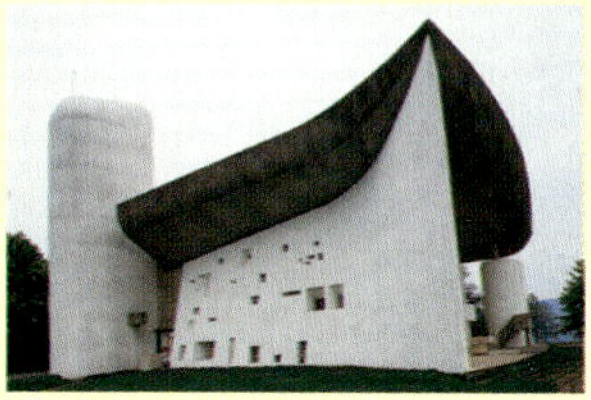

Le Corbusier: *Notre-Dame-du-Haut* bei Ronchamp, 1950–55

Le Corbusier (1887–1965) schuf 1950–55 die Wallfahrtskirche *Notre-Dame-du-Haut* im französischen Ronchamp, den wahrscheinlich bekanntesten und qualitätvollsten Sakralbau der Moderne. Das Betongebäude ist ohne jeden rechten Winkel konstruiert, präsentiert sich stattdessen in gekrümmten, steigenden und fallenden Flächen. In die rau verputzten Wände fügte Le Corbusier kleine konische Öffnungen ein, die, mit Glasmalereien versehen, farbige Lichtpyramiden ins Innere werfen.

Wann fand in Deutschland die erste van Gogh-Ausstellung statt?

Im Jahre 1905 veranstaltete die Dresdener Galerie Arnold die erste Van-Gogh-Ausstellung Deutschlands, deren bahnbrechende Bedeutung unumstritten ist.

In welchem Film wird das Montage-Prinzip am überzeugendsten durchexerziert?

Der russische Architekt, Kulissenmaler und Theaterregisseur Sergeij Eisenstein (1898–1948) schuf mit seinem 1925 gedrehten Film „Panzerkreuzer Potemkin“, der die Meuterei der Besatzung eines Kampfschiffs der Schwarzmeerflotte zum Inhalt hat, ein bald weltweit bewundertes Paradebeispiel des Montage-Prinzips. Die daraus resultierende Suggestivkraft war so groß, dass der Propagandaminister der Nazis, Joseph Goebbels, 1933 sagte: „Wer weltanschaulich nicht fest ist, könnte durch diesen Film zum Bolschewisten werden.“

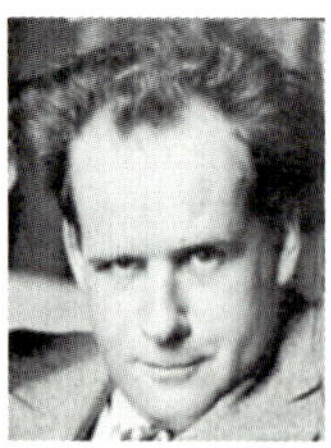

Sergeij Eisenstein

Wann malte Kandinsky sein erstes abstraktes Bild?

Im nachhinein behauptete Kandinsky (1866–1944), 1910 sein frühestes abstraktes Bild gemalt zu haben. Deshalb datierte er die erst 1913 entstandene Studie zu *Komposition VII* auf dieses Jahr vor und gab ihr den Titel *Erstes abstraktes Aquarell* (Paris, Musée National d’Art Moderne). Wenn hier also der Wunsch der Vater des Gedankens war, so bleibt doch die Tatsache, dass Kandinsky um 1911 bereits einen hohen Grad an Abstraktion erreicht hatte.

Welche lettische Bildhauerin gehörte zu den wichtigsten Repräsentanten des Sozialistischen Realismus?

Die in Riga geborene Bildhauerin Wera Muchina (1889–1953) schuf mit der Skulptur *Arbeiter und Kolchosbäuerin*, die den sowjetischen Pavillon auf der Pariser Weltausstellung (auf der gleichen Weltausstellung, auf der Picasso sein Guernica-Bild zeigte) von 1937 krönte, ein typisches Beispiel des Sozialistischen Realismus – die pathetisch vorwärts stürmende Figurengruppe verkörperte die Parole „Vorwärts und höher“.

Wo findet sich die teuerste Außenwand eines Stahlrahmen-Gebäudes?

Das zusammen mit Philip Johnson von dem Architekten Ludwig Mies van der Rohe (1886–1969) 1954–58 errichtete *Seagram Building* in New York konnte die für die vorgehängte Fassade erwünschte, nobel getönte Farbwirkung mit dunkel abgesetzten Fugen nicht mit Stahl oder Aluminium, sondern nur mit Bronze erreichen. Das Resultat war die teuerste Außenwand, die je einen Stahlrahmen umkleidete – aber wohl auch die eleganteste.

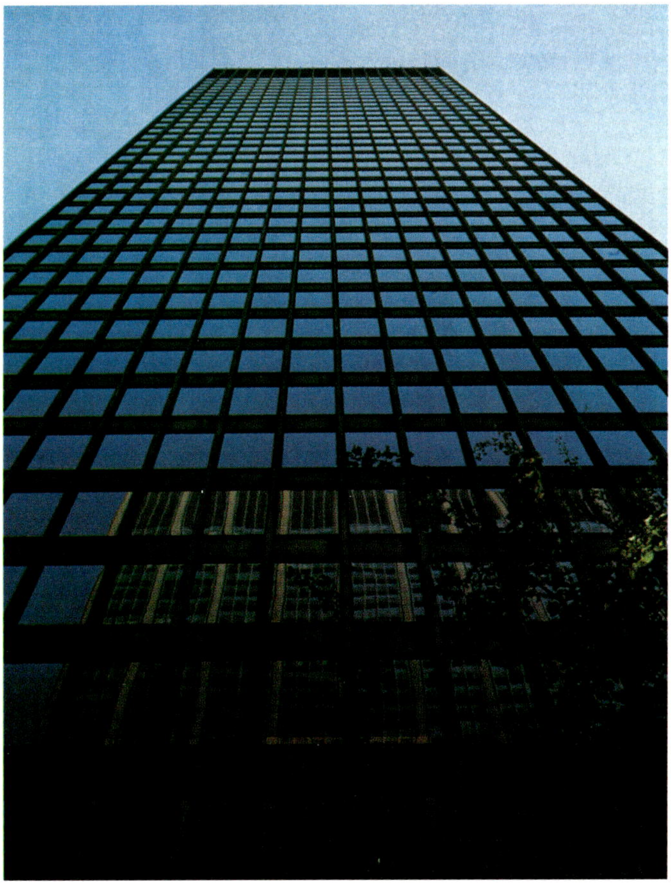

Ludwig Mies van der Rohe und Philip Johnson: *Seagram Building* in New York, 1954–58

Auf welcher Ausstellung wurde ein französischer Expressionismus postuliert?

1928 fand in der Pariser Galerie Alice Manteau die Ausstellung „L’Expressionisme Français“ statt, auf der u. a. Werke von Chaim Soutine (1893–1943), Amedeo Modigliani (1884–1920), Maurice de Vlaminck (1876–1958), Maurice Utrillo (1883–1955) und Marc Chagall (1887–1985) gezeigt wurden.

Wer ist einer der Hauptgestalter der „Shaped canvasses“?

Der Amerikaner Frank Stella (*1936), ein Vertreter der sog. „konkreten Kunst“, entwickelte seit 1960 farbige *Shaped canvasses* („geformte Leinwände“). Bei den Bildern, die von den traditionellen Rechteck- oder Tondo-Formaten abweichen, sind die unregelmäßigen Umrisse vielmehr von der Form der Komposition abhängig, Bild und Objekt werden also identisch.

Welcher deutsche Maler der Klassischen Moderne löste mit einem religiösen Bild einen Skandal aus?

Der bedeutende Maler Lovis Corinth (1858–1925) changierte stilistisch zwischen Realismus, Impressionismus und Expressionismus. Er hat eine der ergreifendsten Kreuzigungsdarstellungen der Neuzeit geschaffen mit dem

Gemälde *Der rote Christus* (1922; München, Bayerische Staatsgemäldesammlungen). Das Bild löste einen Skandal aus, ein Kritiker formulierte: „Aber das ist gar kein Christus, das ist eher ein Affenmensch mit schwarzem wolligem Bart, vorstehender grober Mundpartie (um nicht fachmännisch zu sagen: Schnauze), breitgedrückter Stülpnase, riesigen Orbitalwülsten und tückischen schwarzen Augen. Der Körper zerfetzt, zerschunden, Blut und immer wieder Blut, wohin das Auge schaut. Auch die Sonne ist blutig, und ihre Strahlen scheinen blutig. Das Bild ist ein einziger Blutrausch."

Wer ist der bekannteste Tiermaler der Moderne?

Franz Marc (1880–1916) gilt als der bekannteste Tiermaler der Moderne. Kandinsky schrieb dazu: „Alles in der Natur zog ihn an, aber vor allem doch die Tiere. [...] Aber er verlor sich niemals in Details, und das Tier war für ihn immer nur ein Element in der Gesamtheit [...] Was ihn anzog, war das organische Ganze, also die Natur im allgemeinen."

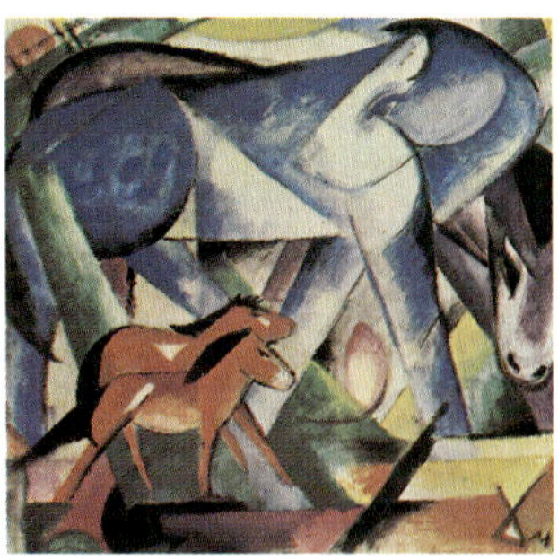

Franz Marc: *Einfache Tiere*, 1913 (New York, Solomon R. Guggenheim Museum)

Wie kam der Expressionist Rohlfs zur Malerei?

Christian Rohlfs (1849–1938) war ein Spätentwickler. Eine schwere Verletzung, die schließlich zur Amputation eines Beines führte, fesselte den holsteinischen Bauernsohn zwei Jahre lang ans Bett. Der Dichter Theodor Storm (1817–1888), sein Landsmann, riet ihm, Maler zu werden.

Wer war Wols?

„Wols" war das Pseudonym für Alfred Otto Wolfgang Schulze (1913–51), der sich in Paris zu einem Hauptrepräsentanten des Tachismus entwickelte. Als seine Bilder 1947 in der Galerie Drouin ausgestellt wurden, schrieb Georges Mathieu (*1921), der selbst Tachist bzw. Vertreter des Informel wurde: „Vierzig Meisterwerke, jedes zerschmetternder, aufwühlender, blutiger als das andere. Ein Ereignis, ohne Zweifel das wichtigste seit den Werken van Goghs. Wols hat alles vernichtet. Nach Wols war alles neu zu machen. Im ersten Anlauf hat Wols die Sprachmittel unserer Zeit genial, unabweisbar, unwiderlegbar eingesetzt und sie selbst zu höchster Intensität gebracht."

Welcher Surrealist wird auch als „malender Denker" bezeichnet?

Der Belgier René Magritte (1898–1967) ist zweifellos einer der bedeutendsten surrealistischen Maler und einer der intellektuellsten. Berühmt wurde in *Der Verrat der Bilder* (1928/29; Los Angeles County Museum of Modern Art) seine Darstellung einer *Tabakspfeife*, die der Satz „Dies ist keine Pfeife" begleitet. Dadurch wird demonstriert, dass Bilder von Gegenständen immer nur Bilder sind, dass Zeichen auf Realität verweisen, das Abbild aber nie identisch ist mit dem Abgebildeten. Mit Träumen habe seine Malerei nichts zu tun, sagte Magritte, er brauche klare Geistesgegenwart und nicht das Unbewusste.

Welches Bild gehört zu den erschütterndsten Selbstbildnissen Schieles?

1910 schuf Egon Schiele das Aquarell *Stehender männlicher Akt* (Selbstbildnis) (Wien, Graphische Sammlung Albertina). In ihm ragt der eigene nackte Körper wie ein schräger Baumstumpf, wie ein vegetabiler Torso durchs Hochformat, der rechte Arm dagegen ist steif in die Horizontale gestreckt, um dann wie ein abgestorbener oder vom Blitz getroffener Ast im Gelenk unvermittelt nach unten abzuknicken. Und dieses skurrile Körpergerüst überragt ein maskenhafter Schädel mit einem fratzenhaft zum Schrei verzerrten Gesicht.

Welcher französische Fauvist näherte sich stilistisch stark dem Expressionismus?

Der Fauvist Georges Rouault (1871–1958) umriss seine Figuren mit überstarken Konturen und füllte die Flächen mit starken Farben. Seit 1905 wandte er sich zunehmend religiösen Themen zu. Und er näherte sich am dichtesten unter den französischen Künstlern dem deutschen Expressionismus.

Wer entwarf die „Kuppel des Berliner Reichstages"?

Der große englische Architekt Norman Foster (*1935) konzipierte und baute 1995–97 die *Glaskuppel des Berliner Reichstags.* Die annähernd halbkugelförmige Schale misst 40 m im Durchmesser und erreicht, vom Boden des Plenarsaals aus gerechnet, eine Höhe von 47,5 m. Ein konisches Glasprisma reflektiert das in die Kuppel einströmende Tageslicht in den Saal. Entlang der Innenseite der Kuppelschale dienen zwei spiralförmige Rampen als Aus- und Abgang einer Besuchergalerie.

Wie definierte Juan Gris den frühen Kubismus?

1932 schrieb der bedeutende spanische Kubist Juan Gris (1887–1927): „Gerade als Reaktion auf die flüchtigen Elemente, mit denen die Impressionisten in ihren Darstellungen arbeiteten, hatte man [im Kubismus] den Wunsch, in der Gestaltung der malerischen Objekte nach minder zufälligen Elementen zu suchen. Und man wählte diejenige Kategorie von Elementen, die im Geist durch die Er-

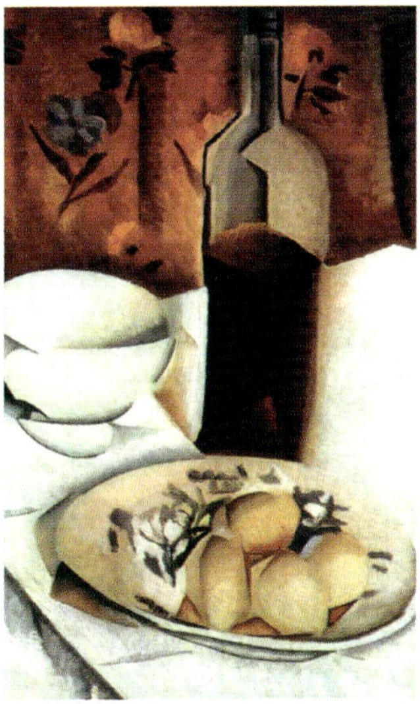

Juan Gris: *Die Eier*, 1911 (Stuttgart, Staatsgalerie)

kenntnis fixiert bleiben und sich nicht fortwährend umbilden."

Wo findet die größte internationale Ausstellung zeitgenössischer Kunst statt?

Die weltweit größte internationale Ausstellung zeitgenössischer Kunst ist die „documenta", die seit 1955 im Abstand von vier bis fünf Jahren in Kassel stattfindet. Die erste „documenta" sollte das Nachkriegsdeutschland wieder in das internationale Kunstgeschehen einbinden.

Wer waren die Hauptvertreter des Fotorealismus?

Der Fotorealismus entstand Ende der 1960er-Jahre in den USA. Die wichtigsten Künstler waren hier Chuck Close (*1940), Don Eddy (*1944), und Richard Estes (*1932). In Europa griffen diese Richtung z. B. Gerhard Richter (*1932) und Franz Gertsch (*1930) auf. Gleichzeitig schufen in verwandter Absicht George Segal (1924–2000), Duane Hanson (1925–96), Edward Kienholz (1927–94) u. a. in den USA übernaturalistische plastische Nachbildungen oder Abgüsse von Menschen.

Wo erscheint erstmals Marcs Motiv „Turm der Blauen Pferde"?

Franz Marcs (1880–1916) berühmte Bildkomposition *Turm der blauen Pferde* (verschollen) taucht erstmals als Aquarell auf einer Neujahrspostkarte 1913 an die Dichterin Else Lasker-Schüler in Berlin

Was macht ein Nagel in Braques' Stillleben?

1909/10 malte Georges Braque (1882–1963) sein *Stillleben mit Krug und Violine* (Basel, Kunstmuseum). Am oberen Bildrand zitiert ein mit Schlagschatten wiedergegebener Nagel das Trompe-l'œil, also die

Technik der Augentäuschung, als Inbegriff traditioneller Illusion in der Malerei. Im Gegensatz dazu wird das kubistische Stillleben, das die Fläche darunter verdeckt, in seiner antiillusionistischen Innovation erst so recht anschaulich.

Wo malten die „Brücke"-Expressionisten während ihrer Dresdner Zeit mit Vorliebe in den Sommermonaten?

Den Sommer verbrachten die Freunde samt ihren Freundinnen und Modellen an den Moritzburger Seen bei Dresden, wo sie den Einklang von Mensch und Natur, ein ungezwungenes Leben außerhalb der Zivilisation, sozusagen das Gauguinsche Tahiti vor der Haustür suchten.

Wie rechtfertigte Robert Delaunay die Abstraktion?

Robert Delaunay (1885–1941) schrieb 1913: „Solange die Kunst vom Gegenstand nicht loskommt, bleibt sie Beschreibung, Literatur, erniedrigt sie sich zur Sklaverei der Imitation."

Wo enstanden die Hauptwerke Diego Riveras?

Der mexikanische Maler Diego Rivera (1886–1957) lebte ab ca. 1907 in Paris. 1920 kehrte er in seine Heimat zurück, wo er als Mitglied der kommunistischen Partei den Auftrag erhielt, das Erziehungsministerium in Mexiko-Stadt mit Fresken auszustatten. 1926–29 realisierte er so ein Panorama zur Entstehung des modernen Mexiko, das er in 235 Bildern auf die Loggien und das Treppenhaus verteilte.

Wer war der „Leib- und Magenphilosoph" der Expressionisten?

Die junge Generation verschlang v. a. Friedrich Nietzsches Bücher, insbesondere den „Zarathustra". Der umstürzlerische Philosoph bot das Paradebeispiel für Selbstbefreiung aus autoritären Zwängen, aus bourgeoiser Kleinkariertheit, aus materialistischem Denken. Später bekannte der Schriftsteller Gottfried Benn (1886–1956): „[...] für meine Generation war er das Erdbeben der Epoche."

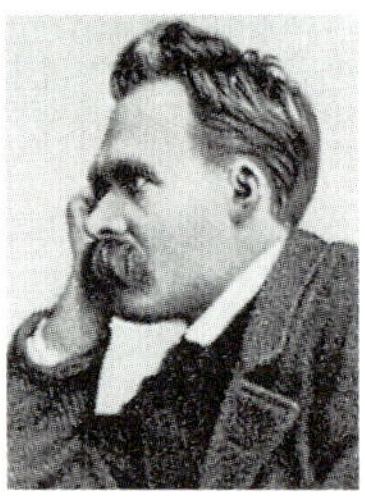

Friedrich Nietzsche

Wer malte das Gruppenbildnis der „Brücke"?

1926–27, lange nach dem Ende der Künstlergemeinschaft, malte Ernst Ludwig Kirchner (1880–1938) das Bild *Eine Künstlergruppe* (Köln, Museum Ludwig): Heckel, der eigentliche Organisator der „Brücke", steht in der Mitte, rechts sieht man Schmidt-Rottluff, links deutet Kirchner auf die von ihm verfasste Chronik, die der Anlass zum Auseinanderfallen der Künstlergemeinschaft gewesen war. Vorne sitzt Otto Mueller, Pechstein fehlt.

Welcher russische Bildhauer wird zu einem Mitbegründer der gegenstandslosen Plastik?

Alexander Archipenko (1887–1964), der 1923 in die USA auswanderte, schuf seit 1912 konkav-kubistische Skulpturen, kultivierte aber zunehmend die Abstraktion. Der expressionistische Schriftsteller Ivan Goll bemerkte vor seiner 1920 entstandenen Kunststein-Figur *Stehende* (Darmstadt, Hessisches Landesmuseum) im gleichen Jahr: „Die Leere ist in seinem Werk ebenso sichtbar wie die Materie."

Welches deutsche Museum wurde im frühen 20. Jh. zu einem Zentrum der Avantgarde?

Das von Karl Ernst Osthaus (1874–1921) 1902 in Hagen eröffnete Museum Folkwang wurde zu einem der bedeutendsten Zentren der damaligen Kunstszene, und dies nicht nur für Deutschland.

Wie heißt einer der Pioniere der „Rationalen Architektur"?

Zu den prominentesten Vertretern und zu den Pionieren

Wie heißt das früheste epochale Schlüsselwerk Picassos?

Pablo Picassos (1881– 1973) 1907 vollendetes Schlüsselwerk der Moderne *Les Demoiselles d'Avignon* (New York, Museum of Modern Art) brach mit allem, was bisher ein herkömmliches Bild ausmachte: mit der dreidimensionalen, zentralperspektivischen Wiedergabe des Raums, der Körperlichkeit der Figuren, der Unterscheidung von Figur und Grund, der handwerklichen Virtuosität des Malers und der stilistischen Homogenität innerhalb eines und desselben Bildes. Die fünf weiblichen Akte, Relikte eines ursprünglich geplanten Bordellbildes, schockierten die Zeitgenossen v. a. aber durch die Tatsache, dass sie sich intensiv mit den Kopfmasken „primitiver", afrikanischer Skulptur auseinandersetzen.

der „Rationalen Architektur" gehört seit den 60er-Jahren Aldo Rossi (1931–97), dessen Bauten weltweit höchste Anerkennung erfuhren. Konsequent konzentriert er alle architektonischen Formen auf grundlegende Typen, die sich aus den historischen Mustern einer jeweiligen Stadtentwicklung klar ablesen lassen.

War Picassos „Guernica" wirklich ein Antikriegsbild?

1937 vollendete Picasso (1881–1973) für den spanischen Pavillon der Weltausstellung in Paris das fast 8 m breite Bild *Guernica*. Noch im gleichen Jahr stellte der Kunsthistoriker, Dozent in Cambridge, Sir Anthony Blunt, im „Spectator" fest: „Grundsätzlich ist [*Guernica*] dasselbe wie Picassos Stierkampfszenen. Es ist kein Akt öffentlicher Trauer, sondern Ausdruck eines privaten Grübelns, der nicht erkennen lässt, dass Picasso die politische Bedeutung Guernicas begriffen hätte." Doch fast alle anderen Interpreten kamen zu dem Schluss, das das Bild das Antikriegsbild des 20. Jh. schlechthin sei.

Wer war Alexander Sacharoff?

1909 malte der mit Kandinsky in München befreundete Alexej von Jawlensky (1864–1941) *Das Bildnis des Tänzers Alexander Sacharoff* (München, Städtische Galerie im Lenbachhaus). Alexander Sacharoff (1886–1963) war eng befreundet mit Jawlensky und dessen Lebensgefährtin, der russischen Malerin Marianne von Werefkin (1860–1938). 1903–04 war er Schüler an der Pariser Académie des Beaux-Arts. Eine Theateraufführung mit Sarah Bernhardt beeindruckte ihn dermaßen, dass er beschloss, Tänzer zu werden. 1904 übersiedelte er nach München, wo er später entscheidend zur Entwicklung des Ausdruckstanzes beitrug. Vor allem in den 20er- und 30er-Jahren machten ihn Tourneen weltweit berühmt.

Welche Verbreitung erlebte Dada?

Zwischen 1916 und 1924 bildeten sich Dada-Gruppen in Nord- und Südamerika, in New York und Buenos Aires, in Europa existierten Zentren in Zürich, Berlin, Dresden, Köln, Hannover, Paris, aber auch in den Niederlanden, in Spanien, Italien und Osteuropa.

Wer baute die „Berliner Philharmonie"?

Hans Scharouns (1893–1972) nur teilweise realisierter Komplex der Berliner Philharmonie von 1960–63 versammelt drei gegeneinander verdrehte Fünfecke unter einer zeltdachartigen Betondecke. Die daraus resultierende Grundrissgeometrie ist so verzwickt und auf eine derart perfekte Akustik angelegt, dass alle 50 cm ein neuer Schnitt gezeichnet werden musste!

Welcher Komponist gehörte zum „Blauen Reiter"?

Der Komponist Arnold Schönberg (1874–1951), der die Anfänge der Künstlervereinigung des „Blauen Reiter" begleitete, begann 1907 zu malen, in der Hoffnung, auch in diesem Metier Bedeutendes zu leisten. Kandinsky schätzte seine Arbeiten sehr, besonders die mystischen „Köpfe“.

Mit welchen zwei Aktionen beteiligte sich Joseph Beuys an der „documenta 7“?

1982 beteiligte sich Joseph Beuys (1921–86) an der „documenta 7“: mit der auf einen längeren Zeitraum hin konzipierten *Verwaldung Kassels* durch 7000 Eichen und mit dem Umschmelzen einer Nachbildung der russischen Zarenkrone in einen *Friedenshasen* und eine *Sonnenkugel*.

Wer entwarf das „Holocaust-Mahnmal in Berlin“?

1980 gründete die Journalistin Lea Rosh einen Förderkreis für die Errichtung eines Denkmals für den Holocaust. Das ausgewählte Projekt, ein aus Tausenden von Betonpfeilern bestehendes Stelen-Feld, stammt von dem amerikanischen Architekten Peter Eisenman (*1932).

Wer führte das „UNO-Gebäude in New York“ aus?

Die von einem der größten amerikanischen Architekturbüros, von Wallace Harrison & Max Abramovitz bis 1950 durchgeführte Realisation des *UNO-Gebäudes* betonte die Einheitlichkeit des Entwurfs, indem man über sämtliche 39 Etagen an der Vorder- und Rückseite einen homogenen Glasvorhang zwischen fensterlose Schmalseiten aus weißem Marmor legte, der 2730-mal das identische geschoßhohe Fenstermodul zur Anwendung bringt.

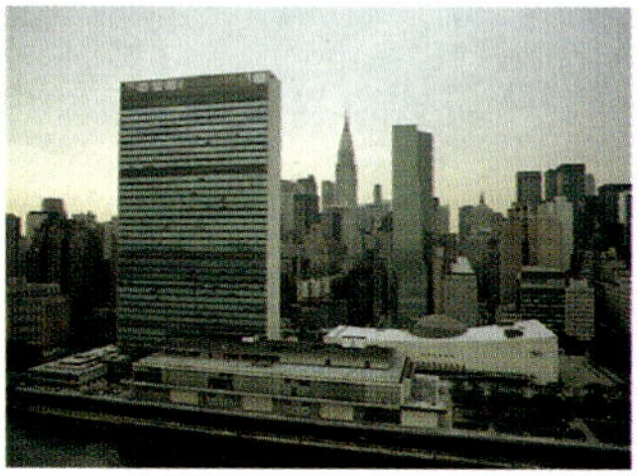

Wallace Harrison und Max Abramovitz: *UNO-Gebäude* in New York, 1950 voll.

Wann entstand das Hauptwerk Duchamps?

Zwischen 1915 und 1923 arbeitete Marcel Duchamp (1887–1968) an seinem Hauptwerk, dem berühmten *Großen Glas*, das eigentlich folgenden Titel trägt: *Die Neuvermählte wird von ihren Junggesellen entkleidet* (Philadelphia, Museum of Art).

Wann taucht die Bezeichnung „Expressionismus“ auf?

Ab 1911 taucht die Bezeichnung „Expressionismus“ und „expressionistisch“ auf. Sie kennzeichnet zunächst grenzübergreifend die europäische Avantgarde der Jahrhundertwende. Der Berliner Kunsthändler Paul Cassirer (1871–1926) soll die Gemälde und Grafiken des Norwegers Edvard Munch (1863–1944) so genannt haben, um sie von impressionistischen Bildern abzusetzen.

Wo entstand Deutschlands erstes Parkhaus nach dem II. Weltkrieg?

In Düsseldorf schufen Paul Schneider-Esleben und Egon Schneider mit der *Haniel-Garage* bereits 1949–50 Deutschlands erstes Parkhaus nach dem Krieg als transparenten Glasbau.

Wie heißt der Venezianer, der zu den Hauptvertretern der informellen Kunst zählt?

Der Italiener Emilio Vedova (*1919) ist einer der wichtigsten Repräsentanten des Informel, der außer Leinwänden auch Assemblagen aus Holz und andere Fundstücke bemalte.

Was versteht man unter dem „Zuckerbäckerstil“?

Die kommunistischen Machthaber erhoben populistische Werte der Verständlichkeit, der Eingängigkeit, der von breiten Massen nachvollziehbaren Sprachfähigkeit auch zum Programm der Architektur. So herrschte in den Ostblockländern bis zum Tod Stalins 1953 der sog. „Zuckerbäckerstil“ vor.

Wie begegnete Kandinsky der Moderne?

Kandinsky (1866–1944) stand, wie er später schrieb, einem der formal extrem aufgelösten impressionistischen *Heuhaufen*-Bilder Claude Monets (1840–1926) so gegenüber: „Plötzlich zum ersten Mal sah ich ein *Bild.*" Freilich habe er das Motiv nicht identifizieren können, was ihm peinlich gewesen sei. Ein Maler habe kein Recht, wie er damals noch glaubte, „so undeutlich zu malen".

Welche bedeutende englische Malerin repräsentiert die Op-Art?

Zu den bedeutendsten Vertretern der Op-Art zählt die Engländerin Bridget Riley (*1931), deren geometrisch strukturierte Bilder eine illusionäre Raumbewegung suggerieren.

In welcher Preiskategorie bewegten sich um 1980 Bilder der neueren Kunst?

Anfang 1980 wurden drei Gemälde von Jackson Pollock für eine Gesamtsumme von 6 Mio. Dollar verkauft; der Preis für ein *Women*-Bild von Willem de Kooning aus den frühen 50er-Jahren bewegte sich um 1 Mio. Dollar; ein mittelmäßiger Picasso von 1923 erbrachte 3 Mio. Dollar; ein Bild von Man Ray – *Die Lippen von Kiki de Montparnasse, die im Himmel schweben* – erzielten 750.000 Dollar.

Wann gelangte der „Historismus" der postmodernen Architektur von den USA aus nach Europa?

Der seit den 70er-Jahren in den USA zu konstatierende neuartige „Historismus" fand bald auch eine Parallele in Europa: Im Rahmen der Biennale von Venedig wurde 1980 die erste internationale Architekturausstellung eröffnet; ihr Thema war „La presenza del passato", die Gegenwärtigkeit der Vergangenheit.

Wer wurde als erste Frau in die Preußische Akademie der Künste aufgenommen?

Als erste Frau wurde Käthe Kollwitz (1867–1945) in die Preußische Akademie der Künste aufgenommen, man verlieh ihr den Professorentitel. Mit Beginn der Naziherrschaft musste sie das Amt aufgeben, ab 1936 wurden ihre Arbeiten als „entartet" diffamiert. Wenige Tage vor Kriegsende starb Käthe Kollwitz.

Wie suchte Oskar Kokoschka die zerbrochene Verbindung mit Alma Mahler zu kompensieren?

Den 1914 erfolgten Bruch mit der Komponistenwitwe Alma Mahler konnte Kokoschka (1886–1980) nie überwinden. Er meldete sich bei Kriegsbeginn freiwillig zur Kavallerie. Die pastose Unruhe seiner Bilder, die expressive Pinselführung nimmt immer mehr zu. Der verzweifelte Versuch, eine Ersatzmuse in einer lebensechten Puppe zu erhalten, kennzeichnet Kokoschkas damalige krankhafte Überreizung. Noch jahrelang wird ihn diese Obsession verfolgen.

Welchen Roman schrieb Alfred Kubin?

1907 schrieb Alfred Kubin (1877–1957) in zwölf Wochen den Roman „Die andere Seite", eine Paraphrase der Apokalypse. Sie versetzt den Leser in die Traumstadt „Perle", fern in Asien. Die Bewohner suchen im Sinnlosen ihres Lebens den verborgenen Sinn, bis der Widersacher in Gestalt eines „Managers" einfällt, bis Satan regiert und das Ganze dem Untergang zusteuert.

Was ist der „Internationale Stil" in der Architektur?

Die „Bauhaus"-Tradition als wichtigste Quelle moderner Architektur hob der amerikanische Architekt Philip Johnson (*1906) in dem 1932 zusammen mit Henry-Russell Hitchcock publizierten Buch „The international style. Architecture since 1922" heraus. Damit hatte er dem Hauptstrang der modernen Architekturbewegung den Namen „Internationaler Stil" gegeben.

Wer erfand den „Reißverschluß" in der Malerei?

Der Amerikaner Barnett Newman (1905–70), einer der Wortführer der Color-Field-Painting, begann seine Karriere mit der Erfindung eines Motivs, des „Reißverschlusses", wie es später genannt wurde, einer vertikalen Linie, die die Leinwand teilte. Zum ersten Mal taucht sie 1948 auf.

Wer war Chaim Soutine?

Der litauische Jude Chaim Soutine (1893–1943) arbeitete seit 1916 in Paris. Seine Bekannten, darunter Amedeo Modigliani (1884–1920), hatten Verbindung zum „Sturm“ in Berlin und kannten Publikationen über den deutschen Expressionismus. Bald steuerte Soutine Ziele an, die ihn ab 1919 auffallend nahe an den deutschen Expressionismus heranbrachten.

Welcher amerikanische Gegenwarts-Architekt engagierte sich v. a. im Museumsbau?

Richard Alan Meier (*1934) ist eine der herausragenden Architektengestalten des 20. Jh. Nach der 1969 durchgeführten Gemeinschaftsausstellung des Museum of Modern Art in New York galt er als der wohl wichtigste Repräsentant der „The New York Five“. Mit zahlreichen Museumsbauten griff er entscheidend in die zeitgenössische Entwicklung dieses so prominenten Bautypus ein.

Welcher deutsche Expressionist engagierte sich in der Kommunistischen Partei?

Dass der in Dresden geborene Conrad Felixmüller (1897–1977), der in die Kommunistische Partei eintrat, sein 1920 gewonnenes Rom-Stipendium für einen Aufenthalt im Ruhrgebiet verwendete, um hier seine künstlerische Tätigkeit den Arbeitern und Bergleuten zu widmen, war eine logische Konsequenz seines politischen Engagements.

Welcher Satz des Dichters Lautréamont wurde für die Surrealisten zum Leitmotiv?

Im 19. Jh. hatte der Dichter Lautréamont in seinen „Chants de Maldoror“ die Schönheit des Seltsamen so umschrieben: „Schön wie die zufällige Begegnung einer Nähmaschine und eines Regenschirms auf einem Seziertisch“. Dieses Motto nahm die surrealistischen Maximen vorweg.

Wer schuf den Titelholzschnitt für das „Bauhaus“-Manifest?

Bald nach seiner Berufung an das Bauhaus in Weimar schuf Lyonel Feininger (1871–1956), vermutlich im Auftrag von Gropius, den Holzschnitt *Kathedrale*, der als Titelblatt für das im April 1919 erschienene Bauhaus-Manifest diente. Der oft zu lesende Titel „Kathedrale des Sozialismus“ ist spätere Zutat und von Feininger wohl kaum beabsichtigt.

Wer sind die „New York Five“?

1969 stellte das Museum of Modern Art in New York fünf bis dahin noch kaum bekannte Architekten und Theoretiker in einer Ausstellung vor. Bald sollten ihre Namen in aller Munde sein: Peter Eisenman, Michael Graves, Charles Gwathmey, John Hejduk und Richard Meier. Nach dem Titel der Begleitpublikation wurden sie alle kurz „The New York Five“ genannt. Die Presse dagegen sprach – in Anlehnung an die strahlend weißen Fassaden ihrer Häuser – von „The Whites“ („Die Weißen“).

Warum spielten Motive aus dem Varietè, Zirkus usw. eine so große Rolle in der Malerei der Klassischen Moderne?

Zu Beginn des 20. Jh. hatte das Thema „Varieté, Zirkus und Tanz“ Hochkonjunktur. Die Schausteller galten als Metaphern für gesellschaftliche Randgruppen und „Underdogs“, die wie die Künstler „ihre Haut zu Markte tragen“ – unbürgerlich und doch auf Gunst und Geld der braven Bürger angewiesen. Die Exaltation des Tanzes, die Exponiertheit der Artisten schienen das geeignete Symbol für den „Drahtseilakt“ des an die Grenzen gehenden Künstlers.

Wohin führte Noldes Südsee-Reise?

1913 reiste Nolde (1867–1956) über Russland, China, Korea und Japan in die Südsee. Neben zahllosen Skizzen und Aquarellen entstanden vor Ort auch 19 Ölbilder, in dem Provinzstädtchen Käwieng auf der Nordwestspitze des heutigen „New Ireland“, damals von der deutschen Kolonialverwaltung „Neu Mecklenburg“ genannt.

Wo befindet sich der wichtigste Bau Walter Gropius' in den USA?

1950 vollendete Walter Gropius (1883–1969) das *Graduate Center* der Harvard University, Cambridge/Mass. Die Anordnung der kubischen Baukörper, die sich teilweise auf Rundstützen erheben, und andere Details verweisen auf die Tradition des Dessauer „Bauhauses“, insgesamt jedoch ist die einstige Aufbruchstimmung einer stereotypen, sich wertneutral verkleidenden Gesichtslosigkeit gewichen.

Wer etablierte die Stahl-Glas-Mode in der amerikanischen Architektur?

Stahl und Glas waren nach 1945 zu den bevorzugtesten Baumaterialien avanciert. Mit Walter Gropius, der 1935 emigrierte, und mit Ludwig Mies van der Rohe, der 1938 Deutschland verließ, brachten zwei führende Vertreter des „Bauhauses“ diese an konstruktive Einfachheit und puristische Rationalität gekoppelten Materialien in die USA. Er lösten mit ihnen sowohl im Wohnungs- als auch im Geschäftshausbau eine richtiggehende Manie aus.

Wer war einer der Hauptentwerfer des „UNO-Hochhauses in New York“?

„Wir planen eine Weltarchitektur“, sagte Le Corbusier (1887–1965), als er als Mitglied einer Architektenkommission den maßgeblichen Plan für den Komplex des UNO-Gebäudes in New York vorlegte: das niedrige, flache Konferenzzentrum und der höhere Versammlungssaal sind beherrscht von der gigantischen Hochhausscheibe für die Verwaltung – für Kritiker ein unmissverständliches Indiz, dass Politik und Herrschaft längst an Bürokratie delegiert waren.

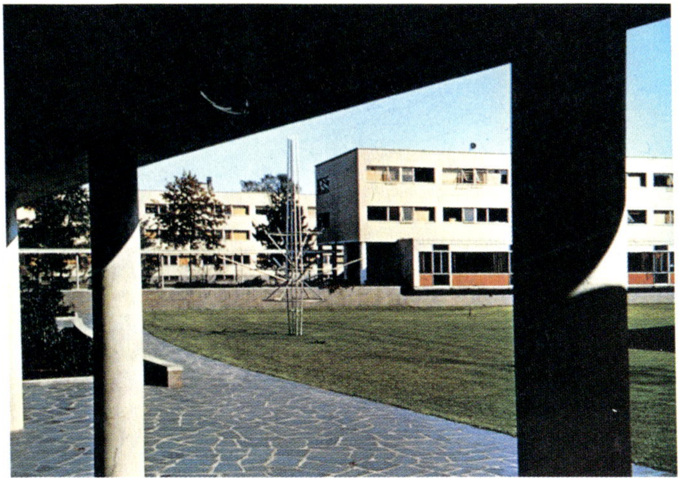

Walter Gropius: *Graduate Center der Harvard Universty* in Cambridge/ Mass., 1950 voll.

Wer war Paul Klee?

Der Schweizer Paul Klee (1879–1940) ist eine der herausragenden Gestalten der modernen Kunst und er ist einer ihrer großen Einzelgänger, denn sein Schaffen deckt sich mit keiner Strömung des 20. Jahrhunderts. Seine Ölgemälde (zahlenmäßig immer im Hintergrund), Aquarelle und Grafiken blieben im Kern meist außerhalb des jeweiligen „main stream“. Die stilistische Unabhängigkeit ging einher mit einer genialen Souveränität, einem geheimnisvollen Reiz seiner bis heute weltweit bewunderten Kunst.

Welche große Liebe thematisiert Kokoschkas Bild „Die Windsbraut“?

1913/14 malte Kokoschka sein berühmtes Bild *Die Windsbraut* (Basel, Kunstmuseum). Es zeigt ihn und seine Geliebte Alma Mahler, die Witwe des bekannten Komponisten, im kosmischen „Weltenmeer“ auf einem muschelförmigen Wrack treibend; Zeugnis einer Liebe, die sich bereits anschickte, zum brodelnden Geschlechterkampf zu werden und darüber zu zerbrechen.

Welches Bauwerk in New York gilt als Wegbereiter der Postmoderne?

Philip Johnson (*1906) vollendete 1982 das 195 m hohe *AT & T Building* in New York, das zu den Wegbereitern der Postmoderne gerechnet wird. Der Eingangsbereich zitiert Brunelleschis Renaissance-Kolonnade der Florentiner *Pazzi-Kapelle* aus dem 15. Jh., aber auch Palladio und den Palladianismus. Den gesprengten, inzwischen in der New Yorker Skyline unverwechselbar gewordenen Tempelgiebel hat man auch schon mit einer monumentalisierten Chippendale-Kommode des 18. Jh. verglichen.

Welcher Surrealist setzte sich am intensivsten mit der Psychoanalyse auseinander?

Salvador Dalí (1904–89) ist der mittlerweile wohl berühmteste Surrealist und er ist derjenige, der sich am stärksten mit der Psychoanalyse und der Freud'schen Traumdeutung auseinander setzte.

Welcher Maler zählt zusammen mit Rauschenberg zu den Wegbereitern des amerikanischen Pop?

Jasper Johns (*1930), der in seinem Frühwerk noch dem abstrakten Expressionismus verpflichtet war, wurde seit den 50er-Jahren mit seinen Serien von Fahnen-, Zielscheiben- und Zahlenbildern zu einem der Initiatoren der Pop-Art.

Welches Schicksal hatte Barlach unter der Nazi-Herrschaft?

Auf dem Höhepunkt seines Erfolgs in den 1930er-Jahren nahm die nationalsozialistische Kunstkritik Ernst Barlach (1870–1938) ins Visier. Aus Protest gegen den erzwungenen Austritt von Käthe Kollwitz und Heinrich Mann aus der Preußischen Akademie der Künste hielt er am 30. Januar 1933 die Rundfunkansprache „Künstler zur Zeit“. Seine Denkmäler und öffentlichen Skulpturen wurden zerstört.

Welche Zielsetzung hatte „Archigram“?

Die Mitglieder der 1961 in London gegründete Gruppe „Archigram“ (die sich in den 1970er-Jahren wieder auflöste), waren junge englische Architekten und Designer. Sie beschäftigten sich vorwiegend mit technologischen Utopien, die, gemäß der Industriegesellschaft und insbesondere parallel zur Raumfahrt, ausgesprochen experimentelle Bauten anstrebten.

Wer baute das „Haus der Kunst in München“?

Das *Haus der Deutschen Kunst* in München (1933–37), ein die klassizistischen Formen missbrauchender wegweisender Bau des Nationalsozialismus, wurde von Paul Ludwig Troost (1879–1934), dem „Ersten Baumeister des Führers“, konzipiert. Nach dessen Tod übernahm Albert Speer seine Aufgaben.

Welcher rumänische Bildhauer zählt zu den Hauptvertretern der Abstraktion?

Constantin Brancusi (1876–1927), der ab 1904 in Paris lebte, schuf mit *Endlose Säule* (1918; New York, Museum of Modern Art) die erste seiner abstrakten, vom Kubismus beeinflussten Skulpturen, die er immer wieder in verschiedenen Größen und Materialien variierte.

Wer setzte dem „Bauhaus“ das bekannteste Denkmal?

Als Oskar Schlemmer (1888–1943) 1932 sein berühmtes Bild *Bauhaustreppe* (New York, Museum of Modern Art) malte, war er schon drei Jahre nicht mehr an dieser Institution, wo er das „Triadische Ballett“ entwickelt und die Bühnenwerkstatt geleitet hatte. Gezeigt ist die Treppe im Werkstattgebäude, auf der kubisch vereinfachte Figuren nach oben schreiten. Das Bild reagierte auf die Nachricht, dass das „Bauhaus“ in Dessau auf Druck der Nationalsozialisten hin schließen müsse. Schlemmer malte deshalb in letzter Stunde eine Hommage auf diese Institution, die zu den bedeutendsten der Klassischen Moderne zählt.

Wer errichte die Gedenkstätte für Walter Benjamin?

Der Israeli Dani Karavan (*1930) vollendete 1994 die *Gedenkstätte für Walter Benjamin in Port Bou*. Der Philosoph hatte hier 1940 an der französich-spanischen Grenze seinem Leben auf der Flucht vor dem Naziregime ein Ende gesetzt. Karavan schuf mit den Mitteln der Land-Art ein Denkmal, das aus drei Pfaden und einem in den Fels gesprengten abfallenden Tunnel besteht, dessen Wände von rostigem Stahl eingefasst werden. Abrupt endet er an einer Glasscheibe, hinter der das Meer tobt.

Wer baute die „Neue Nationalgalerie in Berlin"?

Der Perfektionismus der Konstruktion, die Mies van der Rohe (1886–1969) stets anstrebte, führte dazu, dass die in Reminiszenz an den Klassizismus des frühen 19. Jh. (in der Nachfolge Schinkels) 1965–68 in Berlin errichtete *Neue Nationalgalerie* keinen nachträglichen Keller für Lagerräume erhielt. Dies hätte den perfekten Kubus seines Museumsbaus zerstört – diesen Glasblock mit Stahlgerüst, dem, wieder aus formalen Gründen, im Untergeschoss nicht einmal Wände integriert waren, an die man hätte Bilder hängen können.

Wer ist die Frau in Max Ernsts „Freundesbild" des Surrealismus?

1922 malte Max Ernst (1891–1976) das Bild *Das Rendez-vous der Freunde* (Köln, Museum Ludwig), in dem er die wichtigsten Literaten und Künstler der surrealistischen Bewegung, aber auch historische Persönlichkeiten, die ihnen als Vorbilder dienten, darstellte. Als einzige Frau ist rechts hinten Gala zu sehen, die Frau des Freundes Paul Éluard, damals die Muse von Max Ernst und später die durch viele Bilder berühmt gewordene Frau Salvador Dalís.

Welche Rolle spielte das „Case Study House Program" in den USA?

Ein Zentrum der Bautätigkeit in den USA war unmittelbar nach dem II. Weltkrieg Los Angeles, wobei das „Case Study House Program" eine bahnbrechende Rolle spielte. Die ersten acht Entwürfe gingen 1945 in Auftrag, nach drei Jahren waren bereits sechs Einfamilienhäuser von durchgehend hoher Qualität und avantgardistischem Einfallsreichtum fertiggestellt.

Welcher Mailänder Architekt ist wesentlich an der Berliner Gegenwartsarchitektur beteiligt?

Aldo Rossi (1931–97) hatte bereits ab 1986 in Berlin gebaut. Zuletzt betätigte er sich vielfach an der weiteren Neubebauung Berlins (*Landsberger Arkaden*, 1996ff.; *Quartier Schützenstraße*, 1994–97; *Cirque-de-Soleil-Haus*, 1997–2000).

Welcher amerikanische Maler war einer der Mitbegründer des abstrakten Expressionismus?

Der vom Surrealismus herkommende Robert Motherwell (1915–91) war einer der Mitbegründer des abstrakten Expressionismus. Eines seiner Hauptwerke ist die *Elegie auf die spanische Republik 34* (1953/54; Buffalo, Albright-Knox Gallery). Immer war es ihm auch um eine themenbezogene Kunst zu tun, wenn er z. B. sagte, dass es beim Malen um die „Haut der Welt" geht.

Welches sind die architektonischen Hauptwerke Hundertwassers?

Der Wiener Maler Friedensreich Hundertwasser (1928–2000), machte sich auch als Architekt einen Namen: u. a. mit der Wiener Wohnanlage *Haus Hundertwasser* (1983–86), mit *KunstHausWien* (1991) und mit der Anlage *Wohnen unter'm Regenbogen* in Plochingen (1994). Mit buntest bemalten Fassaden, „surrealistischen" oder „Jugendstil"-Gliederungen, vergoldeten Zwiebeltürmen, begrünten Dachterrassen erteilte er dem Rationalismus in der Architektur eine Absage.

Aedicula (Ädikula)
Architektonische Rahmenform einer Türe, eines Fensters, einer Mauernische u. Ä., bestehend aus zwei Säulen bzw. Pfeilern oder Pilastern, die ein Gebälk und einen Dreiecks- oder Segmentgiebel tragen.

Akroter
Bekrönungsschmuck am Giebelfirst und auf den Giebelecken eines antiken Tempels. Gelegentlich sind diese als Sphinx oder Pflanzenwerk gebildeten Schmuckformen auch auf Grabstelen zu finden.

Amphora
Altgriechische Vase mit rundem oder gestrecktem Bauch, einem Hals und zwei seitlich gegenüberliegenden, vom Bauch bis zur Lippe der Vase reichenden Henkeln.

Apsis
Die Apsis wird auch Konche oder Exedra genannt. Ein meist halbrunder, mit einer Halbkuppel überwölbter Raum, der einem übergeordnetem Hauptraum ein- oder angebaut ist.

Aquädukt
Ein in der altrömischen Baukunst entwickelter künstlicher Wasserkanal, bei dem das Quellwasser oft auf mehrstöckigen Bogenbrücken (bei gleich bleibend geringem Gefälle) über weite Strecken geführt wird. Aquädukte, die z. T. noch heute in Gebrauch sind, gehören zu den bedeutendsten Leistungen römischer Ingenieurbaukunst.

Architrav
Waagrechter, auf dem Abakus aufliegender Hauptbalken eines antiken Tempels.

Assemblage
Aus der Papier-Collage unter Einbeziehung verschiedenster Materialien entwickeltes Bild mit reliefartiger Oberfläche (Materialbild, Materialrelief).

Atrium
Innerer rechteckiger Wohnhof des altrömischen Hauses, an den sich die Wohnräume anschlossen. Zumeist war das Atrium von Säulengängen umgeben und diente als Repräsentationsraum. In der altchristlichen und mittelalterlichen Sakralarchitektur bezeichnet man den einer Kirche vorgelagerten, architektonisch umschlossenen Hof als Atrium.

Atriumhaus
Altrömisches, um ein Atrium angelegtes Wohnhaus.

Attika
Ein seit der altrömischen Baukunst bekannter, niedriger, geschlossener Mauerstreifen über dem Hauptgesims einer Säulen- oder Pilasterordnung. Er wurde häufig zur Kaschierung des Dachansatzes verwendet. Die Attika kann auch aus Balustern (Stützgliedern) gebildet und mit Statuen besetzt sein.

Blendarkade
Eine Bogenstellung (Arkade), die einer geschlossenen Wand als Gliederung appliziert ist, also zu keiner realen Öffnung führt.

Bündelpfeiler
Ein v. a. in der Gotik gebräuchlicher Pfeilertypus, um dessen Kern kleinere und größere Dreiviertelsäulen (sog. „junge“ und „alte Dienste“) angeordnet sind.

Cella
Der fensterlose Hauptraum des antiken Tempels, in dem das Götterbild stand.

Collage
Klebebild aus Papierstücken, beginnend um 1912 mit den „papiers collés“ des Synthetischen Kubismus.

Corps de logis
Das Hauptgebäude eines barocken Schlosses, welches architektonisch gegenüber den Seitenflügeln bzw. Pavillons hervorgehoben ist.

Dienste
Halbrunde bis vollrunde, manchmal polygonal und birnstabförmig profilierte architektonische Stäbe, die einem Pfeiler oder einem Wandstück angelagert sind und in der Regel einen Bogen tragen, darüber hinaus aber als Schmuck- und Gliederungsform dienen.

Diptychon
Ein aus zwei Flügeln bestehendes Bild.

Drolerie
Französische Bezeichnung für dekorativen Zwecken dienende grotteske, phantastische Darstellungen von Menschen, Tieren, Fabelwesen, Monstren usw. – oft in Rand- und

Schlussleisten von Buchmalereien, an Chorgestühlen und v. a. in der Bauplastik zu finden.

Enkaustik
Wachsmalerei: Auf Marmor- oder Holztafeln werden Wachsfarben unter Wärmeeinwirkung aufgetragen oder eingebrannt.

Evangeliar
Liturgisches Buch, das die vier Evangelien vollständig enthält. Dazu kommen noch die verschiedenen Vorreden und der theologische Apparat.

Epitaph
Erinnerungsmal für einen Verstorbenen an der Kirchenwand oder einem Kirchenpfeiler (also nicht die faktische Grabstätte).

Fiale
Schlankes, spitzes Türmchen, welches in der Gotik einem Strebepfeiler zur Zierde aufgesetzt wurde.

Gaden
(Lichgaden, Obergaden): Fensterzone in der Hochwand des Mittelschiffes einer Basilika.

Geison
Das vorspringende, profilierte Kranzgesims oberhalb des Frieses des antiken Tempels. Als Schräggeison rahmt es die Giebelschräge des Tempels.

Genremalerei (-bild)
Bezeichnung für eine Bildgattung, die charakeristische Einzelheiten bzw. Szenen aus dem Alltagsleben einzelner Berufs- oder Standesgruppen lebensnah – meist volkstümlich, oft sogar derb-drastisch –, jedenfalls ohne Idealisierung wiedergibt.

Gewände
Die durch schrägen Einschnitt eines Fensters oder Portals entstehenden Schnittflächen in der Mauer. Im Unterschied zu der aus senkrechtem Einschnitt resultierenden sog. Leibung/Laibung.

Grisaille
Eine grau-in-grau gehaltene Malerei, die gerne dazu benutzt wird, plastische Werke nachzuahmen.

Gurtbogen
Der gurtartige Verstärkungsbogen, der am Gewölbe die einzelnen Joch-, Raumabschnitte markiert.

Hallenkirche
Kirchentypus, bei dem – im Unterschied zur Basilika – die Schiffe des Langhauses gleiche Höhe unter einem gemeinsamen Dach besitzen. Einzige Lichtquelle sind demnach die Seitenschifffenster.

Historienmalerei
Darstellung historischer Ereignisse (nicht zuletzt Schlachten), aber auch mythologischer und religiöser Szenarien, die mit vielfigurigen, durchkomponierten Aktionen angefüllt und in großem Format vorgetragen sind und vielfach eine moralisch-ethische Botschaft enthalten. Historienbilder (sofern sie zeitgenössische, aktuelle Begebenheiten schildern, spricht man gerne auch von Ereignisbildern) besetzten in der seit der Renaissance von den Akademien aufgestellten Gattungsskala die ranghöchste Stelle und erfreuten sich in der offiziellen Kunst des 19. Jhs. besonderer Beliebtheit.

Hypäthralräume
Innenräume, die sich nach oben hin in einen Himmelsfreiraum zu öffnen scheinen, sei es aufgrund illusionistischer Deckenmalereien, sei es mithilfe entsprechender architektonischer Strukturen.

Ikonografie
Teildisziplin der Kunstgeschichte, die sich mit der Bestimmung und Erklärung von nicht sofort entschlüsselbaren Inhalten (literarischer, mythologischer, allegorischer, symbolischer, emblematischer usw. Art) beschäftigt. Dort, wo ikonografische Fragen den weltanschaulichen Hintergrund einer künstlerischen Botschaft berühren, spricht man vom Übergang zur Ikonologie.

Inkarnat
In der Malerei, die Bezeichnung für den aus der diffizilen Mischung von Weiß und Rot erzeugten Farbton der nackten menschlichen Haut.

Inkrustation
Einlegearbeit von Stein in Stein in Wänden und Fußböden.

Joch
Das einzelne Gewölbefeld in einer Folge gleichartiger Ge-

wölbefelder; daraus abgeleitet die Bezeichnung für den einem jeweiligen Gewölbeabschnitt entsprechenden Raumteil eines Bauwerkes.

Kamee
Edel- oder Halbedelstein mit erhaben geschnittener Darstellung.

Kanneluren
Die senkrechten, konkav eingeschnittenen rillenförmigen Vertiefungen von Säulen oder Pfeilern der klassischen Ordnungen. Sie können entweder scharfkantig aneinander stoßen (in der dorischen Ordnung), oder durch Stege getrennt sein (wie in der ionischen Ordnung). Gelegentlich sind sie bis zu einer bestimmten Höhe von kleinen Rundstäben, den sog. Pfeifen, ausgefüllt.

Kolonnade
Eine Säulenreihe, die – anders als eine Arkade – keine Bogenreihe trägt, sondern die Horizontale eines Architravs.

Koloristik (koloristisch)
Dominanz der Farbe – im Vergleich zur Zeichnung – beim Aufbau und beim künstlerischen Gesamteindruck eines Bildes.

Kolossalordnung
Jede Säulenordnung, deren Säulen oder Pilaster über mehrere Geschosse eines Bauwerkes reichen.

Konche
Bezeichnung für einen halbrunden mit einer Halbkuppel überwölbten Raum.

Kontrapost
In der bildenden Kunst Bezeichnung für eine Körperhaltung, bei der zwischen (belastetem) Stand- und (entlastetem) Spielbein unterschieden wird.

Krater
Altgriechische kelchförmige Vase. Ein Mischgefäß, in dem der Wein mit Wasser gemischt wurde.

Laterne
In der Baukunst ein kleiner runder oder polygonaler, mit Fenstern versehener Aufbau über einer Decken- oder Gewölbeöffnung, meist über der Scheitelöffnung einer Kuppel.

Lettner
Seit dem 13. Jh. übliche halbhohe Trennwand zwischen Chor und Mittelschiff einer Kirche.

Lisene
Wenig hervorstehender, senkrechter Mauerstreifen ohne Kapitell und Basis mit gliedernder und stützender Funktion.

Luftperspektive
Eine Methode der farbigen Darstellung, die der Raumwirkung der Farben aufgrund der zwischen Betrachterauge und Horizont liegenden Luftschichten und der von diesen bewirkten Farbbrechung Rechnung trägt.

Majolika
Italienische Bezeichnung für farbig glasierte Fayencen. Der Begriff leitet sich von der Insel Mallorca ab, von der aus über die maurischen Tonwerkstätten die Kenntnis der farbigen Zinnglasuren nach Italien gelangte.

Marinemalerei
Darstellung von Meeres- und Küstenszenerien, die in der holländischen Malerei des 17. Jhs. ihren ersten großen Höhepunkt erlebte. Marinemalerei ist im Prinzip ein Teilbereich der Landschaftsmalerei, der aber seinem Sujet gemäß vom Maler v. a. die Beherrschung atmosphärischer und flüchtiger Effekte verlangt.

Maßwerk
In der Gotik ein geometrisch konstruiertes Bauornament, das als steinerne Füllung der Bogenspitze großer Fenster entwickelt und bald auch zur virtuosen Gliederung von Wandflächen, Giebeln usw. verwendet wurde.

Mausoleum
Prächtig ausgestattetes monumentales Grabmal.

Metope
Eine rechteckige Platte, die den Zwischenraum zwischen zwei Triglyphen des dorischen Frieses ausfüllt.

Montage
Das „Zusammenbauen“ von Teilen (bei der Fotomontage etwa von Ausschnitten verschiedener Aufnahmen) oder von Gegenständen. Im Unterschied zur Assemblage wird versucht, einen – zumindest auf den ersten Blick – stimmi-

gen Zusammenhang herzustellen.

Narthex
Westliche Vorhalle der byzantinischen und frühchristlichen Kirchen. Im Gegensatz zum Portikus ist der Narthex nach innen, zum Langhaus hin geöffnet und durch Säulen, Gitter und Türen mit diesem verbunden.

Oktogon
Bezeichnung für ein Bauwerk mit einem Grundriss eines regelmäßigen Achtecks.

Orchestra
Der kreis- oder halbrunde Platz für den singenden und tanzenden Chor des altgriechischen Theaters.

Palmette
Ein in der griechischen und römischen Kunst weit verbreitetes Ornamentmotiv in Form stilisierter Palmenblätter.

Pastell
Mal- bzw. Zeichentechnik mit Pastellfarben (Kreiden) auf rauem, gelegentlich eigens präpariertem und gefärbtem Material wie Papier, Karton, usw. Die pulverigen, abschließend mit einem Fixativ gesicherten Farben werden entweder in Strichmanier oder verrieben, gewischt, d. h. in malerischer Wirkung aufgetragen.

Pastos
Dicker, fast ohne Malmittel auskommender Auftrag der Ölfarbe, der oft ein Farbrelief auf dem Bildträger erzeugt.

Pendentif
Gewölbeteil in Form eines Hängezwickels; ein sphärisches Dreieck zur Überleitung vom quadratischen Grundriss eines die Kuppel tragenden Raumkubus zum Fußkreis der Kuppel.

Perikopenbuch
Liturgisches Buch, das die im Gottesdienst gelesenen Abschnitte der Hl. Schrift enthält.

Pilaster
Ein in die Wand integrierter Pfeiler.

Pleinair-Malerei
Freilichtmalerei, das Malen im Freien, vor dem Naturmotiv - im Gegensatz zur Ateliermalerei.

Plinthe
Quadratische Platte als Standunterlage für Säulen oder Pfeiler.

Portikus
Eine von Säulen, seltener von Pfeilern getragene Vorhalle, meist mit Giebel, vor der Hauptfassade eines Gebäudes.

Psalter
Liturgisches Buch, das die 150 Psalter des Alten Testaments enthält.

Pyxis
Runde, viereckige oder polygonale Kästchen aus Holz, Metall oder Elfenbein, die im Mittelalter zur Aufbewahrung von Reliquien und Hostien dienten.

Refektorium
Der Speisesaal eines Klosters an der Südseite des Kreuzganges, architektonisch meist differenziert gestaltet.

Rippen
Relativ schwache Armierungsbögen unter den Graten eines Gewölbes. Die Rippen können kreuzförmig oder stern-, strahlen- bzw. netzförmig geführt sein.

Risalit
Ein in ganzer Gebäudehöhe aus der Flucht des Gebäudes hervortetender Bauteil. Befindet er sich in der Mitte, spricht man von Mittel- oder Hauptrisalit. Die Risalite an den Seiten einer Fassade bezeichnet man als Seiten- oder Eckrisalite.

Rustika (rustiziert)
Zusammensetzung eines Mauerwerks aus lediglich grob behauenen Buckelquadern (Bossen), eine materielle Struktur, die sich v. a., jedoch nicht ausschließlich, in der Baukunst der Toskana zu der Zeit der Frührenaissance findet.

Quadriga
Zweirädriger, mit vier Pferden bespannter leichter Streitwagen der Antike und/oder seine künstlerische Darstellung.

Säulenordnung
Die proportionale und in den Dekorationsformen variierende Systematisierung klassischer Architektur, wobei Säulen, Kapitelle, Architrave und Gesimse nach festen Regeln

aufeinander abgestimmt sind. Man unterscheidet die Hauptordnungen des Dorischen, Ionischen, Korinthischen, Toskanischen (Etruskischen) und Kompositen.

Sakramentar
Liturgisches Buch, das alle Gebete enthält, die der Priester oder Bischof in der Messe spricht.

Sanctuarium/Sanktuarium
In der christlichen Kirche der Altarraum – meist identisch mit dem Chor –, in dem sich die an den Messfeierlichkeiten beteiligten Kleriker aufhalten.

Scagliola
Kunstmarmor, der aus gefärbter Stuckmasse hergestellt wird (Stuckmarmor).

Scheidbogen
Ein innerhalb der Arkadenstellung einer Kirche jeweils zwei Stützen verbindender Bogen, der also ein Mittelschiffjoch von einem Seitenschiffjoch trennt („scheidet“).

Spolien
Kunstwerke, die aus ihrem urspr. Zusammenhang herausgenommen sind, um – sei es aus praktischen Gründen, v. a. aber aufgrund symbolischer Motive – in einen neuen Kontext versetzt zu werden.

Staffage
Französische Bezeichnung für das – im Maßstab klein gehaltene – Beiwerk einer Komposition. Meist handelt es sich um die in eine Landschaft oder eine Stadtvedute eingestellten belebenden Figürchen von Menschen und Tieren.

Tambour
In der Baukunst der zylinderförmige mit Fenstern versehene Unterbau einer Kuppel.

Thermen(saal)
Den antiken römischen Badeanlagen, den Thermen, integrierte Säle mit Kreuzgewölben, die von Quertonnen über seitliche Nebenräume hinweg überspannt sind.

Tholos
Bezeichnung für einen antiken Rundtempel, meist flach bedeckt, mit umlaufender Säulenstellung.

Triforium
In der Wand ausgesparter kleiner Laufgang, der sich in Bogenstellungen zum Kircheninneren öffnet. Er dient, obwohl beghbar, v. a. der Giederung der Wand. Bereits seit der Romanik bekannt, liegt die Blütezeit des Triforiums in der Gotik.

Triglyphe
(griech.: Dreischlitz); mit drei senkrechten Rillen versehene, rechteckige, Deckplatten der dorischen Ordnung. Sie bilden mit den Metopen den Fries eines Tempels.

Trompe
Ein über einer rechtwinkligen Mauerecke aufgemauerter Bogen, der mit einer nischenartigen Wölbung versehen ist. Die Trompen dienen dazu, ein quadratisches Turmuntergeschoss ins Achteck zu überführen bzw. um über einer quadratischen Vierung eine Kuppel über achtseitigem Grundriss zu erbauen.

Trompe-l'œil
Eine derart naturalistische Darstellung des Objektes, dass der Betrachter glaubt, kein gemaltes, bzw. artifizielles Bild, sondern einen konkreten Gegenstand vor sich zu haben.

Tympanon
Das meist mit Bauplastik geschmückte Giebelfeld eines antiken Tempels bzw. die Innenfläche eines Bogenfeldes über dem Portal.

Vedute
Wirklichkeitsgetreue Wiedergabe einer Stadt oder ein Ausschnitt einer landschaftlichen Region.

Volute
Spiral- oder schneckenförmig eingerolltes Ornament zur Verzierung von Kapitellen, Giebeln und Konsolen.

Zentralbauten
Kreisförmige, polygonale oder quadratische Bauwerke, deren Teile symmetrisch um einen Mittelpunkt oder Mittelraum angeordnet sind. Häufig sind sie überkuppelt.

Zwerggalerie
Eine Zierform der romanischen Baukunst ist die sog. Zwerggalerie, ein niedriger, mit zierlichen Säulen versehender Arkadengang an der Kirchenaußenmauer.

A

B

C

E

F

G

H

I

M

N

O

P

Q

R

S

T